本丛书为
西北民族大学学科建设资助项目

伊斯兰文化丛书

马明良／主编

伊斯兰文化前沿研究论集

马明良 丁俊 编

中国社会科学出版社

图书在版编目（CIP）数据

伊斯兰文化前沿研究论集/马明良主编.—北京：中国社会科学出版社，2008.6

ISBN 978-7-5004-6888-2

Ⅰ.伊… Ⅱ.马… Ⅲ.伊斯兰教—文集 Ⅳ.B968-53

中国版本图书馆 CIP 数据核字（2008）第 053549 号

责任编辑 雁 声
特邀编辑 骆 珊
责任校对 肖 寒
封面设计 大鹏工作室
版式设计 戴 宽

出版发行 中国社会科学出版社
社 址 北京鼓楼西大街甲 158 号 邮 编 100720
电 话 010－84029450（邮购）
网 址 http：//www.csspw.cn
经 销 新华书店
印 刷 华审印刷厂 装 订 广增装订厂
版 次 2008 年 6 月第 1 版 印 次 2008 年 6 月第 1 次印刷
开 本 710×1000 1/16
印 张 40.5 插 页 2
字 数 680 千字
定 价 59.00 元

《伊斯兰文化丛书》
编 委 会

《伊斯兰文化丛书》总序

东方文化大师季羡林先生把伊斯兰文化列为绵延不断、传承至今的世界四大文化体系之一，指出："纷繁复杂的文化，根据其共同之点，共可分为四个体系：中国文化体系，印度文化体系，阿拉伯伊斯兰文化体系，自古希腊罗马一直到今天欧美的文化体系。"[①] 伊斯兰文化不仅在人类文化史上曾起到过沟通东西、承前启后、推陈出新的独特作用，而且也是一种具有重大现实影响力的世界性文化。目前，全球有五十多个伊斯兰国家，十几亿穆斯林，占人类总人口的五分之一；特别是中东伊斯兰国家所拥有的重要地缘战略地位[②]和影响世界经济的石油、天然气资源[③]，使该地区成为举世瞩目的全球热点地区，与此相关的伊斯兰文化研究也已经成为国际学术界的一门显学。在国内有回、东乡、撒拉、保安、维吾尔、哈萨克、柯尔克孜、塔吉克、乌孜别克、塔塔尔10个信仰伊斯兰教的民族（他们主要聚居在西北地区），伊斯兰文化是这些民族文化的重要组成部分，甚至是核心部分。伊斯

---

① 季羡林：《东方文化集成》总序，经济日报出版社1997年版。

② 中东地区位于亚、非、欧三大洲的结合部，是沟通大西洋和印度洋、东方和西方的交通枢纽和咽喉地区，在世界政治、经济、军事、文化方面具有十分重要的战略地位，历来成为列强逐鹿、兵家必争之地。可以说，谁控制了中东谁就赢得了全球战略的主动权。这也是当今唯一超级大国美国处心积虑、想方设法甚至不惜使用武力控制该地区的原因之一。

③ 如果把工业文明比作一个人体的话，石油就是这个人体一刻都不能缺少的血液。如果没有石油及其天然气等副产品，美国近两亿辆汽车大部分将停放在家里，高速公路网、立交桥、加油站等将形同虚设，民航班机只能望空兴叹。目前，石油和天然气约占全球能源的63%，而中东地区的石油储量占世界总储量的近70%，天然气储量占世界总储量的36%。20世纪，中东石油曾对全球经济产生过呼风唤雨式的影响；21世纪，中东油气的龙头由谁来掌控，打开还是关上，拧紧还是放松，仍然牵动着各国尤其是大国的神经，美国企图用无可匹敌的实力，不惜一切代价，紧紧地握住中东油气的龙头，以达到"挟油气以令诸侯"的目的，特别是想牵制经济发展迅速、能源需求旺盛的发展中大国——中国。

兰文化研究不但具有学术价值，而且还有现实意义，这是显而易见的。

由于伊斯兰文化在人类文化中所占有的重要地位和现实影响力，因而受到国内外学界乃至政界的关注。目前，全世界伊斯兰文化的主要研究力量大致可分为三大块：伊斯兰国家本土学者、西方学者和中国学者。对伊斯兰国家本土学者而言，研究伊斯兰文化，犹如中国学者研究中国传统文化一样，是其“国学”的一部分，轻车熟路，硕果累累，其特点是占有第一手资料，原汁原味，只是对研究资料尚需分析、提炼、升华；西方学者依托充足的资金和先进的手段，经过几代人的努力，取得了大量的成果，建立了自己的庞大的学科体系。然而，西方伊斯兰文化研究是其“东方学”的一部分，带有浓厚的“西方中心论”色彩，而且是为西方国家的全球战略服务的；中国学者对伊斯兰文化的研究虽说由来已久，但真正引起主流学术界的关注则是在改革开放以后，尤其是近年来随着我国国际地位的日益提高，中央政府对世界性宗教文化非常重视，我国高校和相关科研院所投入了相当的人力和财力实施伊斯兰文化研究工程，取得了可贵的成果。只是这些成果无论是数量还是质量与我国这样一个正在崛起的泱泱大国的国际地位还很不相称，以翔实的第一手资料为基础的、具有中国气派和中国特色的研究成果略显不足。对此，上海外国语大学中东研究所所长、中国中东学会副会长、约旦皇家伊斯兰思想研究院院士朱威烈教授也深有同感，他针对这种不均衡的研究状况指出：“客观地看，我国对欧美的西方文化的了解和研究，已有相当的深度和广度，但对世界文明史和当今国际舞台上占据重要地位的阿拉伯、伊斯兰文化，却还知之不多，研究机构和人员的数量、水平都还无法与我国对美、欧、日、俄的研究相提并论。”[①] 甚至还不如对印度文化的了解、研究程度。对绝大多数受过教育的中国人而言，印度历史文化名人从古代的释迦牟尼到现代的泰戈尔，耳熟能详，能说出长长的一大串，而一提伊斯兰世界，人们似乎只知道《天方夜谭》，只知道萨达姆、本·拉登，而那些曾经对西方文化产生重大影响的灿若群星的学术大师（如伊本·西纳、伊本·鲁世德、安萨里、伊本·赫尔东等等）的名字则闻所未闻。

这种严重失衡的研究状况客观上造成了一些负面影响，比如我国有些媒

① 朱威烈：《文明对话与大中东改革》，《文明对话国际学术研讨会论文汇编》，2005 年 11 月 18—21 日，银川。

体在报道中东和涉及伊斯兰世界的新闻时，虽不乏真知灼见，但缺少真正属于自己的声音，有时甚至人云亦云，直接照搬西方现成的术语和表述方式，无意中充当了西方媒体的传声筒，正中了西方有些国家和政客借全球化之名行西方化之实的下怀。一些简单化的或带有西方文化背景和政治倾向的术语和表述方式充塞着人们的耳目，遮蔽着伊斯兰世界的多样性、伊斯兰文化的丰富性，影响着人们对伊斯兰文化多角度全方位的了解，极不利于我国与占联合国成员国四分之一强的五十多个伊斯兰国家的正常交往，不利于全面落实我国独立自主的和平外交战略，不利于保持和维护我国好不容易树立起来的负责任的大国形象，不利于展现大国国民的素质和气度，不利于构筑我国的软实力。

正如生物多样性是自然界的基本特征和维持生态平衡的基本保证一样，文化的多样性是人类社会的基本特征，也是人类文化生生不息的不竭动力。承认和维护文化的多样性，坚持各种文化兼容并蓄、取长补短、共生共荣，当是“和谐世界”理念最基本和最重要的内容。中国选择的和平发展道路和独立自主的外交政策，其理论基础就是对自身文化的守护与传承和对其他文化的宽容与尊重。

诚然，学者无力改变世界，因为当今世界，学者在西方强势媒体所表现出的话语霸权面前正遭遇着类似“秀才遇到兵有理说不清”式的尴尬，但学者尤其是人文学者不能因此放弃自己的责任，更不能使自己的学术良知处于休眠状态。《国语·周语》云：“武不可黩，文不可匿。”——人文学者即使不能像搞理工科的学者那样通过科学研究、技术发明直接为经济建设、国防建设做出贡献，至少不能丧失起码的学术良知和独立判断，至少不能人云亦云、亦步亦趋，至少不能成为帮闲文人。旅美华裔学者、哈佛大学教授杜维明先生就此状况描述道：“我们一方面对任何刺激都毫无反应，一方面又脆弱到不能适应任何环境——在穷困中，我们牺牲研究，牺牲读书，甚至牺牲人格去争取‘饭票’；在富裕中，不但我们的生活、就连最起码的学术兴趣都被腐蚀掉了……我们变成了社会风气的应声虫，甚至变成了非学术、非文化的情报贩子。”“我们像一群东倒西歪的醉汉，连自己最真切的存在感受、最强烈的恐惧、战栗和最痛苦的失落都要凭借外来的词汇才能言之成理……我们如果不肯在自己的文化社会中作一番反省批判的工作，一味想在别人的田园里寻找边际型的归宿，那么不管我们有多少存在的感受，有多少恐惧和战栗的经验，有多少失落的痛苦，在哲学上、神学上或文学上都会毫无所获。”① 两千多年前身处春秋战国时代的一代文化大师孔子曾说过：“知者不惑，仁者不忧，勇者不惧。”今天，在全球化背景下，作为具有五千年文明、综合国力不断增强的发展中大国的学者，理应努力使自己成为具有天下主义情怀和人文精神的知者、仁者、勇者，成为文化底蕴深、学术底气足的一代学人，同包括西方在内的具有各种文化背景的学者平等交流，相互借鉴，而不应处处仰人鼻息，时时（事事）言必称西方。更为重要的，应该走自主创新之路，从旧的语言圈子和“洋八股”中解脱出来，进行“话语”解放，进行一种研究理念的置换，确立以自己特有的观察视角、思维方式、命题的言说等构成的论述框架与范式，在此基础上提出新的问题、概念、命题和观点。这对本领域的学者，尤其对我们这些初出茅庐的学子固然是一个很大的挑战，但只能知难而上，不断探索。

慎思明辨，指正慧根，辨析文化误读，梳理文化脉络，清理文化遗产，还原文化真相，保护文化生态，维护文化多样性，促进文化交流，推动文明对话，实现文化自觉和文化互补，充当沟通桥梁，为构建和谐社会与和谐世界添砖加瓦（而不是为文化误读和“文明冲突”火上浇油，推波助澜），应该是人文学者责无旁贷的使命。②

有鉴于此，我们这些名不见经传的年轻学人不揣冒昧，不自量力，提出了撰写出版一套伊斯兰文化丛书的设想。西北民族大学谢玉杰书记、金雅声校长、马景泉常务副校长、赵德安副书记和其他领导在本校面临二次创业之际，高瞻远瞩，审时度势，从学科建设的需要出发，从本校的特点出发，通过对本校地缘优势、学缘优势③以及对本学科前景和潜力的分析判断，以非凡的魄力，做出了实施大型学术工程——编纂出版“伊斯兰文化丛书”的决断，在科技处的协调下，在方方面面的配合下，这项工程得以顺利启动。

---

① 杜维明：《一阳来复》，上海文艺出版社1998年版，第109页。

② 这段话也可以视之为本丛书的基本宗旨。

③ 西北民族大学位于古丝绸之路上的重镇兰州，背靠西北丰厚的伊斯兰文化资源，面向全国，放眼世界，联系中东，既有一批长期从事民族宗教和西域历史文化研究、著述颇丰的老专家、老教授，又有一批留学伊斯兰国家和俄罗斯及欧美，通晓阿拉伯语、波斯语、乌尔都语、英语、俄语、突厥语、藏语（包括古藏文）、蒙古语等多种语言、兼通东西文化的年轻博士、教授，学术积淀深厚，科研潜力巨大。

本丛书在借鉴前辈学者成果的基础上，另辟蹊径，别出心裁，试图实现"三合一"，即将中国优良的学术传统、西方可取的研究方法和伊斯兰国家本土学者的第一手资料结合起来，融会贯通，推陈出新，创自己的学术特色和学术风格，不图大而全，不图四平八稳，但求有新意，有突破，有亮点。同时，为繁荣学术计，本丛书所收入的专著、译著的观点不强求与主编者的观点完全一致（主编者之间观点也不尽相同），只要言之成理、持之有故、自圆其说，有学术价值，有利于学科建设，有利于文化的提升，我们本着兼容并包和文责自负的态度，以宽容的胸襟，对待不同的学术观点。

我国著名学者、长期致力于中东问题与伊斯兰文化研究、并在该领域卓然成一家的彭树智先生、吴云贵先生、周燮藩先生、林松先生、杨怀中先生、朱威烈先生、余振贵先生及著名宗教学家牟钟鉴先生、著名人类学家刘昭瑞先生，不计我们这些年轻学子的浅陋，欣然同意担任本丛书的学术顾问，表现出学界前辈提携学术新人的高风亮节，这增强了我们的信心和勇气。事实上，我们在许多方面借鉴吸收了这些老前辈和其他老前辈的研究成果，他们的学品、文品、人品令我们敬佩不已，我们真诚希望各位老前辈一如既往地给予我们指导和扶持，使我们的步子迈得更坚实一些，使得学术薪火能够不断传承下去，学术精神能够不断发扬光大。

中国社会科学出版社的领导为本丛书的出版给予了大力支持，黄燕生编审及本丛书的责任编辑为此付出了巨大心血，在此深表谢意。我们将遵循学术规律，稳扎稳打，不急不躁，不搞学术"大跃进"，采取成熟一本出一本的办法，把此项学术工程延续下去。

本丛书向所有有志于该领域研究的学者开放，欢迎符合本丛书入选条件的书稿列入其中，也欢迎对本丛书提出建设性的意见。让我们集思广益，凝聚智慧，共同努力，把这项利国利民的学术事业推向前进。

马明良

2006 年 4 月

于古丝绸之路重镇兰州

目　录

伊斯兰文化与文明对话

伊斯兰哲学思想研究

文化比较研究

伊斯兰文化与和谐社会

伊斯兰文化与中国穆斯林

伊斯兰教法研究

伊斯兰教育

伊斯兰文献研究

前言

马明良*

本文集共收录论文46篇，分为八个专题。论文内容广泛，在研究深度和广度上都有新的开掘和拓展，集中反映了近些年我国伊斯兰文化研究的前沿性成果。

在46篇论文中，西北民族大学作者论文有30篇，加上西北民族大学伊斯兰文化研究所兼职研究员及学术顾问的论文，则共计39篇，因此基本上比较充分地展现了西北民族大学在伊斯兰文化研究领域取得的最新成果及其整体水平。

作者队伍除一些仍然耕耘在科研一线的老专家外，基本上以中青年学者为主，预示着伊斯兰文化研究队伍的成长和壮大。

作者单位除西北民族大学外，尚有北京大学、上海外国语大学、兰州大学、宁夏大学、云南大学、北方民族大学及中国社会科学院、宁夏社会科学院等高等院校和科研院所，因此，也在一定程度上反映了近年来我国在伊斯兰文化研究领域所取得的最新成果和较高水平，具有一定的代表性。

西北民族大学在伊斯兰文化研究领域形成了一些自己的特点：

（1）设有独立的专门研究机构——西北民族大学伊斯兰文化研究所，为伊斯兰文化研究学术团队提供了平台。

（2）研究队伍学缘结构合理。在本学术团队中，既有一批长期在多个伊斯兰国家留学并获得博士学位的研究者，也有一些在国内南北不同大学求

---

* 马明良，西北民族大学伊斯兰文化研究所所长、教授、博士，宗教学专业研究生导师、伊斯兰文化方向导师组组长、校学术委员会委员。

学，先后获得硕士、博士学位的教授，受不同学术流派熏陶的学子在此会聚，学缘结构相对合理，实现了优势互补。

（3）研究工具——语言优势明显。本学术团队中有的掌握阿拉伯语、乌尔都语、英语等多种外语，还有的通晓少数民族语言，如维吾尔语、东乡语、撒拉语等，具备了阅读学术原典，获得第一手资料的无法取代的基本条件。这样的语言优势在国内外高校和科研院所是无与伦比的。

（4）在学术研究中，博采众长，走“三结合”的路子，即将我国优良的学术传统、伊斯兰国家本土学者的第一手资料和西方国家可取的研究方法结合起来。

（5）有得天独厚的区位优势，即立足“丝绸之路”重镇兰州，背靠西北丰厚的伊斯兰文化资源，面向全国，放眼世界，联系中东。

（6）有重点学科——宗教学专业研究生点及伊斯兰教研究方向，实现了科研与教学的结合和相互促进，为本领域的学术薪火相传提供了必要条件。

可以预期，西北民族大学伊斯兰文化研究学术团队在与国内外同行的交流合作中能够不断攀登新的高峰！

导论　面向新世纪，创建伊斯兰文化研究的新体系

丁　俊*

一　伊斯兰文化及其在我国的研究状况

伊斯兰文化是阿拉伯人、波斯人、土耳其人等穆斯林各民族人民共同创造的文化，以伊斯兰教经典《古兰经》和圣训为其理论基础，以阿拉伯语言为其主要学术媒介，内容涉及哲学人文学科、自然学科以及宗教学科的各个方面。由于这种文化具有鲜明的阿拉伯特征，又称“阿拉伯文化”或“阿拉伯—伊斯兰文化”。

伊斯兰文化最初（公元7世纪初）以阿拉伯人为主要载体而肇始于阿拉伯半岛，而后中亚西亚、北非等地的各族人民都参与到伊斯兰文化的发展与创造当中，从而使伊斯兰文化走向世界，成为几个世纪当中世界的主流文化之一，有长达500年的黄金时期（伊斯兰文化有时也特指这500年黄金时期的文化），直到今天，这种文化仍然有着旺盛的生命力，主导着众多的伊斯兰国家，影响着整个世界。

伊斯兰文化博大精深，历史悠久，具有许多鲜明的特征。第一，伊斯兰文化融宗教信仰与世俗生活于一体，提倡在信仰的指导下务实地生活，在务实的生活中体现信仰。打开伊斯兰教的宗教经典，无论是《古兰经》和圣

---

* 丁俊，西北民族大学历史文化学院教授、博士，宗教学专业伊斯兰文化方向研究生导师、《阿拉伯世界研究》编委。

训，还是经注和教法著作，其中对于天体运行、生命形成等诸多科学问题的探究，对于婚丧嫁娶、务工经商等世俗生活的指导，处处可见；翻开非宗教的著作，无论是立论还是阐述，又无不立基于宗教信仰之上。第二，伊斯兰文化融前代文化与后代文化、本土文化与域外文化、东方文化与西方文化于一体，兼容并蓄，包罗古今，将阿拉伯民族的传统文化与古希腊罗马文化、印度文化、波斯文化等东西方各民族的优秀文化以及伊斯兰精神加以融会贯通，形成了开放的、庞大的文化体系，博大精深，丰富多彩。第三，伊斯兰文化不是某个单一的民族文化或区域文化，而是一种国际性的世界性文化，所关注的是全人类而不是某个民族或国家。第四，伊斯兰文化深深根植于全体穆斯林人民当中，深刻地影响着他们的价值观念和生存方式，直到今天，依然如此，因此，伊斯兰文化具有大众性，是一种平民文化，而不是贵族宫廷文化或士大夫文化。第五，伊斯兰文化在世界文明史上起了承前启后、继往开来、沟通东西的历史性作用，产生了深远的影响，其重大的历史贡献已为人所共识。

历史文献的记载及长安（今西安）、广州、扬州、泉州等地的阿拉伯文化遗迹表明，中国是伊斯兰文化最早传播到的地方之一，中国人也很早就开始关注并研究伊斯兰文化，中华文化与伊斯兰文化有着悠久的对话交流史。多民族的中国，有10个民族的人民信仰伊斯兰教，他们所创造的具有中国特色的民族文化，丰富了中华文化，成为中华民族多元一体文化的组成部分。

中国人对于伊斯兰文化的关注与研究，可以说始于唐、宋，兴于元、明、清，盛于近现代及当代。唐有杜环《经行记》，宋有周去非《岭外代答》、赵汝适《诸蕃志》等，中国人对伊斯兰文化的早期认识和考察，可见一斑。蒙元一代，伊斯兰文化，特别是伊斯兰医学、伊斯兰天文学等科技文化在中国得到广泛传播，研究成果也异常丰富，对中华文化产生重大影响，而作为伊斯兰文化与中华文化对话交流的结果之一，回回民族也在这一时期形成并遍布全国。明清两代，特别是明末清初，以王岱舆、刘智、马注、马德新等为代表的中国穆斯林学者，在深刻了解中华文化的前提下，对伊斯兰文化特别是其哲学、宗教学等进行了较为全面的阐释、译介和研究，富有浓郁的中国特色，对中华文化与伊斯兰文化的交流与沟通起了较大的促进作用，在学术建设方面，也具有开创性的意义，“有凿山开石之功绩”①。近现代以来，中国人对伊斯兰文化的研究向多方面发展，学者众多，著述颇丰。特别值得一提的是，作为伊斯兰文化源泉的《古兰经》，在这一时期被通译为汉语，且译本多达十种以上。1981年，已故北京大学教授马坚先生的汉语全译本《古兰经》，由中国社会科学出版社在北京出版（1981年发行6.65万册；1997年重版，发行2万册），这在我国伊斯兰文化研究史上无疑具有里程碑的意义，“是中国伊斯兰教史上、中国伊斯兰研究工作上、中国翻译工作上的一件大事”②。二十多年来，我国学者对伊斯兰文化的研究进入极盛时期，新人新著，不断涌现，特别是《中国伊斯兰百科全书》的编纂和出版，更是体现了这一领域的研究所取得的丰硕成果。然而这还仅仅是一个开始，因为就总体而言，我们对伊斯兰文化的研究还很薄弱，很不全面，很不系统，还没有建立起一个完整的体系，无论与国外的研究相比，还是与国内对西方文化的研究相比，都还有很大的差距，因此，对伊斯兰文化的研究，在我国仍然是一个尚待开发的新领域，创建伊斯兰文化研究的新体系，是摆在21世纪中国学人面前的一项历史任务。

二　创建伊斯兰文化研究新体系的重要意义

无论从历史的角度讲，还是从现实的角度看，创建伊斯兰文化研究的新体系都具有很重要的意义。阿拉伯伊斯兰国家，在当今世界是一支不容忽视的重要力量，而今天的中国，国际威望与影响与日俱增，综合国力不断增强，学术文化事业日益繁荣。学术者乃天下之公器，学术的繁荣发达也是综合国力强盛的重要标志之一，而我们对伊斯兰文化的研究现状，却还与我泱泱文化大国的地位很不相称，诚如我国伊斯兰文化研究的著名学者纳忠先生所言：“伊斯兰国家在国际事务中，正在发挥着越来越大的作用。对阿拉伯—伊斯兰文化的深入研究，已成为世界各国学者日益迫切的课题。我国正处在一个学术文化繁荣的时期，在这方面的研究工作，理应作出无愧于我国

---

① 傅统先：《中国回教史》，商务印书馆1940年版，第155页。

② 马坚译：《古兰经》，白寿彝《序》，中国社会科学出版社1981年版。

国际地位的贡献。"[①] 建立伊斯兰文化研究的新体系，不仅具有重要的学术意义，而且具有重要的政治意义和国际意义。这一学科体系的建立，将填补我国学术研究领域当中的许多空白点，并且还将大大促进诸如宗教学、民族学、人类学、社会学、历史学、回族学、中外交通史、文化交流史等各相关学科的研究，推动和繁荣我国的学术文化事业。它还将有助于我们排除"欧洲中心论"的偏见，全面正确地了解整个人类文明的发展历史，有助于我们正确认识和把握当今世界政治、经济、文化格局的演化趋势，有助于中华文化与伊斯兰文化的对话与交流，从而推动包括中华文化在内的东方文化的复兴和觉醒，以利于未来世界多元文化新秩序的建立。因为长期以来，国际社会不但存在着不合理、不公正的政治、经济旧秩序，也存在着不公正、不合理的文化旧秩序，东方文化的复兴将大大有助于新的国际政治、经济、文化秩序的建立，从而对世界的和平与进步事业作出贡献。美国学者亨廷顿预言中华儒家文化与伊斯兰文化联手构成对西方的威胁，是最可能导致世界大战的原因，因而极力鼓噪"中国威胁论"、"伊斯兰威胁论"[②]，这是对中华文化、伊斯兰文化给予人类文明的历史贡献及这两种文化内在精神的无知，是毫无根据的呓语，不然就是一种不怀好意的政治鼓噪。这种说法一出笼，就受到中外各国学者的批驳。实际上，主张"以和为贵"、"普遍和谐"的中华文化和倡导"和平就是伊斯兰"的伊斯兰文化，二者的对话、交流乃至"联手"，不但不会对世界构成威胁，相反，可以断言，这两种文化的联手，必将强有力地推动世界和平事业，成为维护世界和平的坚强力量。"21世纪的人类社会需要有一种新的道德力量"[③]。这种力量不单来自西方，更多的将来自东方。建立伊斯兰文化研究的新体系，促进中伊两大文化的对话与交流，其国际意义，也正在于此。

三 建立伊斯兰文化研究新体系的必要措施与途径

一门学术体系的建立，是不能一蹴而就的，需要有长期的积累，还要采

① 纳忠译：《阿拉伯—伊斯兰文化史》第一册，译者序言，商务印书馆1982年版。

② 汤一介：《评亨廷顿的〈文明的冲突〉》，《哲学研究》1994年第3期。

③ 费孝通：《重建社会学与人类学的回顾与体会》，《中国社会科学》2000年第1期。

取有效的措施，寻求加快建设和发展的途径。伊斯兰文化研究体系的建立，更非易事，因为我们的基础薄弱，人才奇缺，资料匮乏，要做的基础性的工作还很多，任务异常艰巨。以下诸项即为其中重要的工作或谓必要的措施和途径：

1. 制订发展规划

凡事预则立，不预则废。要建立伊斯兰文化研究的新体系，就要制定出切实可行的发展规划，认清任务和困难，明确方向和目标。

2. 创建统一、规范的学术术语

一门学科，必有其一整套的学术术语，否则就不能准确地传达意思，更谈不上精确的研究。对于伊斯兰文化的研究来说，一整套包括人名、地名、称谓、概念等在内的统一而规范的学术术语尚待建立，由于这一学科的庞大，建立研究术语的任务更显异常繁重。就目前状况而言，大体有这样三种情况：

一是有一部分术语已经建立，而且约定俗成，基本上得到了统一和规范。例如："穆罕默德"、"麦加"、"圣训"、"公议"、"类比"、"大净"、"小净"、"前定"等，但属此类者为数并不算太多。

二是相当多的术语（包括人名地名等）尚不统一，不规范，使用混乱；还有一些术语意义含混不清，甚至有负面意义。例如大文学家 Al-Jahiz 就有"贾希兹"、"贾希慈"、"扎黑祖"、"扎西兹"、"吉希斯"等多种写法，著名历史学家 Ibn-Khaldun 的译法也有"伊本·赫勒敦"、"伊本·赫尔东"、"伊本·赫勒东"等多种，如此赫赫有名的人名尚且如此，其他人名就更不用说了。又如教法学术语 faridah 被译作"天命"、"天职"、"主命"、"法雷兑"等。再如"伊斯兰原教旨主义"（Islamic fundamentalism）这一眼下被广泛使用的术语，其实是西方人据其政治、经济、文化利益而炮制的一个概念，具有明显的后殖民主义色彩，我们使用它，意义就非常含混不清，其负面影响已为识者所诟病。对于此类具有明显西方殖民文化色彩的术语，我们应采取慎重态度，或弃而不用，或予以匡正，不可滥用。

三是尚有大量术语未有确切恰当的汉语对应词，还须认真研究，仔细斟酌，采用恰当的汉语表述形式，这一工作完不成或完成得不好，开展深入的研究将很困难。有大量的哲学、教义学、教法学、圣训学术语的汉语表述尚待建立。如：Aqiqah，Al-‘Arsh，Zakat-ulfitur，Wahdaniyah，Ihsan，Mudallas，Nasih，Mansuh，Hadith-Qudus，等等。

3. 译介学术原著，搜集原始资料

伊斯兰文化的典籍文献浩如烟海，然而我们翻译介绍过来的真是凤毛麟角。“五四”新文化运动以来，我们采取“拿来主义”的态度，大量译介了西方文化的原著，有些作品甚至一译再译，商务印书馆有“汉译世界学术名著”丛书，实以西方名著为主，伊斯兰文化方面，仅有伊本·西拿的《论灵魂》等幸列其中。不是伊斯兰文化没有学术名著，而是我们尚不了解，没有拿来。实际上，伊斯兰文化拥有许许多多世界级的学术文化巨人、巨著，许多学者甚至都是百科全书式的人物，一生著作等身。而我们中国人所知道的，似乎只有《一千零一夜》，而这最初还是从西方人那里转拿过来的。我们连中学生都熟知白朗宁夫人的诗句，可是有几位学人知道穆泰奈比[①]的诗句呢？但丁、卢梭等西方名人的“名言”被广为传诵，可是有几人知道穆罕默德——他被列为影响人类历史的百位名人之首——的名言呢？《历史绪论》被认为是世界性的历史文化巨著，其中阐述了“人类社会与地理环境的关系，经济与文化的关系，科学与历史发展的关系，实际上是一部包括社会学、政治学和经济学的史论专著，伊本·赫勒敦使用发展的眼光观察历史，他认为历史不仅是时代的记录和政治的总汇，也是人类道德、智力、文化、经济发展的纪实。人的情操、愿望和追求，都属于社会生活的一部分。人类的活动是一个统一的、不断发展的漫长过程”[②]。其中有关历史学、社会学、政治学等的一系列论述至今仍令人觉得新鲜，可我们有几位社会学家、历史学家读过这本论著呢？因为我们没有译本，而通阿拉伯语的学者又是何其稀少。《历代先知与帝王史》、《动物志》等许多名著我们都没有译本。因此，要建立伊斯兰文化研究的新体系，一个首要的工作就是要继续奉行“拿来主义”，大量译介各类文化名著，广泛搜集原始文献资料，只有这样，才能大

---

① 穆泰奈比（公元915—965年），阿拔斯王朝著名诗人，可谓是阿拉伯的李白，诗作丰富，形式严整娴熟，内容颇富哲理，许多诗句脍炙人口，成为古今吟诵的格言警句。

② 纳忠等：《承传与交融：阿拉伯文化》，浙江人民出版社1993年版，第256页。

量占有第一手资料，为深入研究打下厚实的基础。

4. 培养研究人才

李铁映同志在“新中国社会科学50年”学术报告会上所作的报告中指出：“我们要努力培养、造就、壮大一支高素质的人文社会科学研究队伍，创造各种有利条件，营造良好的学术环境，把各方面的积极性保护好，引导好，发挥好。做到政治上关怀，决策上重视，研究上支持，学术上尊重，生活上关心。……我们要充分认识到，造就21世纪优秀的人文社会科学家，与造就21世纪优秀的自然科学家同样重要。要迎接21世纪变革时代的挑战，必须努力造就一支高素质的人文社会科学研究队伍，并在学术上要有巨人、名著，这是时代的需要”①。伊斯兰文化研究的队伍还很弱小，缺乏学术骨干，而且大有青黄不接的断层趋向，难成梯队。老一代颇有威望的学者，虽然仍在苦苦耕耘，却大都步入人生暮年，垂垂老矣，新一代学人虽在成长，但学术功底多显薄弱，还很幼嫩，而且人数也并不很多。因此，人才队伍的形势不容乐观，加快培养一批心胸开阔、目光高远、志向远大、学养深厚的学术人才，是伊斯兰文化研究方面的当务之急。

5. 成立研究机构

虽然有一些研究机构如中国社会科学院世界宗教研究所、宁夏社会科学院回族伊斯兰研究所、中国伊协研究部以及一些大学的“中东研究所”都在从事有关伊斯兰文化方面的研究，但各有其偏重。严格来说，全国尚无一家较大规模的伊斯兰文化研究专门机构，这在我们这样一个泱泱学术文化大国里，相对于伊斯兰文化这样庞大的学科体系而言，是很不相称的。因此，成立一定数量、一定规模的伊斯兰文化研究机构，对于研究工作的发展与进步，是非常必要的。许多学科的成功建设和发展的经验也证明了这点。成立研究机构，自然可以不拘形式，多种多样，可以有国家的，也可以有民办的，如成立不久的“西安伊斯兰文化研究会”，虽刚刚起步，已在全国伊斯兰文化研究界较有影响，但能否健康而长久地发展成熟，壮大起来，尚需时

---

①　李铁映：《伟大的时代　辉煌的成就——新中国人文社会科学50年》，《中国社会科学》2000年第1期。

日。还可以有官办民办联合的。可以有人才集中于一处的研究所，也可以有网络各地精英的学会，如“中国阿拉伯文学研究会”等，就开展了卓有成效的工作。

6. 创办学术刊物

在期刊多如牛毛的今天，严格来说，我们并没有一种具有较高水准的伊斯兰文化研究的专业杂志，这严重制约了这一学科的建设和发展，使这一学科没有前沿阵地，不少很有水平的文章只能散见于其他各类报刊上或者干脆无处发表，这种局面难以适应新世纪的新要求，创办数种具有较高水平的综合性学术刊物，是势在必行的。这里应当提到的是上海外国语大学的《阿拉伯世界》季刊，这一刊物成为20多年来反映我国学者在伊斯兰文化研究方面的新水平、新成果的一个重要窗口，做出了显著的成绩。但要建立伊斯兰文化研究的新体系，仅有《阿拉伯世界》是远远不够的。

7. 举办学术会议

定期不定期地举办多种形式、多种内容主题的学术研讨会、报告会、讲习班等，对于学术信息和成果的沟通与交流，对于学术研究的促进作用是十分明显的。“中阿文化关系研讨会”（已举办四届，第四届名为“面向二十一世纪中阿文化关系研讨会”，1999年8月在北京举行）、“回族历史与文化国际学术研讨会”（举办首届，1998年10月在银川举办）、“西安伊斯兰文化研讨会”（已举办三届，第三届于1999年5月在西安举行）等学术会议的成功举办，就很有影响，提出了许多很有价值的问题和建议。“面向二十一世纪中阿文化关系研讨会”提出了多达21项的建议，包括“开设阿拉伯文化中心”、“建立中阿论坛”、“举办文化研讨会”、“出版发行文化精品”、“促进阿语教学”等。但我国学界举办的有关伊斯兰文化的研讨会为数还很少，尚待进一步加强这方面的工作，使形式更为多样，内容更为广泛，水平更高。

8. 加强阿语教学，培养阿语人才

伊斯兰文化的研究，几乎是离不开阿拉伯语言的，一支伊斯兰文化研究的队伍，如果都由不懂得阿拉伯语的人组成，其研究工作是难以想象的。阿拉伯语作为伊斯兰文化的主要学术语言，作为20多个阿拉伯国家的官方语言，作为世界十多亿穆斯林的宗教语言，作为联合国的工作语言之一，理应受到应有的重视。新中国成立后，我国一些高等院校相继设立阿拉伯语专业，在阿拉伯语的教学与研究、阿语人才的培养方面，取得了长足的进步，北京大学、北京外国语大学等高等院校阿语专业的广大师生，不但为新中国的外交、经济、教育事业作出了贡献，而且也是我国伊斯兰文化研究领域的一支生力军，在伊斯兰文化的译介、研究方面做了许多有价值的工作。然而，随着我国对外开放的日益加深，阿语人才也日趋显得紧缺，高校阿语专业的毕业生大都忙于非学术的工作，无暇顾及研究工作，而搞研究的人却有相当多不懂阿文，只好转向西文，获取二手资料。因此，对于伊斯兰文化的研究来说，着眼未来，培养大量精通阿拉伯语的人，也是一项首要的工作，否则，典籍文献的译介、学术术语的建立等诸多工作，将难以进行。

9. 多方通力合作，群策群力，集体攻关

对伊斯兰文化的研究，是一项涉及许多学科领域的艰苦工作，研究任务异常艰巨，研究者应该具备许多基本条件，如应当精通阿拉伯语、英语或至少一门其他西方语言，应有较深厚的中国传统文化的功底，还应有哲学、宗教学、人类学、历史学等学科的基本学养，而这对一个具体的研究者来说，是很难完全具备的，因而就难有通才。因此，在研究过程中，应当多方通力合作，发扬集体主义精神，扬长避短，优势互补，群策群力，联合攻关。只有这样，才能有重大的成果和突破性的进展，新体系的创建也才有可能。

10. 加强国际交流

学术研究如果不交流，就会走入闭门造车、故步自封的境地，难有新意，难有进步，特别是对于伊斯兰文化这样的国际性文化，加强国际交流尤其重要，它不但可以使我们及时获取外人的新成果，了解新信息，掌握新动态，而且也会使我们的研究走向世界，改革开放20多年来的成就和经验也充分证明了这一点。我们不但要与西方伊斯兰研究界交流，更要与阿拉伯伊斯兰国家交流，了解他们的学术研究，听听他们的发言，可是我们总有一种逆反心理，认为穆斯林学者讲伊斯兰文化，不免“王婆卖瓜”。其实，文化的创造者、拥有者，才最有对该文化的发言权和解释权，这就如同对中华文化的研究，主要要看我们中国人的理解和阐释，尽管西方的“汉学”中也有不少可取之处，不管“汉学家”对“孔孟之道”有多么新奇的说法，我们还是要看我们中国人自己的理解，自己的解说。

自然，加强国际交流的方式方法也应是多样的，可以走出去问，可以请进来讲，可以在一起探讨，总之应是多形式、多渠道的。国际交流可以使我们“看看我们和其他国家和地区的学者在认识社会和文化问题上有什么不同，存在什么差距，差距有多大，从中想到我们的学科能否跟上时代的要求”。[①] 国际交流，益处多多。

11. 设立专项基金

学术研究离不开资金的投入，而社会人文学科的研究又缺乏直接的经济效益，这就使社会科学的研究面临着很大的困难，这也是众所周知的。伊斯兰文化研究所面临的资金困难问题，更是难以克服的，这使不少的研究举步维艰，难以进行。要解决这一问题，也许会有各种各样的办法和途径，而设立专项基金可能是一种可行而有效的办法，资金可多方筹集，或来自国家扶持（如国家社科基金），或来自民间资助（如企业、人个赞助），或争取国际援助。有了专项基金，一些重要的长期的研究项目就可以持续下去，正常的研究也可以得到支持，优秀的成果也能得到奖励。至于专项基金的操作与运行，又需另加探讨了。

四 伊斯兰文化研究新体系的基本建构

伊斯兰文化研究新体系的建立，是一个非常宏大的学术工程，它实际上包含着一系列具体学科的建立，有宏观的，有微观的，有横向的，有纵向的，具体可分以下几大方面：

---

① 费孝通：《重建社会学与人类学的回顾与体会》，《中国社会科学》2000 年第1期。

1. 总体研究

即建立“伊斯兰文化学”，对伊斯兰文化从宏观上予以审视和研究，给以客观公正和科学的定位，展示其发展历史，发掘其精神内涵，揭示其思想底蕴，预示其发展方向和在人类未来文化发展进程中将可能发挥的作用，因为与中华文化一样，伊斯兰文化也将是未来人类社会的主流文化之一，而在过去，它也曾经是世界的主流文化之一。伊斯兰文化从来就不是独属于某一民族或国家的，它是全世界人民的共同财富。

2. 分支研究

即建立伊斯兰文化研究的分支学科，主要有三个方面：（1）哲学人文学科方面，包括伊斯兰哲学、历史学、法学、文学、艺术、语言学、逻辑学、伦理学、教育学、人文地理学等；（2）宗教学科方面，包括古兰学、经注学、圣训学、教义学、教法学等；（3）自然科学方面，包括天文学、医学、数学、化学、物理学、动物学、植物学等。

对上述诸多学术领域，我们的研究都很滞后和薄弱，不少领域尚属空白。如对世界三大法系之一的伊斯兰法的研究就很不够，再如伊斯兰史学，无论史论还是史料，都很丰富，塔巴里的《历代先知与帝王史》、马斯欧德的《黄金草原和珍贵的宝藏》、伊本·艾西尔的《全史》以及伊本·赫勒敦的《阿拉伯人、波斯人、柏柏尔人古今历史》及其《绪论》等巨著，被认为代表了伊斯兰史学的最高成就，不但有珍贵的史料价值，而且有很高的学术价值，对此，我们的学术界还都缺乏了解，很少研究。至于对宗教诸学科的研究，就更为薄弱了，如对作为伊斯兰文化源泉的《古兰经》的研究就很落后，至今尚无一部系统的经注问世。20 年前，著名史学家白寿彝先生就曾“希望关于《古兰经》的研究工作能在我国有所开展”[①]。20 年过去了，这一工作虽有所开展，但并无太大进展。

分支研究是总体研究的基础，分支研究很落后，总体研究也就不可能先进。所以，对伊斯兰文化各分支学科的研究亟待加深，尽早建立起相应的分支学科。

---

① 白寿彝：《序》，见马坚译《古兰经》，中国社会科学出版社 1981 年版。

3. 交叉研究

即进行双学科或多学科的跨学科交叉研究，建立起相应的边缘学科。“21世纪里中国要改革开放，世界也在朝向地球村文化发展……在这样的大背景下，国际跨文化研究显得越发要紧。与文化的多样性联系的是学术的多样性，所以要更加开放地相互交流。社会文化学科可以有多种门类，但最好要能密切联系，形成跨学科的结合，并促进跨国文化的对话”①。伊斯兰文化诸学科既是相对独立的，又是相互关联的，单入一门而不进行交叉研究是搞不好研究的。不但如此，还要与伊斯兰文化之外的其他学科、其他文化做交叉研究，特别是与文化人类学、民族学、社会学、宗教学等学科的交叉研究。不但微观研究上要交叉，要跨越，宏观研究上也要交叉，要跨越，不可画地为牢，划界自守。

4. 比较研究

即将伊斯兰文化置于世界诸文化之林，进行比较考察，见出异同。

“今天我们立足于祖国的现代化，放眼世界，放眼未来，不难看出：现在世界各国彼此之间的关系，在历史发展过程中，正日益趋于紧密，各国家或各地区之间的往来日益方便；经济的、政治的、文化的以及其他各方面的关系日趋紧密，几乎成了不可逆转的必然趋势。但要使这些关系发展得很好，甚至合乎我们的理想，则研究、考察、寻找正确方向或理想前途的工夫，为不可少。……发展的方向或理想的前途是不易明确的，这就要诉诸比较研究。即使诉诸比较研究，如果只拿现在与过去比，或拿中国与外国比，充其量只能了解文化的大势；必须进一步有具体细致的比较，才能把方向找出来……把比较的范围扩大再扩大，使比较的对象力求具体更具体。果能如是，则研究文化的方向或追求理想的前途绝不会落空”②。对于伊斯兰文化的研究，我们要做的比较工作还有很多很多，在扩大比较的范围、具体比较的对象方面，还有很长的路要走，可以比较的东西太多太多，不比是不知道的。如我们对中西文学、中西文论的比较研究，是很下了一番工夫的，取得

① 费孝通：《重建社会学和人类学的回顾与体会》，《中国社会科学》2000年第1期。

② 周谷城：《世界文化丛书》序。

了显著的成绩，从古希腊罗马的古典诗艺到近现代的各种理论，都做了相当细致的研究工作，出了不少名人名著，朱光潜先生即为一例。实际上，阿拉伯伊斯兰诗艺文论和文学，与我们中国的诗论文学一样丰富，一样精深，是很有比较价值的。如贾希兹的《修辞与阐述》，就很可以与刘勰的《文心雕龙》作一番比较。也就是这位贾希兹（公元775—869年），在一千多年前就对中国文化和希腊文化作了比较研究，进而得出结论，认为“希腊人仅仅懂得理论，唯有中国人才拥有技术”。对此，季羡林先生深表“吃惊”和“钦佩”，他说：“我们不能不佩服古代穆斯林观察之细致，综合之准确。也许由于我孤陋寡闻，读的书不够多，我还没有在任何书中读到这种说法。我们不能不对古代穆斯林表示敬意”①。

对于伊斯兰文化的比较研究，不但要有具体的、微观的比较，还应有广泛的、宏观的比较，与中国文化作比较，也与西方文化作比较。如今人类面临着生态破坏、环境污染、战争威胁、强权政治等诸多重大问题，这些问题不得不使人作深刻的思考和反省，“人们要求知道：我们为什么这样生活？这样生活有什么意义？这样生活会为我们带来什么结果？也就是人类发展到现在已开始要知道我们各个文化是哪里来的？怎样形成的？它的实质是什么？它将把人类带到哪里去？”② 在未来世界文化发展中，西方文化也好，中国文化也好，伊斯兰文化也好，都将发挥怎样的作用？回答这一系列的问题，没有比较研究是不行的。西方文化的核心似乎是很重物质的，要征服自然，“所讲的是物竞天择的斗争境界，他们提倡冲突、打仗，把高新技术首先用到武器上，用强权来压人，试想一下，按照这一逻辑，以恐怖的战争手段来毁灭人类并不是不可能的”③。这种征战逻辑，使“西方人手中的巨大的科学成就变成一种不仅对他们自己，而且也是对全世界的诅咒”④。东方文化似乎不是这样，中国文化要“普遍和谐”、“天人合一”；伊斯兰文化要人类为真主而负责任地代治大地，主张“宗教无强迫”、“和平就是伊斯兰”。“物竞天择”、“普遍和谐”、“宗教无强迫”，对这些不同文化不同内涵的比较

① 季羡林：《古代穆斯林论中西文化的差异》，《季羡林学术文化随笔》，中国青年出版社1996年版，第160页。

② 费孝通：《重建社会学与人类学的回顾与体会》，《中国社会科学》2000年第1期。

③ 同上。

④ 印度学者 Ali Alhasan Nadwi：*Islam And the World*. p. 162.

研究，对今天，对未来，都无疑具有重大的意义。不比不知道，一比吓一跳，比较研究，会使我们有许多重大发现的。

五　应克服的不良倾向和应树立的正确观念

学术研究，是神圣而科学的工作。研究者要实事求是，客观公正，力戒怀有偏见，先入为主；要解放思想，勇于创新，力戒故步自封，思想僵化；要胸怀坦荡，放眼世界，力戒心胸狭隘，目光短浅；要脚踏实地，扎扎实实，力戒轻浮空泛，哗众取宠。任何学术研究，都应如此，而全面系统地对伊斯兰文化进行研究，在我国才刚刚起步，因而克服各种不良倾向，树立正确的研究态度，更具有非常的意义。在这里，需要特别提出以下几点：

1. 消除偏见，克服本位主义，树立公正求实的态度

尽管伊斯兰文化在一千多年前就来到中国，尽管中国与阿拉伯伊斯兰世界同属世界东方，互为近邻，有着悠久的文化交流史，尽管中国人民与穆斯林各国人民有着遭受西方列强欺凌的共同历史遭遇，尽管中国有10个少数民族人民信仰伊斯兰教，然而，由于种种原因，中国人对伊斯兰文化的了解还是很有限的，不要说一般人，就是学术界的人，也所知无多，甚至还存有不少误解或偏见，总认为这是一种“落后”的少数民族的文化，难登大雅之堂，“蛮夷”之俗岂可与煌煌儒学相提并论。这种唯我独尊的本位主义观念还根深蒂固，一些不加认真分析研究就主观臆测、妄加评贬甚至肆意歪曲、猎奇丑化的奇谈怪论也时有所闻。不消除这样的观念，要全面深入地进行客观公正的研究，是很困难的。

而且，中国学人们对伊斯兰文化的忽视也是令人吃惊的，从鲁迅到郭沫若，从胡适到钱锺书……翻阅这些学贯古今中外的学术文化大师们的文集，论及伊斯兰文化者，凤毛麟角。现代有影响的学者中，唯季羡林等少数学人独具慧眼，对伊斯兰文化偶有精彩论述，颇富启发意义。中国的第一流的学者们，若能对伊斯兰文化予以应有的关注，则是我国伊斯兰文化研究事业之大幸。

2. 摆脱“欧洲中心论”的误导，走出“言必称希腊”的误区，树立中国特色，中国风格，显示中国气魄

长期以来，我国学术界对不少学科的研究摆脱不了西方人的误导，自觉不自觉地进入“言必称希腊”的误区，使我们的研究难有中国的风格，难有中国的气魄。对伊斯兰文化的系统研究，虽才刚刚起步，却仍不免有这种倾向，唯西人言论是尊，“伊斯兰原教旨主义”这一具有明显西方后殖民主义色彩的术语的广泛引用，就是一个显著的例子。我们应该真诚地倾听伊斯兰学者的见解，“让文明的发言和文明的创造，成为一个声音”[①]。这里，我们不妨略略听一下这样的声音——多次访问过中国的巴基斯坦著名学者艾尼斯博士（Dr. Anis Ahmed）说：

> 了解一些关于伊斯兰和穆斯林的基本知识是现代人的必需。因为，有些西方历史学家由于受到历史循环论的影响而极力把伊斯兰描绘为一种西方文明和文化在将来必然与之搏斗和争战的“威胁”。我经过对这些作家们的分析后认为，他们对伊斯兰和人类未来的认识相当褊狭。伊斯兰没有任何帝国主义和扩张主义的构想，我们无法把伊斯兰与在过去两个世纪内在东方世界各国强行推行了殖民掠夺和策划了侵略阴谋的西方帝国主义和殖民主义进行比较。它们根据既定的目标，利用它们在军事、政治和经济上的优势，对包括中国和许多穆斯林国家在内的东方世界推行了两个世纪之久的帝国主义式的资本掠夺和霸占。
>
> 自从1947年8月14日巴基斯坦独立以来，几十个穆斯林国家相继从殖民主义统治中赢得了独立。凑巧的是，在同一时期，中华人民共和国也在1949年作为一个主权国家在世界舞台上崭露头角。这些新的主权国家在思想和精神上一直进行着寻根的努力，其结果导致了一个伊斯兰再觉醒和复兴的世界性运动，但这一复兴的号召常常被西方人误译为“原教旨主义”和“极端主义”。建立于由来已久的误解之上，许多西方学者在他们的想象中创造了伊斯兰和穆斯林威胁论。在前苏联解体以后，西方在极力坚持对世界的单一霸权的同时，也开始谈论关于西方

① 张承志：《人文地理概念之下的方法论思考》，《回族研究》1999年第1期。

世界和“下余”世界之间产生文明冲突的话题。对西方来说，“下余”世界意味着穆斯林世界和中国的文明与文化力量。

在确信了历史循环论以后，有些西方思想家认为一极世界的现状不会维持多久，与之相对的另外一极会自然出现。根据这种论点，他们猜想伊斯兰会作为一极出现，要么伊斯兰同中国文明会联手成为反西方的一极。正如在上面提到的那样，由于这些西方学者确信了历史循环论的假设，他们只能得出错误的结论。

从根本上说，伊斯兰所带来的是和平、正义和中和的教诲。伊斯兰一词意为和平和承领真主安拉为宇宙的最高实在和终极真理。承领安拉为最高实在和独一的主宰就意味着人类不应该在他们的内在精神生活中允许冲突的存在，也不应该在他们与自然和宇宙的外在关系中允许冲突的存在。基于这种认识和信仰，人类应该遵循内在与外在一体化的原则，而不应该去招惹冲突和矛盾。……伊斯兰期望穆斯林，也期望全人类过一种内在和外在和谐的、一体化了的生活，正如宇宙秩序本身就是一种内在和外在和谐的、一体化了的一样。

伊斯兰的和平信息现在不是，过去不是，从来也不是穆斯林或者世界上某一地区的人们的垄断物。①

这是与西方人多么不同的声音，可我们听到的太少。香港、澳门的相继回归，使殖民主义的尾巴终于在20世纪收起来了，但这并不意味着殖民思想的消失，政治上的双重标准未必就不体现在学术上。在我们研究伊斯兰文化、创立研究新体系的时候，应当更加具有自主意识，更有世界意识，完全走出言必称西方的学术误区，要有自己的术语，自己的方法，自己的风格，自己的气魄，因为“中国国民经济持续高速发展和整体国力的上升，改革开放、励精图治和安定团结的社会主义政治体制的优势，无不要求我们在文化创造和人文建设上，表现出雄丽精进的大国气象和涵容万象的巨大魄力”②。

---

① Dr. Anis Ahmed：*The Preface to Islam and World Civilization*. 转引自《伊斯兰文化巡礼》，丁俊著，甘肃人民出版社2002年版。

② 杨义：《五四运动与现代中国人文建设》，《文学评论》1999年第3期。

3. 冲破“中学西学”的窠臼，树立世界文化多元化的新观念

考察一个多世纪以来的中国学术史，基本上就是“中学”、“西学”的摆弄史，或“中学为体，西学为用”，或“全盘西化”，或“半盘西化”，按下葫芦起了瓢，终未能很好地摆平。在20世纪结束、21世纪来临之际，中国学人们开始反思这个问题，特别是科索沃战争的爆发，“北约”、“战略新概念”的出台，以及无休止的“人权报告”、“制裁”、“遏制”、“封锁”等重大国际政治事件，更使中国学人们深刻反省，开始重新审视西方文明，对以殖民征战逻辑为核心的西方文明能否将人类社会和平地带向未来深表怀疑。“自上个世纪中后叶以来，中国即被深刻地卷入以西方文明及西方价值为主导的世界潮流，向西方学习与批判西方，向西方开放与抵抗西方，遂成为中华民族20世纪贯彻始终的课题之一。20世纪行将过去，当科索沃危机酿成以美国为首的北约在毫无法理依据的前提下的野蛮侵略，当中国驻南使馆被悍然轰炸并造成人员伤亡之后，本世纪近100年来不断隐约显现的历史逻辑再一次清晰地显示出来：西方文明与西方价值，难以将人类和平地带入新世纪”[①]。因此，在新世纪伊始，新一代的中国学人们必须彻底冲破“中学西学”的窠臼，树立起世界文化多元化的理念，真正做到胸怀祖国，放眼世界，而不是放眼西方，以新的姿态环视世界，以新的世界意识来研究世界文化。200年前德国伟大的诗人歌德曾说过：“我们德国人如果不跳开周围环境的小圈子朝外面看一看，我们就会陷入……学究气的昏头昏脑。所以我喜欢环视四周的外国民族情况，我也劝每个人都这么办。民族文学在现代算不了很大的一回事，世界文学的时代已快来临了。现在每个人都应该出力促使它早日来临”[②]。歌德是这样说，也是这样做的，他对中国文化和伊斯兰文化都曾满怀敬仰地予以学习和研究。这里我再把歌德的话变一下说：“民族文化在现代算不了很大一回事，世界文化的时代已快来临了。现在我们每个人都应该出力促使它的早日来临。”这个“世界文化”将不是东方的，也不是西方的，而是全人类优秀文化的总汇和智慧的结晶，是网络化、全球化下各民族文化的交流、对话和融合，是进步的，维护世界和平、关注人类福祉

① 杨平：《重新审视西方文明》，《新华文摘》1999年第8期。

② 爱克曼著，朱光潜译：《歌德谈话录》，人民文学出版社1982年版，第113页。

的。审视当今世界大势，乃是政治格局多极化、和平与发展是主流，文化格局多元化、对话与交流是主潮，“人类社会发展的前途，绝不应是‘文明的冲突’，而应是‘文化协调发展’，使东西方文化在新世纪的对话中把人类社会推向一个新阶段”①。

总之，在新世纪，中国将大有作为，冲破“中学西学”樊篱的中国学人将大有作为，中国的伊斯兰文化研究也会大有作为，终将创立起具有中国风格、中国气魄的崭新体系。

最后要说的是，建立中国伊斯兰文化研究的新体系，是一个很大的学术工程，需要集思广益，群策群力才能做好。写这样的文章，也是很难的题目，以上仅是个人的一点认识和想法，很不成熟，未免浅陋，未必正确，尚俟方家贤者批评指正。

原载《西北民族研究》2000年第2期

① 汤一介:《汤一介学术文化随笔》，中国青年出版社1996年版，第155页。

伊斯兰文化与文明对话

文明对话与大中东改革

朱威烈*

伊斯兰世界在抗议和反对“文明冲突论”的过程中提出了文明对话的主张，美国在伊战后提出了全面控制和改造中东的“大中东计划”。本文从伊斯兰世界的宗教文化、改革文化和政治文化三个层面分析归纳了阿拉伯、伊斯兰国家在美国“大中东计划”出台前后，开展改革初期的文化观察点和当前处境，旨在引起我国学者的关心和兴趣，推动、深化和提高我国对伊斯兰文化的研究工作。

一 从“文明冲突论”到文明对话

文明对话的提出，在很大程度上是缘于冷战结束后美国塞缪尔·亨廷顿教授“文明冲突论”的问世。

亨廷顿的论文《文明的冲突?》在美国《外交》季刊1993年夏季号上一发表，便引发了广泛而长久的批评和争论，被认为“是继20世纪40年代坎南提出‘遏制’思想之后另一最富争议的国际关系理论。它几乎刺激了所有文明的神经”。1996年，亨廷顿为“对该篇文章提出的问题提供一个充分的、深刻的和更详尽论证的解答”，又编写出版了《文明的冲突与世界秩序的重建》一书。学界认为，亨廷顿的文章发表以后，立即在国际舆论界与学

* 朱威烈，上海外国语大学中东研究所所长，教授、博士生导师，西北民族大学伊斯兰文化研究所学术顾问。

术界引起相当强烈的反响，尤其以第三世界和中国为甚，因为“他特别担心的是儒教文明（实际上是指中国）与伊斯兰文明（主要指阿拉伯伊斯兰国家）可能联合起来对西方文明构成最严重的挑战”。亨廷顿的一文一书，前者政策性色彩浓重，后者侧重于提出一个“看待全球政治的框架和范式”，是一本国际政治学专著。虽说我们中国学者大都不同意他的结论性阐述，即：“这种合作的最突出形式是儒教—伊斯兰教的联系，这样的联系已经出现，对西方的利益、价值和权力提出挑战”；但是，“文明冲突论”客观上毕竟是一个重要的时代命题，应当引起我们的关注和重视，更何况，它的主要观点，如“西方与伊斯兰之间几个世纪以来的军事冲突不可能减弱，而且可能会更加激烈”，“文化上的差异，也就是基本价值观和信仰的差异，是第二个冲突的根源”，“伊斯兰和西方之间的冲突是文明之间的冲突”等，都已经反映在美国的外交政策和实践中。从克林顿时期的美国国家安全战略把安全、经济、民主列为对外战略的三大支柱，并提出在海外推行民主是美国对外政策的三大目标之一，到小布什政府明确提出“大中东计划”，不惜财力、人力、物力欲将伊拉克打造成中东民主国家样板的努力，都不难看出“文明冲突论”对美国全球战略所具有的指导意义。

伊斯兰世界，特别是其中的阿拉伯国家和伊朗，面对着伊斯兰文明和文化被歪曲，穆斯林形象被丑化，国家和社会遭遇到越来越大的压力，它们在不断抗议和反对的同时，也频频提出文明对话的主张，借助各种平台和场合，通过正面阐述伊斯兰教的宽容、和平、正义和兄弟情谊等教义内涵，以争取国际社会特别是西方国家的理解和认同，这无疑是一种积极且具有建设性意味的举措。因为各种文明之间虽确有差异、矛盾和冲突的一面，但同时也有交流、融合、共荣的另一面。生活在经济全球化时代，绝大多数的国家和人民，都主张用对话代替对抗，用和平发展代替军备竞赛。为此，阿拉伯国家曾举办过多次文明对话国际研讨会，2006 年 12 月中阿合作论坛也将在北京召开中阿文明对话学术研讨会，伊朗前总统哈塔米还将 2004 年定为“文明对话年”。

二　对“大中东计划”的因应

当前，就信众人数、地域范围和影响深广而言，世界上主要的文明文化，是三大块，即美欧以基督教为基础的西方文化，东亚的中华民族文化和拥有57个（伊斯兰会议组织）成员国、约12亿穆斯林的伊斯兰文化。从实际情况看，“文明冲突论”的主要对象和文明对话的相对固定一方，应该说是伊斯兰教、伊斯兰国家，再局限一些，是伊斯兰文化中的主体国家——阿拉伯国家和伊朗。大家知道，自“9·11”事件以来，美国发动了阿富汗战争、伊拉克战争，其国家安全战略已确定为反恐、反大规模杀伤性武器扩散和全面控制改造中东。虽说小布什从第二任期起，策略上已出现调整，不再沿用初期那种“新的十字军战争”、“要么与美国站在一起，要么与恐怖主义站在一起”的思维方式，而是采取了区别对待政策，除了继续把叙利亚、伊朗当作对立面，表示要继续与之斗争外，对其他阿拉伯国家则是有肯定、表扬，也有鼓励、诱导。小布什总统在2005年的美国国情咨文中说：“从摩洛哥到约旦再到巴林，充满希望的改革已经处处生根。沙特阿拉伯政府可以通过扩大本国人民的自主权来展示其在地区的领导作用。为中东和平开辟道路的伟大和自豪的埃及现在能够在该地区带头迈向民主。”事实上，在伊拉克战争之后，美国全面控制和改造中东的战略已经展开，其最重要的战略方案便是实施它的“大中东计划”，宗旨是民主改造中东国家的政治、经济、教育、社会等制度。美国始终不同意欧盟、阿盟都主张的首先解决巴勒斯坦问题再谈改革，而是坚持中东国家开展改革不能把解决巴以问题作为前提。而且，即便是它代表四方委员会提出的路线图计划，也是将巴民族权力机构改革作为先决条件的。值得注意的是，美国2003年初提出的“大中东计划”在遭到阿拉伯国家几乎一致的拒绝，认为“改革不能从外部强加”之后，已作了调整，2004年6月在美国佐治亚州召开的八国集团首脑会议上已经将其易名为“旨在进步和共同未来的大中东和北非地区伙伴关系”和“八国集团支持改革计划”两份文件。这被阿拉伯学者视同为“一战”后的《凡尔赛和约》（1919年6月）、“二战”结束前后的《雅尔塔协定》（1945年2月）和《波茨坦公告》（1945年7月）那样的国际性协议，是“冷战”结束以来发达国家第一次对阿拉伯世界和伊斯兰世界作出的一种制度性安排。很显然，“大中东计划”反映了小布什政府的中东战略正在从利用武力更迭政权的单边主义，转向多边合作，借助西方“软实力”来推动民主改造中东的进程。因此，阿拉伯、伊斯兰国家的改革已经不仅仅取决于它们的意愿，而是一件关系到中东、北非地区前途以及国际现有体系和国际秩序的稳定与发展的全局性大事。

客观地看，阿拉伯国家包括它们的官员、学者和民众对自己目前的处境是清楚的，它们也有进行改革的愿望。曾担任埃及教育部部长十余年的侯赛因·巴哈丁博士在他委托我们翻译出版的《十字路口》中说，埃及和阿拉伯世界正处在一个十字路口，是屈从现状、甘于沉沦，还是超越挫折、奋发图强，阿拉伯民族应走向何方？他的回答是改革。因为"改革作为在这个急速变化的世界里，适应时代变化和新型国际关系的一种必需，它不仅是我们应该接受的现实，而且应当成为我们处理当前和未来各种问题的纲领"。这些年来，在阿拉伯国家的媒体上，在各种研讨会场合或与当地各类人士的接触过程中，改革是一个被广泛而且高频率谈论的话题。它们虽然仍会较多地强调改革的障碍主要来自美国单边主义的负面影响，如伊拉克的被占领，巴勒斯坦问题至今由于美国的双重标准而尚未得到公正、全面的解决，但是，讨论和研究毕竟已涉及文化层面，即基本价值观和信仰等方面的问题。

三　阿拉伯世界改革初期的文化观察点

从 20 世纪下半叶至今的中东历史表明，阿拉伯、伊斯兰国家一直处在向现代化过渡、转型的阶段，伊斯兰教信仰和民族主义始终居于重要地位。

这里，仅根据我这些年的了解，围绕与阿拉伯、伊斯兰文明的对话，谈几点管窥蠡测所得，或叫做观察点。

1. 关于宗教文化

阿拉伯国家、伊斯兰世界在改革过程中，都面临着重新构建其主流宗教文化的任务。众所周知，伊斯兰国家的核心价值观，历来都是伊斯兰教，现在和今后也依然如此。因为没有伊斯兰教，就没有阿拉伯民族、阿拉伯标准语言文学和阿拉伯文化；没有伊斯兰教，也就没有伊斯兰国家、伊斯兰世界和伊斯兰文化。这在人类社会发展史上可谓是独树一帜。因此，不了解伊斯兰教，就很难与阿拉伯国家和伊斯兰国家交流与沟通，更遑论推动它们的改革了。在伊斯兰教的主体民族阿拉伯人的崛起、发展、衰落、振兴的漫长历史阶段里，伊斯兰教从来就是他们的旗帜、口号和精神力量的源泉。他们的强盛或式微，除了自身的政治、经济和军事等客观条件和外力因素外，主要在于他们对经典的正确选用和理解，亦即选用怎样的经文来构建时代色彩鲜明的宗教文化，作为他们行动的指导思想。生活在中东社会的现实环境里，当地绝大多数穆斯林的基本价值取向是追求并崇尚公正，他们对待和处理问题的方式通常是与他们对问题性质的判断首先是公正与否紧密相连的。要把旨在抵抗外来侵略和占领的暴力活动，都说成是恐怖主义，不啻是离经叛道。《古兰经》里那些宣扬抵抗文化的经文，千百年来一直是穆斯林们维护自身独立、尊严的精神武器。在当前反对国际恐怖主义的斗争中，阿拉伯各国政府都一致表示坚决反对一切形式的恐怖主义，但同时也坚持必须把反抗外来侵略和占领排除在恐怖主义之外。为跟上国际社会和平发展的潮流，它们正致力于弘扬伊斯兰中有关和平、温和与中间主义的教义，以铲除导致暴力的极端主义。阿拉伯国家和伊朗都有不少论文，注意引用有关经文宣传中间主义，如“我这样以你们为中正的民族，以便你们作证世人，而使者作证你们”、“他们中最优秀的人说：‘难道我没有对你们说吗？你们怎么不赞颂真主呢？’”等（其中的“中正的”、“最优秀的人”原文是“中间的”、“最中间的人”），以强调阿拉伯民族应当是中间的民族，伊斯兰文明乃是中间的文明。即便是在涉及抵抗内容时，也注意引用“你们当为主道而抵抗进攻你们的人，你们不要过分，因为真主必定不喜爱过分者”。但是在一些国家的清真寺的主麻礼拜上或某些宗教团体内部，却依然在片面引证有关抵抗和杀身成仁、杀敌致果的经文。这种情况表明，与时俱进地构建全球化时代伊斯兰教的主流宗教文化，虽已经开始，但还需要时间，因为这种宣传并不普及，尚缺乏制度和具体政策的保障和支持，特别是伊拉克和巴勒斯坦的现状、美国对伊朗的单边制裁和遏制，用“公正”的标准衡量，都对中东地区的穆斯林不具有任何说服力。因此，迄今为止，我们还未能看到阿拉伯国家和伊朗涌现出拥有广泛影响的理论家或全面阐述伊斯兰中间主义的权威著作。

2. 关于改革文化

阿拉伯国家和伊斯兰国家的改革究竟从何着手，是一个人们普遍关心的问题。一般来说，发展中国家的改革通常都会从革除妨碍发展的观念和体制机制性弊端展开，但这是以政权稳定作为前提条件的。美国“大中东计划”出台，不仅意味着它的中东政策推动力已经从硬力量向软力量转变，而且也表明它主张的改革可以是不改变中东国家现有体制的改革。只是，当改革进程启动以后实际上首先会涉及的仍必然是对现有政权合法性的争论。著名的美国学者凯马尔·卡尔帕特曾分析过当今世界的三种合法性，即基于部落酋长或宗教首脑地位的传统合法性，某一时期首领、长官或领袖的个人合法性，及符合宪法的合法性。目前中东伊斯兰国家都有宪法，都具有第三种合法性，但第一种、第二种合法性的色彩浓重的例子也不少。出于现实利益的考虑，它们与美国建立较密切的甚至同盟的关系，当然是可能的，但一旦美国所主张的民主改革触及它们现有的社会准则和关系的象征，关系到遗产、传统和神圣事物时，它们能退让和妥协的空间就很有限，因为它们对这些遗产、传统和神圣事物的认识，乃是它们权力的基础。因此，阿拉伯、伊斯兰国家的改革，虽然已经在从改变观念着手，但主要还是集中在局部性的体制和机制上，例如，2005 年 10 月埃及修改宪法有关条款后，第一次举行了有多名候选人参与的大选，科威特也已允许妇女参选、担任议员和内阁大臣，阿盟 2004 年的首脑会议已决定成立贤哲会，让学者们进行开放式讨论，研究如何进行改革、应对阿拉伯民族面临的挑战，并决定修改阿盟宪章、启动阿盟的体制性改革；又如埃及《十月》杂志主编拉吉布·班纳提出阿拉伯国家的高校改革，应从引进国际上高校的考核评估体系着手，至于经济方面的改革，各国近年出台的改革政策和举措就更多了。由此可见，阿拉伯、伊斯兰国家的改革正在按照自己的特点和需要逐渐展开，它们当前在文明对话中最感兴趣的话题，是如何在保持自身政权稳定，维护自己民族、宗教属性的前提下，实现经济的快速增长，以缓和国内因贫富差距、失业率、出生率居高不下等而引发的社会主要矛盾，它们关心并在进行比较的发展模式是俄罗斯模式、印度模式和中国模式，而不是欧美国家的西方模式。

3. 关于政治文化

应该说西方政治文化中的核心概念民主，对阿拉伯国家和伊朗来说，都是外来词，对接不接受这个概念，已有过长时间的争论，就目前而言，实际已不再是个问题。阿盟秘书长阿慕尔·穆萨说："民主，不需要别人来给我们上课。对阿拉伯世界而言，这不是新问题。比如埃及，1866 年就已建立了议会，比许多自称进步的国家都要早"。"二战"结束以来，阿拉伯国家的民族解放运动风起云涌，埃及、伊拉克、也门、阿尔及利亚、利比亚等国在推翻君主政体和殖民统治的过程中，都无不以民主为标榜，它们在维护伊斯兰教价值的同时，也高举民族主义或社会主义的旗号，因此，接受民主的信念并不构成障碍。它们当前对民主的讨论焦点，实际上集中在美式民主是否意味着要它们放弃伊斯兰教，放弃阿拉伯或波斯的民族属性，否定它们过去光荣的历史。而美国“大中东计划”的目的，则是把解决中东的“民主赤字”当作解决中东所有问题的关键，好像只要实现了民主，反恐、防扩散、阿以和平等难题都会迎刃而解，实际上是把民主提升到了与美国国家安全利益紧密相关的高度。这不仅不切合中东的实际，而且这样的民主要求与美国的现实利益之间也存在悖论。1991 年 12 月底的阿尔及利亚选举，胜出的反对党伊斯兰拯救阵线，便是一个伊斯兰原教旨主义组织，最终导致了政局动荡多年。看来，美国“大中东计划”过高估计了中东伊斯兰国家内部亲西方的自由主义运动力量，它竭力培育的市民社会和非政府组织，最终能否反映当地民众的主流意识，能否成为驱动改革的发动机，能否与国家开展合作共同推动民主改革，都是大有疑问的。而且，即便是选举如美国所愿，实现了政权的转换，但也未必就会出现美国期待的民主，相反，伊斯兰激进势力倒很有可能通过这样的民主途径上台执政。谁能断言，今后什叶派掌权的伊拉克政府就一定亲美，而不是亲伊朗？从 20 世纪下半叶至今的中东历史表明，中东地区各种矛盾交织，阿拉伯、伊斯兰国家一直处在向现代化过渡、转型的阶段，至今还很难非常清晰地勾勒出它们政治文化的全貌，但在其要素之中，伊斯兰教信仰和民族主义始终居于重要地位，应该是可以肯定的。

客观地看，我国对欧美的西方文化的了解和研究，已有相当的深度和广度，但对在世界文明史和当今国际舞台上占据重要地位的阿拉伯、伊斯兰文化，却还知之不多，研究机构和人员的数量、水平都还无法与我国对美、欧、日、俄的研究相提并论。本文归纳的阿拉伯、伊斯兰国家的当前处境，它们在美国“大中东计划”出台前后，开展改革初期的文化观察点，反映的只是个人的视角，不敢说准确、全面，更不敢说是伊斯兰现代文化的建构。我之所以愿意抛砖引玉，是想向各位中外学者求教，尤其是盼望能引起我国学者的关心和兴趣，与我们一起来推动、深化和提高我国对伊斯兰文化的研究工作。

原载《回族研究》2006 年第 1 期

伊斯兰视阈中的文明对话与全球伦理

丁 俊

众人啊！我确已从一男一女创造你们，我使你们成为许多民族和宗族，以便你们互相认识。①

——《古兰经》（49：13）

我的使命就是为了完善人类的道德。②

——穆罕默德（圣训）

引 言

关于文明对话与文明冲突的争论以及对构建全球伦理的讨论，可以说是国际学术界和思想界自20世纪90年代以来20多年间最热门的话题，这显然与世纪之交国际政治格局发生的深刻变化以及人类社会面临的诸多严峻挑战密不可分。

1993年，哈佛大学教授塞缪尔·亨廷顿在美国《外交》季刊上发表了题为《文明的冲突?》的文章，文章认为，"冷战"结束后，国际冲突将不再是不同意识形态之间的冲突，而将是不同文明之间的冲突，特别是"西方文明"与伊斯兰文明和中华儒家文明之间的冲突，伊斯兰世界与中国联手对西

① 马坚译：《古兰经》，中国社会科学出版社1996年版。文中《古兰经》语均引自该译本，不再一一注明。

② 引自哲马鲁丁·穆罕默德（埃及）著：《伊斯兰社会原理》，开罗埃及书局及贝鲁特黎巴嫩书局，1992年版。文中圣训均引自该书及相关圣训集，不再一一注明。

方构成严重威胁，是未来最有可能导致世界大战的因素。[①] 亨廷顿的“文明冲突论”一出台，立即引起国际舆论的强烈反响，由此引发了国际学术界关于文明冲突与文明对话的讨论。

凑巧的是，就在同年（1993）9月，为纪念第一届“世界宗教议会”一百周年而举行的“世界宗教议会”大会通过了一份呼吁建立全球伦理的宣言——《走向全球伦理宣言》，宣言指出，没有一种全球伦理，便没有更好的全球秩序。[②] 从而又引起国际学术界对构建全球伦理的讨论。

中国学者也积极参与国际有关文明对话和全球伦理的讨论，表达了中国学者对有关问题的独到见解和不同认识，不少学者还对作为中华文明核心的儒家思想作了进一步的开掘和研究，进而从儒家学说乃至新儒学的视阈就开展文明对话和构建全球伦理发表了不少很有价值的意见，指出儒家思想的核心价值观是中庸和谐，不但不存在挑起冲突的思想，而且可以成为构建全球伦理的某种思想基础。[③] 特别值得一提的是，被誉为新儒学大师的杜维明先生多年来从新儒学的独特视角围绕文明对话和全球伦理的议题发表了不少高屋建瓴的论著和演讲，例如杜先生在南京大学、武汉大学、山东大学及岳麓书院的学术报告等，都是非常精彩的宏论。同时，中国学界也介绍了不少国外特别是西方学者对这些问题的看法和观点。不过，我国学界似乎较少注意到或者听到阿拉伯伊斯兰世界的学者在这方面的见解和声音，对于伊斯兰文明在开展文明对话和构建全球伦理方面的价值和意义，尚缺乏必要的理解和研究。鉴于此，本文试就伊斯兰视阈中的文明对话和全球伦理略陈浅见，就教于杜先生及各位专家学者。

众所周知，人类文明是多种多样的，不过，人口众多、影响广远、绵延

① 亨廷顿又于1996年出版了《文明的冲突与世界秩序的重建》一书，进一步阐发他的“文明冲突论”，使之更加理论化。全书共分五个部分：一个多文明的世界；变动中的各文明力量对比；正在形成的文明秩序；文明的冲突；文明的未来。“文明冲突论”是全书的核心内容。

② 先与此，德国神学家孔汉思（Hans Kung）于1989年在联合国教科文组织会议上提出，“没有各宗教间的和平，便没有各民族间的和平”，并在加拿大和美国的演讲中进一步宣传这一理念。1990年，孔汉思出版了《全球责任》一书，次年又在英国和美国出版，并加副标题《探求新的世界伦理》。1991年，美国天普大学宗教系主任、普世研究所所长斯威德勒教授（Leonard Swidler）也发出呼吁书，号召起草全球伦理宣言。《走向全球伦理宣言》即源于孔汉思的论著和斯威德勒的呼吁书。

③ 例如汤一介、万俊人、李慎明等先生即是在这方面颇有独到见解的代表性学者。

发展千百年而仍具活力的文明，其实并不很多。[①] 阿拉伯—伊斯兰文明便是这为数不多的几大文明之一，它博大精深，自成体系，在世界文明史上发挥了承前启后、沟通东西的历史作用，为人类文明的发展与进步作出了显著的贡献。伊斯兰视阈中的文明对话和全球伦理，实际上是一个很大的论题，一时很难谈得全面透彻，这里仅从宏观的层面就个人的理解粗浅地谈以下几个方面，至于微观的具体解析则需做进一步大量细致的研究工作。此为抛砖，意在引玉。

一 倡导文明对话是伊斯兰文明固有的人文品质

只要对伊斯兰文明及其精神内涵稍加考察研究，就会发现倡导文明对话是伊斯兰文明与生俱来的人文品质，是伊斯兰文明最重要的人文精神之一。这一点，与作为伊斯兰文明核心的伊斯兰教对人类社会的基本观点有直接关系。伊斯兰教认为，人类是真主创造的万物中最神圣的，肩负着代理真主治理世界的重大使命，全人类各民族都是同根所生，都是阿丹（亚当）的子孙。为了完成治理大地的重任，人类被赋予智慧和理智，具有分辨真伪和正邪、远恶择善的自由和能力。同时，人类的理性和认识又不是整齐划一、同在一个等次上的，而是互有差异的，因而人类认识的多样性是必然的，文明的多样性和信仰的差异也就不可避免。因此，不同民族、不同地域和不同信仰的人类群体之间，只有通过相互沟通与交流，才能不断趋于一致，获得共识，达到共同认识真理的目的。正如《古兰经》中所说："众人啊！我确已从一男一女创造你们，我使你们成为许多民族和宗族，以便你们互相认识。"（49：13）又说："他［真主］的一种迹象是：天地的创造，以及你们的语言

① 英国著名历史学家汤因比（Arnold J. Toynbee 公元 1889—1975 年）在其《历史研究》（*A Study of History*）中，把世界上古往今来的文明或文化，划分成 21 种，其中一些已经消亡，如玛雅文明、亚述文明等，有些则正在经历衰落和解体，而只有西方文明仍然处在生长阶段，并认为人类文明的前景，很大程度上就是"西方化了的世界"的前景。我国著名的东方学家季羡林先生则认为，世界上的文化共可划分为四大体系，即中国文化体系，印度文化体系，阿拉伯—伊斯兰文化体系，以及自古希腊罗马一直到今天的欧美文化体系，这四大体系又可合为两大体系，即前三者合为东方文化体系，后者为西方文化体系。季先生不同意汤因比所说东方文化正在衰落或解体的说法，并且认为 21 世纪将是东方的世纪，东方文化在世界文化中将再领风骚。

和肤色的差异，对于有学问的人，此中确有许多迹象。”（30：22）。显而易见，伊斯兰教不仅认为人类大家庭的多样性是真主的“常道”，是人间的常态，而且积极营造这种多样性之间的和谐关系，鼓励不同人类群体之间开展相互对话，以增进了解。因此，不同群体之间的相互认识、了解、沟通和学习，是人类社会各民族肩负的重要使命之一，相互对话交流也就成为人类社会生活的基本内容之一。

伊斯兰教强调，人类生而平等，肤色、语言、民族的不同不能成为相互交流的障碍，更不应成为种族优劣的理由。伊斯兰文明带给人类的最重要的信息就是和平、公正和平等，人类共同担负着维护和平、保持人际乃至人与自然之间和谐关系的重任。这一点与西方文明有着明显的不同，西方文明中有一种根深蒂固、经久不衰的精神和观念，即殖民征战精神和种族优劣观念，白人是“天之骄子”，理当君临天下，不但要“教化”异族，而且要征服自然，做自然的主宰。这与倡导通过平等的文明对话原则而达至宇宙与社会的和谐、和平的观念迥然不同。由此也就不难理解，为什么“文明冲突论”出自于西方（特别是出自于谋求全球霸权的超级大国），而伊斯兰世界却表达出要开展文明对话的强烈吁求。①

伊斯兰文明不仅将文明对话视为人类社会相互交往的一项原则，甚至还对对话的态度和方式提出了要求。对话要平等友好，以理服人，要尊重异己，求同存异，不可居高临下，蛮横无理，将自己的信仰或观念强加于人。伊斯兰教认为，信仰自由，不可强迫，只可劝导。《古兰经》中说：“对于宗教，绝无强迫，因为正邪确已分明了”。（2：256）“你应凭智慧和善言而劝人遵循主道，你应当以最优美的态度与人辩论”。（16：125）又说：“你们应当对人说善言”（2：83），“有人以祝词祝贺你们的时候，你们当以更好的祝词祝贺他，或以同样的祝词回答他”。（4：86）《古兰经》中还特别强调要与“有经人”——犹太教徒和基督教徒友好对话：“你说：信奉天经的人啊！你们来吧，让我们共同遵守一种双方认为公平的信条：我们大家只崇拜真主，不以任何物配他，除真主外，不以同类为主宰”。（3：64）“除以最优的方式

① 亨廷顿的“文明冲突论”一出台，立即引起伊斯兰世界舆论的强烈反应，许多学者甚至政治家纷纷发表意见，对“文明冲突”论予以抨击和驳斥。伊朗前总统哈塔米更明确提出文明对话的政治倡议，这一倡议得到包括中国在内的许多国家的积极支持，联合国也将2001年定为“文明对话年”。

外，你们不要与信奉天经的人辩论，除非他们中不义的人。你们应当说：我们确信降示我们的经典，和降示你们的经典；我们所崇拜的和你们所崇拜的是同一个神明，我们是归顺他的”。(29：46) 由此可见，倡导文明对话的思想直接源于伊斯兰教的基本经典《古兰经》，因而是伊斯兰文明与生俱来的人文品质。

二　开展文明对话是伊斯兰文明的历史传统

只要客观全面地考察一下伊斯兰文明的发展历程，就可以清楚地看出，开展文明对话是伊斯兰文明的一个重要历史传统。熟悉人类文明史（不只是西方文明史）的人都知道，从公元 135 年罗马皇帝从巴勒斯坦驱逐出犹太人，到公元 1600 年科学家布鲁诺被烧死在罗马广场上，再到 18 世纪在美洲大陆屠杀印第安人，一直到 20 世纪第二次世界大战中犹太人又一次遭屠杀，宗教迫害与种族屠杀似乎成为西方文明史中无法抹去的主题，然而伊斯兰文明却是例外。[①] 在伊斯兰文明史上，既没有大规模的种族虐杀事件，也没有以残暴手段迫害异族、强制改宗的事件，更没有宗教裁判所来处死科学家，相反，倒是开展了长期宽容的文明对话，（中世纪著名的百年翻译运动及“智慧宫”长达二百多年兼容并包的学术活动便是突出的例证）保护和尊重域内的异族异教，广泛吸纳多种异域文明，特别是希腊文明、波斯文明、印度文明乃至中华文明，进而融会贯通，推陈出新，在宗教学、哲学、历史学、地理学、天文学、医学、数学、物理学等人文科学和自然科学的各个领域取得了辉煌的成就，造就出一大批百科全书式的思想家、哲学家和科学家，如肯迪、拉齐、法拉比、伊本·西拿、比鲁尼、安萨里、伊本·鲁世德、伊本·赫勒敦等，在亚、非、欧三大洲涌现出巴格达、大马士革、布哈拉、弗斯塔特（开罗）、科尔多瓦、格拉纳达等许多文明交流的中心。中世纪伊斯兰文明繁荣灿烂，是文明对话的直接结果，在世界文明史上发挥了承前启后、继往开来的重要历史作用，沟通东西，泽被三洲，极大地促进了人类文明的进步，直接推动了中世纪后欧洲文明的复兴，正如美国学者基佐在

① 《当世界提起阿拉伯》，北京大陆桥文化传媒编译，世界知识出版社 2005 年版。

其《欧洲文化通史》（纽约1928年版）中所指出的，伊斯兰世界涌来的知识的潮流，带来了“向心灵解放的大跃进，促进了发展自由思想的伟大进步”①。

就是远在中国，伊斯兰文明自唐宋时期传入后，便开始了与中华文明的长期交往与对话。中国的印刷、造纸、火药等技术的西传，海陆“丝绸之路”的持续繁荣，伊斯兰教在中华大地的广泛传播，西域“回回”的华化乃至回回民族的最终形成等诸多重大历史事项，无不与中（华）伊（斯兰）文明的对话交流密切相关。至明清时期，尽管中国穆斯林的政治、经济和社会地位开始下滑，处境日趋艰难，却仍然秉承文明对话的传统，涌现出一些学贯中外、博通四教（儒、释、道、伊）的“回儒”，他们积极致力于“回、儒”对话，吸纳宋明理学，开展“以儒诠经”的学术活动，认为“回儒两教，道本同源，初无二理”，并努力提升这种对话的思想深度，着力构建回儒一体的理论体系。王岱舆、马注、刘智等便是其中的杰出代表。尽管由于当时特定的历史条件所限（如封建王朝奉行的民族歧视政策、主流学界囿于华夷尊卑之别的成见等），使得这种对话实际上难以平等顺畅地进行并引起较为普遍的回应，但这种努力仍不失其重要的人文意义和独特价值。在倡导文明对话和文化自觉、构建和谐社会的今天，当我们回过头来重读王岱舆、马注、刘智的著作，考察他们为开展回儒对话所做的艰苦努力时，就会对其弥足珍贵的人文意义和价值有更深的体会和认识。

如前所述，正是由于倡导文明对话是伊斯兰文明固有的人文精神，因此开展文明对话才成为伊斯兰文明的重要历史传统，穆斯林各族人民在历史上的各个时期、各个地区都积极致力于与不同文明开展对话交流，成功地打破了血统、种族、民族、地域的界限，取得了异常显著的成就，使伊斯兰文明融前代文明与后代文明、本土文明与域外文明、东方文明与西方文明于一体，将阿拉伯民族的传统文化与古希腊罗马文化、印度文化、波斯文化等东西方各民族的优秀文化以伊斯兰精神加以融会贯通，兼容并蓄，形成开放的、丰富多彩的、具有持久生命力的跨民族、跨区域的世界性文明体系。今天，穆斯林各民族人民继续坚持和发扬文明对话的优良传统，对推进世界和平事业的发展和新型国际关系的建立，促进人类社会的和谐共处和共同繁荣

① 转引自蔡伟良编著：《灿烂的阿拔斯王朝文化》，上海外语教育出版社1997年版。

无疑具有重要的现实意义。

三 构建全球伦理是伊斯兰文明追求的目标

"全球伦理"的理念对于伊斯兰文明而言，其实并不是什么特别新鲜的思想，因为伊斯兰文明实际上自其兴起之时起便始终关注世界性伦理的构建。这一点，同样也与作为伊斯兰文明核心价值观的伊斯兰教对人类及其使命和终极价值的基本观点密不可分。伊斯兰教认为，人类同为一个祖先，都是阿丹（亚当）的子孙，人人生而平等。同时，人类不是偶然来到世上，而是肩负着为真主代治大地的神圣责任，"认主独一"是人类应当追求的终极价值。宇宙万物都是为人类实现其使命而服务的，因此，整个宇宙都是统一的、和谐的，人类之间从根本上讲是不应有冲突的，正如巴基斯坦著名学者艾尼斯先生所说："承认安拉为最高实在和独一的主宰就意味着人类不应该在他们的内在精神生活中允许冲突的存在，也不应该在他们与自然和宇宙的外在关系中允许冲突的存在，基于这种认识和信仰，人类应该遵循内在与外在一体化的原则，而不应该去招惹冲突和矛盾……伊斯兰期望穆斯林，也期望全人类过一种内在和外在和谐的、一体化了的生活，正如宇宙秩序本身就是一种内在和外在和谐的、一体化了的一样"①。

然而，人类的认识有差异，人类并不能完全凭借自身的认识能力而达到认主独一的目的，实现内外一体的和谐统一，因此真主派遣了先知和使者，带来了经典和教诲，指导人类走上认主独一、敬主爱人的正道。伊斯兰教一开始就将其视野投向全世界和全人类，而不局限于某个地区和某个民族，所关注的是全体人类的福祉，而不是某一民族、某一集团或某一阶层的利益。《古兰经》中说："我派遣你，只为怜悯全世界的人"。(21：107)"我只派遣你为全人类的报喜者和警告者"。(34：28)"真主不欲亏枉众生"。(3：108)"但真主对于全世界是有恩惠的。"(2：251)"难道你们不知道吗？真主曾为你们制伏天地间的一切，他博施你们表里的恩惠。"(31：20)"我［真主］

---

① Dr. Anis Ahmed：*The Preface to Islam and World Civilization*. 转引自丁俊著：《伊斯兰文化巡礼》，甘肃人民出版社 2002 年版。

确已优待阿丹的后裔，而使他们在陆上或海上都有所骑乘，我以佳美的食物供给他们，我使他们大大地超过我所创造的”（17：70）；先知穆罕默德的圣训说：“白人不比黑人优越，阿拉伯人不比非阿拉伯人优越，最优越的人是最敬畏安拉的人”。但敬畏不是空洞的，而是与人的道德修养、行为举止直接相关。真切的敬畏实际上是一种道德境界，要做到敬畏，就要修炼人格，戒恶行善，不断提升道德境界，这就是伊斯兰伦理的基本内涵。

伊斯兰伦理旨在协调人与真主、人与人、人与自然三个层面的和谐关系。人与主的和谐关系是道德的最高境界，是“至善”，当先知穆罕默德被问及什么是“至善”时，他回答说：“至善就是你敬畏真主，如同你看见真主一样，倘使你不见真主，则真主见你”。也就是要达到一种时刻慎独自律的高度自觉的道德境界，从而塑造出理想的人格。人在认主独一的基础上顺主、拜主，时刻敬畏真主，便实现了人与主的和谐关系。然而这种关系还要以人与人甚至人与自然的和谐关系为基础，敬主还要爱人，要与人为善，处理好人与人的关系，特别要处理好邻里关系，要与邻居和睦相处。圣训说：“不慈爱人的人，真主不慈爱他”。“自己饱食而他的邻居却饥肠辘辘的人不是穆民”。这里的“人”和“邻居”并不限于穆斯林，而是包括不同民族、不同信仰的全体人类。同时，伊斯兰教还强调，要将这种慈爱之心推及整个宇宙和自然。宇宙万物中人虽最为尊贵，负有神圣职责，但人不是自然的主宰，而是自然的邻居，要善待邻居，尊重自然（不是崇拜自然），爱惜自然。山川草木，鸟兽鱼虫，都要怜惜。圣训说：“仁慈的真主，慈爱仁慈的人，所以你们慈爱地上的一切，天上的主便慈爱你们”。圣训中讲到一个人因为给一条饥渴的狗饮水而入乐园，另一个人却因拴住一只小猫不给它食吃而入地狱。先知穆罕默德还深情地讲道：“这是吴侯德山①，我们爱她，她爱我们”。也就是说，伊斯兰伦理要求人与自然维持一种和谐的关系，要合理利用自然而不可滥用甚至糟蹋自然，要尊重自然而不可破坏自然，甚至与自然为敌。

在伊斯兰文明中，伦理道德的建设始终被提升到信仰的高度而受到高度重视，因为信仰与道德和行善密不可分。伊斯兰伦理道德的行为规范非常全面而细致，包括个人品德、家庭美德、职业道德、社会公德诸多方面。诚

① 吴侯德山是圣城麦地那郊区的名山。

实、公正、仁慈、宽容、慷慨、谦虚、知耻、坚忍等都是对一个人道德素质的基本要求，具备了这些品德，个人的修养和信仰才会达到较高的境界，圣训讲："知耻也属于信仰。""清除道上的荆棘是最低的信仰"。同时，还要有良好的家庭、社会公德和职业道德，要孝敬父母、尊老爱幼、敬业守信、助人为乐、关心集体、热爱家园（祖国），等等。伊斯兰教认为，人是社会的人，因而反对离群索居，独善其身，人人都要承担一定的社会义务，因此道德建设不只是个人的事，也是全社会的要务。只有全体社会成员、全民族都具备了良好的道德，社会才可以和谐发展，否则就会出现道德的滑坡和社会秩序的失衡，甚至危及社会的正常发展和民族的生存。总之，伊斯兰伦理要求"在个人完善、家庭完善的基础上，应当形成一个具有信仰和美德的社会。这一社会充满兄弟友爱精神，坚持协商公正的原则，没有分歧与怨恨，没有自私自利，没有以强凌弱，没有罪恶，人人都乐意奉献，共同行善，相互合作，相互劝诫，相互嘱托，相互保障。实现物质文明与精神文明的全面发展和进步"①。

有关道德修养的训诫在《古兰经》和圣训中随处可见，《古兰经》中说："你们把自己的脸转向东方和西方，都不是正义。正义是信真主，信末日，信天神，信天经，信先知，并将所爱的财产施济亲戚、孤儿、贫民、旅客、乞丐和赎取奴隶，并谨守拜功，完纳天课，履行约言，忍受穷困、患难和战争。这等人，确是忠贞的；这等人，确是敬畏的"。（2：177）"你们当崇拜真主，不要以任何物配他，当孝敬父母，当优待亲戚，当怜恤孤儿，当救济贫民，当亲爱近邻、远邻和伴侣，当款待旅客，当款待奴仆。真主的确不喜爱傲慢的、矜夸的人。"（4：36）"真主的确命人公平、行善、施济亲戚，并禁人淫乱、做恶事、霸道。"（16：90）"你应当以善待人，像真主以善待你一样。你不要在地方上摆弄是非，真主确是不爱摆弄是非者"。（28：77）"凡洁身自好者，必定成功，凡戕害自己的灵性者，必定失败"。（91：9—10）圣训甚至高度概括地说："宗教就是良好的道德"。还说："你们中最优秀者，乃是你们中道德最高尚者"。"信仰最完善的人，就是道德最好的人。""人类的幸福在于良好的道德，人类的不幸在于道德败坏。"穆圣还说："我的使命就是为了完善人类的道德"。用今天的话说，穆圣的使命其实就是要

① 秦惠彬主编：《伊斯兰文明》，中国社会科学出版社 1999 年版。

建立和完善全球伦理。当然这只是一个崇高的目标，并不意味着一定能够完全实现，因为完善人类的道德，只是为人类指出了一条永远向善的路径，而这条路径实际上不会到达终点，也就是说，人类伦理道德的建设是没有止境的，人类永远不会至于至真、至善、至美之境，至善、至美是真主的属性，人类不可企及，但却应当不断地追求真、善、美。因此，建设普世伦理是伊斯兰文明始终追求的一个崇高目标，尽管其具体内涵与今天所谓的全球伦理有所不同，但这种追求对全球伦理的构建无疑具有重要的积极意义。

这里需要指出的是，伊斯兰文明将全球性的普世伦理建设作为追求的目标，并不意味着要求全世界的人都必须信仰伊斯兰教。伊斯兰教认为，信仰自由，不可强求，所有的人从本性上讲都是穆斯林，敬主爱人、热爱和平、趋善远恶是人类与生俱来的天性。伊斯兰教并不追求全球“伊斯兰一体化”的单一文明世界，更没有独霸世界的野心，只有教化人类的目标。伊斯兰文明的传播不是以征服、迫害、掠夺和奴役为目的，而是要传播正义和光明，栽培高尚的道德观念，创建文明和谐、多元共存的世界秩序。伊斯兰教认为人类保持不同的信仰和不同的文明才是真主的常道，也是世界存在的合理性所在，重要的是要在不同文明之间开展对话，相互了解和认识，和睦相处，和谐发展，共同追求团结、互助、和平、安宁的生活。

四　伊斯兰文明为构建全球伦理提供了丰富的人文资源

众所周知，伊斯兰文明具有悠久的历史、众多的民族和人口、广袤的传播地域，在人类的文明对话和伦理建设方面有过非凡的建树和成就，在世界范围内产生了深远的影响。伊斯兰教不仅将一盘散沙的阿拉伯人成功地铸造为一个坚强的民族，极大地提升了阿拉伯民族的道德水准和智力水平，培育了他们的人文精神和世界意识，而且成功地凝聚了世界上几乎是五分之一人口的各个民族的人民，正如希提在谈及伊斯兰教的朝觐制度时所言：伊斯兰教“使黑种人、柏柏尔人、中国人、波斯人、叙利亚人、突厥人、阿拉伯人——富足的、贫穷的、高级的、低级的——在共同的宗教信仰的基础上，会合在一起，和睦相处。就摧毁种族、肤色、民族之间的重重障碍来说，在世界各大宗教之中，伊斯兰教似乎已获得最大的成功”[①]。显然，伊斯兰文明无疑是当今文明对话和全球伦理建设中不可或缺的重要角色。更重要的是，伊斯兰文明拥有十分丰富的伦理思想，为全球伦理的建设提供了宝贵的人文资源。这些思想主要有：

1. 以尊重生命为核心的人道思想

伊斯兰教认为，人类肩负着为真主代治大地的职责，是真主创造的万物中最高贵的，在宇宙间享有至高的尊严，真主为人类赋予了理智和灵魂，生命不仅是来自泥土的躯体，更是来自真主的灵魂，因此人类生命神圣不可侵犯。《古兰经》中说：“凡枉杀一人的，如杀众人；凡救活一人的，如救活众人”。（5：32）基于这样的思想，伊斯兰教严禁侵害生命、亵渎人类尊严的各种行为，保护人的生命、荣誉、财产不受侵犯，并且赋予受侵害者自卫的权利。

2. 权利义务相均衡的平等思想

在伊斯兰文明视阈里，人类是一个祖先的后代，都是阿丹（亚当）的子孙，不分民族、种族、肤色、血统、语言、阶层、贫富的不同，没有生来高贵者或低贱者，也没有背负任何原罪，人人生而平等，生而纯洁。人类社会不应有特权阶层，民族、肤色、语言、性别、贫富的不同，是为了人类相互认识、增进相互了解和相互体恤友爱，体悟真主的大能，而不是为了让一个民族统治另一个民族，一个阶层欺压另一个阶层。全人类应当相互依存，同舟共济，促进人类社会的共同发展和繁荣，而不应存在剥削、奴役、压迫、仇恨和战争。平等并不意味着相等，伊斯兰认可人类的多样性和差异性，人人不可能完全相同，男女有别，长幼有序，贫富不一，职业各异，但他们在真主面前，在法律面前都是平等的。每个人所享有的权利要与所承担的义务相均衡，这便是平等的意义。圣训在谈及穆斯林域内的异教人时说：“我们得享什么权利，他们也享什么权利，我们应尽什么义务，他们也应尽什么义务”。

---

① 希提著，马坚译：《阿拉伯通史》，商务印书馆 1990 年版。

3. 不同人类群体友好共处的和平睦邻思想

伊斯兰文明强调人类要和平共处，反对相互侵害。和平思想是伊斯兰带给人类的重要信息，伊斯兰教是和平的宗教，“伊斯兰”一词本意就含有“顺从真主、追求和平”的意思。维护和平是全体人类的共同职责，人类大家庭的所有成员，各个民族和国家，要和衷共济，互助友爱，不可相互为敌，相互侵害。一个人不能对邻居遭受的贫寒和灾祸视而不见；一个人类群体或国家不能对邻邦遭受的天灾人祸熟视无睹。

4. 中正和谐思想

伊斯兰主张中正和谐，强调人与人、人与自然的和谐，反对极端和冲突。《古兰经》中说：“我这样以你们为中正的民族，以便你们作证世人，而使者作证你们”。（2：143）圣训说：“最优美的事是中正之事”。伊斯兰文明历来强调诸如感悟与理性、精神与物质、人文与科学、个人与集体、家庭与社会、权利与义务等之间的中正和谐，不偏不倚。伊斯兰文明“揭示、综合、体现和发展了一切事物对立统一、均衡中庸、相互完善的规律。伊斯兰教要使人类恢复信仰，但不剥夺它的理性，给人类以宗教，但又不放弃科学；给人以精神，又不限制对物质生活的享受；给人以后世，但也立足于今世；讲真理，但不可强制；讲道德，但不限制自由。在这一文明当中，天启的含义与人类的利益紧密相连，思维的理性与虔敬的信仰融合为一体，人与神、启示与理性、精神与物质、现世与来世、个人与集体、理想与现实、过去与未来、责任与自由、因循与创制、权利与义务、永恒与变化……这些对立的事物都达到了完善的均衡与统一”①。

5. 公平公正思想

追求公正、正义，是伊斯兰文明的核心价值观之一。伊斯兰教要求司法要公正，买卖要公平，不能损人利己，不能助纣为虐。实现公正，是伊斯兰文明的社会理想之一。《古兰经》中说：“信道的人们啊！你们当尽忠报主，当秉公作证，你们绝不要因为怨恨一伙人而不公道，公道是最近于敬畏的”。

① 秦惠彬主编：《伊斯兰文明》，中国社会科学出版社 1999 年版。

(5：8)“真主的确命人公平、行善、施济亲戚，并禁人淫乱、作恶、霸道。”(16：90)“你们当为正义和敬畏而互助，不要为罪恶和霸道而互助”。(5：2)“他曾将天升起。他曾规定公平，以免你们用称不公。你们应当秉公地谨守衡度，你们不要使所称之物分量不足”。(55：7—9)

6. 集体协商的民主思想

伊斯兰倡导民主协商，反对专制独裁，尊重集体意志，反对个人独断。《古兰经》规定，公共事务应通过集体协商决定，政治决策要体现公众的意志，维护公众的利益。《古兰经》中说：“他们的事务，是由协商而决定的”。(42：38)“故你当……与他们商议公事”。(3：159)

7. 信仰自由的思想

伊斯兰文明强调的自由思想最集中地体现在精神领域和信仰方面，主张宗教无强迫，信仰自由。《古兰经》中说：“对于宗教，绝无强迫。”(2：256)不过自由并非是绝对的，不受限制的，个人的自由或一个群体的自由不是建立在损害他人或其他群体利益的基础之上。圣训就此形象地说：“众人驾舟航海，各自分居于一隅。有人以斧砍凿其隅，大家问他：你要干什么？他回答说：‘这是我的地方，我想干什么就干什么！’要是大家制止他，他就得救了，大家也会得救的；要是大家听之任之，他就遭殃了，大家也要遭殃的。”

8. 宽容仁爱思想

伊斯兰文明不但强调敬主，同时强调爱人，不爱人则敬主无从谈起。爱人就要宽容待人，就要尊重异己，而且还要将这种仁爱之情推及整个大自然。圣训说：“爱人者主爱之”。“真主喜欢你们宽厚温和地处理各种事务”。伊斯兰文明不仅反对损人利己，也不主张损己利人，而要利己利人。利己利人是相互一致的，不是矛盾的。不但要“己所不欲，勿施于人”，就是己所欲，也不可强施于人。要助人如助己，爱人如爱己，助人、达人实际上也是在助己、达己，圣训说“助人者主必助之”。

以上只是伊斯兰文明伦理思想中一些突出的价值理念，由此可以看出，伊斯兰文明中丰富的伦理思想为当今世界构建全球伦理提供了宝贵的人文资源。

五 结语：文明对话是构建全球伦理的必由之路

综上所述，可以得出这样的结论：与东方儒家文明一样，伊斯兰文明中不但不存在挑起冲突的思想，相反，倒是蕴涵着丰富的和平、和谐思想，具有鲜明的文明对话品质和文明对话的传统。历史证明，伊斯兰文明绵延发展的历程及其取得的非凡成就，在很大程度上得益于文明对话的积极开展。同时，伊斯兰文明强调不应为对话而对话，而是要通过对话建设和平、和谐的社会关系。在伊斯兰视阈中，文明对话始终是人类大家庭构建和谐社会的必需，是构建全球伦理的理想途径和必由之路。

然而这里有必要指出，在当今世界，虽说伊斯兰文明具有文明对话的内在人文品质和历史传统，而且广大穆斯林人民也有开展文明对话的愿望，但要真正开展国际文明对话，实际上还存在着诸多阻力和障碍。对伊斯兰文明来说，这些阻力和障碍既有来自外部的，也有来自内部的。整个伊斯兰世界自近现代以来实际上一直在内外交困的艰难处境中，当前更处于不知何去何从的十字路口。[①] 伊斯兰文明正在经历着又一次历史性的考验，面临着严峻的挑战，也潜存着发展的机遇。从外部来说，单极霸权力量（包括政治力量、经济力量、军事力量和文化力量）的重压、渗透甚至控制日趋严重，来势凶猛，使伊斯兰文明承受着巨大的压力，这是伊斯兰世界开展正常文明对话的巨大的外部阻力。从内部来说，伊斯兰世界面临的挑战的严峻性并不亚于外部，体制的改革和观念的转变已成为伊斯兰民族的现实必须，克服各种保守、封闭、僵化甚至极端的思想，坚持与时俱进，重启“教法创制”（“伊智提哈德”）这一伊斯兰文明的自我更新机制，实现文化自觉与文化复兴，使全民族跟上时代的发展，已是伊斯兰世界面临的重大而急迫的任务。中国穆斯林同样也面临着进一步梳理思想、实现文化自觉、坚持与时俱进的重任。

---

① 参阅侯赛因·卡米勒·巴哈丁著，朱威烈、丁俊译：《十字路口》，上海外语教育出版社2005年版。

不过话说回来，尽管伊斯兰文明正处于内外交困的艰难境地，但具有悠久历史的伊斯兰文明曾经历了众多的劫难和考验，在复杂曲折的环境中得以生存和发展，是富有顽强生命力的文明，伊斯兰文明丰富的内在价值及其绵延一千多年的发展历程充分印证了这一点。人们有理由相信，经过一段时间的自我调适和更新之后，伊斯兰文明在国际间文明对话的大舞台上仍会扮演重要的角色。对阿拉伯伊斯兰文明有较深研究和理解的黎巴嫩裔美国著名东方学家希提（公元 1886—？年）在《阿拉伯通史》中指出："讲阿拉伯话的各国人民，是第三种一神教的创造者，是另外两种一神教的受益者，是与西方分享希腊—罗马文化传统的人民，是在整个中世纪时期高举文明火炬的人物，是对欧洲文艺复兴作出慷慨贡献的人物，他们在现代世界觉醒的、前进的各独立民族中间已经有了自己的位置。他们有着丰富的文化遗产，有着无比的石油资源，他们对于人类的物质和精神进步，一定会作出重大的贡献"[①]。希提所谓"讲阿拉伯话的各国人民"的文明，实际上就是伊斯兰文明。这段话讲得十分精辟深刻，不仅高度概括了伊斯兰文明的历史贡献，而且指出了伊斯兰文明的现代价值和未来意义。阿拉伯穆斯林人民一定会对人类的物质和精神进步作出重大贡献，自然包括对全球伦理的构建作出贡献。不过在今天，真正能有希提先生这样深刻见解和认识的学者其实并不多见，对伊斯兰文明的不了解甚至误解和曲解现象倒是十分普遍，故本文意在强调伊斯兰文明具有的对话品质和丰富的伦理思想对今天国际社会开展文明对话、构建全球伦理所具有的不可忽视的重要价值和意义，以期引起学术界对伊斯兰文明伦理思想和价值体系的足够注意和研究。

原载《文化对话与文化自觉——文明对话国际学术研讨会论文汇编》
《回族研究》2006 年第 1 期全文转载

① 希提著，马坚译：《阿拉伯通史》，商务印书馆 1990 年版。

阿拉伯—伊斯兰文化认同及其重构

马丽蓉*

全球化中的阿拉伯—伊斯兰世界面临身份危机，对其进行文化身份认同，既是为了应对和抵制西方文化霸权，也是为了增强阿拉伯—伊斯兰世界的凝聚力，在和平、发展与和谐共处等认同中尽快融入全球化的主潮当中。在正视美国为首的西方霸权主义对全球认同的侵蚀、伊斯兰激进主义排他暴力对阿拉伯—伊斯兰文化认同干扰的前提下，对阿拉伯—伊斯兰文化身份进行多元和务实性的重构。

一　阿拉伯—伊斯兰文化面临身份危机

建构主义认为，行为体的身份决定其利益和行为构成，身份决定利益，利益决定行为。身份，也称为“身份认同”或“认同”，是指“某行为体所具有和表现出来的个性和区别性形象（IMAGE）”。文化身份的形成“是一个民族的全体成员在参与社会共同的物质生产活动和精神生产活动的过程中，形成的一致的思想方式、行为方式和感知方式，也就是说，形成的统一的文化。这种文化上的统一，使民族的全体成员意识到民族的集体存在，产生民族意识。文化身份即是民族统一的文化在民族成员身上的具体体现”①。第二次世界大战后，随着民族独立运动的兴起，捍卫和重建民族文化身份成

* 马丽蓉，《阿拉伯世界研究》常务副主编，西北民族大学伊斯兰文化研究所兼职研究员。

① ［加］张裕禾、钱林森：《关于文化身份的对话》，《跨文化对话》（九），上海文化出版社2002年版，第71页。

了反对殖民主义和消除殖民主义影响的一面旗帜。从此，文化身份问题便和政治与经济问题结下了不解之缘。[①] “冷战”后，随着东西方意识形态之争的式微，为了寻求西方联盟新的催化物，也为了替西方的霸权存在寻找堂而皇之的依据，将伊斯兰世界无视西方“游戏规则”的力量打入“另册”，视之违反西方的“绿色威胁”便成为西方发动新一轮“冷战”的依据所在[②]，“伊斯兰恐怖论”即为“冷战”意识形态的变相折射。伊斯兰文明在衰微时期遭遇了强势的西方文化的严峻挑战，“伊斯兰再一次面对西方而无退路了；但这次的不平等现象比起他们在十字军的最残酷的一次征伐中经受的更为严重，因为现代西方对于它来说不仅在武器上装备精良，就是在经济生活的技术上也占优势（军事科学最终也依靠经济生活技术），而且，在精神文化上也占优势——唯一能够创造和维持那些被称为文明外表的向心力”[③]。美国便倚仗雄厚的硬实力将自己的“普适价值观”向全球政治、经济和文化领域强力倾销，其政治意识、经济理念和文化观念所形成的文化霸权思想渗透甚至充当着全球文化认同，美国文化霸权的实现就是一个赢得全球价值共识的过程，亦即推行西方化甚至美国化的认同过程，全球化也就变成了西方化乃至美国化。但是，具有自足思想体系的伊斯兰文明也力图依靠丰足的文化资源来回应这种挑战，并积极付诸实践。被誉为“文明对话设计师”的伊朗前总统哈塔米早在1998年就曾建议联大将2001年命名为“文明对话年”，2001年11月8—9日召开的联大曾致力于文明之间的对话，但美国拒绝参加那次会议，公众也因“安全原因”被拒之门外，媒体对此几乎一无所知，当年发生的“9·11”则以悲剧的方式印证了此次会议的重要性。近年来，约50位阿拉伯学者受联合国和阿盟的委托，相继发表了3篇《阿拉伯国家人文发展报告》，表明穆斯林开始认识到阿拉伯—伊斯兰世界的现实困境，并努力致力于文化自检与身份重构，凸显出文化精英面对全球现代化挑战的积极态度与务实作风。但“由于中东现代化是在社会远未实现文化自觉的情况下在外部压力下仓促而起的选择，社会民众缺乏传统与现代化冲突的心理准备及足够的心理承受力，从而在社会文化和精神心理危机中诉诸文化寻

① ［加］张裕禾、钱林森：《关于文化身份的对话》，《跨文化对话》（九），上海文化出版社2002年版，第69页。

② 张骥、刘中民：《文化与当代国际政治》，人民出版社2003年版，第242页。

③ ［英］汤因比：《文明经受着考验》，浙江人民出版社1988年版，第160页。

根，这也正是伊斯兰复兴运动的文化表达。"[①] 无论如何，"差异不应该成为本地区冲突和矛盾的根源，而应该成为本地区相互借鉴和融合的动力"[②]。"各国应该维护世界多样性和发展模式多样化，坚持平等对话和交流，倡导开放和兼容并蓄的文明观，使不同文明在竞争比较中取长补短，在求同存异中共同发展；应该承认各国文化传统、社会制度、价值观念和发展道路的差异，不能以此为借口对别国内政说三道四，更不能把世界上存在的一些问题和矛盾归因于哪一种文明、哪一个民族或哪一种宗教"[③]。

不可否认，美国借"反恐"之名对阿拉伯—伊斯兰世界实施政权更迭式的民主改造，加重了"大中东"地区在全球化中被日益边缘化的程度。时任美国国务院政策规划办主任的理查德·哈斯于 2002 年 9 月首次公开了"大中东"民主改造战略意图为"与阿拉伯世界确立一种更为广泛的新型关系，以便鼓励并且促使阿拉伯国家的政权能够逐步解决'自由赤字'的问题"，借以取代"把注意力几乎完全集中于获得能源或建立军事基地"的短视之举，以铲除滋生恐怖主义的社会土壤。[④]

针对美强行在中东履行"民主义务"之举，阿拉伯世界既意识到自身所存在的某些"民主缺失"，也怀疑美国改造中东的战略意图，还敏感于外来的强权干涉，尤其反对外来力量玷污和破坏悠久的历史与古老的文化："如果说美国实施该计划的公开目的是在阿拉伯世界建立民主社会，那么其背后的目的主要是：改变阿拉伯和伊斯兰文化的结构以及这个地区人民的思想；播种思想和经济自由化哲学的原则和价值观；为美国在这个地区的利益服务，其利益只有通过民主模式来封锁对美仇恨和憎恶的根源才可能得到保证；在战略上为以色列服务，使之成为这个地区的一部分"[⑤]。

正是由于"西方文化霸权的扩张，使得伊斯兰世界自近代以来所面对的异质文化的压力进一步加重，诱发了伊斯兰社会的认同危机、社会文化危

---

① 张骥、刘中民：《文化与当代国际政治》，人民出版社 2003 年版，第 359 页。

② 胡锦涛：《促进中东和平，建设和谐世界》，《光明日报》2006 年 4 月 24 日。

③ 同上。

④ Richard N. Haass，Temarks to International Institute for Strategic Studies'2002 Annual Conference，"Reflections a Year After September 11"，September 13，2002，http：//www. state. gov/s/p/rem/13442pf. htm.

⑤ 《阿拉伯人与大中东计划：阿拉伯人如何面对挑战》，沙特《生活报》2004 年 5 月 31 日。

机、合法性危机、精神危机等一系列危机”[①]。阿拉伯—伊斯兰世界才出现了以强化文化认同来应对、抵制美式全球化的抵拒行动甚至恐怖事端，“9·11”就是弱势文化反抗文化霸权主义的一种极端宣泄。

“9·11”后，美阿之间的紧张关系已成为影响世界和平的首要因素，唯有加强彼此间的沟通、对话、理解、尊重与合作，才有可能缓解暴力冲突，传媒尤其应该发挥不可替代的作用。但是，在由西方政治家、学者和传媒共谋而成的西方霸权语境中，或道听途说、或断章取义甚至别有用心地用西方概念来诠释和重构阿拉伯—伊斯兰文化身份，武断地为世界给定了一个作为西方之“他者”的、被扭曲了的“阿拉伯—伊斯兰世界”形象，不断解构、碎化着阿拉伯—伊斯兰文化认同，使中东穆斯林最终成为文化上的“流离失所”者。尤其在臆造“假想敌”的利益驱动下，西方传媒非但没有积极致力于不同文明间的沟通和理解，反而助长了无知与偏见，特别缺乏对异质文明及其信仰的体认与尊重，竭力歪曲阿拉伯—伊斯兰文化的和平本质，在圣地、《古兰经》及先知等相关事件的报道中屡次犯忌，将阿拉伯—伊斯兰世界渲染为暴政当权、暴力当道的恐怖泥潭，“恐伊症”肆蔓全球即为明证。可以说，西方传媒对阿拉伯—伊斯兰文化身份的解构与重建，既误导了国际社会对阿拉伯—伊斯兰文化的身份认同，又干扰了阿拉伯—伊斯兰世界的自我定位；既挫伤了阿拉伯—伊斯兰民众心智的创造力，又进一步恶化了阿拉伯—伊斯兰国家与国际社会沟通的交流渠道；既模糊了西方现代文明外围的民族文化身份，又加剧了阿拉伯—伊斯兰文化内在的身份冲突。因此，在西方政治干涉、能源攫取、军事占领以及传媒造势，尤其是“大中东”民主改造等诸多因素的合力作用下，阿拉伯—伊斯兰世界面临着严重的身份危机。

尤须强调的是，“在阿拉伯世界，伊斯兰教作为阿拉伯人深层的精神现象的一个显著特点是，每当阿拉伯民族产生危机感时，传统的宗教信仰就特别容易外化为人的行为，成为价值取向的源泉，甚至会导致一般人难以理解的狂热行动”。最明显的莫过于对“圣战”理念的狂热维护。尽管“圣战”包含着极为丰富的内涵，“但它却一直是阿拉伯领导人用来动员穆斯林群众

① Hrair Dekmejian, *Islam in Revolution*: *Fundamentalism in Arab Word*, Syracuse University Press, 1985。

起来对付以色列‘魔鬼’的最有效的武器”①。因此，阿拉伯—伊斯兰文化身份认同，既面临着如何摆脱身份危机的严酷现实，又面临着如何进行身份重构的艰巨任务，还面临着如何才能智慧地运用身份战略来化解矛盾的心智考验。

二 阿拉伯—伊斯兰文化认同的成败得失

作为身份识别、规范求同和归属感确立的一种符号与意义的赋予过程，文化认同在不同层次、范围上有着不同的性质、方式和效果预期。② 在阿拉伯—伊斯兰文化身份认同的过程中，经验教训混杂其间，尤其与中东重大政治事件的性质判定、处理方式及其预期效果密不可分。作为穆斯林的宗教信仰、行为规范、法律制度、道德伦理的复合体，“两世并重”的伊斯兰教成了当代伊斯兰世界进行国际合作的文化基石，其鲜明的社会整合功能，既可使世界各地的穆斯林因相同的历史回忆与相近的心理基础而寻到通力合作的心灵契合点，又因共同的信仰追求而“赋予民族团结和认同同一的宗教品格，使不同部落、地区、种族和宗教团体的人们在一种中心的统一文化体验中聚合在一起”③。伊斯兰教对阿拉伯人更具有内在的吸引力，且通过其语言构成了阿拉伯民族主义的核心④，因而成为阿拉伯民族主义的重要文化基础之一，近代阿拉伯民族运动几乎都以伊斯兰认同为依托展开：纳赛尔坚信“神的全部启示实际上都体现于革命之中了”，在他领导下的埃及对外高举伊斯兰旗帜，国内改革基本保存了全部的伊斯兰机构，并赋予相当的现代功能，将其纳入阿拉伯民族主义国家体制内；与纳赛尔内政、外交均强调伊斯兰认同略有不同的是，萨达特虽也强调国家的宗教属性、全面推行社会生活

① 以上均引自朱威烈主编：《国际文化战略研究》，上海外语教育出版社 2002 年版，第 186—187 页。

② 傅华：《全球认同与民族国家文化认同》，《光明日报》2006 年 4 月 18 日，http：//www.phoenixtv.com/phoenixtv/83927968816037888/20060418/780470.shtm。

③ ［美］格雷迪斯·B. 麦克盖里：《国民宗教》，《世界宗教资料》1991 年第 4 期，第 21 页。

④ ［美］凯马尔·H. 卡尔帕特：《当代中东的政治和社会思想》中译本，中国社会科学出版社 1992 年版，第 80 页。

中的伊斯兰化，但在对外政策方面更重视国家认同，采取亲美国和对西方实行自由开放的政策，他的耶路撒冷之行与“戴维营协议”的签署乃至遭伊斯兰极端分子的刺杀等即为明证；霍梅尼则强调“伊斯兰教同政治不可分离”，认为伊斯兰既是民族主义，也是国际主义，伊斯兰革命在伊朗成功以后，应向全世界输出伊斯兰革命；两伊战争并非一场宗教战争，但西方国家却借伊拉克来阻止伊朗输出伊斯兰革命，以防伊斯兰认同影响到西方在中东的利益；海湾战争也不是宗教战争，但萨达姆却将伊斯兰认同当作战略武器来使用，他的以“圣战”名义抗击西方盟军的号召，既调动起了穆斯林世界的宗教情绪（连阿拉法特都公开支持萨达姆，使巴解组织深陷困境当中），还促成了伊斯兰原教旨主义者多站在伊拉克一方，西方则站在科威特和沙特方面，从而激化了亲西方的阿拉伯政府与民众之间的矛盾与冲突；20 世纪 80 年代，美国招募并训练了包括本·拉登在内的伊斯兰原教旨主义者来遏制入侵阿富汗的苏联向中东渗透，本·拉登们在宗教认同的鼓舞下击败了苏联，组建了基地组织。但美国终究还是落入当年视伊斯兰认同为其战略手段而精心挖掘的“阿富汗陷阱”难以自拔。对此，乔姆斯基直言不讳：“在任何直接的意义上，都不能说袭击是美国政府的‘产物’。但间接说来，它们的确是这种产物，这几乎是无可争议的。我们可以肯定地说，‘9·11’罪犯所隶属的恐怖组织是由当初那些雇佣军蜕变而来的，而后者则是由中央情报局及埃及、巴基斯坦和法国情报部门组织、训练和装备的，并受到沙特阿拉伯等国家的资助。所有这些背景情况一直鲜为人知”①。

需要强调的是，近年来，中东发生的重大国际事件无不蕴涵着身份认同的得失成败，其经验教训极具言说价值。

巴以和平问题：巴以冲突的文化根源是伊斯兰教“第三大圣地”与犹太教“应许之地”的争夺。据《古兰经·夜行》载：真主“使他的仆人”穆罕默德先知“在一夜之间”，“从禁寺到远寺”且“在远寺的四周降福”以昭示其“一部分迹象”。耶城烙有伊斯兰文化永恒印记的就是金顶清真寺和阿克萨清真寺的傲然矗立，将穆斯林纪念先知“登霄”壮举的敬畏情怀表露无遗。据《圣经·创世纪》载：上帝向犹太始祖亚伯拉罕许诺将迦南全境“赐

① ［美］诺姆·乔姆斯基：《“9·11”》，哈佛燕京学社编《全球化与文明对话》，江苏教育出版社 2004 年版，第 46 页。

给你和你的后裔，永远为业”。而“来年返回耶路撒冷”便成为锡安主义兴起、发展并不断强大的精神动力。正是因为过于强调宗教与民族认同，巴以两国的领土争夺便升级为阿、犹两大民族间的恩怨、伊斯兰和犹太两个宗教间的冲突。几次中东战争几乎都因巴以冲突而起，也几乎都因巴以矛盾而埋下隐患，巴勒斯坦解放事业也成为阿拉伯民族的共同事业、世界伊斯兰事业的核心；散居世界各地的犹太人在强烈的宗教与民族认同的支撑下，从世界各地移居以色列，复活了希伯来语。美国的犹太院外集团更对美中东政策尤其在巴以问题上的立场施加了影响，美在巴以问题上的“袒以压巴”立场又加剧了阿拉伯—伊斯兰民众的反美情绪。而巴以和平“陷入僵局”既与哈马斯执政、奥尔默特当选有关，更与巴勒斯坦、以色列和美国三方领导人的认同冲突有关。伊斯兰激进组织哈马斯坚持认为圣地归属问题不容谈判，只有进行“圣战”赶走异教徒犹太人，才能解救巴勒斯坦人民。但过于强调宗教和民族认同势必会在一定程度上弱化国家认同，甚至产生某些负面影响。如巴以问题不仅成为埃及、沙特等国与西方交往中的一个重要政治筹码，也成为这些国家迟缓改革的一个借口；伊斯兰国家不间断的巨额资助、人力投入乃至精神支持也在某种程度上纵容了巴勒斯坦当政者的漠视民意、骄奢腐败，最终失信于民；哈马斯虽因人道主义的亲民举措赢得了民选，但执政后却陷入身份认同误区，仍将民族、宗教认同置于国家认同之上，无视国内日趋严重的人道灾难，陷入内外交困之中。但哈马斯领导人扎哈尔于 2006 年 5 月 31 日在北京表示，巴政府将以认真、积极的态度研究“阿拉伯和平倡议”，显示出重新调整自我认同以解脱困境的某种迹象。“沙龙政治上的影子”的奥尔默特当选后，以恐怖组织为由拒不承认哈马斯，加紧划定以色列国界的单边行动，甚至向无辜的巴人狂轰滥炸，巴以和平希望渺茫。其实，巴以冲突的实质是领土争端，绝非美以所武断判定的恐怖主义问题，“之所以大多数巴勒斯坦人都把选票投给了哈马斯，是因为他们对腐败无能的巴解组织政权、以色列的不妥协态度和美国的偏袒政策深感失望”。因此，哈马斯应尽快完成由武装派别向执政党派的角色转变，由一味对抗以色列的宗教、民族认同逐步调整为解决民生疾苦、平衡党派利益、谋求国际支持与共赢等国家乃至全球认同；以色列和美国也应尊重巴勒斯坦人的民主意愿，不可以“哈马斯是恐怖组织”为由联合封杀巴勒斯坦新政府，也不该借“反恐”淡化或回避侵略巴领土这一事实。从某种意义上说，宗教认同一直对阿以冲突起着相当的催化作用，还会在今后解决巴以争端中发挥一定的制约作用。

伊拉克重建问题：美国政府原本想在倒萨之后，将伊拉克建成“中东民主样板”，并完全控制伊拉克油气资源。但结果没能如期收获民主的果实、如愿谋到能源利益，还将伊拉克这个大油桶变成了中东火药库。自伊拉克战争以来，伊拉克变成了基地组织抵抗异教徒的主战场，制造“恐怖分子”的策源地。其他阿拉伯—伊斯兰国家甚至某些西方国家的青年圣战者组成的“外国兵团”与伊拉克反美武装力量共同抵抗美英联军，尤其是阿里·哈迪清真寺遭袭后，什叶派和逊尼派、阿拉伯人和库尔德人甚至不同利益集团内部等均存在矛盾和纷争，结果巴格达沦为“暴力之都”。这是教派、民族与利益认同置于国家认同之上所导致的恶果，排他的暴力冲突更将国家逼至内战边缘。2006 年 6 月 8 日，基地组织在伊拉克的头目扎卡维遭美军空袭身亡的消息发布后，伊拉克总理马利基立刻向议会提交了久拖不决的国防部长和内政部长的提名，并顺利获得通过。随之，世界油价下跌，美元升值，为美、伊政府带来一片“利好”。但英国中东事务专家亚萨尔却认为，“扎卡维被打死不会对伊拉克的‘圣战’造成影响。伊拉克的‘圣战’也不会因为扎卡维的死而停止，相反，将会进一步升级。扎卡维的追随者将会发动报复性袭击”[①]。事实上，后扎卡维时代的报复性冲突进一步恶化了伊拉克的重建环境，深陷数重认同怪圈的伊拉克各武装力量、政治与宗教派别以及利益集团之间的冲突还将不断削弱甚至解构伊拉克民众迫切需要的国家认同（诸如和平、民主、生产、自救等）。事实证明，四年前发动的一场“无正当理由的战争”，如同开启了中东地区的潘多拉盒子，灾难与罪恶、丑闻与血腥、悲愤与绝望弥漫于巴格达的上空，布什总统本人深陷伊拉克泥潭而难以脱身，伊拉克重建前景堪忧。

伊朗核问题：伊核问题触动了“世界神经”，联合国与国际社会大都主张用外交谈判的方式来化解伊朗核危机，但西方大国主张制裁伊朗的声音不断趋强，再加上朝核问题的牵制，伊核问题的解决前景备受关注。更为复杂的是，“由于伊斯兰教内部的教派矛盾加之伊斯兰国家之间权力与利益的矛盾，伊斯兰教在发挥对伊斯兰国家关系进行整合并促进彼此合作的同时，也

---

① 新华社北京 2006 年 6 月 8 日电：《布什：美在伊拉克仍面临许多困难》。

在某种情况下卷入了伊斯兰国家间的冲突”。[1] 如伊拉克境内外伊斯兰教派矛盾、伊朗向伊拉克输出伊斯兰革命而遭抵制等引发两伊战争，宗教认同非但没有成为凝聚两国穆斯林的精神纽带，反而成为触发动荡与战争的诱因；海湾战争是同族、同教的阿拉伯兄弟国家间的兵戎相见，再次印证了民族、宗教认同往往屈从于国家与集团的利益认同。但是，伊朗总统内贾德却仍将伊斯兰认同作为一种战略手段来化解伊朗核危机，试图用宗教认同来捍卫核权利。结果，他声称“将以色列从地图上抹去”，质疑欧洲“排犹屠犹”的历史，甚至和美国只就伊拉克问题进行破冰谈判。结果，他的强化伊斯兰认同的努力并未产生当年“拉什迪事件”般的效应，阿拉伯国家对伊朗过于干涉伊拉克内政普遍不满、对其插手巴勒斯坦内政高度警觉、对伊朗为首的伊斯兰什叶派新月带的凸显深感不安、对提炼铀浓缩并组织人弹的伊朗现政府愈加提防。当然，耶路撒冷这一敏感问题被内贾德政府当作其核外交中的一项斡旋策略也是显而易见的：伊朗欲用消灭以色列来重唤伊斯兰世界的宗教认同，将伊核问题纳入伊斯兰共同事业之中，在激怒以色列和阿拉伯—伊斯兰各国开战后巧妙地将伊朗核问题隐于巴勒斯坦泛伊斯兰问题之下，在转移世界核关注视线的同时达到向美国施压的目的。也正因为如此，有学者将黎以冲突喻为伊朗与美国之间的一场“代理战争”。内贾德总统在其宗教认同战略遭冷遇后，以“捍卫和平利用核能的权利”为新的抗美战略，力争赢取谈判的主动权。我们坚信，美伊间的核博弈，不仅需要高超的政治智慧与坚持和平解决问题的理念，更需要融合各方的文化价值观来沟通彼此的全球认同，以便最终获得和平解决危机的最大可能。

在全球化时代，不仅中东地区的宗教、民族、国家和个人等认同已受到全球认同（实为西方认同）的极大冲击，区域认同也未能幸免。“二战”后如火如荼的民族解放运动使得大批新兴独立国家宣告成立，但“冷战”一开始，除美苏两个超级大国外，许多新兴独立国家为摆脱两极世界格局的控制，便主动与邻国加强团结，逐渐形成了区域合作。20世纪五六十年代，一大批由不同国家组成的区域组织先后在西欧、中东、亚洲和非洲等地区建立。约瑟夫·S. 奈认为，区域一体化的主要动因来自区域内外两方面：外部的主要刺激因素可能来自对整个组织的威胁，内部的则可能出自对共同利

① 张骥、刘中民：《文化与当代国际政治》，人民出版社2003年版，第267页。

益的期望，也可能出自某一成员国采取的高压手段。拉吉尼·科撒里还在《未来的足迹：当代世界的特征及替代设想》中提议："世界上弱小国家之间有必要进行更大的区域合作，集中它们的经济、政治与军事资源，以此为基础进入世界权力结构，并最终打破由一小撮国家支配世界的体系"。在联合国任职的莫里斯·伯特兰因不满意现有的联合国制度，则提出要发展区域性的"第三代世界组织"，使经济发展的重大责任由区域来承担。[①] 在此背景下，作为中东阿拉伯国家区域组织的阿拉伯联盟于1945年3月22日在开罗成立，创始成员国为埃及、叙利亚、黎巴嫩、伊拉克、外约旦（今约旦）、沙特阿拉伯和也门，旨在加强与协调成员国的政治、文化、经济和社会规划及调解成员国间或成员国与第三方的纠纷。1950年4月13日联合防御与经济合作协定的签订，又使各签约国承担了协调军事防御措施的义务，1964年成立了阿盟教育、文化与科学组织，同年，接纳巴解组织为巴勒斯坦人民的代表加入。但阿盟却因内部政治问题，尤其是有关巴以问题上的分歧而遭到削弱。在埃及于1979年3月26日与以色列签订和平条约后，阿盟的其他成员国决定中止埃及的成员国资格，并将阿盟总部由开罗迁至突尼斯，一直到埃及于1989年重返阿盟，总部才于1990年迁回开罗。两伊战争和海湾战争的相继爆发，为西方国家尤其是美国介入中东事务提供了机会，也造成阿盟内部的深刻裂变。"9·11"后随着美阿关系的不断恶化，尤其是美国在发动了阿富汗战争与伊拉克战争后又强力推行民主改造"大中东"战略，逐步剥夺了阿盟在阿拉伯重大事务中的发言权，令其陷入被架空的窘境。积极协调区域认同与全球、国家、民族以及宗教等认同间的关系将是阿盟在处理阿拉伯问题上重获主动权的关键所在。1960年9月，由伊朗、伊拉克、科威特、沙特阿拉伯和委内瑞拉的代表在巴格达开会，宣告成立石油输出国组织（OPEC），简称"欧佩克"，总部设在维也纳。其宗旨是联合起来共同对付西方石油公司以维护其石油利益，亦即协调和统一各成员国的石油政策，并确定以最适宜的手段来维护各自和共同的利益。随着成员国的不断增加，欧佩克已发展成亚洲、非洲和拉丁美洲一些主要石油生产国的国际性石油组织。为保证生产者与消费者的不同利益，欧佩克实行石油生产配额制，力争

① 杨青：《区域主义：源起与研究》，http：//www. southcn. com/nflr/llzm/200405190570. htm。

将国际石油价格稳定在公正合理的水平上。20世纪七八十年代，欧佩克以石油为武器与西方石油公司展开了针锋相对的斗争，且成效显著。

但随着全球节能以及西方能源战略日趋多元化，尤其是美国为首的西方大国以“胡萝卜加大棒”的两手策略直接或间接地左右着中东石油资源，极大地削弱了欧佩克的应有作用，委内瑞拉领导人的强硬反美立场也在一定程度上起了负面作用。在经济全球化的严峻挑战面前，欧佩克应更加注重协调区域认同与全球认同间的矛盾。海湾阿拉伯国家合作委员会是海湾地区最主要的政治经济组织，简称海湾合作委员会或海合会，成立于1981年5月，总部设在沙特首都利雅得，成员国包括阿联酋、阿曼、巴林、卡塔尔、科威特和沙特等。其宗旨是加强成员国之间在一切领域内的协调、合作和一体化，密切成员国民众间的联系、交往与合作，推动成员国发展工业、农业、科学技术，建立科学研究中心，兴建联合项目，鼓励私营企业间的经贸合作。海合会成员国拥有丰富的石油资源，目前已探明储量约占全球总储量的45%，且各国的政治、经济体制相似，王室联系非常紧密，在政治、经济、外交、军事等方面都存在着共同的利益。自成立以来，海合会就积极促进成员国间的经贸合作，推动经济一体化进程。2003年1月1日，海合会六国正式启动关税联盟，并计划于2007年底前建立海湾共同市场，2010年1月发行海湾统一货币。但海合会融入经济全球化的进程及其成效仍将取决于西方大国的中东政策及其利益取舍，美国入侵伊拉克、伊朗的核危机等对海湾地区的一体化进程造成极大的负面冲击即为明证。可见，这些区域组织大多经历了由盛趋衰的相似命运，其组织职能已丧失或逐步丧失，尤其在巴以和谈、伊拉克重建以及伊朗核危机等中东重大问题上逐渐丧失话语权甚至参与权。因此，要想扭转区域组织被架空的不利局面，应在国家利益与全球发展中寻求区域共识的认同空间，否则，阿盟等区域组织不仅会在中东事务中被逐步边缘化，还会在全球化进程中惨遭淘汰。

从身份认同的视角来重审中东历史与现实，既要肯定阿拉伯民族认同与伊斯兰宗教认同曾在中东各国反对殖民主义、追求民族与地区独立方面发挥了凝聚民心、团结民众、整合力量来共同抗辱反侵等积极而重大的作用，也要承认因过于强调宗教与民族认同而在某种程度上又加大了解决中东重大问题的难度这一事实。因此，阿拉伯—伊斯兰文化身份的认同牵涉中东乃至世界重大国际争端的解决策略及其手段方式，因为，“对区域身份或地方身份的研究，对职业身份的研究，对宗教以致教派身份的研究，可以帮助决策者正确了解社会中各种利益集团和利益群体，正确处理跟他们的关系，正确处理他们之间的关系”①。而“中东是具有世界影响的重要地区。没有中东的稳定和发展，就没有世界的和平与繁荣。一个和谐的中东符合本地区各国和各国人民的长远利益，也是世界的共同期盼”②。同时，研究阿拉伯—伊斯兰文化身份认同，也是为了更好地反思儒家文明与中华民族。只有彻悟了群体和民族的文化身份，才能在与他者交往时自尊自信而不自卑自贱或夜郎自大，学会尊重异己民族，正确处理与他者文化的关系，满足民族自我肯定的需要，在扬弃外来文化的过程中捍卫、建设和发展自己民族的文化身份。

三 在辩证、多元、务实中重构阿拉伯—伊斯兰文化

爱斯本研究所主任 E. 约翰逊曾指出：“全球化或许会消解国家的权威，或许会改变主权和民族性的含义，但它同时还强化着认同意识的重要性。我们世界的全球化程度越高，对认同的向往就越强烈”③。认同是为了重构，在全球化时代，阿拉伯—伊斯兰文化身份也面临着重构的现实挑战。

1. 既要继续持守宗教与民族认同，又要适时调整认同次序，正确处理宗教、民族、国家与全球认同的辩证关系，尽快扭转被边缘化的现实困境

对文化身份内涵，即构成文化身份的成分的强调各有不同，但在其诸多成分中，以下五种是最为重要的：“（1）价值观念或价值体系。其中包括宗教信仰、伦理原则、世界观和人生观、集体和个人的社会理想。这是文化身份的核心部分。（2）语言不仅是交际工具，而且是文化的载体。在身份体系里，语言扮演联络员的角色，其他成分都通过语言起作用。（3）家庭体制对

① ［加］张裕禾、钱林森：《关于文化身份的对话》，《跨文化对话》（九），上海文化出版社 2002 年版，第 74 页。

② 胡锦涛：《促进中东和平，建设和谐世界》，《光明日报》2006 年 4 月 24 日。

③ ［美］杜维明：《全球化与多样化》，哈佛燕京学社编《全球化与文明对话》，江苏教育出版社 2004 年版，第 81 页。

一个民族来说，家庭就像个文化身份的三棱镜，凡是文化上具有特征的一切，在家庭生活中都会得到反映。(4) 生活方式是文化身份最表面、最显而易见的成分，也是变化得最为迅速的成分。(5) 精神世界。这里指的是一个民族在历史发展过程中，集体记忆里所储存的种种形象把民族的成员紧紧地凝聚在一起。不管你走到哪里，这些形象都伴随着你，藏在你的脑海中，成为你无形的精神上的依托"①。亦即，在构成文化身份的诸多内涵中，价值观念、语言、家庭体制、生活方式及精神世界等是最为重要的。其中价值观念包括宗教信仰、伦理原则、世界观和人生观、集体和个人的社会理想等，这是文化身份的核心部分。对穆斯林来说，"那些强烈的感受、崇高的愿望以及挥之不去的梦想往往附着于一个特定的群体，表达为某种特定母语，关涉到一个具体的地方并针对着生活在同一时代、秉持着同一信仰的人群"②。相比较而言，中国身份认同中多强调家庭、伦理认同，阿拉伯—伊斯兰身份认同中则更重视宗教、精神认同，折射出"家国同构"的儒家文化与"政教共相"的伊斯兰文化之不同，也凸显出伊斯兰文化具有极强的社会整合性，能"把不同肤色、不同民族、不同国家、不同地区、不同阶级、不同职位、不同思想风尚、不同政治态度、不同文化水平、不同年龄的人紧密地'黏合'在一起，成为具有共同信仰、共同崇拜对象、共同组织形式、共同教义和教规、共同礼仪和活动方式的社会实体和力量"③。作为全世界13亿穆斯林共同的历史传统、精神信仰、价值判断和生活方式的信仰体系，伊斯兰认同更直接影响到阿拉伯—伊斯兰世界与国际社会的交流与合作，甚至成为一些国际与区域合作组织的精神纽带与沟通桥梁，如在中亚五国伊斯兰复兴运动中形成的伊斯兰合作圈、伊朗提出的"穆斯林共同市场"、土耳其构设的"泛突厥联盟"、巴基斯坦筹划的"伊斯兰新月区"、伊斯兰会议组织、世界穆斯林大会、阿拉伯联盟、石油输出国组织以及海湾合作委员会等均烙有鲜明的伊斯兰文化印记。但是，随着世界全球化潮流的狂袭与美国"大中东"战略的加快实施，阿拉伯—伊斯兰世界也因过于强调伊斯兰认同而使自己陷

---

① [加] 张裕禾、钱林森：《关于文化身份的对话》，《跨文化对话》(九)，上海文化出版社2002年版，第74页。

② [美] 杜维明：《全球化与多样化》，哈佛燕京学社编《全球化与文明对话》，江苏教育出版社2004年版，第81页。

③ 张铁南主编：《宗教知识小百科》，长春出版社1991年版，第4页。

人被边缘化的现实困境之中。美国著名学者理查·罗蒂曾指出：“欧洲掀起重新定位自我的热潮，而且充满了理想主义，这将在全世界范围内引起强烈反响，不管是在美国和中国，还是在巴西和俄罗斯，都会是这样……许多人都已经清楚地认识到美国人追求霸权到了无以复加的地步，而且全然不顾所作所为对于人类自由的影响”[①]。但是，美国和欧洲对全球化的理解与追求并不完全相同，美国人要毫无顾忌地聚敛一切物质财富，欧洲人则强调生活质量与精神提升，而全球化不是美国梦与欧洲梦的简单拼接，在“世界文化即将进入一个崭新的阶段，这个阶段的核心任务将是在反思和沟通的基础上，建设一个多极均衡互利，多元文化共生的全球化。只有这样的全球化才能保证人类生活质量的不断提高，保证世界得以安定和谐地持续发展”[②]。可惜，当下的全球化具有双刃性：“一方面，它能迅速扩展繁荣和稳定；另一方面，它也会迅速将贫困和动荡传播到全世界。对于应对和影响外部环境能力较强的发达国家，全球化提供了谋求利益最大化的有利条件，意味着进一步占有世界的资源、市场并取得资本主义的全面胜利；而对于欠发达甚至比较落后的国家，全球化既是借以实现经济繁荣的机会，更是遭受灾害、危机和导致多种矛盾激化的根源；对于大多数人来说，它甚至意味着混乱和绝望”[③]。对在全球化中处明显劣势的阿拉伯—伊斯兰世界来说，全球化所带来的负面影响尤其突出：“第一，随着市场自由化、工业私有化，国家支出削减以及通货膨胀，改革就容易破坏当地经济的稳定；第二，经济改革旨在与外国资本和全球市场接轨，随之而来的自由化除了直接影响经济生活外，还将使穆斯林社会遭受市场文化以及个人主义和消费至上主义的全面冲击……当然，穆斯林政治和伊斯兰文化有时还造成了一些适应性方面的障碍。这些障碍既不利于市场进一步自由化，也不利于与全球经济有效进行交往。然而，世界上的各种改革已经启动，新的全球化开始敲打它的印记。而几乎所有的穆斯林社会在每个重要方面都面临着改革的需要”[④]。不仅如此，阿拉伯—伊斯兰世界还在诸多因素的合力作用下，成为美国发动反恐战争、

---

① 转引自乐黛云：《建构另一个全球化》，《新华文摘》2006年第1期，第108页。

② 同上。

③ 高祖贵：《美国与伊斯兰世界》，时事出版社2005年版，第75页。

④ Simon W. Murden Islam, *the Middle East*, *and the New Global Hegemony*, Lynne Rienner Publishers, Inc. 2002, pp. 94—95.

进行民主改造的主战场，但宗教与民族认同往往激化了双方的冲突，尤其是美国的中东政策与“9·11”事件的影响，再加上阿拉伯领袖国家埃及与伊斯兰旗帜国家沙特皆属亲美政府执政而渐失声望，阿拉伯—伊斯兰世界发生了大分裂与大重整，失落感与受辱感弥漫其间，阿拉伯民众普遍产生了认同焦虑。因此，阿拉伯—伊斯兰世界应适时调整身份认同次序，将“和平与发展”的国家认同置于宗教与民族认同之上，在此种认同基础上谋求全球认同，力争逐渐改变在全球化中被逐步边缘化的现实困境。但是，当“和平、发展的许多价值追求在本民族范围内难以完整实现时，跨民族的全球认同愿望便应运而生。在一定意义上讲，全球认同满足了民族认同所追求的、但在单个民族间都难以实现的目标追求。因此，全球认同不是以淡化甚至消灭民族国家认同为前提，相反，它是沿着民族国家认同的积极思路而又跨越其范围、层次和目标的互补性认同。它本身就暗含了各民族的动机和利益”[①]。同样，当“和平与发展”的国家认同在阿拉伯—伊斯兰世界难以实现时，就应积极探寻跨民族、宗教和地区的全球认同途径及其行之有效的措施。惟其如此，才有可能逐渐改变在全球化中被边缘化的现实困境。

2. 既要立足阿拉伯世界的社会现实，又要发掘伊斯兰认同中的全球质素，竭力淡化或规避阿拉伯—伊斯兰文化身份认同中的排他暴力倾向

一般而言，全球认同或曰现代性认同与基于特殊地点亦即地区性的民族国家认同也有迥然不同的范围、层次、方式和目标。全球认同是全球范围内各族人民追求贸易效率和幸福指数最大化，应对资源、环境、人口等一系列全球性危机而逐步形成的一系列法规、惯例和共识。它将全球视为一个有机的共同利益体，以追求全球系统的安全与效率为目标，通过联合国、WTO、世界银行以及各种合作组织、慈善基金和跨国公司等，从减少地区冲突、降低贸易成本、扩大各民族间的合作与交流以及涵养资源、保护环境、控制人口等实质性行动开始，进而维护并实现全球利益和人类公理。而民族认同是全球认同的基础，其所形成的价值和秩序是全球认同的必要条件。全球认同是追求安全与效率的理性认同，民族国家认同则是基于价值和情感的感性认

① 傅华：《全球认同与民族国家文化认同》，《光明日报》2006 年 4 月 18 日，http：//www. phoenixtv. com/phoenixtv/ 83927968816037888/20060418/780470. shtm。

同；全球认同以“惯例”的形成为标志，民族国家认同则以传统的延传为目标；全球认同更多依赖于人类对共同未来的怀想，民族国家认同本质上则更多地表达为对共同过去的珍视。因之，全球认同本质上是经济学、政治学的，而民族国家认同本质上则是人类学、社会学的。如果把全球认同理解为全球文化的同质同构，那么，这种极端的全球认同就很难在现实世界中寻到。认同的哲学基础应该是“和而不同”，是多样文化之间的理解、尊重、沟通与融合，只有全球化的某种主张与各民族国家文化的价值取向、利益追求相吻合时，全球认同才会出现。因此，“当民族国家认同与全球认同以不同的方式、层次和向度被正确区分，文化霸权从全球认同中剥离出来的时候，优秀民族国家文化的弘扬便显得格外光明正大、合乎时宜。由于全球认同所体现的是各个平等的民族、国家的共同愿望和利益而不具有任何褊狭自私的霸权性质，因此它实质上成为民族国家文化的合理延伸；由于优秀的民族国家文化大多都表达着和谐、关爱、宽容甚至‘大同’的价值观，因而它内在地成为全球认同构建的哲学基础和文化前提”[①]。事实上，阿拉伯—伊斯兰认同与全球认同并不矛盾，伊斯兰世界观本身就具有全球性质素：世界没有东西方之分，伊斯兰世界虽由生活在不同种族、地域和政治边界内的相异的社会和国家构成，但却使用所有穆斯林都能理解的语言，拥有共同的文化意识，承认同属安拉的信徒。作为具有全球质素的一种信仰和思想体系，伊斯兰教不仅在人类史上为沟通东西文明交流作出了卓著的贡献，还在现实发展中显现出极强的适应性和生命力，伊斯兰本身不是自由、科学和经济发展的阻力，与和平、发展及和谐共处等最基本的全球认同并不矛盾，且蕴涵着有利于全球化发展的力量，即使在今天也仍在影响着世界建筑、食品、服装、音乐、文学、艺术等领域的发展。[②] 其实，影响阿拉伯—伊斯兰世界融入全球化的阻力并非伊斯兰教，而是一系列的现实问题：美国主导下的战争、制裁与驻军，造成民众生存环境不断恶化；高人口增长率、高文盲率、高失业率，导致严重的社会问题；各国经济发展水平参差不齐，国民经济结构严重失衡，经济发展陷入严重迟缓状态……阿拉伯—伊斯兰各国政府几乎

---

① 傅华：《全球认同与民族国家文化认同》，《光明日报》2006 年 4 月 18 日，http: //www. phoenixtv. com/phoenixtv/ 83927968816037888/20060418/780470. shtm。

② 高祖贵：《美国与伊斯兰世界》，时事出版社 2005 年版，第 75 页。

都程度不同地面临着这些棘手的现实问题，加剧了民众对现政府的不满和怨怒，伊斯兰组织便填补了“权力真空”，它们往往以伊斯兰认同来凝聚民心，并为弱势群体提供慈善服务。但自美国接连发动“反恐”战争以来，美阿关系日趋紧张，在虐囚、亵渎《古兰经》甚至讽刺先知等受辱事件的刺激下，伊斯兰激进组织以“圣战”为旗帜来捍卫伊斯兰文化尊严的宗教认同引起越来越多民众的共鸣，进而赢得了选民的广泛支持，中东伊斯兰激进组织便通过议会选举壮大了自己的政治势力。因此，当西方文化成了规范性文明，非西方文化被边缘化，并将全球认同混同于西方认同甚至美国认同，棘手的现实问题才是阿拉伯—伊斯兰各国认同真正全球化的阻力所在。但在“9·11”后，“将‘身份’或‘认同’作为文化关键词来研究时，尤其要警惕，不能以‘爱国主义’和‘宗教纯洁’的名义来强化民族身份的排他性，为‘圣战’或‘十字军’提供口实。无杂质的稳定的身份，无论是民族的还是个人的，均是自欺欺人的神话”[①]。原本倡导和平、对话与中间主义的伊斯兰文化在西方霸权语境中之所以被演绎成“暴力文化”，除美国对中东的一系列不公正政策刺激外，还与“圣战”思想被伊斯兰激进组织甚至极端组织滥用有关，更与“9·11”后世界穆斯林遭“被审被辱被打压”所致的精神病灶有关。在强烈的“圣战”认同意识的驱使下，伊斯兰激进组织执政的合法性也因“恐怖”之嫌而遭美国、欧盟和以色列的联合“封杀”，哈马斯的内外交困便折射出伊斯兰认同中容他与排他间的激烈冲突。为正确引导阿拉伯—伊斯兰世界民众的宗教与民族认同，政治家、学者与传媒就应齐心协力地不断强化和平、发展与和谐共处的伊斯兰文明中的全球认同理念，大力规避排他暴力意识，要“借助彼此之间的交流和对话，自我与他者可以得到相互型塑，进而形成一种‘既此且彼’而非‘非此即彼’的共享式关系。这一点，不仅对于国家范围内的公民建构新的归属感是适用的，对于全球化条件下的个体而言，也有助于他们解决因归属感的削弱所导致的认同焦虑问题”[②]。因为，“对认同的追求可能会导致一种有害的排他意识，它可以表现为狭隘的民族中心观念和排外暴力。只有通过对话，我们才能找到一种真正的全球

---

① 王宾：《中西文化关键词研究：身份（认同）》，《跨文化对话》（九），上海文化出版社 2002 年版，第 103 页。

② 吴玉军：《走出自我认同困境》，《新华文摘》2006 年第 1 期，第 109 页。

交流方式，并对多样性保持真正的尊重”[①]。

3. 既要彻底吸取西方霸权主义干涉下身份认同中的血的教训，又要积极借鉴认同世界的成功经验，在多元与务实中重构文化身份

在全球化和全球文化形成的过程中，各民族、国家都在弘扬传统文化、夯实认同基础，以增强民族国家的凝聚力。但是，“冷战”后，以美国为首的西方国家主导了全球化进程，全球化变质为西方化甚至美国化，且成为美国的全球性霸权所赖以存在的现实基础。纵观阿拉伯—伊斯兰世界反殖民主义的漫长历史就会发现，西方霸权主义对穆斯林培养世界和平文化的努力造成的重大伤害，尤其借“言论自由”为名肆意歪曲伊斯兰文化的和平本质，甚至蓄意伤害最基本的宗教情感，在充满成见和敌意中向全球传播“恐伊症”。“9·11”事件是弱势文化对抗强势霸权的一次极端宣泄，但在报复冲动驱使下的美国却以“反恐”为名，对阿拉伯—伊斯兰世界进行军事打击、经济制裁、民主干涉等全方位的霸权介入，结果，巴以和谈陷入僵局、伊拉克重建阻力重重、伊朗核问题触动世界敏感神经，阿拉伯—伊斯兰民众也陷入此种全球化的身份认同困境当中。尤其“个体的全球性体验对自我认同也产生了巨大冲击。置身于全球化当中的个体，面临着不同地区之间的文化身份冲突。飘零个体在进入另一个生存空间之前，依据自己所生活的民族国家实际，并通过外在文化的非切身性感受形成了一种理想的自我形象。但作为一个在文化上处于弱势地位的个体，基于融入新的生活群体的需要，他需要自觉或不自觉地放弃在原有的话语和叙事中所建构起来的理想形象，转而去追寻他者。这种从自恋情结走向他恋情结的过程，是一个伴随着焦虑和痛苦的过程。面对新的认同对象，原有族群或国家在人们心中留下的烙印是挥之不去的。归属感和身份感的匮乏恰好体现了全球化条件下现代人游牧化生存的基本特征。”[②] 可以说，中东穆斯林在归属感和身份感丧失的焦虑和痛苦中还不断丧失着家园、国家、生命，唯有伊斯兰信仰成为个体存活下去的唯一理由，但他们却为伊斯兰认同付出了血的代价，甚至宗教认同中的排他暴

---

① ［美］杜维明：《全球化与多样化》，哈佛燕京学社编《全球化与文明对话》，江苏教育出版社 2004 年版，第 105 页。

② 吴玉军：《走出自我认同困境》，《新华文摘》2006 年第 1 期，第 109 页。

力还殃及无辜的穆斯林。因此，阿拉伯—伊斯兰国家既要反思现实，更要积极借鉴中国成功认同全球化的经验——对内认同“和谐社会”，对外强调“和谐世界”，以儒家文化“和而不同”的和谐理念与全球认同趋近，在和平崛起中主动承担世界大国应尽的责任与义务。“面对客观发展的全球化趋势，伊斯兰国家要想获得发展，唯有顺应这个进程，努力参与其中进而施加影响，进而趋利避害，而不是排斥或加以阻止。在参与的过程中，伊斯兰文化及其价值观和生活方式，也将接受其他社会的一些因子，显示出更多的多样性。”① 实际上，阿拉伯国家已经开始了灵活、积极的外交与经济等方面的重构努力：在巴以关系处于冰冻期时，以色列与海湾阿拉伯国家的关系却在升温，根源在于：（1）“伊拉克的动荡局势促使某些国家开始寻找盟友”；（2）“伊朗新上台的强硬派政府毫不掩饰地表露了成为地区强国的野心”；（3）阿拉伯国家的“长远未来充满不确定性”；（4）“以色列是技术和技能的重要来源”② 之地等。因此，卡塔尔外交大臣和以色列外长于 2005 年 9 月在纽约联大期间举行了会晤，卡提供了 350 万英镑为在以色列的一支阿拉伯足球队修建体育场；自 2000 年巴林王储会见佩雷斯后，两国一直保持着不间断的低调接触，并结束对以的经济抵制；除叙利亚、伊朗和黎巴嫩仍严格采取抵制态度外，许多阿拉伯国家在美、欧、以巨大贸易利益面前逐渐缓和了抵制的态度与力度；2005 年沙特加入了世贸组织，不得不同美、以开展贸易往来。对此，以色列央行行长也承认，“对于我们以色列人来说，与我们的阿拉伯邻国进行经济交流或许是有好处的；我们应该尽一切力量来使其变得可能，但单从经济方面来看，这并非是一种生死攸关的需要，因为这不会改变以色列经济的性质：远没有被封锁，与外界保持着密切的交往”。他还特别提到了以巴经济互补问题：“双方的经济交流越多，就越能给每一方带来好处，特别是给巴勒斯坦经济。尤其在巴勒斯坦人看来，这种相互的自由贸易可能会很有益。我希望政治变化和安全状况将使这样的关系变为可能。”③ 可见，阿拉伯—伊斯兰世界的身份重构凸显出多元和务实的素质，

---

① 高祖贵：《美国与伊斯兰世界》，时事出版社 2005 年版，第 75 页。

② ［英］布朗温·马多克斯：《阿拉伯国家悄无声息地弥合与以色列的贸易鸿沟》，《泰晤士报》2006 年 4 月 7 日。

③ ［法］《费加罗报》2006 年 3 月 31 日刊登记者对以色列中央银行行长斯坦利·费希尔的采访：《斯坦利·费希尔认为：“高科技是锡安主义的新体现”》。

且已初见成效，这是顺应世界发展潮流的积极举措。“如果说平等确立了跨文明对话的基础，差别便使这项共同事业显得更加可欲、必要、值得和富有意义……多样性可以使我们营造一个开放的、充满活力的共同体。我们有与多元文化打交道的经历，我们共同怀有消除各种巨大障碍的决心，我们一直致力于申明持久的社会关怀，所有这一切都有助于我们认识那些对一个负责任的共同体来说具有至关重要意义的价值。”①

① ［美］杜维明：《全球化与多样化》，哈佛燕京学社编《全球化与文明对话》，江苏教育出版社2004年版，第88页。

“以儒诠经”活动及其对当代文明对话的启示意义

马明良

世界既是同一的，又是多样的，世界的同一性和多样性是对立统一的。很久以来，世界上就存在着多种民族、多种语言、多种宗教、多种生活方式、多种文明。世界各地区、各民族、各文明是千差万别的；而这些千差万别的民族、文明又必须共存于同一个星球——一个有限的空间——地球。如何处理好这些千差万别的民族、文明之间的关系，是摆在全人类面前的一个重大课题。处理得好，可以相安无事，皆大欢喜；处理得不好，则冲突不断，鸡犬不宁。如何处理呢？对此，有些文明主张全人类都应该整齐划一，用一种生活方式取代所有不同的生活方式，用一种价值观取代所有不同的价值观，用一种文明统一所有不同的文明。这就势必要导致“文明的冲突”。而有些文明则提倡，应承认和维护世界文明的多样性，一如维护自然界生物多样性一样，以“多元共存”、“和而不同”的思路和原则对待与处理不同民族、不同文明之间的关系。用这种思路和原则来处理不同民族、不同文明之间的关系，就能实现共同发展、共同繁荣。明清时期一些中国穆斯林学者利用自身所拥有的伊斯兰文明和中华文明的双重禀赋、双重文化基因和双重身份，率先开展了这一富有挑战性和开拓性的工作，将伊斯兰文明与中华文明的丰富资源加以有机整合，进行了文明对话和沟通的最早尝试，并取得了相当的成功，学术界将这一现象称为“以儒诠经”[①] 活动。实际上，他们的这

---

① “儒”指儒学；“经”指伊斯兰教的经典，实指伊斯兰文明的思想体系。有关“以儒诠经”的前因后果详见杨怀中、余振贵主编《伊斯兰与中国文化》，宁夏人民出版社 1995 年版，第 383—422 页。

种努力是一种自觉的文明交往和文明交往的自觉，对当下的文明交往和文明对话具有重要的启示性意义。

一 学贯东西——王岱舆等穆斯林学者的文化背景和知识结构

不同文明的交往与整合是要具备诸多条件的，如良好的社会环境、良好的舆论环境、良好的文化氛围、健康的文化心态等。然而，只有这些条件是不够的，还需要具备一个重要的条件，即致力于文明交往和文明整合的人对所要整合的两种文明必须要有全面的了解、透彻的观察、准确的把握、深入的体验、深刻的领悟。而明清时期江南和云南等地的有些穆斯林学者，由于自身所处的独特时空背景和特殊的个人经历及其学术渊源①、文化气质等诸多内在和外在的因素结合在一起，使其恰好具备了这些条件，为完成伊斯兰文明与中华文明交往与整合的历史使命奠定了坚实的基础。这些学者便是王岱舆、张中、伍遵契、刘智、马注、马德新、马联元等。而王岱舆、刘智、马注、马德新被认为是其中的杰出代表，称为“四大译著家”。

王岱舆（约公元1573—1658年），祖籍西域。他在其著作《正教真诠·自叙》中介绍其家庭背景说：“予祖属籍天房，缘入贡高皇帝，订天文之精微，改历法之谬误。高测九天，深彻九渊，超越前古，无爽毫末，帝心欣悦，以为非有正学真传不能及此。遂授职钦天”。从此，定居南京，达300年之久。王岱舆出身穆斯林世家，自幼受伊斯兰文化熏陶，熟读伊斯兰经籍，及长师从金陵著名学者马忠信学习伊斯兰教各科知识，成为一名饱学之士。但他不满足于掌握单一的伊斯兰教的相关知识，便开始阅读“性理、史

① 宋元时期，儒学（特别是理学）在中国，尤其在长江流域走向繁荣，出现了一批又一批儒学大师和儒学群体。如周敦颐（濂学）、王安石（荆公新学）、苏轼父子（蜀学）、胡安国与胡宏（湖湘学）、朱熹（朱子学）、吕祖谦（东莱学）、陈亮与叶适（永康、永嘉学）、陆九渊兄弟（象山学或心学）、罗钦顺（气学）、王守仁（阳明学或心学）等，学术大家，层出不穷，灿若群星。他们重视教育与师道，民间书院和官私学校的兴办，蔚然成风。明末清初江南和云南的穆斯林学者在钻研传统的伊斯兰典籍和学问的同时，充分接受着儒学的熏染，其对儒家典籍熟悉程度和理解深度，一般人是很难望其项背的。他们的根源性的学养既来自丰富的伊斯兰文明的底蕴，也源于深厚的中华文明的积淀。他们这种先天的和后天的学术优势是时代造就的，是得天独厚的。

鉴之书，旁及百家诸子"，[①] 广泛涉猎反映中国传统文化的各种典籍，尤其对儒、释、道进行深入研究，最终成为一名通博古今、学贯东西的通才。他撰写了《正教真诠》、《清真大学》和《希真正答》[②] 等著作。

刘智（约公元1660—1730年），江苏南京人。出身宗教世家，其父刘三杰是著名伊斯兰教经师，他幼承家学，诵习伊斯兰教典籍，15岁起研读儒家经籍，旁及诸子百家和佛、道两教及西洋书籍，精通阿拉伯文和波斯文。代表作有：《天方至圣实录》、《天方性理》、《天方典礼》、《真境昭微》、《五功释义》、《天方字母解义》等。

马注（公元1640—约1711年），云南保山县人。马注幼时家境贫寒，但天资聪颖，学而不厌，曾拜当地名儒张虚白为师，16岁时中秀才。明永历帝到昆明后，由大学士扶纲推荐他到内阁任中书，永历帝败后，他没有降清，而避隐教书，专攻经世之学。到而立之年，开始攻读伊斯兰教义、教法、历史等，同时学习阿拉伯文和波斯文。代表作为《清真指南》。

马德新（公元1794—1874年），字复初，云南大理人，出身伊斯兰教经学世家。幼年随父学习阿拉伯文、波斯文，成年后，负笈陕西从名师深造，学问日精。曾两度赴麦加朝觐，并游历伊斯兰各国。给后人留下了30余部著作和翻译作品，代表作有：《四典要会》、《性命宗旨》、《道行究竟》、《大化归总》、《会归要语》、《朝觐途记》、《寰宇述要》、《天方历源》等，还有《古兰经》部分章节的汉译，叫《宝命真经直解》。

二　伊斯兰文明与中华文明在宇宙生成理论和认识论领域的沟通

1. 在宇宙生成理论领域的沟通

宇宙观，尤其宇宙生成理论是任何哲学体系和文化体系必须回答的一个首要问题。明清时期的穆斯林学者在坚守伊斯兰文明的基本内核和根本原则

① 王岱舆：《正教真诠·自叙》。

② 《正教真诠》、《清真大学》和《希真正答》自问世以来先后有多种版本，最新的版本为余振贵点校的宁夏人民出版社1988年版的三部书合印本。

的基础上，大胆而明确地吸纳和整合了中华文明尤其是儒学的思想资源，创造性地发展和开拓的宇宙生成理论，丰富和充实了东方哲学思想宝库。其中，刘智是一位集大成者，其思想有代表性和典型性。

刘智认为，物质世界（后天）之前还有一个先天世界，这个先天世界的本原被他概括为“无称”。刘智承认《易经》中的“太极”、周敦颐的“无极”和老子的“道”为这个物质世界的总根源，但是，他认为“无称”是先天世界的总根源，他把伊斯兰教的创世论与中国古代的开天辟地说有机地结合起来，完成了二者的巧妙衔接。一方面，刘智赞同周敦颐“无极而太极”，“太极本无极”的学说；另一方面，他又向前迈出一大步，认为世界的本原还不止于此，仍可向深度追究。认定在太极和无极之先还有一个无称而称的，“无对待而立”的“造化之原主”，这便是“真”，或“真宰”，是生成宇宙万物的总根源。

2. 在认识论领域的沟通

与宇宙生成理论相联系，穆斯林学者王岱舆借鉴并超越中国哲学的某些概念和范畴，结合伊斯兰教的认主学理论，提出了自己的一套认识论学说。首先，他提出了“三一”论，即“真一”、“数一”、“体一”。根据他的解释，“真一”乃造化天地万物之真主；“数一”表示天地万物之原始；“体一”是指人类如何去体认真主。对三者的关系他阐述道：“真一乃单另之一，非数之一也。数之一非独一也。曰太极生两仪，两仪生四象，数之一也；曰一本万殊，万法归一，亦数之一也；曰无名天地之始，有名万物之母，亦数之一也。以是观之，诸所谓一，乃天地万物之一粒种子，并是数一。数一乃天地万物之种；真一乃数一之主。”[①]“体认之一，乃天地万物之果也。”[②]

王岱舆把人的认识分为三种：“知认”、“见认”、“续认”。他解释说：“所谓知认者，仿效圣贤之参证，推详正教之真经，譬之睹物思情，故此由诸缘而体认真主。……除斯真主孰能再造？”[③]“所谓见认者，超脱诸缘，亲自经历，由己身而体认真主。”[④]“所谓续认者，克尽偏私自见，复全明德之

① 王岱舆：《正教真诠·真一章》。

② 王岱舆：《清真大学·题纲》。

③ 王岱舆：《清真大学·知认第一章》。

④ 王岱舆：《清真大学·见认第二章》。

源，由无己而体认真主。”[①]

可见，王岱舆的宇宙生成程序是：真一→数一→体一；而他的认识论程序则恰好相反：体一→数一→真一。

三 在伦理道德领域实现伊儒合璧

如何处理好人与人、人与社会、人与自身的关系，是文明的又一主题之一。明清时期的穆斯林学者通过深入研究，不断探索，在伦理观领域，贯通伊儒，融合伊儒，将两种文明熔于一炉，推出了一套既有别于传统的伊斯兰教伦理规范，又不同于中国伦理准则的伊中合璧的伦理体系。而马注是整合伊斯兰文明与中华文明伦理观的代表人物。

把儒家的“三纲”、“五常”与伊斯兰教的“敬主爱人”理念统合起来

伊斯兰教强调认主、拜主、敬主；伊斯兰教也提倡慈爱人类。“敬主爱人”是伊斯兰教的基本宗旨，而儒家讲“三纲”、“五常”，强调仁义礼智信。马注将伊斯兰教的“敬主爱人”理念与儒家的“三纲”、“五常”说结合起来。

关于认主与忠君，马注强调认主必须忠君，忠君必须认主。他说：“人极之贵，莫尊于君。”[②]“君臣家国，休戚相关。”故“穆民七日朝礼，登楼赞念，哀祈真主，求将尊大皇王永久，贵嗣永久。……求主指引我皇王正道与行好路上。求主慈悯我，慈悯我皇王国土永久，公道增加，使我海内臣民衣食充足。”[③] 而平民百姓，应该考虑到“君王予我田地，我宜供税；卫我甲兵，我宜感恩；宁我父子，我宜报德。”[④] 而作为君主也应该以身作则，正人先正己，因为君主“身正则左右正；左右正则六官正；六官正则百僚正；百僚正，则民受其福，则社稷安，故天子能保其天下。”[⑤]

---

① 王岱舆：《清真大学·续认第三章》。

② 马注：《清真指南·忠孝》。

③ 同上。

④ 同上。

⑤ 同上。

关于认主与孝亲，认为认主必孝亲，孝亲必认主，即忠于主，孝于亲。王岱舆明确指出："人生在世有三大正事，顺主也、顺君也、顺亲也。凡违兹三者，则为不忠、不义、不孝矣。"[①]

关于认主与顺夫，强调妻子顺从丈夫也是认主的必然结果。马注根据伊斯兰教关于真主由泥土创造人祖阿丹（亚当），由阿丹创造其妻哈娃（夏娃）的说法，强调"夫妻之亲，实同一体，妇从夫出，理应听命。"[②]

关于认主与恭兄，强调认主者必恭兄，恭兄者必认主。马注说："明德之本，莫先于认主……天下知主命之当尊也，故臣不敢不忠，子不敢不孝，弟不敢不恭。"[③]

关于认主与信友，强调认主者必信友，信友者必认主。信友为儒家的"五常"之一；伊斯兰教也讲诚信之重要。马注说"诚信之所以待友"，方可成为"认主、拜主、遵主之命而勿违反者"[④] 和"顾主命，而内外如一，诚实无谎言"。[⑤]

四　在道德修养的方法和途径上实现伊儒整合

儒家把"明明德"作为道德修养的一种途径。《大学》[⑥] 开篇就提出："大学之道，在明明德，在亲民，在止于至善。"这就是所谓"三纲领"，也就是"内圣外王"之人所应追求的目标。马注把儒家的"明明德"的说法接过来，稍加改造，与伊斯兰教的"以玛那"[⑦] 说衔接起来，说"明德"就是"以玛那"，"明明德"就是"培养以玛那"。他明确指出："儒经谓'在明明德'四字，上明字是功夫，下明字是本有。譬若钻木取火，火具木中；磨镜求光，光生镜内，钻磨是功夫，火光乃本有，不钻不磨则不可得矣。此论言

① 王岱舆：《正教真诠·真忠》。

② 马注：《清真指南·客问》。

③ 马注：《清真指南·穷理》。

④ 马注：《清真指南·客问》。

⑤ 马注：《清真指南·登霄说》。

⑥ 《大学》，儒家经典之一，《礼记》篇名，传为曾子作，宋代儒者把它与《中庸》、《论语》、《孟子》合称为《四书》。

⑦ "以玛那"，阿拉伯语音译，意为"信仰"、"信德"。

是木皆可取火，是铁皆可求光……若夫以玛那之在人，若火之在火石，接以煤铁，则本体之火自燃。”①

为了使“以玛那之真光自露”，就必须认主和学习真经，“盖真经乃眼前之光，以玛那乃心间之光，外光入则内光自显，所以寻学在一切男女是主命”，②“明德之本，莫先于认主”，“先天无色相，证于真主之本然；后天有形神，证于真主之妙用。此清真之至理也。至理不察，则德无能明；德无能明，则身不能修；身不能修，则家不能齐；家不能齐，则国不能治；国不能治，则天下不能平”。③

五 天道与人道——伊斯兰文明与中华文明的差异

王岱舆、刘智和马注等学者着力考察了伊斯兰文明与中华文明的共同点和契合点，在整合二者的基础上构建了“真一”、“数一”化生天地万物和人类的宇宙生成理论，以及将天道“五功”④ 与人道“五典”⑤ 相对接的伦理观。马德新在肯定前辈学者的学术探索和贡献的同时，严肃而坦率地指出了他们在学术上的某些偏颇之处，认为，伊斯兰文明与中华文明之间既有同，也有异，异不妨碍同，同不掩盖异。二者最突出的差异在于：伊斯兰文明重天道，中华（尤其是儒家）文明重人道。

马德新认为，伊斯兰文明强调严格的一神信仰，主张认主独一，唯主独拜，以神（真主）为本位，以神人关系为出发点，强调二者的主仆关系，强调人对真主的义务，真主对人的仁慈。而儒家重视现实人生，重视人伦道德，强调家的价值（国是家的延伸），关注社会生活，以人为本位。马德新总结性地指出：“我教圣人所任者天道，他教圣人所任者人道”。⑥“人道者，处世之理，乃人与人当行之事也，是谓五伦。天道者，乃人与真宰所当尽之

① 马注：《清真指南·补遗》。

② 同上。

③ 马注：《清真指南·穷理》。

④ “五功”，即伊斯兰教的基本宗教功修：念、礼、斋、课、朝。

⑤ “五典”，即儒家的“仁、义、礼、智、信”，详见王岱舆：《正教真诠·五常》。

⑥ 马德新：《大化总归》。

功，是谓五典也”。[①] 也就是说，伊斯兰文明的核心是宗教信仰，以儒家学说为核心的中华文明的重心则是宗法性伦理道德。伊斯兰文明坚持神本主义，强调真主的至高无上地位，以认主拜主，履行对真主的义务为人生第一要务，在此基础上构建了一整套的思想体系，确立了调整人与神（真主）之间关系的宗教伦理规范、人与人之间关系的社会伦理规范以及人与自然关系的自然生态伦理规范。不仅如此，伊斯兰文明还以死后复生说和后世报应说为信条，强调对现世人生有限性的超越和延续。而儒家学说则强调人对家庭、对社会的责任和义务，要求人遵守具有等级色彩的纲常思想，以仁义为出发点关注现实人生，以“立德、立言、立功”为“三不朽”，对鬼神存而不论，淡化后来、来世，淡化宗教的超世性，而把天人、生死、人鬼、祖孙一同纳入人道系统，突出宗教的人际情感作用和社会教化功能，以不语“怪力乱神”而回避对鬼神的深度求证和探索，从而与兼顾天道与人道的伊斯兰文明形成鲜明的对比。

六　“以儒诠经”活动的社会影响及其对当代文明交往的启示

1. “以儒诠经”活动的社会影响

上述以王岱舆、刘智、马注和马德新为杰出代表的明清时期的穆斯林学者所进行的“以儒诠经”活动，即沟通与整合伊斯兰文明与中华文明的尝试，在中国社会的一定范围和一定程度上产生了积极的影响。

首先，它引起了中国主流社会某些官僚和知识分子的共鸣，并作出了一些积极的回应，促进了伊斯兰文明与中华文明的沟通与相互理解。中国是文明古国，中华文明源远流长，博大精深，而且在世界舞台上扮演过重要角色，久而久之，中国的知识阶层和官僚阶层萌生了自我中心主义和文明优越感。因此，在文化和文明领域，“美人之美”是不易做到的。在科技和经贸层面，可以来者不拒，为我所用；但在深层的宇宙观、价值观和伦理观方面，接受异域文明的理念，实属不易。然而，对于王岱舆、刘智、马注、马

① 马德新：《会归要语》。

德新等穆斯林学者所进行的伊斯兰文明与中华文明的对话与沟通尝试，部分汉族学者和官僚采取了认同的态度，作出了某些积极的回应，实在难得。这从一个侧面反映了王岱舆等人的著述的影响力和感染力。比如与王岱舆同时代的儒士何汉敬对王岱舆所阐述的伊斯兰教教理给予了高度评价。他首先褒扬了儒学及其创始人孔子，称儒学“唯精唯一，不偏不倚，所以生命伦常之道立，而其教遂亘古而弗衰”，然后贬其他学说为“蝇声蛙噪耳”，最后肯定了伊斯兰教，说“独清真一教，其说本于天，而理宗于一，与吾儒大相表里……其教亦不废君臣、父子、夫妇、兄弟、朋友之序，而洁己好施，更广吾儒所不足……且立说平易，不事玄诞，与道释两家，绝为霄壤，较之吾儒性理一书，同而异，异而同，亦在所不讳”。[①]

刘智的著作在汉族士大夫中引起了更大的反响，甚至受到一些儒者的青睐。如杨斐在《天方典礼》[②] 一书问世时就称赞说：“数十百年来未明之礼，于斯较著。上可报我皇上抚绥之恩，下可以为人心检束之范。刘子之功，于是大矣。”“中华好事者，见天方语言、文字茫然捍格，疑其礼有惊世骇俗、诡异而不近情者”，但读了此书以后，便“化诡异之疑，与经典相为持盾，同归彬雅”。[③] 当代新儒家的代表人物之一、美国哈佛大学教授杜维明先生也对刘智等人所进行的伊斯兰文明与中华文明对话努力，给予了积极的评价。他说：“当时刘智等这些人物已经能够通过他们的诠释实践，用古代汉语并通过对宋明儒学的理解，把伊斯兰教的经义陈述出来。而且刘智对宋明儒学的理解是，所有宋明儒学，从周敦颐、张载、二程到朱熹所讲的都是对的，都是可以接受的，也都是作为一个中国伊斯兰教徒的传统，但是它还有一见未达，还有一个层面没有发展出来，那就是‘真一’。有了‘数一’，有了‘体一’，但没有‘真一’这个层面。”[④] 他还强调“17 世纪如此丰富的对话和丰富的资源”对当代的文明对话具有借鉴意义，“作为一个儒家学者，我觉得王岱舆对儒家不仅没有曲解，还有很多独到的洞见”。他还把刘智等

① 王岱舆：《正教真诠·何汉敬叙》。

② 由两江总督进呈的《天方典礼择要解》一部 20 卷被收入纪昀主持编纂的《四库全书总目提要》。

③ 刘智：《天方典礼·杨斐序》。

④ ［美］杜维明：《文明对话的发展及其世界意义》，见 2002 年 8 月哈佛大学—燕京学社与南京大学联办的“文明对话国际学术讨论会”论文，载《回族研究》2003 年第 3 期。

穆斯林学者和基督教传教士利玛窦对儒学的态度进行了比较，然后得出了这样的结论，说道："事实上利玛窦的策略是要彻底解构宋明儒学的基本信念(我所理解的宋明儒学的基本信念是纯有的连续，从草木瓦石到人和神灵都是一气贯穿的)，利玛窦要把这个结构彻底打破，使得儒家学者回到先秦，回到'天'，回到上帝，因为只有回到先秦才能把基督教所认为的超越而外在的上帝这个概念带进儒家的论说，如果从这个角度看，利玛窦的宰制性(colonization)的说法是，一定要打破你的基本信仰，然后你才能接受我的看法。这就使王岱舆和刘智的理论显得非常有价值，因为王岱舆本身是中亚细亚人……但他把整个宋明儒学当做是自家的学问……到了刘智他把那时所有儒家的资源都消化接受，其基本立场是我并不要改变你原来的信仰议程，但是我要用另外一套论说使你相信我的理念；我完全接受儒家的学说，但我认为你还有一见未达。从我从事儒学研究的角度来看，这是非常大的挑战：是不是这条路为从儒学走向超越而外在指示了一个方向？这个很值得我们进一步思考"。[①]

第二，它在一定程度上改变了广大中国穆斯林对汉文和汉文化的某些偏见，进而加深了对中华文明的理解和认同。自唐代至明末，伊斯兰文明传播于华夏大地，约有千年之久，普通中国穆斯林在日常生活中早已不用阿拉伯语、波斯语等母语，而改用汉语和汉文。可是在宗教生活中，在宗教的著述、传承中一直不肯用汉文，认为伊斯兰教的经典和教义只能用阿拉伯文和波斯文表述，用汉文表述便会走样，失真，甚至会丧失其神圣性。而王岱舆等人的汉文译著传播开以后，他们觉得用汉文翻译伊斯兰教经典和表述伊斯兰教教义同样可行，汉语如此丰富，汉文如此典雅，汉文化如此博大，完全适合表达深奥的神圣的宗教理念。其中的部分原因是，王岱舆等人的汉文译著文本，在沟通伊斯兰文明与中华文明的过程中，创立了一套"汉克塔布"[②] 话语体系，这种话语体系既保留了伊斯兰文明的内核，又适应了中国人的语言习惯、思维习惯和汉文化的叙述特点，易于为生活在汉文化环境中

① ［美］杜维明：《文明对话的发展及其世界意义》，2002 年 8 月哈佛大学—燕京学社与南京大学在南京联合召开的"文明对话国际学术讨论会"论文，载《回族研究》2003 年第 3 期。

② "汉克塔布"，其实由"汉"和"克塔布"两部分构成。"汉"，指汉文，"克塔布"为阿文音译，意为"经"。连起来意思是"用汉文写成的经"。可见穆斯林把汉文译著当成"经"来看待。这是观念上的变化。

的中国穆斯林所接受。可以说，中国穆斯林这个特殊族群的形成，是伊斯兰文明与中华文明交往的结果；同时，中国穆斯林历史地担当了伊斯兰文明与中华文明交往的中介和桥梁角色，使二者相辅相成，实现了互动。而在互动过程中，王岱舆等穆斯林译著家所起的作用功不可没。

2. “以儒诠经”尝试对当代文明对话的启示意义

明清时期王岱舆、刘智等穆斯林学者的“以儒诠经”尝试和沟通伊斯兰文明与中华文明的努力，虽然引起了中国主流社会部分官僚、士大夫的共鸣，并作出了某些积极的回应，但从整体上而言，由于受时代的局限，囿于文化本位主义、自我中心主义和“华夷秩序”观，[①] 对于王岱舆、刘智等人的良苦用心和不懈努力，中国主流社会中的大多数知识阶层采取了高高在上，甚至不屑一顾、漠然置之的态度，[②] 使得他们的努力沦为一相情愿式的单方面的行为，从而使这种文明交往本应产生的更大效应大打折扣。可见，文明之间如果没有一种平等交往和平等对话的良好诚意和健康心态，那么，所谓“交流”、“沟通”等，不是言不由衷的口号，便是自欺欺人之谈。

当今时代已完全不同于过去那种唯我独尊、闭关自守、保守专制的时代了；全球化，实际上就是文明交往的全球化，这就意味着文明交往的广度和深度都是前所未有的。在这样一种大背景下，当我们中国学人在抱怨和批判西方学术界盛行的“欧洲中心论”和“西方文明优越论”的时候，我们自身在面对其他的非西方文明的时候，是否也有一种自觉不自觉的文明优越感和中国中心论呢？如果没有，那是我们的万幸，我们就应该珍视明清时期我国穆斯林学者所留下的这份伊斯兰文明与中华文明对话的宝贵资源，因为这份

① 自汉代直至晚清形成并确立的“华夏秩序”，就是以中华文明为基础和主体，以四教为辅助的一个古人认知体系中的世界观或世界体系，这一体系“总的关系就是以中华帝国为中心，周围夷狄各国接受册封，后者向前者朝贡，前者羁縻后者”。（信夫三郎《日本外交史》上册，商务印书馆1980年版，第12页。）教化后者，变其“夷习”。当西方列强以血与火摧毁和涤荡了“华夏秩序”后，中国人才被迫重构了关于世界体系的认知，“全盘西化论”便应运而生。中国穆斯林虽然早已成了中华帝国的臣民，但因其宗教是外来的，其文化和文明在当时自然也在“夷习”之列。

② 清代学术界权威纪昀主持编纂的《四库全书总目提要》将刘智的《天方典礼》缩写为《天方典礼择要解》后编入其中。在“提要”中对此书进行评论时先承认“其文亦颇雅赡”，而后又贬低说“因回教本僻谬……根柢先非，巧为文饰无益也”，见《四库全书总目提要》卷一百二十五，子部三十五，杂家类存目二。

资源对今天的文明交往和文明对话仍有重要的价值和启示意义。

启示之一，伊斯兰文明与中华文明虽属两大文明体系，各有特色，但二者的差异并不像有人所认为的那么大，二者之间没有不可逾越的鸿沟，二者不相同却相通，可以超越各自的边缘而进入与自己有差异的另一方当中，即打破自身的界限与对方融通，从而进一步拓展自身的视野，提升自身的品位。王岱舆、刘智、马注和马德新等对伊斯兰文明与中华文明进行的卓有成效的沟通和融合，为我们当代学人提供了成功的范例。

启示之二，文明之间应该平等对话，平等交往，克服文化本位主义和文明优越感，只有这样才能使文明交往和文明对话，切实可行，收到实效，这正如历史学家彭树智先生所说："文明交往倡导的是不同文明的共存、共处和在平等公平的基础上共同发展，是对不同文明的感性同情、理性探索和深刻理解。理解是打开文明交往门户的钥匙；深刻的理解，可以解开文明交往的深层次之谜。"[①] 王岱舆、刘智、马注和马德新等虽然自身有伊斯兰文明的背景，但对中华文明采取了非常尊重的态度，这才使其"以儒诠经"的尝试能够始终沿着学术的正常轨道发展，并能产生较好的社会效益。

启示之三，文明交往与文明对话应该本着求同存异、互相理解的原则进行。不同的文明各自不同的历史、社会和人文特点，造就了独特的文明个性，在文明交往和文明对话的过程中，既要寻求不同文明所公认的普遍人类价值，又要尊重客观实际，承认差异、容忍差异、尊重不同的个性和多样性。"根据古今中外不同文明之间的辩证联系的规律，差异性并非必然导致冲突，同一性并非必然导致融合。……在多元文明时代，不同文明之间通过交往的必由之路，是寻找彼此之间的交会点，而不是一方化掉另一方，更不是一方消灭另一方"[②]。王岱舆、刘智、马注、马德新在其著述中，既看到了伊斯兰文明与中华文明的共同点，又不回避二者的差异和不同点，并给予合理的解释和恰当的说明，表现出对对方的理解和尊重。这是值得我们学习的。

启示之四，在文明交往和文明对话中，应注意倾听不同文明代言人的声音，切忌想当然地给对方下断语。凭自己的某些直观的印象，凭自己的感觉

① 彭树智：《文明交往论》，陕西人民出版社 2002 年版，第 45 页。

② 同上书，第 39 页。

和道听途说，给一个族群、一种文明下结论，是学术研究之大忌。但这种现象却十分常见。如某些西方人士说起中国人和中华文明，就大而化之地、想当然地定格为“留辫子、裹小脚、娶小老婆、抽大烟”等，对博大精深、底蕴深厚的中华文明采取一种草率的简单的或一概而论的态度，显得非常可笑。而王岱舆、刘智、马注、马德新等人，却对伊斯兰文明与中华文明抱有十分严肃和认真的态度，如对中华文明，他们并没有停留在日常生活中所获得的直观印象和从某几本书中得来的一知半解的认识，而是花费了漫长的时间和巨大的精力，刻苦攻读和钻研儒释道三教的元典，并虚心向全国各地的鸿儒和博学之士求教，力求对其有一个全面的了解、深刻的理解和准确的把握。在介绍对方的观点时，摒弃主观武断，断章取义，而是尽可能引用元典的原话，把对方的思想和观点原汁原味地展示出来——在涉及儒学时，如数家珍，信手拈来，应用自如。对伊斯兰文明的态度也是如此，除了深入钻研各种数以百计的典籍外，马德新还不辞劳苦，实地考察埃及、土耳其等多个伊斯兰国家，力求掌握第一手资料，其严谨求实的态度，可以说达到了一丝不苟的程度。唯有如此，在表述相关文明的观点时就不至于走样、失真；唯有如此，文明对话和文明交往才能建立在坚实、可靠、可信的基础之上，并有所收获。

原载《回族研究》2005 年第 3 期，转载于人大复印资料《宗教》2006 年第 1 期

王岱舆的“天命三品”论对当今文明对话的启迪意义

马效佩*

明清之际，中国伊斯兰教面临一系列的外患内忧，元代统治者因利用而造就的表面辉煌一去不返，政治歧视的乌云形成；内部的保守思想限制着伊斯兰教在中国的传播，甚至用汉文撰写伊斯兰教的著作也不被理解。伊斯兰教在华夏大地被误解。在这样的气氛中，王岱舆以特有的勇气和过人的胆识，开创了一个用汉文译著伊斯兰教的新学风。此先河一开，便形成了一个潮流，促成了独具特色的中国伊斯兰教思想的成型。对中国伊斯兰教思想的研究经一代学人的潜心挖掘，取得了很大成果。然而，还有一些具有原创价值的思想和理论还在等待着学人的挖掘。笔者发现，王岱舆的“天命三品”论就是这样一个例证。这一理论不仅在当时具有原创价值，而且对当今的文明对话具有重大理论启迪意义。

一 “天命三品”论的理论大框架

素以“四教兼通”名闻中国伊斯兰教学界的先贤王岱舆在其传世名著《正教真诠》上卷第五篇《真圣》中，阐明了他关于“天命有三品”的论点，为研究和探讨的方便起见，我们在这里暂且称为“天命三品”论。现简述一

---

* 马效佩，西北民族大学社会人类学与民俗学学院副教授、博士，人类学专业研究生导师、导师组组长。

下王岱舆"天命三品"论的基本理论框架：

(1) 王岱舆的"天命三品"论是在其阐述伊斯兰教的至圣穆罕默德作为真圣的圣品时提出来的一个新鲜论点，正是由于这个原因，《正教真诠》中这一篇被命名为《真圣》篇。他认为，真主在造化天地万物之前，首先造化了至圣穆罕默德之本来，"即所谓无极也。"① 然后，真主运用穆罕默德的无极灵光而开众妙之门，"化生天地万物，皆无极之余光。"② 他据此认为，"所以至圣先天地而为万有之源者此也。"③ 正是由于至圣所独具的"万有的先天之源"这一特殊品位，所以至圣是兴事应时而"显身成果"，他说，"至圣显身成果，有是时而有是事，有是事而有是时。兴事而应时者，其至圣乎!"④ 也就是说，至圣这颗先天之种定会在一个合乎其身份的适当时刻，肩负着适当的针对全人类的使命而降生人世，而其使命就是"开导群迷，归真认主，尊崇明命而教行焉。"⑤

(2) 王岱舆认为，作为具有这样一个特殊身份的至圣，其所带来的"清真正教，其要有三"，具有以下三条立教的主要原则：一曰"天命"、二曰"天理"、三曰"圣治"。王岱舆在《真圣》篇中对这三个术语作了详细的解说，他认为："天命之义，乃真主敕命天仙，降传至圣，从天而下，故谓之天命，非所谓天降之命也。"⑥ 他在解释"天理"时说："天理者，当然也，非关天命，不即圣行。乃天然之诚，出自本心，自然而然者。如惜孤幼，怜贫困，济饥寒，助丧探病，释讼解争，顾爱亲戚，和睦邻里，宰小节之牲，礼夜中之拜。"⑦ 他在解释"圣治"时说："圣治者，皆出圣行。"他把"圣治"又细分为两种，"圣人之治"和"圣法之治"，他说："圣人之治在己，圣法之治在人。"从而引出了"至道"、"中道"和"常道"这三个苏非概念，并指出"圣法之治"就是常道。

据笔者对王岱舆就"天命"、"天理"和"圣治"这三个术语的解释的理

① 王岱舆：《正教真诠》，宁夏人民出版社 1988 年版，第 38 页。
② 同上。
③ 同上。
④ 同上书，第 39 页。
⑤ 同上。
⑥ 同上。
⑦ 同上书，第 40 页。

解，它所指的应该是，或者说来源于伊斯兰教“菲格海”法学哈乃菲学派中的三个主要概念，即“法日载”、“瓦直布”和“逊乃”，我们现在一般在汉语中把它们翻译成“主命”、“副主命或当然”以及“圣行”这三个现行的词语。

（3）在阐述伊斯兰教哈乃菲学派的这三个主要立教原则的框架中，王岱舆提出了自己的“天命三品”说。首先，他在说明“天命”的来源，即天仙奉真主之命，从天而降的实质后，对天命的范畴作了界定，他说：“天命者，乃人力所不能及者，如认主之玄机，己身之微妙，天地之本源，万物之所以，若非明命真传，岂能至此?”[①] 他认为，要认识真主的玄机，人本身的微妙，天地的本源，万物存在所依赖的根本等一系列哲学和认识论大问题，没有自天而降的“明命”，即我们所谓的天启知识是不可能的。不难看出，王岱舆关于“天命”范畴的解说，旨在阐明伊斯兰教认识论的一个根本立场：源自真主的天启引导是知识正确的根本保障。

（4）在解明“天命”的来源和范畴之后，王岱舆进一步提出了自己的“天命三品”说。他说：“天命有三品，曰‘明命’、曰‘兆命’、曰‘觉命’。”[②] 他对“明命”、“兆命”和“觉命”的界定依次为：

“明命者，有明证，有玄旨、有法令，非觉兆也。即吾圣之时，降传明命，六千六百六十六章，始成天经全部，兹经之妙，贯彻万物之机，超越有无之外。先天地而有真得，后天地而有真命，其为正道之至教也。”

“兆命者，梦中受命，若黄帝之举风后力牧，武丁之举傅说，文王之举子牙是也。”

“觉命者，心间开悟，若夫子五十而知天命，孟子之非谆谆然之命是也。”[③]

（5）王岱舆清楚地认识到自己写作《正教真诠》的主要对象就是生活在华夏大地上的广大儒者群体，而在儒家历史文化传统中，是从来没有“天启明命”，天降经典之说的，所以，他不得不回答这样一个肯定会被儒家学人质疑的问题：“中国圣人，惟言觉兆，不言明命，何也?”王岱舆的回答是：

---

① 王岱舆：《正教真诠》，宁夏人民出版社 1988 年版，第 39 页。

② 同上。

③ 同上。

“譬如世人未见凤凰，然凤凰本有，若因其未见而竟言无凤凰乎？天命三品，惟全正教，其他无非觉兆而已。”[①]

然而，在他看来，觉兆虽非明命，不可与明命相提并论，但也是圣人之事，所以说：“觉兆之命得之者，治国安民，修身行善，亦圣人之事也。”[②]

（6）在王岱舆看来，觉兆之命虽然亦是圣人之事，但面对儒者群体，要从伊斯兰教的立场出发，还不得不道明“天命三品”中的首品“明命”之品与“觉兆”之品相比所具有的特殊意义：

“其与认主知人，先天之原始，后天之归宿，何有焉？”[③]

这就是说，从黄帝开始到孔孟的儒家传统虽为“圣人之事”，也可以治国安民，修身行善，但是，在王岱舆看来，借用杜维明先生的话来说，有“一见未达”，[④] 不能不指出：儒家的学说不能知主知人，不能讲清先天的原始和后天的归宿，是儒家学说的一大缺憾。而导致这一缺憾的直接原因就是没有“明命”从天而降。

二 对“天命三品”论的初步思考

笔者通过对王岱舆的“天命三品”论的潜心学习和静心思考，得出以下一些心得，现在不揣冒昧地提出来，旨在抛砖引玉，与各位学界同仁共作探讨：

1.“天命三品”论具有深刻的理论创新意义

长期以来，一部分有成见的所谓的东方学家坚持认为，穆斯林学者只会被动地接受和解释来自《古兰经》和圣训的教条性知识，很少有思维创新和理论阐发的意识和能力，面对另外一种文化传统和宗教，只会生硬地加以拒绝，不会提出有创新意义的思想和理论。王岱舆提出的“天命三品”论，证

① 王岱舆：《正教真诠》，宁夏人民出版社1988年版，第39页。

② 同上书，第39—40页。

③ 同上书，第40页。

④ ［美］杜维明：《文明对话的发展及其世界意义》，《南京大学学报》（哲学·人文科学·社会科学）2003年第1期。

明实际情况并不尽然。其“天命三品”论的创新意义可以从以下几个方面来认识：

首先，他大胆借用了儒家传统中的“天命”这一重要哲学术语，并对其赋予了崭新的伊斯兰教意蕴。使中国这一起源于《诗经》“惟天之命，于穆不已”的古老概念从“天降之命”和“天命流行”，一跃而成为“真主敕命天仙，降传至圣，从天而下”的伊斯兰教使命观。

其次，一般的伊斯兰教教义学家，即从事于“凯俩穆”学的人士，把肩负天启的圣人分为两种，一种为“热苏立”，一种为“奈宾伊”，即现代汉语中翻译这两个阿拉伯语概念时所使用的“使者”和“先知”。除此之外，还有另一种更为详细的分类法把肩负使命的圣人分为四种：封印的至圣，具有坚强意志的大圣，钦差圣人（使者）和先知。然而，在“凯俩穆”教义学家中，据笔者所知，还没有人像王岱舆这样，把“天命”明确分为“明命”、“兆命”和“觉命”三品，并用这种分类理论来解释穆斯林遭遇非伊斯兰文化传统时面临的教义学问题的。由此可以断定，王岱舆的“天命三品”论乃属发前人之未发，是一个重大的理论创新之举。

再次，王岱舆从其“天命三品”论出发，虽然指出中国历史上没有接受真主“明命”的圣人，但是却有许多接受“兆命”和“觉命”的圣人，前者有黄帝、武丁和文王，后者有孔子和孟子。王岱舆是中国穆斯林学者中第一个在历史上提出一个相对完整的理论框架，主张自黄帝到孟子，中国历史上有一系列可以被伊斯兰教所承认的肩负“天命”的圣人的思想先驱，站在伊斯兰教立场上，从哲学和认识论意义上承认了儒家传统的历史地位，其所具有的理论创新意义不言而喻。

最后，王岱舆用当时中国人非常认真的信仰的凤凰为例，强调中国文化传统虽然没有过“明命”之存在，但并不能因未见而否认其存在，因为儒家传统就相信没有被人们见过的凤凰的存在。他进一步指出，“天命三品，惟全正教，其他无非觉兆也。”[①] 很显然，他是在这里强调伊斯兰教作为“正教”而具有的包揽“天命三品”的完整性，然而，它的论述并没有在这里结束，非常具有理论创新意义的是，他提出，“治国安民，修身行善，亦圣人

① 王岱舆：《正教真诠》，宁夏人民出版社 1988 年版，第 39 页。

之事也。”[①] 代表穆斯林学界，首次承认获得觉兆之命的中国圣人，其所行在伊斯兰教学者看来也是圣人之事，能治国安民，修身行善。我们进一步发现，他的这种承认并不是简单迎合或取悦处于主流地位的儒家传统学说，他真诚而耿直地指出，儒家学说虽为圣人之事，也能治国安民，修身行善，但它却不能认主知人，明先天之原始、后天之归宿。从伊斯兰教的传统美德出发，给儒家进了一句发自肺腑的忠言。

2. “天命三品”论具有明确的伊斯兰性

笔者认为，王岱舆的“天命三品”论，虽然提出了“兆命”和“觉命”都属于“天命”，从而自然地主张从黄帝到孟子的一系列中国圣人都可被认为是伊斯兰教的圣人，其所行之事也是圣人之事，但还不能以《古兰经》和圣训中没有明确认定他们为圣人作理由而否定王岱舆的“天命三品”论的伊斯兰性。笔者以为有以下理由可说明其理论的伊斯兰性：

首先，“天命三品”论是王岱舆作为一个学贯回儒的穆斯林学者，站在伊斯兰教的立场上，在系统论述伊斯兰教教义的框架内提出的。

其次，笔者不赞同所谓一切创新都是“闭达尔替”异端的近现代伊斯兰清教徒主义观点。按传统的伊斯兰教教法学家的分类，“闭达尔替”可分为两种，即阿拉伯语中的“闭达尔替·哈塞乃”和“闭达尔替·散佚埃”，前者为好的创新，后者为坏的异端。所以，像王岱舆这样生活在一个传统伊斯兰教学术氛围中的大师，紧扣“闭达尔替·哈塞乃”思路，对伊斯兰教在不同环境、不同时代所遭遇的问题，在不违背经训精神原则和指导思想的前提下，进行一次新的理论创新，实在是其伊斯兰性的具体表现，是一种符合伊斯兰教精神原则的原创。

再次，按《古兰经》的原则，每一个民族都有一个圣人或引导者，[②] 而且，真主不会在差遣使者之前惩罚任何一个民众。[③]《古兰经》还明确说有许多圣人，真主没有把他们的故事在经文中进行讲述。[④] 圣训作为对《古兰经》天启的补充和解释，讲得则更为详细，按圣训记载，“热苏立”有三百

---

① 王岱舆：《正教真诠》，宁夏人民出版社 1988 年版，第 39—40 页。

② 马坚译：《古兰经》第 10 章第 47 节；第 13 章第 7 节，中国社会科学出版社 1981 年版。

③ 《古兰经》第 17 章第 15 节。

④ 《古兰经》第 4 章第 164 节。

一十三位，“奈宾伊”则多至十二万四千多位。[①] 所以，正确而符合理性的理解应该是，《古兰经》既没有明确指出尧舜孔孟等中国圣贤为伊斯兰教认可的圣人，也没有明确否定他们是圣人。客观地说，这是一种保持沉默的态度。这就为后来的学者留下了进行原创性理论探索的余地和空间。王岱舆就是在这样的余地上进行了他原创性的学术和思想开垦，按“治国安民，修身行善，亦为圣人之事也”的原则，认为“获觉兆之命”的中国圣人，也可以被看做真主差遣给华夏大地的圣人，为我们留下了宝贵的思想遗产。

最后，据《古兰经》记载，讲述著名的优素福圣人生平故事的《优素福章》，从一个他梦见太阳、月亮和十一颗星星向他叩头的故事讲起，整个过程中穿插了一系列的梦以及对梦的解释，从而显示出优素福圣人的伟大、圣洁与智慧，最后以故事开头的梦的圆满而结束。说明他在许多重大事件中，是梦中受命的。再者，作为伊斯兰教五大天命的朝觐功课中的宰牲仪式，究其来源，也是“众先知之父”易卜拉欣大圣人的一个梦，他梦见真主命令他宰杀自己的儿子，而他也认定这就是来自真主的启示并予以执行，这说明他在这件事上就是“梦中受命”的。所以，伊斯兰教认为圣人的梦都是真梦。我想，王岱舆在建立自己的“天命三品”论，把“兆命”即梦中之命，作为天命的第二个品级而认为黄帝、武丁和文王都是梦中受命的圣人时，是不是以这些《古兰经》事件为依据呢？王岱舆没有说明，留给我们的仅仅是猜度和思索。假如他真是以这些故事为依据，那么，这能否证明其“天命三品”论的伊斯兰教性呢？据《定义书》的作者，著名的伊斯兰教教义学家伊玛目阿里·穆罕默德·居尔加尼对“奈宾仪”一词下的定义，“奈宾仪”受启示的情况有三种，他说：

“‘奈宾仪’（圣人或先知）者，通过天神受启示，或在心间受‘以利哈姆’（默示），或通过真梦受警示者也。‘热苏立’（钦差或使者）因其高于‘奈宾仪’所受启示的特殊启示而更为高贵，因为‘热苏立’是真主特意通过珈百列大天神降示经典而受启示者。”[②]

居尔加尼在这里明确说明伊斯兰教认可的圣人有三种，其中第三种就是通过真梦而受启示成为圣人的。

---

① 《艾哈麦德圣训集》记载，圣门弟子艾卜·赞尔传述。

② 居尔加尼：《定义书》，阿拉伯典籍出版社，贝鲁特，1996年版，第307页。

至于王岱舆所说的获“觉命”即“心间开悟”而为圣人，究竟指的是伊斯兰教教义中启示的哪一种呢？“觉命”之说是否有经训依据呢？居尔加尼在给圣人下定义时提到的第二种即“在心间受‘以利哈姆’”而成为圣人的人，是否可以理解为王岱舆所说的“心间开悟”呢？居尔加尼本人对“以利哈姆”的定义是：

“通过流溢的方式而投置在心中者。”①

我个人觉得儒家所说的“心间开悟”好像是一种主动行为即人作为主体自己开悟，而伊斯兰教的“以利哈姆”却是一种被动行为，这里的主动者是真主，人是“以利哈姆”的被动接受者。所以这两者好像还是有区别的。这一点也显示出儒家文化是一个“以人为本”的传统，强调人的“主体”地位，所以也就特别强调人的“开悟”；而伊斯兰教文化则认为一切来自真主、回归真主，是一个“以主为本”的文化体系，强调人作为“客体”的被动的接受作用，所以特别强调“天启”和“默示”精神。但无论如何，笔者以为“天命三品”论的伊斯兰性是不值得怀疑的。

3.“天命三品”论具有显著的本土特征

笔者认为，王岱舆的“天命三品”论是一种明显的本土理论，其本土性具体体现在伊斯兰教本土性和中国本土性两个方面，合而说之，可以称为中国伊斯兰本土性。

王岱舆从小生长在一个穆斯林家庭，接受了坚实的伊斯兰教宗教教育，其极高的伊斯兰教学术造诣淋漓尽致地表现在《正教真诠》、《清真大学》之中，成年后，又孜孜不倦地钻研儒释道这三家在华夏大地鼎足而立的学说，运用比较研究和哲学思辨，对回、儒、释、道四大家展开思索，最终成就了他自成一系的中国伊斯兰教思想。笔者认为，如果没有深沉的伊斯兰教学人身份，没有儒释道三足鼎立的中国宗教文化环境，王岱舆是不可能提出“天命三品”论的，其独特的身份和宗教文化环境就是他所生活于其中的“本土”，而这个“本土”则为他提供了进行学术和思想呼吸、获得精神生命升华的最佳土壤。离开这样的本土是不可能产生其所代表的独特的中国伊斯兰教思想的，也是根本不可能提出“天命三品”论这一极

① 居尔加尼：《定义书》，阿拉伯典籍出版社，贝鲁特，1996年版，第51页。

具中国伊斯兰思想特征的原创性理论的。我们可以借用他描述先知穆罕默德“明命”的妙语“兴事而应时者，其至圣乎！”来对他“天命三品”论的本土性做一描述：“兴事而应土者，其岱舆乎！”其所兴之事，就是中国伊斯兰思想之事，就是如何让华夏学人理解伊斯兰教之事，就是穆斯林如何看待儒家学说及其历代圣人之事；其所应之土，就是穆斯林自移植到中国以来长期生存并珍爱的华夏热土，就是儒家文化生生不息、薪火相传的华夏中土，就是“觉兆之命得之者，治国安民，修身行善，亦圣人之事也”的国度。

三 “天命三品”论对当今文明对话的启迪意义

当今世界，虽有亨廷顿之流的文明冲突论招摇过市，但文明对话已被越来越多的学术界和思想界的有识之士所看重，他们中既有来自西方文化的代表人物，又有来自东方各大文化传统的领军人物，形成了一个影响广泛的潮流。这是我们人类文明发展到今天值得庆幸的一件大事。然而，文明对话的路途还很遥远，它也面临一些不小的阻力，许多重大问题需要理论探索，要求学者们进行原创性的思考并找出答案，为人类文化的创新提供活的水源。

今天，我们重温王岱舆先贤的“天命三品”论时欣喜地发现，他在三个半世纪以前，当世人还不知文明对话为何物之时所进行的原创性思想对今天的全球意义上的文明对话具有极其重要的启迪意义。笔者在这里从以下几个方面谈谈“天命三品”论对文明对话的启迪意义：

首先，文明对话所面临的一个重大难题就是如何在不使对话者自己的本土文明受损害的前提下，从理论上给他者的文明一个合法而合理的存在定位？笔者认为，这个问题不予解决，文明对话就会流于形式，而无法涉及实质内容，会直接影响文明对话的深入，尤其是宗教文明更是如此，因为一般来说，宗教都有一些或多或少、程度不同的排他性。这个问题不解决，我们文明对话的参与者可能只有两种选择，要么做一个伪装的对话者，要么做一个违心的对话者。一个伪装的对话者，其目的是借对话宣扬自己本土文化的价值，而一个违心的对话者在面对他者文化价值的冲击时可能陷入文化意义上的人格分裂，即无法拿出一个至少可以使自己信服的理论去解释冲突的真理观这一重大问题。笔者以为，王岱舆的“天命三品”论对解决这个难题具有重大的启迪意义。他在“天命三品”论框架中，在不使伊斯兰教受损害的情况下，在其框架之内，对儒家传统中的自黄帝到孔孟的圣人赋予了一个适当的地位，即可以被“天命三品”论承认获得了“觉兆之命”的圣人，从而也肯定了其“治国安民，修身行善，亦圣人之事也”的历史和地域使命价值。既没有伪装的嫌疑，也没有违心之痕迹。换一个角度来看，我们可以思考，儒家学人面对与伊斯兰教的对话，能不能在儒家学说的框架之内，在不损害自己学说体系的情况下，从理论上给伊斯兰教一个合法而合理的存在定位呢？笔者认为，这是王岱舆间接地呈现给儒家学人的一个思想挑战，需要儒家学者，尤其是以复兴儒学为自己使命的当代新儒家学人的思考和回答。对这个问题的回答，肯定会给文明对话开辟新的天地，肯定会给各大文明，尤其是宗教文明间的对话注入新的活力。

其次，文明对话所面临的另一个重大难题就是现有的理论不能解决新形势下的新问题，以致出现了像排他论、匿名的基督徒和匿名的X教徒等与文明对话的精神格格不入的论点。在这样的形势下，如果我们要让文明对话继续下去，就需要各个文明的代表人物提出新的理论，而新的理论被接受的前提就是原创性发挥。所谓原创就是扎根于本土传统的创新，而不是为新而新，破坏传统的革新，因为脱离了本土的革新的生命力是值得怀疑的。王岱舆的“天命三品”论正是这样一种具有原创精神的创新，它深深扎根于伊斯兰教的传统教义，对中国伊斯兰教在一个新的时代、新的国度面临的新问题，提出了自己的理论解决方案。可以说，“天命三品”论的创立为原创性的创新提供了一个活生生的范式，对解决今天的文明对话的难题具有全球性的启迪意义。今天，我们把王岱舆具有中国伊斯兰教思想本土意义和原创精神的“天命三品”论，介绍给国际学界的人士，肯定会给来自世界各个文明和宗教的文明对话的参与者和关心者带来一种新鲜的启迪。

最后，以王岱舆、刘智等中国伊斯兰教先贤为代表的中国伊斯兰教哲学思想具有明显的宽容性和极强的思辨性，这是学界已经形成的一个共识。笔者认为，他们的思想还有一个非常重要的特点，就是其深刻的苏菲性。[①] 其所具有的明显的宽容性和极强的思辨性实际上是深刻的苏菲性的自然延伸和内在展示。其思想体系应该属于威廉·契提克（William Chittick）先生所讲的苏菲的两种近主之道——“苏菲的认知之道”[②] 和“苏菲的爱之道”[③] 中的前者，苏菲的认知之道即通过对真知的追求而接近真主，其代表人物当数伊本·阿拉比，而后者则注重用爱的方式接近真主，其代表人物是拉比阿·阿德维和哲俩伦丁·鲁米。然而，不论是“认知之道”还是“爱之道”，都是以追求心灵的圣洁为基要。苏菲之道实际上就是心灵之道，用中国的学术术语来表达，就是伊斯兰教的“心学”。2006 年 4 月 13 日至 16 日在杭州召开的首届“世界佛教论坛”将“和谐世界，从心开始”作为主题，凸显了心灵之修对人类思维模式和行为模式的重要意义，也突出了佛教重视修心的理念。然而，修心并不是佛教所独有的，世界上的宗教无不强调修心的重要性，即使被许多人认为不具备宗教形态的儒家学说也极其重视修心，从《尚书》、《大禹谟》的“人心惟危，道心惟微，惟精惟一，允执厥中”十六字真言，到孟子的“尽心知天”，到王阳明“致良知”的“心学”，都是在强调修心的重要。伊斯兰教也有其一贯而传的修心传统，这就是苏菲之道。近几个世纪以来，苏菲在伊斯兰教世界的相对衰弱，也为原教旨主义的兴起腾出了一个思想空间，加上西方文化霸权主义的刺激和挑衅，强化了原教旨主义，以致原教旨主义几乎成了现代伊斯兰教的代名词。原教旨主义，不管是基督教、印度教还是伊斯兰教的原教旨主义，由于其本身具有的极强的排他性，使传统宗教的宽容精神受到了一定的损害，使宗教文化生态遭到了破坏。笔者认为，王岱舆的“天命三品”论及其所代表的思想体系，属于纳斯尔（Seyyed Hossein Nasr）教授所讲的“圣道伊斯兰”范畴[④]，其所具有的扎根于苏菲的认知之道的宽容性、思辨性在今天具有非常积极的启迪意义，这样的心灵之道可以用来矫正近现代兴起的形形色色的各种宗教和

---

① ［美］杜维明：《文明对话的发展及其世界意义》，《南京大学学报》（哲学·人文科学·社会科学）2003 年第 1 期。

② William C. Chittick，*the Sufi Path of Knowledge*，*Ibn Al-Arabi's Metaphisics of Imagination*. Suhail Academy，Lahore，Pakistan，2000.

③ William C. Chittick，*the Sufi Path of Love*，*The Spiritual Teachings of Rumi*. State University of New York Press，Albany，New York，1983.

④ 马效佩：《纳斯尔教授的“圣道伊斯兰教”观初探》，《西北民族研究》2006 年第 1 期。

文化中的原教旨思想的偏激和狭隘之处、为构建全球伦理、为人类共建和谐的地球村供给思想营养有着全球意义。

当然，王岱舆的“天命三品”论所包含的深刻意蕴及其对文明对话的启迪意义远远不止笔者所涉及的上述内容，有许多更深层次、更广层面上的价值还亟待进一步挖掘。这里把笔者个人的思考所得提出来，欢迎方家批评、补正，以促进学术的繁荣和思想的昌明，为文明对话增砖添瓦。

原载于《西北民族研究》2007 年第 1 期

穆斯林的人生理想

——兼与儒家文明的对话

丁士仁*

引 言

自20世纪90年代美国社会学家萨缪尔·亨廷顿的“文明冲突”论提出以后，在国际学术界引起了广泛的关注，也掀起了不小的风波，誉之者有之，毁之者有之。文明是否必然要“冲突”还是应该通过“对话”和睦相处，这种见仁见智的话题恐怕一时难以定论。然而，在一片争执声中，亨廷顿让世人注意到了这样一个问题：即使在各种文明冲突的缝隙中，儒家文明在21世纪能与伊斯兰文明联手，组成统一的阵营，共同对付西方文明的“挑战”。无论亨廷顿的预言何时变成现实，也无论这种联手是基于共同的政治、经济和军事的利益抑或是出于两种文化的雷同，在他看来，以儒家意识形态为主导思想的中国和以伊斯兰教为信仰的穆斯林世界，在许多方面由于拥有共同的价值观和追求目标而可以走上同一条道。毫无疑问，亨廷顿的话不是虚妄之言，它至少道出了这两大文明在固有的性质和特征方面较为接近的事实，以及二者能够融通的可能性。儒家文明和伊斯兰文明是东方历数千年而不衰的两大文明，它们之所以经久不衰，是因为它们凝含着令古人和现代人、中国人和穆斯林无法割舍的精神依托和价值追求。综观两大文明，雷

* 丁士仁，兰州大学哲学社会学学院副教授、博士，伊斯兰文化研究所副所长，哲学专业研究生导师，西北民族大学伊斯兰文化研究所兼职研究员。

同之处，或者说可以比较的地方比比皆是，这就印证了穆斯林学者的一个观点：真主给世界各民族曾派遣过使者，用真主的宗教教化过他们，中华民族可能也不例外。总之，儒家文明不会跟伊斯兰文明发生“冲突”，而且有非常良好的对话前景和交流基础，甚至于有联手抵御其他文化的可能性。

中国儒家经典《大学》说：“大学之道，在明明德……古之欲明明德于天下者，先治其国；欲治其国，先齐其家；欲齐其家者，先修其身……”寥寥数语，《大学》给儒家乃至中华民族设计了循序渐进地实现理想人生和完美社会的宏伟蓝图，勾勒出了“修身→齐家→治国→平天下”这条具有浓厚实践色彩的生命追求轨迹和精神升华阶梯。这条进修路子很自然地把个人同天下联系起来了，把每个个体的素质同整个国家和世界的命运连为一体。当然，这不是说每个人须得“修身”成为天下帝王而后去“平天下”，而是说作为社会的一个成员有义务“修己治人”，塑造“内圣外王”的品格。儒家给中华民族拟定的这条人生轨道和奋斗目标实际旨在培养正直的个人，组合良好的家庭，创建仁义的国家，构建“天下为公”的“大同”世界。无独有偶，世界上还有另一条为人生铺设的进升道路多少世纪来与儒家的道路平行递进。那就是伊斯兰为造就“善良的人类”而设计的“良好的个人→良好的家庭→良好的社会→善良的民族→良好的国家→善良的人类”这样环环紧扣由小到大地实现人格完美和人类和谐的轨道。虽然伊斯兰铺设的这条道路表面比儒家的迂回曲折，实则在进修的途中多设了几个进升的台阶，便于前途更加坦荡，其起点和终点与儒家的完全一致，有殊途同归之妙，都将以培养个人为基点，以实现人类的大同为终极目标。穆斯林学者早就注意到了儒家文明与伊斯兰文明在这方面的相似性，我国明末伊斯兰学者王岱舆说道：“若夫孔孟之道，修身、齐家、治国与吾同者，予焉敢妄议其是诽哉！”[①] 表示他从伊斯兰教的角度对儒家的修身治国理论的高度认同，也说明两大文明在这一点上的雷同。

与儒家不同的是，《古兰经》和“圣训”没有用明确的语言描绘出以上连贯而又循序渐进的人生路子，也没有将生命的里程概括为具体的几点，但是，《古兰经》和“圣训”的精神，以及人类生存的基本状况决定了崇高的人生应该走这样的道路，而且其中的每一段里程是《古兰经》和先知穆罕默

① 王岱舆：《正教真诠·问答纪言》。

德反复强调并着重实践过的环节。因此，穆斯林多少世纪以来一直注重其每一个环节的独立建设，将其隐约连成一条大道。到了近代，由于政治和社会的变革以及新时代的需要，这条道路逐渐凸显出来，成为许多穆斯林思想家的纲领性口号。[①] 在当代，这条符合伊斯兰宗旨和精神的道路更有了彰显的必要，因此，当代最负盛名的“中间主义”学者优素福·格尔达维总结了前人上千年来的理论与实践，应时重申了“良好的个人→良好的家庭→良好的社会→善良的民族→良好的国家→善良的人类”这条提升人类素质、构造文明世界的道路。[②] 这条以政治纲领的形式被明确提出的人生道路不能因为受到现代人的重视而被视为伊斯兰的异端思想，实际它是伊斯兰的精神所在。先知穆罕默德从他“为圣”到去世的这段时间，所经历的正是那条道路的浓缩：他从劝化身边的个体开始，逐渐进入到家庭，到他迁徙麦地那时，那里已初步形成了一个穆斯林的社会，公开遵守伊斯兰的教义，这个社会随着先知穆罕默德的到来和大批外地信仰伊斯兰教民众的涌入，逐步演变成了一个具有统一领导、统一管理、共同建设、共同维护的微型国家，到先知穆罕默德归真时，伊斯兰教已超出了麦地那和阿拉伯半岛的范围，开始向周边的罗马和波斯以及世界各国辐射。先知穆罕默德短暂的后半生自觉不自觉地走了造就“良好的个人→良好的家庭→良好的社会→善良的民族→良好的国家→善良的人类”这条路子，为以后穆斯林社会的发展奠定了基础，也为他们的人生道路指明了大致的方向。

观伊儒两家设计的人生道路，其总体方案、目标和宗旨没有二致，这就为伊儒两大文明的携手并进奠定了坚实的基础。然而，儒家文明毕竟不等同于伊斯兰文明，二者在许多方面是有差异的。本文试图以两大文明“垂世立教”的宗旨为窗口，站在伊斯兰教的角度，在认同儒家“修身、齐家、治国、平天下”的几大原则和晋升阶梯的基础上对伊斯兰的宗旨以及其超出儒家思想的部分或在以上纲目中有所偏重的部分加以论述，以便两大文明在携手合作的时候知己知彼，相互尊重。

---

① 现代伊斯兰复兴运动先驱哈桑·班纳、茂杜迪等明确提出了这样的政治纲领，这一模式不仅是他们实现人生理想的途径，而且在某种意义上说是他们的目标。南亚次大陆的“宣教会”虽然没有什么政治要求，但所遵循的道路仍然是这一条。

② 见优素福·格尔达维：《伊斯兰了解入门》（阿拉伯文版），瑞萨莱出版社，贝鲁特，2001年第1版，第187页。

二

个人是社会的基础，是构成家与国的最小也是最重要的成分；个人品格的完善是社会走向完善的起点，因此，“修身”不仅是个人道德素质的培养和善良品格的挖掘，更重要的是对“至善”的扩充：把道德修养由近及远地推及到天下，使个人的善德产生惠及天下的功效。所以，无论是伊斯兰还是儒家，非常重视个人的修养。对儒家来说“修身”是“齐家”、“治国”和“平天下”的根基，是济世立命的关键，《大学》说：“身修而后家齐，家齐而后国治；国统而后天下平”，将管理家务和治理天下的希望寄托在“修身”这一功夫上；没有“修身”这一基础，“齐家、治国、平天下”的大业将无从谈起。儒家为塑造理想的人格也设计了一道方案：须得做到“格物、致知、诚意、正心”的“内修”功夫①。所谓“格物致知”者，即穷万物之理而致人之知；“诚意”者，即守“慎独”，而“正心”则于内心不受“忿忮”、“恐惧”、“好乐”、“忧患”之影响，而信守诚善之不失②。这是儒家为“修身”的功夫设定的具体步骤，从伊斯兰的角度而言，以上每一步都符合伊斯兰的要求，经典中能找到相关的依据；然而，以“人本主义”思想为核心的儒家哲学跟以“真主为中心”的伊斯兰教在本质上是有区别的，后者包含的要比前者宽泛得多；儒家的纲领主要维护的是“三纲五常”的人伦关系，而伊斯兰的主旨却是维护包括真主与人的关系在内的世界的“神圣秩序”③。因此，“修身”虽然是儒家和伊斯兰共同关注的塑造完美人格的基本训练，但穆斯林从宗教入门要进行的“修身”，远远超出了儒家修炼的范围。这里，在认同儒家“格物、致知、诚意、正心”这几种“内修”方法的基础上，我们根据《古兰经》和圣行的精神，将伊斯兰侧重的“修身”途径摘要论述如下：

(1) 首先，伊斯兰要求人要成为一个有信仰的人。在伊斯兰看来，信仰

---

① 《大学》：欲修其身者，先正其心；欲正其心者，先诚其意；欲诚其意者，先致其知，致知在格物。

② 《大学》：所谓修身在正其心者，身有所忿忮，则不得其正；有所恐惧，则不得其正；有所好乐，则不得其正；有所忧患，则不得其正。

③ 见孙振玉：《明清回回理学与儒家思想关系研究》，中国文史出版社2005年版，第46页。

是做人的关键，是人的世界观、人生观和价值观的归宿；失去了信仰也就意味着迷失了生活的方向；信仰给人的生活赋予一种意义和目的。伊斯兰所谓的信仰就是包括“信真主”、“信使者”和“信后世”在内的六大信条[①]，主要使穆斯林坚信真主是世界的创造者，独一的主宰，唯能应受崇拜的主；相信真主不但造化了人，而且时时在引领着人类，他随方设教，给各民族派使者教化他们，包括以色列的先知摩西和耶稣以及华夏民族中不知名的使者，最后给全人类派来了先知穆罕默德。按伊斯兰的信仰，先知穆罕默德是最后的使者，他的使命是向全人类传达真主的旨意，他所说的一切都是来自真主给他的启示，是“神圣”不可侵犯的真理。穆斯林在修身的过程中坚持“信真主”和“信先知”这两条原则是非常重要的，说明他的价值观念是围绕真主和先知穆罕默德建立起来的；有了这种神圣的引导，他的人生就有了明确的方向和目的。其次，伊斯兰要穆斯林相信，死亡不是生命的终结，而是另一种生命的开始。在被称为“后世”的世界里，每个人都要依其现世的行为得到公正的回报：善者进天堂，恶者入火狱。《古兰经》说：至于善功的分量重者，将在满意的生活中（天堂），至于善功的分量轻者，他的归宿是深坑（火狱）（101：6—9）。伊斯兰的这种善恶在“后世”要得到赏罚的观念，给“修身”注入了永恒的含义，将“修身”跟永恒的归宿结合起来，使修身者不仅有了持之以恒的动力，而且多了一份敬畏。除此以外，伊斯兰的每一个信条，都与培养“良好的个人”（修身）紧密相连，因此，拥有一个正确的信仰是修身者必备的品格。

（2）伊斯兰要求人成为一个有功修的人。伊斯兰的功修是用来表现自己的信仰，显示对造物主的崇拜的一种外在形式。在伊斯兰看来，修身的目的不单纯是为了“齐家、治国，平天下”，而更重要的是实现真主造人的目的。《古兰经》说：“我创造人类和精灵，只为崇拜我”（51：56），即通过功修，让人知道自己的地位和真实身份，展现他的行为的真正价值：真主是造物主，人是被造物；真主是主宰，人类是他的仆人；真主是唯一的应受崇拜的主，人的行为应该表现出对他的崇拜。伊斯兰教最基本的功修有礼拜、斋戒、天课和朝觐，每项都有“修身”的功效。因此、我国明末著名回族学者王岱舆将伊斯兰“五功”：“念、礼、斋、课、朝”跟儒家道德的最高规范

① 六大信仰为：信真主、信天仙、信经典、信圣人、信前定和信后世。

“仁、义、礼、智、信”对应起来[①]。这种对应关系依笔者之见似有牵强，但不乏创见，可它至少表明了“五功”中包含着道德修炼的成分，与修身有直接的关系。所以，伊斯兰教的功修既是近主之途，又是修身之道，使人在履行宗教功修的同时收到了“修身”的效果。

（3）伊斯兰要求人成为一个有道德的人。道德是一个人的立身之本，也是包括伊斯兰教在内的所有宗教的灵魂；如果从宗教中抽去了道德的成分，宗教就失去了其存在的价值。儒家传统之所以在中国根深蒂固，就是因为它有宗教的灵魂而受到人们宗教般的崇奉。西方人对中国这个“无神论”国家的宗教是这样看待的：中国没有宗教，在中国，道德占据着宗教的位置。可见道德的作用以及它对宗教的重要性，因此，伊斯兰要求做人要以道德为原则，一切行为以道德为基础。先知穆罕默德说：“我奉命来成全美德”[②]，他的一举一动体现了这种精神，因而，受到了真主的嘉奖：“你确实具有伟大的品格。”（《古兰经》68：4）在伊斯兰看来，道德不只是一种高尚的选择，而且还是信仰的一个重要组成部分，废弛道德意味着面临失去信仰的危险。先知穆罕默德说：“信仰真主和后世的人，让他联络近亲；信仰真主和后世的人，让他不要伤害自己的邻居；信仰真主和后世的人，让他说真言，或者保持沉默。”[③]他又说：“信仰有七十多个分支，最高的是信仰‘万物非主，唯有真主’，最低的是从路上移开伤人之物：廉耻是信仰的一个分支。”[④]伊斯兰把信仰与道德联系起来，用信仰的堡垒把道德维护起来，强调它不仅是个人通向自我完善的途径，而且关系着他的信仰以及他在后世的归宿。

（4）伊斯兰要求人成为遵纪守法的人。一个社会的存在必然要依赖一套符合其性质和情状的典章和制度，以规范人的行为，维护社会的安全和正常运行。宗教的社会功能之一，就是给人类社会提供一套行为准则和法律制度，伊斯兰更是如此。世界现有的几大法系中，伊斯兰法就是其中的一大自成体系的派别，说明其法律成分的含量之高。其实，伊斯兰法（沙里亚）不是一般意义上的法律，而是包容了人类生活方方面面的一套行为模式，它接近儒家宽泛意义上的“礼”。伊斯兰法包括了小至如何睡觉大到怎样治国这

① 王岱舆：《正教真诠·五常》。

② 《牟塔圣训集》。

③ 《布哈里圣训集》。

④ 同上。

样广泛的内容，而且认为这套制度不是“人为的法律”，是真主制定的神圣的制度[①]。伊斯兰法的一条一目都体现真主的命令或禁戒，人在遵纪守法、严格律己的同时，实际也在执行着真主的旨意，实现着崇拜真主的目的。因此，遵守伊斯兰法度，实际就是一种自我修炼的过程。

（5）伊斯兰要人成为一个创造价值的人。伊斯兰教认为，人是真主在大地上的代理人，肩负着替真主建设世界、维护世界的职责。人的价值不在于向自然和社会索取多少，而在于为人类付出了多少，为建设真主的世界做了多大贡献。《古兰经》说：“你们应当崇拜真主，除他外，绝无应受你们崇拜的，他用地上的土创造你们，让你们在地上建设。”（11：61）又说：“你当行善，就像真主善待你一样”，（28：77）也就是说，人作为大地的代理人，既要履行建设大地的职责，还要为人类谋福利。伊斯兰教没有僧侣制度，不提倡“出世”的苦行生活，要求其信徒积极参与社会生活，为他人创造价值，但要求在纷纭繁杂的社会生活中不要忘了自己修身的功课和人生的目的，《古兰经》说：“信道的人们啊！当聚礼日召人礼拜的时候，你们应当赶快去记念真主，放下买卖，那对于你们是更好的，如果你们知道；当礼拜完毕的时候，你们当散布在地方上，寻求真主的恩惠，你们应当多多地记念真主，以便你们成功。”（62：9—10）这节经文揭示了生活与功修的关系：生活中有功修，功修中有生活；经文提到的“买卖”就是创造社会价值的途径；“寻求真主的恩惠”更是为社会创造福利的命令。在伊斯兰看来，创造社会价值也是一种功修，因此，伊斯兰的修身，是在匡正自己行为的基础上履行替真主治理世界的职责，以经世济民，惠及桑梓，也就是儒家所谓的“穷则独善其身，达则兼济天下”。

二

家庭是社会的最小单位，是国家和天下的自然起点。国家的秩序是家

① 《古兰经》说：“凡使者给你们的，你们都应当抓紧，凡他禁止你们的，你们都应当戒除。”（59：7），即，先知让你们去做的，你们去做，是合法的，先知不让你们去做的，一定要止住，是非法的，是真主不喜欢的，因为先知的一言一行是受真主的启示而发出的，因为《古兰经》说：“他没有随私欲而言，那只是他所受的启示。”（53：3—4）。

庭秩序的外延，同时，家庭又是培训个人伦理道德的主要基地。家庭的熏陶直接影响着一个人的社会行为，一个社会的好坏取决于构成该社会的无数个家庭的素质，因此，伊斯兰和儒家对家庭道德给予了高度的重视，[①]进行了大量的论证，从而形成了具有各自特色的道德传统。儒家的“齐家”就是穆斯林所说的“建设良好的家庭”。在家庭伦理这个层面上伊儒两大文明具有很大的共性，只是伊斯兰由于自身的一些特性，在治家的实践中有所侧重。

（1）按伊斯兰的观点，真主造化了阿丹圣人（亚当），后又造了哈娃太太（夏娃），二人配合而组成家庭，从此开始了社会生活。伊斯兰非常重视家庭的建设，设有专门的“家庭法”来规范每个成员的行为。家庭的建立始于婚姻，它是真主为延续人类的生命而制定的常道，也是先知穆罕默德倡导并积极实践过的圣行，因此，是非常神圣而严肃的。先知穆罕默德说：“婚姻是我的行持，谁拒斥我的行持，就不是我的教民。”[②] 伊斯兰鼓励婚姻，要求通过合法的婚姻建立正当的家庭。所谓合法的婚姻，就是指有共同信仰的男女互相爱慕、双方监护人同意、两位证人见证、有一些贵重物品作聘礼、由德高望重的人按教规主持的婚姻。其程序复杂烦琐，就是让当事男女知道婚姻的严肃性和神圣性，不可随意割断家庭的这条纽带。在伊斯兰看来，婚姻不仅是为了满足成年男女生理和心理的需求，而且为了保证个人人格的健全和社会机制的稳定。伊斯兰禁止人们用淫荡的目光窥视异性，要求在异性面前降低视线，避免引起邪念，并通过合法的婚姻使年轻人保持健康的心态，维护良好的社会风化。先知穆罕默德说：“年轻人啊！你们中谁有了能力，就立即成婚，那样最能降低视线，最能保护性器官。”[③] 另外，对穆斯林而言，婚姻不仅是成全青年男女个人生活、稳定家庭乃至整个社会的方法，而且是成全个人信仰的途径，伊斯兰把婚姻提到了信仰的高度，先知

① 儒家的“圣人”制礼作乐，平治天下，首先就是从“别男女、正夫妇、定父子”的关系中开始治理家庭的。由于家庭建设的重要性，儒家的“三纲”和“五伦”（“三纲”为“君为臣纲，父为子纲，夫为妻纲”；“五伦”为君臣、父子、夫妇、兄弟、朋友）中多半内容为规范家庭的条例。另外，儒家“圣人”和士大夫们数千年来为巩固家庭的秩序和树立优良的家风遗留下来了无数的“家训”或“家规”，据说对“家庭伦理的研究和探讨，两千多年来，写了一百二十三十部著作”，儒家因此也有了一套非常完备的家庭伦理规范和居家生活准则。

② 《布哈里圣训集》、《穆斯林圣训集》。

③ 《布哈里圣训集》。

穆罕默德说："婚姻是信仰的一半，谁完了婚，就成全了信仰。"因此，"男大当婚，女大当嫁"不但是男女双方的个人大事，而且是父母或监护人乃至整个社会的一大义务，是建设一个"良好家庭"的基础。

(2) 为了不至于乱伦，伊斯兰规定有几种女人是不可以娶的，《古兰经》说："真主严禁你们娶你们的母亲、女儿、姐妹、姑母、姨母、侄女、外甥女、乳母、同乳姐妹、岳母，以及你们所抚育的继女，即你们曾与她们的母亲同房的，如果你们与她们的母亲没有同房，那么，你们无妨娶她们。真主还严禁你们娶你们亲生儿子的媳妇，和同时娶两姐妹，但已往的不受惩罚。"(4：23) 以上是伊斯兰为了维护"人伦"而禁娶的几类女人，除此以外，可以任意娶一个自己爱慕的女人，在特殊情况下可以娶两个、三个或四个，但最多不能超过四个，可是，在众妻中间如果无法保持平等对待时，只可娶一个。《古兰经》说："如果你们恐怕不能公平地待遇她们，那么，你们只可以各娶一妻"(4：3)。

另外，为了保持家庭的和谐和生活及情感上的一致，伊斯兰禁止穆斯林娶异教徒的女子，或嫁给异教的男子，生怕一时的感情消退以后，由于生活习惯的不同和宗教信仰的不一致而造成生活的不便，感情发生冲突，最终走向家庭的破裂，给社会带来负面的影响。《古兰经》说："你们不要娶多神教徒的女子，直到她们信教，已信教的奴婢的确胜过多神教徒的女子，即便她使你们爱慕她，你们不要把自己的女儿嫁给多神教徒的男子，直到他们信教，已信教的奴仆的确胜过多神教徒的男子，即便他使你们爱慕他。"(2：221) 伊斯兰禁止异教通婚的原因，就在于怕婚姻没有坚实的基础，家庭很快走向解体，进而给社会造成负担。然而，对"信真主、信后世"的基督徒和犹太教徒是个例外，伊斯兰虽然不提倡跟他们通婚，但允许这种婚姻，由于双方具有共同的信仰——信真主（上帝）、信末日，而且具有共同的敬畏心，可望在生活中相互尊重、相互理解和相互支持，不致影响家庭的团结与和睦。

(3) 为了使婚姻这一神圣的纽带变得牢固，让家庭这一社会细胞健康成长，伊斯兰要求青年男女自由择偶，选择意中人为自己生活的伴侣。也就是说男女双方要见过面，互相情愿，家长不可强行撮合。有个叫穆海热·本·舒尔伯的人，来见先知穆罕默德，说他要娶某一女子，先知问："你见到她了吗?"他说："没有!"先知说："你去见见她，这样你们才会更融洽。"[①] 一般来说，小伙子的同意和心情可能会溢于言表，大胆表达出来，而姑娘的心思难以捉摸，即使同意也羞于启齿，因此，先知穆罕默德说："她沉默就是同意"，[②] 因为她若真的不情愿就会极力反对的。先知时期，有一个女孩来见先知穆罕默德，说她父亲把她许给了一个她不喜欢的人，先知让她自己选择，终因她的不情愿而废除了那桩婚约。婚姻不只是两个人的问题，而是两个家庭乃至社会的问题，伊斯兰因此高度重视男女的婚配，并要求双方家庭的主要成员都参与意见，以保持两个家庭之间的和谐和婚姻的长久。儒家对待婚姻，也是相当谨慎的，要严格按"纳采、问名、纳吉、纳征、择期和亲迎"这"六礼"依次进行，方可成婚，虽然某些礼节如讲究男女生辰八字、占卜命运是否相克等与伊斯兰教义不符，但其慎重的态度与伊斯兰的没有区别。另外，在子女的婚姻问题上，母亲是有权说话的，先知穆罕默德说："你们让女人们对她们的女儿也发表意见"[③]，因为母亲最了解自己的儿女。当然，作为一家之主的父亲的意见，是更受到尊重的。但家庭成员的意见不是婚姻成立的关键，主要取决于男女双方当事人的意愿。

（4）结婚不是目的，而是手段，通过这一神圣的契机将一对男女合法地结合在一起，让他们延续生命，并为人类担负起自己应承担的责任和义务。随着婚礼的举行，夫妻开始了共同的生活，两人的社会角色立刻发生了变化，新的责任和义务就自动落到一对新人的头上。夫妻首先要互敬互爱，要像爱护自身一样爱护对方，《古兰经》又说："她们是你们的服饰，你们是她们的服饰"（2：187），指夫妻应亲密无间，相互依恋，相互体贴。为了使家庭生活变得美满和谐，伊斯兰也是从"正夫妇"开始，给夫妻双方规定了各自的义务和权利，以保证家庭的正常运行。

丈夫的义务：

由于男人在体力上的优势和心理上的承受能力，他的责任比妻子的大，担子要重，加上社会复杂，世故多变，谋生艰难，竞争残酷，伊斯兰主张女主内、男主外，要求男人在外奋斗，为妻子儿女提供足够的衣食和舒适的居

① 《哈伯里圣训集》、《达尔古图尼圣训集》、《伯海盖林圣训集》。

② 《牟塔圣训集》。

③ 《哈伯里圣训集》。

所，保证全家人的生活。这与儒家的“女正位乎内，男正位乎外”[①] 是一致的。这不是说男人在家应无所事事，女人在外不能活动。所谓的“男主外”，指的是男人要应付社会上的一切应酬和交际，承担社会的主要压力，女人维持好家政，为奔波在外的丈夫预备一个宁静舒适的港湾；男人在家承担一定的家务，女人在田间进行劳动和从事不违背伊斯兰教规的户外职业，跟“男主外、女主内”的原则不相矛盾。

丈夫对妻子应表现得和蔼可亲，不能因在外面吃苦而回到家后就显出一副大丈夫气概和施恩者的姿态，须知那是他应尽的义务。圣妻阿依莎说：“我常和女孩子们在先知面前玩，有时我正和她们玩，先知突然走进家门，她们就急忙藏起来，先知把她们叫出来让我们一起玩。”[②] 先知穆罕默德的这幅生活画面是伊斯兰梦想的生活模式：家有幸福快乐的妻子，在外劳作的丈夫面带笑容走回家。

丈夫应保护妻子的尊严。女人有她自己的隐私和尊严，应受到丈夫的尊重，不可侵权，也不可窥探妻子的隐私，以免相互猜忌而伤了和气和二人之间的信任。因此，先知穆罕默德禁止出门的丈夫深夜突然闯入家门，以考验妻子的贞操或窥探妻子的隐私。另外，女人是男人终身的伴侣，是他风雨同舟、患难与共的战友，不是他的佣人和私人财产，不可随意伤害她或随意摆布她，不要小看她在家中的劳动和辛苦，不要低估琐碎家务对家庭生活的重要性，要尊重她的感情，维护她的尊严。因此，《古兰经》说“你们和睦地跟她们相处”（4：19），先知穆罕默德说：“你们中最好的人，是最能善待妻室的人。”[③]

妻子的义务：

女人在享受男人对她的义务的同时，自己也对丈夫和家庭负有一定的责任。首先，根据伊斯兰“男主外，女主内”的社会分工原则，女人应尽量营造一个舒适的环境，让拖着疲惫身子的丈夫在一天的劳作之后有一个温馨的归宿，能得到心理和生理上的安抚，《古兰经》说：“他（真主）从你们的同类中为你们创造配偶，以便你们依恋她们，并且使你们互相爱悦，互相怜

---

① 《周易·家挂》。

② 《布哈里圣训集》、《穆斯林圣训集》。

③ 《哈巴尼圣训集》。

恤。”（30：21）先知穆罕默德说：“人生有四大幸福：贤惠的妻子，良好的家庭，友好的邻居和舒适的骑乘”，[①] 说明一个好女人是男人的第一大福分。这就要求妻子为家人营造一个温暖的家。先知穆罕默德曾表扬贤惠的女人说，她们“在丈夫不在时候保护自身，也保护他的财产”[②]。因此，守身护财又成了妻子的一大义务。妻子有责任合理开支家务，但不可浪费丈夫用血汗挣来的钱财，要爱惜丈夫的劳动成果，“妻子如果没有把钱花到不正当的地方，她的功劳相当于丈夫挣钱的功劳”[③]。

妻子在操持好家务的同时，还要支持丈夫的事业，在他泄气的时候，给他鼓鼓劲；在他上进的时候给他加把力；在他狂妄的时候给他泼盆水；在他失意的时候送他一份爱；在他走正路的时候协助他，在他误入歧途的时候阻止他。《古兰经》说：“你们当为正义和敬畏而互助，不要为罪恶和怨恨互助。”（5：2）

服从丈夫是妻子的另一项义务，也就是儒家所说的“夫为妻纲”。如果丈夫说话做事合情合理，妻子应该服从。家政虽然由妻子主持，但她事事应与丈夫沟通，甚至为了家庭生活的一致，某些不必定的宗教功修在没有得到丈夫的同意时，不可私自决定履行。先知穆罕默德说：“不允许妇女在丈夫在家的情况下进行（不必定的）斋戒，除非征得他的同意。”[④]

有关家庭的其他伦理规范和人际关系如子女对父母的孝道、父母对子女的义务等，伊斯兰都有细微的规定，与儒家伦理略同，由于篇幅所限，不再一一论述。伊斯兰如此具体地为夫妻制定义务，目的在于建立一个良好的家庭。

三

社会是家庭的自然延伸，一个个家庭组成大小不等的社会，再由若干个社会群体组成一个民族。这是人类在空间和数量上发展的必然趋势，因此，

① 《哈凯目圣训集》。

② 《布哈里圣训集》、《穆斯林圣训集》。

③ 同上。

④ 同上。

穆斯林学者按这条自然法则为人类的进修设立了两个驿站——建设“良好的社会”、铸造“善良的民族”，而儒家一步从家跨到了国。按穆斯林学者的设想，在建立一个多民族的大国以前，改善每一个社会和民族是不可忽视的环节。

伊斯兰的宗旨之一，就是建设一个良好的社会，使之成为一个良好国家的基础。但要使一个社会和谐稳定，必然需要一个坚固的纽带把它维系起来，伊斯兰恰好提供了这样的纽带，那就是共同的信仰。伊斯兰社会不是一个氏族的集合体，也不是一个地缘概念上的共同体，而是以共同的信仰为基础的群体，是以伊斯兰教为意识形态、以伊斯兰价值观为导向的社会，所有成员在“万物非主，唯有真主”的旗帜下结成统一的阵线；在信仰面前血统的差异、肤色的差异、语言的差异和地位的差异荡然无存，全体成了同胞弟兄，《古兰经》说：“众穆民皆弟兄。”（49：10）。因此，同一个地方的两种信仰很可能将该地的社会分成两个。

伊斯兰要求一个良好的社会必须成为正义的社会。在人间充满不义、暴力和罪恶的时候，这个社会应该站起来，主持正义，跟一切邪恶势力作斗争，《古兰经》说：“你们当中该有一部分人出来，导人于至善，劝善戒恶。”（3：104）先知穆罕默德说：“你们中谁见到一件丑事，就让他用手制止，若不能，就用嘴去制止，若不能，就用心去制止，那是最薄弱的信仰。”[①] 因此，伊斯兰规定：“命人行好，止人干歹”是穆斯林社会每个成员应尽的义务，即使急于制止不了罪恶，也应当为之努力，至少要保持痛恨的心态，留存一颗正义的心。这与儒家“见恶而不退，退而不远者，过矣”的精神恰巧相反。

善良的社会应维护社会公德。公德是社会的黏合剂，失去了公德，就失去了社会的整合力，也就失去了匡正社会行为的准绳，社会难保长治久安。伊斯兰所谓的“公德”，就是《古兰经》和“圣训”倡导的一切伦理道德。《古兰经》说：“真主的确命人公正、行善、施济亲戚，并禁人淫乱、作恶事、霸道。”（16：90）凡破坏社会公德的一切行为，都受到伊斯兰的禁止；社会公德被伊斯兰视为信仰的一部分。伊斯兰的道德不只是针对穆斯林的，而是针对所有人的，也就是说，对教内外人士实行同样的道德标准，先知穆

---

① 《伯海盖圣训集》。

罕默德说："穆斯林是为弟兄喜己之所喜的那种人"[①]，也就是做到孔子所说的"己所不欲，勿施于人"[②] 的那种人。人之所以参与社会，是为了享受社会给他的保护，占有部分社会资源，以满足自身和家庭生活的需求，而一旦世风败坏、公德沦丧的话，受到伤害的不仅是社会本身，更直接的是个人和家庭，因此，维护公德是每个成员的义务。

良好的社会应精诚团结，励精图治。先知穆罕默德说："你看众穆斯林，相互友好，相互关怀，相互疼爱，就像一个躯体，一个肢体害病，所有的肢体都跟着发烧、失眠。"[③] 因此，伊斯兰要求赈济穷人，善待孤寡，扶助贫弱，同情患难，不把力行这些行为看做社会义举，却把它当做每个成员的宗教义务，许以后世丰厚的报酬。这样，看似世俗的行为有了永恒的意义和神圣的价值，通过履行各种义务，使社会充满幸福和仁爱，先知穆罕默德说："谁吃饱睡觉，而邻居却饿着肚子过夜，他就不是真信士。"[④] 社会财富的不均匀分布是一种客观现象，但伊斯兰就用各种公德来缩小这种差异，也消除人们由差异而引起的心理上的不平和矛盾，使人心朝着健康的方向发展，使社会朝着团结统一的方面运转。

良好的社会应当以真理互勉。穆斯兰社会的每一个成员，不能明哲保身，独善其身，在社会即将失去方向的时候，或个别成员误入歧途的时候，每个人应伸出热情的双手把他们拉回正道。先知穆罕默德说："宗教就是劝诫，为了真主，为了他的经典，为了他的使者，也为了穆斯林的官长和群众"[⑤]，即使在正常的生活中，朋友之间，家人之间和同事之间，也应该常常以正义和真理互勉，让社会和个人受到真理的约束，《古兰经》说："以时光盟誓，一切人确是在亏折之中，惟信道而且行善，并以真理相劝，以坚忍相勉的人则不然。"（103 章）

伊斯兰通过建设良好的社会来完成铸造一个"优秀民族"的目的。伊斯兰承认民族的存在，但它所谓的民族，不是基于共同的地域、共同的语言、共同的肤色、共同的经济利益等因素，而是基于共同的信仰和共同的理想。

---

① 《布哈里圣训集》、《穆斯林圣训集》。

② 《论语·颜渊》。

③ 《布哈里圣训集》。

④ 《布哈里圣训集》、《穆斯林圣训集》。

⑤ 《穆斯林圣训集》。

穆斯林早期的生活给这一民族观勾画了具体的模式。先知穆罕默德时期，麦地那社会中活跃着来自各地的阿拉伯人以及波斯人和埃塞俄比亚人，其中有白人和黑人，有古莱什人、奥斯人和赫孜热吉人，而众多的种族成分没有妨碍他们组成一个“统一的民族”（乌玛）；复杂的血缘没有影响他们发挥精诚团结的精神，因此，真主表扬他们说：“你们是一个优秀的民族。”（《古兰经》3：10）伊斯兰“统一的民族”不会抹杀每个成员的种族差异和国籍身份，只是反对宗派主义，各民族优秀的文化传统伊斯兰予以认可。“统一的民族”是一个建立在共同的信仰基础之上的种族、血缘和文化多元的统一体。《古兰经》说：“这是你们的民族，是一个统一的民族，我是你们的养主，你们当崇拜我。”（21 ：92）伊斯兰民族的文化会呈现多种多样的形态，但贯穿在其中的精神，是“认主独一”的信仰，它是伊斯兰民族能够凝聚的基础和保证。因此，现代著名伊斯兰学者优素福·格尔达维说：“我们不该说伊斯兰诸民族，而要说伊斯兰民族，它像真主要求的那样，是一个统一的民族，不是像殖民主义者希望的那样各自为政、四分五裂的诸民族。”[①] 按伊斯兰的要求，统一的民族是不可内讧的，更不可相互残杀，先知穆罕默德把内战看做跟叛教一样严重的罪恶，他说：“我以后你们不要变成相互残杀的反叛者。”

“善良的民族”应该是一个止恶扬善的民族。《古兰经》说：“你们是为世人而被产生的最优秀的民族，你们劝善戒恶，确信真主。”（3：110）经文用“劝善戒恶”一语概括了伊斯兰民族的优越所在，说明它对穆斯林的重要性。这一特征不仅成了它超越其他民族的资本，更是它的义务。伊斯兰早期理性主义学派穆尔太齐莱将“劝善戒恶”作为其五项原则之一，认为它是穆斯林必尽的义务，当国家元首和官员的行为出现腐败和不轨时，他们认为民众有义务起来推翻他[②]。同样，别的民族若惨遭不幸，生活在水深火热之中，或遭受着强权的压制和暴力的蹂躏时，伊斯兰民族有义务解救他们，消除那里的暴虐，恢复正常的生活秩序。《古兰经》说：“你们怎么不为主道，不为（解放）男人和女人中的弱者和孩童们而战斗呢，那些人（弱者们）常说：‘我们的主啊！求你从这个虐民居住的城市把我们救出去，求你从你那

---

① ［埃及］优素福·格尔达维：《伊斯兰知识入门》，第246页。

② 《简明宗教、学派和现代党派百科全书》，第2册第68页。

里为我们委任一个保护者，求你从你那里为我们委任一个援助者'。”（4：75）伊斯兰不是一个好战的宗教，而是一个维护正义、止恶扬善的宗教，它容不得压迫和欺负，只要有伸张正义的必要，它就会义无反顾地举起义旗，即使遭受压迫的不是自身，为了正义它也会挺身而出。自古迄今，有无数的例子可以映证伊斯兰民族的这一特征。

四

“治国”是儒家人生奋斗的道路上第三个栈道，是“内圣外王”的君子实现自身价值、建功立言的阶段。儒家的“修身、齐家”都是为建“国”所做的准备，甚至“平天下”的理想在某种意义上讲也属“治国”的范畴[①]。儒家治国的方针没有超出其道德最高原则的“仁”，实行“仁政”是它兴邦安民的基本国策和一贯之道，《大学》说：“一家仁，一国兴仁；一家让，一国兴让。”儒家将治国的策略具体集中在“孝”、“悌”、“慈”上[②]，实际这是“仁”的另一种表现，“仁政”的概念包括了儒家施政的一切纲领，是它的道德原则“仁、义、礼、智、信”的总和，孔子的“为政以德”就是这一原则的高度概括。对伊斯兰来说，建立一个国家或政府不是它最终的目的，因而在《古兰经》和“圣训”中没有明确描述伊斯兰国家的性质和模式，甚至连“国家”或“政府”这样的字眼也没有提到，因为根据伊斯兰的“民族观”，伊斯兰民族是没有国界的，东方和西方“信主独一”的人都是一个民族的同胞。然而，为了维护伊斯兰的价值观，保护伊斯兰民族的权利和义务，在穆斯林聚居的地方建立一个国家是穆斯林社会发展的必然趋势和要求，《古兰经》许多章节从字里行间透出了穆斯林需要一个“主持事务”[③]的、“秉公判决”[④] 的、执行真主的法度的权力机构——政府[⑤]。所以，穆斯

① 古代人对天下的认识没有超出中国的范围。（冯友兰语）

② 《大学》：孝者，所以事君也；悌者，所以事长也；慈者，所以使众也。

③ 《古兰经》说：信教的人们啊！你们当服从真主，应当服从使者和你们中的主事人。（4：59）

④ 《古兰经》说：真主又命令你们替众人判决的时候要秉公判决。（4：58）

⑤ 《古兰经》说：你当依真主所降示的经典而替他们判决，你不要顺从他们的私欲。（5：47）

林早就认可了政府和国家的合法存在。穆斯林有些学者认为，《古兰经》明文“如果我让他们在大地上得势，他们将谨守拜功，完纳天课，劝善戒恶”（22：41）这一句中，“谨守拜功”一语不是指简单的做礼拜，而是要建立礼拜的制度，用法律和政治的手段来维护民众按时礼拜的制度，这样的大业不是个人的能力所能胜任的，必有一个强大的政府从中运作。伊斯兰历史也印证了“国家”和“政府”这两个概念在穆斯林现实生活中的存在。先知穆罕默德于公元622年从麦加迁到麦地那后，立刻在那里形成了以他为中心的微型国家：有首脑、有民众、有法律、有武装，上下一致，一呼百应。先知穆罕默德刚一去世，一个重大的问题就摆在穆斯林的面前：谁来领导大家，谁来管理穆斯林大众的事务等一系列与政权有关的问题，最后，大家以选举的方式推举艾卜·伯克尔为“哈里发”。之所以要引发如此的问题，是因为当时的麦地那城业已成为一个无明确国界却以众穆斯林为臣民的国家。伍麦叶王朝[①]于公元661年的建立，标志着穆斯林群体由伊斯兰社会到伊斯兰国家转化的完成，穆斯林从此有了现代意义上的国家。

虽然伊斯兰国家的政治体制和模式在《古兰经》和圣训中没有详细的规定，但对施政纲领和治国的原则却有明确的交代：

（1）良好的国家应以真主的法度为准绳，以伊斯兰的价值观为原则。《古兰经》说：“谁不以真主启示的（法度）去治理，他就是不义的人。”（5：45）穆斯林认为，《古兰经》是真主的启示，是穆斯林的生活指南，它包含着济世的智慧，因而是伊斯兰国家的宪法。在伊斯兰国家，至高无上的权威不属于人，而属于真主，“天地万物的国权，只是真主的”（5：17），当权者只是真主的法律的执行者，行使“代理人”的职权。

（2）良好的国家应坚持公平的原则。真主的法律一视同仁，在真主的眼中没有贵贱之分，唯凭每个人的敬畏心；人的血统和社会地位不能影响法律的执行，士大夫犯罪与庶民同罪。伊斯兰的第一任哈里发艾卜·伯克尔在就职演说时说道：“如果我做得对，你们就支持我，如果我做错了，你们就纠正我”，大贤欧麦尔当时就说：“指主发誓，如果你错了，我们就用宝剑来纠正你。”这与儒家“君为臣纲”的原则是大相径庭的。另外，执法人员不可因厌恶某人而对他不公，或在执法时有所偏向。《古兰经》说：“你们绝不要

① “伍麦叶王朝”亦译“倭马亚王朝”。——编注

因为怨恨一伙人而不公道，你们当公道，公道是最近于敬畏的。”（5：8）法律是社会共同的行为准则，不可为某人而立，或因某人而废，因此，先知穆罕默德说：“指主发誓，假若穆罕默德的女儿法图麦行窃的话，我一定砍了她的手。”

（3）伊斯兰国家以“舒拉”（协商制）为其基本体制。“舒拉”指的是从民众中选出代表参与政治，共同制定国家政策和各项制度。《古兰经》说：“你们的事，由你们之间协商（解决）。”（42：38）因此，“舒拉”从很早就被奉为伊斯兰国家的基本政治体制和民主形式。伊斯兰历史上四大哈里发都是通过“舒拉”的形式选举产生的，其后的许多国家大事也是在“舒拉”中决定的。伊斯兰的“舒拉”与现代西方的民主是有区别的，西方的民主可以超越一切法律、道德和宗教的界线，民意就是至高无上的真理，而伊斯兰却在尊重民意的同时对它有所限制：民意不能超出教法和教义的界限。因为民意是有局限性的，而且往往会过激，因此，协商也是在法律和道德的框架进行的，致使各项政策不致偏离伊斯兰的总体原则。

（4）公民有保卫自己国家的义务。生命、财产和国土是个人和社会生存的基础，外敌的入侵意味着国民的生存面临着威胁，出于人的本能，此时进行反抗和抵御是正常的。因此，伊斯兰教法规定，在外敌入侵某一地区的时候，该地区的每个臣民要拿起武器进行反抗和抵御，这是一项天命；如果某一穆斯林地区遭人侵犯，其他地区穆斯林有义务援助那里的穆斯林，以充分体现“众穆民皆兄弟”的精神，这是一项“副天命”。如果一个穆斯林地区任人杀戮，遭人践踏，而其他穆斯林袖手旁观，无人援助的话，全体穆斯林都担负着罪责。另外，敌人的入侵有时不只冲着生命、财产和国土而来，而是冲着他们的思想和文化，是要摧毁他们的价值观。这是一种比占领土地更可怕的侵略，因此，不管是物质的侵略或者是精神的侵略，统统是伊斯兰国家公民抗击的对象，据此，我们可以解读世界上持久不息的战火在两种文化之间扑而不灭的原因。

五

儒家奋斗的最终目标是建立“天下为公”的“大同”世界，也就是说通过修个人、齐家庭和治国家的功夫使人类社会变成“人不独亲其亲，不独子其子。使老有所终，壮有所用，幼有所长。鳏寡孤独废残者，皆有所养。男有分，女有归。货恶其弃于地也，不必藏于己，力恶其不出于身也，不必为己，是故谋闭而不兴，盗窃乱贼而不作。故外户而不闭”的太平世界①。根据《大学》描绘的道路，实现这样的理想社会，须得经过修身、齐家和治好国的前期工程，只要这几层基础扎实，建立“大同”世界是水到渠成的事；然而，在前期治国的阶段，国君还须“老老”、“长长”、“恤孤”，而使民“兴孝”、“兴弟”、“不倍”②，如此，“大同”世界则指日可待矣。同样，伊斯兰的奋斗目标也是建立这样的理想世界。

伊斯兰的使命是针对全人类的，穆斯林认为，《古兰经》是真主最后的启示；先知穆罕默德是真主派遣给人类的最后的使者，《古兰经》说：“我只派遣你为全人类的报喜者和警告者”（34：28），这就决定了伊斯兰的使命是世界性的，它的教规和价值观要得到各种民族的接受，它不仅要适应14世纪前的阿拉伯社会，而且还适应21世纪的全人类，还为今后的人类社会继续发挥其指导作用。伊斯兰的宗旨是将真主启示的真理传遍世界，让真主的旨意在大地上得到奉行，让崇高的道德成为凝聚全人类的纽带，使世界变成幸福的家园，使世人变成善良的人。

伊斯兰的这一理想基于这样的一种认识：人类是真主的被造物，是他的仆人，无论他们信仰他还是不信，均自觉不自觉地在服从着他，按他的旨意在行事。因为人类服从的一切自然规律，包括自身的生理要求和本能都是真主刻意的创造，人在不知不觉中遵循着真主给他铺设的道路；在宇宙的整体中，人类本是自然界的一个和谐的有机组成成分，但在人类社会的层面却奏出了与自然不和谐的音符。伊斯兰的使命，就是让人认识自身，认识周围的世界，进而认识造物主，认识人自身跟自然、自身跟造物主的关系，从而使人类保持与自然界的一致，最后与造物主保持高度的一致。这不必然意味伊斯兰的理想社会中除了穆斯林再没有别人，全世界都要信仰伊斯兰教，实际伊斯兰的“大同”世界是一个多民族、多宗教、多文化并存且互相尊重、和睦共处的世界，它不是理想中的“天国”，而是实实在在能在人间出现的社

① 《礼记·礼运》。

② 《大学》：所谓平天下，在其治国者，上老老而民兴孝，上长长而民兴弟，上恤孤而民不倍。

会景象。《古兰经》说："我把你们造成了众多的种族和部落，以便你们相互了解"（49：13)，又说："要不是真主以世人相互抵抗，那么许多修道院、礼拜堂、犹太会堂、清真寺——其中常有人记念真主之名的建筑物——必定遭人破坏"（22：40)，由于真主一直让世人相互制约，相互抗衡，各民族和他们的宗教场所会长期存在下去，伊斯兰从来没有打算把它们消灭殆尽。在伊斯兰历史上，穆斯林政府一直就是这样对待他们的"保护民"——非穆斯林臣民的，甚至于被基督教徒处处迫害的犹太人在伊斯兰政府的呵护下也获得了生存和发展[①]。著名学者优素福·格尔达维说："伊斯兰对非穆斯林在宗教和思想上的宽容分几个级别：最低限度是给予宗教信仰的自由，不强迫他们信你的宗派；中等限度是允许他们信自己认为正确的宗教和派别，不干涉他的宗教活动；最高级别的宽容是让他们按自己的教法行事，即使按伊斯兰教法来说是非法的，但在这种情况下有权建议非穆斯林臣民，为了照顾穆斯林的感情，请不要喝酒、吃猪肉，因为那样会影响他们的宗教信仰"[②]。在伊斯兰的理想社会里，各民族的人不会因信仰的不同而感到不便，伊斯兰宽容的精神将会使一切差异失去冲突的效力。据历史学家伊本·伊斯哈格记载，纳秀兰的基督教使节前来谒见先知穆罕默德，他们进入清真寺与他会面时，他刚好做完礼拜，而那时恰好是使节们祷告的时候，于是就在清真寺中站起来祷告。这时，有人想上前阻止他们，先知穆罕默德说："不要打扰他们!"在清真寺内让基督教徒举行宗教活动，这是何等的宽容。就是在这种宽容的基础上，伊斯兰追求的善良的人类和大同的世界才会变得可能。

在伊斯兰看来，强行消灭异己文化和宗教有违真主的旨意，因为穆斯林知道，造成这种局面的原因，除了无信仰者自身的选择以外还有真主的意志，假如真主执意让全人类信教的话，人类一定全是信徒，因为真主的意志是不可挡回的，《古兰经》说："如果你的主意欲，大地上所有的人必定都信道了。难道你强迫众人都做信士吗?"（10：99）然而，真主意欲一部分人信教，另一部分人不信教，其原因除了考验众人而外，还有其他许许多多不为人知的奥秘和道理。所以，一味地数落他人的不信教，实际是在攻击真主的意志。穆斯林的任务不是如何用强硬的手段迫使他人信伊斯兰教，而是将其

① 见黄陵渝：《犹太教学》，当代世界出版社 2000 年版，第 28 页。

② ［埃及］优素福·格尔达维：《伊斯兰知识入门》，第 277—278 页。

道理传达给世人，信不信由他们，信者自受益，不信者自取其咎。《古兰经》说："如果他们归顺，那末，他们已遵循正道。如果他们背弃，那末，你只负传达的责任"（3：20），非穆斯林不信伊斯兰的这笔账不该由穆斯林来算，这是真主在后世追究的问题。但穆斯林如果将自己认定的真理不向人传达，不与他人分享真理的乐趣的话，他就负有隐瞒真理的罪过，而别人的不接受不能直接成为与他为敌的理由。因此，伊斯兰主张一个"和而不同"的融通世界，这与儒家"贵和"的精神是一致的。

在这样大同的世界里，每个人的尊严要得到保护，不管他具有什么样的信仰，每个人都是真主创造的一个生命，是神圣的，《古兰经》说："我给阿丹的后裔给予了尊严"（17：70），从人的角度来说，每个人都是平等的，在血统上没有贵贱之分，谁敬畏真主，谁是最优秀的，先知穆罕默德在"辞朝"演说中明确吩咐："众人啊！你们的养主是一个，你们的祖先是一个，你们全部属于阿丹，阿丹来自泥土；阿拉伯人并不比非阿拉伯人高贵，白人也不比黑人高贵，唯凭内心的敬畏。"属于人的尊严是应当受到保护的，据布哈里记载，有一次，一群犹太人出殡，当死者被抬过先知穆罕默德面前时，他主动地为死者起立，这时，有人对他说，死者是犹太人，先知说："难道他不是一个生命吗？"在伊斯兰看来，每个生命都是宝贵的、神圣的，理应受到尊重和保护。

伊斯兰的目的在于建立和平的世界。伊斯兰的本意为"和平"，或者从词源学的角度去分析，意思是"使和平"，也就是维护和平、保护和平和创造和平的意思。在当今世界，一提到"和平"，许多人很难把它与伊斯兰联想起来；当有人谈论"伊斯兰与和平"时，也许不少人会露出怀疑的目光和神色，认为一个奉"圣战"为义务的宗教何以是和平的宗教。在这里，首先对"圣战"这一久被误解的概念需要加以简要的说明。"吉哈德"一词近代被人译作"圣战"（神圣的战争），而一提"圣战"，又立刻与战争、厮杀、爆炸、恐怖联系起来。实际上，"吉哈德"的原意并不含这些意思，其原意是"奋斗"，即竭尽全力为主道奋斗。它涉及的范围很广，为主道奋斗的各种形式都可归入"吉哈德"的范畴，例如，用言论和笔墨宣扬真理，为主道求学，在暴君面前说真话，都是"吉哈德"（圣战），而用枪杆子战斗是它的最后也是最极端的形式，在万般无奈时才使用，但它不是"吉哈德"的主要形式；当这种极端的形式不得不采用时，伊斯兰对它有严格规定。简言之，

“吉哈德”不是战争、恐怖和杀人的代名词。伊斯兰倡导和平、反对战争，先知穆罕默德说：“你们不要期待跟敌人相遇，应当向真主祈祷平安。”[①] 然而，一旦生命、财产和国土受到威胁时，战争形式的“吉哈德”不得不用，《古兰经》说：“被进攻的人已获得了反抗的允许，因为他们遭压迫，真主对于他们的援助，确是全能的。”（22：39）这是最早为战争而降示的一节经文，它直接说清了战争的原因：“他们遭压迫”，受到“进攻”，被迫而反抗。同时，这节经文也道明了伊斯兰圣战的性质，战争是为了反抗侵略、消除迫害。也许另一节经文更明确地表达了这一态度，“你们当反抗他们，直到迫害消除，而宗教专为真主，如果他们停战，那么，除不义者外，你绝不要侵犯任何人”。（2：19）被迫拖入的战争，其目的也是为了和平，因此，不可妄杀无辜，只要有和平的曙光，就应偃旗息鼓。《古兰经》说：“你们应当为他们而准备你们所能准备的武力和战马，借此威胁真主的敌人和你们的敌人……如果他们倾向和平，你也应当倾向和平，应当信赖真主。”（8：60—61）这节经文揭示了战争与和平的关系，穆斯林备战不应是为了战争，而是为了以自己强大的势力震慑敌人，一旦对方慑于威力而善罢甘休，战争即告结束。由此可知，“圣战”的性质首先是抵御性的。当然，作为一个正义的民族，在抵御了外敌的入侵和压迫、获得了自由与安宁后自享其乐，对同样遭受压迫和蹂躏的人无动于衷，是不相宜的，于是，伊斯兰也有了“进攻性”的“圣战”，但要严格遵守战争的规则，明确战争的目的，即解救弱者，消除暴虐，恢复生活秩序，即战争的目的不应是为了抢占国土、掠夺财富，而是为了伸张正义，维护和平，一旦目的达到就应停止战争。实际上，各种形式的“吉哈德”，都离不开伊斯兰的宗旨：建立和谐的社会，营造和平与善良的世界。

在伊斯兰的理想世界中，各民族和各宗教和平相处，穆斯林如果在信仰上与他人达不成共识，可以在伦理道德和价值观念上与他们苟同，这也是建立大一统世界的基础之一。这种各民族、各宗教和平共处的景象理应是当今多元化的世界追求的目标。

---

① 《穆斯林圣训集》。

结 语

不管亨廷顿的“文明冲突论”是否成立，伊斯兰文明和儒家文明是人类文明史上出现的一对友好的伴侣，虽然各自产生的时代和背景不同，因而形成的性质和特征各异，但二者却肩负着同样的使命，走着相似的道路，朝着一致的目标挺进。尽管到目前为止双方还没有真正的携手合作过，而且尚无联手抗衡西方文化冲突的迹象，但世界风云变幻莫测，也许会有一天竟出现两大文明携手合作的必要，共同对付某一个前来“进犯”的文明；从文明对话的角度而言，伊斯兰文明和儒家文明可以说是一对较为默契的对手，大同小异的人生理想和实践理论奠定了它们相互容忍、相互接纳和相互认同的心理基础和友好相处的可能。这一方面会应了亨廷顿的预言，另一方面也是对他的文明必然要“冲突”的理论的一个反驳。基于这种情况，作为伊斯兰文明载体的一部分的中国穆斯林，应该保持跟儒家文明的友好关系，用各自不同的方式实践“修身、齐家、治国、平天下”的人生蓝图，共创中国乃至全人类的和平、繁荣和进步。

从《据理质证》看马德新的"回耶"对话观

姚继德*

中外学术界以往在论及明清之际中国本土发生的伊斯兰文明与儒家文明成功对话命题，对该时期"以儒诠经"的四大中国伊斯兰"回儒"大师——王岱舆（约公元1570—1660年）、马注（公元1640—1711年）、刘智（公元1660—1730年）和马德新的学术成就进行评介时，大都只强调他们在学理修养上属于"博通四教"（回、儒、释、道）的学者，而忽略了一个事实上存在的重要对话领域——"回耶"（伊斯兰教与基督教）对话。中国伊斯兰史上开启"回耶"对话的先驱，就是上述四人中生活时代最晚，唯一到过天方阿拉伯朝觐游学的云南穆斯林学者马德新。马德新不仅博通"回、儒、释、道"四教，事实上他还深研过耶稣教（基督教）经典，并成功开启了"回耶"两教对话的户牖。遗憾的是，此前的研究者对此注意不多。本文拟根据有关资料，在介绍马德新经师与当时的天主教云南教区主教法籍教士古若望氏（Jean Joseph Fenouil，公元1821—1907年）交往活动的基础上，介绍分析马德新回答古氏关于伊斯兰教与天主教本题论的辩论专著《据理质证》的内容，最后对马德新在其中所体现出来的平等博大、和平共存的文化对话观，进行一专门的述评。

一 马德新与古若望司铎的交往

马德新（公元1794—1874年），字复初，以字行，晚年自号天方学人，

* 姚继德，云南大学国际关系学院教授、博士，西北民族大学伊斯兰文化研究所兼职研究员。

出生在滇西大理城南一户回族穆斯林经学世家，家学渊源颇深。青年时负笈陕西，投胡登洲四传弟子周大阿訇（福海）门下，得陕学真传后回滇设帐授徒，远近从学者甚众，弟子遍布滇中三迤。道光年间，他借朝觐之便，游学阿拉伯世界达八年之久，博采众长，终成旷古冠今、“回、儒、释、道、耶”五教俱精的中国伊斯兰经学大家。复初氏的众多弟子则成为云南乃至西南地区穆斯林中推动“回儒对话”的主力。清季道光、咸丰年间，由于汉回民族之间文化上的长期隔膜，清政府在云南汉回矿争中的挑拨离间引发云南回民反清大起义。复初氏以全省穆斯林经学大师之崇高威望，被全省回民尊称为“复初巴巴”，拥戴为精神领袖，参与领导了滇南和滇中回民义军的早期斗争。随着斗争形势的急剧变化，马复初作为一位品德高尚，饱吮了儒家思想精髓，深通伊斯兰哲理，游历过天方各国，具有世界眼光，博学睿智、宽容而又充满理性的宗教学者，面对这场斗争中敌我双方显然悬殊的力量，为保全云南回族和各民族人民的生命财产，他毅然决然地采取了一种儒家中庸求和的明智态度，在这场反清起义斗争中急流勇退，埋首寺院书斋，将其余生付诸于“以儒诠经”的后续事业，潜心于“回儒对话”的学术研究和著述之中，试图从消弭汉回文化隔膜的治本角度，以学理来化干戈，最终求得汉回各民族的和平共存。①

马复初所生活的清末道光（公元 1821—1850 年）、咸丰（公元 1851—1861 年）、同治（公元 1862—1874 年）三朝，正是中国封建社会步入寿终正寝的半封建半殖民地时代。清王朝的统治腐朽不堪，内忧外患。1840 年鸦片战争之后，在西方列强与清政府签订的一系列丧权辱国的不平等条约的保护下，作为西方列强对华侵略的一个重要组成部分，基督教（含天主教、东正教和新教）传教士蜂拥而来，开始了在华的传教活动。这些传教活动往往与西方殖民主义的政治侵略沆瀣一气，其实质就是文化侵略。云南正是当时西方教会在华传播“福音”的重点省份之一。由于英、法两国分别殖民统治着与云南接壤的中南半岛缅甸、越南，两国的教会组织在罗马梵蒂冈教廷的支持下，借此天时地利之便，积极配合各自政府的殖民侵略计划，向云南派遣了大批传教士进行传教活动。当时入滇传教的教会组织，以天主教为主，其中又以法国巴黎外方传教会的势力最大。天主教在云南正式建立教区

① 姚继德等：《云南伊斯兰教史》，云南大学出版社 2005 年版，第 221—226 页。

的时间为清初康熙三十五年（公元 1696 年）。[①] 到了道光、咸丰、同治三朝云南回民反清大起义期间，天主教在云南的传教活动也深受回民起义的影响。这种影响，在民国《新纂云南通志·宗教考·天主教》中曾有记载："咸丰六年（公元 1856 年），云南有杜文秀之'乱'，历时十八载，教会亦大受影响。临安（今建水）、通海、江川之教堂学校等尽为所毁。滇北则有蛮乱之祸，时黔省有教友数家，移居昆明太和街，迄今犹存。"[②] 当时的天主教云南教区除了昆明及滇东北少数几个地方外，大多被滇西大理杜文秀回民政权所控制，云南教区主教古若望司铎为保护其教士的安危，主动与全省穆斯林精神领袖大阿訇马德新经师友好接触。在云南回民反清起义对云南天主教造成重大影响的特定历史背景下，在古若望主教与马复初这两大宗教领袖私人之间的友好交往中，促成了中国近代史上第一次成功的"回耶"文明对话。

据有关资料的记载，法籍天主教教士古若望司铎与马德新经师之间的个人交往时间，发生在同治二年（公元 1863 年）至同治十三年（公元 1874 年）之间，历时近 10 年之久。古若望于道光二十七年（公元 1847 年）入滇，同治二年（公元 1863 年）升任天主教云南教区副主教来到省城昆明，而此时的马德新和马如龙已经同清廷云南当局议和，马如龙升任云南提督，马德新则被钦封为滇南回回总掌教、二品伯克。该时期里古若望主教与马德新和马如龙都有过频繁的私人交往。当时在滇的法国传教士罗乃氏在其《巴黎外方传教会回忆录》中曾有这样的记载："（法国传教士）古若望在云南活动期间，法国派了一个法兰西科学探险队去湄公河（云南境内叫澜沧江）一带进行调查，探险队由法人戴拉率领。古若望对这个探险队作了实际贡献，帮助他同云南地方官员拉拢关系。古的斡旋，决定了马将军（云南提督马如龙）借出款项帮助探险队完成旅行，同时还争取到回教徒的教长老爸爸（马复初）对探险队的友谊和保护。"[③] 由此可见，古若望司铎与马德新、马如龙等当时的云南回族上层人物关系非同一般，十分密切。正是这种亲密关系，奠定了马、古二人当时友好而坦率的伊斯兰教与天主教本体论的"回

① 刘鼎寅、韩军学：《云南天主教史》，云南大学出版社 2005 年版，第 61 页。

② 民国《新纂云南通志》卷一百八。

③ ［法］罗乃著，孔令忠译：《巴黎外方传教会回忆录》，《昆明市志长编》卷八·近代之三，云南人民出版社 1984 年版，第 4 页。

耶”哲学对话基础。

关于法籍天主教教士古若望氏的生平及在滇的传教活动，笔者根据有限的材料综合于下：古若望氏，法文名字叫做 Jean Joseph Fenouil，汉语别名叫古分类，又译为费努伊。他于 1821 年 11 月 17 日出生在法国的吕德勒（Rudelle）。1847 年 5 月 29 日 25 岁时，被巴黎外方传教会（La Société des Missions Etrangérés de Paris）任命为牧师，并于同年来到云南传教。1881 年 7 月 29 日 59 岁时，被罗马教廷任命为中国云南教区主教。1907 年（光绪三十三年）1 月 10 日，古氏卒于昆明，终年 85 岁。古若望教士入滇后，传教 60 余年，对天主教在云南的发展作出过重要贡献，其生平事迹至今仍被记载在罗马梵蒂冈教廷的教士荣誉榜（Priesthood Ordination）上。[①]

关于古若望主教与马复初经师的学术交往，上文所引民国《新纂云南通志》同卷里曾说道：“同治五年（公元 1866 年），新任总督劳崇光惧回民势盛，滞留贵阳，不敢入滇。省中士绅以劳氏与西人善，乃恳古司铎入黔迎迓，劳遂欣然就道。既抵任，乃以平政街某公馆之地赠教会，时为同治九年（公元 1870 年）。司铎之名乃大噪，官吏无不优礼备至。古氏又尝与回人论道，同治四年（公元 1865 年），回教学人马复初德新氏，刊行《据理质证》一书，又名《致天主教书》，即致古氏者。”这就是历史文献中明确记载下来的马德新与古若望司铎之间进行的“回耶”文明对话，以及马德新对话后的产物《据理质证》一书的由来。

二 马德新《据理质证》的内容

根据《据理质证》卷首马复初致古若望司铎的第一封信的落款时间，复初氏与古氏的这次“回耶”对话，时间发生在同治四年（公元 1865 年）四月间。缘起是古若望司铎先赠送给马复初一本阐释天主教

① 见罗马梵蒂冈教廷网站：http：//www.catholic-hierarchy.org/bishop/bfenou.html 上的 Priesthood Ordination 下的 Jean Joseph Fenouil 的英文词条介绍。

“性理”的专书，[①] 复初经师认真研读之后，写成两封专函，从与伊斯兰教认主学（神学）的比较角度，提出了对天主教本体论的“十不解”和“十可疑”，完整地阐述了自己对天主教本体论的看法。这两封专函合起来后，于同年刊刻成书，名之曰《据理质证》。该书又称为《致天主教十疑十不解》和《致天主教主教书》，据传有阿拉伯文和汉文两种本子，但目前流传下来的只有汉文本《据理质证》，其中又有清朝同治四年云南木刻刊本，民国时期北平清真书报社石印本、民国时期北京光明印书局刊本和宛平孙德春刊本行世，民国二十三年（公元 1934 年）三月出版的《回民》杂志第二卷第一号上，编者特别摘录转引了两封信中的“十不解”“十可疑”内容，加上《马复初先贤问耶稣教牧师书》标题发表后，即无人再知晓此事。这些汉文版本文献，大多散落在回族民间，今天的一般研究者已难于觅见。为方便述评起见，这里先把这两封弥足珍贵的信函全文，根据笔者收藏的同治四年云南刊本文本，标点后摘引出来。

第一封名为《致天主教主教书》，写于同治四年四月十四日。全文如下：

古司铎大兄大人阁下：

昨阅贵教经籍，得悉谈理精深，立意诚笃，真发前人所未发，而为东土之所难得也。实可与儒、回两教相为表里。披读之余，开人智慧不少，弟相见恨晚。惟是其中言天国后世，赏善罚恶，天堂地狱，以及认主一切，吁！蔑以加矣，诚毫发无遗憾，弟已玩不释手，并取其尤佳者，佐吾经之注疏，从此奉为主臬，当不贻笑大方。独是贵教之书，高矣美矣，有可解者，有不可解者。如天主降生为耶稣一说，颇竭精费神，经日夜之探索，而愈入愈迷者。老先生不以弟为庸愚，而愿结知心，则不得不殷殷询之，使弟得悉其意，知其说，则人有问于己者，弟可转为白之。庶几疑者可易而为信矣，信者可乐而相从矣。

窃思天主既降生，则人见耶稣，不见天主，即耶稣表示于人曰：吾天主降生也。而人不信斯救世之功，欲属之于天主，则明明是耶稣。此

① 马复初在其信中称为《天主教性理》，今不见此书。但“性理”一词，据明清王岱舆、马注、刘智和马复初等经师当时的界定，属于宗教哲学的本体论范畴。因此，该书性质上当属于阐述天主教认主学或本体论的专著。

不解者一也。然明明是耶稣，以万类得其偏，智士得其全，贤者得以扩而充，圣者得以推而极。《（圣）经》云："于圣人可见真一全体大用焉。"于此有尊敬圣人者，非夸张太过，即浅陋不及。不及者，见象而忘理，曰：圣人亦人也，生死所必受，祸福所难免，衣食所必需，特学识广大而已。太过者，知理而忘象，曰：真主者，圣人之理也；圣人者，真主之象也。指象则曰圣，指理则曰主，主与圣实为一体。此天主教之书，夸张太过，反与不及者等。彼谓耶稣乃天主圣子，甘心结合一人性于己位，而成为一真人，而真天主者也。真人以有灵魂有肉躯，与人无异。真天主以圣三中第二位圣子，实与圣父圣神一体一性，一天主真人。而天主者，因耶稣一位，有天主性与人性，实缔合而成一救世者，故以其原性而言之，天主也；以其所取之性而言之，人也；以其两性结合，属圣子之原位而言之，乃二其性，而不二其位也，诚为一位天主而人，人而天主者。

余教独认真宰为独一无偶，至尊至大，虽圣人亦归功于真宰，不闻穆罕默德为真宰降生之书。又援儒、道、释证之。儒教尊孔子为圣，不闻有上帝降生为孔子之书。道教以老子为圣，释教以如来为圣，亦不闻天降生为老子、如来之书。然则，天主与耶稣合为一体之说，其为悖谬，不待辩而明矣。

彼书云："人而天主，天主而人。"既曰人，则人必是受造之物。又云："天主则是行造者也。"其言之意，乃耶稣自造本身也。且又一父子称之，则耶稣为子又为父，鄙而不通之论也。若云为父者，天主之性也，为子者，人性与肉体也。外虽一体，其内有尊卑。总而言之，耶稣论其形则人，论其理则天。岂知形体灵性，是受造之物也。天主与真性，乃行造之本也。行造与受造，岂可浑为一体乎！夫天主若日，真性如日光，耶稣如明镜，人性如镜内之日，凡有一镜，其中必见一日，镜映日之全光，显日之全形，且能返照于暗室，镜多而日不多加，镜少而日不减少。其实各镜所见之日，日之影也，非日之本体也。孰谓太阳之体降于镜，而与镜合为一体，虽至愚者，亦皆嗤之。彼书又云："往古之圣非圣也，千秋之贤非贤也，所立之教非教也，独耶稣一人一教一圣为是。不但此也，必如天主降附于耶稣之身者是圣，余者皆非。"亦犹日下万镜，每镜各显一日，设有一狂人曰：各镜中所显之日非日也，独我一镜中所见者是，余者皆非。更为诓哄曰：中天之日亦非日也，乃我镜中之日，照于中天者是也。孰不叱为妄诞之极！

余教之经，亦言真性乃真宰之继性，千古万命之总命，而为真宰大化之笔也，元气为墨池，万化若字迹，真宰若书者，合千古为一经，而谱真宰之象也。一人乃经中一字，即耶稣亦经中之一字也。然则岂可指字为笔，更不可指笔为数者。彼称耶稣为天主，亦犹指字为书者，指书者与字合为一体，鄙哉其言！且耶稣与天主共为一体，是不以下而随乎上，反以上而随乎下也。譬如攘夺君威，篡取臣权，累耶稣于奸臣乱贼之列，欲尊贵之，适以卑贱之也。且天主未降生之先，能造天地人神，而不能治之，必待附合耶稣之身，而后能救世治世。盘古氏之后，耶稣之先，六千余载，岂无圣贤阐明教化，而必俟耶稣之救世，又不实指救何国、救何人。岂古往今来，他国中国，若干大圣大贤所立之功，所建之德，一概屏绝，不念毫厘，凡所有之功德，尽归耶稣一人，不惟令人难信，即使耶稣闻之，亦恶其怪诞也。

余教天敕之经，亦载耶稣神奇感应，自初生至升天，逢我教之人，皆称耶稣为大圣，无敢稍有轻慢。但《引之勒》经，以备后学参互考订，实非原文，后来创立数十教，各以本音译成传注，其中不相符者甚多，尽该附会之语。余游外洋，曾见他教改为尔勒比、法尔西、兴低诸国之语，彼此大相迥别。此可知古经原文遂失，所存者，妄诞不经之谈多也，岂足为信！余不敏，不能有怀而不吐，因不惮词之重焉，言之繁焉，与吾教共质之，且欲与天下共白之。世不乏高明君子，愿匡余以不逮焉，则幸甚。

同治四年四月十四日 滇省榆城复初氏马德新 叙

根据同治四年木刻本顺序，马德新复古若望司铎的第二封信前才加名叫做《据理质证》，全文如下：

《天主教性理》首章云："天主者，生天地人神之大主宰也。无形无象，无声臭，至极纯神。有天地万物而无所增，无天地万物而无所损。生之不烦其力，存之不扰其静，灭之不泯其灵。虽以时而见，自无始而常有，变化庶类，而自无变迁，始终万物，而自无始终。寓万物而不与物同，阅万世而不与世推移。其行无动，其静无息，其理不可测，至玄而非虚，至穆而非无，乃至诚而至善之极也。”此一章，精理名言，络绎奔赴，已探骊龙颔之珠。奈何自此以下，横生枝节，作茧自缠，不足令人信服，反授明眼人以可驳之条也。余非好辩，不能不使理屈而不申，因剖析根源，指示谬妄。

窃思万理之象，随在流行，触处昭著，莫非真一本体所含自然之妙，所显之象也。故天下有形有色之明，皆太阳所普照之明，但物之形质不同，其受照临者亦异。譬如土木得之浑融，琉璃得之浏亮，湖海得之广大。人承真主大用，亦似物借日明。耶稣而必言天主降生，则耶稣不过块然皮肉，凡知觉运动，皆天主用事耳，斯时救世之功，非耶稣所能矣。此不可解者二也。

如是，则救世之功，称为天主既不得，称为耶稣又不可。苟称为天主，则耶稣必争曰：非得吾之身，而天主何以见于世。称为耶稣，则天主必怒曰：非得吾之性，而耶稣何以有所为。此不解者三也。

即以救世之功属之耶稣，当耶稣未生之先，而功必属天主，则天主不须耶稣明矣。此不解者四也。

耶稣未生以前，天主岂不能救世，乃必待降生，始有救世之功，是天无权而人转有权。此不解者五也。

且既曰救世，则所救者何世，果有何德，有何功，有何才，有何力，又不能分而别之，但囫囵称之曰救世。此不解者六也。

即云耶稣圣人也，是天主全体大用所显，岂知古往今来，无一人物非天主全体大用所显，奚独耶稣乎？此不解者七也。

况贵教书中，辟轮回托生之谬，至此又言天主降生。降生者，即托生之谓也。岂他人言托生为非情非礼，天主降生，又在情理之中乎？此不解者八也。

其书言天主无始无终，是也。降为耶稣，宜耶稣亦无始无终矣。乃其生也，有始矣，其死也，有终矣。此不解者九也。

又言天主至尊，降生则其尊有偶，天主妙体，降生则其体已浊。夫以至尊之妙，而下同于至卑至浊之物。此不可解者十也。

由十不解而进之，又有十疑焉：

其书云：“示耳目之津梁，洗众生之孽垢，此天主之事也。”而必加一词于上曰：降生为人乃可以，是为天不可以。为人乃可以，天反不如人矣。可疑者一。

又云："降生也，实非离于天，囿于地。"则耶稣当日，必时时以肉身往来天上，又何所居，所游之犹在地下哉。可疑者二。

又云："以本性之原体，结合于人之性体。"夫性体秒而无形，非如有形之物，可以才杂，如之何能结合也。可疑者三。

又云："孕圣女胎中而生以救世。"夫天主必待孕于女胎中而后能救世，是天主自然之体，转不如女胎之体矣。可疑者四。

又云："以救世之功，赎万世之罪。"夫罪至万世，大极、恶极，虽有救世之功，恐亦不能赎。然不知当日者，天主有何万世之罪，必待降生为耶稣，乃能救世而赎罪。若不降生，即降生而为别人，亦不能救世赎罪乎？可疑者五。

又云："未降生千百年前，天主已预示其必降生之兆，及其降生之时，又有天神来报。"据此则托生之事真矣。可疑者六。

又云："三位一体，有施生受生之别，施生者谓之父，受生者谓之子。"然天主降生为耶稣，则是耶稣与天主同体矣，宜无尊卑，何可有父子？可疑者七。

又云："不降生，则下民虽有信其有，犹以为高高在上，远而不相涉也。"若是，是耶稣既死之后，天主必当降生于别人，不然，耶稣死后之民，有不疑不降生，则远而不相涉者乎？可疑者八。

又云："当其降生，亦在于天，迨其升天，亦不离世。"诚如是说，则天主何必劳此一降，而故受轮回之苦乎？可疑者九。

又云："譬之以梨结桃，桃何曾损其本体。"岂知桃与梨相接者，折其枝也，因其为有形之物而乃能也。乃以之例人，试问：以彼之手，砍而接此足，能乎不能？可疑者十。

自来晰疑问难之学，诸教皆不能废。十疑十不可解如此，是即晰问之深意，而非敢谓贵教之不是。在贵教刊刻一书，欲流行中国，未有不经数十百人斟酌而出，岂犹贻浅学之疵议乎！但弟读书未通，识见卑陋，不能窥其蕴奥，用恳大司铎分明晰讲明，以解其书之疑，并以解弟之疑，则来学者不患其众，而教道之兴也易矣。弟见老先生谦光下逮，大度包容，用也举心中所不能释然者，而觍缕待质焉。

尚祈原谅是幸，即请台安不另。

愚弟：复初马德新 顿首拜

第二封信虽未注明时间，但从内容和缘起来看，应写于同治四年（公元1865年）四月中旬，是马复初经师研读古若望司铎赠送的《天主教性理》一书后，给古司铎的正式书面回复。第一封落款时间十分明确，为四月十四日，而第二封则只有落款署名，却无明确日期记载。从两封信分别署名落款的实际来看，显然是第一次没有写完，意犹未尽，不吐不快，故第二次接着再续写而成。两信署名落款措辞虽异，但内容上却浑然一体，显然无法截然分割开来。两信始终围绕着天主教关于“天主”与“耶稣”的关系，“主”与“圣”的关系，“行造”者与“受造”者的关系，“灵魂”与“肉体”的关系，天主教所谓“圣父”、“圣子”、“圣灵”“三位一体”（Trinity）的关系，“理”与“象”的关系，“救世”与“求赎”的关系等本体论问题，就其中自相矛盾之处，分别提出了十个“不解”和十个“可疑”的问题，向古司铎提出诘问，并结合伊斯兰教、儒家学说、佛教和道教关于“主”、“圣”关系的论述，进行了严密的逻辑分析，在对天主教本体论指谬匡过的同时，发表了自己系统的伊斯兰宇宙观。

三 《据理质证》体现出来的文明对话观

从上述这两封信中我们可以看到，马复初在这场“回耶”文明对话中的心态是完全开放、客观而理性的。他对这个世界性的“天启”宗教，在两信的字里行间没有半点的无知和褊狭，更无故意的贬低、揶揄或伤害。他在对天主教本体论自相矛盾之处的诘难之前，始终秉持着一种温和而客观的学者姿态，对天主教的性理著作给予了公正评价，充分体现出马复初作为一代伊斯兰经学大师的平等、开放、开明、宽容、博大、理性的文化对话观。如在第一封信的开首，他称赞该书“谈理精深，立意诚笃，真发前人所未发，而为东土之所难得也。实可与儒、回两教相为表里。披读之余，开人智慧不少，弟相见恨晚。唯是其中言天国后世，赏善罚恶，天堂地狱，以及认主一切，吁！蔑以加矣，诚毫发无遗憾，弟已玩不释手，并取其尤佳者，佐吾经之注疏，从此奉为主臬……独是贵教之书，高矣美矣。”在第二封信的首段里，马复初经师同样对《天主教性理》首章给予了充分的肯定：“《天主教性理》首章云：‘天主者，生天地人神之大主宰也。无形无象，无声臭，至极纯神。有天地万物而无所增，无天地万物而无所损。生之不烦其力，存之不扰其静，灭之不泯其灵。虽以时而见，自无始而常有，变化庶类，而自无变迁，始终万物，而自无始终。寓万物而不与物同，阅万世而不与世推移。其行无动，其静无息，其理不可测，至玄而非虚，至穆而非无，乃至诚而至善之极也。’此一章，精理名言，络绎奔赴，已探骊龙颔之珠。”

我们仔细研读这两封学术通信后可以看出，马复初在与天主教主教古若望氏的宗教对话中，已经超越了单一的伊斯兰教，而是站立在“儒、回、释、道、耶”五大宗教本体论的比较宗教学高度，他对这五大宗教关于“本体”的学说都已知之甚精。譬如在论述“主”、“圣”关系时，他已经把伊斯兰教的先知穆罕默德、基督教的耶稣（伊斯兰教中的尔萨圣人）、佛教的如来（释迦牟尼）、道家的老子、儒家的孔子与五教的关系做到了信手拈来，加以对照譬喻，论述妙趣横生，令人折服。其对基督教与伊斯兰教渊源关系的把握，完全超越了他之前的其他回儒经师，体现出他对这五大宗教神学的深厚修养。

事实上马复初经师之所以能够与天主教主教进行心平气和的理性对话，还来源于伊斯兰教与犹太教和基督教之间有着一脉相袭的亲缘关系，马复初经师对此种亲缘关系十分了解。

众所周知，从宗教分类学的角度而言，具有世界性影响的三大宗教——犹太教（Judaism）、基督教（Christianity）、伊斯兰教（Islam）都属于“天启宗教”（Revelational Religions），三者之间存在着亲密的渊源关系。

基督教最初是犹太教中的一个小教派，从公元1世纪古罗马帝国时期脱胎而来，最后成为今天的世界性第一大宗教。它指信奉耶稣基督（Jesus Christ）为救世主的所有教派，包括罗马公教（天主教，Catholic）、正教（Orthodox，又称东正教，主要在斯拉夫语系民族中信仰）和新教（Protestant）三大教派及其他一些小教派。其核心信仰是信奉“三位一体”的上帝（God），相信上帝是唯一的真神。上帝有三个位格——圣父、圣子和圣灵，这三个位格互不混淆，但其本质相同、本体相通、神性相通，由此连成一体，世界万物都由上帝创造和主宰。人类共有一对始祖亚当（Adam，伊斯兰教中按阿拉伯语语音称为“阿丹”）和夏娃（Eve，伊斯兰教中根据阿拉伯语语音叫做“哈娃”），他们因受万恶的蛇的挑唆偷食了天园（伊甸园）中的“禁果”而犯天规，被上帝逐出天园来到人间，故其后代（所有人类）都带有世代遗传下来的罪过——“原罪”（Original Sin），它使整个人类陷于罪沼中无法自拔。上帝慈爱人类，不惜派遣其爱子耶稣道成肉身，降世为人，代人类受过，最后被钉死在十字架上，以救赎人类，人们要通过信仰基督，其罪方可得以赦免，并得永生。因此，在基督教看来，耶稣的降生和牺牲，是上帝与人类订立的新誓约(《新约》)，它宣告了上帝与犹太人祖先定下的旧誓约(《旧约》)的结束，耶稣带来了上帝拯救人类的新“福音”。犹太教的《旧约》与基督教的《新约》合起来，就是今天的《圣经》（*The Bible*）。

公元7世纪诞生的伊斯兰教在最高经典《古兰经》中，明确提到了真主安拉（上帝）曾经降示给犹太人祖先摩西（伊斯兰教的穆萨圣人）的“天经”《讨拉特》（*Tawrāt*）[①]，后又给耶稣圣人（伊斯兰教中的尔撒圣人）降示过天经《引之勒》（*al-Injil*），[②] 给大卫圣人（伊斯兰教中的达乌德圣人）降示过天经《则逋尔》（*Zābur*）。[③] 因此，《古兰经》中多处提到犹太教徒和基督徒（含天主教徒和东正教徒）同为“有经人”（Peoples of the Book），他们与穆斯林共有一个人祖阿丹（亚当），彼此之间都是手足兄弟，都应该和平相处。[④] 毫无疑问，作为曾经游学天方阿拉伯世界8年之久，访问考察过犹太教、基督教的诞生地巴勒斯坦圣城耶路撒冷（Jerusalem），具有一种世界眼光，在中国伊斯兰教史上承前启后的一代经学大师，马复初对这三大天启宗教之间的渊源关系有着深刻的认识。例如，在第一封信中，他就提到了《古兰经》中传述的上帝（真主安拉）降示给犹太教、基督教和伊斯兰教三大教共同的先知耶稣（尔撒）圣人的《引之勒》天经，提到了他游学阿拉

---

① 有学者认为即是犹太教的《摩西五经》，希伯来文叫做《妥拉》（*Torah*），为犹太教的主要经典，即今天的《圣经·旧约》中的前五卷：《创世记》、《出埃及记》、《利未记》、《民数记》和《申命记》。

② 有学者认为即是基督教《新约》中的部分内容。

③ 有学者认为即是《圣经·旧约》中的《大卫诗篇》部分。

④ 参见马坚译本《古兰经》第2章第285节、第3章第78节和第5章第44、46—48节等经文。

伯期间曾经阅读过用“尔勒比”（阿拉伯文）、“法尔西”（波斯文）和“兴低”（印地语）三种语言翻译的基督教经典。正是在8年朝觐游学过程中的这些丰富学术阅历，使得马复初经师具备了与法籍主教进行这场精深的宗教哲学层面对话的学养基础。

综上所述，我们不难得出这样的结论：从与天主教主教的哲学对话中，马复初能够对基督教“性理”（本体论或宇宙论）有如此精深的把握，写出这样言简意赅的哲学本体论著作，再次证明此前许多学者对他学术地位的肯定——即他是明清之际中国伊斯兰史上开展“以儒诠经”回儒文明对话的集大成者和百科全书式的学者。除此之外，他还应当荣膺中国伊斯兰史上第一位开启“回耶”文明对话的穆斯林学者的桂冠。他的《据理质证》一书表明，他不仅是一位学贯“回、儒、释、道”四教的穆斯林学者，而且是一位博通“回、儒、耶、释、道”五教的“回儒”大师。

四　本土知识的当代意义：马德新“回耶”对话的启示

哈佛燕京学社在全球范围引领推动的文明对话论坛，发起至今已近十年。其中在东亚地区的论坛主旨，始终集中在回—儒（伊斯兰与儒家）两大东方文明之间对话经验的总结上。发生在距今一百三十多年前同治年间马复初经师与天主教主教古若望司铎之间的这场“回耶”哲学对话，无疑是我们今天应当认真加以研究总结的重要个案。马复初回答古氏质疑的《据理质证》一书，文本虽短，但言简意赅，内涵博大，理应纳入我们这个论坛试图充分发掘的“本土知识”的遗产范畴。在我们古老的华夏大地上，事实上除了以儒家思想文化为主流的文化外，我们曾经接纳了域外传来的诸多异质文明，古印度的佛教文明，古罗马拜占廷时期传入的景教（基督教涅斯托利派Nestorian），唐初传入的伊斯兰文明，蒙元时期的也里可温教（Erike'ud）、明清时期的天主教等基督教文明等，正是这些络绎东来的异域文明，才把今天的“文化中国”装点得如此璀璨。站在今天全球化进程加快的时代新高度，面对当前国际政治、经济形势持续动荡不安，形形色色的国际恐怖主义甚嚣尘上，西方基督教世界的部分政治家们在新霸权主义、新干涉主义思维支配下，怀着一种“新十字军情结”，凭借着他们压倒一切的文化霸权、科技实力、经济实力和军事霸权，开动强大的舆论机器，将自己长期以来严重失误甚至失败的中东政策导致的恶果，统统归之于一个古老的宗教——伊斯兰教，蓄意制造基督教世界与伊斯兰世界的紧张对抗，并屡屡误导世人之际，我们站在东亚的“文化中国”来开展这样的文明对话论坛，系统总结文化中国历史上各种文明成功对话的遗产与经验，则不啻为当今的“文化中国”对构建“和谐世界”的一种奉献。

近代时期发生在中国西南边陲云南的这次和平友好的“回耶”对话经验昭示我们，世界各大文明之间本质上没有冲突，互相之间的融合、借鉴，最终定能实现“各美其美，美人之美，美美与共，天下大同”（费孝通语）的“和而不同”的文明共存之理想。

伊斯兰哲学思想研究

伊斯兰文明中的人文思想

吴云贵*

当今世界文明研究中，人文主义对于促进人类文明发展的重要作用，是一个值得重视的题目。“人文主义”一词产生于欧洲文艺复兴时期，是欧洲近代文明的主要思潮。人文主义反对欧洲中世纪时期的宗教教义和经院哲学，提倡学术研究，主张思想自由和个性解放，肯定人是世界的中心，重视人的主体性。人文主义在其后的发展中，由于受到法国大革命和欧洲启蒙运动的影响，内容变得更加丰富多彩，而以“自由、平等、博爱”口号更富有影响力。

人文主义是在西欧特定历史环境下产生的文明思潮，其他文明因为历史条件不同，不大可能产生一模一样的人文主义思潮。但如果“人文”是指人类社会中的各种文化现象，那么我们完全可以相信，人类每一种文明都不乏人文思想、人文精神，只是表现形式和具体内容会有差别。因为所谓文明，实际上是指人类在实现自我价值过程中所创造的各种文化的总和，而每一种创造活动都是人类所特有的文化现象、文化活动。这样看来，人文思想、人文精神是普遍人性最重要的体现。当然，人文思想、人文精神并不是与生俱来的，而是人类社会实践的产物。

本文的主旨不是从抽象的理论出发来探讨“文明”与“人文”或“文化”的关系，而是从分析伊斯兰文明中的“人文”因素入手来探讨“文明”与“人文”精神的关系问题。同时，由于历史上伊斯兰文明与西方文明关系

* 吴云贵，国务院学位委员会哲学学科评议组成员、中国社会科学院学术委员会委员、中国宗教学会常务副会长、中国社会科学院世界宗教研究所研究员。

密切，作者也想跳出“文明冲突论”的框架，就伊斯兰文明与西方文明之间友好交往、互相吸纳和补充的历史事实谈一点看法。

一 如何看待伊斯兰传统中的神性与人性

西欧近代工业文明在形成过程中，神圣与世俗、神性与人性成为互相对立的概念。文艺复兴、宗教改革运动中兴起的欧洲人文主义，试图在神圣之外寻求世俗的人文价值，“政教分离”便是这种人文价值的重要表现。相比之下，伊斯兰教没有罗马教皇那样的体制和权威人物，近代也未曾出现过马丁·路德式的宗教改革，它的人文价值观，显然不能按照西方人文价值观去理解。否则，人们可能会因为找不到那样的人文价值而感到失落和扫兴。问题出在怎样理解伊斯兰教中的神圣与世俗，以及由此而来的神性与人性的关系问题。

作为普世性宗教，伊斯兰教坚持“认主独一”基本信条，强调除真主之外绝无神明，真主是宇宙万物的唯一创造者、主宰者，而宇宙万物则是真主的“造化物”。“认主独一”的另一含义是坚持真主的本体与属性的统一，强调真主是不可分割的统一体，除自立的真主的本体之外，现象世界的一切并非脱离真主本体的实在。作为一种宇宙观和认识论，“认主独一”在坚持一神论信仰体系的同时，在理论上模糊了神圣与世俗、精神与物质、神性与人性之间的本质区别。在其后的发展中，国家与宗教的区别也不予确认，致使“政教合一”成为伊斯兰政治体制的显著特征之一。

否认神圣与世俗特别是神性与人性之间的区别，是否会导致对人文思想价值的否定拒绝呢？回答是否定的。这里有三点值得思考。

首先，人文思想是个动态的概念。不同时期、不同民族、不同文明方式下，对“人文”的理解会有明显的差异。古典伊斯兰文明兴起于中世纪，属于跨地域的农业文明或前工业社会文明。它在性质上有别于西欧近代工业文明，但它仍不失为具有深广影响的文明方式之一。伊斯兰文明方式下的人文思想，从西方文明的标准衡量可能会有“缺失”，但它所提供的智力和道德支持，足以满足古典伊斯兰文明的基本要求。

其次，在伊斯兰文化传统中，神性与人性并非简单的二元对立关系，神性不仅包含和体现了人性，也为人性的发展预留了一定的空间。关于这一点，我们不妨以求知欲望的满足为例展开讨论，因为寻求知识是人类从蒙昧走向文明迈出的第一步。

典型的伊斯兰教历史观用“黑白分明”的观点来解释人类的历史。按照这种观点，伊斯兰教前的阿拉伯处于黑暗落后的“蒙昧时期”，而伊斯兰教的兴起标志着黑暗被光明驱散，从此阿拉伯先民开始步入文明时代。可以说伊斯兰教“设教”的根本宗旨正是为了教育、教化和引导民众摆脱愚昧落后，走上真主所指引的“光明大道”。

伊斯兰教的经典《古兰经》，既是一部阐释教义信仰的“经书”，也是对学童和成人进行启蒙教育的课本。《古兰经》之所以被认定为“真主之言”、“真主之道”（The Word of God），固然是宗教信仰、宗教情感使然，但显然也是为了增强教育、教化信众的权威性和说服力。真主缘何要“降示”这部“包含智慧”的经典？《古兰经》一节经文给出了明白的答案，即为了教育和引导世人，学习掌握文化知识，使之成为世界“最优秀的民族”（《古兰经》3：110）。

除《古兰经》外，“圣训”中也有许多类似的人文思想。一则流传广泛的圣训宣布，“知识远在中国，亦当求之”，表达了对学习掌握文化知识的重视和求知的决心。还有一则圣训谈及对有知识有文化者的重视和尊敬，确认并宣布“学者是先知的继承人”。这里所谓先知，是指伊斯兰教的创始人穆罕默德，足见有知识有文化的人才能继承和弘扬伊斯兰教的事业。由此可见，努力学习文化知识，完全符合伊斯兰教的宗教精神。在这里，神性的要求与人性的意愿是一致的。

宗教活动与文教事业相结合，是伊斯兰教的历史传统之一。为了便于人们学习文化知识，历史上伊斯兰国家规模较大的清真寺同时也都是学校，清真寺附设经文学校、经学院乃至综合大学是建寺、办学、办教育的惯例。尽管同现代世俗教育相比，传统宗教教育在课程安排上可能偏重于宗教学方面的内容，但也开设阿拉伯语、语法修辞、逻辑学、世界史等学科。如同欧洲大学是在修道院基础上兴起的，阿拉伯国家一些著名的大学则是在传统宗教院校的基础上发展起来的。这种教育实践印证了宗教思想也可以体现某种人文价值。

最后，在伊斯兰文化传统中，神性转化为人性是人文价值得以实现的基本方式。鉴于伊斯兰教是传统穆斯林社会的统治思想，人文思想、人文价值只有转化为宗教的术语和价值才能取得合法地位，得到社会舆论的支持。例如，作为社会成员，每个人都应遵守为人处世的基本准则，而这样的行为准则，在伊斯兰传统下只能是根据《古兰经》制定的伊斯兰教法（沙里亚）。教法自真主意志而出的人文立法思想体现了神圣宗教的道德要求，但法律的具体规定讲的又都是人世间的事情。而且，伊斯兰教法的显著特点之一，是把人际关系“转化”为人与真主的关系予以审视，再还原为人事关系予以协调处理。经典中提出的人的五种行为规范正是如此。

然而，神圣与世俗之间毕竟存在张力，为了理顺二者之间的关系，宗教学者们也做过许多有益的探讨。这方面最突出、最敏感的问题莫过于如何理解真主启示与人的科学理性的关系问题，即知识与信仰的关系问题。关于这一长期争论不休的理论问题，到 11 世纪，伊斯兰教学术界公认的权威大师安萨里做出了令人满意的解答。他提出了“知”与“信”相分离的主张，认为只有得到证明的知识才是真理，而信仰不需要理性论证，故不属于实证知识领域；信仰的基本方式是心灵感悟、身体力行。①

认知与信仰相分离的思想有利于人文价值的实现，这在自然科学领域更为明显。为了进一步发挥这一思想，后来有的宗教学者提出，真主“降示”了两本书，“启示之书”是《古兰经》，而“创造之书”则是自然科学，二者同源，但认知方式有别。这便是伊斯兰宗教哲学中著名的“双重真理”之说。

二　如何理解伊斯兰文明的开放性、创造性和宽容精神

在当今世界上，由于美国和西方大国在经济、政治、思想文化各领域的影响力不断加强，在国际竞争中处于弱势地位的发展中国家对于全球化的浪潮多有戒备和防范。在伊斯兰世界，一方面，许多国家仍然积极地与西方友好交往与合作；另一方面，社会舆论中也不断发出反对和谴责西方化、世俗化的声音。与此同时，一些知名的欧美学者往往根据伊斯兰原教旨主义反对

① 详见吴云贵：《伊斯兰教义学》，中国社会科学出版社 1995 年版，第 81 页。

西方价值观的思想文化倾向大发宏论，宣称伊斯兰教本质上是保守落后和封闭的，伊斯兰教一贯与西方为敌。① 这种片面、偏激的观点，我们实在不敢恭维。

古典伊斯兰文明是以伊斯兰教为核心而逐渐发展起来的一种独具特色、个性鲜明的文明方式。世界信仰伊斯兰教的各个民族，甚至生活在伊斯兰世界的非穆斯林民族，都在不同程度上参加了这一文明体系的创建。伊斯兰文明体系结构的复杂性和开放性，决定了文明自身的开放性。开放性所体现的主要是世界意识和文明解释主体的自信心。在这一社会和文化氛围影响下而产生的人文思想，同样体现了开放意识和自信的文化心态。

如果说"世界意识"或"世界主义"是文化开放性的基本要求和标志，那么在伊斯兰文明中，这种文化意识的形成正反映了伊斯兰教由阿拉伯"民族宗教"演化为世界宗教的历史进程。历史上伊斯兰教从阿拉伯沙漠进入富饶的两河流域并建立阿拔斯王朝之后，伊斯兰教自身开始受到希腊、埃及、波斯、印度等外来思想文化的影响，逐渐形成了具有超越性、开放性的精神文化、制度文化和物质文化。超越性是世界宗教的本质要求，要打破原有的血缘、部落、民族、国家、地域疆界的界限，宗教教义思想必须具有超越性和开放性，以便为更广阔的地域和人群所接受。开放性不仅表现了当时幅员辽阔的伊斯兰帝国的力量、威望和信心，也反映了主体伊斯兰文化吸纳、消化、借鉴外来异质文化的能力。历史表明，外来的哲学、科学思想，一般都是在经过伊斯兰化、阿拉伯化的加工处理之后才成为伊斯兰文明的一部分。如在宗教哲学方面，阿拉伯穆斯林由于深深地受到古希腊哲学思想的影响，提出了以真主为本原的原子论的宇宙观。这一宇宙观实际上是把希腊哲学思想运用于伊斯兰教信仰体系的结果。它既不是纯希腊哲学的，也不是纯伊斯兰阿拉伯宗教的。

创造性是人文思想的重要体现，没有创造力也就无从体现人类的主体性，即人的本质要求。尽管伊斯兰教把创造力归诸于万能的真主，将宇宙万物视为真主的"造化物"，但这一宗教信条不等于从根本上完全否定和取消了人的主体性和创造力。否则，我们应该如何解释历史上的阿拉伯人在哲

① ［美］约翰·L. 埃斯波西托著，吴云贵等译：《伊斯兰威胁：神话还是现实?》，社会科学文献出版社 1999 年版。

学、医学、数学、天文学等诸多领域作出的举世公认的杰出贡献呢？有人认为，阿拉伯人当时在哲学、科学领域的成就不属于“原创性”的贡献，因为他们只是传承了希腊、波斯、印度已有的哲学、科学成果，而没有留下完全属于自己的东西。这种说法恐怕不能成立，因为继承与创新很难分开，没有继承谈不上创新，而创新也是更高层次的继承和发展。

人文思想的另一重要体现是文化宽容精神。从理论上讲，宽容应当是人类宗教的本性，但从实际的宗教传统看，有时由于宗派林立、纷争不已，有些教派又最缺乏宽容精神。也许正因为这一点，近代英国著名政治学家约翰·洛克撰写发表了他的名著《论宗教宽容》，就政教分离、信仰自由、各教各派一律平等等原则表达了系统、深刻的见解。从总体上看，伊斯兰教是主张和平与宽容的宗教。尽管历史上伊斯兰封建帝国经常以宗教名义对外扩张领土，并强迫被征服的异教民族缴纳人丁税、接受其统治，但在宗教信仰问题上一直遵照“对于宗教，绝无强迫”（《古兰经》2：256）的行事原则，没有强制改变他人的宗教信仰、礼仪制度和生活习惯。

海纳百川，有容乃大。应当看到，伊斯兰文明巅峰时期所体现的宗教宽容精神，与当时阿拉伯人总体的对外文化政策是一致的。沙漠中一路走来的早年阿拉伯穆斯林本无文化传统可言，只是因为谦逊好学，才在吸纳外来多民族文化基础上创造出引以为荣的伊斯兰文化。与此同时，我们也应当看到，伊斯兰文明中的人文思想也在不断发生变化，有时会发生质变。近代以来，伊斯兰世界在同西方的较量中从强者变成弱者，宗教思想也随之发生了许多相应的变化。人们注意到，今天在许多非政府宗教组织那里，在那些对西方强烈不满的伊斯兰原教旨主义派别组织那里，听到的不再是与人为善、和平宽容，而是义无反顾、不屈不挠的“斗争”（“吉哈德”，一译“圣战”）精神。

三　如何评价伊斯兰文明与西方文明的关系史

人文思想是个内涵十分宽泛的概念。依笔者个人所见，用什么样的立场、观点和方法来看待文明的多样性问题，归根结底反映了一个人总体的文化态度。近年来有关“文明冲突论”的讨论，凸显了两种对立的思想观点。

以塞缪尔·亨廷顿教授为代表的一种观点，不仅主张用“文明冲突论”来描述、界定未来世界的政治格局，而且对人类的历史也按照这种理论预设随意加以解释。亨廷顿断言，西方与伊斯兰文明之间的关系史是不断互相冲突的历史，这种冲突不可能缓和，而可能更趋激烈。[①] 而另一种观点尽管都不同程度地肯定了“文明冲突论”有助于人们全面认识冷战后世界格局下的国际关系，但反对片面夸大和强调文明之间的矛盾冲突。

伊斯兰国家与西方之间的关系史是否可以用“文明冲突论”来概括？除了对立、冲突、战争之外，伊斯兰文明与西方文明之间是否也有友好交往、互相学习、互相吸纳的历史事实存在？这是探讨伊斯兰文明中的人文思想不能回避的问题。理由是：不仅文明冲突会影响人们的文化态度，文明交融同样会对人文思想产生重要影响。

为了全面认识和了解伊斯兰文明与西方文明的关系史，这里我们根据史实就二者间的交往交流略予评述。我希望这一评述有助于人们更加重视文明交往的重要意义，同时也有助于人们正确认识和评价伊斯兰文明方式下的人文思想、人文精神。

引起我们注意的头一件大事是中世纪伊斯兰文明史上的“百年翻译运动”。我们知道，从“文化沙漠”中崛起的阿拉伯穆斯林，之所以创造出辉煌的伊斯兰文明，决定性的因素是向当时已有的各种文明学习，并在此基础上开拓创新。因此，文明交往、文化交流是人文精神的本质要求。这方面最突出的事例是阿拔斯王朝初期历时近 200 年的“百年翻译运动”（公元 750—944 年），是当时为了繁荣科学文化采取的一项重大举措，由国家出资在首都巴格达兴建了“智慧馆”，这一建筑群由科学院、图书馆和翻译局组成。为了学习、借鉴外国的优秀文化成果，国家还专门派人到君士坦丁堡、亚历山大、塞浦路斯等地去搜集希腊、罗马古籍，还委托拜占廷代为搜集古典抄本。这些图书馆资料和文献著作后来陆续由“翻译局”译成阿拉伯文，供专家学者使用。当时翻译过来的东西方古籍，内容包括希腊的哲学、数学和天文学著作，波斯的史学、典章制度、童话故事，印度的天文学、医学、数学和文学等。翻译不只是技术性的文字工作，也是整理和保存文化遗产工作，译者们在翻译过程中做了大量的考证、勘误、增补和注释工作。这些历

① ［美］塞缪尔·亨廷顿：“文明的冲突?”，美国《外交季刊》1993 年秋季号。

史事实，可谓彰明较著，无可否认，只是近代以来很少有人提及。

翻译运动既是西学东渐也是东学西渐的过程。阿拉伯人通过译介继承了东西方优秀的科学、哲学文化成果，提高了民族文化科学素养，展现了勇于进取、开拓创新的人文精神。作为文化交流的一方，西方也以翻译运动为起点，深深地受到这次大规模的文化交流活动的影响，并逐渐改变了对阿拉伯伊斯兰文明的看法和态度。

西方人开始向阿拉伯人学习，那是在“百年翻译运动”以后百余年间的事，这也是本文所要讲的第二件大事。约自10世纪下半叶起，阿拔斯王朝渐趋衰落，濒于解体，伊斯兰文明与西方文明交往的场所转移到阿拉伯人在西班牙领土上建立的后伍麦叶王朝（又称科尔多瓦哈里发国家）（公元756—1031年）。一位19世纪的欧洲历史学家认为，阿拉伯人和欧洲人在文化、经济、政治上的交流，使得阿拉伯文化越过西班牙，深入到西方基督教世界。如同阿拉伯人得益于“百年翻译运动”一样，欧洲人接受阿拉伯文化同样是从翻译工作开始的。不同的是，欧洲的基督教徒是在赶走和战胜阿拉伯统治者之后开始译介、研究和利用“敌人”的文化成果的。据说公元1085年当西班牙的托来多市重新回到西班牙人手里时，欧洲的基督教徒在清点战利品过程中发现了阿拉伯人留下的丰富的图书资料、文献著作。为了译介这些珍贵的学术文化成果，当地的一位大主教专门在托来多成立了一个翻译局，邀请欧洲各地的专家学者来这里开发、利用阿拉伯人的文化资源。翻译工作从公元1135年一直持续到1284年，史称“第二个百年翻译运动”①。在此过程中，欧洲人几乎把当时所能搜集到的阿拉伯人最有价值的哲学、科学著作全部译成拉丁文。到13世纪末，随着大量译著的出现，欧洲人已经不需要学习阿拉伯文就能利用阿拉伯人的学术成果，发表论文时也不必引用阿拉伯原著。如今欧洲人常把自己的文化渊源与古希腊、古罗马传统联系起来，但请勿忘记，在这一知识文化链条上还有古典阿拉伯文明这一重要的中间环节。

阿拉伯人在东西文化交流中的桥梁纽带作用是无可否认的。

欧洲启蒙运动的先驱者伏尔泰说：“继罗马帝国衰落、分裂以后，在我

---

① ［巴基斯坦］菲亚兹·马茂德著，吴云贵等译：《伊斯兰教简史》，中国社会科学出版社1983年版，第211页。

们所处的野蛮无知时代里，我们的一切——天文学、化学、医学，特别是比从希腊人和罗马人那里得知的更为温和、更为有益于身体的药物，几乎都是来自阿拉伯人。代数是阿拉伯人的发明，甚至我们的算术，也是由他们传来的。”①

美国前总统尼克松说：当欧洲还处在中世纪的蒙昧状态的时候，伊斯兰文明正经历它的黄金时代……几乎所有领域里的关键进展都是穆斯林在这个时期取得的……当欧洲文艺复兴时期的伟人们把知识的边界往前开拓的时候，他们能眼光看得更远，是因为他们站在穆斯林世界巨人的肩膀上。②

美国著名历史学家菲利普·希提说：讲阿拉伯语的各国人民，是第三种一神教的创造者，是另外两种一神教的受益者，是与西方分享希腊—罗马文化传统的人民，是在整个中世纪时期高举文明火炬的人物，是对欧洲文艺复兴作出慷慨贡献的人们。③

当然，在充分肯定古典伊斯兰文明对西方文明所作的重要贡献的同时，我们也应当看到，近代以来西方文明也对伊斯兰世界的新思想新文化运动产生了广泛的历史影响。而且，今天迅猛发展的全球化运动，对伊斯兰文明而言，实际上也是一场大规模的西学东渐运动。尽管伊斯兰世界的民族主义和原教旨主义对于西方的精神文明、制度文明多有拒斥，而以引进西方的现代物质文明为限，但西方对于现代性的诠释也曾对伊斯兰现代主义文明思潮产生巨大的影响。近代兴起的伊斯兰复兴运动，既反映了穆斯林社会现代化的历史要求，也是西方影响不断增强的必然结果。

伊斯兰现代主义与西方文明的渊源关系，似乎可以从以下几个方面予以考察和认定。

第一，现代主义虽是伊斯兰教内部的一种社会思潮，但它正是在欧洲殖民化浪潮冲击影响下兴起的。它的社会基础主要是一批受到西方现代思想影响的穆斯林知识分子。现代主义的精英人物，如赛义德·阿赫默德汗、哲马鲁丁·阿富汗尼、穆罕默德·阿布杜、穆罕默德·伊克巴尔等，都曾深深地受到欧洲宗教改革、启蒙运动和工业革命的思想影响。

---

① ［法］伏尔泰：《风俗论》上册，转引自王小强：《文明冲突的背后——解读伊斯兰原教旨主义复兴》，大风出版社 2000 年版，第 211 页。

② ［美］尼克松：《抓住时机》，新华出版社 1992 年版，第 160 页。

③ ［美］希提著，马坚译：《阿拉伯通史》，商务印书馆 1979 年版，第 904 页。

第二，面对西方近代工业文明所取得的辉煌成就，伊斯兰现代主义者们普遍主张拜先进的西方为师，以便迅速改变伊斯兰世界的落后面貌。现代物质文明建设的需求对精神文化也有直接的影响，用现代科学观点重新解释《古兰经》，成为一种时代的要求。现代主义解经原则强调，宗教经典中没有违反科学常识的内容，重视科学价值、尽力消解宗教与科学之间的张力，为新的经注学带来了巨大的活力。

第三，科学理性本是西方近代文明的精神支柱之一，但伊斯兰现代主义也认同科学理性，宣称伊斯兰教是以科学理性为基础。基于这一认识，现代主义者们认为理性主义原则为伊斯兰教所固有，而他们的历史使命之一就是恢复理性至上的宗教精神。为此，调和宗教与理性、对超验的宗教启示（天命）做符合理性要求的诠释，成为现代主义经注学的另一基本特征。与此同时，现代经注学也是伊斯兰世界改革创新的重要理论依据。

第四，西方近代启蒙主义思想曾对伊斯兰世界社会、政治领域里的改革创新起过推动作用。但改革创新的基本形式一般不是直接引进西方的新思想、新观念、新制度，而是以“伊斯兰化”的名义使改革创新合法化，以争取社会舆论的支持和认可。如：政治体制中的议会民主制度，被解释为伊斯兰文化传统中的“协商”制度（shura）；现代立法机构的政治合法性被解释为伊斯兰教法中“公议”原则（ijma）；而根据科学理性精神进行改革创新的权利，则被解释为传统宗教思想中的“创制”原则（ijtihad），如此等等。

第五，既主张“改革开放”，又坚持伊斯兰文明的主体性。伊斯兰现代主义者们普遍对中世纪宗教学者阶层因循守旧、不思进取的文化保守主义倾向采取批判态度，主张通过复兴与改革来恢复伊斯兰教的思想活力、社会活力和政治活力。但他们也强烈反对彻底否定传统文化而鼓吹全盘西化的思想倾向。他们在价值观问题上的基本观点，是把伊斯兰教视为世界穆斯林民族唯一可接受的主导思想，把伊斯兰文化遗产视为“传统文明”，而把当代物质文明看做是非道德性的手段和工具，认为当代物质文明应当与传统文明融合。①

---

① ［叙］穆瓦法格·穆加尔：《简明伊斯兰世界百科全书》，旅游教育出版社 1991 年版，第 35 页。

尽管现代主义的影响只限于知识阶层，但它同民族主义、原教旨主义一样，都是在近代西方文明影响下兴起的现代文明思潮。这些不同的文明解释主体的存在，提示我们，在当今的世界上，不能简单地把伊斯兰文明视为西方文明的对立物，而要做具体的分析。

本文是作者提交给 2007 年 8 月在德国召开的伊斯兰教国际学术研讨会上的论文，这是首次公开发表

当代伊斯兰"中间主义"思潮述评

丁 俊

一 "中间主义"的兴起与发展轨迹

阿拉伯伊斯兰文明在地域空间上扼守"五海三洲"的要冲，处在欧亚非三洲的交会地带，可谓"地理"因素；在历史上又上承古希腊罗马文明，下启欧洲文艺复兴，居于继往开来的位置，可谓"天时"因素；此外，还具有"中正和谐、兼容并蓄"的文化品质，可谓"人和"的因素，由于在以上"天时、地理、人和"诸方面均兼具"中间"特征，因而伊斯兰文明在人类文明的历史交往中，曾成功地奉行了"拿来主义"和"送去主义"，在世界文明史上发挥了承前启后、沟通东西的中介作用。

近现代以来，阿拉伯伊斯兰世界遭受到西方殖民主义的全面入侵和长期占领，"二战"以后，虽然各国相继摆脱殖民统治，实则又进入了一个后殖民时代，继续遭受西方特别是美国的军事控制、政治代理和经济管制，使得阿拉伯伊斯兰各国一直陷于持久的内忧外患之中，政治、经济、社会、文化的发展始终处于严重失衡状态，近现代阿拉伯伊斯兰民族的历史，是一部屈辱和抗争的历史，在这样的历史过程中，阿拉伯伊斯兰文化所固有的"中间"特征非但未能得到发扬，而且因为遭受到强力挤压而严重变形，各式各样试图力挽狂澜、变法图强的社会运动和文化思潮不断消长，此起彼伏——伊斯兰主义、复兴主义、复古主义、新苏菲主义、神秘主义、实证主义、理性主义、自由主义、存在主义、民族主义、世俗主义、社会主义、共产主义……形形色色，不一而足，其间还伴生和夹杂着各种形式的极端主义。在这些“运动”、“思潮”和“主义”相互对垒、相互交锋的错综复杂的矛盾中，还时隐时现地飘荡着另一种声音，那就是“中间主义”。

“中间主义”的思想由来已久，它直接渊源于《古兰经》和“圣训”，是阿拉伯伊斯兰文化的基本精神之一。但作为一种社会思潮或文化思潮，则是伴随着近现代的伊斯兰复兴运动而兴起和发展的，只是一直没有形成大规模的潮流，而是夹杂在其他各种思潮当中，宛如润物细雨，平静缓慢地发展着。到了20世纪后半叶，特别是“冷战”结束后，西方世界极力鼓噪“伊斯兰威胁论”和“文明冲突论”，单极霸权政治来势凶猛，各种形式的极端主义和恐怖主义不断滋生蔓延，局部特别是中东地区战争和冲突持续不断，“全球化”浪潮四处冲击，面对这样一种国际大背景，阿拉伯伊斯兰世界的思想界普遍感到忧心忡忡，有消极退避者，也有积极应对者。“中间主义”思潮作为阿拉伯伊斯兰世界思想文化界对当代世界发展的积极反映，脱颖而出，有了很大的发展。在当代阿拉伯伊斯兰国家，许多宗教学者、哲学家、思想家以及一些政治领导人都在不同层面上不同程度地主张“中间主义”，使“中间主义”的发展形势看好。

“9.11”事件后，阿拉伯伊斯兰世界强烈地感受到向世人正确传达伊斯兰文明带给人类的和平信息与中和思想的重要性和迫切性，更加凸显出“中间主义”思潮的时代性，从而推动了“中间主义”思潮的进一步发展。下面这些事例就足以说明“中间主义”思潮不断高涨的势头，例如，当代“中间主义”思潮的突出代表人物、埃及著名学者优素福·盖尔达维因对“中间主义”的大力倡导及其突出的学术成就，于2000年12月在迪拜获得阿联酋政府颁发的“伊斯兰个人年度成就奖”，阿拉伯各国学术文化界的许多著名学者、思想家及各界人士三千多人参加了颁奖大会；又如，世界伊盟下属的伊斯兰教法委员会于2002年1月在麦加召开会议，重申反对各种形式的恐怖主义，特别强调了伊斯兰教的中正原则，倡导“中间主义”，吁请伊斯兰民族加强团结，防止和反对各种极端思想和行为；再如，约旦皇家伊斯兰文明研究院于2002年8月召开第12届年会，会议主题是“新世纪伊斯兰的未来”，来自阿拉伯伊斯兰国家和世界其他国家的著名学者、思想家、研究者参加了会议，中国学者朱威烈教授应邀参加了会议，各国学者们围绕大会主题，就阿拉伯伊斯兰文明所面临的严重的内外危机和挑战，从各个方面探讨了走出困境、谋求发展的途径，“中间主义”再次成为大会的主调。显然，“中间主义”思潮的声音已经越来越响亮，它已成为当代阿拉伯伊斯兰世界的主流思潮，并受到多方关注。

二 “中间主义”的基本思想和主张

“中间主义”的思想和主张，涉及宗教、哲学、社会、政治、经济、文化、艺术、教育等各个方面，归纳起来，大致如下：

1. 坚持信仰原则，不偏不倚，“谨守中道”，反对各种极端思想和行为

“中间主义”强调，中正和谐是伊斯兰的基本原则和核心价值观、审美观，也是阿拉伯伊斯兰文明的优良传统，中正和谐为美的理念体现在伊斯兰文明的各个领域。《古兰经》中说：“我这样以你们为中正的民族，以便你们作证世人，而使者作证你们。”（2：143）伊斯兰民族不是因为某种特殊的语言或肤色而成为“中正的民族”，而是因为其信仰和文明是“中正”的。对安拉独一原则的信仰就是介于无神论和多神论之间的中正。基于这一原则之上的一切思想行为都是中正的；任何偏离中正原则的“不及”或“过激”言行，都是有悖于信仰的。

“中间主义”尤其强调诸如“天启”与理性、精神与物质、前定与自由、今世与后世、人文与科学、个人与集体、家庭与社会、传统与现代、权利与义务等之间的中正平衡，不偏不倚。例如，强调信仰后世，又不能忽视耕耘今世，脱离红尘、离群索居，或沉迷现世、顺从私欲，都是极端的，如同《古兰经》所说：“你应当借真主赏赐你的财富而营谋后世的住宅，你不要忘却你在今世的定分。你应当以善待人，像真主以善待你一样。你不要在地方上摆弄是非，真主确是不爱摆弄是非者。”（28：77）再如，倡导发展科技，又不能崇拜科技，科学精神与人文精神要和谐互补，科技失去了人文精神和道德约束，就可能成为脱缰之马，祸及人类，导致灾难。

“中间主义”认为，伊斯兰中正和谐的理念不仅体现在信仰的哲学层面上，而且贯穿于具体实践中，无论现实生活还是宗教生活，都要坚守中正，谨防极端。《古兰经》说：“他们用钱的时候，既不挥霍，又不吝啬，谨守中道。”（25：67）圣训说：“最优美的事是中正之事。”还有一则圣训讲：“有三个人到穆圣那里去，第一个说：'我要天天彻夜礼拜'；第二个说：'我要长期封斋，绝不饮食'；第三个说：'我要戒绝女色，永不结婚。'于是穆圣对他们说：'我是你们当中最敬畏安拉的人，可是我既封斋，也开斋，既礼拜，也睡觉，我也结婚。谁远离我的道路，谁就不属于我们。'"这一圣训很好地说明了穆斯林在宗教生活与世俗生活间的中间道路。

"中间主义"强调宗教易行，主张宽容温和，反对各种极端主义，认为对于宗教教义的无知或随意解释、武断教条式的错误理解以及个人私欲、标新立异、宗派主义、对别人的恶意猜测和嫉恨等都会导致偏离中正原则，产生极端思想。《古兰经》中说："真主要你们便利，不要你们困难。"（2：185）圣训说："真主喜欢宽厚温和地处理各种事务。"还说："你们谨防宗教上的过激，你们之前的民族就因为宗教上的过激而灭亡。"

"中间主义"还特别提醒人们，不仅要反对宗教方面的极端主义，还要警惕和反对其他各种思想和主义当中的极端主义，因为这些极端主义的思想和行为业已给阿拉伯伊斯兰世界造成一系列严重的政治、经济、社会问题。例如，全盘西化就是一种典型的极端主义，一些西方人或主张全盘西化的人，将阿拉伯伊斯兰世界抵制西方肮脏的色情"文化"、反对堕落的生活方式视为"侵犯人权，干涉自由"，甚至将穆斯林保持自己独特的文化传统、生活方式和交往礼仪等视为极端主义，是别有用心的，实则相反，这样认为的人恰恰是一种极端主义者。

2. 反对一切形式的恐怖主义，反对霸权主义和强权政治

"中间主义"强调：伊斯兰教带给人类的首要信息就是和平，以伊斯兰教的名义从事或支持恐怖主义从根本上违背了伊斯兰教的使命。任何侵害或威胁侵害人民生命财产、宗教信仰、名誉尊严的行为，无论其实施者是个人、组织或国家，都是恐怖主义。"中间主义"坚决反对任何形式的恐怖主义，反对以色列对巴勒斯坦人民实施的国家恐怖主义，主张消除恐怖主义要标本兼治，认为阿拉伯伊斯兰世界滋生恐怖主义有其复杂的国际政治、经济和社会原因，要彻底根除恐怖主义，就必须铲除滋生恐怖主义产生的根本原因，这些原因主要是：巴勒斯坦问题长期得不到公正解决，犹太复国主义对阿拉伯巴勒斯坦领土的长期占领和对巴勒斯坦人民实施的野蛮屠杀；美国推行的穷兵黩武的霸权主义和强权政治；阿拉伯伊斯兰国家政府的腐败无能和专制独裁；长期的社会动荡、分配不公、贫富悬殊等。

“中间主义”还特别强调，世界上不仅存在打着宗教旗号的恐怖主义，还存在打着“维护人权”、“捍卫自由民主”旗号的恐怖主义，要警惕和反对国家或军事集团打着各种漂亮旗号实施的侵害人权、杀戮无辜的恐怖主义。霸权主义和强权政治，即使不是一种恐怖主义形式，也是导致恐怖主义的根本原因，因此，反对恐怖主义，就必须同时反对霸权主义和强权政治。

3. 主张建立公正和谐的社会秩序，倡导民主协商，反对专制独裁

“中间主义”认为，伊斯兰“中正和谐”的基本意义就是公平、公正，只有实现公正，才能达到中正和谐。正如《古兰经》中所说：“信道的人们啊！你们当尽忠报主，当秉公作证，你们绝不要因为怨恨一伙人而不公道，公道是最近于敬畏的。”（5：8）“你们当为正义和敬畏而互助，不要为罪恶和霸道而互助。”（5：2）“真主的确命人公平、行善、施济亲戚，并禁人淫乱、作恶、霸道。”（16：90）“他曾将天升起。他曾规定公平，以免你们用称不公。你们应当秉公地谨守衡度，你们不要使所称之物分量不足。”（55：7—9）据此，“中间主义”主张实行社会改良、健全民主法制、建立社会公正，走适合阿拉伯伊斯兰国家自身实际的道路。这条道路既不是资本主义道路，也不是社会主义道路，而是介于二者之间的中间发展道路。强调个人利益与社会利益、生产与消费、资源开发与环境保护等之间的平衡协调以及可持续发展。倡导以民主协商的基本原则为基础管理国家和社会事务，反对专制独裁、腐败剥削和分配不公。

4. 对内主张求同存异，加强团结，对外主张文明对话，促进交流

“中间主义”深刻地认识到内部纷争已经严重削弱了伊斯兰民族的力量，阻碍了伊斯兰民族的发展和进步，认为加强团结已成为刻不容缓的当务之急，是全民族必须履行的“主命”。只有顾全大局，团结协作，才能从容应对各种挑战。因此，“中间主义”本着“穆民皆弟兄”的精神，积极致力于维护和促进伊斯兰民族的内部团结，呼吁不同教派、不同党派、不同国家之间开展对话，求同存异，寻求合作，加强团结。

“中间主义”主张不同文明之间应开展对话，以促进相互了解和理解，强调尊重异己、倡导文明对话是伊斯兰文明的基本精神和历史传统，正如

《古兰经》所说："众人啊！我确已从一男一女创造你们，我使你们成为许多民族和宗族，以便你们互相认识。"（49：13）《古兰经》中还特别强调要与"有经人"——犹太教和基督教开展对话："你说：信奉天经的人啊！你们来吧，让我们共同遵守一种双方认为公平的信条：我们大家只崇拜真主，不以任何物配他，除真主外，不以同类为主宰。"（3：63）"除以最优的方式外，你们不要与信奉天经的人辩论，除非他们中不义的人。你们应当说：我们确信降示我们的经典，和降示你们的经典；我们所崇拜的和你们所崇拜的是同一个神明，我们是归顺他的。"（29：46）"你应凭智慧和善言而劝人遵循主道，你应当以最优美的态度与人辩论。"（16：125）

"中间主义"本着"人类皆平等"的精神，积极致力于文明对话，认为不同信仰、不同民族、不同国家之间的和平共处和友好交往，是人类共同发展和世界持久和平的基础，所谓"文明冲突论"以及一切将某一种信仰、意志、发展道路、生活模式强加于人的言行，都是有损于世界和平事业的，是不文明的。

5. 开启创制之门，在传统与现代之间的平衡中与时俱进

"中间主义"主张，"教法创制"已成为伊斯兰民族现实的必需，应当重建"教法创制"这一伊斯兰文明的更新机制，从而更好地解决日益复杂多样的现实问题。如果抱残守缺，不思进取，就会落在历史的后面，而一味"现代化"，抛弃传统和伊斯兰的基本原则，失去所以称之为伊斯兰的特征，就会最终消失在历史长河中。因此，"中间主义"认为，强调和张扬诸如"中正和谐"、"宽容和平"等一系列伊斯兰的核心价值观念，不是复古，而是正本清源；不是背弃传统，而是继承传统；不是回归历史，而是与时俱进，伊斯兰历来就是在继承中发展的，是开拓进取的，不应也不会被抛在历史的后面，更不会在历史中消失，正如圣训所说："每过百年都会有革新家刷新宗教。"伊斯兰应是永远新鲜的、年轻的面孔，而不是陈旧的木乃伊，伊斯兰不是一个有限的时空概念，不是需要恢复的一段历史。"伊斯兰是过去，是今天，也是未来。"①

① ［埃及］优素福·盖尔达维：《从颓废极端到中正和谐》，见约旦皇家伊斯兰文明研究院第12届年会论文集《希吉来历15世纪伊斯兰的未来》，2002年8月。

"中间主义"还强调在阿拉伯民族中维护伊斯兰教及其核心价值观的主导地位的重要性，认为脱离伊斯兰教的任何形式的狭隘的、极端的民族主义是没有出路的，因为正是伊斯兰教重新塑造了阿拉伯民族，改变了他们旧有的各种陈腐极端的思维模式和陋习恶俗，培育了他们的人文精神和世界意识，使他们敞开胸怀吸纳异族的优秀文化成果，极大地提升了他们的道德水准和智力水平。没有伊斯兰教，阿拉伯民族的历史将是微不足道的。

三 "中间主义"的主要特征和现实意义

1. "中间主义"是当代阿拉伯伊斯兰世界一种比较普遍的社会思潮或文化思潮

"中间主义"是当代阿拉伯伊斯兰世界广大知识阶层和社会良知的某种共识，具有相当的普遍性和广泛性，在阿拉伯伊斯兰世界的各个国家，在政治、经济、思想、文化等不同领域，在不同的宗教派别和学术流派中，在宗教学者、思想家、政治家、青年知识分子、大学生中，都有许多人不同程度地主张或赞同"中间主义"，虽然各自对"中间主义"的具体认识和理解还并不完全一致。"中间主义"不是一个宗教教派、学术流派、社会政治组织或某一执政当局的政治反对派，不是相对于其他某一派别而言的，不是摇摆于各个派别之间的机会主义。"中间主义"以积极进取的心态而不是消极对抗的心态面对现实，继承传统，着眼未来，谋求团结合作，谋求发展进步，致力于实现阿拉伯伊斯兰民族复兴的大业，在很大程度上反映了广大人民的心声，因而得到了广泛的响应。"中间主义"思潮目前还处在发展之中，可谓方兴未艾，它很可能是今后相当长时期内阿拉伯伊斯兰世界的主流思潮。

2. "中间主义"有着深厚的历史内涵和文化背景

"中间主义"不是凭空而来的一种新理论或空洞的说教，不是标新立异，而是对伊斯兰文明固有的和平宽容、中正和谐思想等核心价值观的一种强调和张扬。中正和谐是《古兰经》和"圣训"的原则精神之一，是阿拉伯伊斯兰文明的历史基调和主要特征，曾经成功地体现在历史交往、社会生活、宗教生活、艺术创作、学术研究等各个领域的具体实践过程当中。在伊斯兰美学思想和审美观念中，始终视“中正和谐”为至美。“耕耘现世，犹如要永久生存；重视后世，犹如明天就要离世”的两世吉庆观，沟通亚欧、贯通东西的历史交往、对称和谐的伊斯兰建筑，书法艺术，百年“翻译运动”和“智慧宫”兼容并包的学术活动等，无不是“中间主义”深厚的历史内涵和文化背景。“中间主义”所拥有的深厚的文化底蕴，是它产生和发展的沃土，也为“中间主义”力图在新的时代为伊斯兰文明的国际交往拓展空间、求得自身的良性发展提供了历史依据和现实基础。

3.“中间主义”具有鲜明的时代精神和积极的现实意义

“当今的阿拉伯伊斯兰社会正处在一个变化时期，正在寻觅属于自己的文化特性同现代物质文明的最佳契合点。面对高新技术飞速发展的现代化时代，它试图找到传统文化经过‘价值裂变’后的合理定位。这将是一个漫长的探索过程。”① “中间主义”正是这个变化时期探索求进的一种努力，既有批判现实的一面，又有与现实相妥协的一面。既不是反传统的，也不是反现代的；不是反西方的，也不是跟随西方的。尽管“中间主义”并不是一种新的理论，但它着眼于现实和未来，主张重新开启教法创制之门，努力挖掘伊斯兰固有的但却被忽视的深层思想和内在适应能力，坚持原则、灵活务实，反对僵化极端，反对恐怖暴力，力图化解矛盾，弥合分歧，积极应对各种危机和挑战，协调传统与现代等各方面的关系，为解决现实问题、选择适合自身的稳健的发展道路提供一种方法论和实践论，以期达到阿拉伯伊斯兰文化传统的自我解困、自我调适、自我更新的目的，从而增强应变能力和适应能力，在现实中求得新的定位。

“中间主义”“强调要为伊斯兰教正本清源，正面阐述伊斯兰教主张的宽容、和平、仁慈、中庸和公正等信条，开展文明对话，从各种文化中吸取符合本民族发展所需要的各种营养……这些见解，都是立足本身，力求自强的声音，反映了在世纪交替之际，穆斯林学者中不乏有远见卓识之士，他们不故步自封，不满足于引经据典，正在着手设计和提出一份以正统的伊斯兰复兴思想为基础的当代的文明文化工程。这种努力显然是很可贵的，也符合中

① 陆培勇：《闪族历史与现实——文化视觉的探索》，甘肃人民出版社 1998 年版，第 109 页。

东伊斯兰民族的发展实际。”[①] 阿拉伯伊斯兰世界的全体穆斯林人民，渴望与世界各国人民和平相处，平等交往，渴望实现包括文化复兴在内的民族复兴，这是他们在过去几个世纪里饥贫瘠弱、任人宰割的屈辱境域中长期孕育的全民族的历史夙愿，是合理的要求和历史的必然，也是任何力量都不能阻挡的历史潮流。“中间主义”顺应这一和平与发展的历史潮流，应是当代阿拉伯伊斯兰思想文化界最能体现时代精神的一种思潮，在应对内外危机和挑战方面，在对文化传统进行梳理、整合乃至重塑方面，在引导民众向前看而不是向后看方面，理当能够发挥更大的积极作用，果能如此，则必会在新的时代使阿拉伯伊斯兰文化的千年传统焕发出新的生机与活力，展现出新的思想风貌，为阿拉伯伊斯兰民族的复兴，为人类的共同发展和世界的持久和平作出应有的贡献。“中间主义”，任重而道远。

原载《阿拉伯世界》2003 年第 2 期，中国人民大学复印资料《宗教》2003 年第 3 期转载

① 朱威烈：《站在远东看中东》，上海外语教育出版社 2000 年版，第 294 页。

再论伊斯兰教的和平观

——兼及"吉哈德"理念

马明良

战争给人类带来了灾难和痛苦，而和平给人类带来了安宁和幸福。人们酷爱和平，厌恶战争。大凡宗教都谴责战争，提倡和平，伊斯兰教也不例外。然而，近百年来，尤其是"冷战"结束以来，伊斯兰世界尤其是中东地区，由于它在地缘政治中所占的重要战略地位，以及它所具有的影响全球经济发展的丰富的油气资源，使它成为列强逐鹿和各种矛盾的焦点，从而战火不断，成为多事之地，伊斯兰教被西方有些媒体借机描绘成好战的恐怖主义的宗教，穆斯林被妖魔化，动辄被称为"恐怖分子"。为了维护世界和平，为了维护民族团结，有必要进一步阐释伊斯兰教的和平观。

一　和平是伊斯兰教的基本宗旨

如果透过弥漫于伊斯兰教之上的烟雾，深入探索，冷静分析，就会发现，伊斯兰教是一个崇尚和平、厌恶暴力的宗教。和平是伊斯兰教的基本宗旨。

首先，从伊斯兰教的名称来看，它没有以其先知的名字命名，也没有以它的发祥地来命名，它超越了所有这些个人的、民族的、地域的界限，而被命名为"伊斯兰"。"伊斯兰"是阿拉伯语译音，其含义就是"和平"，与"战争"、"仇恨"、"恐怖"相对，强调反对战争，消除仇恨，传播和平。

其次，从穆斯林之间见面时的问候语来看，也体现了和平的宗旨。穆斯林相见，既不问："你吃了吗?"也不说"在哪儿高就?"而是用一句既特别又普通的问候语："安色俩目阿来以库穆"，意思是：愿真主赐你平安！无论是亲友熟人见面，还是萍水相逢，素不相识，都用这种方式问候。答词是："瓦阿来以库穆色俩目"，意思是：愿真主也赐你平安！也就是说，穆斯林把和平置于吃饭、升官发财之上，当做一个首要的目标和愿望来追求。

最后，从伊斯兰教的经典来考察，和平也是其主旨之一。《古兰经》处处强调和平，反复申言和平，总共有40多处讲到了和平，试举几例："至仁主的仆人是在大地上谦虚而行的；当愚人们以恶言伤害他们时，他们说：和平。"（25：63）"当他们听到恶言的时候，立即退避，他们说：'我们有我们的行为，你们有你们的行为。祝你们平安！我们不求愚人的友谊。'"（28：55）在伊斯兰教中其地位仅次于《古兰经》的《圣训》也不厌其烦地倡导和平，赞美和平。当年有人问先知穆罕默德"穆斯林"是什么人时，他简洁明了地回答："穆斯林是指他人能从其手和舌得到安宁（和平）的人"，即真正的穆斯林从来不用言语和行为伤害别人，使人不得安宁；相反，穆斯林是不但在口头上，而且在行动上都致力于和平的人。

爱是和平的真正动力。当有人问先知穆罕默德一个人何以得救时，他把爱作为得救的条件之一，他说："任何人不可能进入乐园，除非凭着信仰；任何人不可能有真正的信仰，除非凭着对他人之爱。"又说："爱人如爱己，方为真信士。"

二 不同信仰者之间应和平共处

那么，伊斯兰教所说爱与和平仅限于穆斯林之间吗？伊斯兰教提倡狭隘的地方主义和民族主义吗？不是的，伊斯兰教所讲的爱与和平其内涵是深刻的，其外延是宽广的。伊斯兰教所提倡的爱，不限于其信仰者之间，而广及于全人类，无论民族、种族、肤色、语言、国籍、贫富、强弱、智愚，乃至宗教信仰。《古兰经》明确指出："（真主）未曾为你们的宗教而对你们作战，也未曾把你们从你们的家园驱逐出境者，真主并不禁止你们怜悯他们，公平待遇他们。真主确是喜爱公平者的。"（60：8）也就是说，即便是宗教信仰不同，只要对方不加害于人，也应爱怜他们，与他们和睦相处。《圣训》则直截了当地说道："谁伤害非穆斯林，谁就不是穆斯林。""谁伤害被保护民，谁就等于伤害了我"。先知穆罕默德于公元630年率领穆斯林大军由麦地那打回故乡麦加，人们预料这回他要报复那些曾经迫害过他甚至企图谋杀他、双手沾满穆斯林鲜血的麦加贵族当中的多神教徒，而他却一一赦免了他们，表现了伊斯兰的仁爱与和平精神。在他之后，随着哈里发国家版图的扩大，境内的非穆斯林越来越多，穆斯林与基督徒、犹太教徒、拜火教徒和其他宗教徒和睦相处。非穆斯林的生命、财产安全和人格尊严得到法律保护，宗教信仰自由得到尊重。第二任正统哈里发欧麦尔时代（公元634—644年），他根据经训精神作出规定：凡是年龄达到60岁的"吉米人"（受伊斯兰法保护的非穆斯林）均从国库得到一笔养老金。非穆斯林中有才能的人还受到重用，如阿拔斯王朝时代（公元750—1258年）国家的最高科研机构智慧宫中的翻译馆的馆长聘请一位基督教徒担任。至于中国穆斯林（中国有2000多万穆斯林），很久以来与全国其他各兄弟民族生活在一起，团结在一起，共同开发了祖国大地。如今与其他民族形成了一种平等、团结、互助、友爱的新型民族关系，为祖国的繁荣昌盛而共同奋斗着。

由上可知，伊斯兰教提倡真主面前人人平等，提倡天下主义，反对地方主义、民族主义、种族主义、霸权主义等形形色色的有悖于人人平等理念的狭隘的观念和行为。

三　伊斯兰教的和平观基于人类同根同源

伊斯兰教的和平观是基于人类同根同源的信仰。伊斯兰教让人们坚信，全人类都是人祖阿丹（亚当）的子孙，真主用泥土创造了阿丹，然后由阿丹创造了其妻子哈娃（夏娃），全人类都是由这对夫妻繁衍而来的。《古兰经》就此说道："世人啊！我确已从一男一女创造了你们，并使你们成为许多民族和宗族，以便你们互相认识。"（49：13）旨在强调，人类同祖同宗，只是世界各地的自然地理条件、气候生态环境的不同造成了各民族之间肤色、个性和语言文化上的差异。这种差异，非但不是坏事，而恰恰体现了真主对人类的恩典，使人类免于陷入单一和单调之中，而生活在一个丰富多彩的世界里——不同语言、不同肤色、不同文化，令彼此惊叹，互相欣赏，互相学习，取长补短，共生共荣。《古兰经》就此说道："他（指真主——笔者所加）的一种迹象是：天地的创造，以及你们的语言和肤色的差异，对于有学问的人此中确有许多迹象。"（30：22）世界的多样性是人类生活必不可少的。据此，明末清初著名伊斯兰学者马注根据伊斯兰精神开拓和发展了传统的善的概念，他在其传世之作《清真指南》中指出："能慈骨肉者，谓之独善；能慈同教者，谓之兼善；能慈外教者，谓之公善；能慈禽兽、昆虫、草木者，谓之普善。"这就要求人们不但要爱跟自己有血缘关系的人，而且还要爱有共同信仰的人；不但要爱有共同信仰的人，还要爱有不同信仰的全人类；不但爱自己的同类——人，而且还要爱整个大自然（包括一切飞禽走兽、花草树木等动植物）。

四 还"圣战"(吉哈德)以本来面目

行文至此，也许有些人会问：伊斯兰教不是还有"圣战"一说吗？不是主张与异教徒展开"圣战"吗？形形色色的恐怖分子当中不也有一些穆斯林吗？这又怎么讲呢？不错，伊斯兰有"圣战"一说，但是，伊斯兰教的"圣战"在很大程度上被人误解了，现在该是还"圣战"以本来面目的时候了。

首先，从"圣战"一词的翻译说起。"圣战"一词是阿拉伯语"吉哈德"（jihad）的汉译。笔者经过多年研究，并参阅大量阿拉伯文文献后发现，将"吉哈德"译成"圣战"不妥，这样翻译只反映了内涵丰富的"吉哈德"一词的一个侧面，而忽略了其他若干重要侧面，有以偏赅全之虞。"吉哈德"在阿拉伯语里有"尽力、勤勉、奋斗"的意思，作为一个伊斯兰教的特定概念，它与另外一个词组"菲塞比力俩"相连，构成"吉哈德菲塞比力俩"即"为真主的道路而奋斗"。何谓"真主的道路"？一般泛指伊斯兰教信仰、法律和道德。也就是说，穆斯林有义务为加强伊斯兰教的信仰、法律和道德而奋斗。如何奋斗？难道像西方有些媒体所渲染的那样用武力与异教徒作战吗？不是的。"为真主的道路而奋斗"的方式、方法多种多样，主要的方式是以理服人、以情感人、以德化人。其根本的着眼点在于净化人、塑造人、提升人；其主要的用力点在于向人的心灵呼唤，着力调动人性中向善的一面，唤醒沉睡在人的心灵深处的爱的力量和崇高而神圣的感情。用武力怎能使人产生这样一种爱和崇高而神圣的感情呢？信仰的本质和特点决定了武力和任何强制力都不可能使人“信”，更不可能使人“仰”。信仰是一种整体性的精神活动，是对有限人生的一种超越和对无限和永恒的价值追求。信仰不是口头上信什么，表面上做什么，而是内心里信什么，认可什么；不是某种外在的力量（体制、组织和他人）要人信什么，而是个人认同什么，敬仰什么。故伊斯兰教非常讲究宣教的方式，《古兰经》号召人们说：“你应当凭智慧和善言而导人于真主的道路，你应当以最优美的态度与人辩论。”（16：124）不但要求方法得当，还要求态度要优美，这就不但拒绝了强制性的方法，而且也抛弃了动辄教训人的态度。即便是凭“智慧”和“善言”及“最优美的态度”仍不能使对方改变原有的信仰，也不能强人所难。《古兰经》说：“真理是从你们的主降示的，谁愿信就让他信吧，谁不愿信就让他不信吧。”（18：29）“宗教无强迫。”（2：256）没有威胁，没有利诱，坚决遵循宗教信仰的客观规律，充分尊重个人的意愿。

那么，在什么情况下允许使用武力呢？即展开“圣战”呢？那是指在非常特殊的情况下采取的不得已而为之的措施。如当穆斯林受到进攻和迫害，或动之以情和晓之以理的方式均不能奏效的情况下，才被允许使用武力，这如同医生对某些病人在其他治疗措施都不见效的情况下动外科手术一样。但是，要适可而止，不能过分，不能滥施暴力，不能泄私愤。只要对方停止进攻，停止迫害，就应该停止战斗。《古兰经》提醒道：“如果你们要报复，就应当依照所受到的伤害而报复。如果你们容忍，那对于容忍者是更好的。”（16：126）

在伊斯兰教里面，用武力为真主的道路而奋斗的行为被称作“小吉哈德”（小奋斗），而与自己的私欲奋斗，从而战胜自我，则被称作“大吉哈德”。当年，先知穆罕默德率领其弟子从一场与北部拜占廷劲敌的恶战中归来后，他告诫其弟子们说：“现在我们从‘小吉哈德’回到‘大吉哈德’上来。”弟子们不解其意，问道：“难道还有比这一次的战役规模更大的战役吗？”他答道：“是的，与敌人作战是‘小吉哈德’，而与自己的私欲作战才是‘大吉哈德’。”

可见，“吉哈德”的最主要的职能在于克制私欲，战胜自我，超越自我，净化心灵以及用和平的方式宣教；使用武力是有严格的条件限制的。至于当下世界各地以“圣战”（暂且用这个译错的词）名义进行的各种“运动”和所发生的各种“恐怖活动”，则有着十分复杂的政治、经济、文化和历史背景，特别是与西方殖民主义者对伊斯兰世界长期的殖民统治和“后殖民统治”有关，与阿拉伯领土被以色列长期占领、美国偏袒和支持以色列有关，也与当前西方有些大国所推行的霸权主义和强权政治有关，需要具体问题具体分析，很难一概而论，有的与伊斯兰教有一定联系，有的则属纯个人行为和个别组织所为，不能代表伊斯兰教。恐怖主义是全人类的公害，应该旗帜鲜明地加以反对。但是，定性要慎重，我国领导人曾多次表示不能把恐怖主义与特定的宗教和特定的民族相联系。故我们应该慎言“伊斯兰恐怖主义”和“穆斯林恐怖分子”，免得伤害广大爱好和平的穆斯林的感情，免得影响我国与广大伊斯兰国家的友好关系，免得误导大众。

我们应该牢牢把握伊斯兰教的和平宗旨，要充分挖掘伊斯兰教的和平的精神文化资源，为维护世界和平、维护民族团结、维护社会稳定作出更大的贡献。

原载《中国穆斯林》2005 年第 2 期

伊斯兰研究中的语汇问题

——以“吉哈德”为例

丁 俊

引 言

2005 年 8 月 14 日，原国务院宗教局副局长、中国伊斯兰教协会副会长宛耀宾先生等一行专程来兰州，就中国伊斯兰教经学院统编教材等事宜，召集在兰有关专家学者召开研讨会。会上，宛耀宾先生作了专题发言，特别强调了伊斯兰研究领域的思想理论建设问题，指出我们的研究要与时俱进，他说，我国的伊斯兰研究基础还很薄弱，而且存在不少问题和误区，甚至一些基本概念也没有得到准确的译介，例如“吉哈德”，现在都译为“圣战”，其实这是不正确的，过去我们讲话或写文章，结束时总要讲一句：为……而奋斗！“吉哈德”就是这个奋斗的意思。宛先生作为长期从事伊斯兰教事务管理和学术研究工作的资深专家，对有关问题的见解可谓深刻独到，颇富启发意义。的确，由于种种原因，特别是长期受西方的影响，我们的伊斯兰研究存在着诸多问题，语汇问题便是其中之一。有感于此，本文试就“吉哈德”一词的具体内涵及相关问题作一简要阐释，不当之处，请读者指正。

“吉哈德”（Jihad）是伊斯兰教的一个名词术语，一般读者可能不知其义。在西方文化语境中，“吉哈德”被译述为“Holy War”，汉语由此转译过来，叫做“圣战”。提到“圣战”，则恐怕是人人耳熟能详了——“圣战”不就是穆斯林的“武力传教”，不就是“极端主义”和“恐怖主义”嘛。那么，到底什么是“吉哈德”?“吉哈德”是不是所谓的“圣战”呢?

一 “吉哈德”是伊斯兰文化的重要理念

“吉哈德”一词是阿拉伯语的音译，意思是“能力”、“耐力”、“尽力”、“竭力”、“努力”、“奋斗”等。而作为伊斯兰教的一个术语，则是指穆斯林为保卫自己的信仰和生命财产不受侵犯及不断提升和实践自己的信仰而进行的全身心的一种终生努力和奋斗，包含有非常广泛的含义。

其一，伊斯兰教倡导和平，尊重异己，主张信仰自由，“伊斯兰”一词本意就含有“顺从真主、追求和平”的意思。穆斯林的问候语“赛俩目”也是和平的意思。《古兰经》中说：“对于宗教，绝无强迫。”(2：265) 但伊斯兰教并不禁绝战争，当和平受到挑战和威胁，信仰自由、生命财产受到侵犯时，穆斯林不能坐以待毙，必须起而反抗，抵御外侮，打击侵略，保卫和平，保卫信仰自由、生命财产不受侵犯。这是最狭义的“吉哈德”，又称“小吉哈德”。《古兰经》中说：“你们为主道而抵抗进攻你们的人，你们不要过分，因为真主必定不喜欢过分者。”(2：190) 又说：“被进攻者，已获得反抗的许可，因为他们是受压迫的。”(22：39) 圣训中说：“为保卫自己的财产而牺牲者是烈士，为保卫自己的生命而牺牲者是烈士，为保卫自己的家眷而牺牲者是烈士。”例如，抗日战争中八路军回民支队反击日本帝国主义、保家卫国的战斗，就是这一意义上典型的“吉哈德”。

这种保家卫国的“吉哈德”，并不一定长期存在，也不一定人人参加。对于这种“吉哈德”，伊斯兰教法学上一般认定为“副主命”或“社区主命”，即只要有足以完成任务的部分人参与其中，其他人就可不参加。老弱病残、妇女儿童及必须照顾父母者也不必参加。《古兰经》说：“衰弱者、害病者、无旅费者，他们不出征都无罪过。”(9：91) 圣训中说：“妇女的最好吉哈德是成功的朝觐。”圣训中还记载：有人来对穆圣说：“我本想随你去出征，可是我母亲……”穆圣打断他的话说：“你呀！你母亲在世吗?”那人回答说是的，穆圣说：“你回去孝敬她吧！”

伊斯兰教法还认为，当整个国家和民族面临生死存亡的时刻，“吉哈德”就不再是部分人的“副主命”，而是人人有份的“正主命”，就要全民皆兵，甚至妇女也要参加。为出征的战士捐献财物、救治伤员等各种支援前线的行动也属这种狭义的“吉哈德”。可见，保家卫国的自卫行动才是真正的“吉哈德”，而且只是狭义的“吉哈德”。

其二，“吉哈德”是穆斯林戒除各种不良私欲、净化心灵、忍受磨难、提升信仰的一种全面的自律行为，它要求每个穆斯林无论何时何地，都要严格要求自己，努力做到“非礼勿思，非礼勿视，非礼勿为”，要战胜自己，坚决戒除诸如自私自大、吝啬贪婪、好逸恶劳、狂妄虚伪、纵欲好色等各种邪念和不良习性，努力培养慷慨仁慈、谦虚忠诚、勤奋进取、洁身自好的健康人格，不断提升个人的道德修养和精神境界。要终生不渝地追求知识，传播知识，追求真理，宣扬真理，捍卫真理，要言行一致，为人师表，恪尽职守，忠诚坚忍。伊斯兰教的基本经典《古兰经》中说：“人性的确是怂恿人作恶的。”（12：53）“凡培养自己的灵性者，必定成功；凡戕害自己的灵性者，必定失败。”（91：10—11）[①] 伊斯兰教先知穆罕默德在圣训中说：“我的使命是要完善人类的道德。”[②] 他还强调对于自身的“吉哈德”是长期而艰巨的任务，是终生不能忽视的重大事务，一刻也不能松懈。因此，圣训中将这种修身养性的自律称作“大吉哈德”，有一次，当圣门弟子们从战场上归来时，穆圣对他们说：“你们从‘小吉哈德’转到了‘大吉哈德’。”人们问道：“使者呵，什么是‘大吉哈德’？”穆圣说：“就是对自身的吉哈德。”由于对自己终生不渝的修身自律，较之战场上一时的拼杀更为艰巨，因此才有“大吉哈德”之称。

对自身的“吉哈德”，还包括对于自己家庭妻子儿女的教育和管束。溺爱妻儿是人类的天性，但在溺爱中，往往容易疏于教育而放任自流。因此，《古兰经》教导穆斯林说：“信士们呵！你们的妻子儿女，有一部分确是你们的敌人，故你们当谨防他们。”（64：14）也就是要严于教育，谨防妻儿远善趋恶。

其三，“吉哈德”不能独善其身，而要推己及人。每一个穆斯林都应当竭尽全力，劝善戒恶，主持公道，坚持真理，维护正义。面对坏人坏事，要见义勇为，路见不平，拔刀相助，不能袖手旁观，听之任之。要除暴扶弱，

---

① 马坚译：《古兰经》，中国社会科学出版社 1997 年版。本文中《古兰经》均引自该译本，不再一一注明。

② 《阿拉伯伊斯兰文化百科全书》，安曼，法尔斯出版社 1995 年版。本文中圣训均引自该百科全书，不再一一注明。

捍卫正义，面对强权暴政，不能委曲求全，缄口不语，要大义凛然，敢怒敢言。《古兰经》说："你应凭智慧和善言而劝人遵循主道，你应当以最优美的态度与人辩论。"（16：125）又说："你们应当对人说善言。"（2：83）又说："善恶不是一样的。你应当以最优美的品行去对付恶劣的品行，那么，与你相仇者，忽然间会变得亲如密友。"（41：34）又说："至仁主的仆人是在大地上谦逊而行的；当愚人们以恶言伤害他们的时候，他们说：和平！"（25：63）圣训中还说："向暴君直面进呈诤言是最好的吉哈德。"就是要秉公直言，不可助纣为虐。总之，导人于善，助人为乐，从善如流，疾恶如仇，或身体力行，或口诛笔伐，都属于"吉哈德"的范畴。

这里值得一提的是，在伊斯兰教的基本经典《古兰经》中，提到"吉哈德"的地方达32处之多[①]，中国社会科学出版社出版的已故北京大学教授、我国著名的阿拉伯语及伊斯兰研究专家马坚先生的《古兰经》汉译本中，没有一处将"吉哈德"译为"圣战"，而全部译为"奋斗"。马坚先生不但精通阿拉伯语，对阿拉伯—伊斯兰文化有精深研究，而且还有深厚的国学素养。没有对中华文化和阿拉伯—伊斯兰文化精神的准确把握，是难有此译的。早在20世纪30年代，马坚先生就将中国文化名著《论语》译成阿拉伯语。《论语》中有这样一句话："克己复礼为仁"，马先生译为"对自身的吉哈德"[②]。

综上所述，可见"吉哈德"是伊斯兰文化中激励穆斯林惩恶扬善，积极进取，生命不止、奋斗不息的一种人生理念，表达的是一种修身养性、劝善戒恶，维护正义、捍卫真理，反抗压迫、保卫和平的积极精神，其广泛深刻的内涵，绝非西方话语"圣战"一词所能表述，更不是"极端主义"或"暴力恐怖"的同义词。需要指出的是，人们之所以会将"吉哈德"与"暴力"、"恐怖"联系在一起，是由于传统"东方学"的曲解以及西方话语霸权长期以来铺天盖地的刻意误导所造成的，而个别穆斯林对"吉哈德"基本精神的偏激理解和极端做法，也正好为这种误导提供了可资利用的素材和口实。

---

① 《古兰经》中提到"吉哈德"的章节有：2：218；3：142；4：95；4；95；5：35；5：54；8：72；8：74；8：75；9：16；9：19；9：20；9：24；9：41；9：44；9：73；9：81；9：86；9：88；16：110；22：78；25：52；29：6；29：69；43：15；47；31；60：1；61：11；66：9。

② 李振中：《马坚传》，宁夏人民出版社2000年版。

二 “圣战”是西方文化的理念

西方人对伊斯兰的解读是传统“东方学”中的重要内容。众所周知，“东方学”对东方文化的无意的误读和蓄意的歪曲一直延续至今。将“吉哈德”描述为穆斯林“武力传教”的“圣战”就是传统“东方学”解读伊斯兰教的一系列术语中很有代表性的一个。试看最新版的《剑桥百科全书》对“吉哈德”的解释：

Jihad：圣战，根据《可兰经》，穆斯林有义务反对拒绝伊斯兰教的人，必要时采取武装斗争形式，因此，“圣战”一词便被用来为伊斯兰教的扩张和防御作辩解的理由。①

《古兰经》明确申言：“对于宗教，绝无强迫”，在穆斯林的诸多义务中，从来没有将“反对拒绝伊斯兰教的人”作为义务。实际上，在伊斯兰文化语境中，也从来没有“圣战”这一说法和理念。相反，“圣战”倒是典型的西方理念，也是西方曾经有过的历史。熟悉世界历史的人都知道，从公元11世纪到13世纪，长达200年的“十字军”东侵战争，就是典型的“圣战”。公元1095年11月的一天，欧洲的大批封建领主、教士和骑士，集合在法国克莱蒙城郊外，教皇高举着《圣经》呼喊道：

上帝的孩子们！现在，在东方，有一个叫做什么伊斯兰教的异教徒们占领了圣地，他们是一群恶棍和魔鬼。主已经在召唤我们，到耶路撒冷去战斗，去消灭那些恶魔，去解放圣地！为解放圣地而战的人，他的灵魂将来都可以升入天国！教民们！那东方的国家，遍地是牛乳、羊乳和蜂蜜，黄金宝石随手可拾。谁到那里不会成为富翁呢？去吧，把十字架染红，作为你们的徽号，你们就是十字军，主会保佑你们无往而不

① David Crystal：*The Cambridge Encyclopedia*，1998年汉译电子版。

胜的！[①]

就这样，在教皇的直接蛊惑下，从公元 1095 年到 1291 年的近 200 年间，欧洲封建主、教士和骑士向伊斯兰东方前后发动了 8 次旨在解放“圣地”、“消灭异教徒”的“圣战”。当十字军攻陷耶路撒冷后，立下谁先闯进某家，谁就是这家的主人的军规，于是疯狂的十字军士兵对全城进行大肆抢劫屠杀，在阿克萨清真寺，一万多无辜平民全部被杀，血流成河，耶路撒冷城被洗劫一空。“十字军”东侵是在“圣战”的旗帜下进行掠夺财富的战争。西方列强在近代发动的大规模的殖民掠夺战争，也是打着向“野蛮东方”传播“神圣福音”、输送“进步文明”的旗号进行的，同样深受“圣战”精神的熏陶。

值得注意的是，这种“圣战”理念，并没有成为历史，就是在今日西方，“圣战”的理念仍然浸润着不少人的心灵，即使在一些著名学者以及政治领导人的内心深处，也渗透着“圣战”的传统理念。西方学术界和政界精英人物抛出的“文明冲突论”、“新帝国论”、“伊斯兰威胁论”、“绿祸论”以及“邪恶轴心论”等论调，无不包含着这一深刻的历史文化背景。在包括伊斯兰世界在内的许多国家都深受形形色色的恐怖主义之害、国际社会共同致力于反对恐怖主义的今天，某些霸权力量却假装忘记恐怖主义是没有国界、民族和信仰之别的，在其政界和学界，“新十字军战争”的鼓噪一时间又甚嚣尘上，“这种关于‘十字军战争’必须反对‘邪恶轴心’的言论，使我们回想到第一次十字军战争，它的口号是‘西方的基督教徒们！团结起来，解放基督耶稣的诞生地！’今天则是：‘西方的民主人士们！团结起来，反对恐怖主义，拯救民主的绿洲以色列，抵抗阿拉伯人、穆斯林和恐怖分子！’这种言论，貌似仁慈，实质凶暴，表面上向全世界传播民主、自由、科学、文化和思想，实质上是要削弱阿拉伯和伊斯兰的身份”，“削弱与全球化或世界单极相悖的身份、语言、文化和思想”，“这证实了过去仍在控制着现在和未来。”[②] 说明将殖民和征服视为一种神圣“天赋”职责的“圣战”思想依然

① 臧瀚之：《世界上下五千年》，京华出版社 2003 年版。

② ［埃及］侯赛因·卡米勒·巴哈丁，朱威烈、丁俊译：《十字路口》，上海外语教育出版社 2005 年版。

阴魂不散。

三　从中华文化语境中解读“吉哈德”

中华文化与阿拉伯伊斯兰文化同属东方，互为近邻，历史悠久，博大精深，都对人类文明有过重大贡献。中伊两大文化有着许多共同或相似的内在人文精神和伦理思想。以儒家思想为轴心的中华文化宣扬“敬天法祖”、“天人合一”、“中庸和谐”、“吾道一以贯之”等人文精神和“忠孝仁爱”、“礼义廉耻”、“温良恭俭让”等伦理思想；以“认主独一”为核心的伊斯兰文化宣扬“敬主顺圣”、“和平中正”、“正教贵一”的人文精神和“敬主爱人”、“乐善好施”、“自省自强”、“劝善戒恶”、“诚实坚韧”等伦理思想。张岱年先生认为，“中国几千年来文化传统的基本精神的主要内涵是四项基本观念，即是（1）天人合一；（2）以人为本；（3）刚健有为；（4）以和为贵。”[①] 这几点恰好与伊斯兰文化基本精神的几项主要内涵相合：第一点相当于“认主独一”思想；第二点相当于“大地代治者”思想；第三点相当于“吉哈德”思想；第四点相当于“和平”思想。足见二者在基本人文精神和一系列伦理思想方面有着惊人的相似性和广泛的一致性。作为拥有几千年文明的中国人，应该能够以自己丰富的文化传统和独特的思维方式，较为准确地理解和研究阿拉伯伊斯兰文化，而不应借道西方、站在西方文化语境中来了解伊斯兰，解读伊斯兰。如果我们抱着认真求实的态度，以中国人自己的头脑和目光，在中华文化的视阈中来了解和研究阿拉伯和伊斯兰，解读包括“吉哈德”在内的阿拉伯伊斯兰文化的诸多理念，就会发出许多与西方不同的声音，自然也就不会赞同以“圣战”来表述“吉哈德”这一极富东方民族精神的文化理念了。

考察一下几千年的中华文化史，就会清晰地发现，类似伊斯兰“吉哈德”的文化精神在中华民族漫长的发展史中贯穿始终。先秦《周易》有云：“天行健，君子以自强不息”；《诗经》有云“维天之命，於穆不已”；《论语》

---

① 张岱年：《中国文化的基本精神》，见单纯、张合运主编《中国精神（1）——百年回声》，海天出版社 1998 年版。

有云："尽其心者，知其性也，知其性则知天矣"、"修己安人"、"克己复礼为仁"、"志士仁人，无求生以害仁，有杀身以成仁"、"格物致知，诚意正心，修身、齐家、治国、平天下"、"非礼勿视，非礼勿言，非礼勿听，非礼勿行"；"穷则独善其身，达则兼济天下"；大诗人屈原有云："路漫漫其修远兮，吾将上下而求索"；三国时的诸葛亮有云"鞠躬尽瘁，死而后已"；宋代大思想家张载有云："为天地立心，为生民立命，为往圣继绝学，为万世开太平"；明代大儒顾炎武有云"天下兴亡，匹夫有责"、"拯斯人于涂炭，为万世开太平，此吾辈之任也。仁以为己任，死而后已"；鲁迅先生有云"灵台无计逃神矢，风雨如磐暗故园。寄意寒星荃不察，我以我血荐轩辕"；李大钊烈士有云："铁肩担道义，妙手著文章"……

这种"自强不息"、以天下为己任的牺牲精神，是中华民族文化传统中积极向上、与时俱进的理念，是延续数千年的民族之魂，这种伟大的民族精神高度浓缩在《中华人民共和国国歌》中，其思想内涵正好与伊斯兰文化的"吉哈德"理念极其相似，千百年来，正是这种自强不息的献身精神，鼓舞和激励着中华民族，多少仁人志士为实现民族的伟大复兴而抛头颅、洒热血，战胜无数内外敌人，历经无数艰难困苦，终于在今天站立于世界民族之林。也正是"吉哈德"的精神和理念，鼓舞和激励着广大阿拉伯伊斯兰民族为争取民族独立和人民自由幸福而进行了长期的艰苦卓绝的奋斗，终于战胜了殖民主义和帝国主义的野蛮统治，赢得了国家的独立。

从中华民族传统文化的语境中来理解作为伊斯兰文化基本精神之一"吉哈德"，就会发现它是一种令我们感到格外熟悉和亲近的极富东方民族精神和东方文化品质的独特理念，"贫贱不能移，富贵不能淫，威武不能屈"、"君子慎独"、"明心养性"、"修身齐家"、"厚德载物"，这就相当于对自身的"吉哈德"；"铁肩担道义，妙手著文章"、"为民请命"、"兼善天下"，这就相当于口诛笔伐、劝善戒恶、推己及人的"吉哈德"；"治国平天下"、"天下兴亡，匹夫有责"，这就相当于保家卫国的"吉哈德"。因此，伊斯兰文化中的"吉哈德"精神，恰如中华文化中的"自强不息"精神，都是内涵非常丰富的东方民族精神。在世界各国人民谋求和平与发展，致力于建立公正合理的国际政治经济新秩序的今天，更当弘扬这种独特的东方民族精神，为实现东方民族的伟大复兴和世界各国的共同繁荣作出更大贡献。

四 结 语

近现代以来，中国学人致力于中西文化的比较研究，却很少有人将中国文化与相邻的阿拉伯伊斯兰文化做比较。这使得近现代的中国学术深受西方文化的影响，“言必称西方”成为各门学科的一个显著特征，在有些学科领域中甚至几乎失去了中国人应有的原创精神，移植西方观点和术语成为我们时髦而领先的学术，在对阿拉伯伊斯兰文化的学术研究乃至媒体描述方面，更是深陷于西方精心设计的“东方学”里。例如，“中东”（Middle East）一词所指，对中国来说实际上并不是“中东”而是“中西”，虽然早在汉唐时期中国人就与那里有了交往，但今天我们使用的却是“中东”而不是“中西”。虽然我们知道这是西方的术语，约定俗成，借用无妨。但问题可能不只是术语的错位，因为术语的错位往往会导致内容的错位，使我们的研究难免在别人设计好的框架内兜圈子，以致有意无意地忘记了自己的位置，使我们的西邻真的成了我们的“中东”，失掉自己本该拥有的话语，顺理成章地进入西方的视阈，跟在人后，驾轻就熟地运用“圣战”（Holy War）、“原教旨主义”（Fundamentalism）等这些西方词汇，解读着“吉哈德”、“乌苏里耶”等一系列内涵丰富的东方伊斯兰理念，解读着“中东”的阿拉伯和伊斯兰。有鉴于此，打破欧美“东方学”的霸权话语体系，跳出西方政治和文化的视野，构建中国自己的“东方学”和伊斯兰研究体系实属当务之急，无疑具有重大的意义。①

当今世界，舆论话语权十之八九操纵在西方手中，不公正的国际政治经济秩序必然造成不公正的国际舆论秩序，政治上的双重标准难免体现在学术研究和媒体舆论方面。西方媒体在报道包括中国和阿拉伯世界的东方时，总是戴着有色眼镜，自觉不自觉地运用“集权制东方”、“共产党中国”等这类特殊话语，歪曲和不实之词频频见诸报端，在对伊斯兰世界的报道中，更是常常使用“伊斯兰圣战者”、“伊斯兰原教旨主义者”、“伊斯兰好斗分子”、

---

① 朱威烈：《打破欧美“东方学”的霸权话语体系 构建中国“东方学”》，《文汇报》2002年11月2日。

“伊斯兰极端分子”、“伊斯兰恐怖分子”等词汇，这种新闻用语给读者造成的印象是：信仰伊斯兰教的人，即穆斯林，都是惹是生非的狂热分子，他们喜欢用暴力挑起冲突，对世界其他地区、其他民族是个威胁，而伊斯兰教也是一种倡导恐怖暴力、宣扬极端好战思想的宗教。于是，“没有人不会注意到‘东方’是怎样总是代表着威胁和危险”，“种族主义、文化定见、政治帝国主义、丧心病狂的意识形态之网压得阿拉伯人或穆斯林人喘不过气来”，“他们无法表述自己，他们必须被别人表述。”①

要真正建立具有中国特色的伊斯兰研究体系，将是一项长期而艰巨的任务，不仅需要花大力气打破西方的话语霸权体系，还要花大工夫在中华文化的语境中确立我们自己的语汇体系，对于诸如“圣战”、“中东”、“原教旨主义”这类我们业已从西方承袭过来的大量术语，虽然不必也不太可能以新的语汇另加更换，但对其中所包含的有意无意的误导，却需要做一番艰苦的匡正工作，以尽可能消除那些片面的、不准确的误判和偏见，惟其如此，才能真正建立属于中国的伊斯兰文化研究体系。

① ［美］爱德华·W. 萨义德著，王宇根译：《东方学》，生活·读书·新知三联书店 1999 年版。

伊斯兰人权观

马明贤*

人权作为一种理念，已得到世界的认同。但由于人权理论和国际政治的演变，人权的概念、原则、实践等问题反而成为颇有争议的国际性问题。不同社会制度、意识形态的国家之间，发展中国家与发达国家之间对此存有尖锐矛盾，它已成为当今国际政治和意识形态领域斗争的焦点问题之一。实际上，对各国人权问题的研究和评估，不能完全脱离其民族固有传统，应以民族主体文化、历史背景和具体国情为基础，客观深入全面系统地予以研究，科学地阐述其人权理论和制度，才能达到认识其人权性质与特征的目的。因为，一般来说，人权不是抽象的，而是具体的，各国人权理论和制度的产生、发展和完善不是孤立偶然的，它与其民族的历史传统、思维方式、生产劳动、价值观念和社会理想等有着必然联系，受特定社会的经济、政治、文化等诸多因素的影响和制约，它是人们现实生活中的实际需要和一定社会的精神和物质文化关系的实际反映。因此，在丰富多彩的人权理论和人权制度中，伊斯兰人权观以其观点鲜明、独具特色的人权理论和制度，独具一格、独树一帜于其他人权观。

一　伊斯兰人权的法律思想基础

伊斯兰人权观在其“认一论”的基础上，主张万物皆为安拉创造，安拉

* 马明贤，兰州大学法学院副教授、博士，法学专业研究生导师，西北民族大学伊斯兰文化研究所兼职研究员。

对世人享有绝对、终极权的同时，承认并保护人被赋予的许多权利。“我确已优待阿丹的后裔，我使他们在陆上或海上都有所骑乘，我以佳美的食物供给他们，我使他们大大地超过了我所创造的许多人。”（《古兰经》17：70）但人所拥有的权利不是天生就有的，也不是自然赋予的，而是安拉授予的，是安拉权利的相对而言，它根源于伊斯兰法。具体地讲，伊斯兰人权安拉赋予的观点与西方近代政治自由学说主张的“自然权利”的观点有着本质的区别。西方是以自然法为人权论的人权理论，主张人权是必然的，适用于每一个人的权利，它是人之所以为人的基本权利，是与生俱来的，不可剥夺和转让的。伊斯兰人权观主张，伊斯兰法是个人权利、自由的渊源与基础，个人权利与自由源自伊斯兰法。具体而言，人以群分，物以类聚是社会形成的根源，人是生活在社会群体之中的，任何人都不能离群索居，人们在社会中合群而居，共同生活，彼此之间就必然要结成一定的社会关系，并发生这样或那样的社会行为。人类社会就是由人们的种种社会关系构成的，这种关系是一种相互间既排斥又依赖，既给予又索取的关系。在社会生活中，某个人总是要向社会或他人提供某种行为或不行为，并相应的获得社会或他人对自己提供的某种行为或不行为，否则就形成不了稳定的社会关系。因此，一切社会关系无不包含某种利益，人们相互的社会交往涉及不同利益，不免发生争议与冲突。为维护社会生活的有条不紊，作为调整穆斯林社会关系的伊斯兰法，正是将社会关系中的各种利益用法的权利义务的形式固定下来，使之法制化与程序化。所以将伊斯兰个人人权主张是安拉赋予的，安拉是伊斯兰法的唯一立法者，法是安拉对个人和社会行为权利义务性的规范，个人和社会权利的实践须以伊斯兰法为准则。

从宗教价值观角度，主张伊斯兰法是个人人权与自由的源泉，是指伊斯兰法理论把人权的实践视为对安拉法度的服从和遵循，是对伊斯兰信仰的表白和体现，是博得安拉喜悦和完成自我价值的善行和美德，它并非是个人主义至上论思潮的泛滥。基于此，伊斯兰法要求人们成为自己行为的意志者和选择者，个人应对自己的行为负完全的责任，把理智作为责成人义务与责任的标准。因此，除精神病人、无行为能力的未成年人和被强迫者之外，伊斯兰法在赋予个人权利之前，首先责成其履行义务，即成为权利人之前，首先是义务人。个人对权利的享受来源于他相信该权利是以自己为他人和社会尽义务为条件的，是自己承担责任的结果，如果自己不履行对社会和他人的义务，也就不应享受权利。这就充分肯定了伊斯兰个人权利不是孤立存在的，它总是与相应的义务密不可分。在伊斯兰社会中，没有无义务的权利，也没有无权利的义务，两者相辅相成，相得益彰。这种权利与义务的统一性，使伊斯兰人权具有相对性和责任性，它并不是无条件和毫无羁绊的，而是受伊斯兰法的约束和规范，伊斯兰法成为各种权利得以实现的合理限度和根本保障，也是权利与义务的统一。它并非像现代法哲学主张的，权利的渊源、性质和实践是对政治权力绝对化的约束，这种观点在伊斯兰中是不存在的，伊斯兰立法权仅归安拉，而不属于某一政治领袖或政治集团，伊斯兰国家中的政治领袖和政治集团的权力始终受伊斯兰法明显的界定和约束。[①]《古兰经》指出，“各人将因自己的营谋而作抵押”。(74：38)“各人要享受自己所行善功的奖赏，要遭受自己所作罪恶的惩罚。”(2：286)

二　伊斯兰人权的法律保护

人权是权利的一般形式，是人应该获得的基本权利。生活在社会中的一切人，都有某些共同点，在这些共同点所及的范围内，他们都有平等的生存、政治、经济、社会等诸多权利，这些权利的确认和保护，虽然在各个国家的法律上得到反映的情况、程度、性质各异，但只要是法律都以规定不同人们的不同权利关系为内容，都以保障这些权利的实现为使命。对此伊斯兰法也毫无例外，提出了基于其价值观的人权哲学的理论与实践。主张人类由于理智的局限，想要单纯依赖自己的能力去正确判断和领悟宇宙万物间绝对的善与恶及其真实本质，来实践个人与社会的权利是十分困难的。安拉创造了人类世界，赋予人类最美的形态和无比的尊严，授予他们各项权利。为使社会生活有条不紊地健康发展，避免争权夺利，导致人的基本生存和各项权利的分崩离析，安拉从人类中选择了先知与使者，降示了启示与法则，作为人类社会共同生活之规范。在漫长的历史中，出现

① ［黎］法特哈·都莱尼：《当代伊斯兰思想研究》(阿文版)，贝鲁特中心出版社 1988 年版，第 91 页。

了一系列安拉差遣的先知和使者，其使命是一脉相承的，构成逐步发展的相应的人类历史各个阶段的系列。穆罕默德作为人类最后的先知使者，降示他的《古兰经》及从中演绎出的伊斯兰法是人类社会共同生活的准则和人权的社会保障。

伊斯兰法作为人权的社会保障制度，具有全面性和包容性，它以人为终极关怀，为人的自身价值的实现进行宏观和微观的精心设计，对人在母腹、现实生存至死亡的全过程，都作了详尽的法律保护，涉及精神和物质生活的各个层面，其制度囊括了传统与现代人权的诸如生存、人身、人格、社会、宗教、政治、经济、文化等权利的所有内容，并对这些权利的法律保护采取两种形式，除了从实体上对人权的基本内容加以确认和保障外，还从程序上对人权的实现予以保护。

一是实体权利的法律保护。伊斯兰法从整体上对个人人权的实质即利益，作了不同层次的划分。认为个人人权的首要和基本要素是个人利益，个人人权是人们为满足一定的需要，获求一定的利益而采取的一定行为的资格和可能性。利益既是权利的基础和根本内容，又是权利的目标指向，是人们享受权利要达到的目的之所在。换言之，权利保护就是利益保护。但人类的利益不尽相同，需求不一，法学家依据伊斯兰法原则与精神，以及利益对人们生活的影响和人们对它依赖的程度将其分为三类，依次是：（1）必需利益。指这些利益在社会生活中占有举足轻重地位，是现实生活中必不可缺的。如果人类失去它，社会生活就会处于无序状态，各种利益荡然无存，人类生存会遭到威胁、破坏、损失乃至死亡。它包括宗教、生命、理智、血缘、财产五项权利。伊斯兰法把这五项权利作为立法宗旨的首要目的，以保障它们的合理存在。（2）需要利益。即人类对此利益的需求是因其能保障生活的安逸和舒适，有助于解决人类的困难和负担的减轻。失去这些利益不会像必需利益那样造成生活的无序与混乱，也不会威胁生存，但却会给生活带来不便、窘境和困难。如人权理论中的意见自由、工作权等。（3）择善利益。即为完善优秀的人品和高尚的道德而要求的利益。人类以这一利益使生活更加美好，生活秩序更加完善，思想品德更为高尚。如果失去这一利益不会像必需利益那样会威胁到人类的生存，也不会像需要利益会造成生活的困苦，但却会使生活有悖于高尚的道德、生活的情操、良好的风俗，从而失去人的尊严①。这三种利益在伊斯兰社会生活中均不等同，但互不分割，彼此完善。首先，必需利益的法律保护属立法原则和宗旨的最高范畴；其次，是需要利益的法律保护，它是对必需利益的完善；再次，是择善利益的法律保护，它是对需要利益的完善。虽然伊斯兰法对这些利益的保护侧重不同，轻重不一，但它把维护人类的各项权益的实现作为立法的指导思想和价值准则。具体而言，每一个社会、每一个时代、每一个国家都有其立法指导思想和价值准则。不同的社会形态，立法的指导思想和价值准则有很大差异。伊斯兰法把对个人人权的保障作为法律创制活动中应遵循的普遍的和根本的具有指导意义的思想和必须遵循的具体准则，以体现人权的人道、政治、经济之意义。因为伊斯兰法保障各项权益的实现，恰恰是在社会中实践和发展立法指导思想和价值准则的基本手段和必备途径，两者是手段与目标之关系。② 社会中的个体还是群体如没能较好地运用伊斯兰法享有权利和承担义务，势必导致伊斯兰立法指导思想和价值准则在社会实践中丧失，手段的丧失意味着目的的失败，继而造成责任与义务的无法履行。而法律责任与义务，伊斯兰法将其视为人类生存意义之所在。诚如《古兰经》所说："他创造了生死，以便他考验你们谁的作为是最优美的。"（《古兰经》67：1—2）因为，责任与义务是维持权利和社会存在的手段，是个人与他人及社会联系的方式。任何社会存在，必须有责任与义务予以维持。无责任与义务存在，社会中的权利将不受任何义务的约束或限制，自由将不受任何纪律的约束或限制，社会秩序将混乱无序。

为能更好、具体地说明伊斯兰法从实体上对人权的保护，将其制度中的生命权的法律保护作为范例予以阐析。

生命权，是最基本的人权之一，是整个人权体系的基础和主体性突出的权利，也是其他人权要素的前提，其他人权要素只是它的繁衍与派生。如果没有一个有生命力的人类个体的存在和正常行动，那全部人权将无从谈起，人权问题也无任何意义。因此，各国的宪法和法律明确规定了对生命权的保护。伊斯兰法也毫无例外地将生命权的保护置于极其重要的地位，从人的物

① ［叙］沃哈布·祖海里：《伊斯兰法理学》第2册（阿文版），大马士革思想出版社1986年版，第1020页。

② ［黎］法特哈·都莱尼：《当代伊斯兰思想研究》（阿文版），贝鲁特中心出版社1988年版，第100页。

质和精神两方面加以保护。前者如保护人的生命、身体的合理存在和正常行动；后者如人的尊严、信仰、思维创作等权利的保护。由于人具有集物质与精神于一体的特征，人的生命及各种权利不论在伊斯兰立法原则，还是实体法中都得到了广泛、全面的重视，把其纳入到了维护宗教信仰之后的第一必需利益保护的范围。

伊斯兰认为人类在语言、肤色、种族上的差异与人的权利毫不相干，历史上把这些差异当做衡量人尊严、人格、身份的标准，是有悖于人类公正平等原则的，导致了种族歧视的恶果。这些差异并非是人类自己意志的行为，而是创造者的意志和能力的体现。“他的一迹象是：天地的创造，以及你们语言和肤色的差异。”（《古兰经》30：22）旨在使人类适宜不同环境地域中的生存，更好地履行治理大地、建设文明的义务。因此，伊斯兰把人类在社会生活中表现出的行为作为衡定高贵与尊严的标准，“各人只能享受自己的荣绩；他的劳绩，将被看见，然后他将受最完全的报酬”。（《古兰经》53：39—41）“行善的人和作恶的人都各有若干等第，[以报应]他们所行的（善恶）。”（《古兰经》6：132）而人的生命恰恰是人类行为和利益产生的渊源，只有对生命权加以确切的保护，才符合人作为宇宙精华、万物灵长的崇高地位。故伊斯兰认为，故意制造流血和伤害生命的行为，不仅是对受害者本人及其家属犯罪，而且是对全人类的犯罪。《古兰经》指出：“凡枉杀一人的，如杀众人；凡救活一人的，如救活众人。”（《古兰经》5：32）它昭示了此犯罪是对人类感情的伤害和生存的威胁，与人类的发展背道而驰，为确保人类的生存必须铲除这一犯罪。

由于家庭、社会等诸多原因，现代人的精神负担不断加重，心理素质不断衰弱，加之人性固有的脆弱，自杀已成为当今社会的严重问题，困扰着各国政府。各国法律对此束手无策，无法做出事实裁定，甚至不把它视为犯罪。理由很简单：法律惩罚是针对活人的，自杀一旦酿成，法律对此无济于事。这不能不说是人权保护中的一大缺陷与遗憾。造成这一状况的原因是人们对人生及其价值概念的错误认识。而伊斯兰法中的宗教要素，成功地扼制了这一社会问题。它向人们树立了基于伊斯兰信仰的人生观与价值观，主张生命不是个人私有财产，而是安拉的财产，安拉对此享有绝对权利，说明人不因自己而活着，他的生命与他所受的责成和信托有着直接的联系，他所维护的不仅是自身的利益，还是他人、社会、公众的利益以及自身的长远利益。正因如此，他不但有生存权利，更有生存义务，这一生存义务并不是独立于生存权利之外的，它是与生存权利对应和对等的，是对象化了和内容发生了转化的权利，是直面安拉与社会的，以此来解释人作为大地代治者的含义。因此，任何人不拥有自己，或促使他人伤害自己生命全部或部分的丝毫权利，除诸如自卫战争，或身体某部位成疾，在医生的诊断下，如不手术会影响生命安危等伊斯兰法允许的情况。此外任何形式的故意仇视、伤害生命的行为都属非法行为，是对安拉权利的侵害。“你们不要违背真主的禁令而杀人，除非因为正义”。（《古兰经》6：151）圣训对此含义又予以明确肯定，把任何形式的自杀判为大罪，说：“谁用铁自尽，手中的铁在火狱中乱刺腹部，并永居其中，谁悬梁自尽，属判教者，将永居火狱。”①

二是程序权利的法律保护。是指伊斯兰法确立的对实体法规定人们在政治、经济、社会等各方面的权利进行保护的方法和手段。其主要表现在审理穆斯林当事人民事、商事、刑事等方面的伊斯兰诉讼法中。旨在维护一切合法权益，制止一切非法行为。包括伊斯兰法在内的任何一种法律对人权的保护与其他社会性保护的一大区别就在于它的程序性，程序性被认为是克服专权、维护公正、保障人权的重要手段。故伊斯兰程序权利在人权的法律保护关系中，始终占有举足轻重之地位，它与实体权利的法律保护相互对应，互为依存，一脉相承，密不可分。实体权利的法律保护决定程序权利的法律保护，如果没有实体权利的法律保护，程序权利就会变成空洞的毫无实际意义的东西。反之，程序权利的法律保护是实现实体权利的方式和手段。如果实体权利受到侵犯，只有通过正当的法律程序寻求保护，所以程序权利的法律保护是实体权利得到保护的前提。只有实体权利而无程序权利，人权的法律保护只是一纸空文，徒具形式。

三　伊斯兰个人权利与社会权利的法律关系

个人与社会的关系问题，贯穿于人类社会的始终，它直接影响甚至决定

① 引自［黎］法特哈·都莱尼：《当代伊斯兰思想研究》（阿文版），贝鲁特中心出版社 1988 年版，第 96 页。

个人权利与社会权利的关系。历史上哲学、宗教学和社会学把其视为重要的议题，主要沿着两个基本方向去思考和回答。一部分哲学家、思想家强调整体性，主张整体优于个别，社会权利优于个人权利；另一部分哲学家、思想家沿着相反的方向看待个体与整体、个人与社会的关系。主张个别优于整体，个人权利优于社会权利。其实，片面地强调个人权利的优先或社会权利的优先，都是十分困难的。因为无论是个人还是社会，也不论是个人权利还是社会权利，都是一定历史条件下并与特定条件下的经济、政治文化传统密切联系在一起的。因此，抽象强调和极化倾向社会权利优于个人权利或个人权利优于社会权利都是错误的。[①] 伊斯兰法避免了个人权利至上论和社会权利至上论的片面性，从个人权利与社会权利的统一性出发，把权利以其享有者为标准分为三个方面：一是安拉的权利，安拉对世人享有权利，此权利代表着社会大众的利益，通常又称之为社会权利。依伊斯兰法哲学，安拉是万能的，无求于世的，无须任何权利，之所以将该权利归于安拉，是证明它的广泛、普遍、尊严和不可剥夺性；二是人的权利；三是兼具安拉与人的权利，此中或许安拉的权利占据上风，侧重较大或许相反。

这三项权利在伊斯兰社会中互不分割，融为一体。伊斯兰创建的社会基于一种道德价值标准，它反对以民族血缘、等级阶层为纽带的社会体系，把社会成员间的关系建立在兄弟情义、互敬互助的基础上。个人和社会权利皆根源于伊斯兰法，法律被赋予最高权威，包括政府在内的任何社会机构和个人都必须服从法律，对此人人平等。它不允许个人为实现自己的权利损害社会权利，也不允许社会为实现自己的权利剥夺个人权利。因为个人必须生活在社会中，个人是社会政治性动物，不能脱离社会，只有在社会中才能得到生存与发展，社会本身又是人的社会，个人是社会的基本单位与细胞，个人有义务保护推进社会权利，是社会利益的守护者。但个人在维护社会权利的同时，社会也应在法律范围内行使权力，不能肆意侵害个人权利，而应向个人提供一定基本权利和自由的保障。因此，伊斯兰个人权利与社会权利是内在统一的，个人权利是社会权利的根据，社会权利是个人权利的保障，没有个人权利，社会权利的价值就不完整，没有社会权利，个人权利难以保证。

---

① 曲新久：《个人自由与社会程序的对立统一以及刑法的优先选择》，《法学研究》2000 年第 2 期。

诚如《圣训》比喻的，伊斯兰社会如同海上航行的船舶，社会的个体或是群体都是乘船的航行者，都有义务负责船的安全行驶，任何人无权以个人权利和自由的名义损害属于他的那一块。“遵守安拉法度者和违犯者，犹如一群乘船航行的人，他们抽签分配船座，其中一伙抽到上等舱，另一伙抽到下等舱。下等舱的人的饮水须到上等舱去取，故他们说：‘我们若在属于自己的位置上钻通船底取水，就不会打搅上面的人。’如果上等舱的人放纵他们为所欲为，大伙定会船毁人亡，同归于尽，若严厉制止，大伙便都安然无恙”①。

但个人权利与社会权利间的这种内在统一关系，并不否认彼此权利的存在，也不意味着这些权利可以相互替代。如果个人权利和社会权利发生矛盾，伊斯兰法在两者间寻求一种平衡，兼顾两者矛盾，采取多种多样的形式处理矛盾：从积极方面讲，包括对有关权利加以确认，鼓励和保护；对实现权利提供机会或优越条件；协调不同权利问题矛盾；预防权利矛盾的产生和激化等。从消极方面讲，包括对有关权利的限制、禁止；对权利纠纷加以裁决；对受损害一方提供补救，对损害他人一方实施制裁②等一整套法律规范，从而正确界定了个人与社会的权利关系，成功统一了彼此的目标，有效克服了极端个人主义和极端社会主义的一切异议。

当个人权利与社会权利间的矛盾难以调和时，伊斯兰法作为社会控制的手段和生活原则，以社会公共权利为本位，让社会权利高于个人权利，要求个人把自己的权利置于社会权利的范围，个人权利的实现以不触犯社会权利为前提，个人对社会关系负有直接的责任。因此，伊斯兰法把个人权利以法律形式固定下来的同时，还对它的运作和实践作了具体立法，使其受到许多严格条件的限制和约束。穆斯林作为伊斯兰社会成员，是自由独立的主体，但他的权利与自由不是完全独立和毫无羁绊的，而是相应的与社会和他人权利有着互敬互爱、共同发展的必然联系。“你们为正义和敬畏而互助，不要为罪恶和横暴而互助。”（《古兰经》5：2）这一《古兰经》节文是伊斯兰社会保障制度中的一条基本原则，一方面，它要求人类互助互爱，共同创建人

① 引自［黎］阿布都·克雷姆·奥斯曼：《伊斯兰文化》（阿文版），贝鲁特使命出版社1982年，第27页。

② 沈宗灵：《法、正义、利益》，《中外法学》1993年第5期。

类文明；另一方面，要求他们弃恶扬善，远离犯罪。这是伊斯兰人权的社会性体现，亦即保护个人生命、财产和名誉等各项权利，免遭他人的侵害，是各国法律和人权宪章的基本内容和宗旨，但这种内容和宗旨在伊斯兰人权观中有着双重含义，它不仅是对私人身份和财产的保护，更是对安拉权利即社会权利的保护，即此权利的实质纯属个人。侵犯他人的权利，或个人把自己的权利置于社会权利之上，势必导致社会生活紊乱，社会终究会成为唯我是从、自私自利的空间，社会关系遭到破坏使之陷入无序状态和误入歧途。但强调伊斯兰人权的社会性，并不意味着伊斯兰个人权利的本质是维护社会权利而存在，这将会错误地消除个人权利的实际存在，使其成为实现社会利益享有的单纯名义并无实际利益而已。所谓伊斯兰人权的社会性，是指个人的社会职责在其权利享受中的作用。它要求个人在维护自身权利的同时，应不遗余力地维护社会和他人的权利，以消除各自权利发展道路的障碍，达到为个人和社会趋利避害的目的。这是伊斯兰法一致倡导的基本原则。如果个人忽略了这一原则，国家有权通过法律责成其遵循这一原则，以维护社会权利。

总之，伊斯兰法作为调整各种权利的社会保障，权利调整是它的一大职能。伊斯兰法公平与否，取决于它对权利分配的公平与否。因此，在权利的分配上，伊斯兰法没有只考虑个人一方的权利，也没有仅仅照顾社会一方的权利，而是最大限度地兼顾两种权利，在两者之间进行平衡，使两者健康发展。

原载于《世界宗教研究》2002 年第 2 期

乌玛观念与伊斯兰宗教共同体的构建

吴冰冰*

"乌玛"（Ummah）观念是伊斯兰思想体系中最重要的观念之一，它确立了构建伊斯兰宗教共同体的理想和目标，对伊斯兰社会的形成和发展具有重要影响。"乌玛"观念对当代伊斯兰社会也具有深刻影响，"在今日穆斯林的话语中，乌玛经常是呼吁全球穆斯林社群统一的标准概念。"①

一 Ummah在《古兰经》中的含义

根据穆罕默德·福阿德·阿卜杜·巴基（Muḥammad Fu'ād 'Abd al-Bāqī）编著的《〈古兰经〉词语索引辞典》，Ummah及其复数形式umam在《古兰经》中共出现了64次。② 美国科罗拉多大学教授弗里德里克·马修森·丹尼（Frederick Mathewson Denny）指出："在《古兰经》里，Umma经常表示享有共同宗教的社群"③，但除此之外，Ummah一词在《古兰经》中还有其他的含义。

对于Ummah含义的分类，可先以是否表示"人类群体"作为标准，将

* 吴冰冰，北京大学东语系阿拉伯语专业教授。

① Ali Mohammadi (ed.). Islam Encountering Globalization [M]. London: Routledge Curzon, 2002.

② Muhammad Fu'ād 'Abd al-Bāqī (ed.). al-Mu'jam al-Mufahras li Alfāz al-Qur' ān al-Karīm [M]. Beirut: Dār al-Fikr and Dār al-Ma'rifa, 1994.

③ F. M. Denny. Article UMMA [M]. EI2.

具备这一含义的 Ummah 与不具备这种含义的经文分开。这种表示“人类群体”的 Ummah，即可翻译为“乌玛”，而那些不具备“人类群体”含义的 Ummah 则被排除在外。不具备“人类群体”含义的经文包括 3 类：表示“时期”（11：8、12：45）；表示“（动物的）种类”（6：38）；表示“表率”（16：120）。

那些表示“人类群体”含义的经文，根据其中乌玛所表示的人类群体的范围，可以分为三个大类。

一是表示“全人类属于同一个乌玛”，共 9 节，可分为 4 组。（1）表示世人原本是同一个乌玛，随后发生信仰分歧导致分裂，包括 2：213、10：19。（2）表示如果真主意欲，必使人类成为同一个乌玛，包括 5：48、11：118、16：93、42：8。（3）表示防止人类都变成悖逆真主的人，包括 43：33。（4）包括经文 21：92（乌玛一词出现两次）和 23：52（乌玛一词出现两次）。这一类经文中，所指称的对象不确定，有可能是犹太教徒和基督教徒，也有可能是全人类，但后一种可能性较大。

二是表示“世间的每一个乌玛”，共 14 节，可分为四组：（1）真主向每个乌玛派遣了“使者”、“报喜者”或“警告者”，包括 10：47、16：36、35：24。（2）每个乌玛都有一个“期限”，包括 7：34、10：49、15：5、23：43。（3）真主从每个乌玛选拔一个“见证”，包括 4：41、16：84、16：89、28：75。（4）每个乌玛在末日审判时的状况，包括 6：108、27：83、45：28（乌玛一词出现两次）。

归纳这一部分的经文，似乎可以看出《古兰经》对世间人类的每一个乌玛都将遵循的道路作了总结：第一，真主会给每个乌玛派遣一个使者；第二，每个乌玛都有一个规定的期限，既不会提前也不会推后；第三，真主会在每个乌玛中选拔一个见证人，他会为这个乌玛的所作所为作证；第四，每个乌玛在末日审判的时候都要在真主面前展示自己的所作所为。

三是表示“某个或某些群体”，可分为以下几组：（1）不信主道者，包括 6：42、7：38（乌玛一词出现两次）、13：30（乌玛一词出现两次）、16：63、23：44、29：18、35：42、40：5、41：25、43：22、43：23、46：18。（2）犹太人，包括 2：128、2：134、2：141、7：159、7：160、7：164、7：168。（3）有天经的人，包括 5：66、3：113。（4）皈依真主者，包括 22：34、22：67。（5）穆斯林，包括 2：143、3：104、3：110、7：181。

(6) 其他情况，分别是11：48（乌玛一词出现两次）、16：92（乌玛一词出现两次）、28：23。在11：48中，乌玛以复数的形式出现两次，所指的是努哈的后裔，一部分将得福，一部分则将遭灾。其含义应该是说，一部分人类是信仰者，一部分是不信主道者。在16：92中，乌玛出现了两次，其中所指含义不明。也许是指责麦加的非穆斯林对穆斯林不守诺言。在28：23中，“乌玛”所指的是“一群人”的意思。

《古兰经》在表达人类时常使用“世人”（al-nās）这个词（如2：213，10：19），“乌玛”在表示全人类的时候与“世人”的含义有所区别。根据《古兰经》，如果真主意欲，会使全人类成为一个统一的“乌玛”崇奉真主；而真主采取措施也是防止人类变成一个悖逆真主的“乌玛”。人类曾经是一个统一的“乌玛”而后分裂了。这个统一的“乌玛”已经囊括了全人类，那么它与“世人”的区别，就是“乌玛”具有宗教群体的维度，而“世人”则不具备这个维度。

“乌玛”在表示世间的每一个“乌玛”的时候，也体现出了清晰的宗教群体维度。通过上文的讨论，可以看到真主对每个作为“乌玛”的群体派遣使者、设定期限、选拔见证、末日审判的全过程，这里强调的是真主对每个“乌玛”降示启示和进行末日审判的共性，除此之外，并没有提到任何其他维度的共性或者区分标准。

当“乌玛”表示具体的某个或某些群体的时候，体现出了更清晰的宗教群体维度。根据经文7：159“穆萨的宗族中（min qaum Mūsā），有一伙人（ummatun），本着真理引导他人，因真理而主持公道。”[①] 可以看出，作为族裔维度的穆萨的族人，是用“宗族”（qaum）这个术语来描述的，而在其中“因真理而主持公道”的一部分被称为“乌玛”，可见“乌玛”不是从族裔角度来划分人类群体的，而是根据人对“真理”和“公道”的立场，这样的立场大体上是一种宗教的立场。而根据经文11：48，同为努哈及其同船者的后裔，一些“乌玛”得到从真主发出的“平安和幸福”，而另一些“乌玛”则遭受从真主发出的“痛苦的惩罚”。由此可知，区分不同“乌玛”的标准是真主对这些乌玛的态度，而这种态度的依据还是这些乌玛的信仰状况。

① 《古兰经》汉译采用马坚先生译本。

综上所述，可以说，在《古兰经》中“乌玛”是一个从宗教角度划分和描述人类群体的概念，其含义具有明确的宗教群体维度，表示的是宗教共同体。

二 从《麦地那宪章》看早期乌玛实践

先知穆罕默德在麦地那领导建立的公社，既是乌玛观念最初的实际应用，也奠定了伊斯兰社会的基础，同时被后代穆斯林视为典范。研究麦地那公社的基本文献是《麦地那宪章》，见于伊本·希沙姆（Ibn Hishām，公元 828 或 833 年）在其《先知传》（*al-Sīrah al-Nabawiyyah*）中转引自伊本·伊斯哈格（Ibn Isḥāq，？一约公元 768 年）的内容。[①] 原文未分条目，威廉·蒙哥马利·瓦特（William Montgomery Watt）对条文进行了编号，分为序言和 47 条正文。[②]

《宪章》第 1 条规定“他们是排除［其他］人的一个乌玛”。《宪章》序言指明缔约主体一方面是“迁士和辅士”，另一方面是“犹太人”。但根据第 25 条至第 35 条的规定，麦地那的犹太人“是同信士们一起的一个乌玛，犹太人有他们的宗教，穆斯林也有他们的宗教”。由此可见，犹太人是作为另外的乌玛与穆罕默德创立的乌玛并存的，穆罕默德创立的乌玛是由信仰伊斯兰教的信士构成的。

先知穆罕默德事实上是根据《古兰经》有关乌玛的规定，在麦地那缔造一个伊斯兰社会。拉皮杜斯（Lapidus）在其所著《伊斯兰社会史》（*A History of Islamic Societies*）中提出，社会史可以通过制度系统表现出来，而在伊斯兰社会中，有四种基本类型的制度：家系制度，包括部落、族裔及其他小规模的社群团体；经济制度，包括物质财富的生产和分配；关于终极价值和人类目标的文化和宗教观念以及以此为基础建立的群体；政治制度，包

① Ibn Hishām. al-Sīrah al-Nabawiyyah［M］. Cairo：Matba'ah Mustafā al-Bābī al-Halabī, 1955，v. 1，pp. 501—504.

② W. Montgomery Watt. Muhammad at Medina［M］. London：Oxford University Press, 1956，pp. 221—225.

括政权组织、冲突解决机制和防卫手段。① 如果将经济制度排除出来，那么构建伊斯兰社会的含义，就是要在旧有的家系制度、宗教和文化系统以及政治制度的背景下，根据《古兰经》的规定构建伊斯兰宗教共同体。

在宗教和文化系统层面，麦地那穆斯林社团的构建、发展和壮大本身就是最重要的表现。在政治制度方面，由先知穆罕默德领导的社团，执行真主的命令，就是按照伊斯兰的方式构建的新型政治制度。《宪章》第 23 条规定“你们无论何事分歧，确应求助尊严的真主，和穆罕默德——愿真主保佑他，使他平安”。第 42 条规定“这份宪章的人民如有担心产生堕落的事件或分歧，确应求助尊严的真主，求助真主的使者穆罕默德——愿真主保佑他，使他平安”。由这两条规定可以看出，麦地那乌玛政治权威的源泉是真主，穆罕默德作为真主的使者行使这种权威。

对于麦地那乌玛的构建而言，最大的挑战就是打破阿拉伯半岛根深蒂固的传统家系制度，确立宗教共同体的观念和制度，这也是《宪章》最关注的问题。

在前伊斯兰时代，在阿拉伯半岛盛行的是以血缘关系为基础的部落制度。部落最重要的功能是为部落成员提供安全保障，其重要表现就是血亲复仇。当一名成员被其他部落的人杀死，部落有义务为其复仇。正是这种复仇的机制，在一定程度上遏制了凶杀事件的发生，从而构成沙漠环境中最基本的安全保障安排，离开或丧失了部落的保护意味着生命的危险。正是因为这一点，以血缘关系为基础的部落在前伊斯兰时代的阿拉伯社会中构成最核心的制度。

穆罕默德要在麦地那缔造一种以伊斯兰教为基础的平等的兄弟关系，要确立“穆斯林皆兄弟”的观念。《宪章》第 15 条规定“真主的保护确是同一的，[真主] 庇护他们中最卑微者”，第 47 条规定“真主是所有诚信者和敬畏者的邻人”。这意味着所有的穆斯林在乌玛中一律平等，真主平等地保护所有穆斯林。第 19 条规定“对为主道而流的血，信士们彼此 [为对方] 复仇”，第 21 条规定“有确证无故杀死一个信士者，为之偿命……信士们全部反对他，应要其清偿 [血] 债”。这意味着，信士们彼此有为对方复仇的义

① Ira M. Lapidus. A History of Islamic Societies [M]. Cambridge: Cambridge University Press, 1988, p. 22.

务，这样复仇的义务就从血亲转移到了全体信士身上，也就是转移到了乌玛身上。第 47 条还规定“只有犯罪者本人承担”罪责，这意味着罪责的承担者是犯罪者本人，而不是其血亲。

《宪章》全面反映了穆罕默德依照《古兰经》的乌玛观念构建伊斯兰宗教共同体的努力。《宪章》改变了社会关系的基础。乌玛的社会基础是对于伊斯兰的共同信仰，是一个宗教共同体。伊斯兰乌玛权威的来源是真主，穆罕默德作为真主的使者行使裁判权。一方面，作为宗教共同体的乌玛取代了作为血缘共同体的部落，社会关系的基础是宗教信仰而不是血缘；另一方面，权威的来源不是人而是神。这两点是最根本的变化。《宪章》也调整了社会关系。所有的穆斯林一律平等。这样，平等的基础就是宗教信仰，而不是血缘。乌玛是信徒个人权利的维护者。复仇不再是受害者血亲的义务，而是所有信士的义务。罪责的承担者是犯罪者本人，而不是其血亲。这在事实上否定了血亲复仇。

三 乌玛观念与古代伊斯兰社会

正是因为有了麦地那乌玛的实践，伊斯兰就不仅表现为一种精神上的信仰，更表现为一种社会生活的共同体。“因为伊斯兰最初的政治体现是以麦地那国家的形式表现出来的，因此原生的神圣独一性的规则既表现在信仰的独一性上，同时也在经验世界中外化为信士集团建构为社群（乌玛）。”[①]

从 7 世纪开始，伊斯兰乌玛处在一个不断扩展的过程中，这种扩展体现在两个层面：通过大征服而实现的地域的扩大以及新征服地区的伊斯兰化。在哈里发欧麦尔和奥斯曼时代征服了叙利亚、伊拉克、波斯和埃及，在伍麦叶哈里发阿卜杜·马立克（公元 685—705 年在位）和瓦立德（公元 705—715 年）时代穆斯林军队进入了印度河流域和中亚，征服了北非和西班牙。

但是新领土的征服与伊斯兰化并不是同时进行的。最初的阿拉伯军队倾向于驻扎在与被征服地区居民区相隔的军镇城市中，“在相当长的一段时间

① Naveed S. Sheikh. The New Politics of Islam: Pan-Islamic Foreign Policy in a World of States [M]. London: RoutledgeCurzon, 2003, p. 21.

内，胜利的穆斯林军队并不认为他们的任务是使当地人皈依［伊斯兰］”[①]。正是因为这个原因，“在穆斯林征服之后的两个世纪的时间里，与境内的非穆斯林民众相比，穆斯林仍然是少数的精英”[②]。阿拉伯史学家希提（Philip K. Hitti）指出，尽管在大征服时期就有被征服者皈依伊斯兰教，但帝国的伊斯兰化进程真正开始是在阿拔斯王朝人统治的第一个世纪。哈伦·拉希德（公元 786—809 年在位）和穆塔瓦基勒（公元 847—861 年在位）两位哈里发的政策起到了一定作用。[③] 大规模的皈依始自 9 世纪中叶，当时埃及的基督教徒开始大量皈依伊斯兰教；在波斯，10 世纪末期伊斯兰教才占据支配地位。[④] 总体上，从 8 世纪中叶到 12 世纪，是阿拉伯帝国的伊斯兰化时期。

虽然伊斯兰乌玛在领土和人口上得到了极大的扩展，但是内部的分裂却在困扰着不断扩大的伊斯兰乌玛。这种分裂首先表现为内战的爆发、地方政权兴起和三大哈里发帝国并立。两次内战（公元 656—661 年，公元 680—692 年）分裂了伊斯兰社会。阿拔斯王朝建立后，伍麦叶人的后裔在西班牙割据。在阿拔斯王朝帝国的西翼，出现了易德里斯、艾格莱卜、突伦、伊赫什德和哈木丹诸王朝；在帝国的东翼，出现了塔希尔、萨法尔、萨曼和加兹尼诸王朝，在帝国的中心则先后有布韦希和塞尔柱等王朝。此外，以西班牙为中心的科尔多瓦哈里发帝国和以埃及为中心的法特梅哈里发帝国还一度与阿拔斯王朝哈里发帝国并立。“从 9 世纪开始，穆斯林世界的政治分裂，使权力从哈里发转到那些自称为艾米尔、国王和苏丹的人手中，从各省开始，最后囊括首都。”[⑤]在政治制度方面，统一的政权不复存在，而实际权力的掌握者不是像哈里发那样来自古莱什部落，获得和维持权力的方式也是依靠武力，政治制度已经完全背离了伊斯兰乌玛观念。

分裂的第二种表现是宗教组织的分化。逊尼派、什叶派和哈瓦立吉派分

① Frederick Mathewson Denny. An Introduction to Islam [M]. New York: Macmillan Publishing Company, 1994. pp. 86—87.

② Ira M. Lapidus. A History of Islamic Societies [M]. Cambridge: Cambridge University Press, 1988. p. 175.

③ ［美］希提著，马坚译：《阿拉伯通史》（上册），商务印书馆 1979 年版，第 422—423 页。

④ Ira M. Lapidus. A History of Islamic Societies [M]. Cambridge: Cambridge University Press, 1988, p. 175.

⑤ Patricia Crone. Medieval Islamic Political Thought [M]. Edinburgh: Edinburgh University Press, 2004. p. 146.

立，逊尼派内部逐渐形成四大教法学派，什叶派内部不断出现支派。从宗教社群的层面讲，最重要的是什叶派教派力量、逊尼派教法学派和苏菲教团的制度化。从公元 941 年大隐遁开始，什叶派教派力量开始制度化，到 11 世纪中叶，随着什叶派圣训经典文本的确立，什叶派已经成为与逊尼派相对立的教派社团。在逊尼派内部，随着 10—11 世纪宗教学校“马德拉萨”（madrasah）的出现，这些宗教学校成为逊尼派宗教和法律组织基础。宗教学校和清真寺的网络构成逊尼派教法学派宗教社群的基础。以罕百里教法学派与阿拔斯王朝的对立为开端，教法学派逐渐成为相对独立于伊斯兰帝国政治权力的社群。苏菲教团也是相对独立的社群组织，从 10—14 世纪是苏菲教团的形成和巩固时期。[①] 总体上，从 10—14 世纪，伊斯兰乌玛内部不断分化，形成了彼此相对独立且相互竞争乃至对立的宗教社群。

分裂的第三种表现是族裔和部落等家系性制度对伊斯兰乌玛的分化。在阿拉伯人中间，尤其是在阿拉伯半岛地区，以血缘为基础的部落制度依然发挥重要作用。在伊斯兰帝国之内，阿拉伯、波斯、突厥等不同族裔的穆斯林之间也因为族裔和语言等因素存在矛盾和对立。

《古兰经》的乌玛观念和麦地那的早期实践将乌玛确立为一个宗教共同体，但是伊斯兰社会的发展却导致政权分立、教派分化、族裔对立，统一的乌玛分裂。这体现在政治思想上，首先是使“伊马麦”（imāmah）和“哲马阿”（jamā ‘ah）成为一组对立的观念。“伊马麦”表示受到正确指引的政府和权威，“哲马阿”表示伊斯兰社群的统一和团结。什叶派和哈瓦立吉派强调“伊马麦”，认为只有在正确的伊马目的领导下才有可能形成真正的伊斯兰社群，一个人也只有接受了正确的伊马目的领导才能成为真正的穆斯林。穆尔吉阿派则针锋相对地提出，对于阿里和奥斯曼谁对谁错问题的判断进行搁置，一个人只要自己承认是穆斯林就属于伊斯兰社群的一员，不能根据某个具体教派的标准将其他穆斯林定为叛教者。“哲马阿”的观念受到伍麦叶王朝统治者及逊尼派宗教学者的支持。[②]

“哲马阿”尽管强调的是统一和团结，但是这个概念的推广本身就是教

① Ira M. Lapidus. A History of Islamic Societies [M]. Cambridge: Cambridge University Press, 1988. pp. 162—171.

② Patricia Crone. Medieval Islamic Political Thought [M]. Edinburgh: Edinburgh University Press, 2004. pp. 52—53.

派分立的产物。各教派、教法学派和苏菲教团强调的是各自内部的统一和团结。虽然教派、教法学派和苏菲教团的制度化成为分化伊斯兰乌玛的力量，但是它客观上也起到了突破地域限制、传播跨地域伊斯兰共同体意识的作用。在同一个教派、教法学派和苏菲教团内部，存在着跨地域的联系和交流，这种联系和交流使得其成员感受到自己是更大规模跨地域共同体的一员。

除此之外，还出现了从地域上界定伊斯兰乌玛的尝试，即把伊斯兰控制区称为“伊斯兰区”，把非伊斯兰控制区称为“战争区”。这种划分表面上搁置了伊斯兰世界内部的种种分歧，但事实上却是对乌玛作为宗教共同体的更彻底的背离。除此之外，在奥斯曼土耳其时期还曾使用“米列特”（millat）的概念。“米列特”是一种宗教—政治社群，奥斯曼帝国将其臣民分为 4 个米列特，即穆斯林、希腊东正教徒、亚美尼亚基督徒和犹太人。无论是奥斯曼帝国还是帝国境内的穆斯林，都称不上乌玛，因为它们都无法涵盖整个伊斯兰世界。米列特也是一个在《古兰经》中出现过的概念，其含义是指“任何一个宗教，或者扩展开来，指这种宗教的社群”①。既然乌玛表示的是整个伊斯兰世界，而且在早期麦地那的实践之后已经逐渐专门用来表示伊斯兰乌玛，那么为了表示奥斯曼帝国境内的宗教—政治共同体，用“米列特”比用“乌玛”更合适。

四 近代以来重构伊斯兰乌玛的尝试

19 世纪以来，西方思想文化影响逐渐深入伊斯兰世界，面对来自西方的一些陌生概念，阿拉伯思想家尝试用传统阿拉伯语的词汇进行翻译，从而赋予这些词汇新的含义，西方的“nation”就被译为“乌玛”。这样，在阿拉伯语中，“阿拉伯民族”就是“阿拉伯乌玛”（al-Ummah al-‘Arabiyyah），“联合国”就是“联合乌玛”（al-Umam al-Muttaḥidah）。“乌玛”一词因此获得了纯世俗化层面的含义。乌玛的新含义，反映了民族主义和民族国家体系对传统的伊斯兰乌玛观念的新挑战。近代以来，西方的入侵和控

① Frederick Mathewson Denny. Article Community and Society in the Qur'an [M]. EQ, v. 1.

制以及伊斯兰世界内部兴起的民族主义和世俗主义思潮，在伊斯兰世界激发重构伊斯兰乌玛的尝试。

阿富汗尼（Al-Afghānī，公元1838—1897年）提出了“泛伊斯兰主义”（al-Jāmi ‘ah al-Islāmiyyah）的主张。作为泛伊斯兰主义的精神之父，阿富汗尼所提出的泛伊斯兰主义是“伊斯兰各国与各民族之间某种形式的协商、合作和团结，其中的每个政治实体维持其独立”[①]。在伊斯兰世界普遍遭受西方殖民主义势力入侵的19世纪，阿富汗尼的设想是伊斯兰世界以奥斯曼土耳其苏丹—哈里发为中心团结起来，共同抵御西方列强。承认政治实体分立的现实，在伊斯兰宗教信仰的基础上，建立具有政治性的国际组织，成为以后各种泛伊斯兰主义组织的基本模式。

奥斯曼帝国解体之后，新生的土耳其在穆斯塔法·凯末尔的领导下废除了哈里发制度。世界各地的穆斯林代表多次集会试图恢复哈里发制度，包括1924年麦加会议、1926年埃及会议和麦加会议、1931年耶路撒冷会议。奥斯曼帝国时期，哈里发制度是依托于帝国体制的，奥斯曼哈里发并非是统御整个伊斯兰世界的宗教—政治领袖，这与伊斯兰历史上的四大哈里发时代、伍麦叶王朝乃至阿拔斯王朝时期的哈里发都大不相同。新生的土耳其民族国家废除了哈里发制度，也就去除了哈里发制度在民族国家体系中的存在基础。整个伊斯兰世界实现由某个哈里发领导的政治统一不具有现实的可能性，而将哈里发制度依托于某一个或几个民族国家本身就违背了哈里发制度的本意。因此，那些试图恢复哈里发制度的努力都没有产生实际结果。现实而合理的选择就是在民族国家体系的基础上，建立政府间伊斯兰国际组织或国际伊斯兰非政府组织。

尽管1951年2月正式成立的世界穆斯林大会（World Muslim Congress）将自己的历史追溯到1926年麦加会议和1931年耶路撒冷会议，但是它的真正成立却是由新生的巴基斯坦的需要促成的。1947年独立的巴基斯坦成立，为了维护自身安全和获得国际支持，1949年在卡拉奇召开了世界穆斯林大会。1950年世界穆斯林大会征集了100万签名，支持克什米尔的自决权以及联合国主持的全民公决。

---

① Ahmad Abū al-Hasan Zarad. al-Usūl al-Fikriyyah wa al-Tārīkhiyyah li al-Mu'tamarāt al-Islāmiyyah.

20世纪50年代，以纳赛尔为代表的阿拉伯民族主义取得巨大胜利，当时阿拉伯联盟成员国大多是泛阿拉伯主义的世俗民族主义政权，因此沙特不得不“求助于泛伊斯兰主义，使得自己针对行动主义的泛阿拉伯激进主义的反攻战略合法化”[①]。1962年5月，在沙特的支持和资助下在麦加成立了伊斯兰世界联盟（Muslim World League），通过吸纳赛义德·库特卜领导的埃及穆斯林兄弟会，沙特有力地遏制了埃及的影响。

上述国际伊斯兰非政府组织，往往依托于某个具体的民族国家，并且在某种程度上与该国的国家利益联系在一起，因此其活动有时会招致其他国家的疑虑、反对乃至抵制。而1971年成立的伊斯兰会议组织作为政府间伊斯兰国际组织，其运作往往受到各成员国国家利益的影响。该组织的57个成员国国情彼此不同、政治立场各异，形成统一的态度和立场有较大的困难。总体上，对于泛伊斯兰主义而言，其所倡导的“伊斯兰统一”是建立在承认民族国家体系之上的，无论是非政府组织和政府间国际组织，都受到具体国家的国家利益的影响。这种“以民族国家为基础的伊斯兰统一”，事实上与传统伊斯兰乌玛的观念大相径庭。

在泛伊斯兰主义之外，现代伊斯兰主义是重构伊斯兰乌玛的另一种尝试。现代伊斯兰主义者试图构建一种以伊斯兰教法为基础、由伊斯兰政府治理的伊斯兰社会，他们认为这种社会具有普世性，适用于所有的穆斯林乃至全人类。正是在这种理念的基础上，伊斯兰世界的现代伊斯兰主义者具有某种鲜明的共性。丹尼在其《伊斯兰与穆斯林社群》（*Islam and Muslim Community*）一书中说，印尼将穆斯林原教旨主义者称为santris，“在印度尼西亚的santris穆斯林与其他地区的严格穆斯林之间存在着很大的相似性和很强的社群归属感。我在中东、南亚和东南亚的穆斯林国家旅行，所到之处，当我遇到santris类型的穆斯林时，不论他们来自哪个国家，通过他们强烈的正统信仰和行为模式，我总是能立刻感觉得出来。”[②] 现代伊斯兰主义者的思想具有跨国的影响，而现代伊斯兰主义组织也具有广泛的影响力。现代伊斯兰主义组织之间存在着跨国的密切联系，而某些思想极端分子还组织和

---

① Naveed S. Sheikh. The New Politics of Islam: Pan-Islamic Foreign Policy in a World of States [M]. London: RoutledgeCurzon, 2003. p. 35.

② Frederick M. Denny. Islam and Muslim Community [M]. Illinois: Waveland Press, 1998. pp. 6—7.

参与了国际恐怖组织，在世界各地采取恐怖行动。现代伊斯兰主义者倡导的是一种“以现代伊斯兰主义意识形态为基础的伊斯兰统一”，尽管这种模式具有更高程度的宗教同质性，符合伊斯兰乌玛“宗教性”和“同一性”的特征，但是现代伊斯兰主义仅仅是伊斯兰世界内部各种思想体系中的一种，其支持者在伊斯兰世界并不占绝对多数，其思想主张遭到其他思想潮流的批评和质疑。与此同时，现代伊斯兰主义者内部也具有不同的思想倾向，彼此分歧甚至对立。因此，现代伊斯兰主义难以真正重建统一的伊斯兰乌玛。

全球化时代通信和信息技术的快速发展，也对伊斯兰乌玛的重构产生影响。在西方的穆斯林广泛使用通信技术用于宗教用途。北美伊斯兰联合会运行着一个法特瓦中心，穆斯林可用免费电话进行查询。该中心的宗教学者通过网络向整个北美地区的穆斯林发布教令。[①] 利用电视、广播和互联网传播伊斯兰的信息，联系各地的穆斯林，已经成为伊斯兰国家、伊斯兰组织乃至穆斯林个人常用的手段和方式。大量的伊斯兰经典被制作成电子文本，在互联网上供各地的穆斯林下载。互联网对于穆斯林的边缘群体起到了异常重要的作用。首先，以往主要是中东伊斯兰核心区的宗教组织和群体具有较大的影响力，通过互联网，其他地区的穆斯林学者和伊斯兰机构也可以扩大自己的影响。其次，较为激进的伊斯兰主义者通过书面媒介传播思想受到所在国政府的严格限制，通过互联网他们可以比较方便地传播自己的思想和有关信息，显示自己的存在，并扩大影响。在伊拉克的一些斩首事件的信息就是通过互联网传布的。最后，散居于欧美等非穆斯林占主体国家的穆斯林，可以通过互联网找到精神寄托甚至社会力量的依托，并且可以借助互联网彼此联络，在遇到问题时互相支持，或者在现实社会中建立穆斯林社群。这种在全球化时代通过以通信和信息技术为基础的个体参与强化穆斯林的归属感和归属状态的现象，可以称为“以信息网络为基础的伊斯兰统一”。但一方面，只有能够享用信息网络的人才能参与这一过程；另一方面，从虚拟的网络落实到现实社会中的组织结构还有相当大的难度。因此，全球化时代信息网络的发展对伊斯兰乌玛重构的影响还有待进一步的深入研究。著名学者本尼迪克特·安德森（Benedict Anderson）将民族界定为“一种想象的政治共同

① Naveed S. Sheikh. The New Politics of Islam：Pan-Islamic Foreign Policy in a World of States [M]. London：RoutledgeCurzon，2003，p. 74.

体——并且，它是被想象为本质上有限的，同时也享有主权的共同体”[1]。

18世纪末开始出现的民族主义视为传统的宗教共同体衰落的产物。现实的伊斯兰世界是由独立的民族国家构成，穆斯林也分布在不同的民族国家之中。尽管乌玛作为传统的伊斯兰宗教共同体受到各种侵蚀，但是近代以来不断产生强化伊斯兰统一的思想和努力。很多穆斯林并没有放弃构建具有无限性、主权归于真主的伊斯兰宗教共同体——乌玛。这使伊斯兰世界在当今世界格局中具有很大的特殊性，重构伊斯兰乌玛的思想和努力将长期影响伊斯兰世界。

原载于《阿拉伯世界研究》2007年第2期

① ［美］本尼迪克特·安德森著，吴叡人译：《想象的共同体》，上海人民出版社2003年版，第5页。

纳斯尔教授的“圣道伊斯兰教”观初探

马效佩

一 纳斯尔其人其学

纳斯尔（Seyyed Hossain Nasr，公元1933年— ）教授，全名为赛义德·侯赛因·纳斯尔，穆罕默德后裔，什叶派穆斯林。现任美国乔治·华盛顿大学教授，主讲伊斯兰教学术与文化研究，是当今世界伊斯兰教学界最负盛名的学者、比较宗教学家和哲学家。出生于伊朗德黑兰，早年就读于美国麻省理工学院（Massachusetts Institute of Technology），获学士学位，后在哈佛大学攻读科学与学术史（History of Science and Learning），主攻伊斯兰教科学与哲学（Islamic Science and Philosophy），并相继获得硕士与博士学位。纳斯尔于1958年返回伊朗，在德黑兰大学担任主讲科学与哲学史的教授。1965年曾在哈佛大学讲学。1964年至1965年担任贝鲁特美国大学阿加罕伊斯兰研究院首任院长（First Holder of the Aga Khan Chair of Islamic Studies at the American University of Beirut）。纳斯尔曾任德黑兰大学副校长、伊朗雅里安·迈赫尔科技大学校长（Chancellor of the Arya-Mehr University of Technology in Iran）。纳斯尔也是伊朗哲学学会的创办者和首任会长。

纳斯尔教授曾在美国、欧洲、中东、巴基斯坦、印度、日本和澳大利亚讲学。1981年，他受邀在全世界最有影响的英国爱丁堡大学哲学家论坛进行吉福德演讲（Gifford Lectures），这是自1889年该哲学家论坛设立整整一个世纪以来第一位在此演讲的穆斯林哲学家，也是第一位东方哲学家在该论坛进行关于宗教与哲学的系列讲演。此次讲演共分十讲，它们组成后来著名的《知与圣》这部吉福德演讲集。[1] 1996 年 5 月，他受邀在伊斯兰堡召开的穆斯林世界科技发展大会上发表首席演讲。2000 年，他与哈佛大学燕京学院院长杜维明先生一起在哈佛大学主办了回儒文明对话会议，公开挑战亨廷顿提出的“文明冲突论”，引起国际学术界的巨大反响。

纳斯尔教授迄今为止已发表有影响的波斯语、英语、法语和阿拉伯语的专著 25 本、500 多篇论文，他的许多作品已被翻译成了数十种语言。他所发表的主要专著有：

(1) Encyclopedia of Islamic Philosophy《伊斯兰哲学百科全书》(主编)

(2) Encyclopedia of Islamic Spirituality《伊斯兰精神生活百科全书》(主编)

(3) Knowledge and the Sacred《知与圣》(吉福德演讲集)

(4) The Need for a Sacred Science《人类对一门圣的科学的需求》

(5) Living Sufism《鲜活的苏菲》

(6) Three Muslim Sages《穆斯林三贤哲》

(7) Science and Civilization in Islam《伊斯兰教培育的科学与文明》

(8) Ideals and Realities of Islam《伊斯兰教的理想与现实》

(9) Sufi Essays《苏菲文集》

(10) An Introduction to Islamic Cosmological Doctrine《伊斯兰教宇宙论概述》

(11) Man and Nature: Spiritual Crisis in Modern Man《人与自然：现代人的精神危机》

(12) Islamic Art and Spirituality《伊斯兰教的艺术与精神生活》

(13) Traditional Islam in the Modern World《现代世界中的圣道伊斯兰教》

由于纳斯尔在当今国际学术界的影响，一些国际著名学府已经在比较宗教学专业的博士研究生阶段开设了有关他的课程，把他的一些著作定为授课内容，如巴基斯坦伊斯兰堡国际伊斯兰大学宗教学系的比较宗教学专业等。

---

① Seyyed Hossain Nasr, Knowledge and the Sacred, The Gifford Lectures, 1981. Preface, p. 1. Suhail Academy Lahore, Pakistan.

还有许多学者开始研究他的学术思想，出版有专著，如土耳其学者阿德南·埃司兰（Adnan Aslan）撰写的 A Comparative Study of Religious Pluralism in Christianity and Islam，the Thought of John Hick and Seyyed Hossain Nasr（《基督教和伊斯兰教哲学中的宗教多元论——约翰·希克与赛义德·侯赛因·纳斯尔的思想之比较研究》）即为其中名著之一。

二 “圣道伊斯兰教”观

1. “圣道伊斯兰教”（Traditional Islam）的语言意义

“圣道伊斯兰教”是纳斯尔教授在阐释自己的伊斯兰教宗教观时所使用的一个规范性和标志性术语。1996 年 5 月中旬，纳斯尔教授应邀出席在伊斯兰堡召开的穆斯林世界科技发展大会作首席发言。大会期间，伊斯兰堡国际伊斯兰大学伊斯兰研究院特邀纳斯尔教授在国际伊斯兰大学发表题为《现代世界中的圣道伊斯兰教》的讲演。当时笔者正在国际伊斯兰大学攻读比较宗教学硕士学位，有幸聆听了纳斯尔先生的讲演。在这次讲演中，纳斯尔教授特别讲明了“圣道伊斯兰教”的语言含义和学术定义。他抱怨说，有一位学者在把他的 Traditional Islam 翻译成阿拉伯语时，使用了 al-Islamu-Attaqleediyyu “传统伊斯兰教”这个词语，其实是对他的原意的一种误解，正确而符合他本意的翻译应该是 al-Islamu-Assuniyyu “圣道伊斯兰教”。出现这种误读的原因就在于 Tradition 一词在英语中有两种用法，一种指一般意义上的“传统”，亦即传统思想、习俗、文化等，另一种是宗教学的专用术语，指的是宗教的延续之实和传承之统，如 Christian Tradition，Buddhist Tradition，Confucian Tradition 等，都是指这一宗教自诞生之初起一直在历史长河中流传下来的延续之实和传承之统而言的，并非一般意义上某种传统思想、习俗和做法而言。而他自己正是沿着宗教学上的这一术语意义使用这个词语的，但他的译者所使用的 al-Islamu-Attaqleediyyu “传统伊斯兰教”一词在阿拉伯语中却有一种明显的保守、复古、不思进取和凝固不化的含义，是一个略显贬义的词，极易造成误解。纳斯尔强调说，准确的翻译应该是 al-Islamu-Assuniyyu “圣道伊斯兰教”，在这里，圣道一词的对应词是 Sunnah，具体指的就是伊斯兰教的圣人穆罕默德的嘉言懿行，是全世界广大穆斯林所熟悉的“逊乃”即圣行或圣道。他强调，“圣道伊斯兰教”这个概念主要来源于伊斯兰教的“艾亥利逊乃—卧里—哲玛阿特”即遵循圣行的“大众派”，也就是所谓的正统派之谓。

在聆听此次讲演之前，笔者也曾专门阅读纳斯尔先生的著作和论文，也认为他讲的是一种传统的伊斯兰教观念和思想。国内也有学人注意到他的Tradition这一观念的重要性，撰文探讨时也使用“传统”一词来翻译他所讲的Tradition。[①] 自那次演讲后，笔者逐渐认识了“圣道伊斯兰教”这一概念。笔者曾想用“传统伊斯兰教”、“正统伊斯兰教”或“圣行伊斯兰教”这三个词语中的一个词语翻译纳斯尔的Traditional Islam，后来最终决定用“圣道伊斯兰教”来翻译这个词语，也与纳斯尔的那次讲演所得到的启迪直接有关，因为“传统伊斯兰教”略显保守和复古之嫌，不符合其原意；而“正统伊斯兰教”这个概念则由于极易与穆斯林学术界一直沿用的与什叶派相对的正统派概念产生混淆，因为纳斯尔所讲的Traditional Islam既涵盖了逊尼派中的正统派，又包括了什叶派中的十二伊玛目派和七伊玛目派两大流派，所以，“正统伊斯兰教”也不符合其原意；“圣行伊斯兰教”也因“圣行”这一属于伊斯兰教法学概念的词汇其内涵相对于纳斯尔所讲的Tradition要小得多，且不能涵盖为他所界定的伊斯兰教之外的其他Religious Traditions即“宗教圣道”，更不适合表述其思想。总之，不论是“传统伊斯兰教”、“正统伊斯兰教”还是“圣行伊斯兰教”这三个概念都不能准确地表述纳斯尔的原本思想。纳斯尔教授自己也明确表示，传统语言中并没有一个与英语Tradition相对应的词汇，他说：“由于上述原因，就各传统语言来说，它们并不拥有一个与Tradition恰如其分的相对应的词语。有一些基本词汇，诸如印度教和佛教的Dharma即‘法’、伊斯兰教的Al-Din即‘圣教’、道教的Tao即‘道’等，都是与Tradition一词的意义密不可分地连接在一起的，但并不是对等的。虽然这样，但由印度教、佛教、道教、犹太教、基督教、伊斯兰教以及其他正宗的宗教所创立的各个宗教世界和各个文明都是圣道的世界。”[②]

---

① 郭晶：《神圣的“传统”——当代伊斯兰学者纳斯尔“传统”观引介》，《宁夏社会科学》2003年第1期。

② Knowledge and the Sacred, What Is Tradition? p. 67.

所以，在经过深思熟虑后，终于想出了“圣道伊斯兰教”这个汉语中从来没有使用过的新词语来表述他的 Traditional Islam，现在提出来供学界的各位同仁探讨，愿得到方家指正。由于纳斯尔教授的“圣道伊斯兰教”观是在各大宗教的“圣道”这一总体理论框架中提出的，所以就有了“圣道佛教”、“圣道基督教”和“圣道儒教”这样的一系列概念。这实际上与伊斯兰教认为真主在各个不同时代、不同区域、不同民族中派遣了负有使命的圣人，让他们引导人类走圣道、追求真理，弘扬天道与人道有关。放在这样的大框架中去考察，我们才能理解他的“圣道伊斯兰教”观，也就不至于对“圣道佛教”、“圣道基督教”，甚至“圣道儒教”这样的新鲜概念的出现而感到奇怪了。

2. “圣道伊斯兰教”观的学术思想界定

在确定了“圣道伊斯兰教”这一词语概念后，我们来看看纳斯尔教授对他的学术术语界定。

“圣道伊斯兰教”这一概念在学术上的具体内涵是什么呢？纳斯尔在其《知与圣》吉福德演讲集、《现代世界中的圣道伊斯兰》、《鲜活的苏菲》等著作以及其他一些著作和文章中概述了其主要内涵，本文作者把他的“圣道伊斯兰教”观大致概括为以下一些主要内容：

一是《古兰经》与至圣穆罕默德的道路。具体指伊斯兰教的天启经典《古兰经》的启示以及逊尼派穆斯林遵循的“六大部圣训集”和其余各部著名圣训集、什叶派穆斯林遵循的“四大部圣训集”为其理论根本依据而连续不断地延续下来并传承了 1400 多年的伊斯兰教。

二是产生于伊斯兰教历史并且在现代世界中仍然活生生地存在并扮演着重要角色的各大伊斯兰教教派和学派。具体指逊尼派和什叶派两大传统教派；逊尼派中的四大教法学派哈乃菲派、沙菲仪派、马利克派和罕百里派；“凯拉姆”认主学中的艾什阿里学派和玛图瑞迪学派；由继承并矫正希腊哲学的传统而建立起来的各穆斯林哲学派别；各大苏菲学派和道统。

三是以教乘、道乘和真乘即（shareeat）“沙里亚提”、（tareeqat）“托里格提”和（haqeeqat）“哈给格提”三个层次为伊斯兰教宗教精神生活不可分割的全部内涵。三者缺一不可，互为表里，互为补充，互为完美，三者合起来组成一个完整的“迪尼”即圣教。反对只把伊斯兰教圈定在“沙里亚提”，即教法或教乘一个教条层次的某些近现代伊斯兰思想潮流；认为从完整的伊斯兰教中剔出了“托里格提”道乘和“哈给格提”真乘两个精神层次的 Modernist Islam，即“现代主义伊斯兰”是一种外在化了的、浅薄的、教条主义式的对伊斯兰教的解读，它失去了悟性，丧失了灵性，导致了纷争、僵化、精神委靡和创造力的湮灭。

四是承认伊斯兰教历史上各大学派对《古兰经》和圣训所做出的不同的解读和注解，既承认教法学家的解释和注释，又承认教义学家的解释和注释，也承认苏非的解释和注释。认为做出不同解释和注释的原因是侧重点不同，角度不同，层次不同，领悟不同，深度不同，而非故意曲解和蓄意篡改。

五是伊斯兰复兴是精神复兴和文化复兴，是积极、温和而宽容的自修与修他，也就是真正意义上的宗教复兴，而不是一场政治运动，更不是一次革命。伊斯兰教教义和历史不认识政治运动与暴力革命为何物，它们是现代西方社会的产物，是人失去与精神世界的联系后产生的一种反叛行为，与伊斯兰教教义和历史无关。伊斯兰教的复兴将一如既往地像自己的历史上所发生的那样，出现诸如伊玛目安萨里（Imam Abu Hamid Alghazzali）、筛赫阿卜杜里·嘎迪尔·吉俩尼（Shaikh Abdul Alqaadir Aljilani）、伊玛目然巴尼（Imam Ahmad Assarhindi Alrabbani）这样的圣洁领袖，在他们的引导下用（Tajdeed）“太基迪迪”维新或刷新的方式而完成。

六是“圣道伊斯兰教”并不是一个虚无的概念或者新生的事物，而是逊尼派和什叶派两大穆斯林主流派别从伊斯兰早期历史上延续并传承下来的活生生的 Tradition 即“圣道”，在历史上、在今天、在未来都是穆斯林世界的主流。它在历史上是一个强有力的存在，即使在现代世界中，它虽然呈现了某些衰弱或异化的迹象，但它仍然是一个活生生的现实存在，是遍布世界穆斯林各地活生生的“沙里亚提”教统和“托里格提”道统，前者就是逊尼派中四大教法学派、两大认主学派，什叶派中的十二伊玛目派和七伊玛目派的教法和教义传承，后者就是遍布伊斯兰世界每一个角落的逊尼派嘎迪林耶（Attareeqat Alqadireyyeh）、纳格什班迪（Attareeqat alnaqashbandiyyeh）、库布林耶（Altareeqat Alkubraviyyeh）、契斯提耶（Attareeqat Alchishtiyyeh）、苏哈拉瓦迪（Attareeqat Alsuharwardiyyeh）及其各个支派的苏菲道统。

七是“圣道伊斯兰教”并未过时，它将来也不会过时，因为它虽然一开始产生于一个特定的时代和地域，但并不局限于某一特定历史环境和事件，纳斯尔教授认为，它是“永恒而超时空的伊斯兰教天启精神的真实反映”，正是由于这一属性支撑着它，所以它永远不会过时，不仅如此，相反，它会得到复兴，就像它曾经在历史上多次复兴那样，“纯洁的伊玛目”和“圣洁的筛赫”将会应运而生，他们会刷新伊斯兰教的教统和道统，但他们不会搞政治运动，也不会搞暴力革命，他们会用仁爱精神和和平、宽容的方式刷新穆斯林的人格生命力和创造力。

八是“圣道伊斯兰教”的内核中包含着 Perennial Wisdom 或 Philosophia Perennis，即永恒的智慧或永恒的哲理。纳斯尔主张神圣智慧和永恒哲理是人类最宝贵的精神财富，它自古以来就伴随着人类，它不是任何一个民族、文化或宗教的垄断物，全世界各个源远流长的哲学和宗教都有它某种形式的体现，它至今仍然保存在各个文明当中，需要我们去认识和挖掘，并以之来保护人类的精神生活免遭物欲主义和虚无主义的侵害。在“圣道伊斯兰教”里，永恒哲理是通过教乘、道乘和真乘三个层次的修炼而达到的，它叫做“麦阿瑞法提”即真知。

九是“圣道伊斯兰教”坚持宗教多元论。在世界各大宗教中，伊斯兰教是从其诞生之初就以经典条文的形式正式承认了其他宗教合法存在的唯一宗教，并且这一传统一直得到了穆斯林的坚持，在传统伊斯兰教尤其是苏非道统中，这一点表现得更为明显。伊斯兰教认为真主作为全世界的主宰，在各个时代、各个地区和各个民族中派遣了不同的圣人作为他的特使，穆罕默德圣人是列圣链条上的最后一个环节，是集大成的至圣。他们所担负的精神使命的实质是相同的，即认识终极真理、追求永恒智慧、履行天道和人道，而其表现形式和礼仪却是多元的，这就构成了多元的宗教世界。各宗教和文明应该互相尊重，共建人类文明和睦大家庭。

十是对“圣道伊斯兰教”在思想上形成挑战的势力：纳斯尔认为，“圣道伊斯兰教”在现代社会的延续和传承受到了有史以来最为严重的挑战，挑战既来自伊斯兰世界的外部，又来自伊斯兰世界的内部。

来自外部的挑战就是产生于西方并迅速在世界各地传播开来的现代主义。他认为现代主义的灵魂就是唯科学主义，唯科学主义下的人只知物质，只顾享乐，沉湎于物欲追求，丧失了圣洁，失去了与精神世界的联系，变成了普罗米修斯式的反叛者。道德败坏、理想破灭、人格分裂、家庭破裂、社会失义、价值湮灭、战乱不断、生态失衡等都是现代主义精神危机的具体表现。在那里，科学变成了新的上帝即人人崇拜的对象，人为获得科技力量而不顾一切，成了力量和权势的奴仆，所以，它对“圣道伊斯兰教”构成了严重威胁。而伊斯兰教则认为科学和宗教是和谐的孪生姊妹，互为补充，互为完美，并不矛盾。

纳斯尔认为，来自内部的挑战有三种，第一种是对伊斯兰教的清教徒主义式的解释，第二种是对伊斯兰教的唯理性主义式的解释，第三种是对伊斯兰教的马克思主义式的解释。前者攻击历史、思想、文学、艺术、苏菲行知、认主学、哲学甚至法学等伊斯兰教在其整个历程中建立起的文明瑰宝，提倡简单的复古，导致了文化和历史真空，摧毁了伊斯兰文化遗产，使思想、文化、哲学变得前景狭窄。最为严重的是，它以反对“异端”为借口否定了人的创造性，导致了生命力的颓废。唯理性主义则只以个人的理性为主宰，反对天启真理和超验精神，不知悟性和灵顿的知识，实际上是在挖伊斯兰教的传统认识论的墙角。后者则以马克思主义式的斗争哲学解释伊斯兰教，提倡搞政治运动和暴力革命，甚至说建立伊斯兰政府是伊斯兰的最终目的，使穆斯林世界面临伊斯兰教被推向外在化和政权化的危险。

以上十点的列项及排序只是笔者对纳斯尔教授所讲述的“圣道伊斯兰教”观的概述和结辑，并非纳斯尔自已的逐条论述，现在提出来，抛砖引玉，以供各位同仁参考，它不可能面面俱到，如有遗漏之处，敬请补正，共做探讨。

三　对“圣道伊斯兰教”观的一些浅思

综观纳斯尔的“圣道伊斯兰教”观，不能不说它是一个非常庞大的伊斯兰教思想体系。它不仅涵盖了有关教法、教义、哲学、苏菲修行方面的一系列问题，而且还涵盖了伊斯兰教两大派别逊尼派和什叶派，且对两大派别的各个支派和不同表现形式也都宽容地予以接纳。它也不仅解说了“圣道伊斯兰教”的内部结构，而且还点明了对“圣道伊斯兰教”构成挑战的外部和内部势力。它也不仅是在解说关于伊斯兰教内部各派之间的关系问题，而且也在构建伊斯兰教与其外部的其他宗教和文明的关系问题。它不仅在述说伊斯兰教的复兴问题，而且还在界定真正的伊斯兰复兴的模式问题。它不仅在解读伊斯兰教的历史，而且还在解读伊斯兰教的现状并展望伊斯兰教的未来走向问题。

首先，我们发现，纳斯尔的“圣道伊斯兰教”观是一个崭新的宗教思想理念。它的崭新之处不仅表现在把世界上各大宗教都纳入“圣道宗教”这一理论框架之中，而且还突出表现在它容纳了逊尼派和什叶派这两大在历史上长期对立的伊斯兰教宗教派别，在整个伊斯兰教历史上第一次破天荒地用一个全新的理念把两者都涵盖在“圣道伊斯兰教”这一思想观念中。不管世人是否准备接受，这的确是一个重大的理论突破，说明纳斯尔教授作为一个穆斯林学者、一个出生于什叶派的穆斯林学者所具有的学术勇气和胆识，他是冒着既有可能被自己的什叶派所排挤，也有可能被逊尼派所拒绝，甚至被两者都抛弃的巨大风险而提出这一理论的。因为在此以前，逊尼派和什叶派各自认为自己就是圣道的代言人，互相排斥、互不承认。纳斯尔的勇气和胆识似乎正在得到部分穆斯林学者的欣赏：在他的“圣道伊斯兰教”观提出十几年后，他在巴基斯坦伊斯兰堡国际伊斯兰大学进行关于 Traditional Islam 的讲演时在座的专家学者并没有对这一点表示质疑，虽然他的宗教多元论等其他一些论点受到了一些教授和专家的当场质疑。

其次，我们发现，“圣道伊斯兰教”观是一个非常宽容的宗教思想体系。其宽容不仅表现在对伊斯兰教内部各教派的态度上，而且也表现在它对其他各宗教和文明的态度上。它主张逊尼派和什叶派都是圣道，各伊斯兰法学派别、认主学派别、哲学派别、苏非学理和道统都属于圣道，旨在消除狭隘与偏见，提倡互认互解；它也主张世界各大宗教和文明中都包含着作为人类终极追求的永恒哲理，都是历史上的先圣遗留在人间的“圣道宗教”，主张各大宗教从本原上都来源于肩负引导人类走正道的使命的圣人，其存在、延续和信仰自由属于合法合理。它以宗教多元论作为其理论依据，主张和谐的多元并存。各宗教信徒应互相尊重，建立人类和睦的大家庭。在上文提到的那次讲演中，他就公开表明“孔子就是真主差遣给中国人的圣人”这一立场，否则，他说，就无法解释中国连续几千年的文字记载的悠久历史。会后，当笔者告诉他有一部分明清之际的中国穆斯林学者就主张孔子是一位圣人时，他对笔者说：“你应该坚持他们的观点，那是正确的。”纳斯尔挖掘了伊斯兰教苏非学理中早就存在的宗教多元论，以此作为自己的“圣道伊斯兰教”观的宽容理念基础，这在一些穆斯林由于种种外在原因而产生盲目排外情绪、在伊斯兰教几乎普遍被外界认为是狭隘、极端、有偏见，不能与其他文明和宗教共享这个世界的时代是很难能可贵的。在这一点上，纳斯尔与主张宗教多元论的基督教学者约翰·希克不谋而合，希克也承认自己是受了东方尤其是伊斯兰教苏菲思想和印度教思想的影响而发展出了他的宗教多元论的。[①]

再次，我们发现，这个体系在思想立场上与“伊斯兰现代主义”、“原教旨主义”、“教条主义”、“唯理性主义”和“伊斯兰政治化”、“伊斯兰革命化”的近现代倾向是非常不同的。虽然纳斯尔在其著述和论文中一般不使用原教旨主义这个名词，因为穆斯林学者都认为这个起源于基督教历史的词汇并不能完整地表达在伊斯兰教背景下产生的思想和事物。但纳斯尔教授的思路是清楚的，立场是明确的。“伊斯兰现代主义”、“原教旨主义”、“教条主义”和“唯理性主义”的一个共同特征就是反对传统伊斯兰教对宗教的“沙里亚提”教乘、“托里格提”道乘和“哈给格提”真乘论这个“三乘之说”的，他们都主张伊斯兰教只有“沙里亚提”，而没有所谓的道乘和真乘可言，更不问津“麦阿瑞法提”（Maiarifat）真知的可能性。纳斯尔坚决从伊斯兰教学者的传统立场出发，主张伊斯兰教三乘不可分割，缺一不可。在这一点上，我们发现他是与伊玛目安萨里、筛赫阿布杜利·嘎迪尔·吉拉尼（Shaikh Abudul Alqaadir Aljilani）、伊本·阿拉比（Ibn Alarabi）、伊玛目然巴尼、伊克巴尔博士（Dr Muhammad Iqbal）和明清之际的一代中国穆斯林学者刘介廉、马注、王岱舆等历史上的传统伊斯兰教代表人物保持一致的，而与穆罕默德·本·阿卜杜里·万哈布（Muhammad Ibn Abdul Wahhab）、赛义德·古特布（Seyyid Qutub）、毛杜迪（Almaudoodi）等近现代穆斯林思想家持相反的立场。这个体系也不赞同对伊斯兰所做的“马克思主义式的解释”，因为伊斯兰教并不是建立在“阶级斗争”基础之上的，而是以顺服真主、追求和平为自己的唯一使命的，因此，这个体系是不赞成“伊斯兰政治运动”和“伊斯兰革命”的。这就解释了为什么纳斯尔对伊朗“伊斯兰革命”以及穆斯林世界各地近现代产生的“伊斯兰政治复兴运动”持保留态度。

---

① 张志刚：《什么是宗教学?》，北京大学出版社 2002 年版，第 292 页。

最后，我们还发现，他也是积极主张伊斯兰复兴的，但在他那里，伊斯兰复兴并不是一场政治运动，也不是一场革命，而是一场人格生命力的再生，精神生命的重塑和文化再创力的焕发。这种复兴的手段是征服自我，改变自我，创造自我，升华自我，它是冲穆斯林自己而来的，是为提升穆斯林自己的人格品位和文化创造力而来的，而不是针对他人的。其目的是促使穆斯林的思想、文化、哲学、艺术和学术获得新生，是一场内在的认识升华，而不是建立外在的"伊斯兰政府"，倡导要"输出"的"伊斯兰革命"，在这一点上，他与近现代伊斯兰复兴运动保持谨慎的距离。因此，纳斯尔的伊斯兰复兴是一场温和的文化、思想和精神复兴。

可见，纳斯尔的"圣道伊斯兰教"观是近几十年来一位具有国际影响的穆斯林宗教学家和哲学家发展出的一个崭新理论，它是在穆斯林世界面临外患内忧，"伊斯兰复古运动"、"伊斯兰政治化"、"伊斯兰现代主义"、"伊斯兰社会主义"思潮这样一些时代背景下，一位既扎根于伊斯兰教传统宗教思想，又接受过西方高等教育的具有独立人格和思想的穆斯林宗教学家和哲学家对伊斯兰教世界本身所做的一场反省，是对伊斯兰教世界自身之外的世界和文明的再认识和再探索，是对穆斯林应该如何对待自己的历史、如何建设自己的现在和构造自己的未来的思索，是如何处理内部互相认同的问题、如何正确构建与外部世界和谐共存的理论尝试，具有非常重大的穆斯林"文化自觉"意义。目前，对纳斯尔的"圣道伊斯兰教"观的异议主要来自穆斯林内部，特别是一些具有"原教旨主义"倾向的派别，主要集中表现在他的"圣道伊斯兰教"观所包含的对逊尼和什叶两大教派的积极态度即承认两者都是圣道；重提伊斯兰教传统的三乘之说；宗教多元论；对"伊斯兰政治复兴运动"的保留态度等。这是任何一种新的理论所无法避免的，也是需要纳斯尔教授做出合乎伊斯兰教传统和世人认同力的理性回答的。我们也看到，有一大批包括逊尼派和什叶派在内的穆斯林学界人士尤其是苏非道统的代表人物已经对他的"圣道伊斯兰教"观表示理解和欢迎，形成了一股潮流。这是伊斯兰教世界产生的一个新的宗教思想动态，需要我们去关注和研究。

"圣道伊斯兰教"观在穆斯林世界的命运以及如何借鉴它为我国当前建立和谐社会的实践中处理信仰伊斯兰教各民族的问题提供新思路、如何正确引导我国的伊斯兰教，乃至对我们地球村建立一个和谐的人类大家庭有着非常积极的现实指导意义。我国有 2000 万穆斯林，有 10 个民族几乎全民信仰伊斯兰教，穆斯林人口占世界总人口的1/5多，我们不得不承认，这样一个宗教的思想走向，的确关乎全人类的命运和未来，如何搞好宗教和其他文明间的对话与和谐的确是21世纪向人类地球村提出的严峻挑战，如何批判某些西方人鼓吹的“文明冲突”论，不让它成为人类新一轮冲突和战争根源的理论根据，让人类生活在和平、和谐与兄弟情谊之中，在这些问题上，纳斯尔教授的“圣道伊斯兰教”观无疑会对我们当前建设和谐社会的理论与实践具有相当积极的启迪意义。

原载于《西北民族研究》2006年第1期，转载于中国人民大学复印资料《宗教》2006年第3期

纳斯尔教授的伊斯兰哲学史观述评

周传斌*

赛义德·侯赛因·纳斯尔博士（Dr. Seyyed Hossein Nasr），1933年出生于伊朗的德黑兰，在美国麻省理工学院获得理学学士学位，然后到哈佛大学学习科学与学术史，尤其关注伊斯兰科学与哲学，先后获得硕士和博士学位。1958年，25岁的纳斯尔回到德黑兰大学，任科学与哲学史教授，1972年任阿亚·麦赫尔大学（Arya Mehr University）校长，1974年组建伊朗哲学研究院并任首任院长。1979年后移居美国，执教于美国费城圣殿大学（Temple University），1984年至今执教华盛顿大学。他是第一个被邀请做吉福德讲座（Gifford）的穆斯林学者。迄今他已用四种文字出版近50部著作，发表论文500余篇，涉及哲学、科学、宗教、艺术、文学、文明对话、自然环境等诸多领域，在东西方都有广泛的影响。①。

纳斯尔教授在哲学观上秉承“传统学派”（Traditionalist School）的观点，该学派又以“永恒哲学”（Perennial Philosophy）、“永恒主义”（Perennialism）著称。其创始人有三个：法国学者瑞纳·古埃农（René Guénon）、锡兰（今斯里兰卡）学者库玛拉斯瓦米（Ananda Coomaraswamy）和瑞士神秘主义学者舒昂（Frithjof Schuon，公元1907—1998年）。纳斯尔则是舒昂忠实的弟子和追

---

* 周传斌，宁夏大学政法学院教授、博士，外国哲学专业研究生导师，西北民族大学伊斯兰文化研究所兼职研究员。

① 关于纳斯尔教授及其研究，参见高健龙：《伊斯兰宗教哲学家纳斯尔》，《世界宗教文化》2006年第1期，第11—12页。郭晶：《神圣的“传统”——当代伊斯兰学者纳斯尔“传统”观引介》，《宁夏社会科学》2003年第1期，第62—66页。马效佩：《纳斯尔教授的“圣道伊斯兰教观”初探》，《西北民族研究》2006年第1期，第167—175页。

随者。该学派特别重视前现代、非西方的智慧传统，认为各大宗教传统都可上溯到同一个本原，即“永恒智慧”或“神授智慧”，而现代西方则恰恰中断了其与这一神圣源头的联系。纳斯尔认为，永恒智慧存在于各大传统之中，通过我们直观到的不同的形象——如使者、先知、化身、圣子或者其他传达者——启示或者显现给人类，这一永恒智慧，在西方传统中就是拉丁文的 sophia perennis，在印度传统中就是梵文的 sanatana dharma（恒法），在伊斯兰传统中则是阿拉伯文的 al-ḥikmah al-khālidah（永恒智慧）。[①]

因此，纳斯尔所代表的传统学派强调知识的神圣性，认为“现代”与“传统”的区别不是时空范畴内的“先后”关系，而是在同超验、永恒、神圣之域的关系上的“圣俗”关系。这样，传统学派已经进入了社会批评的领域，对现代性的“进步”、“进化”等观念提供了有价值的反思。作为与西方思想关系密切而又迥然相异的思想体系的伊斯兰思想传统，就提供了纳斯尔教授实践其上述思路的最佳资源。在“神授智慧”这一核心概念的引领下，纳斯尔教授找到了贯穿伊斯兰哲学史的“纲”，重构了伊斯兰哲学史的框架和体系，并最终在他与奥利弗·利曼主编的《伊斯兰教哲学史》（1996 年）中表达出来。下文将主要介绍纳斯尔教授的伊斯兰哲学史观，并对其做简要的评论。

一　对伊斯兰哲学史研究中的东方主义模式的批评

纳斯尔教授指出，伊斯兰哲学史研究的真正开端是 19 世纪中期以来欧洲东方学家对伊斯兰教的研究。这个研究传统先天具有的欧洲中心主义和东方主义视角，使其不可避免地有重大的观点上的缺陷；但由于“先入为主”，这一研究传统却自 19 世纪以来有着最为广泛的学术影响力。

19 世纪中期，哲学史研究在德国和其他欧洲国家兴起。虽然很多西方学者试图“科学地”研究伊斯兰哲学，但他们却受制于自身学术传统的局限性。当代美国学者沃尔夫指出：西方哲学传统在某些方面是很狭隘的，如它

① Seyyed Hossein Nasr, *Knowledge and the Sacred*, The Gifford Lectures, 1981. State University of New York Press, 1989. p. 67.（赛义德·侯赛因·纳斯尔著《知与圣》，纽约州立大学出版社 1989 年版。）

几乎都是由“过世的白人男性”（dead white males）的作品所构成，几乎听不到任何女性或有色人种的声音；他接下来引证了休谟、康德、黑格尔作品中对有色人种的无知的蔑视[①]。这种学术传统的局限性集中表现在“Orientalism”这一概念上，它有三个方面的含义：一种学术研究学科（此时译为“东方学”），一种思维方式，一种权力话语方式（此时译为“东方主义”），而三者往往相得益彰。1978 年，爱德华·萨义德（Edward W. Said）的名著《东方学》出版，在世界范围内引起了广泛的关注和争论。萨义德指出，“东方”并非一种自然的、地理的存在，乃是被“西方”建构起来的一种文化和政治的现实[②]。后来，齐亚乌丁·萨达尔（Ziauddin Sardar）又著述了同名著作，梳理了东方主义的历史，他指出，东方主义所关注的不是“东方”，而是“西方”自身，只不过这种关注“是通过对一个虚构的被称为东方的对象的想象来体现的”。[③] 此后，这种“东方主义”的视角又通过欧洲的全球扩张被输入到各个国家和地区，使得发展中国家的知识分子在很长时期内也不自觉地受到其影响。

当然，作为学科的“东方学”在历史与文化研究领域是有贡献的，但作为一种思维方式的“东方主义”却是非常狭隘的。而很多时候，欧洲学者会不自觉地陷入“东方主义”的泥潭，使得其“东方”研究带有很强的欧洲中心主义和先入为主的偏见。伊斯兰哲学史研究就起源自这样一个戴着有色眼镜的学科：东方学。“近七个世纪的时间，在诸如巴黎、鲁汶、帕多瓦和波洛尼亚这样的地方，此种关于伊斯兰哲学的观点被作为西方学术史的一部分讲授”[④]。这种关于伊斯兰哲学的观点认为，伊斯兰—阿拉伯哲学是一种中世纪的哲学形态；主要充当了“二传手”的角色，即在保存、翻译、注释以及向欧洲输回亚里士多德哲学方面作出了贡献，但独创性很少；伊本·鲁世

---

① ［美］罗伯特·保罗·沃尔夫（Robert Paul Wolff，1933— ），《哲学概论》之“西方哲学传统的限制”。广西师范大学出版社 2005 年版。第 33—36 页。

② ［美］爱德华·萨义德（Edward W. Said），王宇根译：《东方学》，生活·读书·新知三联书店 1999 年版。

③ ［英］齐亚乌丁·萨达尔（Ziauddin Sardar），马雪峰、苏敏译：《东方主义》，吉林人民出版社 2005 年版，出版导言，第 2 页。

④ Seyyed Hossein Nasr and Oliver Leaman (Ed.), *History of Islamic Philosophy*, London; New York: Routledge, 1996. p. 12.（［美］纳斯尔和奥利弗·利曼主编：《伊斯兰哲学史》，1996 年版。）

德（阿维罗伊）是中世纪伊斯兰哲学的巅峰和结束。这种观点不仅长期在西方流传，而且也影响了近代以来到欧洲求学的穆斯林学者，“虽然身为穆斯林，这些学者却是从西方资源学习他们的伊斯兰哲学，并仍旧在通过他人的眼睛来寻求自己的学术认同”[①]。在我国，多数已出版的阿拉伯（或伊斯兰）哲学史著作也大多秉承上述思路，把伊本·鲁世德作为中世纪阿拉伯哲学的巅峰和结束。

纳斯尔教授认为，上述此类观点的主要缺陷是：

第一，把伊斯兰哲学等同于阿拉伯哲学，缩小了伊斯兰哲学的理论内涵和地理范围。纳斯尔教授指出，首先，从语言说，虽然多数伊斯兰哲学著作是用阿拉伯语写成的，但自伊本·西拿时代就同时有很多波斯文著作；其次，从民族背景说，虽然有重要的阿拉伯哲学家如铿迪和伊本·鲁世德，但更多的是波斯哲学家，以及少量的突厥、印度背景的哲学家；在大多数时候，波斯才是伊斯兰哲学的主要阵地。

第二，把受希腊哲学影响的哲学家作为伊斯兰哲学的顶点，忽视了伊斯兰哲学的时间延续性和其独特的发展脉络。此观点认为，伊本·鲁世德达到了中世纪伊斯兰—阿拉伯哲学的顶峰，其基本倾向是反宗教的、崇尚理性的；此后伊斯兰—阿拉伯哲学走向了衰落。这显然反映的是近代西方启蒙主义时代崇尚理性与科学的时代背景，而恰恰忽视了伊斯兰哲学重视精神性价值和心灵净化的独特取向。

正是从对东方学式的伊斯兰哲学史观的反思入手，纳斯尔教授开始提出并构建了立足在伊斯兰传统内部视角的哲学史框架。

二 纳斯尔论伊斯兰哲学的概念

什么是伊斯兰哲学？纳斯尔在其主编的《伊斯兰哲学史》导言中下了一个定义：“伊斯兰哲学是由阿拉伯、波斯穆斯林以及后来的突厥、印度和马来穆斯林等创造的，基于通常是由基督徒完成的翻译，并受到基督教和犹太

① Seyyed Hossein Nasr and Oliver Leaman (Ed.), *History of Islamic Philosophy*, London; New York: Routledge, 1996. p. 13.

教与希腊哲学的某些互动的影响，而且，伊斯兰哲学运作于一个由古兰启示和‘认主独一’原则所主导的世界。在这样一个世界里，一个哲学传统得以产生，成为中世纪犹太哲学兴起的催化剂，并对基督教西方的哲学和神学产生了重要影响。”[①] 这样，伊斯兰教哲学必然是“伊斯兰教”背景中的哲学，必须被视为这一文化传统的一部分，而非单纯的古希腊哲学的移植或嫁接；而且，伊斯兰哲学传统有其时间和空间上的广延性，不能仅被视为“中世纪”的或“阿拉伯”的；最后，这样一个独立的哲学传统必然能够对人类的智慧和学术生活产生独特的贡献和影响。

我们通常所使用的 philosophy（哲学）一词，显然是一个来自古希腊的概念，“哲学”也因而被看做是产生于古希腊的一种独特的智慧形式。那么，在伊斯兰传统中，用什么样的术语来指称“哲学”呢？纳斯尔教授在《伊斯兰哲学史》的第一章中就谈到了伊斯兰传统中“哲学”的概念问题。在阿拉伯语中有一个来自古希腊的词汇 *Falsafah*（哲学），但伊斯兰历史上的哲学家和思想家似乎更喜欢另一个直接源于《古兰经》和圣训的阿拉伯语词汇 ḥikmah（智慧、哲学）[②]。历代以来，不同学派的穆斯林学者们一直寻求定义 *ḥikmah* 的含义，他们都引证一段圣训：“获得 ḥikmah 是你们的责任，善行存在于 ḥikmah 之中”。这段圣训把寻求智慧（ḥikmah）作为穆斯林的一项义务，就与古希腊“哲学就是爱智”的传统巧妙地对接起来，使得哲学研究在伊斯兰学术传统中获得了合法性。

而且，ḥikmah 所代表的不是人类的小智慧，而是来自真主恩赐的一种“神授智慧”或“永恒智慧”。al-Ḥakīm（智慧，与 ḥikmah 同根）是真主的尊名之一，也是《古兰经》的名称之一。《古兰经》第 31 章“鲁格曼章”[③]

---

① Seyyed Hossein Nasr and Oliver Leaman (Ed.), *History of Islamic Philosophy*, London and New York: Routledge, 1996. p. 17.

② ḥikmah，阿拉伯语意思是“智慧，聪明”，与‘aql 一词同义。又解释为“哲学、哲理”，“睿智、明智”，“格言、成语”等意义。作为术语“哲学”时与 Falsafah 同义。斜体字的词汇为阿拉伯语的拉丁字母转写。

③ 鲁格曼（Luqmān）是一位智者（ḥakīm），他是阿拉伯传统中的人物，他的具体人生不详，他以“长寿者（Mu'ammar）”著称。他是完美的智慧的典型，即，身处低下的地位，作为奴隶或木匠，但拒绝世界性权力和一个王国。他的智慧深受阿拉伯人尊重，据说他是埃塞俄比亚的黑人，原是一名奴隶。犹太人的经典中未曾提到他。他的寓言很像伊索寓言（Aesop's Fables），因此有人说他就是伊索。本章揭示了什么是真正的智慧，即：真正的敬拜安拉，积极地入世奉献。

表达了对智慧（ḥikmah）和智者的赞美；《古兰经》中还有不少把“经典(kitāb)”和“智慧（ḥikmah)”并提的经文，如：“他要教他经典和智慧”(3：48)；“我已赏赐你们经典和智慧”（3：81)。伊斯兰哲学家们由此认为，这表明真主通过启示所揭示的东西，同样真主也使其成为可通过智慧获得的东西，而智慧又是通过理智“阿格力”（‘aql）达到的；因此，对伊斯兰哲学家来说，哲学就是运用人类的理性，寻求真主隐藏在世界万物中的礼物——ḥikmah（智慧)，以完善自己的灵魂，向真主（亦即真理）接近。哲学（ḥikmah 或 Falsafah）也就成为启示的补充、证明或延续，其与先知预言的关系并非是对立的，而是先知时代结束以后的学术继承者；哲学成果最终不是靠人的能力获得的，而是靠真主恩赐的智慧获得的。

在这种意义上，纳斯尔认为，ḥikmah 一词翻译成英文的 Theosophy(神智学）更合适。Theosophy，译为“神智学、通神学、通灵学派”等。纳斯尔认为，该词的最初含义是“关于神圣的奥秘的知识”，该词意味着既非狭义的哲学（philosophy）又非神学（theology）的一种智慧形式。古代的哲学，一直具有强烈的神智学的色彩，注重知识的神圣性，以及人与终极真理的直接、神秘的沟通。这些思想资源包括起源于古埃及亚历山大里亚学派的赫尔墨思主义[①]、古印度的《吠陀》传统、古波斯的索罗亚斯德教（祆教）和亚里士多德以前的古希腊哲学。亚里士多德树立了哲学的理性传统，今天的西方哲学主要是建立在亚里士多德主义之上的，这一理性传统虽然对人类文明贡献良多，但也有着先天的缺陷，即对亚里士多德之前的神智学传统所带来的知识的神圣性的丢失。而纳斯尔要指出的是，伊斯兰哲学正是建立在这一古老的神智学的传统之上，走了一条不同于西方哲学的道路，保存

① 赫尔墨思主义（Hermeticism）是一种据说源于古埃及的神秘主义思想。1463 年，佛罗伦萨的 Marsilio Ficino（公元 1433—1499 年）翻译了被认为可能是由古埃及的 Hermes Trismegistus (three-times master）所做的一批文稿。Hermes Trismegistus 被认为接受到了关于物理世界的神圣知识，如同摩西接受到了关于道德世界的神圣知识一样。这批文献声称造物主以数学语言书写了宇宙的奥秘，只有少数研究神秘学的人才能透过表面现象洞彻这些奥秘。有学者认为这些文献实际上是在 3 世纪之前出现在埃及亚历山大里亚，由埃及、希腊、犹太、诺斯替以及少许基督教的资源会合而成。实际上，在 15 世纪以前，这些不为欧洲人所知的文献和学说一直在穆斯林世界流传。一些穆斯林学者认为赫尔墨思即《古兰经》中的古代先知易德里斯，并认为他是哲学之父。15 世纪以后，随着文献的翻译，在欧洲出现了新赫尔墨思主义并流传至今，其影响主要表现在三个方面：炼金术、数字学和字母魔术（密码和隐喻)。在王家瑛著《伊斯兰宗教哲学史》中，误以为此即希腊神话中的赫尔墨思神，是不正确的。

了与理性主义相互参照的另外一种古老的智慧资源。西方哲学与伊斯兰哲学的分道扬镳，主要是在中世纪，亚里士多德理性主义在伊斯兰世界因安萨里的批判而丧失了其影响力，与此同时，欧洲却通过伊本·鲁世德（阿维罗伊）而重新认识和接受了理性主义。而在今天，西方文明由于工具理性的困扰而彷徨无依时，伊斯兰哲学传统所保存的另外一种智慧资源是否应该被重新加以审视和评价呢？

显然，只有了解以上这些伊斯兰哲学家关于哲学源头、哲学与启示的关系、伊斯兰哲学的独特性的理论，才能够正确认识伊斯兰传统中对哲学的认识和定位。纳斯尔教授指出，这个重视精神纯洁、灵魂完善的哲学传统从来没有中断，只要有伊斯兰教存在的地方，这一哲学传统都以某种特定的形式留存至今："此种致力于揭示关于事物性质的真理并把精神知识与个人生存的纯净与完善相结合的哲学概念，在任何有伊斯兰哲学传统流传的地方一直延续到今天，并且在事实上以持续至今的伊斯兰哲学传统的最杰出代表们的存在而具体表达出来。"①

三 构建伊斯兰哲学传统的时空延续性

纳斯尔教授的伊斯兰哲学史观，最重要的内容就是系统论证了伊斯兰哲学的时空延续性，从而颠覆了东方主义的伊斯兰哲学观。这一凿通今古的学术思路，的确振聋发聩，好比是把原来散落的珍珠有机地穿在一起，成为美丽的珠链，一部新的伊斯兰哲学史也随之诞生了②。串珠的链子，就是前述的ḥikmah（Theosophy 神智）这一关键概念。纳斯尔教授对伊斯兰哲学史的延续性的梳理，有以下几个重要的观点：

1. 《古兰经》和《圣训》是伊斯兰哲学的源头

纳斯尔教授十分明确地把伊斯兰哲学与伊斯兰教本身联系起来："如果

① Seyyed Hossein Nasr and Oliver Leaman（Ed.），*History of Islamic Philosophy*，London and New York：Routledge，1996. p. 24.

② 这里的"新"是相对于前述东方学式的思路而言，如果从根本上说，这部伊斯兰哲学史不但不"新"，反而很"旧"，因为它才是原初的、伊斯兰的哲学史。

从其自身观点看，由于整个伊斯兰哲学传统有长达1200年的历史并持续至今，则非常明显，如同伊斯兰的所有东西一样，伊斯兰哲学也是深深根植于《古兰经》和《圣训》之中的。伊斯兰哲学是伊斯兰的，不仅由于事实上它是在伊斯兰世界由穆斯林培育起来的，而且因为它以伊斯兰的启示为源泉获得其原则、灵感和很多它所关注的问题"[①]，伊斯兰哲学因此"可被恰当地称为'先知性哲学（prophetic philosophy）'。"[②] 这可以从以下几个方面来认识：

首先，所有的伊斯兰哲学家都是在《古兰经》和《圣训》主导的伊斯兰教世界里进行其哲学思考的，由此催生了独特的伊斯兰哲学。即使是被认为倾向于理性主义的伊本·西拿（阿维森纳）和伊本·鲁世德（阿维罗伊），"当遇到难题时，伊本·西拿会去清真寺祈祷；而伊本·鲁世德则曾是科尔多瓦的法官（qāḍī），这意味着他自身就是伊斯兰教法权威的体现"[③]。

其次，《古兰经》倡导的"智慧"（Ḥikmah）和"真理"（Ḥaqīqah），被哲学家对应于哲学活动。真主的尊名之一就是"罕格（al-Ḥaqq）"或"真"，al-ḥaqīqah（真理）则是《古兰经》的内在本质；伊斯兰哲学家的目的就是寻求真理，理解真主的启示并向真主本身接近；在后一个意义上，Al-ḥaqīqah就成了苏菲术语中的"真乘"。

再次，伊斯兰哲学家对《古兰经》的某些章节做了哲学性注释，构成了伊斯兰哲学的一种重要存在形态。哲学家的注解是《古兰经》注释中一个重要的种类，与法学的、文字学的、教义学的以及苏菲的注解并列。其中最著名的如被称为"光明节（āyat al-nūr，《古兰经》24：35）"的经文，伊本·西拿、毛拉·萨德拉等都曾专门就此节经文写过注释。

最后，《古兰经》的某些主题主宰着伊斯兰哲学的历史。如"认一论"、世界有始还是无始、真主对世界的知识、宇宙论和末世论等，这些问题之所

① Seyyed Hossein Nasr and Oliver Leaman（Ed.），*History of Islamic Philosophy*，London and New York：Routledge，1996. p.27.

② 同上书，p.28. 所谓"先知性哲学"可以理解为"建立在先知所带来的启示基础上的哲学"，因此哲学活动是先知时代之后的一种重要的学术活动。另外，在穆斯林学者看来，《古兰经》和《圣训》作为神圣的文本，所体现的是直接来自造物主的启示，而不是人类的作品或思想；因此，经典本身不能被作为人类的哲学活动来加以分析，而只能作为哲学的源泉。

③ Seyyed Hossein Nasr and Oliver Leaman（Ed.），*History of Islamic Philosophy*，London and New York：Routledge，1996. p.28.

以成为伊斯兰哲学家关注的主题，乃是因为其与伊斯兰教义有直接的关系。

2. 阿拉伯逍遥学派是哲学伊斯兰化的尝试阶段

阿拉伯逍遥学派（mashshā'ī，Peripateticism）泛指那些受古希腊哲学影响的伊斯兰哲学家，包括伊斯兰东方（“阿拔斯王朝”）的铿迪、法拉比、伊本·西拿、塞法同志社，以及伊斯兰西方（安达鲁西亚）的伊本·巴哲、伊本·图非利和伊本·鲁世德等著名的哲学家和流派。这些都是以往的伊斯兰哲学史或阿拉伯哲学史研究的重点。但西方学者一般把其看做是古希腊哲学的不成功的移植，这些哲学家的理性主义与伊斯兰教义产生了冲突，以安萨里对哲学的批判和伊本·鲁世德遭流放为标志，哲学在伊斯兰世界衰落以至绝迹，只是在使古希腊哲学重新输入欧洲方面做了一个中介而已。我国的一些研究者则倾向于强调这些理性主义的“世俗哲学”与“宗教哲学”（或经院哲学）的二元对立，认为这些哲学家是理性主义甚至是具有唯物主义倾向的。在纳斯尔看来，这些都是对阿拉伯逍遥学派的曲解，以及以先入为主的某种立场对伊斯兰哲学史的误读。

如前所述，纳斯尔指出所有这些哲学家都是生活在一个伊斯兰教义占主导的世界里，“他们中几乎所有的人都按照伊斯兰教法沙里亚生活，在成年时代每天朝向麦加做礼拜。其中最著名的，如伊本·西拿（阿维森那）和伊本·鲁世德（阿维罗伊），有意识地坚持他们与伊斯兰教的积极从属关系，强烈地反击任何有悖其信仰的攻击。”① 的确，在《古兰经》的“认主独一”信条与穆斯林从希腊引进的“哲学”之间一直存在着一种张力，几乎所有的阿拉伯逍遥派哲学家都致力于调和二者之间的关系，并保持“认一论”的优先地位。他们因此而对古希腊哲学做出了修正，最明显的是对作为哲学基本概念之一的“存在”（being）的探讨。有别于亚里士多德的“第一推动者”理论，伊斯兰哲学家区分了作为“必然存在（wājib al-wujūd）”的真主与作为“可能存在（mumkin al-wujūd）”的宇宙，二者之间是截然不同的两种存在方式。类似的讨论都可以明显看出这些哲学家的穆斯林身份和立场。

但这些伊斯兰哲学家把希腊哲学遗产整合进伊斯兰传统的努力没有成

① Seyyed Hossein Nasr and Oliver Leaman (Ed.), *History of Islamic Philosophy*, London and New York: Routledge, 1996. p. 27.

功，因此只是一个尝试和过渡的时期。伊本·西拿在包括《治疗论》在内的很多著作里承认他不能证明肉体复生但在信仰上接受之。后来，正统教义学的集大成者安萨里，指责伊本·西拿为“库夫尔”（kufr，叛教）。几个世纪以后，波斯的毛拉·萨德拉指出伊本·西拿和安萨里处理此问题时均有不足之处。正统教义学与逍遥学派之间的紧张关系，正是哲学伊斯兰化不彻底或还未完成时期的一种表现。同时，古希腊哲学的因素也并没有因为阿拉伯逍遥学派的消亡而彻底消失，而是继续以多种形式留存在伊斯兰传统内部，包括正统教义学和后来的照明哲学、毛拉·萨德拉哲学之中，并延续至今。

3. 照明哲学是哲学伊斯兰化的关键环节

对纳斯尔来说，延续伊斯兰哲学传统的关键一环，就是由12世纪的波斯神秘主义哲学家苏赫拉瓦底（Suhrawardī，公元1153—1191年）所创建的“照明哲学”（Ḥikmat al-ishrāq）。纳斯尔教授指出，经过安萨里的批判，亚里士多德主义在伊斯兰世界作为一种完全理性主义的体系而被拒绝了，而苏氏的学说在很大程度上取代了原先逍遥学派的位置，尤其是在波斯。

苏赫拉瓦底在短暂的一生中著述了约50种作品，其中有四本著作构成了他的哲学思想的主体，它们分别是：《宣告》（*Talwīḥāt*）、《反对》（*Muqāwamāt*）、《对话》（*Muṭaraḥāt*）和《照明哲学》（*Ḥikmatal-ishrāq*）。其中前三部继承逍遥学派的遗产，阐释并修正了亚里士多德哲学，最后一部则是他的代表作。纳斯尔指出，苏赫拉瓦底思想的来源主要有三种：一是苏菲主义，尤其是哈拉智和安萨里的作品；二是逍遥派哲学，尤其是伊本·西拿的哲学；三是前伊斯兰的资源，主要是毕达哥拉斯和柏拉图学说、赫尔墨思主义以及古波斯的索罗亚斯德教（祆教）①。在这里，他特别强调了苏氏对古代“神智学”遗产的继承并把其整合进伊斯兰传统当中，“在苏氏看来，亚里士多德与其说是开始不如说是哲学在希腊人中的结束，因为他终结了此智慧传统，使其仅限定于其理性的方面”②。苏氏认为“神智”（Ḥikmat）是

---

① Seyyed Hossein Nasr，*Three Muslim Sages*，Carvan Press，Darbar Market，Lahore；Suhail Academy，Chowk Urdu Bazar，Lahore，1988，1999. *Suhrawardī and the Illuminationists*. p. 60.（纳斯尔：《三个穆斯林先贤》）

② Ibid.，p. 61.

造物主通过先知易德里斯（赫尔墨思）启示给人类的；“然后这一智慧分成两支：一支传到波斯，另一支传到埃及，从埃及又传到希腊；最后，经过这两种来源——波斯和希腊——进入了伊斯兰文明”[①]；而苏氏认为自己就是这两大智慧传统的交会点。对纳斯尔教授来说，这一点十分重要，照明哲学正是凭借其在伊斯兰信仰下对这两大古代智慧传统（同样出自赫尔墨思主义的古波斯和古希腊遗产）的综合而获得了其不可替代的地位。也正是凭借这种智慧形态，伊斯兰哲学获得了与西方哲学迥然不同的样式。

4. 伊斯兰哲学传统的延续

纳斯尔教授指出，“逊尼派和什叶派伊斯兰教对于哲学的回应是有些不同的。在逊尼派世界里，在逍遥派消亡之后，哲学也几近消失，只有逻辑学继续在经学院里讲授；而且，神秘主义学说粉墨登场并进入了学校课程。在什叶派伊斯兰教中情形则十分不同，苏氏学派的神智学（theosophy）一方面，逐渐与伊本·西拿哲学相结合；另一方面，也与伊本·阿拉比的神秘主义学说相结合，这种结合是在什叶派教义的基础上进行的，实际上什叶派教义成为哲学与纯粹的灵知之间的结合点。正因如此……真正意义上的伊斯兰哲学并没有随着阿维罗伊而结束，而是在他之后才真正开始：苏赫拉瓦底的学说开始在东部伊斯兰世界广泛传播。”[②] 可惜的是，苏氏的作品从来没有像逍遥学派那样进入欧洲人的视野，这使得其在整个世界范围内知名度不高，这其中有语言、地域、研究旨趣等各个方面的原因。但无论如何，照明学派在逍遥学派之后延续了伊斯兰的哲学传统，这是毫无疑问的。

到了16世纪，波斯又出现了一位把伊斯兰哲学传统发扬光大的著名哲学家：毛拉·萨德拉（Mullā Ṣadrā，公元1572—1640年）[③]。他提出了al-ḥikmat al-muta ‘āliyah（高级神智学或高级哲学）的概念，是对此前的伊斯兰哲学流派的继承、综合与发展。他采用的是逍遥学派的模型，照明学派的

① Seyyed Hossein Nasr，*Three Muslim Sages*，Carvan Press，Darbar Market，Lahore；Suhail Academy，Chowk Urdu Bazar，Lahore，1988，1999. *Suhrawardī and the Illuminationists*. p. 61.

② Ibid.，p. 56.

③ 这是一个尊称，又称 Ṣadr al-Dīnī（宗教权威）。全名 Muhammad ibn Ibrāhīm al-Qawāmī al-Shīrāzī.

灵魂，而教义学问题又以哲学形式出现在他的哲学之中。他既不像逍遥学派之过分依赖理性，不注重启示和领悟；也不像照明学派之只接受领悟和直观。他认为哲学家首先达到的是理性，然后应该利用直观（Shuhud）和众先知带来的启示在哲学的道路上勇往直前。在他之后，这一伊斯兰哲学流派在波斯延续至今，影响到印巴地区，并通过近代著名的伊斯兰思想家阿富汗尼而传播到阿拉伯世界，是伊斯兰现代思潮的一个来源。纳斯尔教授本人也是这一哲学流派的一个当代传人。

四 对伊斯兰哲学传统的空间延展性的论述

纳斯尔教授以其知识结构的优势，把伊斯兰哲学放置在世界性的知识背景中考虑，提出了一个“多元一体”式的伊斯兰哲学史框架。

1. 伊斯兰哲学是与西方哲学并列的一大智慧传统

如果说“哲学”（philosophy）是诞生在古希腊的一种独特的智慧形式，则很显然这一智慧形式是向东、西两个方向分别传播的。西方哲学通过中世纪穆斯林的译文、注释和研究而继承和延续了古希腊哲学传统，尤其是亚里士多德的理性主义传统，这是没有异议的。而伊斯兰哲学通过阿拉伯逍遥学派的尝试，到照明学派综合衍生自赫尔墨思主义的古波斯和亚里士多德以前的古希腊两种智慧传统，诞生了伊斯兰哲学独特的“神智学”传统，则是被大多数人忽视了的。

纳斯尔教授指出，正是由于基督教欧洲与伊斯兰世界在对待亚里士多德理性主义的问题上有不同的取向，导致了这“两大姐妹文明在14世纪以后的分道扬镳”，“在东方，通过安萨里及其他人如法赫鲁丁·拉齐（Fakhr al-Dīn al Rāzī）的批判，理性主义的影响力被缩减了，为苏赫拉瓦底的照明学说的传播以及伊本·阿拉比学派的诞生奠定了基础。而在西方，亚里士多德理性主义的来临对于早期的建立在照明学说基础上的奥古斯丁柏拉图主义的破坏来说作用不小，而更重要的是，作为一种后果，它带来了理性主义和自然主义的世俗化形式，这在后来的文艺复兴时期颠覆了中世纪经院哲学自身的堡垒”①。

按照季羡林教授的观点，世界范围内历史悠久、延续至今的文明只有四个：中国、印度、阿拉伯—伊斯兰以及从希腊至今的欧洲文明。其中，显然中国与印度文明在历史上曾有密切的互动（如佛教），而伊斯兰虽然也被划为“东方文明”，但却与欧洲文明有着密切的政治、经济和文化领域的互动。除了被基督教欧洲视为主要的“竞争对手”以外，伊斯兰文明还能在这个世界上扮演什么角色吗？纳斯尔教授的观点也许能提供一些新的角度，即：伊斯兰与西方哲学所代表的不同的智慧取向，并非对立，而是互补的。其实，在对现代性的反思当中，部分西方哲学家也注意到了这个问题，对前亚里士多德的哲学家如柏拉图思想的重新重视，对阿拉伯逍遥学派著作和思想的研究等，已经启动并诞生了一些新的作品和思想。

2. 伊斯兰哲学的多个“化身”

在历史和现实中，伊斯兰哲学的实体只有一个，但却包含着几个不同的学术传统，纳斯尔教授形象地称为伊斯兰哲学的历史性“化身”（embodiments），主要有以下几个：

第一，是存续于波斯以及毗邻的从伊拉克一直到印度的区域的伊斯兰哲学传统。这个传统最能代表伊斯兰哲学的特点和延续性。在伊斯法罕、德黑兰、库姆等伊朗学术中心，文本的和世世代代从大师传递到弟子的口述传统仍在继续，纳斯尔本人也正是受益于这一学术传统的浇灌，才成为一代学术大师的。

第二，在伊斯兰世界的阿拉伯部分也存在一个伊斯兰哲学传统。虽然阿拉伯地区是伊斯兰教的诞生地，但伊斯兰哲学传统作为一个独立的学术领域，其生命历程却短于波斯：“13世纪以后，该哲学传统在伊拉克以西地区被教义学（kalām）和理论苏菲主义（al-ma ‘rifah 或 al- ‘irfān）摧毁。在这里，*Falsafah*（哲学）作为单独的学问在伊斯兰学术的核心领域中被边缘化了，通常被看做是舶来品，并被 kalām（教义学）和 uṣūl al-fiqh（法理学）所取代。事实上直到19世纪，阿富汗尼（Jamāl al-Dīn al-Afghānī，

① Seyyed Hossein Nasr，*Three Muslim Sages*，Carvan Press，Darbar Market，Lahore；Suhail Academy，Chowk Urdu Bazar，Lahore，1988，1999. *Suhrawardī and the Illuminationists*. p. 54.

Astrābādī）才在埃及复兴了伊斯兰哲学，移居开罗前，他曾经是波斯的毛拉·萨德拉学派的学生。”①

第三，还有一种被西方视为自身学术传统的一部分的伊斯兰哲学，通常称为阿拉伯哲学。“此种观点认为，当伊斯兰哲学对西方的影响减少并逐渐消失时，伊斯兰哲学也到伊本·鲁世德而戛然而止了。近七个世纪的时间，在诸如巴黎、鲁汶、帕多瓦和波洛尼亚这样的地方，此种关于伊斯兰哲学的观点被作为西方学术史的一部分讲授”②。在任何西方哲学史或欧洲哲学史里，一般都有专门的章节提及中世纪阿拉伯哲学，这当然是一种建立在欧洲中心论基础上的阿拉伯哲学史。

第四，与伊斯兰哲学有密切关系的中世纪犹太哲学，或“对伊斯兰哲学的犹太式理解”。犹太哲学大致分为三个时期：希腊化时期、中世纪、现代。而中世纪时期从10世纪开始的300年间，在北非、西班牙和埃及，犹太人使用阿拉伯语写作并受到伊斯兰哲学的强烈影响。之后西方犹太哲学才与伊斯兰思想样式分道扬镳。19世纪晚期和20世纪早期，大量犹太学者又对欧洲和美国早期现代伊斯兰哲学研究的兴起有所贡献。

第五，从19世纪中期以来欧洲东方学家对伊斯兰哲学和文明的研究传统。东方学家对文本与历史资料的整理贡献良多，“与其说是哲学的不如说主要是文献学和历史学的研究”，“这一研究角度最多能把伊斯兰哲学放在文化史和思想史的背景中看待，但很难达到哲学的研究”。但这一学术传统对当代西方伊斯兰研究有重要的影响，不仅在观点上，也在学术机构上，“西方伊斯兰哲学研究仍旧大量地被归并于东方学、中东或伊斯兰研究部门，极少被放在哲学系”，“这在很大程度上也应归因于一个多世纪以来东方学家研究和呈现伊斯兰哲学的方式”③。

第六，近代以来受西方影响的几代穆斯林学者自己对伊斯兰哲学的理解。“这些著作看起来是从伊斯兰的观点来研究伊斯兰哲学，但实际上只是反映西方学者的著作然后试着去调和之，以适应自己的处境而已”④。

---

① Seyyed Hossein Nasr and Oliver Leaman (Ed.), *History of Islamic Philosophy*, London and New York: Routledge, 1996. p. 11.

② Ibid., p. 12.

③ Ibid., p. 13.

④ Ibid.

但是，以上这些伊斯兰教哲学传统并没有被整合起来看待，它们只是支离破碎的不同的学术传统和研究角度。纳斯尔教授所提供的新的伊斯兰哲学史编写框架，就试图把这些不同的声音纳入一个体系，使其各就其位，从而展现出一种融会东西的多元一体模式。

五 结 语

通过对纳斯尔教授的伊斯兰哲学史观的介绍，笔者有一些粗浅的看法。

第一，对认识伊斯兰传统本身的价值。纳斯尔教授通过对Ḥikmat（theosophy，神智）这一关键概念的把握，一方面把其与伊斯兰教的神圣启示《古兰经》联系起来；另一方面则与赫尔墨思主义所代表的古代智慧传统联系起来，从而找到了贯穿伊斯兰哲学史的最佳线索，真正凿通了伊斯兰哲学史，使之在伊斯兰传统内部与整个世界的智慧传统中都有鲜明的特点和地位。

同时，纳斯尔教授以兼收并蓄的宽容姿态，合理地论述了伊斯兰传统本身的包容性和多元性。这种包容性和多元性，是在伊斯兰信仰原则“认主独一”的统摄下，容忍、吸纳、改造前伊斯兰的人类智慧资源，既表现为伊斯兰历史上百家争鸣的学派，也表现为伊斯兰传统在不同地域、民族和文化中的变体。这也是有人把纳斯尔看做是伊斯兰教内“宗教多元主义”的代表人物的原因。

尤其是近代以来，作为西方殖民主义、霸权主义激起的反应，简单化、教条化、反智（anti-intellectual）的原教旨主义思潮席卷穆斯林世界，好像要为塑造这个时代东方学式的“愚昧”、“暴力”的穆斯林形象做一个恰当的注脚。纳斯尔教授的伊斯兰哲学史研究，则为我们展现了伊斯兰传统深邃、广博而不为人知的一面，这对于陷入东方学、后殖民语境下的穆斯林知识分子来说，显然具有重要的思想价值。

第二，对反思西方传统的价值。如前所述，纳斯尔教授提出伊斯兰哲学传统所继承的是古波斯、前亚里士多德的古希腊的两种古代神智学传统，并将其整合进伊斯兰体系当中，是与西方哲学并列的、可资参照的一大智慧传统。由于学术取向的不同，两大传统对待亚里士多德理性主义的取舍就不太一样。事实证明，中世纪天主教开始以托马斯主义的形式接纳了理性主义传统，但这导致了经院哲学自身的被颠覆；而进入“现代”以来的西方哲学，基本都是以理性主义为基本取向的，这导致了“现代性”问题以及工具理性的泛滥；仅仅在西方哲学内部“打转”是否能摆脱现代社会面临的一系列现实的和精神的问题?

所谓“他山之石，可以攻玉”，文明对话理念也正是对人类多元化智慧资源的合理开发和利用。而与西方哲学传统最为密切的伊斯兰哲学传统，也具有更为直接的参考价值。在经历了“现代”几百年来西方文明的一枝独秀和对“西方”眼里的“东方”的压制之后，伊斯兰哲学传统有被重新审视和提升的充分理由。

第三，几点缺憾。纳斯尔教授和奥利佛·利曼主编的《伊斯兰哲学史》(伦敦和纽约，1996 年)，按照本文以上所介绍的思路编写，由几十位穆斯林和非穆斯林、“东方”和“西方”学者共同完成，堪称伊斯兰哲学研究领域的最新思路和成果。但由于作者众多，风格和体例上也就难免不一，部分章节的内容仍嫌过于简略。这是该书的一个缺憾。

此外，有的研究者指出，纳斯尔教授所秉承的传统主义立场以及浓厚的伊朗什叶派特色，使得其对伊斯兰哲学史的梳理仍不具有普遍性。

该书最后分地区介绍了伊斯兰哲学的现状，包括波斯、阿拉伯地区、土耳其、印度和巴基斯坦、东南亚，以及西方和俄国的研究状况，但中国伊斯兰哲学及其研究始终缺席，这可能也是该书的缺憾之一。近年来，杜维明教授力倡的“回儒对话”，挖掘和提升了明清时代中国伊斯兰著述家在中国和伊斯兰两大传统中的重要地位，汉语有望成为继阿拉伯语、波斯语、突厥语和乌尔都语之后又一种对伊斯兰哲学传统作出重要贡献的文字。这样，中国伊斯兰哲学完全应该在世界伊斯兰哲学史中占有一席之地。

浅谈穆罕默德·阿布杜的“存在神学”观

马福元*

在西方哲学和宗教学研究中，有关“存在神学”问题的探讨，是历代学者们经常予以关注的重要话题，在不同时期，各派宗教哲学、宗教社会学和宗教史学家曾做过诸多论说。但是，我国的伊斯兰文化研究，特别是对20世纪阿拉伯伊斯兰主要流派及其宗教观的研究，对伊斯兰现代主义者穆罕默德·阿布杜关于“存在神学”问题的解读，成果仍不多见。为使东西方文明对话有较深、全面的展开，真正使各宗教之间的和平、各民族之间的和平得以实现，万物安宁，人人和睦相处，笔者认为，在我国的宗教问题中，学者们根据每个宗教具有的特殊性做深化研究外，还应致力于探讨的重要问题，就是使人们对“终极实在”问题达成共识。因此，本文围绕“存在”和“神学”概念，就伊斯兰现代主义者阿布杜的“存在神学”观所做的尝试性研究，具有重要的学术价值和现实意义。凡不妥之处，敬请专家、学者批评指正。

一　关于“存在”的划分

“存在神学”概念由“存在”和“神”两个部分构成。因为“相信‘神或上帝的存在’，到底有没有‘理由’（reason）或‘证据’（evidencc）呢？这是宗教哲学所要探讨的一个基本问题。在宗教哲学史上，围绕这个问题一

* 马福元，西北民族大学社会人类学与民俗学学院教授、博士，社会学专业研究生导师。

直存在着激烈的争论。一方面，为证明神或上帝的存在，不知有多少信教的思想家提出了多少论证；另一方面，几乎所有的论证都遭到了这样或那样的批判”[①]。因此，综观西方学术论著，映入我们眼帘最多的概念就是有关“存在”和“神”的讨论。那么阿拉伯伊斯兰世界的学术研究，又是如何看待此问题的呢？通过研究发现，阿布杜在他的代表作《一神论》中明确地说：

يقسمون المعلوم الي ثلاثة اقسام :ممكن لذاته ، وواجب لذاته ،ومستحيل لذاته

对阿布杜的这句话，马坚先生曾译为：“普通分可知之物为三类：（一）本来可有者，（二）本来当有者，（三）本来当无者。”[②]

笔者根据上下文，将这个句子做了如下翻译，即“‘存在’可以划分为：可能存在、必然存在和不可能存在”。因为，一方面المعلوم词相对应的英文字就是known，它有“已知的”、“有名的”和“大家知道的”的意思，即包含了“众所周知”这个词的底蕴。它的反义词则是المجهول，即“不知道的”、“不详的”、“不知名的”、“匿名的”和“未被发觉的”等内涵。再从这些词的类型上看，不论是المعلوم，还是المجهول，翻译成汉语时都属形容词。最后从语法学上看，形容词修饰的是名词，只能做定语而不能做主语。另一方面，从“可知之物”与“本来当无者”的关系上看，似乎有些悖论之感觉。既然是“可知之物”，那么它必然是“本来可有者”或“本来当有者”，而不可能归为“本来当无者”。所以，笔者认为，将这个词翻译成“存在”时，更容易理解阿布杜的“存在神学”观中关于“存在”所做论述的特点。

穆罕默德·阿布杜（Muhammad Abud，公元1849—1905年）是伊斯兰现代主义集大成者，他首先是位宗教信仰者，在他的宗教观中尽管带有一定的现代主义思想倾向，可他绝不是一位欲否认安拉存在的反叛者。正如他给“一神论”在做界定时说：“一神论这门知识的宗旨、目的和愿望，是全

① 张志刚：《宗教哲学研究》，中国人民大学出版社2003年版，第29页。

② “按照普通的定义：本来当无者，就是其本体自然不存在的；本来当有者，就是其本体自然存在的；本来可有者，就是其本体原来不自然存在，将来不自然消灭的，乃因创造而存在，因无存在的原因而消灭的，有时也因外物而变为当有者，或当无者。称本来当无者为可知的事物，这是隐喻法，因为可知之物，是确实之物，不能不有实际的与知觉相吻合的存在。本来当无者、由其律例可见其非可知之物，不过是可以判断的东西，理性为它虚拟一个形象，藉以叙述其性质而已。”见穆罕默德·阿布杜著、马坚译：《回教哲学》，商务印书馆出版1980年版，第20—21页。

面地通过对崇高而伟大安拉本体及诸多属性的推理，使人们更好地认识和理解伊斯兰教。”由此来看，阿布杜首先肯定的是安拉的存在，且认为安拉是伊斯兰教信仰的对象。但是，如果把المعلوم翻译成“可知之物”，则有悖于伊斯兰教基本精神。因为，穆斯林人人皆知安拉不是“可知之物”中的一部分或某一物，而是“超时空、绝对而又永恒、抽象的自在体”，这是一方面。另一方面，由于ممكن لذاته一词的本意由“可能”与“自身、本身和主体”构成。而واجب لذاته的本意则由“必然、必定”与“自身、本身和主体”等构成，至于مستحيل لذاته的本意又由“不可能的”与“自身、本身和主体”这些字眼儿构成。另外，مستحيل的反义词恰好为ممكن，即内涵了“可能”与“不可能”这样相对立而并存的两个哲学概念。所以，笔者根据阿布杜《一神论》的全文和其他学者的解读来看，把المعلوم一词译成“存在”更为妥当。

根据阿布杜的解释来看，他所说的“存在”一方面是指安拉的存在，即“有”，另一方面又是指宇宙万物的存在，即具体事物的存在。因此，我们只有将“存在”划分为可能存在、必然存在和不可能存在这样三种形式时，人们才易理解阿布杜的“存在”论思想。譬如，阿布杜说：“不可能存在，就其本身来讲则被认为是对存在本体的一种否认，即不存在”，就是人们常言的“无”。至于“必然存在的东西，从其本身来讲则是对存在的一种肯定”，即人们常言的“有”或“自在体”。而“可能存在，则是对其既不能完全加以肯定，也不能彻底予以否定的存在。可能存在或许存在就是为了存在而存在，或许否认是因为它被否认而否认，其存在与否都是要有原因的”。①

阿布杜之所以认为在“可能存在”中还会出现“必然存在”和“不可能存在”这样两种情形，主要是由于从普遍性上看，在人们的认识中对“不可能存在”必然会提出如此看法。此种情况的出现可以理解，这是隐喻手法的普遍表现形式。而真正的“存在”就其本身来讲则是“必然存在”，这是一种特殊表现法。所以，在人们的思想观念中，对“必然存在”只能肯定而不得有丝毫怀疑。事实上，这种“存在”及其产生的效应与人们的知识相辅相成。至于“不可能存在”的东西，则不属于此种情形，在对其将要做的判断

① رسالة التوحيد ∑محمد عبده___بيروت: دار احياء العلوم 1976م ص53

中能够体现出来。对“不可能存在”的判断，人们既不能从抽象思维中加以肯定，也无法在现实中予以证明。

二 对种种“存在”的判断

1. 对“不可能存在”的判断

阿布杜认为，要对“不可能存在”做出明确的判断、必须从“不可能存在”的事物本身谈起。由于“不可能存在”既不能认为曾经是存在的，又不能认为是新近产生的，人们绝不能因其突然降临而断然地做出判断，所以，“不可能存在”即“虚无”。就其本身而言，它不可能是“有”的固有属性、本质和实质，实际上它根本不存在。人们想象不到和证明不了它是一种什么样的“存在”。假如一旦有某种成分的存在，那么就其本身来讲既是对其属性的否认，又是对其本质的抛弃。因此，从某种“不可能存在之物”的属性上，必然推出对其本身予以否认的结论。所以，阿布杜说：“不可能存在的东西，既然是不存在的，那么必然要给予否认，且更不能用人们的理智去抽象地思维其存在的情形，它既不在外部世界中存在，也不在人们的思维内部存在，而是一种绝对的‘无’，所以，对不可能存在的判断只能给予彻底的否认。”①

阿布杜在这里告诉我们，“不可能存在”的东西既然不存在，那么无论在抽象思维当中，还是在现实的具体事物或形式当中，一律不存在，是一种绝对的“无”。这个“无”本身根本不可能具备“有”的属性，即这种所谓“无”的东西，过去不存在其原形，目前也找不到它的具体表现形式，将来也不可能有其他形态的存在，而且在理性思维中更无法设想出它的“存在”或“有”的本质。

2. 对“可能存在”的判断

阿布杜认为，对可能存在可做如下判断：

第一，从“可能存在”具有的特点上看，“可能存在”是不存在的，若

---

① رسالة التوحيد ∑محمد عبده___بيروت: دار احياء العلوم 1976م ص54

要肯定它的存在，那么只能从其产生的原因上做分析。当然，“可能存在”也是不能被否认的，若要否认它的存在，那么亦只能在其要被否认的原因上去把握。这是因为就“可能存在”自身而言，对其予以肯定与否的判断绝不会单独存在。当然，它并非属于非有不可而必须存在的，也不是从来没有或绝对不可能产生的。所以，对“可能存在”的判断，要以其自身能否产生的原因来决定。

第二，从“可能存在”本身看，它同存在与否这两种情形完全一样。可能存在与否的关系稳固不变，它绝不会没有丝毫原因使一方偏向另一方，亦不可能使两者处于动摇不定的状态。如果毫无原因地产生“可能存在”，那么对此假设，从人们的理智上推理则不可思议或无法接受。因此，在阿布杜看来，从对“可能存在”要做的肯定性判断上看，“可能存在”本身之所以的确存在，是由于它已经发生了，而且是新近产生或实实在在的存在物，并确信它依赖于一定原因而存在。或许它存在于原因之前，或许与原因同时并存，或许产生于原因之后。他说：“首先，第一种现象不存在，否则需求者的存在要先于被求者存在之前，如此一来就会失去需求的意义。因为，对此已在前述肯定存在判断中做了陈述。其次，从第二种情况看，即可能存在与其产生之原因并存的现象也不存在，否则就会出现原因与结果同时并存的现象。因为，从对两者可作的判断上看，除存在秩序、排列上相等之外，这种存在绝对不可能发生。所以，它的作用将会使第二个部分成为前一部分的影响者，这种情况将会引发类似于毫无原因而存在的存在，使一方倾向于另一方而存在的可能，此种现象在人们的理智中也是难以接受的。再次，从第三方面而言，可能存在的事物，它的存在必然要以其能够产生的原因的存在而存在。从序列、秩序和排列上来看，先‘无’而后‘有’，或者说从‘无’中产生‘有’，即它是新生的存在。因为，从可能存在的东西中就新近产生的存在物方面看。存在了原因之后，它必然会存在。反之，如果某物一旦存在，那么必然说明它不是没有原因的。所以。万物都是新生的存在，它是以其能够存在的理由和原因而存在的‘可能存在’，即从‘无’中产生了‘有’，这种可能存在则是被造的存在。”①

第三，从对“可能存在”要做的否定性方面看，对其要做否定也得从其

---

① رسالة التوحيد ∑محمد عبده___بيروت: دار لحياء العلوم 1976م ص55

被否认的原因上予以分析。因为，否认存在被提前的做法本身是一种否定，即不需使其继续存在。所以，它既不可能是影响物，又不可能使其成为他物能够产生之原因。因此，就要否认此种“可能存在”。否则，对“可能存在”的否认是有原因的。正如上述，“可能存在”需有某种原因的存在而存在那样，否认“可能存在”亦必须有否认的理由或根据。对存在的否认不可能成为“存在”自身的前提，现实中存在的新生事物不是自生的存在物，它之所以能新生是因为都属被造物之类。像“可能存在”需要最初原因而存在那样，其继续能否存在或保留也需要有存在的原因或理由。因为“可能存在”本身不可能毫无原因而产生，它的产生需有某种原因的存在。之所以它能够继续存在，同样要有某种理由和原因的存在，这是“可能存在”的自身要求。因此，从其最初被创始的原因与其能否继续存在、持久保留的原因上看，二者相同。正如万物的存在都需有原因那样，它能否继续存在和保留，也得以具体的原因和条件来决定。那么，究竟什么是原因呢？阿布杜在做这一反问时，又解释说：所谓的原因就是指创造、创设和创制万物时的本源，是万物存在的给予者，即被认为使万物能够存在、真正做出行为表现之因素和理由的原创者。在某些时候，原因也可以解释成其他事物能够存在的前提，即可能存在着的事物要以其存在（原创者）为条件而存在。根据对原因的解释来看，某物最初的存在要有原因，但在能否继续存在、持续保留方面则不以某物的存在而存在。犹如建筑者的存在，是建筑物能够存在的前提和条件。虽然，建筑物的建造者已去世而不存在，但其建造的建筑物则仍存于世。这个例子足以证明，这个建筑物本身并不是建筑者的给予者，只是建造者用自己的双手、智慧以及按照一定的目的、愿望和需要等设计建造而成的物。建筑者虽然是建筑物能够存在的条件，但他不是这所建筑物能否继续保留的原因。

阿布杜在解释了什么是“原因”后，又对能否继续存在的问题做了进一步的阐释。他认为，从一切事物的存在或可能存在的事物要依赖于他物的存在而存在方面看，这种依赖性首先肯定了其本身的存在，然后对依赖物的存在做了肯定，但它们两者之间是有区别的。就像人们步行中的第二步否认了第一步那样，第一步的存在的确不是对第二步存在的给予者或施主，只是同第二步同时并存的过程。第二步的确不存在，它只有否认了第一步之后才会存在。但是，不同于此而后来存在的万物，则要以给予者的存在为前提条件，个别事物自身在任何情况下都无法存在，它只能依赖于万物的给予者或原创者（原因）的存在而存在。

3. “可能存在”的现实性

阿布杜认为，人们已经观察到某物正在形成之中，并将继续存在。另外一些事物一旦产生后，又逐渐地被否认或自行消失了，像人类、植物和动物等。在宇宙中的确存在着诸如此类的各种现象或实体，它们要么不可能存在而突然来临，要么可能存在并继续存在下去。但是，在万物的存在与变化下，对第一种情形即不可能存在的事物完全可以排除。因为不可能存在的事物绝对不会突然来临而存在。当然，在宇宙中也不可能出现除安拉永恒存在以外，还会存在类似于第二种情形的存在，或所谓的“必然存在”。因为，必然存在的事物就其本身而言，对它自身的存在必然要给予肯定。所以，必然存在不会突然被否认或消失，在它之前没有或不存在所谓的“必然存在”，正如下面将对“必然存在”要做的判断那样。至于对已经形成并存在过的事物而言，它只能是“可能存在”中的一种。至于可能存在着的事物则是肯定无疑地在现实中的确存在着的存在物。

三　对“必然存在”的阐释

阿布杜认为，从整体上看，所有存在着的万物都是可能存在之物，因为人们从直观上能够感觉到它们的存在。凡是可能存在着的事物，都要依据一定的原因而存在，即在现实中存在的万物，都要依赖于一个能使其可能存在的原因的存在而存在。在人们看来，能使其存在的原因，要么被认为是它自身，此种情形不可能存在，出于它的存在必然导致某一物的存在，而产生于事物自身存在之前的情形，绝对不可能存在；要么被认为是存在的一个组成部分，此种看法也不准确，出于此种说法将会导致某物自己就会成为自身存在的原因。假如整体中的部分在此之前不存在，那么它就不可能成为这一整体存在物的一分子。又如整体的部分内容一旦存在，那么它只能属于该事物自身存在的部分。如此一来，阿布杜十分肯定地说：“在可能存在着的万物整体背后，必然有某种原因的存在而使其存在。这个存在着的原因肯定不会隶属于可能存在物的一部分，而是它自身是必然存在。因为，除可能存在之外，剩余的只能是不可能存在和必然存在。至于不可能存在可以排除，那么剩下来的只能是必然存在。所以，可能存在着的万物只能来源于亘古不变而永存的必然存在。宇宙中存在着的万物，无论有限或无限，都依安拉这一必然存在而存在。如果万物存在的源泉，不以必然存在自身的存在而发生，那么，此种假设绝对不能成立，它是一种谬论。正如我们在前述中，关于对可能存在的判断所阐释的那样，肯定地说从可能存在的本质、实质或根源上看，它之所以是可能存在的，主要是来自于自存的真主（واجب الوجود）这一必然存在的本体。”① 由此可知，在阿布杜那里的“存在”就是指安拉的德性之一，即“存在”是一种无形象、无始终和无方位的“有”，是必然存在着的“自在体”。由于穆斯林一旦说到安拉的存在时，首先必须肯定其“有”，而每当谈到安拉“有”的时候，就必然要肯定其存在，因此，在阿布杜看来，“存在”是安拉“真有”的一种表述形式，是安拉自有的一种德性，正如伊本·西拿所说：“真主不是别的，只不过是存在”，是可能存在的宇宙万物产生的根源。这就说明“世界万物都源自本来当有者，这个本来当有者也就成为人们关怀的终极存在”。②

因此，笔者认为，阿布杜关于“存在”和“必然存在”的论述，犹如西方哲学和宗教学中经常探讨的一个重要概念，即 Being-itself。对“存在”和“必然存在”的解读，完全雷同于我国台湾学者所持的观点。譬如，“真正的 Being-itself，就是真正的自体，而真正的自体，就是一个真正之存在的整体，而真正存在的整体，却不是经过发问与表达，而在我们的思想或意识中所出现之具有客观性宇宙。相反，一个真正的宇宙，不但不是一个表达成立后，可供人冥想之整体的存在物，甚至它的真正存在，必须连形成表达之可能之人的发问者或表达前的世界，统统包括进去才对”③。如此一来，“我们发现不论是宇宙也好，还是生命也好，其背后还有一更根本的问题存在着或隐含着，那便是［存在］自体。甚至于就此我们的问题本身虽然说是指向于存在自体的，但是至此我们却又发现，［存在自体］仍只不过是表达

---

① رسالة التوحيد ∑ محمد عبده___بيروت: دار احياء العلوم 1976م ص57

② 蔡德贵：《当代伊斯兰阿拉伯哲学研究》，人民出版社 2001 年版，第 128 页。

③ ［中国台湾］史作柽：《存在的绝对与真实》，枫城出版社 1977 年版，第 33 页。

上的象征物"①。

四 结束语

综上所述，在对"存在"问题的解读上，阿拉伯伊斯兰学者、西方学者和中国学者虽采用了不同的方法，但在字里行间流露出了诸多相似之处。关于伊斯兰教主张的"独一"、"真实"和"必然存在"的论述，在西方哲学、宗教学和中国伊斯兰教研究中也提出了大致相同的看法。

1. "存在"是阐释真主"实有"的一种特殊表述方式

我们知道，世界图景作为客观现实的存在，它的确是一个无所不包的统一体，至于人们对其所做的认识，可能狭窄些，也可能广阔些，或可能简单些，也可能复杂些。无论如何，人们的认识一点也改变不了关于"存在"概念的解释："它是客观的、具体的存在着的或者存在的东西载体及其多样性的质和关系的某种完整的、可以用心灵观察到的无所不包的体系。"② "人的存在，既不知其始，亦不知其终。人，在一存在之大宇宙中，他只不过是一过程的通过者罢……虽然有时我们为了阐述上的方便，常常把人类存在之表达的事实，划分成许多不同的层次，以说明一人所必欲获得之终极性对于存在的解决，于是我们说，梳理性之对于宇宙的解决，并不是对于宇宙自体彻底的解决或说明，相反的，往往只是人类对其思考本身之一种法则性的把握……人的存在是有其极限的。"③ 因此，"人类靠了他分析而求源的能力，找出了某些可能的解释来，可是实际上我们却清清楚楚地知道，一切属于人类之创造原因的了解，无论如何已超出于人的能力之外去了……每当我们用尽了心力去寻求那隐藏在一切事实背后，真正第一原因的存在时，我们却只有束手无策地，诉诸那个永远不能被人完全尽知之存在自体的存在去了。虽然这个问题的存在，本来就是形上学的基本课题，但是一切属于它之真正解

① ［中国台湾］史作柽：《存在的绝对与真实》，枫城出版社1977年版，第45页。

② ［俄］С. Л. 弗兰克：《实在与人》，浙江人民出版社2000年版，第8页。

③ ［中国台湾］史作柽：《存在的绝对与真实》，枫城出版社1977年版，第15—16页。

决的可能，自古至今，没有一个不是诉诸超知识或超表达之宗教或宗教性世界之存在的。因为人类所形成之一切表达的可能，在其根本性质上，只是一种分析性的描述，而不是一种真正具有存在性的解决”[①]。

但是，从阿布杜论述的“存在”及其包含的基本要义来看，正如前述过的那样，“存在”实际上指的就是对真主表述实“有”的一种特殊方式，即“真主是绝对真实的存在者”。之所以如此，是因为从相关伊斯兰教的论述来看，一方面，真主是“无似象、无如何、无比无样，而又无所不在”的“真有”，另一方面，真主又是“超时空，绝对而又永恒的、自我存在的、抽象的精神实体”[②]。

2. “存在”是绝对不变的完美实体

在西方哲学和宗教学研究中，“存在”和“神”是不同时期的不同哲学家、宗教学家和史学家们都曾做过诸多论说的重要问题。像“巴门尼德用‘存在’代替了克塞诺芬尼的‘神’，虽然两者都表示‘不变的一’，但‘存在’概念具有更高的概括性和思辨性，更适用于理性论辩。”又像“‘存在’这个概念来自希腊文的‘是’动词。在西文中，‘是’既可用作系动词，起表述作用，如在‘A是B’句型里的用法，又可以单独使用，指示事物的存在，如英文 to be or not to be（存在或不存在）就是指示存在用法的一个范句。”在西方哲学中“‘存在’概念的出现标志着哲学思维的突破和西方哲学理论的重大进展，它后来成为形而上学的研究对象，具有多方面的意义。我们应该看到，它最初是作为‘本原’的概念来使用的。巴门尼德和其他自然哲学家一样，关心的问题是‘什么是本原’。他认为本原应该具有最大的普遍性，本原可以没有物理属性，也可以没有数的规定性，但却不能不‘是’；并且，只有存在的东西才‘是’，因此，本原等于存在；再者，本原必须始终起作用，不能处于存在和非存在的过渡状态。不能既是又不是存在的东西，因此，存在是绝对不变的”[③]。由此可见，在巴门尼德那里的存在具有诸多性质：不生不灭、连续性和完满性等。

---

① ［中国台湾］史作柽：《存在的绝对与真实》，枫城出版社 1977 年版，第 20 页。

② 金宜久：《伊斯兰教》，宗教文化出版社 1997 年版，第 86 页。

③ 赵敦华：《西方哲学史》，北京大学出版社 1996 年版，第 24—26 页。

亚里士多德认为，“最难解而又是最需要研究的真理还在‘是与一’是否即事物的本体，是否各极其本，一为一，是为是，而并无别义，抑或‘一与是’另还含有其他相依的性质。有些主于前说，有些主于后说。柏拉图与毕达哥拉斯学派认为‘是与一’并无别义，这就是它们的本性，它们就只是‘是与一’而已。”不过“照巴门尼德的论点，万物皆一，一即天下之实是，因此事物之异于实是，亦即异于一者，不会存在”[①]。在亚里士多德看来，“事物被称为‘是’〈实是〉分为（一）属性之‘是’（二）与本性〈绝对〉之，‘是’”[②]。当然，西方学界的“司各脱关于上帝存在的证明是对‘存在’概念分析的继续，他在分析出‘无限存在’的样式之后证明上帝是无限存在”[③]。另外，西方哲学史和宗教哲学研究中，在对本体论问题的论证上，“安瑟尔谟首先指出，每个人的心里实际上都有上帝的概念……因为就概念而言，所谓的‘上帝’就是指‘无法设想比他更伟大或更完善的那样一种存在’”。且“安瑟尔谟指出，作为最伟大的或最完善的存在，上帝无疑具有‘自存性’和‘无限性’，这就是说，上帝的存在根本不受时间的限制；就时间而言，他的存在既没有起点也没有终点。”[④]不过，“按照笛卡尔的推理，既然上帝是指‘一种最完满的实体’。那么，上帝自然具有‘存在’这种属性；换言之，‘上帝’观念里必然含有‘存在’这个宾词”[⑤]。

3. 存在即“有”是对真主的哲学表述

我国学界认为，明清之际著名学者王岱舆（约公元1570—1660年）的论著《清真大学》是“中国伊斯兰教教义学的开创性著作，也是中国伊斯兰哲学的开篇之作。这部著作，是阿拉伯伊斯兰哲学与中国传统哲学相融合的首次尝试”[⑥]。并认为，在王岱舆看来，穆斯林承认真主的存在，相信真主的独一，是信仰的第一位要事。譬如，王岱舆说：“认一之功，诚为首务。盖辨一有三：曰‘单另之一’、曰‘数本之一’、曰‘体认之一’。单另之一，

---

① ［古希腊］亚里士多德著，吴寿彭译：《形而上学》，商务印书馆1997年版，第52—53页。

② 同上书，第95页。

③ 赵敦华：《西方哲学史》（第一卷），北京大学出版社1996年版，第541页。

④ 张志刚：《宗教哲学研究》，中国人民大学出版社2003年版，第31—32页。

⑤ 同上书，第36页。

⑥ 沙宗平：《中国的天方学——刘智哲学研究》，北京大学出版社2004年版，第72页。

乃天地万物之主也；数本之一，乃天地万物之种也；体认之一，乃天地万物之果也。”①

我国学术界还认为，清代最著名的伊斯兰教学者刘智（约公元 1662—1730 年）② 则“根据伊斯兰教‘真宰’是宇宙和人类的起源的‘认主学’学说，论证了‘真宰无形而显有太极，太极判而阴阳分，阴阳分而天地成，天地成而万物生’的‘真主创世’说”③。因此，近年来我国学术界大都认为“‘真一说’就是关于伊斯兰教信仰对象真主安拉的理论……就是关于真主安拉的存在、如何衍化宇宙万物（包括人类）的理论。刘智认为。‘真一’就是‘真实无妄、独一无偶’的意思，就是说真主是真实的和独一的存在”④。

“真一”实际上指的就是相对于宇宙中存在的万物及其多样性、复杂性和易变性，甚至是虚幻性东西的表述。但是，唯有伊斯兰教所信仰的安拉则是真实而独一的存在。并认为“真一”有“三品”：本然、本分和本为。其中“真一”不“得而见”，是无形象的真宰。于是，有学者认为，“首先，宇宙万物是被造化的和有始的，造化的本然在造化之初是无称的，所谓‘最初无称’。就是说，宇宙万物是有始而被造的，而在最初造化之先的造化本然又是‘无理可名的’，即是‘不可以名称’的。所以说是‘最初无称’。从概念上讲，最初（即造化本体）是无称的；从义理上讲，最初是‘实有’。因为宇宙万有都是‘幻有’而非真有。因此，最初无称，但并非是虚无。其次，最初无称作为造化本体。首先显现出不动的‘真体’，‘真体’是‘无动无着’的。‘真体’虽然不动，却是‘一切万动之所起动者’。所谓‘无着’，是指其与时间、空间、处所、运动、形象、思想等无关，是无始无终、常存不朽的”⑤。

总之，我们如果“追溯阿布杜的思想根源，可以看出阿布杜终极实在的认识是有理论前提的。他吸收并发展了前辈思想大师伊本·西拿的思想”⑥。

---

① 《清真大学·题纲》，《正教真诠·清真大学希真正答》，转引沙宗平：《中国的天方学——刘智哲学研究》，北京大学出版社 2004 年版，第 73 页。

② 《中国伊斯兰百科全书》，四川辞书出版社 1994 年版，第 318 页。

③ 同上书，第 31、8 页。

④ 沙宗平：《中国的天方学——刘智哲学研究》，北京大学出版社 2004 年版，第 77 页。

⑤ 同上书，第 98 页。

⑥ 蔡德贵：《当代伊斯兰阿拉伯哲学研究》，人民出版社 2001 年版，第 130 页。

由于伊本·西拿明确提出了“有”的思想，这“是谁也不能反对的，因为宗教也要承认神是‘有’，不是‘无’；而一般人也要承认万物是‘有’。接着他就指出，凡‘有’均有其本质，即一物之为物（为何性）；不过一般事物的本质并不一定包含存在，而只是可能存在，所以其现实的存在应当来自一种绝对的必然存在。这种绝对必然的存在包含在另一种‘有’的本质之中，这种必然的‘有’就是真主，其本质就等于存在。这就是说，真主不是别的，只不过是存在”①。

无论是在西方哲学、宗教学对“存在”与“神”关系的论述中，还是在伊斯兰现代主义者的宗教观中。对“必然存在”的理解和思考，以及中国穆斯林学者对伊斯兰教中的“真一”所做的阐释，在一定意义上说持有大致相同的观点。因此，如果说西方学界“存在”概念的出现，标志着西方哲学思维有了很大突破，哲学理论取得了重大进展，成为形而上学的研究对象而具有多方面意义。那么，阿拉伯伊斯兰学术中，“存在”概念作为“本原”意义在学术界加以使用，并认为它有自存、无限、超时空、绝对、永恒、自我存在、无似象、无所不在和无始无终以及常存不朽属性的观点或认识。对当前以宗教宽容、对话为主题进行的宗教学研究则有启发性意义，在现实中对人们就某些问题作理性思考有积极作用。

原载于《西北民族研究》2006 年第 3 期

① ［阿］伊本·西拿（阿维森纳）著，王大庆译：《论灵魂》，译者序言，商务印书馆 1963 年版，第 14 页。

从努尔西到努尔库运动

——土耳其"文化伊斯兰"概说

敏 敬*

在当代土耳其研究中，以繁荣党（包括其前身救国党、后继者美德党）为代表的"政治伊斯兰"备受学者关注。其实，土耳其还有另一支伊斯兰复兴力量——"文化伊斯兰"，在社会领域与政治领域产生同样深刻而广泛的影响，尤其是它对宗教的理解，对科学的认识，对政教关系的重新界定，都有助于我们从更广阔的视野审视当代伊斯兰复兴运动，更全面地把握其内涵。本文试图对文化伊斯兰的渊源、思想、主要派别、当代发展及其影响作简略阐述。

一 努尔西的思想

确切地讲，文化伊斯兰（又称"努尔库运动"或者"追求光明运动"）是对土耳其一种新的民间伊斯兰复兴力量的主张及其实践的总称。如今，它的势力遍及十耳其城乡，并发展到中亚、巴尔干地区。这场运动由库尔德人赛义德·努尔西（公元 1876—1960 年）发起，并深受其思想的影响。18 世纪以来，资本主义生产方式在全球扩展，从物质、精神以及生活方式上对穆斯林世界形成全面冲击。如何看待西方事物，如何解决新旧矛盾冲突问题，

* 敏敬，兰州大学历史文化学院副教授、博士，西北民族大学伊斯兰文化研究所兼职研究员。

如何协调现代化与伊斯兰信仰之间的关系…… 一系列问题严峻地摆在广大穆斯林面前，要求做出回答。宗教学者出身的努尔西对此进行了积极尝试。他的思想要点是：

1. 支持自由与民主思想

1908 年，土耳其爆发了立宪革命，进入“第二立宪时期”，努尔西积极在全国各地发表演讲，宣传自由民主。他认为，自由是信仰的前提，立宪主义是保证自由实现的前提；但这种自由和立宪并非完全西方意义上的自由和立宪，真正的进步与文明必须与伊斯兰的各项美德结合起来。基于此，努尔西号召穆斯林支持立宪，把它当作一项宗教义务，认为只要遵循伊斯兰沙里亚的原则，立宪主义就是穆斯林赞颂真主的一种方法。换言之，穆斯林要坚持自己的信仰，就得依赖于物质进步，而自由和立宪是取得进步的重要途径，因此为自由和立宪而战，是所有人义不容辞的责任。

关于民主，努尔西特别强调应坚持伊斯兰的协商原则，认为这是解决伊斯兰世界的问题的必经之路。他认为，现代社会已进入“集体性质”时代，而非个人时代；集体性产生“集体人格”，“集体人格”具有善与恶的无限潜力；一个能满足人民宗教需求的“集体人格”，应该能够执行沙里亚法令；作为穆斯林的领袖，哈里发的个人能力十分有限。为了确保公正，维护信仰，哈里发应通过代表大会（议会）这样的机构来有效发挥其职能，而不是借助独裁和专制手段来压制集体智慧。

但是，土耳其共和国建立以后，由凯末尔领导并实施的世俗化改革使努尔西伊斯兰式的自由与民主设想在国家政治制度这一层面成为空想。此后，努尔西很少涉及这一领域。不过，自由与民主仍是文化伊斯兰的重要用语，特别是自从土耳其实行多党政治以来，这些思想常被努尔西的支持者用来指责和影射政府的政策，成为文化伊斯兰吸引民众、扩大社会影响力的重要手段。

2. 提倡科学，重视理性

努尔西认为，科学对人类有巨大的裨益。第一，它能积累财富，消灭贫困，排除物质条件对人思想行为的约束。由于物质条件的匮乏会消磨人的意志，而合理的财富则会给人带来诸多方便，所以，穆斯林要坚持信仰，就应该合理追求幸福。第二，科学能启迪智慧，丰富思想。在努尔西的时代，很多穆斯林将自身落后的原因完全归于西方入侵，对此，努尔西严肃指出，穆斯林的最大敌人应该是无知、内争和贫困。奥斯曼帝国的落后和愚昧大多是由无知造成。无知使人视野狭隘，使个人利益胜过集体利益，使局部利益凌驾于整体利益之上，最终导致社会混乱，政令不一；无知还导致穆斯林内部派别丛生，内讧不止，使人们对宗教的理解偏执一隅，而将全部精力白白消耗在无谓的争论之上。第三，科学能增进人对宇宙万物的认识，从而增强人的信仰。努尔西认为，近代科学研究成果表明，宇宙万物均按一定规律生长运行，如此庞大严密的体系，必然存在一个创造者和维持者，那就是造物主。他反对人们把《古兰经》视为科学研究的源泉，但肯定科学发现可以反过来揭示《古兰经》所包含的真理，有助于加深人们对《古兰经》的理解。科学越发展，时代越久远，人们对《古兰经》的理解就越深刻。

鉴于科学对穆斯林具有如此重要的意义，努尔西进而打破同时代其他伊斯兰改革思想家对科学的单纯工具性的认识，而从教义学的高度提出新的看法，他认为，既然科学发现可以与《古兰经》一道提供对伊斯兰的完整理解，那么它无疑也是“真主的德性之一”。从近代穆斯林思想史的角度看，努尔西此举仍然旨在协调科学与宗教之间的关系。但不同的是，他把科学提高到了信仰的高度，因而便于从根本上消除穆斯林对科学的怀疑态度，为人们追求科学扫清了思想障碍。

承认科学精神，就必须大力发展教育，因此，努尔西积极号召对传统教育进行改革。他主张：第一，宗教教育必须与现代科学教育相结合。认为单纯的宗教教育或世俗教育，都不能给穆斯林社会带来真正的幸福。理想的学校教育应该把宗教、世俗和苏菲传统三者结合起来，确立三者之间相互借鉴的机制。只有这样，伊斯兰才能充满活力。第二，教育要尊重理性。科学精神与理性思维密不可分，所以不能为强调不同领域教育的结合而抹杀学科界限。教育还必须贯彻“劳动分工的原则”，应允许学生有学科专长，并发表自己的见解。努尔西坚决反对传统教育“学院式的专制”，极力主张通过教育机构内部思想和制度上的“民主”激励学生奋发向上。努尔西还特别重视科技成果的实际功用及其社会意义。早在20世纪40年代，他就鼓励学生采用最先进的油印机印刷自己的著作，扩大影响。他甚至称赞油印机是自己的一名忠实弟子。在早期著作《光明信息的种子》中，他还谈到世界的概念已经是“地球村”了，并为此还专门撰文，探讨刚刚问世的无线电技术的意义，预言无线电在未来将成为宣传宗教的有力手段。今天，努尔西的追随者们与其他伊斯兰主义者的一个重要区别，就是他们比别人更加积极主动地利用收音机、电视、报纸、电子邮件等现代通讯传媒手段开展宣传活动。显然，这是直接受努尔西思想影响的结果。

3. 提倡宗教宽容

努尔西一生致力于推动伊斯兰的信仰价值在穆斯林中间恢复，坚决抵制物质至上和无神论思想对穆斯林社会的影响。在他看来，信仰是第一位的，而宗教的派别差异则是次要的，有信仰比无信仰好，有神论比无神论好，所以，不同宗教以及不同教派之间便存在对话的可能。据此，他认为欧洲国家可以分为两类：第一类国家，是除了一些有益的科学与文明道德以外，只剩下空洞有害的哲学、败坏的道德和堕落的制度；第二类，则是接受了来自真正基督教的启示精神，它们遵循科学，服务于正义，为社会带来诸多工业福利。这两类国家，努尔西严厉谴责前者，热情赞扬后者，认为穆斯林应该与第二类国家合作，推动自己的事业发展。基于这一理由，1952 年，在执政的民主党争取土耳其加入北约组织时，努尔西给予了大力支持，认为土耳其此举将有力地阻止无神论的苏联的扩张。1953 年，努尔西访问了伊斯坦布尔的希腊天主教大主教，尝试推动在不同宗教之间进行信仰交流和对话。他还呼吁长期对立的穆斯林逊尼派和什叶派停止内讧，说：“任何事过犹不及，适可而止才是中正之道……啊，逊尼派，信仰真理的人们；阿拉维人，以热爱先知家族为道的人们，赶快结束你们之间无谓、不忠、不公、有害的争吵吧……你们是唯一主的信仰者，你们必须抛弃有害团结的东西；你们之间至少有一百条理由和神圣纽带，要求你们兄弟相恤，团结一致。”

正如分裂者以教条为分裂的依据一样，努尔西也以《古兰经》作为团结的依据。他认为，《古兰经》含义广泛，每节经文至少包含七重意思。虽然人们因为各自资质与能力不同而对经文有不同的理解，但只要不超出这七重意思的范围，应该都被视为是正确的。努尔西的这一见解为穆斯林各派之间放弃成见、求同存异和争取团结提供了经典依据，受到许多人的支持。

4. 反对政党政治

虽然努尔西早期曾经参加过反对奥斯曼帝国专制制度的立宪革命，但他始终对政治抱谨慎态度。他认为，政治是不同身份、利益和集团开展矛盾冲突的领域，而伊斯兰则是全社会的共同基础，因此不能被利用来作为争取某一特殊利益的工具。如果宗教与党派认同起来，那么它就不能代表真正的伊斯兰教。因此他反对伊斯兰政党之类的提法，甚至认为这样的政党是“非伊斯兰的”。

在当代，穆斯林世界的伊斯兰复兴运动，无论是政治伊斯兰，还是文化伊斯兰，都以恢复沙里亚在公共领域的指导作用为共同目标。但在实现这一目标的方式上，二者之间存在明显的差异。政治伊斯兰具有浓厚的政党色彩，并以政治运动作为斗争方式；文化伊斯兰则以逐渐提高群众性觉悟为根本途径。按照努尔西的设想，要实现恢复沙利亚的目标，必须经历三个阶段：首先，是提高穆斯林个人的自觉意识；其次，是实现个人日常生活的伊斯兰化；最后，是在全社会恢复沙里亚。其中，第一阶段是实现目标的最重要前提。显然，努尔西避开了政教关系这一敏感话题，或者说，他并不像一般穆斯林那样把政教分离视为灭顶之灾。他传达给穆斯林这样的信息，即信仰的最终确立与否，关键不在于社会制度，而在于个人实践。受这一思想的影响，战后以来，努尔西的追随者基本保持着和土耳其政府的和谐的关系。在各种讨论政教关系的笼统说法中，事实上也很难找到文化伊斯兰主义者在其中扮演的角色。因此，人们将这一派别的活动更多地视为一场信仰运动，而非政治运动。

二 努尔库运动

努尔西自青年时起就培养了大批学生。随着其著作《光明集》逐步问世，学习《光明集》、追随其思想的人也越来越多，慢慢形成一场队伍庞大、有广泛号召力和影响力的群众运动。运动的参加者有学生、教师、宗教学者、新闻记者，也有军人、商人和以个人身份加入各党派的政治家等。在20世纪40年代土耳其政府反对宗教活动的一次庭审中，法官称学习《光明集》的人为努尔库，从此就有了“努尔库运动”之说（也有人因为该运动深受《光明集》的影响而称其为“追求光明运动”）。

努尔库运动几乎是土耳其共和国的伴生物。努尔西撰写《光明集》的最初动因就是要与凯末尔主义者限制宗教的做法进行针锋相对的斗争，并称自己的行为是进行“语言的圣战”。在政府严禁宗教性集会的情况下，努尔西的追随者们坚持秘密集会，以“丹尔沙奈斯”（读经小组）的形式学习《光明集》。20 世纪 50 年代，《光明集》终于获准合法出版，全国“丹尔沙奈斯”的数目随即迅速增加，其功能也相应地多样化发展，不但是文化伊斯兰主义者的集会场所，而且还成为社会慈善机构、大学生的宿舍、商业信息的集散地。从 1983 年起，土耳其开始实行经济自由化政策，社会经济迅速发展，民间资金相应的充裕起来，许多商人开始向“丹尔沙奈斯”大量捐资，使后者不仅拥有了固定活动场所，而且拥有了大笔资金和一些经济实体。参加“丹尔沙奈斯”的成员不仅学习经典，而且积极采用《光明集》的思想讨论社会问题，介入公共领域，推进土耳其伊斯兰复兴运动发展，其中涌现出了一大批具有高层次知识背景的运动精英。安纳托里亚的许多新兴资产阶级也和努尔库运动关系密切，更加增强了后者的经济实力。截至 20 世纪末，土耳其全国有 5 000 多个“丹尔沙奈斯”，追随者达 200 万—600 万人。这类组织还在国外大量发展成员。

努尔库运动还通过发展现代传媒企业和参与现代经济活动来宣传自己的思想。运动参与者拥有数家出版社，专门出版《光明集》和相关著作；出版收入用于资助教育事业和社会慈善事业。他们还购置了一些最有影响的全国性电台、电视台和频道，专门播放具有浓郁伊斯兰色彩的各种节目。节目内容注意遵循国家法律，避免与之冲突，但却处处提醒观众和听众注意到自己的穆斯林身份。他们还出版许多较高质量的刊物，如有名的《科普录》杂志，发行量达 5 000 多份，其中 3 000 份由各“丹尔沙奈斯”订阅。

1960 年努尔西去世，随后努尔库运动开始发生分裂，相继出现一些新的分支派别。进入 20 世纪 70 年代，围绕是否可以出版报纸和参与政治的争论，努尔库运动的分裂进一步加剧。在分裂出来的派别中，主要有如下几个：

（1）卡拉亚尔—亚合亚吉尔派　卡拉亚尔（公元 1920—1994 年）和亚合亚吉尔（公元 1895—1986 年）均是努尔西的早期追随者和学生。该派不承认土耳其现存的社会政治制度，主张推举一人，由他来领导努尔库运动。但由于各派意见不一，该派的这一目标实际上很难实现。

(2) 抄写者　1962 年，该派最早从努尔库运动分裂出来，由努尔西的学生胡斯兰夫·阿廷巴萨克（公元1899—1977 年）领导。该派的得名，是因为他们最早参与了《光明集》的抄写工作。他们坚持用阿拉伯文字而非拉丁文字出版《光明集》。随着时间的推移，该派人数逐渐减少，至 20 世纪 70 年代末，该派已基本丧失影响。

(3) 叶尼·阿斯亚运动　该派比较关注政治，因此后来有进一步的分化。

(4) 曼德—赞赫拉派　该派指责叶尼·阿斯亚派歪曲了《光明集》的精神，并于 1989 年出版了自己的刊物——《宣传》，成立了“赞赫拉教育基金会”。他们不支持任何土耳其政党，主张由土耳其境内各民族成立自己的伊斯兰政权，并在此基础上组成联邦，实现穆斯林共同体。该派以库尔德人居多，强调运动创始人努尔西的库尔德民族身份。他们的主张实际代表了土耳其库尔德人的某种愿望，具有浓厚的库尔德民族主义色彩。

(5) 曼赫迈特·吉尔金吉派　1980 年土耳其政变后，该派从叶尼·阿斯亚运动中分裂出来。分裂的主要原因是该派支持政变，认为政变拯救了土耳其国家，避免了社会政治的分裂。他们称赞政变领导人凯南·埃夫伦是“信士的长官”，认为服从埃夫伦的统治是一项宗教义务，同时，该派否认曼德—赞赫拉派关于《光明集》被篡改的指责。

(6) 新努尔库运动。

三　新努尔库运动

新努尔库运动的领导人是凡特胡拉·古莱恩（Fethullah Gülen）。1974 年，该派因不满叶尼·阿斯亚运动“过于关注政治而忽视服务大众”的做法，从中分离出来。进入 20 世纪 80 年代，新努尔库运动发展迅猛，目前已成为土耳其最大的文化伊斯兰派别。新努尔库运动不像其他派别那样特别强调自己的努尔库运动属性。虽然运动领导人古莱恩及其众多追随者接受过努尔库运动的教育，但古莱恩很少公开引用《光明集》。他的言论及新努尔库运动的各项社会活动处处显示出该派对努尔西的思想既有继承又有发展。

新努尔库运动坚持努尔西的宽容与温和精神，注意避免自己的社会言论或各项活动出现偏激。运动领导人古莱恩积极参与各方对话，多次访问伊斯坦布尔的天主教主教、罗马大主教约翰保罗二世以及犹太教领袖等著名人物。他还主动拜访包括总统在内的土耳其高层政治人物，与之进行交流沟通，力图建立良好的政教关系。

新努尔库运动大力发展教育，取得了令人瞩目的成绩。他们在国内外兴办 300 多所高中和 7 所社区大学，其中 145 所分布在 25 个国家和地区，共有学生近 3 万人。尤其与众不同的是，这些学校特别重视自然科学、英语和妇女的教育，在社会上赢得了良好的口碑，甚至得到一些世俗政治家的支持。在发现有人对新努尔库运动表示不满时，土耳其的资深政治家、前总理埃杰维特站出来说话："古莱恩及其追随者是在为国家服务，有人却想把他们送进监狱，岂非咄咄怪事!"

新努尔库运动还建立起一个强大的传媒王国。他们拥有数家有关科学、教育、环保、英语、宗教内容的杂志，拥有一家日报社、一家电视台和一座调频广播电台。新努尔库运动之所以在教育领域和传媒领域取得成功，除了该运动重视知识和科技，还和它从民间获得巨大的资金支持密不可分。土耳其的著名商会、拥有 2000 多名会员的"商人和企业家联合会"是古莱恩的坚强后盾。古莱恩本人积极支持政府的自由化经济政策，鼓励人们主动参与市场经济活动。他领导的新努尔库运动可谓是这方面的榜样，其所控制的金融机构"阿斯亚信贷公司"业务发展迅速，仅在首都伊斯坦布尔就拥有超过 5 亿美元的资产。

新努尔库运动十分重视奥斯曼帝国的历史。土耳其的世俗主义者为了消除伊斯兰教的影响，竭力对奥斯曼帝国的历史采取贬低和冷处理的做法。古莱恩强调这段历史，则是要和努尔西一样，强调伊斯兰教在土耳其历史和现实中的文化价值与精神意义。古莱恩坚持认为，没有伊斯兰教的土耳其民族将是不完整的民族。但古莱恩反对把伊斯兰教政治化，他宁愿支持任何党派，也不愿支持伊斯兰主义政党繁荣党及其后继者美德党，认为后者通过政治而使宗教体制化了。1997 年，繁荣党领导人埃尔巴坎被迫解散由其领导的政府，繁荣党随即受到军方严厉制裁。古莱恩对来自军方的这一决定表示公开支持。古莱恩的言行也反映出他和努尔西有一些不同之处。总的来看，古莱恩的思想中民族主义已经占有相当重要的地位。古莱恩声称自己支持政府的上述决定，是为了维护国家利益，保持社会秩序稳定和市场经济的正常发展，并声称凡是出于这些目的的所有政府决定都应该予以积极拥护。新努尔库运动兴办的学校，也把爱国主义作为一项重要的教育内容。在和其他伊斯兰主义派别进行比较时，他们常常以此为自豪。

古莱恩的思想深受“二战”后土耳其社会政治发展的影响。在奉行世俗主义的官方长期持续压力下，土耳其伊斯兰主义者逐渐转向民族主义，承认民族主义的价值。而世俗主义者鉴于土耳其的历史条件和现实条件，也逐渐转向认同伊斯兰的文化价值观，视其为土耳其民族主义的重要组成部分。这种转向构成土耳其官方能够长期容忍新努尔库运动的一个重要原因，但这并不说明二者之间彻底没有了冲突。著名的阿班特事件即是例证。1998 年 7 月，古莱恩等人在小城阿班特集会，并发表了一份宣言，宣言的要点是："启示与理性并不矛盾，个人有能力借助理性合理安排自己的社会生活；国家应在社会生活和哲学倾向方面保持中立；国家统治不能建立在一种宗教传统基础上；世俗主义应扩大个人的自由和权利，任何人不应被排除在公共领域之外。"宣言很快引起土耳其军方和一些世俗主义政治家的注意和高度警惕。尽管古莱恩小心翼翼地对此加以解释，但仍被认为是另有所图，是通过伪装的办法来达到政治伊斯兰达不到的目的。次年初，官方媒体开始对古莱恩进行猛烈抨击。古莱恩也终于忍不住在自己的媒体上首次进行反击。古莱恩认为，官方的指责实际是在指桑骂槐，是军方把对埃杰维特等政治家的不满发泄到了自己头上。他对官方的表现表示十分不满，并为自己的忠诚之心不被理解而感到委屈。一时间，新努尔库运动与政府间的关系降至冰点。笔者认为，虽然古莱恩等人确实在大多数情况下采取了与官方合作的态度，但类似冲突的出现有其必然性。因为：第一，新努尔库运动虽然自称是一种文化运动，但它又和政治有着千丝万缕的关系。作为一支实力庞大的群众力量，新努尔库运动的成员不仅在信仰上相互劝勉，而且经常对社会事务乃至国家政治发表意见，表现出强烈的政治参与兴趣，其结果，必然会打上强烈的政治色彩，产生政治意义。在土耳其党派斗争异常激烈复杂的情况下，这样一支社会力量肯定会引起各方关注。作为土耳其政治结构中一支特殊力量的军方自然不会对其视而不见，任由其自由行事。第二，归根结底，新努尔库运动在意识形态上与官方有着本质的区别。对此，双方都十分清楚。如前所述，新努尔库运动的最终目标是用伊斯兰的价值观念影响一切，并使之由个人层面扩展到社会乃至国家政治生活领域。这和世俗主义者的思想形成根本性的冲突。因此，双方的合作与忍耐都存在一个限度，超过这个限度，冲突就会产生。类似的情形，也会发生在政治伊斯兰身上，但区别在于，比起政治伊斯兰的遭遇，文化伊斯兰受到的官方压力要远远少得多、轻得多。

四 "文化伊斯兰"的启示

努尔库运动是中东出现最早的现代意义上的民间伊斯兰复兴运动。从这场运动的发起人努尔西的思想和文化伊斯兰的实践活动，我们可以得出如下认识：

1. 伊斯兰教具有兼容性和适应性

面对时代对穆斯林社会提出的严峻挑战，努尔西采取求真务实的精神，既不赞成全盘西化，也不盲目地一概排外，而是在充分肯定近代以来西方文明优秀成果的前提下，希望穆斯林保持自己的文化本色，积极学习西方先进科技和文化。一方面他严肃认真地剖析穆斯林社会长期裹足不前的原因，从穆斯林社会的内在矛盾寻找信仰和社会衰落的根本原因，指出正是穆斯林自身的不求进取阻碍了社会的发展与进步；另一方面他又抛开教条，从宗教教诲的基本精神中发掘符合时代的东西，号召穆斯林放弃陈腐观念，追求科学，增长知识，敞开胸怀学习人类社会的先进文化。他的思想充分反映出伊斯兰教对时代命题的高度敏感和特有的应变能力，为广大穆斯林在社会转型期转变观念和认清方向清除了思想障碍。

2. 中东各国对发展模式和发展进程的选择必须在伊斯兰教所能承受的范围内进行

要实现这一点，必须仰赖人们对伊斯兰教适应社会发展的内在潜力的发掘。当人们一旦探寻出发掘这种潜力的有效方法，便能使伊斯兰教重获与时俱进的新的生命力，从而加快中东国家的现代化进程。文化伊斯兰的实践表明，当宗教为适应时代的要求而做出自我调整、政府决策者也充分考虑到本国的历史和现实条件时，政教关系将会朝着有利于社会稳定、经济发展和文化进步的方向发展。土耳其的文化伊斯兰，尤其是新努尔库运动努力营造和谐的政教关系并得到一些世俗主义政治家的赞扬，以及他们对文化教育、市场经济、科技发展表现出异乎寻常的关心……这些都说明文化伊斯兰不但有极强的生命力，而且获得了一定成功。

3. 文化伊斯兰比政治伊斯兰更有发展前途

政治伊斯兰普遍缺乏可行性较强的经济发展方案。如同繁荣党执政时期一样，政治伊斯兰一般依靠反对腐败政治和增加社会福利来赢得选民支持，虽然能够掀起一时的政治热潮，但往往维持不了多长时间。文化伊斯兰则积极推进教育和文化事业，通过全面提高穆斯林的整体素质来实现其振兴穆斯林信仰和社会的理想。应该说，他们的主张更加准确地把握了时代脉搏，符合社会长期发展的根本利益，因而更具有生命力。再从目前的政治力量对比来看，世俗主义政治力量依然牢牢掌握着土耳其政治方面、经济方面、军事方面和意识形态方面的大权。政治伊斯兰虽然在20世纪90年代中期一度崛起并进入政府，但从长远看不会有大的作为。世俗主义力量，特别是军方不会容忍它继续发展。相形之下，文化伊斯兰因其政治色彩较淡，宗教观点和社会主张都不太激进，与官方的关系也比较融洽，因而更有发展的空间，其对土耳其社会的影响也会进一步扩大。

文化比较研究

伊斯兰文明与西方文明主权观之比较

马明良

文明对话代替文明冲突是越来越多的人的共识，有了这个共识以后，在此基础上做一些具体的研究，如对各种文明从各个角度、各个层面进行比较，找出共性和个性，才能做到求同存异，互相尊重，互相学习，互相补充，相得益彰。本文以此为出发点探讨伊斯兰文明与西方文明主权观之异同。

一　主权观之异

所谓主权（sovereignty），通常是指一个国家或一个社会的最高统治权。在不同的政治文明当中，人们对主权的起源、主体、范围、合法性等问题看法不一，这样就形成了不同的政治模式和政治秩序。其中，西方文明的主权观与伊斯兰文明的主权观是两种不同的主权观。其不同处主要表现在以下几个方面。

1. 关于主权的归属问题

伊斯兰文明认为，一切权力、权威和权势都归于宇宙万物的创造者真主安拉，全世界和宇宙的统治权和主权全部都在安拉的掌握之中，安拉是最高的主权者、统治者。伊斯兰教的最高经典《古兰经》指出："一切判决只归真主。"[①]（12：40）"天地万物的主权，只归安拉。"（5：18）"万物的主权，

① 本文《古兰经》引文均出自中国社会科学出版社 1981 年出版的马坚译本。

在谁的掌握之中呢？谁能保护众生，而他自己不受保护？……他们要说：安拉。”（23：88）据此，伊斯兰文明认为，真主安拉才是拥有无限权力的统治者，而作为真主安拉的被造物——人则没有资格拥有主权。人世间的一切专制统治和黑暗政治的根源就在于“人统治人”。作为同属真主安拉创造物的人，根本就没有资格和权力统治自己的同类。由于人统治人，才有了个人崇拜和权力崇拜，才有了丧失人性和良心的主子和丧失人格和尊严的奴仆，才有了政治的腐化和腐化的政治。伊斯兰文明在众多政治学说中，独树一帜，确立了安拉的主权和统治地位。在伊斯兰文明看来，安拉的主权有以下特点：（1）绝对的和至高无上的；（2）独一的和不可分割的，不可转移的；（3）超越空间和无所不及的；（4）超越时间和无始无终的；（5）无限强大和无所不能的。

而西方文明的主权观则与此截然相反。在西方历史上“主权”一词最早由亚里士多德提出，但真正全面阐述主权问题的却是法国人布丹（公元1530—1596年）。从此以后，主权概念成为西方政治学的中心。布丹在《国家论》第一卷第八章中专门论述了“国家主权的原理”。布丹认为，主权本身并不是目的，而是国家用以达成各种目的的工具。国家倘若缺乏主权，则如一盘散沙，人民则如乌合之众。因此，主权是国家真正的基石、核心。由此，布丹认为，主权就是公民与属民之上不受法律限制的最高权力。就主权的性质来说，布丹认为主权是一种绝对的、永久的、不可分的，而且必须由一个人或一个机构掌握的权力。法律是由主权者创造出来的，主权者在制定法律时不需要征得人民的同意。主权者制定法律以约束全体或个别公民，主权者的意见就是法律的终极来源。主权者不受法律的约束，主权者可以绝对地和完全地支配人们的财产、生命以及整个国家，这个主权者就是君主，由此建立的制度就是中央集权的君主专制体制。

后来，英国政治思想家托马斯·霍布斯（公元1588—1679年）又进一步丰富了这一理论。他认为人性是贪得无厌的，是损人利己的，人们为摆脱野蛮的自然状态，通过契约的形式将自己的一切权力让给了一个主权者。所以，臣民必须无条件地服从主权者；主权者不受任何法律的制约①，主权者享有立法、行政、司法、言论监督等广泛权力。主权是统一的不可分割的和

① ［英］霍布斯：《利维坦》，商务印书馆1995年版，第161页。

不可侵犯的。这个主权者便是君主，霍氏倾向于君主制。

法国杰出的启蒙思想家让·雅克·卢梭（公元1712—1778年）与此截然不同，他在其传世之作《社会契约论》中，主张主权在民，憧憬小型共和国。在卢梭看来，构成国家成员之间的约定才是政治共同体的基础和合法性的来源。在由单个个人让出全部权力，相互缔约而产生的这样一种集体过程中，原来分散的个别利益在结合过程中上升为普通的公共意志，卢梭称之为"公意"。主权不外是公意的运用；主权者，不过是由全体个人结合而成的有生命和意志的公共人格。作为公意，主权是至高无上的，它具有不可转让、不可分割和不可代表的性质。

以上几位政治思想家在近代西方政治思想史中颇具代表性，分别反映了主权学说在不同发展阶段上的不同特点。但无论如何，无论是主张主权在君，还是提倡主权在民，都有一个共同点——主权在人（或一人或少数人或多数人），与伊斯兰文明所强调的主权在安拉形成鲜明对比。这是两种文明在主权观上的根本差异。

2. 关于主权的授权问题

主权的授权问题，实际上就是主权的合法性问题，来源问题。在这一点上伊斯兰文明与西方文明也迥然有别。伊斯兰文明认为，真主安拉虽然拥有宇宙万物的主权，但这种主权是一种终极的主权、根本的主权，真主安拉不会直接干预人间的事务，他以人类为他在大地上的代治者和代理人，由人类进行自我管理、自我约束。《古兰经》指出："我（指安拉——笔者所加）必定在大地上设置一个代理人。"（2：30）一方面，对人类来说，安拉是创造者和统治者，人类必须绝对地服从安拉的权威，遵守安拉的法律"沙里亚"；另一方面，安拉作为唯一的主权者，又将有限的代理权授予人类，这就使人类有了一定的自由、责任、权利和义务，同时，这也是对人类的一种考验和鉴别。《古兰经》说："在他们灭亡之后，我（指安拉——笔者所加）以你们成为大地上的代治者，以便我看你们怎样工作。"（10：14）伊斯兰学者强调，此种授权并不意味着安拉主权的分割或转移。这是因为：（1）从本质上说，代理权只是一种有限的自由和权利，并不是权力或权力的一部分。（2）安拉可以授予人类以代理权，也同样可以剥夺人类的权力（3：26）。（3）这种代理权本身是有限的，仅仅履行管理与服务的职能，以维持正常的社会政治秩序，并不具有或不应具有统治或压迫的机能。(4) 人类拥有代理权是替天行道，依“法”行政，而不是随心所欲，为所欲为。人类没有立法权，只有执行权，立法权只归最高统治者和主权终极拥有者安拉，人类只能依照安拉制定的法律去建立政府、管理社会。(5) 代理权不为某一个人或某一集团、某一阶层、某一部落所专有或世袭，而是属于全体穆斯林。

在主权的授权问题上，西方曾有过“君权神授论”，但那是在古代所流行的观点；在西方政治文明中占主导地位的是近代以来政治思想家们所主张的“契约论”。17 世纪荷兰哲学家和政治思想家斯宾诺莎（公元 1632—1677 年）认为，在国家产生之前，人类生活在一种自然状态之中，这种状态是非理性的状态，它不禁止争斗、欺骗，凡欲望所指示的任何方法都不禁绝。但是人人都想安全地生活，不为恐惧所袭，避免同类间的伤害。斯宾诺莎认为，“人人都会两利相权取其大，两害相权取其轻”[①]。久而久之，人们学会用理性来判断事物发展的结果，为了大家的共同利益，渐渐放弃非理性的行为，走出非理性的状态，订立符合人们共同利益的契约，由此形成社会和国家。为了使社会运转正常，人们愿意把一部分权利让出来，由国家执行。国家应设有唯一绝对之统治权，每个人必须服从，否则就会受到最严厉的处罚，只有这样，国家才能保证人类的真正利益。

霍布斯从“人性恶”出发推演出的自然状态是必然的战争状态，那么“公共权力”的出现也就成了水到渠成的事情。人类和平就必须使人们放弃自我管理的权利，放弃的权利被授予一人或由一个集体来代表。霍布斯认为，代表主权的人或集体成为主权者后，其余的人都成了臣民。主权者与臣民最大的区别就是主权者不属于当初共同签约放弃权利的人群之列，而是被授权者，所以他可以坐拥大权而不受任何限制。

英国著名政治家和政治思想家洛克（公元 1632—1704 年）则驳斥了“君权神授”的观点，同时也抛弃了一切激进的自由民主的理想，他在《政府论》一书中把霍布斯从“人性恶”推出的专制主义主张加以清理，恢复了“自然法”本来的面目。洛克认为，自然法没有公共权力为后盾一样可以很好地调节人们之间的关系，因为自然法根源于人类的理性。不过，洛克也承

① ［荷］斯宾诺莎：《神学政治论》，商务印书馆 1963 年版，第 215 页。

认自然法的缺陷，如一旦有人不受自然法的约束，而直接诉诸暴力，就会不可避免地使人们进入战争状态。避免这个缺陷的办法就是，人们决定放弃自然状态中享有的执行权（即为了保护自己和别人，可以做他认为合适的任何事情）和处罚权（即处罚违反自然法的罪行的权力），以同意或默认的方式交给社会，或授权给社会的立法机关，制定符合公共福利的法律。洛克同时认为，人们放弃的只是一部分权利，有些权利是不可转让、不可剥夺的，如自由权、生命权、财产权等。

3. 关于主权的运作问题

解决了主权的归属和授权问题以后，还有一个主权如何运作的问题。在这一点上，伊斯兰文明与西方文明的主张也有所不同。

伊斯兰文明认为，伊斯兰国家（伊斯兰国家和穆斯林国家是两个概念，伊斯兰国家是指严格实施伊斯兰法的国家；而穆斯林国家是指穆斯林在总人口中占多数但不实施伊斯兰法的世俗国家。）的立法权受安拉为人类制定的根本大法——伊斯兰法的制约。换言之，《古兰经》和圣训为人类社会政治生活提供了指南和航向，确立了政治、法律和道德规范，人类理应遵循它，贯彻它。《古兰经》明确说道："我降示你这部包含真理的经典，以证实以前的一切天经，而监护之。故你当以安拉所降示的经典而为他们判决，你不要舍弃降临你的真理而顺从他们的私欲。我已为你们中每一个民族制定一种教律和法程。"（5：48）

在强调安拉的最高统治权和立法权的同时，伊斯兰文明又认为，安拉虽然为人类制定了根本大法，但安拉并不直接管理人类的一切事务。安拉主权的运作特点是：（1）社会成员对安拉的法律恪守不渝，形成法治社会。（2）伊斯兰国家的行政事务通过协商加以解决和处理。《古兰经》指出："他们的事务，是由协商而决定的。"（42：38）社会成员通过协商的程序共同组建自己的公共管理机构和服务机构——伊斯兰政府。（3）伊斯兰法统治政府，政府必须依法行政，切实履行管理和服务的职能。（4）社会成员拥有基本的和不可剥夺的伊斯兰人权，如生命权、信仰自由权、财产权、求知权、隐私权、荣誉权等。（5）社会成员拥有监督政府、纠正政府错误的权利。伊斯兰历史上的第一任哈里发（国家元首和政府首脑）艾布·伯克尔在其就职演说中确认了这一权利。他说："只有我服从安拉的法律时，你们才有义务服从我。”[①]

而西方文明关于主权运作的主张则与此不同。近代西方政治与法理学思想体系的主要奠基人，法国著名政治学家孟德斯鸠（公元 1689—1775 年）在其传世之作《论法的精神》一书中系统论述了他的政治观，他着重强调法治与宪政，这是他对现代政治文明的最重要的贡献。他把注意力从早期的自由主义、民主主义政治传统中对主权归属的关注，导向主权的实际运作层面。他认为，一个实行法治、排除人治的国家，才能确保公民的政治自由。在法治的条件下，政府及个人的权力都是明确的、公开的、可以预期的，因此也是有限的。在他看来，一切有权力的人都容易滥用权力，这是万古不易的经验。为了使权力始终处于被约束的状态，不能单单寄希望于掌权者个人品质，而必须以权力来制约权力。具体而言，就是三权分离，权力制衡。所谓三权分离，就是立法权、司法权、行政权相互分离，掌握在不同的机构手中，由不同的人分别行使。他认为，立法权体现的是国家的共同意志，应当归属全体人民，但人民在统治过程中，缺乏议政能力，故只能通过选举，选出代议机构行使立法权。行政权应该掌握在国王手中。因为行政事务需要急速处理，所以由一个人管理比几个人管理要好一些。[②] 司法权应该独立，司法机构不应是常设机构。对于一般的案件，应由人民选出来的人行使审判权。但是，为了保持特权阶层的利益，他主张涉及贵族的案件应由上院审理。权力制衡，就是立法权、行政权和司法权相互制约、保持平衡。这一主张超越了单纯的阶级分权，组成混合政府的思想的局限性，指出分权与制衡也是政府权力运作和政治自由的内在要求，使其有可能上升为一种宪政最基本的制度框架。

美国建国时期的著名思想家、政治家，美国第三任总统杰斐逊（公元 1743—1826 年）则把欧洲启蒙思想的一系列原则具体化、现实化。在《独立宣言》中，杰斐逊认为，人人生而平等，“每个人都被造物主赋予不可转让的权利，其中有生命权、自由权以及追求幸福的权利”。他强调人民主权，他说：“我认为组成一个社会或国家的人民，是那个国家的一切权威的来源；

---

① ［埃及］阿布都·瓦哈布·纳扎尔：《正统哈里发们》，贝鲁特伊斯兰书局 1985 年版，第 33 页。

② ［法］孟德斯鸠：《论法的精神》，商务印书馆 1982 年版，第 160 页。

他们有靠他们认为合适的任何代理人来处理他们的公共事务的自由，有撤换这些代理人的个人或他们的组织的自由，在他们愿意的任何时候。”① 杰斐逊认为，君主政体是最坏的政体。大国虽然不宜实行直接民主制，但是可以实行代议制政体，人民可以通过选择自己的代表来构成国家的政府机关，代替人民管理社会公共事务。他主张应建立代议制民主共和国。他认为，共和国应该是一个有限的政府。为防止政府权力的扩张和腐化，他主张实行三权分离制度和权力制衡。在三权中，他特别强调要注意行政权的扩张和侵蚀。他认为，总统由于拥有执行法律和直接管理公共事务之权，因此，总统扩大自己的权力有很多有利条件，对行政权的制约最为重要。他主张总统一任制，后又同意总统可以连任一次，1809 年他连任两届总统之后主动退出政坛，继华盛顿之后为后人创造了一个永久的政府范例，即总统任期不超过两届。

二 主权观之同

由上可知，伊斯兰文明与西方文明主权观之间有许多差异，尤其在主权的归属和主权的授权问题上，伊斯兰文明强调主权在安拉，安拉将有限的代理权授予人类；而西方文明主张主权在人，人民以契约的形式让出自己的部分权利，并交给政府去处理公共事务。尽管如此，二者的主权观既有差异，也有相同或相似之处，主要表现在两个方面：

1. 都强调对权力的制约和监督

伊斯兰文明认为，安拉把有限的代理权授予了人类，人类理应在政治生活等各个领域遵循安拉制定的法律和道德规范。人民将那些信仰虔诚、人格高尚、学识渊博，并具有卓越治国才能的人选举为领导人，由其组成政府。领导人和政府其他成员，必须依据伊斯兰法行使管理和服务的职权，并自觉接受人民的监督。社会的每一个成员都有权利和义务对领导人和政府成员进行监督。当发现领导人和政府成员违背伊斯兰法时，对其提出批评、警告，

① ［美］梅里亚姆：《美国政治学说史》，商务印书馆 1986 年版，第 77 页。

促其改正。当领导人一意孤行，继续违背伊斯兰法时，人民有权罢免他，并重新组建伊斯兰政府。值得注意的是，伊斯兰文明反复强调，对领导人乃至对整个社会成员的监督，不但是每个人的一项权利，同时也是一项神圣的义务。先知穆罕默德把监督与纠错提到信仰的高度看待，他告诫穆斯林说道："你们谁要是发现一件坏事（即违法的事），首先用手去制止；若做不到，则用嘴好言相劝；若还做不到，则用心深恶痛绝，不过那是最弱的信仰了。"他还鼓励人们敢于仗义执言，他说："在暴虐的统治者面前敢说真话的人，是最勇敢的人。"他还警告人们不要明哲保身，对违法现象不问不闻，他指出这样做的后果："见暴不除，民皆遭殃。"意思是说，对违法现象，视而不见，充耳不闻，明哲保身，只能纵容违法者尤其是有权势的违法者继续为非作歹，鱼肉百姓，到头来谁也不能幸免。

西方文明也同样重视对权力的监督，因为这直接关系到主权如何运作和运作是否正常的问题。洛克指出，虽然国家的最高权力是立法权，但这个权力并不是绝对的、专断的，而是人民委托的一种权力，它必须遵照有效的法律为人民谋福利。"当人民发现立法行为与他们的委托相抵触时，人们仍然享有最高权力来罢免或更换立法机关。"① 卢梭认为，政府是臣民和主权者之间所建立的一个中间体，以便两者得以互相适合，并使它负责执行法律和维持社会的以及政治的自由。人们立约建立和产生的只是主权和主权者，政府的创制不过是一项法律而已。因此，行政权力的受任者绝不是人民的主人，而只是人民的官吏，当这些官吏违背人民的意愿时，人民可以撤换他们。美国独立战争时期的政治思想家潘恩（公元 1737—1809 年）认为，人民在结成社会之后而产生的第一个东西是宪法，而不是政府。因为"一国的宪法不是其政府的决议，而是建立其政府的人民的决议"②，他认为每个人都是社会的股东，对于政府相应的拥有监督权，人民任何时候都有权废除一种其认为不适合的政府，并建立一个符合他们利益的政府。

2. 都追求人的福利

伊斯兰文明认为，伊斯兰社会在引导人们敬畏安拉、遵守安拉的法律的

① ［英］洛克：《政府论》，商务印书馆 1981 年版，第 149 页。

② ［美］潘恩：《潘恩选集》，商务印书馆 1981 年版，第 146 页。

同时，还要致力于发展经济、提升文化、改善人们的生活、增进人们的福利。这也是主权运作是否良好的衡量标准之一。伊斯兰文明认为，安拉赋予人一些基本的权利，如生命权、健康权、财产权、迁徙权等，伊斯兰政府的职责之一就是保障人的这些最基本的权利，让人们过一种安宁、自由、幸福的生活。同时，根据伊斯兰公平精神，建立包括“天课”在内的与社会发展水平相适应的社会保障机制，确保弱势群体的基本生活需求，使之与其他社会成员一样，过一种正常的有尊严的生活。

西方文明更强调人的自由与福利。英国思想家边沁（公元 1748—1832 年）在其著作《政治片论》中着重论述了人的“最大幸福”的原则。他认为，功利是衡量和检验一切德行的标准。功利是人性的需要，由此他认为，从社会的角度看，衡量正确与错误的唯一尺度是大多数人的最大幸福。英国激进主义思想家密尔（公元 1806—1873 年）认为，政府的存在并不仅仅是为了最大限度地实现公民偶然偏爱的那种快乐，而应是有责任教育其公民追求高尚的快乐而不是低级的快乐。美国政治思想家杰斐逊则在他所起草的《独立宣言》中明确提出“追求幸福的权利”是天赋人权之一，政府的职责就是保障包括追求幸福权在内的一些基本人权。

三　余　论

从上面的比较可以看出，伊斯兰文明与西方文明的主权观，同中有异，异中有同，但总的来看异大于同，尤其在主权的归属和主权的授权方面，二者的观点截然不同，只是在主权的运作这一层面二者有一些相同或相似之处。

伊斯兰文明与西方文明主权观的差异主要源于二者的哲学基础不同，比如二者对人性的看法就很不一样。伊斯兰文明认为，人性无所谓善恶，关键看环境和社会引导。据此，对人尤其对拥有权力的人，既要有法律制约、社会监督等外在的约束，还要凭自身的信念和信仰，他律和自律二者缺一不可。而西方文明认为，人性是恶的，个人品德和自律是靠不住的，尤其对有权力的人必须要有外在的约束，必须要用权力制约权力。再如，对人的理性的地位和作用，二者看法也不尽相同。西方文明崇尚理性，认为靠人的理性可以解决一切问题，所以在立法和制度设计方面最大限度地发挥了人的聪明才智，从而在一定历史时期、一定程度上保持了法制的相对完善，进而实现了社会经济的快速发展，为人类政治文明作出了重要贡献。当然，其政治制度也出现了一些危机。而伊斯兰文明虽也重视人的理性，但同时又认为，人是有缺陷的，人的理性也是有限的，造物主安拉更清楚其造化物——人的需要，安拉为人类所制定的法律是完美无缺的。这种理念，如果遇上保守主义的解释，其结果必然是疏于对政治制度的研究，最终导致伊斯兰政治文明总是停留在一般性原则和原理层面，缺少适应于不同时代的具体而精巧的制度设计。

对当今伊斯兰国家而言，如何处理好主权的归属与主权的授权及其运作之间的关系，尚需作出艰难的探索，在独立自主地选择本国的政治制度和发展道路的同时，还应该努力整合东西方文明，尤其是西方政治文明的优秀成果，在继承与吸收古今东西政治文明优秀成果的基础上，结合自身实际，有所创新、有所发展以适应不断变化着的社会政治生活。西方国家也应认识到，自身的政治法律制度既有先进的一面，也有一些缺陷和不足，理应虚心地了解、学习包括伊斯兰文明在内的东方文明的精华。总之，东西方各国应本着“文明对话”和“文明的多样性”的精神，摒弃文明本位主义，求同存异，相互学习，相互借鉴，从而实现资源整合，优势互补，共创人类文明美好的未来。

原载于《中国学术年鉴 2004 年》中国社会科学出版社 2005 年

伊斯兰文明与中华文明的和平理念及其当代价值

马明良

一　伊斯兰文明与中华文明的和平理念

1. “和平”、“和为贵”——伊华文明对和平的追求

作为两大东方文明的伊华文明都酷爱和平，把和平作为一种崇高的目标而孜孜以求。

伊斯兰文明是一种崇尚和平、厌恶战争和暴力的文明。然而，长期以来，伊斯兰世界尤其是中东地区，由于它在世界地缘政治中所占有的重要战略地位和它所拥有的影响全球经济发展的丰富的油气资源，使它成为列强逐鹿和各种矛盾的焦点，从而战火不断，硝烟四起，伊斯兰文明也被西方有些媒体借机描绘成好战的恐怖主义的文明，穆斯林被妖魔化，动辄被称为恐怖分子。事实上如果透过弥漫于伊斯兰文明之上的烟雾，深入探索，冷静分析，就会发现，伊斯兰文明是崇尚和平、厌恶暴力的。和平是伊斯兰文明的基本宗旨。

爱是和平的真正动力。当有人问穆罕穆德一个人何以得救时，他把爱作为得救的条件之一，他说：“任何人不可能进入乐园，除非凭着信仰；任何人不可能有真正的信仰，除非凭着对他人之爱”。又说：“爱人如爱已，方为真信士。”伊斯兰文明倡导以德报怨，化解矛盾，消弭仇恨。《古兰经》说：“善恶是不一样的。你应当以最优美的品行去对付最恶劣的品行，那么，与你相仇者，忽然间变得亲如密友。”（41：34）《古兰经》还强调得饶人处且

饶人，说道："你们应当饶恕，应当原谅。难道你们不求真主赦宥你们吗？真主是至赦的，是至慈的。"（24：22）强调为人要谦和，内敛，不可飞扬跋扈，狂妄无忌。

可见，伊斯兰文明是从大处着眼，从小处着手，从培养人的性情开始，通过各种途径、各种形式来追求和平，缔造和平，维护和平的，力求使和平成为一种秩序、一种境界、一种美德、一种习惯。

中华文明讲究和平，讲"和为贵"，这是众所周知的。"和"是中华文明的一个经典概念，其起源甚早，《尚书》中曾多次出现，如"协和万邦"、"神人以和"等。《周易》说道："乾道变化，各正性命，保合太和，乃'利贞'。首出庶物，万国咸宁。"《中庸》说："致中和，天地位焉，万物育焉。"都是以"和"为人道追求的最高目标。一旦达到"太和"、"中和"的境地，自然和社会都顺畅安宁了。《论语》说："礼之用，和为贵。"[①] 孟子强调"和"的作用，将其置于天时、地利之上，说："天时不如地利，地利不如人和。"[②]

和平的前提是人与人之间的互爱。儒家用"仁"来表述这种爱。孔子的弟子樊迟问孔子关于"仁"，孔子回答说："爱人。"那么，这种爱人的思想从何而有呢？《中庸》引孔子的话说："仁者，人也，亲亲为大。"即爱人从爱自己的亲人开始，再扩大到爱他人，所谓"亲民"到"仁民"，也就是说要"推己及人"。如果把"仁"推广到整个社会，就需要"克己复礼"，"克己复礼曰仁，一日克己复礼，天下归仁焉。为仁由己，岂由人乎？"[③] 也就是说，"克己"才能"复礼"，只有克制自己的私欲，爱天下的人，才能使自己的行为符合社会规范，才能实现社会和谐、天下太平。

墨子也强调"兼相爱"是"交相利"的基础，他说："夫爱人者，人必从而爱之；利人者，人必从而利之；恶人者，人必从而恶之；害人者，人必从而害之"[④]。也就是说，只有人与人、国与国之间的互爱才能实现社会的良性互动和良性运行；而兼相恨，则交相损，即互恨和互害必然造成社会的恶性互动和恶性运行，天下就不会太平。所以，墨子又说：如果"诸侯独知

---

① 《论语·学而》。

② 《孟子·公孙丑上》。

③ 《论语·颜渊》。

④ 《墨子·兼爱中》。

爱其国，不爱人之国，是以不惮举其国以攻人之国；只知爱其家，而不知爱人之家，是以不惮举其家以篡人之家；今人独知爱其身，不爱人之身，是以不惮举其身以贼人之身。是故诸侯不相爱，故必野战；家主不相爱，故必相篡；人与人不相爱，故必相贼”①。这虽是针对春秋战国时期而言的，但也揭示了人类社会的普遍规律——多少世纪以来，人类正因为放弃了“兼相爱，交相利”的原则，才导致了你争我夺、互相残害的后果，不但弱者、弱国深受其害，而且，从长远看，强者、强国也未必受益，鱼死网破、两败俱伤的事例，屡见不鲜。因此墨子主张对这种“相害”、“相贼”的现象应以“兼相爱交相利之法易之”。

为了社会的和平与安宁，老子提倡无为而治，坚决反对暴力和战争，他说：“夫兵者不祥之器，物或恶之，故有道者不处。”战争总要死人，总要破坏生产，战争是祸，所以老子认为它不是好东西，是“不详之器”，老百姓都讨厌它，有道德的国家领导人也是不以战争解决问题的，所以，“以道佐人主者，不以兵强天下，其事好还。师之所处，荆棘生焉，大军之后，必有凶年。”以武力逞强于天下者，必有报应——生灵涂炭，民生凋敝，饥荒蔓延。古往今来，无论是新老帝国，凡对外发动战争，试图以武力征服天下者，虽称雄一时，但终究无不以失败而告终。这是因为被征服国家的老百姓不服，他们不怕牺牲，以死相拼，拼命抵抗，所以老子说：“民不畏死，奈何以死惧。”武力可以征服土地，却不能征服人心，“夫乐杀人者，则不可得志于天下矣”②。罗马帝国的衰落乃至失败，日本帝国主义的失败以及所有新老帝国主义的失败，都反映了这一规律。当今的“新帝国”也应从中吸取教训，切不可迷信武力，忘乎所以。

可见，崇尚“和平”、“和为贵”，厌恶战争和暴力，是伊华文明的共同点。

2. 多元共存，“和而不同”——伊华文明处理差异的智慧

世界既是同一的，又是多样的，世界的同一性和多样性是对立统一的。很久以来，世界上就存在着多种民族、多种国家、多种语言、多种宗教、多

① 《墨子·兼爱中》。

② 《道德经》第三十一章。

种思想、多种生活方式、多种社会制度、多种文明。世界各地区、各民族、各国家、各文明是千差万别的；而这些千差万别的民族、国家、文明又必须共存于同一个星球——一个有限的空间——地球。如何处理好这些千差万别的民族、国家、文明之间的关系，是摆在全人类面前的一个重大课题。处理得好，可以相安无事，皆大欢喜；处理得不好，则冲突不断，鸡犬不宁。如何处理呢？对此，有些文明主张全人类都应该整齐划一，用一种生活方式取代所有不同的生活方式，用一种社会制度统一所有相异的社会制度，用一种发展模式统一所有不同的发展模式，用一种价值观取代所有不同的价值观，用一种文明统一所有不同的文明。这就势必要导致“文明的冲突”。而有些文明则提倡，应承认和维护世界文明的多样性，一如维护自然界生物多样性一样，以多元共存，和而不同的思路和原则对待和处理不同民族、不同国家、不同文明之间的关系。用这种思路和原则来处理不同民族、不同国家、不同文明之间的关系，就能实现共同发展、共同繁荣。伊华文明就属于这一类型。

伊斯兰文明在以自己的文明而感到自豪，珍惜自己的文明的同时，也主张尊重差异，容纳异己。伊斯兰文明所讲的“爱”与“和平”不限于穆斯林之间，它不提倡狭隘的地方主义和民族主义，伊斯兰文明所讲的“爱”与“和平”其内涵是丰富的，其外延是宽广的。伊斯兰文明所提倡的爱，不限于其信仰者之间，而广及于全人类，无论民族、种族、肤色、语言、国籍、贫富、强弱、智愚，乃至宗教信仰。《古兰经》明确指出：“未曾因你们的宗教而对你们作战，也未曾把你们从你们的家园驱逐出境者，真主并不禁止你们怜悯他们，公平对待他们。真主确是喜爱公平者的。”（60：8）也就是说，即便是宗教信仰不同，只要对方不加害于人，也应爱怜他们，与他们和睦相处。伊斯兰文明禁止伤害无辜，更禁止杀人，把杀人定为大罪之一，《古兰经》说：“凡枉杀一人，如杀众人；凡救活一人，如救活众人。”（5：32）《圣训》则直截了当地说道：“谁伤害非穆斯林，谁就不是穆斯林。”“谁伤害被保护民，谁就等于伤害了我。”

伊斯兰文明强调睦邻、亲邻，《古兰经》要求人们“亲爱近邻、远邻”（4：36）。“近邻”和“远邻”既指穆斯林，也指非穆斯林；既指个人，也指国家。穆罕默德严禁伤害邻居，他曾连续三次说“他没有信仰！”其弟子问到底是谁没有信仰？他说：“就是伤害邻居，使之不得安宁的人。”他又说：

"在真主那里，最好的邻居就是对邻居最好的人。"

根据伊斯兰文明的原则，对于非穆斯林，不但不能伤害，而且还要保护、善待，与他们和睦相处。公元622年，伊斯兰教先知穆罕默德在创建麦地那穆斯林政权的过程中，容纳了所有生活在麦地那及其周边地区的不同族群、不同宗教信仰者——在这个政权里，穆斯林、犹太教徒、多神教徒和具有各种信仰的人都能找到自己的一席之地。穆罕默德以法律的形式确认了这一原则，他与麦地那的居民共同指定了为所有的人所遵循的一个宪章，即著名的《麦地那宪章》[①]，这个宪章明确规定了全体居民的权利和义务。对于非穆斯林，只要他们不反对穆斯林，不与穆斯林为敌，就保护其生命财产安全，确保其宗教信仰和名誉不受侵犯。比如对于犹太教徒，作出了这样的规定：尊重其宗教信仰，犹太人之间的纠纷，依据犹太教的经典"讨拉"(《摩西律法》) 处理[②]。公元630年，穆罕默德率领穆斯林大军由麦地那打回故乡麦加，人们预料这回他要报复那些曾经迫害过他甚至企图谋杀他、双手沾满穆斯林鲜血的麦加贵族当中的多神教徒，而他却一一赦免了他们，表现了伊斯兰文明的仁爱与和平的精神。

在穆罕默德之后，随着哈里发国家版图的扩大，境内的非穆斯林越来越多，穆斯林与基督教徒、犹太教徒、拜火教徒和其他宗教徒和睦相处。非穆斯林的生命、财产安全和人格尊严得到法律保护，宗教信仰自由得到尊重。第二任正统哈里发欧麦尔时代（公元634—644年），他根据经训精神作出规定：凡是年龄达到60岁的"吉米人"（受伊斯兰法保护的非穆斯林）均从国库得到一笔养老金。[③] 到伍麦叶王朝和阿拔斯王朝时代，非穆斯林越来越多，当时的社会结构呈现出多元的特点。奥斯曼帝国对异教徒采取了更加宽容的政策，一位美国学者说："基督教徒和犹太教徒在穆斯林世界中的待遇较穆斯林和犹太教徒在基督教世界的待遇要好一些"[④]。16世纪，奥斯曼帝国实际上成了被驱逐出西班牙的犹太人的避难所。

非穆斯林中有才能的人还受到重用，如阿拔斯王朝时代（公元750—

① 《麦地那宪章》正文见［埃及］穆罕默德·海卡尔，王永芳、赵桂云译：《穆罕默德生平》，新华出版社1987年版，第195—198页。

② 详见［黎］穆罕默德·沙克尔：《伊斯兰教史》，贝鲁特伊斯兰书局1985年版，第166页。

③ ［约］爱哈迈德·努发勒：《伊斯兰文化》，约旦安玛尔出版社1990年版，第156页。

④ ［美］斯塔夫里阿诺斯：《全球通史》，第54页。

1258年）国家的最高科研机构智慧宫中的翻译馆的馆长聘请一位基督教徒担任。在奥斯曼帝国的鼎盛时期（约公元1453—1623年）的48位首相中，只有5人属于土耳其血统，1位是高加索人，10位出身不详，其余32人分别是：9个希腊人，11个阿尔巴尼亚人，11个斯拉夫人，1个意大利人。[①]

在当代伊斯兰世界，也不乏坚持兼容并蓄、多元共存原则的政党和国家领导人，且不说埃及等世俗化程度较高的国家，且不说约旦国王侯赛因父子等亲西方的领导人，即便是被认为伊斯兰教色彩很浓厚的“正义与发展”党领袖、土耳其总理埃尔多安，也反复强调政治的多元性和文化的多样性的重要性，他在2001年8月14日该党成立大会上所发表的演讲中，多处引用《世界人权宣言》、《捍卫人权与政治自由的欧洲公约》，着重强调世俗化是社会健全的基本原则，当他讲到“自由”时，引用伏尔泰的那句名言：“我也许不赞成你的观点，但是，我以我的生命来捍卫你发表意见的自由。”他上台执政后，强调变化和变革，他访问的第一个国家不是伊斯兰国家，而是所有欧盟国家，他积极推动土耳其加入欧盟的进程，重视学习西方文明优秀成果的重要性。[②]

在当代伊斯兰国家有大量的非穆斯林，他们与穆斯林共同生活在一个国家，互相交流，互相学习，互相帮助，和谐相处，如在埃及、叙利亚、黎巴嫩、约旦等国，大批的基督教徒与穆斯林之间，友好相处；清真寺与教堂，并肩而立；“邦克”声[③]与弥撒[④]声此起彼伏。在马来西亚等东南亚国家有大量的华人、华侨，他们保留着自己的语言文字、风俗习惯和宗教信仰。[⑤]“1957年马来西亚独立以来，马华两族虽然仍然保持着鲜明的民族特色和不同的文化、宗教，但在政治、经济和文化等领域的交流及融合却与日俱增；政治上，建立了多元民族的朝野政党联盟，提出了侧重全民族利益的政治诉求；经济上，两族的合作，逐渐从压力合作向自愿合作转化，从在国内共同

---

① ［美］卡尔·布罗克尔曼：《伊斯兰教各民族与国家史》，商务印书馆1985年版，第363页。

② ［埃及］穆罕默德·努伦丁：《土耳其向何处去——执政的“正义与发展”党》，《阿拉伯人的未来》，阿拉伯文版，2003年第1期。

③ 在清真寺宣礼塔上召唤礼拜的声音。

④ 基督教的祈祷仪式。

⑤ 据统计，2001年马来西亚总人口为2252万，其中华人为572万。见廖小键：《马来西亚的华人穆斯林——兼论不同文明的共存》，《世界民族》2003年第4期。

经营发展到携手走出国门；文化上，两族子弟同校读书比比皆是，两族人民共同欢庆各族佳节已成惯例，至于标示各自不同宗教文化特征的教堂、寺庙更是遍及城镇和乡村，交错并立。即使在被称为原教旨主义政党——伊斯兰教党——所控制的吉兰丹和丁加奴两州，尽管当地华人皈依伊斯兰教的还不到1%，尽管华人和马来人保持着各自的民族特色，学习本民族语言，信奉本族宗教，但两族的相处同样非常融洽，吉兰丹的州务大臣曾出席华人文化大会演，并现场挥毫展示中文书法。”① 马来西亚前总理马哈蒂尔说：“虽然马来西亚的国教是伊斯兰教，但佛教、印度教和道教寺院以及基督教教堂在马来西亚随处可见。全体人民共同庆祝不同民族和宗教信仰者的宗教节日。穆斯林通过自己的行动证明，他们能够与非穆斯林一道生活和工作，建设一个统一的、进步的国家。”②

由上可知，伊斯兰文明反对地方主义、民族主义、种族主义、霸权主义等形形色色的有悖于人人平等理念的狭隘的观念和行为。

伊斯兰文明的和平观与多元共存理念源于伊斯兰教的人类同根同源的信仰。伊斯兰教让人们坚信，全人类都是人祖阿丹（亚当）的子孙，真主由泥土创造了阿丹，然后由阿丹创造了其妻子哈娃（夏娃），全人类都是由这对夫妻繁衍而来的。《古兰经》就此说道：“世人啊！我确已从一男一女创造了你们，并使你们成为许多民族和宗族，以便你们互相认识。”（49：13）旨在强调，人类同祖同宗，只是世界各地的自然地理条件、气候生态环境的不同造成了各民族之间肤色、个性和语言文化上的差异。这种差异，非但不是坏事，而恰恰体现了真主对人类的恩典，使人类免于陷入单一和单调之中，而生活在一个丰富多彩的世界里——不同语言、不同肤色、不同文化，令彼此惊叹，互相欣赏，互相学习，取长补短，共生共荣。《古兰经》就此说道：“他（指真主——笔者所加）的一种迹象是：天地的创造，以及你们的语言和肤色的差异，对于有学问的人此中确有许多迹象。”（30：22）世界的多样性是人类生活必不可少的。据此，明末清初著名伊斯兰学者马注根据伊斯兰精神开拓和发展了传统的善的概念，他在其传世之作《清真指南》中指出：

---

① 廖小键：《马来西亚的华人穆斯林——兼论不同文明的共存》，《世界民族》2003年第4期。

② 北京外国语大学中国马来中心编：《马来西亚总理马哈蒂尔演讲集》，世界知识出版社1999年版，第78页。

“能慈骨肉者，谓之独善；能慈同教者，谓之兼善；能慈外教者，谓之公善；能慈禽兽、昆虫、草木者，谓之普善。”这就要求人们不但要爱跟自己有血缘关系的人，而且还要爱有共同信仰的人；不但要爱有共同信仰的人，还要爱有不同信仰的全人类；不但爱自己的同类——人，而且还要爱整个大自然（包括一切飞禽走兽、花草树木等动植物）。

总之，强调多元共存，与各种文明和谐相处，与各个国家和平共处，是伊斯兰文明的主旨之一，也是伊斯兰历史发展的主流。

中华文明提倡多种元素、多种成分，有机结合，和谐共存，“和而不同”。孔子讲“君子和而不同，小人同而不和”[①]。“同”未必就能带来“和”，小人表面上和和气气，背地里却互相算计；“异”未必导致“斗”，君子既坚持自己的原则，又尊重异己，和而不同。关于“和”和“同”的概念及其关系，在孔子之前已有思想家探讨过。齐国政治家、思想家晏婴（晏子）在讨论君臣关系时阐述了“和”与“同”的区别，《左传·昭公二十年》记载：“公曰：唯据与我和夫？晏子对曰：据亦同也，焉得为和？公曰：和与同异乎？对曰：异。和如羹焉，水火醯醢盐梅以烹鱼肉，燀之以薪，宰夫和之，齐之以味，济其不及，以泄其过，君子食之，以平其心。君臣亦然，君所谓可，而有否焉，臣献其否，以成其可；君所谓否，而有可焉，臣献其可，以去其否。是以政平而不干，民无争心”。“声亦如味，一气、二体、三类、四物、五声、六律、七音、八风、九歌，以相成也；清浊、小大、短长、疾徐、哀乐、刚柔、迟速、高下、出入、周疏，以相济也。君子听之，以平其心，心平德和。”“若以水济之，谁能食之？若琴瑟之专一，谁能听之？同之不可也如是。”《国语·郑语》记载西周末年史伯的话说：“夫和实生物，同则不继。以他平他谓之和，故能丰长而物归之，若以同裨同，尽乃弃矣。故先王以土与金、木、水、火杂，以成百物。”

晏子和史伯所讲的是他们对世界的一种认识、一种规律，即“和实生物”。“和”是生成万物的基础。但“和”不等于“同”，不等于“整齐划一”，更不同于“单一”；“和”是各种成分、各种元素，以一定方式结合在一起，互补互济。“和”是多样性的统一，所以它是丰富的，具有生命力的。而单一事物相加，即“以同稗同”，则是相同事物的叠加，其结果只能是窒

① 《论语·子路》。

息生机和活力，事物就不能发展，不能繁荣。如同烹调中的水火、醯醢、盐梅与鱼肉，乐曲中的一气、二体、三类、四物、五声、六律、七音、八风、九歌、清浊、小大、短长、疾徐、哀乐、刚柔、迟速、高下、出入、周疏，多种成分和元素“相成”、“相济”，才有美味可口的羹和美妙动听的乐曲。宇宙万物，大至整个宇宙，小至基本粒子，以及人体本身，都由“和”而产生，都因“和”而发展。而如果以水济水，就不会有美味，琴瑟专一，就不会有音乐。可以说，中华文明的最高理想和境界是“万物并育而不相害，道并行而不相悖。”[①]“万物并育”和“道并行”是“不同”；“不相害”、“不相悖”是“和”。

就中华文明的主流而言，“和而不同”不仅仅是一种应然状态，而且也是一种实然状态。一部中华文明史，实际上就是著名人类学家费孝通先生所讲的“多元一体”的历史。中华民族的古代文明是多元起源，又不断向中原地区汇聚，又从中原地区不断向四周辐射的过程。作为中华民族核心的华夏族本身是多民族融合的结果。尔后的汉族仍然不断吸收各少数民族的成分，才形成了人口众多、散布于全国各地的大民族。汉族的农耕文明和礼乐文化推动了少数民族社会经济的发展，少数民族的游牧文明也给汉族社会注入了新鲜血液，使之不断更新，更具活力。

除了全国性的文化外，区域性的文化也早已形成。如齐鲁文化、燕赵文化、巴蜀文化、吴越文化等，各有不同特色，各展所长，各显其能，彼此交流，互相借鉴，相得益彰。

就文化和宗教政策而言，汉代虽一度实行了“罢黜百家，独尊儒术”的文化政策，魏晋南北朝时期虽也有过“夷夏论”、“神灭论”的辩论，很多儒士批判过作为外来宗教的佛教，一些统治者也曾有过将政治专制主义和文化专制主义相结合的政策（如“三武一宗灭佛”事件[②]和清乾隆年间及咸丰、同治年间镇压西北、西南穆斯林事件等）；但总体上还是“和而不同”论和“殊途同归”论占了上风，占了主导地位，中华文明的核心结构由两汉的“独尊儒术”，转变为儒佛道三足鼎立，以儒为主，以佛道为辅，在互动中融合。唐代以后，历代政权基本上都采取了儒佛道三教并奖，同时也允许传入

① 《礼记·中庸》。

② “三武一宗灭佛”事件，即北魏太武帝、北周武帝、唐武宗和五代后周世宗的灭佛事件。

中国的伊斯兰教、摩尼教、索罗亚斯德教（祆教）、犹太教、景教（罗马基督教聂斯脱利派）合法存在。儒佛道三家互相影响，互相吸收，互相渗透，呈现出你中有我、我中有你、同中有异、异中有同的局面——佛教吸收儒家的入世精神，形成了具有中国特色的禅宗；儒学吸收佛教的主体哲学，形成了宋元明时期的理学、心学和气学；道教吸收佛教的缘起性空说和儒家的性理之学，形成全真道的内丹学；甚至伊斯兰教也通过“以儒诠经”等形式吸收了一些儒家的“仁爱”之学等内容，形成了所谓“汉学派”，从而具有鲜明的中国特色。

鸦片战争以后，以基督教为核心的西方文明以空前的规模传入中国，中国的志士仁人大力提倡学习和引进西方文明，从器物层面到制度层面再到价值观层面，步步深入。20 世纪初，孙中山领导的辛亥革命，以西方的民主共和国为理想模式，建立了“中华民国”。五四新文化运动，提倡科学、民主与社会主义，使西方自由主义和俄国传来的共产主义在中国思想界形成主流。“中国社会目前有三大文化汇聚：社会主义文化、中国传统文化和西方欧美现代文化。三大文化已经克服了对峙状态，开始了良性互动的过程，新的中国文化将在这良性互动中诞生。未来的中国文化将具有三大特点：它是现代的，又是民族的，还是异彩纷呈的。它将是孔子‘和而不同’的伟大理念的又一次伟大实践。”①

作为政治家和战略家的邓小平提出的“一国两制”的构想，实际上是对中华文明“和而不同”理念的创造性的发展和发挥。两种制度、两种生活方式，共存于一个国家之内，相安无事，和谐相处，这是中华文明伟大智慧的高超发挥，它成功地解决了世界上看似矛盾对立、水火不容的相异事物如何共存的问题。可见，不同的制度、不同的文明，完全可以和谐共存，取长补短，优势互补，共同繁荣，而不一定非要一方削弱另一方，一方吃掉另一方，以你死我活的方式处理差异，解决矛盾。

由上可知，伊华文明都提倡多元共存、和而不同，都尊重异己，容纳对方，这是处理当今世界各种矛盾与冲突、维护世界和平的最宝贵的文化资源，应当给予足够的重视。

---

① 牟钟鉴：《孔子的文化观及其现代意义》，《儒学现代性探索》，北京图书馆出版社 2002 年版。

二 伊斯兰文明与中华文明和平理念的当代价值

由上可知，伊斯兰文明和中华文明都有着十分丰富的和平思想，这是一份十分宝贵的精神文化资源，这份资源不但属于伊华文明的主体——全世界的穆斯林和全世界的中国人和华人群体，而且也属于全人类。今天，在全球化的形势下，在各国各民族之间的联系不断加强，相互依存度日益提高的情势下，只要世界各国政府包括非政府组织在内的全社会的力量，超越狭隘的民族主义的立场，从人类主体的高度和人类价值的视野，通力合作，密切配合，同舟共济，共同应对对世界和平的挑战，积极开发和合理利用伊华文明的和平的精神文化资源，并对其进行必要的现代诠释，赋予其时代特点，那么，伊华文明的和平理念对于构建各种文明和谐相处、共存共荣的世界文明新秩序，对于促进世界和平将产生诸多积极意义。

第一，伊华文明的和平理念有利于维护世界和平。当今世界，和平与发展已经成为时代的两大主题，求安宁、促和平、谋发展是全世界人民的普遍愿望和共同诉求；然而，世界上的许多地区仍然为战争的阴影所笼罩，核威胁和核扩散的问题依然存在，“新帝国”理论大行其道，霸权主义横行，恐怖主义肆虐，在某些情况下二者相互刺激，互为因果，恶性循环，战争此起彼伏，恐怖爆炸不绝于耳，和平面临严峻挑战。全球化时代，人类如何相处，是需要重新思考的。是继续奉行以往“弱肉强食”的社会达尔文主义和“贵斗”的“冷战”哲学，还是推动文明对话、实现和平相处？这对人类的命运是生死攸关的问题。伊斯兰文明内在的和平精神和中华文明“和为贵”的思想通过对话、沟通，相互交融，相得益彰，一旦为更多的人所领悟所接受，将会成为维护世界和平的巨大的精神动力和坚强的支持力量。无论是20世纪的两次大战和大大小小的局部战争，还是21世纪初的伊拉克战争，不但受侵略的国家和人民深受其害，而且全人类都为战争付出了高昂的代价①，战争中

① 伊拉克战争不但使伊拉克人民遭受痛苦，而且战争的发动者美英等国也付出了高昂的生命、经济、道义上的代价，尤其使美国的国际形象极大受损；由于战争带来的油价攀升等原因，世界经济也受影响。

的死伤人数是可以统计的，而战争对经济发展和人民生活的影响，尤其是对人类心灵的创伤是无法估量的。在王朝战争的年代，战争只是军队之间的事，而当今世界民族主义的盛行，使得全民动员、全民皆兵，舆论鼓动，摧毁敌方的经济体系，瓦解敌对方的民族斗志，成为任何一场战争的制胜之道。在现代战争中，士兵们再也用不着匍匐着穿越铁丝网、沙包和泥坑，只要监视着电子显示屏，轻轻按一下导弹发射按钮，成千上万的杀人过程即告完成，就像孩子们玩游戏一样。而这一切都是在“民主”、“自由”、“文明”的名义下进行的，到底是杀人的方式文明了呢，还是杀人的行为本身就是文明的呢？不错，这种杀人的方式因为远距离进行，所以能做到不溅一身血，不像古代的短兵相接、刀光剑影，彼此能看到血淋淋的场面，故而杀人者可以减少良心的谴责，道德上能够得到某种解脱。不过，当今的“新帝国”不宜过分耀武扬威，沾沾自喜，凡是帝国总有兴衰的规律，世上不会有永恒的帝国，“得道多助，失道寡助”，昔日强大无比、“舍我其谁”的罗马帝国、蒙古帝国、奥斯曼帝国、“日不落”的大英帝国……而今安在？还是应该明智地回到伊华文明所提倡的和平，“和为贵”的轨道上，尊重他者，尊重自己，尊重生命，珍惜和平，维护和平，造福人类。

第二，伊华文明的仁爱、宽容和公平、公正精神有助于防范恐怖主义，抵制霸权主义，保障世界各国人民的生命财产安全和世界各国的主权与领土完整。恐怖主义产生的根源是十分复杂的，如贫困、失业、失望、被边缘化的感觉、文化或宗教极端主义思想等；但就中东地区的恐怖主义而言，除了这些因素外，还有一个原因，即霸权主义和强权政治的刺激。霸权主义唯我独尊，目空一切，以强凌弱，以大欺小，以力服人的思想和行为，使中东地区的一部分人感觉到强权就是真理，世界无公平可言，无公道可言，无正义可言，当他们的呼声无人倾听，他们的苦难无人关注，他们的处境无人同情时，他们就萌发出一种以毒攻毒式的复仇心理，这种心理在霸权主义和强权政治的不断刺激下，转化为一种不计后果的甚至不惜伤及无辜的恐怖行动。恐怖主义是全人类的公敌，按理应该成为“人人喊打的过街老鼠”，但事实上为什么还有那么多同情者？为什么“反恐越反越恐”？主要原因是霸权主义和强权政治为恐怖主义提供了口实，霸权主义者对内讲民主，对外行霸道，迷信武力，耀武扬威，藐视国际法和联合国宪章，动辄对一些国家进行军事打击，甚至不惜伤及无辜，不惜摧毁平民的房屋和基础设施，不惜把一些国家变成其新式武器的试验场。“战斧”式巡航导弹并非仅用于瞄准军事目标，还同样用于瞄准工厂、桥梁、平民区，甚至医院、难民营和使馆。尽管恐怖主义者用这些事实来证明其所发动的恐怖袭击的正确性和正当性是十分荒谬的，但它的确能争取到更多霸权主义的受害者的同情和支持，从而能扩大自己的生存空间和活动天地。这会促使一部分温和主义者变成了极端主义者，一部分极端主义者变成了恐怖主义者。所以，反恐必须标本兼治，恐怖主义和霸权主义是对当今世界和平的两大威胁，伊华文明的和平理念有助于防范恐怖主义，抵制霸权主义。伊华文明都尊重生命，提倡仁爱、宽容，反对践踏生命、伤害无辜，这对恐怖主义不分青红皂白、滥杀无辜的思想基础是一种有力的震撼和动摇，从而能够挽救那些同情恐怖主义的社会群体，最大限度地孤立恐怖主义者，使其失去“市场”，失去社会基础，失去活动空间，失去立足之地，最终走向穷途末路，被全人类所唾弃。伊华文明关于人人平等，公正处事，公道行事，与人为善，以邻为伴，和谐相处的理念对霸权主义的种族优越感和文化优越感是一种有力的冲击。霸权主义的思想基础就是“文化优越论”以及由此而来的“己所欲施与人”的所谓“使命意识”，试图用经济、科技、军事、文化等各种手段“改造世界”、“重塑世界”，用自己的文化模式统一世界。而在其眼里，伊斯兰世界和中国是推行其霸权主义，用自己的文化模式“改造世界”、“重塑世界”的两大障碍，于是编造出所谓“伊斯兰威胁论”和“中国威胁论”的政治神话。这恰恰反证了伊华文明是维护世界和平的重要保障。在目前情势下，尽管西方有人鼓吹“霸权理论”，鼓吹“人权高于主权论”，但作为穆斯林学者和中国学者目前所应做的不是与西方一些学者对骂，而是应该平心静气地、理性地探讨问题，并与那些仍然保持着清醒头脑的有“文化自觉”意识的西方学者联手，共同挖掘包括伊华文明在内的世界各种文明中的和平的精神文化资源，并用时代的价值视野对其进行分析、梳理，从中提炼出有利于维护世界和平、促进人类安康的有价值的成分，进而使之成为全人类的共同精神财富，成为人们内心深处阻止战争、保卫和平的无形的铜墙铁壁，使任何人、任何统治集团无论以任何形式、任何冠冕堂皇的理由，发动战争、侵略别国的计划和图谋都胎死腹中，使那些弱肉强食、以强凌弱、以大欺小的社会达尔文主义的“丛林规则”成为过时的不文明的为人们所抛弃的野蛮规则。在国际事务中，以平等代替歧视，以对话代替对抗，以和谐代替冲突，以民主代替霸道，以协商代替制裁，使世界走出残杀、走出仇恨，走出野蛮，走向仁爱，走向文明，走向和平与繁荣。

第三，伊华文明的“多元共存”，“和而不同”理念有助于维护世界的多样性，有助于构建各种文明和谐相处、共存共荣的世界文明新秩序。世界的多样性是不以人的意志为转移的客观存在。在自然界，正因为有生物多样性，才使大自然五彩缤纷，生机盎然，进而保持了生态平衡；在人类社会也正是由于文化多样性的存在，才使世界变得多姿多彩，令人惊叹。可是，西方某些学者无视这一客观规律，鼓吹“文明优越论”、“文明冲突论”、“历史终结论”，试图以暂时领先的科技、经济和军事优势为依托，在全球强行推广和普及西方文明，使西方文明一枝独秀，独领风骚。这是对世界多样性的一种挑战，是背法则而行，逆潮流而动的不明智的行为。可悲的是东西方一些学者一叶障目，也在附和这种论调，他们在其国内信仰和奉行平等、民主、自由的理念，而在国际上却大讲特讲霸权的价值和必要性，从而产生了文化霸权主义，进而威胁着人类文明的“生态平衡”。而伊华文明关于“多元共存”、“和而不同”的理念，能够尊重异己，理解“他者”，不求整齐划一，但求不同元素之间的和谐相处，各得其所。认定“同无妨异，异不害同，五色交辉，相得益彰，八音合奏，中和且平。万物并育而不相害，道并行而不相悖”[①]。这种思想为多元文明的共处，构建不同文明和谐相处、共生共荣的世界文明新秩序提供了不尽的思想源泉。如果将“多元共存”、“和而不同”的理念用于国际政治生活，便是国家之间关系的和平共处原则，即互不侵犯，互不干涉内政，互相尊重领土、主权完整，平等协商合作，和平共处。尊重每一个国家人民所选择的社会制度、生活方式和宗教信仰，不因意识形态、价值观念的不同影响国家之间平等友好的关系，使世界真正成为各国、各文明和谐相处、千姿百态，丰富多彩，生机盎然的美好世界。

第四，伊华文明关于“和平”、“和为贵”、“和气生财”的思想为确立和平经济学，反对战争经济学，发展世界经济，改善各国民生提供了可贵的文化资源。发展经济，改善民生，是世界各国面临的共同问题。而发展经济的途径却有所不同，有和平的途径，有战争的途径。如果选择战争的途径发展经济，必然要走军备竞赛之路，首先扩展军事工业，生产各种大规模的杀伤

① 《礼记·中庸》。

性武器，并把各有关行业都紧紧纳入军需而扩大生产，以刺激和带动整个国民经济的超常发展，最终必然会导致对外发动侵略战争，通过掠夺他国的资源达到使自己暴富的目的。如果选择和平的途径，那就是为了满足全民不断增长的物质和文化需要，遵循经济规律和市场规律，诸业并举，协调发展。同时与世界各国开展在平等互利的基础上的经济合作和贸易往来。不同的选择，带来不同的结果。比如，日本的经济在20世纪的三、四十年代，先通过侵略包括中国在内的一些周边国家，掠走了巨额财富，一下子暴富起来。但好景不长，“失道寡助”，随后日本被各国人民打败了。战败的日本，不仅将从别国掠夺来的不义之财丧失殆尽，而且连自己的老本也赔进去了，使其国民经济全面崩溃。战后的日本，由于一改战争经济的死路，走上了和平经济的生路，几十年的努力和励精图治，一跃成为世界经济大国，跻身于发达国家之列。可见，只要坚持和平发展的道路，那么日本的经济就会走出眼前的低迷状态，登上新的高峰。否则，若改变和平宪法，走上军国主义的道路，必然会重蹈覆辙，给本国给邻国给世界再次带来灾难。再比如，中东的战乱影响了该地区国家的经济发展，中东战争和巴以冲突不但给遭受失败的阿拉伯国家和巴勒斯坦人民造成巨大的人员和财产损失，而且也大大影响了“战胜国”以色列经济的健康发展。萨达姆奉行西方的社会达尔文主义，迷信武力，穷兵黩武，发动两伊战争，出兵侵略科威特，掠夺科威特的财富，试图一夜暴富，进而成为地区霸主，结果被虎视眈眈的美国抓住把柄，乘虚而入，不但自己丢了性命，更悲惨的是人民民不聊生，国家满目疮痍，把一个资源丰富、经济快速发展、人民安居乐业的国家糟蹋得一塌糊涂。

很显然，“战争经济学”是死路一条，“和平经济学”才是出路。任何一个国家，凡是要发展经济，就必须努力维护世界和平，没有和平的国际环境就不可能有正常的经济发展。为此，不但要竭力避免军事冲突和战争，而且就连贸易摩擦也要通过协商甚至妥协来处理，主动化解，避免发展成为贸易战。特别在今天经济全球化的趋势下，资源、资本、技术、人才、劳动力、管理、信息等都超出一国国界，实现着全球大流通，以整个世界为市场，在全球范围内不断重组和整合。在此过程中，竞争越来越激烈，在激烈的竞争中，只有严格遵循公平、公正的原则，才能确保贸易双方的互竞互长，互利互惠，共同发展，实现双赢甚至多赢，否则，一方牺牲另一方，一方吃掉另一方，其结果必然产生失衡，产生贫富悬殊，产生不满意和愤恨，久而久之，不平则鸣，就会引发社会危机，政局动荡，甚至破坏和平，爆发战争，天下大乱，经济萧条，所谓的赢家因失去相互依存的对象而终究也会成为输家。

伊华文明的仁爱精神和和平理念能够从理性认知和爱心真情等层面去引导和培育今后全球化市场经济中的公平竞争原则。比如，伊斯兰文明所倡导的关爱近邻、远邻的精神，实行睦邻、亲邻、富邻的原则，中华所强调的“己欲立而立人，己欲达而达人”和“和气生财”的原则，有助于兼顾处于不同发展水平的各个国家的利益和特殊关切，构建公平合理的世界经济新秩序，使各国走向共同发展，共同繁荣之路，使全球化进程朝着互利共赢的方向健康发展。

原载于《西南民族大学学报》2006 年第 5 期

伊斯兰法文化与中国法文化的比较研究

马玉祥*

文化是一个相对宽泛的概念。从广义上讲，文化是指人类社会历史实践过程中所创造的物质财富和精神财富的总和；从狭义上讲，文化是指社会的意识形态，以及与之相适应的制度和组织机构。文化作为一种社会历史现象，每一社会都有与其相适应的文化类型及其形态，并随着社会物质生产的发展而发展。作为意识形态，文化是一定社会政治和经济的反映又对其给予巨大的影响与作用。文化在阶级社会中既具有鲜明的阶级性，又具有民族性并随着民族的产生和发展而形成各种不同质的民族文化形态。文化的历史过程是一个吸收、融合与沉淀积累的过程，因而文化又具有历史传承性、独立性与开放性的特点。文化在中国古代曾被称为文治和教化，是指封建统治者所实施的文治和教化的总称。南齐王融在《曲水诗序》中指出："设神理以景俗，敷文化以柔远。"说明文化不仅涵盖了一定社会的政治、经济、教育、法律等方面的基本制度和政策原则，还包括统治阶级借以维护其经济基础和政治统治而宣扬的"神理"与"天命"的哲学思想、伦理道德和法律意识等方面的内容。

法文化即法律文化或法治文化的通称，是以特质的文化为背景并体现其民族精神和时代风尚的法律传统的总称，它包括法律精神、法的价值、立法原则、法律规范与法律渊源以及司法制度、原则和程序在内的法律文明成果。我国当代著名学者季羡林先生说过："在世界上连续时间长、没有中断过，真正形成独立体系的文化只有四个：中国文化体系、印度文化体系、阿

* 马玉祥，西北民族大学法学院院长、教授，环境资源法研究生导师、导师组组长。

拉伯伊斯兰文化体系和希腊、罗马开始的西欧文化体系。”伊斯兰文化和中国传统文化都是具有悠久历史并继续影响人类社会进程的两种异质文化，既具有重大的差异性与排斥性，又具有一定的开放性与兼容性。作为法文化自然源本于特定的母体文化或本体文化并成为这种大文化系统的一个重要组成部分。法文化不仅决定于一定的社会经济基础并以独立的上层建筑观念形态作用于这一社会的经济关系及其他社会关系，而且又受到政治上层建筑的主导作用以及民族、宗教、伦理等其他观念形态的影响。研究伊斯兰法文化和中国传统法文化的异同，从比较研究的视角，审视这两种异质文化各自的传统背景、历史价值及实践意义，研究两种文化各自具有的兼容性，探索中国伊斯兰教及伊斯兰法文化与中国社会主义现代化相适应相协调的方式与途径，不仅对促进社会主义精神文明和现代化建设进程与社会的全面进步具有一定的现实意义，而且对于进一步加强和促进中国与伊斯兰国家，尤其是阿拉伯国家之间的友好交往也具有一定的国际意义。

一 伊斯兰教、伊斯兰法与伊斯兰法文化

伊斯兰并不是专指宗教，它具有多层位性，它既是一种宗教，同时兼指一定的社会体系、生活方式和时代特征。成为穆斯林宗教生活和社会生活“脊梁”的是“伊斯兰精神”——这是伊斯兰文明或伊斯兰文化的实质。伊斯兰教在公元7世纪初兴起于阿拉伯半岛。公元6—7世纪的阿拉伯半岛正处在原始氏族制度即将崩溃和“乌玛”民族国家尚未建立之际，在这一社会转型时期，原始宗教和多神教崇拜充斥岛内，阿拉伯人仍处在蒙昧时代。伊斯兰教的兴起迅速结束了半岛的蒙昧状态，使社会步入文明史，实现了阿拉伯分散的部落的联合并建立起统一的民族国家，这在阿拉伯历史乃至世界历史上是一件具有划时代意义的重大事件。从公元610—632年（先知穆罕默德归真）的23年中，接受了安拉降示的《古兰经》全部内容，伊斯兰教随之兴起于阿拉伯半岛并成为阿拉伯民族乃至亚、非、欧广大地区不同民族数以亿万计人民共同信奉的宗教。《古兰经》是安拉的语言，是真主的法度，是伊斯兰教最主要的经典和宪章。《古兰经》规定了伊斯兰教的基本教义，确立了伊斯兰教的基本信仰、必须履行的各项宗教义务和善行。伊斯兰教的

基本信仰是“万物非主，唯有安拉，穆罕默德是真主的使者”。而构成伊斯兰基本信仰的“伊玛尼”即正信则又包括六大信仰：信安拉、信天使、信经典、信使者、信后世和信前定。伊斯兰教规定的宗教义务是以“念、礼、斋、课、朝”五功为主体的基本宗教功课。善行是在认主独一和承认穆罕默德是真主的使者，又谨守五功的同时必须做出的抑恶扬善、操行正道的伦理道德行为。伊斯兰法以安拉的启示《古兰经》和先知的《圣训》为主要依据和法源的独特的宗教法系，是“神圣律法”，这就决定了伊斯兰法融宗教礼仪、伦理规范和法律规范为一体的特点。伊斯兰法系源自安拉的意志——“沙里亚”，即“通向水泉之路”，泛指“道路”、“行为”，引申为“正道”、“常道”等。沙里亚法包括教法实体、教法内容与程序。伊斯兰法在内容上主要有三大类：宗教礼仪制度，民事、商事法规和刑法。教法的具体内容包括宗教义务、商事契约、遗产继承、婚姻家庭、刑事伤害、宗教公产、圣战、可食之物、宰牲、善待奴隶、证据、证人资格、审判程序等。

伊斯兰法系是伊斯兰法律传统或法文化的专门称谓，属于法制史学和法理学的范畴。凡是以《古兰经》和《圣训》以及公议（权威法学家们一致性的意见或决定）、类比（类推比附）等形式为法源而形成的法律规范及其体系均属于伊斯兰法系。伊斯兰法文化体现在这一宗教法系的独特的内在联系与外在结构上，安拉以阿拉伯语文的固定形式将《古兰经》启示降示于先知，并以这种特慈的阿拉伯语文准确无误地规定了穆斯林的基本信仰与义务，固化了安拉与人以及世俗社会中的各类人际法律关系，铸造了穆斯林民族共同的伊斯兰精神和民族心理，实现了文化上的认同与融合。伊斯兰法文化在法的表现形式、逻辑结构以及立法程序、审判方式等方面都具有共同的文化特点，在政教合一的伊斯兰国家里，《古兰经》是国家的根本法，是宪法，教法沙里亚是国家的基本法律形式。时至今日，在西亚北非地区的一些国家，仍适用沙里亚教法并设立“卡迪”法庭以解决各类民事纠纷。完备而独特的法律体系、历史久远而常青不衰的伊斯兰法系不仅是世界五大法系之一，也是东方三大法系（印度法系、中华法系和伊斯兰法系）中唯一仅存的活法系，它向世人昭示了伊斯兰教博大精深的法文化背景和以认主独一为基础、包罗万象的伊斯兰法的核心与实质。伊斯兰教之所以具有如此巨大的魅力与影响，不仅在于它是两世并重且重视现实人生世界的宗教，同时在于它具有极大的兼容性，能够不断地依据《古兰经》和《圣训》的教诲根据时代和外部环境的变迁，不断增强和充实自身的活力，因而它经久不衰，至今仍充满着勃勃生机。

伊斯兰法文化的实质在于它以经典或法典形式规定了人类社会的基本模式，涉及政治、经济、法律、教育、伦理等各个领域，精神世界和世俗生活的伊斯兰化、法律化，使伊斯兰社会制度被誉为“理想的社会制度”，穆斯林的生活方式也被描述为“完美的生活方式”，这是用社会制度和生活方式对伊斯兰教信仰的描述，强调其丰富的文化内涵。伊斯兰教之所以具有如此广泛的影响，就因为它是一种源远流长、千姿百态的宗教文化。伊斯兰法不仅是伊斯兰学说的缩影，而且还是伊斯兰生活方式的最典型体现，是伊斯兰教本身的精髓和核心。而对异域文化的兼容与吸收以及使异域文化的伊斯兰化和法律化是伊斯兰教充满勃勃生机的又一个原因。伊斯兰教不仅包括阿拉伯固有的部落习惯和伍麦叶王朝的行政惯例，而且还不断吸收和融合波斯人、罗马人的习俗，使波斯法与罗马法同《古兰经》所阐明的伊斯兰教法融合；使波斯、罗马哲学同阿拉伯哲学融合。波斯、罗马的政体同阿拉伯政体融合。总而言之：举凡一切生活的方式，政治、社会的制度，思想的实质无一样不受融合的巨大影响。

二　中国传统文化与中国法文化

中国传统文化源远流长、博大精深，中华各族人民共同创造了光辉灿烂的中华文化和悠久的历史。中国文化与中华民族起源于中华大地，中国文化的形成与发展既呈现多元区域性态势，又呈现向黄河流域及长江流域、主要向中原地区汇聚及中原文化向四周辐射的不平衡发展态势。自夏、商、周至秦汉乃至大清帝国的终结，上下五千年的历史和以汉文历史典籍为主、包括各少数民族的历史文献在内，史料浩瀚，丰富多彩，记载并凝铸了特有的中国文化及其体系。古代文化的发展主要是由社会生产力和民族主体意识所推动，而本国和外国的文化交流也起到了一定的促进作用。“就文化的总体来说，我们优良的传统文化即最近学者们所指的中华民族的民族主体意识，也就是民族历史所表现的独立性、主动性和自觉性。目前对这种民族主体意识应当继续发扬，而对传统文化的消极方面则应当不断地进行批判反思。”

中国传统文化背景下的法文化集中体现了精神文化的要求，以成文立法的形式固化中国奴隶主贵族阶级和封建地主阶级的社会意识形态以及与之相适应的典章制度、政治和社会组织、风俗习惯等。体现中国法文化精神的中华法系有两千多年的历史，是诸法合体、礼刑混杂、民刑不分、结构独特的封建法系。中国法文化反映了以儒家学说为理论基础的中国文化的内涵，祖宗崇拜与“敬天”并重的原则，宗法社会等级制度以及在宗法等级制度下的“礼治”和“天罚”论，使神权、族权与政权融为一体，并为政权服务。在漫长的封建社会里，中国整体文化氛围是在封建的自然经济形态和大一统的专制主义中央集权统治下形成的，继承文化遗产或吸收外来文化是有条件的、有选择性的，其取舍的标准是是否符合当时的社会需要和自己文化传统的特点。因而中国文化或法文化在整体氛围上完全不同于以游牧和以经商为主的阿拉伯伊斯兰文化或法文化。中国古代的思想家和政治家们注重人生观、实践哲学以及伦理道德的修养，例如孔子就十分讲究等级名分的划分和对“仁”的修养，提出了“克己复礼，天下归仁”的主张，针对奴隶制即将崩溃的局面，孔子疾呼“礼乐征伐自天子出”。他一生奔走就是为了恢复周礼，因而他在作为中国古代一位伟大的思想家、教育家的同时，又是没落奴隶主贵族阶级的代言人和奴隶制统治的维护者。中国文化氛围的另一特点是古代先贤们不热衷于探究事物本原和人类归宿之类的命题。在宗教的精神生活上，古代中国人民的信仰是多元化的，甚至把孔子创立的儒家学说也作为一种宗教来信仰，在长期的封建制下，道、儒、释三教并立，没有形成一个全国性统一的宗教，也没有凌驾于宗教之上的教权，也从未存在过真正意义上政教合一的中央政权。皇权至上往往被涂抹上浓重的神权主义的种种色彩。在人们的精神世界里，对神的认识具有直观性和功利主义的特点，而不是在冥冥的哲学思辨中去领悟和感受，对神的祈祷所常有的功利性，是出于对自身现状的不满而采取的期望与寄托，并非纯精神、纯理性的认识，具有非理想主义，这是封建统治者长期的极权统治和精神禁锢以及人民脆弱的自然经济基础所使然。中国法文化所具有的“神权法”思想自夏有朝之日即已产生。夏启继位后在讨伐有扈氏时以代行天意的口吻声称：“天用剿绝其命，今予惟恭行天之罚。”（《尚书·甘誓》）把自己打扮成秉承“天命”、执行“天罚”的天子。殷商的统治者干脆把自己的祖先说成是“天命玄鸟，降而生商”，使其祖先与上帝的关系进一步密切化，殷商奴隶主贵族从血缘上找到了充当上帝代理人的合法依据，为垄断神权找到了借口。在这种神权思想的绝对统治下，在强权政治的支配下，殷商的刑罚表现得极其野蛮、残酷。“神权法”到了西周时有了新的发展，西周统治推翻了殷商政权，又批驳了殷商祖先在血缘上充当上帝代理人的谎言。与此同时却又说自己“受命于天”，所谓“昊天有成命，二后（文王、武王）受之。”（《尚书·梓林》）紧接着创立了“皇天无亲，惟德是辅。”（《左传》僖公五年引《周书》），“天命”归周，周王成了“天之元子”，于是“君权神授”和“以德配天”的说教，使西周政权以“德”为媒介与神权直接联系起来。

宗法思想是夏商周与神权思想并行的另一精神支柱。“宗法”是以血缘为纽带调整家族内部关系，维护家长、族长统治地位和世袭特权的行为规范，是氏族社会末期父系家长制的传统习惯。西周的宗法制是和分封制紧密结合的，周天子是全族之主，奉祀全族的始祖，被称为“大宗”，其同母兄弟与庶兄弟则封为诸侯，称“小宗”；每代诸侯也由嫡长子继承父位，其诸弟封为卿大夫，为“小宗”，在天子、诸侯、大夫等各贵族之间，除政治上的上下级关系外，又加上“小宗”服从“大宗”的宗法关系，以便于用血缘来巩固其统治，用族权来加强政权。相传在周公旦的主持下，在对西周以往宗法传统习惯加以汇总而制定出了一整套以维护宗法等级制为中心的行为规范，这就是周礼。

在法文化的表达方式上，中国奴隶制社会以维护宗法等级制度实行“礼治”和“明德慎罚”原则，在“亲亲”、“尊尊”下奉行“礼不下庶人，刑不上大夫”（《礼记·曲礼上》）。

中国自秦始皇统一六国后，废除分封制，建立了中央集权的君主专制。在封建制度下，其统治形式是土地国有制、地主土地所有制和农民个体所有制三位一体的封建土地所有制体系。由于宗教在经济上没有实力和商品经济不发达，因而在中国也不存在与君主相抗衡的教权和城市市民等级。这就决定了中国封建制国家形式基本上是大一统的君主专制政体，并承袭奴隶制时即已形成的宗法制度，采取君权与族权紧密结合的政治统治。在法的指导思想上，自西汉董仲舒提出“罢黜百家，独尊儒术”以来，历朝都以儒家思想为立法指导思想，甚至以儒家经典作为断案的根据。汉儒董仲舒开创的“春秋决狱”即以孔子的《春秋》作为审判案件的依据。在法的内容上，中国封建法直接或间接出自君主的旨意，即“前主所是著为律，后主所是疏为令”。

表现在法的内容上，突出保护君权和族权，历代被视为“十恶不赦”的大罪，基本上是维护君权和族权的。在法的表现形式上，中国封建法主要表现为统一的成文法典的形式，并采取诸法合体，以刑为主的法律结构。在执法和司法方面，中国封建社会依然是行政与司法不分，皇帝集立法、行政、司法权于一身。中央设置的专任司法的官吏、机关一般也置于行政官吏的管辖之下，地方上则由行政官吏兼管司法，没有自上而下的法院系统。

三 伊斯兰法文化与中国法文化的比较

伊斯兰法和中国传统法在历史类型上同属封建法系，由于法文化产生和发展的文化背景不同，两者存在着一定差异性。

1. 两种法文化产生的时代背景与人文精神不同

伊斯兰法文化产生于公元 7 世纪阿拉伯半岛社会转型时期，以游牧业与商业并重的社会经济条件下所产生的宗教文化形态。而中国法文化是在奴隶制社会全面崩溃、封建制即将确立的社会大变革下的产物。这种社会转型经历了数百年的历史，以秦统一六国为例，自秦孝公重用商鞅实行变法以来到秦嬴政期间约历时 150 年。经历“合纵连横”、相互兼并的战国时期，社会生产力遭到巨大的破坏。秦统一中国后在立法上采用了法家的法治思想，使“法、术、势”有效地统一起来，为其政权的巩固服务。秦律以严酷著称于世，是秦暴政的组成部分，不能不反映出这种法文化的精神与实质来。

2. 两种法文化体现的文化氛围与哲学思想不同

伊斯兰法文化是典型的宗教文化，集中体现在伊斯兰教的经典《古兰经》上。系统化的宗教教义与强制性的宗教义务和戒律，构成了伊斯兰教的基本信仰，“认主独一”的一神教信仰与哲学思想，具有强烈的伦理性、宗教性与法律性的特点。这与中国法文化所表现的从属于政权与政治需要而创设的“天命论”和宗法制度截然不同。《秦律》的锋芒毕露，迫使西汉统治者找到一种能禁锢人民思想的力量作为立法与治国的基本方略，董仲舒从孔子的《春秋》中找到了铸造封建社会文化基础的法宝——宗法等级制度，

“罢黜百家，独尊儒术”使儒术成为中国封建文化的理论基石与指导思想。于是“春秋断狱”成为这种法文化的必然形式。

3. 两种法文化体现的文化内涵与表现形式不同

伊斯兰法文化是宗教文化与法律文化的统一，《古兰经》是伊斯兰教的最重要的经典，它确立了法自真主意志出的神圣立法思想，使《古兰经》成为伊斯兰法的最高宪章、最根本的法源。而中国法文化则是儒家文化与法律文化的结合，是宗法等级制度下的“礼治”、“人治”与“法治”的混同。而“君权神授”和“皇权至上”，使皇帝成为唯一和最高的立法、行政和司法权拥有者。伊斯兰法文化追求的终极目的是对“超绝万物”的独一的安拉的膜拜与归顺，在《古兰经》、《圣训》中详细论述了安拉的品位及对安拉的崇拜以及作为穆斯林必须遵守的行为规范。中国法文化中虽有祭祀之类的规定，但却被视为一种习俗而代代相传，并没有纳入日常的宗教生活和世俗社会生活中去。另外，伊斯兰法的渊源除《古兰经》和《圣训》外，还有公议和类比等形式，而中国法的渊源除成文立法外，还有习俗、判例等形式，仅法律的表现形式就有律、令、格、式、科、比、例等。

4. 两种法文化的体例结构与司法制度不同

中国法文化诸法合体，体例特异，礼刑不分，民刑不分，使得中国法系在历史上独树一帜，在宗法等级制度下存在了千年之久。伊斯兰法文化亦虽有诸法合体、民刑不分的特点，但却有较具体的规定，更重要的是法的适用是以宗教信仰为前提并具有鲜明的伦理性。在审判方式和诉讼制度上也与中国法文化所代表的司法制度与原则不同。伊斯兰宗教法庭“卡迪（al-Qadi)”——沙里亚法庭具有独特性，在基本的诉讼程序上原告举证、被告盟誓以及证人资格与证据效力等方面，沙里亚法庭完全不同于中国法文化所代表的审判方式和原则。中国封建社会的司法制度反映了皇权至上的原则。皇帝总揽立法、司法、行政等一切大权，是最高司法长官。秦朝的中央政府称为朝廷，在皇帝之下由丞相、王公九卿组成中央官僚机构。皇帝亲理狱讼，天下之事无大小皆决于上。御史大夫位列三公，相当于副丞相，其下为御史中丞、侍御史，以察举非法、举劾违失、理大狱、治疑案为职责。九卿中的廷尉“掌刑辟”审理皇帝交办案件和地方移送的大案要案。死刑案一般实行由县、郡至中央的三审终审制。地方由行政长官县令、郡守兼理司法，除疑难案件须送廷尉复审外，其余均可自行裁决。审判主要根据口供，实行拷问制度。自秦、汉至魏、晋、南北朝，中央国家机关实行三公九卿制；隋唐以后改为三省六部制，形成了大理寺、刑部、御史台三大司法机关。至元朝仍沿袭唐、宋体制，改大理寺为宗正府，御史的地位提高到和中书省（行政）、枢密院（军事）三足鼎立的地位。除蒙古人享有特权外，佛教僧侣也享有特权，其诉讼案件由宗教管理机关宣政院审理，形成了宗教与世俗权力并行的特殊的司法制度。

5. 两种法文化所体现的法的价值、功能与效益不同

伊斯兰法文化追求的法的价值既是《古兰经》所阐释的人类正义与宇宙真理又是人类对安拉之法度的评价与认知，是主体关于客体伊斯兰法（其本身具有主观意志性）的超越的绝对指向。价值的超越绝对指向的意义，使价值具有精神追求、崇高信仰的意义。构成伊斯兰法文化的基本价值包括秩序即秩序对于人类的价值意义、效益及作为法的价值的效益，自由和作为法的价值的自由、平等及平等的法律价值、人权及人权的法律化以及法律的正义等内容，在伊斯兰教的宗教礼仪和行为规范中都有相应的规定。在中国法文化中当然应该包容上述内容，但除法律的秩序价值外，封建社会的立法、行政与司法行为从来是不计成本与效益的，因宗法等级制度是以血缘为纽带、以等级为标准的。自由、平等与正义与专制主义政权格格不入，是同封建法相对抗的要求，故中国法文化不可能体现人民的自由、平等、人权，以及体现正义的精神。而伊斯兰法文化则体现了在确立信仰与正信的基础上“谨守拜功、完纳天课”，以履行五功为前提有了各种自由与人权。公元632年伊斯兰教的先知穆罕默德率十万穆斯林在麦加朝觐时发表的“辞朝”演说，是一部关于平等人权与自由的宣言。在伊斯兰教的经典《古兰经》中不仅包含了深刻的哲理与思辨，而且体现了伊斯兰正义性价值，例如《古兰经》较详细地论述了涉及婚姻、离异、夫妻双方的权利和义务，对子女的监护等，还规定了有关丈夫不得随意休妻及休妻必须有一段“待婚期”等内容。关于继承权规定了男女都有权继承父母和近亲的遗产，各得法定份额以及不得侵吞孤儿财产，接济亲友，为公益事业而奉献“义产”和禁止收取重复加倍的利息等法律价值的基本形式。

6. 中国法文化体系自鸦片战争以来逐渐解体，法资源的外资型化与现代化是其发展的趋势

腐朽的清政府自嘉庆以来被迫与西方列强签订了一系列丧权辱国的不平等条约，接受了西方列强强加于中国人民的“领事裁判权”和“治外法权”，对中国的传统法律造成极大的修改压力。公元 1902 年张之洞以兼办通商大臣的身份与各国修改商约，清政府以改革司法使之“皆臻完善”的承诺，来换得西方列强放弃领事裁判权。沈家本、任廷芳奉清廷命令主持修律，中国法的现代化在制度层面上正式启动。伊斯兰法文化自 17—18 世纪西方列强瓦解土耳其奥斯曼帝国以来发生了重大变化。公元 1836—1876 年的“坦志麦特”（Tanzimat，改组）运动是按照西方模式对帝国领域内的法律进行改革的，包括引进西方法律、模仿法国法律制定刑法、商法、刑事诉讼法与民事诉讼法等法典，按照法国民法典的形式对传统沙里亚法进行了整理和汇编，并在沙里亚法庭之外建立了欧式的世俗法庭。说明伊斯兰法文化的外资型化与现代化的特点。

伊斯兰法文化和中国法文化是人类文化史上的两大不同类型的文化形态，在步入新世纪的今天，比较研究两大法文化的异同，是实现两大文化交流和中国与阿拉伯民族及其他伊斯兰民族文化交流、进一步扩大改革开放的根本要求，也是人类文化兼容吸收与融合发展的必然趋势。

参考文献

马坚：《古兰经（中文译解）》圣城麦地那版，回历 1407 年版。

马坚译：《古兰经》，中国社会科学出版社 1981 年版。

杨克礼、罗万寿：《中国伊斯兰百科全书》，四川辞书出版社 1994 年版。

吴云贵：《伊斯兰教法》，中国社会科学出版社 1995 年版。

何勤华：《外国法制史》，中国法律出版社 1997 年版。

赛生发：《伟嘎耶教法经解》，宁夏人民出版社 1993 年版。

原载于《西北民族学院学报》2000 年第 1 期

犹太教、基督教和伊斯兰教视阈中耶稣形象之比较研究

马效佩

犹太教、基督教和伊斯兰教被称为世界三大“一神教”，这三大宗教在比较宗教学术语中有时也被称为 Abrahamic Religions，直译为亚伯拉罕（穆斯林统称易卜拉欣圣人）宗教，意指这三大宗教都与被《圣经》称之为“大先祖”、被伊斯兰教尊称为“众先知之父”的亚伯拉罕有着历史上的渊源关系。据《国际宣教研究学报》（*International Bulletin of Missionary Research*）2001 年第 1 期发布的统计数字，估算至 2001 年，世界 61.28 亿人口，其中犹太教徒有 1455.2 万，基督教徒有 20.24 亿，伊斯兰教徒有 12.13 亿。按这一数据，这三大宗教的信徒合计 32.51 亿，占世界总人口的 53.05%[①]，对世界政治、经济、文化产生的重大影响是不言而喻的。

这三大宗教由于在圣贤人物、历史渊源、教义理论以及地理位置上存在着千丝万缕、错综复杂的关系，所以，三者对许多相同的历史人物、同一历史事件有着迥然不同的记载、描述、解释和阐述，甚至因之而引起神学和教义方面截然不同、乃至相互对立的信仰与观念，最终因在许多问题上的共同立场和其他问题上的各不相让而构成了五彩缤纷的世界三大“一神教”景象。在这一系列互相对立、各不相让的问题中，围绕着如何看待耶稣（穆斯林统称尔撒圣人）这个富有传奇色彩的宗教历史人物的立场而形成的神学信仰和教义体系，是其中最令人瞩目的一个篇章。犹太教、基督教、伊斯兰教

---

① 张志刚：《宗教学是什么?》，北京大学出版社 2003 年版，第 10 页。

因各自看待耶稣的立场不同而朝不同的方向发展，从而巩固、创新或者发展了各自的神学信仰和教义体系。本文拟以这三大宗教对耶稣的不同“定位”为切入点，站在比较宗教学的多元视角上探讨它们在神学信仰和教义体系方面的异同。

一 《新约全书》所记载的历史上的耶稣

回顾一下《新约全书》所记载的历史上的耶稣对我们的比较视野是非常有必要的。笔者发现，当今世界著名宗教学家、《世界上的宗教——我们伟大的智慧传统》（*The World's Religions, Our Great Wisdom Traditions*）一书的作者、美籍学人哈斯顿·史密斯（Huston Smith）在这方面的论述堪称简明扼要的典范。他在这一当今宗教学世界名著的有关基督教的篇章中以“历史上的耶稣”（Historical Jesus）为小标题简述了耶稣的生平。让它带着我们去回访《圣经》所记载的历史上的耶稣吧。

“基督教基本上是一个历史性的宗教。这就是说，它并不建立在一套抽象原则之上，而是建立在一些具体事件即历史上实实在在发生过的事件之上。其中最重要的就是一个犹太木匠的生平，就像一再被提到的那样，他诞生在一个马槽里，33岁时就被当做一名罪犯处死，从没有到过距其诞生地90英里之外的地方，从来没有拥有过什么财产，没上过学，没统率过军队，从来没编写过书籍，只在沙粒上写过些东西。尽管这样，但世界各地都在庆祝他的诞生之日，他的死亡之日几乎把所有高尚的事物都推上了绞刑架。他是谁呢?”

“关于耶稣生平的传记资料非常之少，甚至使本世纪（20世纪）早期的一些考古学家走到了提出他也许从来就没有存在过这样一个想法的边缘。这种可能性马上就遭到了否定，然而，阿尔波特·施韦泽（Albert Schweitzer）那本风靡整整一个世纪的《寻找历史上的耶稣》（*Quest For The Historical Jesus*）的影响，把世人一直从《圣经》学家们那里听到的关于耶稣的故事缩减为两点：关于他，我们几乎什么都不知道；我们所知道的关于他少得可怜的东西中，最可靠的一点就是他错了——这一点指的是他所推定的这个世界马上就要完结这一信念。可见，仅凭这些去建立一个教会是不可能的，幸运的是‘打着极端的历史怀疑论标记的很大一部分耶稣研究在这个世纪正在退潮。’[①] 古典研究者已经做出了这样的评论：如果围绕着《圣经》而建立起来的历史可靠性准则必须重审，那么，我们对希腊—罗马世界的观点定会陷入一片混乱。”

“那么，《新约全书》的学者们正在回来正视的这位耶稣到底是谁呢？他在大希律王统治时期诞生在巴勒斯坦，可能在公元前4年左右——我们那被标榜为以他的诞生为开端的时代计算方法几乎可以肯定差错了几个年头。他在拿撒勒或其附近长大，可以推断，他是在与那个时代的普通犹太人成长的模式一样的环境中成长起来的。他受了约翰的洗礼，那是一位富有献身精神的先知，当时正在那个地区进行激动人心的活动，宣告他的上帝就要来临的判断。在30岁之初，他有过一个边教人、边治疗的生涯，持续了1年到3年的时间，活动的中心主要在加利利。不久，他招来了自己的一些同族人的敌视和罗马人的怀疑，这导致了他被钉死在耶路撒冷郊外的十字架上。”[②]

这里，我们只需要把马利亚在没有任何男人与她接触的情况下生下了耶稣这段《圣经》故事以及在他身上显示的一系列“神迹”回忆起来，知道了耶稣是一个无父而生且围绕着他发生了许多神奇故事的人，那么，就可以说我们基本上清楚了《新约全书》对历史上的耶稣所记载的轮廓。

二 犹太人视野中的耶稣

犹太教是“亚伯拉罕宗教”中最早的一个，在罗马人征服犹太人之前，它经历了亚伯拉罕时代的初创、摩西（穆斯林统称穆萨圣人）时代的基本定型和定居迦南以后的完善，其中最主要的事件就是《旧约全书》所讲述的“出埃及记”的故事。那么，有着几千年悠久历史的犹太教为什么偏偏在它定居迦南以后、耶稣诞生之际得到了完善呢？按常理来说，摩西作为犹太人最伟大的先知，教义似乎应该随他而封顶，但在犹太教历史上，摩西之后先

① 原著者引自 Marcus Borg，Jesus：A New Vision（San Francisco：Harper & Row，1988），15.

② Huston Smith，*The World's Religions*，*Our Great Wisdom Traditions*. Suhail Academy，Lahore，Pakistan，pp. 317—318.

知层出不穷，如约书亚、约伯、以赛亚、耶利米、何西阿、约拿等，一个接一个，连续不断，然而，随着耶稣时代的来临和逝去，犹太教中的先知也随之销声匿迹，没有了踪影，不仅如此，《旧约全书》也画上了句号，历史让位给了《新约全书》。这是为什么？笔者认为，这与犹太人看待耶稣的立场有着密不可分的关系，是犹太教对耶稣的“定位”导致了它先知时代的结束、经典的终止和教义最终立场的形成。

要了解犹太人视野中耶稣的形象，首先必须明白对犹太教来说非常重要的两个基本概念：所谓的“救世主”观念和“上帝的选民”观念。

第一个观念：笔者之所以要说所谓的“救世主”观念，就是因为我国许多资料，甚至高校教科书在讲犹太教时常用“救世主”这个词来翻译犹太人等待的“弥赛亚”，如吕大吉先生的《宗教学通论新编》就用了“救世主观念”这样的概念①，但笔者觉得从严格的学术立场出发，我们在讲犹太教时，不应该用“救世主”这个词汇来翻译犹太教的“弥赛亚”概念。因为犹太人心目中的“弥赛亚”与基督教教义中的“弥赛亚”有大不相同之处。首先，犹太教是一个公认的民族宗教，在犹太教徒看来，耶和华是以色列人的上帝，以色列人是上帝的选民，上帝要差遣的“弥赛亚”的使命是拯救犹太人脱离苦难和外邦人对他们的迫害，而不是拯救全世界。《耶利米书》说：“日子将到，我要给大卫兴起一个公义的苗裔。在他的日子，犹太必得救，以色列也安然居住，他的名必称为耶和华我们的义。”②

在这段预告“弥赛亚”降临的著名经文中，先知耶利米宣告“犹太必得救”，而不是整个世界。所以说，首先，拯救全世界是像基督教、伊斯兰教这样的普世性宗教的教义，与犹太教这个民族宗教无关。其次，按犹太教教义，耶和华将要差遣给犹太人的是一位伟大的先知或具有先知身份的国王，而不是“主”，在犹太教术语中，“主”系指耶和华而言，而非某一位先知或犹太国王而言。很显然，以“主”指称耶稣是基督教后来发展出的一个新概念，是指主耶稣而言，因为基督教认为耶稣是主的化身，主就是耶稣，耶稣就是主，而犹太教从不主张哪一位先知就是主。当然，我们今天看到的汉译《圣经》版本往往是代表基督教立场的译本，对《旧约全书》中的许多神学

---

① 吕大吉：《宗教学通论新编》，中国社会科学出版社 1998 年版，第 620 页。

② 《旧约全书·耶利米书》第 23 章第 5—6 节。

概念，犹太教徒有着与基督教徒截然不同的理解。所以，我们在讲犹太教时，“弥赛亚”不能译为救世主，只能理解为“拯救以色列的先知或具有先知身份的国王”。然而，在讲基督教时，用救世主这个词汇翻译“弥赛亚”倒是非常切合基督教神学教义的。况且，从语言方面讲，“弥赛亚”（Messiah）这个词在希伯来语中根本不是救世主，哈斯顿·史密斯说：“从语言上讲，弥赛亚（源自希伯来语 Mashiah）意为‘傅过圣油的’；但是，由于国王和高级神职人员都是傅过圣油的，这个词就变成了一个荣誉称号，象征着某个人被晋升或‘选拔’。在流放巴比伦期间，犹太人开始盼望一个拯救者的出现，他要使‘被流放者集合起来’，把他们带回祖先的故土。在犹太神庙第二次被毁（公元 70 年）之后，‘弥赛亚’这个荣誉称号被用来指一个会把他们从当时的大流散状态中解救出来的人。”①

所以说，犹太人长期等待的是一位能拯救他们走出苦难、脱离外邦人统治的人，他可能是一位有所作为的先知或具有先知身份的国王，其作为不但有宗教意义而且还应该有政治意义，是神圣与世俗相结合的领袖，而不是单纯追求“精神”和“圣洁”的“主的化身”。

第二个观念：犹太人自认为是“上帝的选民”，只有亚伯拉罕的次子以撒的两个儿子以扫和雅各的后代、只有具有犹太血统的人才有资格当上帝的选民，才有资格侍奉主耶和华。受这一犹太教根本观念的支配，以色列人认定，上帝委派的先知只会出现在犹太人当中，其他民族中不会出现先知，而且，先知的使命也局限在引导犹太人走正道和拯救犹太人脱离苦难，摆脱外邦人的压迫。这种观念自摩西时代起就没有发生过动摇，直到今天。所以，犹太教是一个对外族人封闭的宗教，它始终没有成为一个普世性宗教。

以这两个基本观念为线索，我们可以发现除去为数不太多的几个耶稣弟子组成的早期犹太人—基督教教团外，主体犹太人为什么没有把耶稣像基督教徒那样当做救世主去看待，甚至在他们看来，耶稣连做一个犹太教先知的身份都不被承认。从表面上看，犹太人在等待一位拯救者，而且耶稣的的确确就是一个犹太人，那么，为何犹太人却拒绝他，甚至遭到犹太祭司贵族和法利赛人向罗马统治者的控告？笔者认为，这里边有三个主要原因：

（1）犹太人等待的弥赛亚是一个只想把以色列人从苦难中拯救出来，摆

① *The World's Religions*, *Our Great Wisdom Traditions*. p. 297.

脱罗马人残暴统治的人，但《新约全书》记载的耶稣却犯了犹太教之大忌，成了一个宣传博爱这一普世性宗教思想的人，把上帝的爱从专属犹太人的对“选民”的爱拓展成了对全人类的爱，直接威胁到了犹太教的“弥赛亚观”和“上帝的选民观”两条根本教义。

（2）据《新约全书》的说法，耶稣在遵守犹太法典的同时也打破了犹太教的许多律法规定，他不但劝化外邦人，给外邦人以以色列人的同样待遇，与罗马税务官交往，同情妓女的遭遇，而且还犯禁在犹太人的安息日给人治病。这一系列做法使犹太人认为耶稣已经成了犹太教的一个“异端”。

（3）犹太人等待的是一个像摩西或者大卫和所罗门那样有所作为的先知或具有先知身份的国王，但是，不论从哪一方面看，耶稣都不像他们。他们发现耶稣是一个温顺的人，一个与世无争的人，一个讲“当别人打你右脸的时候，你要把左脸交给他打”的人。犹太神学家们在发现耶稣不可能把他们从苦难中拯救出来之后，最终作出了不承认他的决定。这个决定导致了《新约全书》所说的耶稣被“钉死在十字架”上的悲惨结局。

然而，犹太人主体对耶稣的认定不仅导致了追随耶稣的人创建了基督教会，使“亚伯拉罕宗教”家族增添了一个新的成员，而且还迫使犹太人自己关上了经典、启示和先知的大门。耶稣事件的影响太大了，自耶稣之后，犹太人中再也没有人站出来自称先知，犹太教的教义画上了最终的句号。即使在今天，犹太人在“耶稣事件”之后奋斗了整整两千年，在西方遭受了种种歧视、压制和屠杀，而后又在西方列强的支持下，在他们的“许约之地”建立了自己的国家和政府之时，也没有人站出来自称“弥赛亚”，这不得不使人一再回味耶稣事件对犹太教的巨大影响。

三　基督教视野中的耶稣

基督教是“亚伯拉罕宗教”家族中产生的第二个宗教。哈斯顿·史密斯在上文中说得一针见血，“基督教是一个历史性的宗教”。布鲁斯·雪莱说：“教会强调历史对于基督教信仰的重要意义。基督教既来自过去，又与一位名叫耶稣的历史人物密不可分，在这两种意义上，基督教都是一种历史性宗教。因为基督教扎根于如下信条，在历史中，即在特定的空间和特定的地点，神自身参与人类事务。”①

这说明在基督教神学家看来，基督教的历史性既与犹太教传统有关，又与耶稣作为“神的化身”在特定的时间和地点参与人类事务有关。正是这两点导致了基督教神学教义与犹太教神学教义之间存在的异同点，同者，表现在对《旧约全书》的神圣性及其所讲述的历史的尊重，异者，则表现在对上帝本身和耶稣本人的神学界定，犹太教认为上帝不可能以人形出现，而基督教则认定耶稣就是上帝的化身。然而，据笔者对基督教历史的观察，它的历史性不仅表现在基督教是建立在一系列历史上发生过的具体事件的基础上，而且还表现在它这样一个独特特征上：基督教的一系列神学教义也是在历史进程中随着事件的发生而逐条建立起来的。理解这两点对我们看清基督教怎样看待耶稣的立场至关重要。

首先，我们来看看基督教是如何建立在一系列的历史事件基础之上的。这里指的一系列历史事件，据《圣经》的记载和描述，应该主要包括以下几个耶稣生平以及其“复活”之后的事件：

(1) 耶稣只有母亲，他是马利亚在没有与任何男人接触过的情况下生下来的，所以，耶稣是无父而生的孩子。这一点在基督教看来构成了耶稣神性和神迹的出发点，使其成为“圣子”。

(2) 耶稣短暂的传道生涯中的所作所为和所言所讲。他一路行善，帮助别人，给人以博爱的教诲，教人“爱人如己”，在他的心中，怜恤重于祭祀，爱人胜于律法，其中更为重要的是他所显示的神迹，驱邪赶鬼，医治天然盲、麻风病，起死复生等。

(3) 耶稣被钉死在十字架上这一被《圣经》记载的著名事件。

(4) 耶稣死后三天的复活以及升天事件。

(5) 耶稣死后在包括保罗在内的弟子面前显现的一系列故事。

世界上曾经有过许多伟人，提出过种种理论和主张，但他们的死亡往往同时也变成了自己理论和事业的死亡，然而，耶稣的故事却不一样。他的死亡直接导致了对他的复活的信仰，对他的复活的信仰直接导致了基督教会的产生，教会的存在与发展直接导致了基督教神学教义的产生。在这里，历史过程本身扮演了极其重要的角色。所以说，基督教教义不是耶稣自己在世时

① ［美］布鲁斯·雪莱著，刘平译：《基督教教会史》，北京大学出版社 2004 年版，第 68 页。

建立的，而是其门徒和继承了门徒事业的教会一步步在历史进程中建立起来的。哈斯顿·史密斯说："如何从历史上的耶稣……转向基督——那个被后来的追随者相信为以人的形象出现的上帝的基督呢？他的众门徒在耶稣死去之前还没有得出这个结论，然而，甚至在他的有生之年，我们可以看到势头正向这个方向冲去。"①

在此基础上，我们不难看清：所谓的基督教神学教义就是基督教会在一个相当长的历史进程中逐步形成的对耶稣的正式立场，即基督教视野中的耶稣观。因为耶稣本人没有明讲自己就是上帝，甚至其贴身门徒也没有在其本人还活在世上时得出他就是"上帝的化身"这个基督教教会后来确定的神学结论。

基督教三大教派天主教、新教和正教虽然在许多问题上存在很大分歧，但对耶稣却有共同的信仰，归纳起来有五点：

（1）耶稣是上帝的化身。

（2）耶稣是主唯一的爱子。

（3）耶稣是三位一体中的一位，即圣父、圣灵与圣子中的圣子。

（4）亚当的原罪被人类继承。这一点看似与耶稣没有关系，但实际上是耶稣赎罪说的基础。

（5）耶稣以自己的神性和人性一起把自己献给了十字架，这就是著名的赎罪之说。②

那么，这些共同信仰是耶稣亲自教授给自己的门徒或者门徒时代就已经形成的吗？不是，这些信仰实际上就是基督教会对耶稣的日后"定位"，其形成从耶稣的门徒时代起经历了几百年的历史磨炼，是在一代代神学家的分歧和讨论中、是在一次次的教会公会上通过决议方式建立的，也就是基督教视野中的耶稣形象。无独有偶，记载耶稣生平的马太、马克、路加和约翰四大福音书以及其他圣书也是教会在三个世纪的历史进程中从近百个福音书和圣书中经过筛选而"钦定"的正式经典，其他福音书没有获得正典地位，被当做"伪书"弃之不用。"正典"（Canon）迟迟于公元4世纪才形成的历史

① *The World's Religions, Our Great Wisdom Traditions*, p. 297.

② ［埃及］穆斯托法·沙欣（Mustafa Shaheen）：《基督教——历史、信仰、经典与派别》，开罗纳赛尔出版社1992年版，第253页。

事实也在解说着“基督教是一个历史性宗教”这一深刻命题。

下面，让我们首先来看看“耶稣就是上帝的化身”这一神学教义是怎样形成的：

按照《四大福音》的记载，耶稣的门徒在他死去之前，谁也没有意识到他就是上帝的化身，只是在耶稣死去并复活后，他们才认识到他就是上帝的化身的。耶稣的复活使他们想起了他的无父而生，他的所言所讲，他的所作所为，他的神迹，他的天国就要来临的论断，他在十字架上钉死的宗教哲学意义，尤其是保罗这位一开始残酷迫害耶稣的门徒后来又虔诚奉教的人物的出现及其讲述的耶稣向他显现的神奇故事，这一系列因素综合起来，最终让早期主流派基督教徒得出了耶稣就是上帝的化身这个结论。我们之所以说主流派基督教徒是因为有几个非主流派的犹太人基督教派别对这种教义持有异议，如伊便尼派（Ebionites）就不承认保罗是使徒，也拒绝承认耶稣的神性，他们认为耶稣与人的不同之处是因为他完全遵守了律法，他被拣选为弥赛亚也是因为他敬畏神、遵守律法。[①] 与伊便尼派一同被教会定为“异端”的还有另一个派别，史称神哲主义或神哲派，“他们认为耶稣与基督完全是分开的，耶稣是人，基督是更高的灵。耶稣受洗时基督的灵降在他身上；当他在十字架上被钉死之前，基督的灵就离开了他。”[②] 在公元2世纪，神哲派曾对教会构成巨大威胁，被称为2世纪时最大的“异端”。

其次，让我们通过“三位一体论”被教会确立为正式教义的过程来看看基督教教义是如何在历史进程中逐步形成的：

如基督教教义史学家所公认的那样，早期教父时代关于“三位一体”问题并无共同的观念，也无所谓争论，因为问题还没有明朗化。伯克富指出：“早期教父关于三位一体问题并无清晰的观念，有些教父以为道（Logos）是非位格的理性，在创造的时候成为有位格者；另一些教父则认为道是有位格的，并且与父神同永，享有神的本质……在他们的辩论中，圣灵并没有占什么重要的地位，只有论到救赎的工作行使在信徒心中与生活中的时候，才提到圣灵。他们认为圣灵不仅从属于圣父，也从属于圣

---

① 伯克富著，赵中辉译：《基督教教义史》，宗教文化出版社2003年版，第26页。

② 《基督教教义史》，第27页。

子。”[①]

那么，关于三位一体的争论是何时开始的呢？在被称为“阿里乌派的争论”的关于三位一体的大争论发生以前，出生于迦太基的德尔图良（Tertullian，约公元160—225年）是教会历史上第一个指出神有三个位格的神学家，也是第一个使用拉丁词 Trinitas（“三位一体”）专有名词的人。[②] 他明确指出神虽然有三个位格，但本质是一个，然而，“可惜的是，他并没有完全讲明三位一体的教义。他只看到道不过是在神里面的无位格的原理，而在创造之时，才有了位格。他也认为在神的本性中的三个位格有等次之分，第二位低于第一位，第三位又低于第二位。”[③] 就在他首先使用“三位一体”这个概念并力图讲清三位在本体上的联合时，神格唯一论（Monarchianism）又出现了，其目的是要建立神的唯一性。“强调神的合一性与基督真正的神性，其中含有对真正三位一体的否定。”[④] 神格唯一论有动力的神格唯一说（Dynamic Monarchianism）和形态的神格位一说（Modalistic Monarchianism）两种理论，前者的主张与公元 2 世纪时的伊便尼派的教训如出一辙，他们坚持《旧约》传统中的一神论，认为耶稣是人，是弥赛亚，是先知而不是神，其创立者是拜占廷人提阿朵图（Theodotus of Byzantium)，他被罗马大主教维柯托（Victor）革出教会；后者则“认为在神性中的位格乃是在神显示他自己的时候以三种形态显示出来。在西方称此派为圣父受苦说（Patripassianism)，因为此说认为父神自己道成了肉身成为基督，因之圣父也在基督里与之一同受苦。”[⑤] 东方教会中，奥利金（Origen，公元 185—254 年）的出现，严重打击了神格唯一论，维护了三位一体说，“但是奥利金对三位一体教义的言论与解释也并不十分令人满意……奥利金有时候称圣子为次等的神（Theos Deuteros）。这是奥利金三位一体教义中最基本的缺点，并为阿里乌铺下了道路。”[⑥] 就这样，关于三位一体大争论的序幕被拉开了。

---

① 《基督教教义史》，第 57—58 页。

② 《基督教会史》，第 34 页。

③ 《基督教教义史》，第 44 页。

④ 同上书，第 58 页。

⑤ 同上书，第 55 页。

⑥ 同上书，第 58 页。

三位一体的大争论往往被称为阿里乌派的争论，因为是阿里乌（Arius，约公元250—336年）反对三位一体说所引起的。阿里乌最主要的观点就是"只有一位神，它不是被生下来的，也没有源头，没有存在之始。""基督的本性不是永远的，也没有神的本质，是一切受造物中最伟大、最初的，借着他世界才被创造，同时他也是易变的，因为他预见的功德被神所拣选，也想到他未来的荣耀，被称为神的儿子，也由于他被神认为义子，所以他才能受人的崇敬。"① 阿里乌的观点虽然遭到了自己的主教亚历山大的激烈反对，但他却赢得了尼克米迪亚主教优西比乌（Eusebius）的支持。然而，以阿他那修（Athanasius）大主教为代表的神学家反对圣子受造说，并在教会内引起了激烈的争论。为了解决这项争端，在新近皈依基督教的罗马皇帝君士坦丁的支持下，教会于公元325年召开了尼西亚公会。"经过激烈的辩论后，皇帝君士坦丁一世最终运用他的权威倾向阿他那修派，于是阿他那修派获胜。"② 此次会议通过的文件史称《尼西亚信经》，后来被认定为代表着教会的正统立场，其中明确申明：

（1）我信独一上帝，全能的父，创造天地和有形无形万物的主。

（2）我信独一主耶稣基督，上帝的独生子，在万世以前为父所生，出于神而为神，出于光而为光，出于真神而为真神，受生而非被造，与父一体，万物都是借着他造的。③

然而，会议的决定并没有止息争端，只是成为争端的开始。后来，阿里乌的观点在东方教会又盛行起来，甚至阿他那修本人被东方教会驱逐，但他在西方教会受到了欢迎。《尼西亚信经》本身成了被争论的对象。西方教会采取了忠于尼西亚会议决定的立场，而东方教会则采取支持阿里乌的某些观点的态度。后来，围绕这个问题，又召开了多次会议，其中罗马会议（公元314年）和撒底迦会议（公元343年）支持阿他那修的见解；在亚勒尔会议和米兰会议上，康士坦蒂乌斯皇帝让西方教会的主教与优西比乌派站在一起；公元357年召开的舍米安会议使许多阿里乌派人士加入了尼西亚阵营；公元381年，在君士坦丁堡召开的大公会议宣布承认《尼西亚信经》，并接

① 《基督教教义史》，第59页。

② 同上书，第61页。

③ 《基督教会史》，第110页。

受了有关圣灵的下列信条："我们信主圣灵，是生命的赐予者，是从父而出，与圣父、圣子同得荣耀，并藉先知发言。"① 至此，三位一体教义基本完成，奥古斯丁（Augustinus，公元354—430年）的名著《论三位一体》的出现，终于让西方教会的"三位一体论"达到了最终阶段。

不难看出，从公元2世纪德尔图良首次提出基督教神学教义的"三位一体论"，到尼西亚会议、罗马会议、撒底迦会议、亚勒尔会议、米兰会议、舍米安会议和君士坦丁堡大公会议的七次教会会议，至奥古斯丁的《论三位一体》的出现，"三位一体论"从模糊至明确、从不完善到完整的理论说教，其间经历了3个多世纪300多年的论争，说明"三位一体论"神学教义是伴随历史发展而演化、而不断完善的。

与"上帝的化身说"和"三位一体说"相似，基督教三大教派公认的"原罪说"、"赎罪说"和其他许多信条都是在历史进程中逐步建立起来的，历史事件和人物本身扮演了重要角色，也证明哈斯顿·史密斯的观点"基督教是一个历史性的宗教"的中肯性。这就使我们发现：基督教教会在耶稣事件之后的漫长历史进程中逐步建立起来的对耶稣的信仰，就是基督教会针对其内部出现的一些派别，特别是一些受犹太教传统上帝观影响的派别，而做出的对耶稣的"定位"。这一定位冲破了《旧约全书》中犹太人的上帝观的束缚，革新了神学教义，认定耶稣就是"上帝的化身"，从而建立了犹太教教义中从来没有过的"三位一体说"、"原罪说"、"赎救说"等一系列与耶稣有关的神学教义，最终在教义上分道扬镳，各成一教，"亚伯拉罕家族宗教"中的第二大宗教基督教脱颖而出，成为一个普世性宗教。

值得注意的是，基督教会对耶稣的"定位"决定了基督教是一个对耶稣以前的《旧约圣经》所记载的先知和启示持肯定立场，而对耶稣以后的先知、启示持否定立场的宗教。因为在基督教看来，作为"上帝化身"的耶稣降临以前，上帝差遣了一些先知，给以色列人以上帝的启示并为上帝的"来临"作预告，而在上帝把"耶稣作为自己的化身"亲自降临尘世、传播福音、拯救世人以后，神的福音封顶了，结束了，再也没有必要差遣先知了。这就是为什么基督教承认以色列人历史上的先

① 《基督教教义史》，第64—65页。

知、启示和经典，而对耶稣之后的一切宗教包括伊斯兰教在内持否定态度的根本原因。

四 伊斯兰教视野中的耶稣

要看清产生于耶稣离开世界 600 年之后登上历史舞台的伊斯兰教视野中耶稣的形象，一个必要前提就是了解伊斯兰教的“认主独一观”和“使命观”。

“认主独一观”：伊斯兰教认为，穆罕默德的使命就是弘扬源自人祖阿丹（亚当）的“开天古教”，这个开天古教的道统自阿丹（亚当）起，历经奴哈（诺亚）、易卜拉欣（亚伯拉罕）、穆萨（摩西）和尔撒（耶稣）等多代圣人的薪传，其核心就是“认主独一观”。《古兰经》[①] 说：

“他们说：‘你们应当变成犹太教徒和（或——笔者）基督教徒，你们才能获得正道。’你说：‘不然，我们遵循崇奉正教的易卜拉欣的宗教，他不是以物配主者。’你们说：‘我们信（真主以及——笔者）我们所受的启示，与易卜拉欣、易司马仪、易司哈格、叶尔孤白和各支派所受的启示，与穆萨和尔撒所受的经典，与众先知受主所赐的经典；我们对他们中的任何一个，都不加以歧视，我们只归顺真主。’”[②]

所以，先知穆罕默德从传教一开始就提倡“认主独一”，反对任何形式的偶像崇拜。其五大天命的第一天命就是念，即作证“万物非主，唯有真主；穆罕默德，是主钦差（或译为除真主外，没有一个应受拜的主；穆罕默德是主的钦差）”。它认为整个宇宙只有一个主宰，任何人、任何物和任何神灵都不是真正意义上的主宰，宇宙中的一切存在包括日月星辰、山川河流、动植物与人都是这个主宰的仆民。这个主宰在阿拉伯语里称作“安拉”，意为真主。真主无始无终、无形无象，《五更月》说：“参悟真宰无影形。不产

① 本文中所引用的《古兰经》，除特殊说明外，均以马坚的中译本为准。

② 《古兰经》第 2 章第 135—136 节。马坚先生的译本中，第 135 节原文中的“犹太教徒或基督教徒”成了“犹太教徒和基督教徒”，疑为印刷错误；第 136 节漏掉了半句非常关键的经文“真主以及”，不知何故，特为更正。

物，物不生；不落方所，不落空。永活固有无始终，独一无偶为至尊”[①]，他永恒固有、至尊至大，他包罗万象，但不为万象所羁，是一切的究竟，是终极真理。正是由于这个原因，《古兰经》首章首节就开宗明义地说：“一切赞颂，全归真主，全世界的主。”伊斯兰教规定其教徒只可崇拜和侍奉独一的真主安拉，不可崇拜和侍奉除真主之外的任何人、物和神灵。“你的主曾下令说：你们应当只崇拜他，应当孝敬父母。”[②] 伊斯兰教对在信仰真主的同时又对其他人、物或神灵加以崇拜的行为有一个专门词汇，叫做“什尔克”，意为举伴真主或以物配主，被认为是违背“认主独一观”的大逆不道之罪，予以强烈谴责：“我的小子啊！你不要以任何物配主。以物配主，确是大逆不道的。”[③]

我们发现，这种“认主独一观”在某种程度上与犹太人的崇拜上帝观非常相似，所不同者只在于犹太人的上帝耶和华只是以色列人的上帝，犹太人是“上帝的选民”，而伊斯兰教则认为人类在真主面前一律平等，没有种族、肤色、地域的区别，人类都是阿丹（即亚当）的子孙，只要愿意人人都可崇拜真主，真主并不挑选任何一个民族做其选民。虽然伊斯兰教不同意“上帝可以人形出现”的基督教的“上帝的化身说”，但在宗教教义的普世原则上却与基督教保持一致。

“使命观”：伊斯兰教认为，真主作为全世界的主宰，他的第一德性是“普慈”，而其普慈之德性就集中表现在他在不同时代、不同民族、不同地区派遣了许许多多先知使者，“差圣降经”，去传达真主的启示，教化人、引导人们走认识真主、崇拜真主的道路。传统上，穆斯林学者把全人类中的先知使者分为四等：列圣（Nabiyi）、钦圣（Rasool）、大圣（Arrusul Ulul Azm）和至圣（Khatm Alanbiyayi）。其中列圣最多，据圣训讲，列圣有十二万多人；钦圣次之，有三百位；大圣有五位，他们是努哈（诺亚）、易卜拉欣（亚伯拉罕）、穆萨（摩西）、尔撒（耶稣）和穆罕默德；至圣只有一位，即穆罕默德。伊斯兰教认为，这些先知使者虽然被真主所拣选，给他们降示了经典，真主在他们身上显示种种奇迹，是真主向人类传达启

① 转引自沙宗平：《中国天方学——刘智哲学研究》，北京大学出版社 2004 年版，第 295 页。

② 《古兰经》第 17 章第 23 节。

③ 同上书，第 31 章第 13 节。

示、引领正道的媒介，但他们都是具有圣品的人，而不是神，更不是神的化身。

与耶稣有关而值得一提的是，《古兰经》认为，穆罕默德作为真主派遣给人类的最后一位钦差，其使命之一就是证实往圣前经，真主对穆罕默德说：

“我降示你这部包含真理的经典，以证实以前的一切天经，而监护之。”①

“我所启示你的，确是真理，足证以前的经典是真实的。”②

“当时，真主与众先知缔约说：‘我已赏赐你们经典和智慧，以后有一个使者来证实你们所有的经典，你们必须确信他，必须辅助他。’他说：‘你们承认吗？你们愿意为此事而与我缔约吗？’他们说：‘我们承认了。’他说：‘那末，你们作证吧；我也和你们一同作证。’”③

这种使命当然也包括要证实被《古兰经》称为《引支勒》的降示给耶稣（尔撒）的经典和他本人作为一位大圣人的先知使者之身份。所以，伊斯兰教不但承认耶稣是一位先知、一位使者，而且还是一位带来了天启经典的大圣，名列五位大圣之一。

在伊斯兰教这两大观念的基础上，我们可以浏览伊斯兰教对耶稣的“定位”。王宇洁已在其《古兰经中的耶稣形象》一文中有了较为完整和翔实的论述，④ 笔者综合《古兰经》和《圣训》，在此把伊斯兰教对耶稣的“定位”总结为以下几点：

（1）证实耶稣无父而生的奇迹，圣母马利亚的纯洁性。天使把灵魂吹入母体。耶稣的本质是真主的一句话造就的灵魂。

（2）耶稣显示了很多神迹，生而能言，天上降下筵席（这两点《圣经》没有记载），治愈盲人、麻风病，起死复生，用泥捏成飞鸟状，吹气即成灵活之鸟、不进屋就能知道屋里发生的事。

（3）十字架上钉死的不是耶稣本人。真主让耶稣升了天，在世界陷入黑暗，正邪不分时他会重新降临人间，拯救人类，用正义、光明和伊斯兰教领

① 《古兰经》第5章第48节。

② 同上书，第35章第31节。

③ 同上书，第3章第81节。

④ 卓新平主编：《宗教比较与对话》（第五辑），宗教文化出版社2004年版，第147—158页。

导世界，降生后自称伊斯兰教徒。

（4）耶稣不是神的化身，也不是神的独子，神不会有儿子，因他不需要妻子。无父而生不是神的证据，亚当（阿丹）也是无父而生，但不是神。耶稣是一位大圣人，他现在就活在第二重天上，就像其他圣人也活在天上一样。

（5）否认三位一体之说，认为三位一体说有悖于认主独一观，是一种以物配主的观念。

（6）不讲原罪之说。真主已经饶恕了亚当的罪，人无原罪。所以也就没有了赎罪之说。

（7）麦地那城的先知穆罕默德圣陵中直到现在还留有一块墓地，准备让耶稣在降临、逝世后葬在穆罕默德及其两大弟子身旁。

我们发现，伊斯兰教对耶稣的"定位"既不同于犹太教的观点，也不同于基督教的观点，走的是一条中间道路。伊斯兰教反对犹太人拒绝承认耶稣为先知使者的立场，认为在耶稣问题上，他们犯了背叛真主、杀害先知、诽谤圣母的滔天罪行：

"（我弃绝他们）因为他们破坏盟约，不信真主的迹象，枉杀众先知，并且说：'我们的心是受蒙蔽的。'——不然，真主为他们不信道而封闭了他们的心，故他们除少数人外，都不信道。——又因为他们不信尔撒，并且对麦尔彦捏造一个重大的诽谤。又因为他们说：'我们确已杀死麦尔彦之子麦西哈·尔撒，真主的使者。'他们没有杀死他，也没有把他钉在十字架上，但他们不明白这件事的真相。"①

同样，伊斯兰教也反对基督教徒把耶稣抬高到"神的化身"、"神的儿子"和"三位一体"的做法，因为除了神本身之外，没有任何人或者物可以与神相提并论。认为基督教对耶稣的定位也违背了自人祖阿丹以来为历代众先知代代薪传的"认主独一观"，是一种背叛真主的行为，应当予以谴责：

"妄言真主就是麦尔彦之子麦西哈的人，确已不信道了。你说：'如果真主欲毁灭麦西哈和他的母亲麦尔彦，以及大地上的一切人，那么，谁能干涉真主一丝毫呢？'天地万物的国权，只是真主的，他创造它所欲创造的。真

① 《古兰经》第4章第155—157节。

主对于万事是全能的。”[①]

“他们说：‘至仁主收养儿子。’你们确已犯了一件重大罪行。为了那件罪行，天几乎要破，地几乎要裂，山几乎要崩。这是因为他们妄称人为至仁主的儿子。”[②]

“妄言真主确是三位中的一位的人，确已不信道了。除独一的主宰外，绝无应受崇拜的。”[③]

可见，伊斯兰教之所以也坚持耶稣会在末日来临之前“降世”，就是因为它认为耶稣受了不白之冤，犹太教徒否定他、贬低了他；而基督教徒则过分地信奉他、抬高他，让他登上了“神龛”，实际上却损害了他。耶稣的不白之冤好像只有通过他亲自重新降世，现身说法，才能洗雪。

综上所述，不难看出，犹太教一贯持有一种保守传统的立场，它要固守的就是以色列人是“上帝的选民”这一根深蒂固的犹太观念，而耶稣却倡导宗教的普世性，宣扬“上帝的博爱”，危及犹太教立教之根，只能否认他；基督教的立场是一个勇于革新、热衷于信仰的立场，它看到耶稣的“无父而生”，他的“系列神迹”，他的“复活”，他的与众不同，只有革新教义，热忱地信奉他，认他为“上帝的化身”、“神的独子”、“三位一体”中的圣子，并寄“赎救之希望”于其身；从历史发展的角度来看，伊斯兰教发起于耶稣之后六百年，并没有直接卷入“耶稣事件”的论争中。所以，它的立场就有一个冷静思考历史、兼顾理性的特点，既然耶稣诞生于以色列人之中，是亚伯拉罕的血统和道统，那么，就应当遵循自人祖阿丹起就一脉相传的“认主独一观”，在“使命观”的大框架内定位耶稣：像历史上许许多多先知使者那样，他是一位负有使命的大圣人。

站在比较宗教学的多元视角上，就世界三大“一神教”对耶稣所持的不同立场进行研究是一个非常有意义的课题，它不仅能拓展宗教研究者的视阈，而且对于各宗教间的理解和沟通有所裨益。世界文明之间的对话说到底是其精神内核和本质的对话，宗教无疑可以说是各文明中最核心的。

---

① 《古兰经》第5章第17节。

② 同上书，第19章第88—92节。

③ 同上书，第5章第73节。

有鉴于此，这一研究或许会使我们在构建全球伦理的今天，克服我们仅仅从一个视觉上研究和观察某一宗教的褊狭，揭示世界三大“一神教”之间错综复杂的关系。尤其在宗教多元逐渐得到学界的赞同、宗教间日益频繁对话的当今，更加凸显出研究这一课题对各宗教间追求相互理解、和谐共存的现实意义。

原载于《回族研究》2007 年第 3 期

从“真一说”看明清之际的回儒融合

沙宗平*

清初思想家“天方学人”刘智从伊斯兰教义学的立场出发，基于在中国弘扬伊斯兰教义思想的神圣使命，以其深厚的中国传统文化学养与系统的伊斯兰教义学研究，创建了较为系统的中国伊斯兰哲学。一方面，刘智以王岱舆（约公元1570—1660年）、马注（公元1640—约1711年）等回族先贤的研究成果为基础，坚持伊斯兰教义学立场；另一方面，全面吸收传统儒家思想，特别是其中的宋明理学思想，运用传统儒家思想观念对伊斯兰教义思想加以中国式的改造，最终完成了阿拉伯伊斯兰教义思想的中国化，创建了中国伊斯兰教义思想体系，终于构建了以“真一说”为基础的中国伊斯兰哲学。可以说，具有中国特色的伊斯兰“真一说”，就是明清之际中国回族穆斯林学者从伊斯兰教立场出发，主动融合儒家理论的重要思想结晶。

一 “天方学人”刘智

刘智（约公元1662—约1730年），字介廉，号一斋，清属江宁府上元（今江苏南京）人，出生于回族宗教世家，其父刘三杰（字汉英）是明末清初伊斯兰教经师，不仅精通阿拉伯文、波斯文，深晓伊斯兰教“天人性命”之旨[①]，而且精通中国传统文化。刘智《天方至圣实录》辑有其父刘三杰

---

* 沙宗平，北京大学哲学系教授、博士，西北民族大学伊斯兰文化研究所兼职研究员。

① 冯今源、李兴华、秦惠彬、沙秋真：《中国伊斯兰教史》，中国社会科学出版社1998年版。第575页。

《清真教说》一文，其文曰："盖未有天地万物之先，惟有止一独尊之真主，运无极而开众妙之门，用太极而造天地万物之形。"[①] 又谓伊斯兰教经典："上穷造化之玄机，中阐人极之妙旨，下究物理之异同"，"意蕴精深，无可穷尽"，应译成汉文，以广昭于斯土；穆斯林之首务"莫大于认识造化天地人神之真主；认主之凭，则莫大乎拜主"；拜主之义为"求恕己身之罪业，默祝君上之太平，思亲恩而感师训，念友谊以及群生"[②]。可见，其父刘三杰已经是在主观上非常自觉地、在客观上非常娴熟地将伊斯兰教义与中国传统文化融会贯通了。刘三杰从"主之清真"、"教之清真"和"人之清真"三个方面论述"清真"一词的含义，也就是从信仰的客体、信仰本身以及信仰主体三个层面来加以阐述。每一个层次，他又从两个方面来加以分述。例如，关于"主之清真"，他将该问题析为"主之清"和"主之真"两个方面。他认为，所谓"主之清"，就是"无所始也，而自不落于空无；无所终也，而更不拘于方位。不受阴阳而超然自在，毫无干然而纤微自明"[③]。这是从否定的方面对真主的属性来加以肯定，即认为真主是无始无终的，是没有方位的，更是超越阴阳变化的。至于"主之真"，就是"永远常存而不似万物，至尊独一而靡所与同。天地至大，巨细莫不任其掌管；人神至广，贵贱莫不听其生死"[④]。这又是从肯定的方面对真主的属性加以强调，即认为真主是永恒的、独一的和万能的。刘三杰对于伊斯兰教信仰对象真主安拉的阐述，一方面符合伊斯兰教的基本信仰，一方面又是自觉地运用中国传统思想来加以论说。

刘智的启蒙老师中还有一位被称为"金陵明经"的著名伊斯兰学者、大阿訇袁汝琦。他也是精通中国古典文化的"汉阿兼通"的穆斯林学者。马注《清真指南》卷一"海内赠言"收录的袁汝琦赠诗和刘智《天方性理》所收的"袁汝琦序"近千字都是其汉学修养的例证。[⑤]

刘智 15 岁随父学习儒家经史子集及杂家之书 8 年，又 6 年阅天方经典，

① 刘智：《天方至圣实录》，中国伊斯兰教协会 1984 年，第 368 页。

② 同上书，第 369 页。

③ 同上书，第 368 页。

④ 同上。

⑤ 其诗曰："先生明月腹中藏，照尽妍嗤未损光。只为乾坤纯黑暗，故随天毂出东皇。光分日耀星辰灿，职任丹青草木芳。此过金陵沾晚照，余辉不记有沧桑。"

4年阅释藏、道藏，“继而阅西洋书137种，会通诸家而折中于天方之学”。后又继续学习阿拉伯文、波斯文，钻研伊斯兰教义。决心继承乃父遗志，汉译伊斯兰教经典，使之广传于东土。刘智一面继承乃父遗志，汉译天方之经典，俾使之“广传于斯土”；一面继承乃父、乃师以及前辈先贤王岱舆、马注等人的事业，进一步完成伊斯兰教的民族化和本土化，最终创造性地完成了中国伊斯兰教义学的系统构建。他以“圣人之教，东西同，今古一”[①]为出发点和理论基石，致力于融合伊斯兰教教理与儒家思想，阐释天方性理，发挥天人关系；同时结合中国文化实际，创造性地阐释“伊斯兰教的宗旨”与“穆斯林的基本”，以便使阿拉伯伊斯兰教有机地融入中国传统文化与现实社会之中。刘智著述颇丰，代表性论著有三：关于伊斯兰教哲学的著作《天方性理》、关于伊斯兰教法著作《天方典礼》和关于伊斯兰教先知穆罕默德的传记《天方至圣实录》。他在著作中一以贯之地认为，伊斯兰教“其为教也，以识主为宗旨，以敬事为功夫，以归根复命为究竟”[②]。为了“识主”，他利用自己的伊斯兰知识和儒学知识，发展了伊斯兰教的“真一说”。

二 “真一说”

一方面，刘智的“真一说”是在对王岱舆、马注等回族先贤的“真一说”加以扬弃的基础上发展而来的，所以形式上更明晰、精练，理论上更细腻、精致。另一方面，刘智的“真一说”又是建立在系统研究中国传统哲学思想（特别是宋儒的“太极说”）和伊斯兰教哲学的基础之上，所以内容更丰满、全面，逻辑更严密、圆融，成为他的宗教哲学的基石。“真一说”主要包括两个问题：一是“真一”的概念，对于“真一”概念的系统阐述构成了刘智哲学的本体论；二是“真一论”，就是对于“真一”、“数一”、“体一”等“三一”思想体系的完整阐述，对于上述“三一”体系的理论阐述构成了刘智哲学的宇宙论。其中，本体论部分是其“真一说”的理论核心。

刘智的“真一论”作为中国伊斯兰哲学的基本理论，是有其中国传统哲

① 刘智：《天方典礼》，天津古籍出版社1988年版，第9页。
② 同上书，第6页。

学思想背景的。这个传统思想就是宋朝理学家周敦颐所提出的“太极图说”。周敦颐继承《易传》思想，吸收道家学说，提出了较为系统的宇宙生成理论“太极说”。“太极说”包括“太极”的概念、阴阳说、五行说等思想。周子《太极图说》谓：“无极而太极，太极动而生阳，动极而静；静而生阴，静极复动。一动一静，互为其根。分阴分阳，两仪立焉。阳变阴合，而生水、火、木、金、土。”① 他认为，“无极而太极”，“太极”生“两仪”，“两仪”生“五行”，“五行”生万物。朱熹解释说：“此所谓无极而太极也。所以动而阳、静而阴之本体也。太极，理也。阴阳，气也。气之所以能动静者，理为之宰也。然非有以离乎阴阳也。”② 朱熹将“无极而太极”落实到理气动静，认为理是“气之所以能动静”的主宰。

早于刘智的王岱舆已将“太极说”融合至伊斯兰教义思想之中，认为无极是真主的“代理”，“无极乃天地万物无形之始，太极乃天地万物有形之始。分而言之为有无，合而言之无二体”③。并说，“因人之本性，乃无极之样式；此身之本质，即太极之证明……其行止知觉，虽由无极之性灵，孳生百骸，固出太极之本质，然其生死穷通安危得失，概不由本性本体所能自专。即此便知，无极虽受真主之命代理乾坤万物，其生死贵贱之权，必不由无极、太极所能自主也”④。但是王岱舆的这种结合毕竟还是较为初步的和简单的。

马注也接过了“太极说”，他认为：“真一乃造化之原主，无极乃万命之原种，太极乃万性之原果，两仪乃万形之原本。”⑤ 又说，“真一有万殊之理，而后无极有万殊之命，太极有万殊之性，两仪有万殊之形。”所以，马注的天地造化图式是：

“真一”——“无极”——“太极”——“两仪”（即天地）

在马注的思想中，伊斯兰教义与“太极说”的结合业已较为圆融；但是从内容方面来看，却有丧失伊斯兰教信仰特色的危险。

刘智指出：“真宰无形而显有太极，太极判而阴阳分，阴阳分而天地成，

---

① 参见张伯行：《太极图详解》，学苑出版社 1990 年版。

② 参见朱熹：《四书集注》，巴蜀书社 1989 年版。

③ 参见王岱舆：《正教真诠》，宁夏人民出版社 1988 年版。

④ 同上。

⑤ 马注：《清真指南》，宁夏人民出版社 1988 年版，第 77 页。

天地成而万物生。”[①] 他又从伊斯兰教立场出发，对于程朱的某些言论进行了批评。他指出，宋程伊川传易曰：“帝者，天之主宰也。以形体谓之天，以主宰谓之帝。”这句话“其理晓然明畅矣。然又未即导人于一定无疑之乡，而反示人以游移恍惚之路”[②]。刘智又说：“理，物之所以然。天有天理，人有人理，物有物理。理之与物，盖若意之与字也。五经中绝未有谓上帝即理，乃后之学者欲揣度上帝为何如，泥相求之而无所得，去相求之又无所归，遂以理当之。盖谓‘天下莫尊于理，故以帝名之’，而不知其说犹属未当也。”[③] 黑鸣凤认为，刘智“先天六品”中的第五品“性命品”相当于“无极”，因为该品“色象未形而理已具”[④]（卷一・元气）；第六品“气象品”相当于“太极”，因为“前此有理无迹，气隐于理；后此有迹有理，理隐于气”[⑤]（卷一・性理）。所谓“先天六品”还是先天无形的理世，元气之后就是后天有形世界。

简而言之，刘智的宇宙生成次序是：

“真一”——太极——阴阳——天地——万物

其实刘智吸收了王岱舆关于“无极”、“太极”的观点，并将它们的位置具体化，使它们完全处于伊斯兰哲学思想体系之中，并且已经伊斯兰化了。

从王岱舆、马注到刘智，“真一论”从形式到内容都有一个逐步发展完善的过程，但其所包括的主要方面却是一以贯之的。[⑥]

1.“真一”（即真宰）是万事万物的总根源和总归宿

首先，“真一”是万事万物的总根源。中国穆斯林学者原则上接受了宋儒的“太极说”，承认万物统一于五行，五行统一于阴阳，阴阳统一于太极，

---

① 刘智：《天方典礼》，天津古籍出版社1988年版，第27页。

② 同上书，第57页。

③ 同上书，第49页。

④ 参见刘智：《天方性理图传》，中华书局1923年版。

⑤ 同上。

⑥ 参见冯今源：《试论儒家思想对中国伊斯兰教的影响和渗透》，《中国哲学研究》1985年第3期。

太极本无极的观点。但他们也提出了一个问题："然则，由无极而成太极者谁欤？"[①]

王岱舆认为："故首明单另之一，乃造化天地万物之真主，而与天地万物无干，兹为无始之原有也。"[②] 马注认为："真一乃造化之原主，无极乃万命之原种，太极乃万性之原果，两仪乃万形之原本。"[③] 刘智认为："真宰无形，而显有太极，太极判而阴阳分，阴阳分而天地成，天地成而万物生，天地万物备，而真宰之妙用贯彻乎其中。"[④] 此后，真宰又"集气、火、水、土四行之精"，造化人祖阿丹。就是说，"真一"即真宰，又称"单另之一"，是万有的主宰。只有"真一"才是万事万物的总根源，是造化天地万物的本体。

其次，"真一"是超时空的存在。中国穆斯林学者认为，"真一"是超时空的、永恒的、普遍的存在。他们不同意世界万有生于虚无的观点，认为世界万有生于"真一"。"真一"的本体，"无形似，无方所，无遐迩，无对待"[⑤]；从时空方面看，"前无始，后无终，大无外，细无内"[⑥]。另外，"真一"是"无动无静的"。这种无动无静，又非不动不静，而是"动静不常"。刘智认为："动静，即喻隐显也。真宰无动无静也。真宰无动静，而此云动静者，就造化而言也。先天之造化，起于一理之动；后天之造化，起于一气之动。"[⑦] 他又说："不常，谓时起时息，时息时起，如循环之无端也。"[⑧] 这个"时起时息"是"动亦静，静亦动，绝无止息"的，"万物无以为生，而生于理气之动静；万物无以为化，而化于真宰之隐显"[⑨]。就是说，那超时空的、无动无静的"真一"，是万物"生生之本"。也就是说，一切事物的生灭动静，都是"真一"作用的结果。

再次，"真一"具有道德属性，是万事万物的总归宿。中国伊斯兰学者

---

① 马注：《清真指南》，宁夏人民出版社 1988 年版，第 73 页。

② 王岱舆：《清真大学》，宁夏人民出版社 1988 年版，第 229 页。

③ 同上书，第 77 页。

④ 刘智：《天方典礼》，天津古籍出版社 1988 年版，第 27 页。

⑤ 同上书，第 42 页。

⑥ 同上书，第 41 页。

⑦ 同上书，第 44 页。

⑧ 同上。

⑨ 同上。

注意强调“真一”（真宰）固有的道德属性，如刘智认为，真宰“纲维理数，掌握天人”，真宰“至知也，至能也，至全也，至善也”①，是万事万物的典型。无论是“妙用含蕴者的理”，还是“妙用蕃衍者的数”，包括“造化最大者的天”以及“造化最灵者的人”，都在真宰的范围和掌握之内。“一切理气，皆从此本然而出。所谓尽人合天者，合于此也。所谓归根复命者，复于此也。是一切理气之所资始，亦一切理气之所归宿”②。就是说，一切理气都从真宰的本然而出，又都要返回真宰的本然。所以，穆斯林用“归真”来指称人的死亡，即“返归真宰”。

刘智认为真宰造化宇宙万物的完整图式是：

真宰——大命（Ruha，努哈）——性（Nafs，灵魂）、智（Agl，理性、理智）——溟渣（Duradi，渣滓、糟粕）——阳（Haraniyah，热）、阴（Guraniyah，冷）——四元（气、火、水、土）——天地——三子（金、木、活物）——人

上述造化图式可以分解为两个子图：

其一，“先天之化”，自“真一”而至于元气：

真宰（“真一”、“数一”、“体一”）——大命——性理（理即智）——溟渣（元气）

其二，“后天之化”，自元气而至于人：

溟渣（元气）——四元——天地——三子——人

刘智指出，“先天之化，自一理流行……而至于元气止焉。此真宰之本升而自为降也。大世界之降也，基之于此。小世界之来也，亦基之于此。后

① 刘智：《天方典礼》，天津古籍出版社1988年版，第43页。

② 同上书，第27页。

天之化，自元气分著……而至于人止焉。”[①]（卷四·升降）就是说，其一为“先天之化”，就是“大世界”的由升而降，也就是“小世界”的“先天来降”。这是理世的无形显化。其二为“后天之化”，是“大世界”的由降而升，也是“小世界”的“后天来复”。这是象世的有形衍化。因此说，真宰造化了天地万物和人类，天地万物的发展也都以真宰为最终归宿。

2. “真一三品”说

中国伊斯兰学者认为，首先，“真一”就是伊斯兰教的信仰对象真宰，所谓止一的真宰；其次，“真一”又是止一真宰的“体”（“真一”）、“用”（“数一”）、“为”（“体一”）三品中的“体”（“真一”）。再次，“真一”自身又具有“体”、“用”、“为”三品。

首先，“真一”就是真宰。王岱舆指出，“单另之一乃真主”[②]。马注认为，“真一乃造化之原主”[③]。刘智指出，“真一”是“万有之主宰也”[④]（卷五·真一）。上述学者都肯定，“真一”就是伊斯兰教的信仰对象真宰。

其次，“真一”又是真宰的“体”，即“单另之一”。王岱舆指出，“盖辨一有三：曰‘单另之一’，曰‘数本之一’，曰‘体认之一’。”[⑤] 就是说，止一的真宰又显化为“三一”，即“单另之一”、“数本之一”、“体认之一”。有时，王岱舆又称“三一”为“真一”、“数一”、“体一”。马注则以“真一”、“无极”、“太极”来指称止一真宰的“三一”。刘智则继承了王岱舆的思想，以“真一”、“数一”、“体一”指称止一真宰的“三一”。

再次，“真一”自身也具有三品。王岱舆指出，“单另之一”“有三品作证：曰‘本然’，曰‘本分’，曰‘本为’。”[⑥] 就是说，“真一”具有“本然”、“本分”、“本为”三品。他认为“本然”，就是“真主原有之本然”，它“原有无始，久远无终”。“本然”就是“真一”的本体。所谓“本分”，“乃本然之动静”，也就是“真一”的“用”。所谓“本为”，“乃其单另之余，总

① 参见刘智：《天方性理图传》，中华书局 1923 年版。
② 王岱舆：《清真大学》，宁夏人民出版社 1988 年版，第 19 页。
③ 马注：《清真指南》，宁夏人民出版社 1988 年版，第 77 页。
④ 参见刘智：《天方性理图传》，中华书局 1923 年版。
⑤ 王岱舆：《清真大学》，宁夏人民出版社 1988 年版，第 232 页。
⑥ 同上。

具无形之妙，是为能有”，也就是“真一”的“为”。就是说，所谓“本然”，就是“真一”的本体；所谓“本为”，就是“真一”的作为；所谓“本分”，则是介于二者之间的状态，即“动静”。王岱舆指出，“未发之谓静，已发之谓动。静为本体，动为作用，正于发与未发之间，谓之动静。”[①]

关于“真一三品”，刘智指出，“其寂然无着者，谓之曰体。其觉照无遗者，谓之曰用。其分数不爽者，谓之曰为。”[②]（卷五·真一）刘智认为，“真一三品”由内而达外的顺序是，“用起于体，为起于用”[③]（卷五·真一）。就是说，一方面，从逻辑上看，“真一三品”的次序是，由“体”而“用”，由“用”而“为”；另一方面，从本质上来说，“为不离用，用不离体”[④]（卷五·真一），“真一三品”又是异名同实的。

3. “真一”、“数一”、“体一”的“三一说”

中国伊斯兰学者所谓的“三一说”，就是指真宰所具有的“真一”、“数一”、“体一”三品，也就是真宰的“体”、“用”、“为”三种属性。真宰三品的内在关系其实是“一而三、三而一”的。“一而三”，指的是真宰的自我显化出无形的“体”、“用”、“为”三种属性（或称三品）；这是由止一的真宰显化为三，即显现为“真一”、“数一”、“体一”。“三而一”，指的是“真一”、“数一”、“体一”，在名称上和功能上虽然表现为“三”，但究其实质仍然是“一”，即在本质上依然是止一的真宰。这是真宰内在的、无形的自我显化，根据伊斯兰学者的观点，正是由于真宰的逐步显化，才造化了丰富多彩的大千世界。

王岱舆指出：“盖辨一有三：曰‘单另之一’，曰‘数本之一’，曰‘体认之一’。单另之一，乃天地万物之主也；数本之一，乃天地万物之种也；体认之一，乃天地万物之果也。”[⑤] 从哲学上来看，真宰也有“体”、“用”、“为”三品，这就是先贤王岱舆“辨一有三”的内在含义。在王岱舆，真宰的三品就是，“单另之一”、“数本之一”、“体认之一”，他又称为“真一”、

① 王岱舆：《正教真论》，宁夏人民出版社 1988 年版，第 21 页。

② 参见刘智：《天方性理图传》，中华书局 1923 年版。

③ 同上。

④ 同上。

⑤ 王岱舆：《清真大学》，宁夏人民出版社 1988 年版，第 232 页。

“数一”、“体一”。

马注强调，“真一乃造化之原主，无极乃万命之原种，太极乃万命之原果”[①]。就是说，马注认为，宋儒所说的“无极”相当于伊斯兰学者所谓的“数一”，“太极”则相当于“体一”。在马注，真宰三品则是，“真一”、“无极”、“太极”。在刘智，真宰三品的思想更加丰富、更加系统化。首先，真宰的三品（即“体”、“用”、“为”）分别显现为“真一”、“数一”、“体一”；其次，“真一”、“数一”、“体一”三者是异名同实的。从逻辑上来说，三者分别是真宰显现过程中所依次呈现出来的三种不同境界，但它们都是真宰的自我显现，而不是外在于真宰的独立体。三者的所谓次序，既不是时间上的，也不是空间上的，而仅仅是逻辑上的。

刘智指出，“真一显而为数一，数一即真一之通也。非真一之外，另有数一也。数一显而为体一，体一即数一之通也。非数一之外，另有体一也”。[②]（卷五·三一）就是说，“真一”、“数一”、“体一”全都在真宰之内。下面具体介绍“三一”的特性。首先，是“真一”。刘智指出，“真一”是“万有之主宰也”，“盖真者无妄之谓也，一者不二之称也。”又说，“圣人曰：隐而名真，显而名物”，“无所非显，即无所非真”。[③]（卷五·真一）刘智指出，“真一”是“万有之主宰也”，就是说，“真一”的特性有两个，即“隐而名真，显而名物”。也就是说，“真一”（真宰）或“隐”或“显”，当其“隐”时，则是宇宙万有的本原，是万有的主宰，这时它就是“真宰”；当其“显”时，则是先天无形理世和后天有形象世的显现阶段，随其自显和外化，“真一”、“数一”、“体一”在逻辑上依次显现，这时它就是真宰的“体”——“真一”。其次，是“数一”。一方面，“数一”由“真一”（真宰）显现；另一方面，“数一”又是真宰“用”的载体。因此，“数一”也具有两个特性。其一，“数一”由“真一”显化，故次于“真一”。刘智指出，“其与真对，则真一为真，数一为幻。其与尊对，则真一为主，数一为仆。其与大对，则真一为海，数一为沤”。[④]（卷五·数一）就是说，与“真一”相比，“数一”在各个方面都处于其下。其二，“数一”又是理世、象世所从

① 马注：《清真指南》，宁夏人民出版社 1988 年版，第 77 页。

② 参见刘智：《天方性理图传》，中华书局 1923 年版。

③ 同上。

④ 同上。

出。刘智指出，“理世、象世皆自此数一而分派以出，即真一之从理世而之于象世，亦须从此出而乃得任意以为显著也。”又说，“数一之一，数之所自始也。万理之数自此一起，万物之数自此一推”[①]（卷五·数一），就是说，“数一”虽然在“真一”之下，但是却是居于其后显化的万有之上；另外，“数一”之后的显化都是直接源自“数一”，而不是源自“真一”。再次，是“体一”。一方面，“体一”由“数一”显化；另一方面，“体一”是真宰“为”的载体。王岱舆认为，“所谓体认之一者，人品”，“先天首命谓之真性，体真一之妙；后天身命谓之本性，体无极之理；阴阳合一谓之形质，体太极之用。”就是说，人分别以“真性”、“本性”、“形质”来体认“真一之妙”、“无极之理”、“太极之用”。王岱舆的哲学思想，从形式上看固然已较为成熟；但在思想内容上，伊斯兰化程度尚有较大欠缺。

刘智指出，“人之生也，其体有三：身体、心体、性体是也。以体而体夫真一也亦有三，即以此三体而体之也。”又说，“以身体而体夫真一者，其功在遵循”；“以心体而体夫真一者，其功在于解悟”；“以性体而体夫真一者，其功在于无间”[②]（卷五·真一）。比较而言，刘智使用“身体”、“心体”、“性体”取代王岱舆的“真性”、“本性”、“形质”，刘智的概念更加简洁、明晰、统一；他使用“真一”取代王岱舆的“真一之妙”、“无极之理”、“太极之用”，不仅概念简洁、明晰，而且更加符合伊斯兰教义，从理论上讲，应该也更能为一般穆斯林（包括穆斯林学者）所理解和认同。根据刘智的观点，作为“小世界”的人，是先天性理和后天身形的结合，所以能够体认“真一”。综观“三一”，则形成从“真一”到“数一”，从“数一”到“体一”，再通过“体一”对“真一”的体认、见认、续认而复返“真一”的完整过程，此即所谓“大化循环，尽终返始”。

刘智以伊斯兰传统（正统）教义为基础和本位，广泛吸收中国传统文化思想以及中世纪阿拉伯的科学（特别是天文和医学）知识，将自然界的生成演化与人自身的生理机制划分为“大世界”（自然界或物质世界）和“小世界”（人自身包括肉体与精神），并就其产生和发展以及“分合之妙理，浑化之精义”加以系统阐释。同时以此为基础，运用儒学的概念、范畴、命题与

① 参见刘智：《天方性理图传》，中华书局1923年版。

② 同上。

思辨方式来论证伊斯兰教义。他根据伊斯兰教“真主”是宇宙和人类起源的“认主学”思想，结合伊斯兰教认主学（“讨赫德学”、“凯拉姆学”）和儒家性理之学，吸收宋儒的《太极图说》，创造了系统的“天方性理图说”，较为全面地阐述伊斯兰教的本体论、宇宙论、认识论和归真论，最终完成以“真一说”为理论基础的中国伊斯兰哲学。

三 “真一说”对回儒融合的影响

作为中国伊斯兰教的核心教义，“真一说”对回儒融合的影响是多方面的。笔者以为，其中最为重要的影响就是使得作为中国伊斯兰哲学理论基石的“真一”概念进入中国传统文化的内核——哲学文化。“真一”概念的提出，逻辑上应该在“真主”这一概念出现之后。穆斯林信仰对象的称谓自“安拉”（或“胡达”）[①] 转变为“真主”，是伊斯兰教传入中国后的一个重要标志。“真主”概念的出现及其被使用汉语的广大穆斯林所普遍接受，标志着伊斯兰教信仰对象称谓方面中国化的初步完成。一点不了解伊斯兰教的中国知识分子（汉语读者）也能够想象出它指称“真正的主人”或“真的主宰”之类的意思。这也就与伊斯兰教关于安拉的基本信仰相去不远了。可以说，对于使用汉语言的中国穆斯林来说，由“安拉”（或“胡达”）到“真主”的概念转换，实际上完成了信仰对象的语言（外来语向中文的概念）转换。从此以后，即使是完全不懂阿拉伯语和波斯语的中国穆斯林，也就拥有了可以用汉语指称的、能够理解的关于自己所信仰对象的汉语概念。这种转换仅仅是宗教信仰层面的，而“真一”概念的出现，则是在汉语环境里进一步完成了自宗教信仰层面向理性思辨层面的转换。如果说“真主”是伊斯兰教信仰对象安拉的汉语言概念之“名”，那么“真一”就是安拉的汉语概念之“实”。“真主”这一崭新的概念之进入汉语，仅仅在语言文化层面，这是一个文化体系的表层。这一文化层面，既丰富多彩而又富于变化，特别是具

① “安拉”（al-Allah）是自阿拉伯文的音译，“胡达”是波斯文对其的意译，中文再自波斯文音译，我国新疆和西北地区的穆斯林常使用“胡达”这一概念。二者均是指称穆斯林所信奉的独一神。

有鲜明的时代性。“真一”概念之诞生，则已经突破文化的表层，进入到哲学文化层面，这是一个文化体系的内核。在人类历史的长河里，这一层面的文化能够更为长久地保持其面貌，可以跨越时代的变迁。“真一”之概念犹如一枚文化精子，是刘智赋予它青春活力，并将它深嵌在中国传统文化的“父脊”之中。

参考文献：

冯今源、李兴华、秦惠彬、沙秋真：《中国伊斯兰教史》，中国社会科学出版社 1998 年版。

刘智：《天方至圣实录》，中国伊斯兰教协会 1984 年。

刘智：《天方典礼》，天津古籍出版社 1988 年版。

张伯行：《太极图详解》，学苑出版社 1990 年版。

朱熹：《四书集注》，巴蜀书社 1989 年版。

王岱舆：《正教真论》，宁夏人民出版社 1988 年版。

马注：《清真指南》，宁夏人民出版社 1988 年版。

王岱舆：《清真大学》，宁夏人民出版社 1988 年版。

刘智：《天方性理图传》，中华书局 1923 年版。

宛耀宾：《中国伊斯兰教百科全书》，四川辞书出版社 1994 年版。

原载于《南京大学学报·哲社版》2003 年第 1 期

儒家"五伦"思想和刘智"五典"思想之比较

敏文杰*

从明朝后期开始一直到清朝末年近300年的时间里，中国伊斯兰伦理思想研究取得了巨大的发展，一大批"以儒诠经"、"以儒释伊"、"援儒入回"、"附儒以行"的汉文伊斯兰译著家和思想家异军突起。他们中的杰出代表是东南学派的王岱舆（公元1570—1660年）、刘智（公元1662—1730年）和云南学派的马注（公元1640—1711年）、马德新（公元1794—1874年）。他们以汉语言文字为载体，将伊斯兰教的经典和经院哲学作品翻译成汉语，然后进一步结合儒家思想并在此基础上著书立说，主要目的是在中华大地上弘扬伊斯兰教。他们以实际行动开启了历史上的"回儒对话"，也就是伊斯兰文明与中华文明的对话，历史上的"回儒对话"推动了伊斯兰教的中国化和本土化进程，进一步巩固了置身于汉文化汪洋大海中的回族穆斯林移民群体对中华文化的适应性。

明末清初伊斯兰译著家们对儒家思想的批判与吸收，是回回民族全面适应我国以汉民族为主体民族、以汉语言为强势语言、以汉文化为主流文化、以儒家思想为上层建筑意识形态的社会环境的一个重要方面，具有非常深刻的意义。它"是一种体现生命力、展示生存力的选择，以此，他们创造了人类民族发展史上的一个不得多见的典型，即在置身强大的异族之中的情况下，积极主动的借异族的有利条件，保自身的生存与发展，并在坚持本属文化的根本属性的基础上，改变自我并最终以一个新的面貌呈现民族自我的

* 敏文杰，西北民族大学马列主义学院讲师、兰州大学历史文化学院民族学专业博士研究生。

典型。”[①]

20 世纪 90 年代以来，随着文明对话在全球范围内的展开，历史上的“回儒对话”也重新进入了人们的视野，众多的专家、学者分别站在不同的角度，对历史上“回儒对话”进行了反思，发表了许多文章著述，并站在世纪的高度和以全人类的高度，提出了富有前瞻性的论点，这固然可喜可贺，然而多少有点美中不足的是国内外一些学者就伊斯兰文化与儒家文化进行对比研究时，竭力关注和寻找两种文化的“共同之处”，而对两种文化的“个性差异”有所忽略，甚至在一定程度上误读了伊斯兰思想，实际上不自觉地误导了国内部分学者的视线以及大多数中国人对伊斯兰文化的理解。限于篇幅，本文仅以中国古代儒家提出的“五伦”思想和中国伊斯兰学者提出的“五典”思想的比较为例，提出个人粗浅的看法，不妥之处，恳请方家指正。

所谓“五伦”，即中国古代儒家大师们提出的父子有亲、君臣有义、夫妇有别、长幼有序、朋友有信五个方面。明末清初回族穆斯林学者根据《古兰经》和《圣训》，结合儒家“五伦”思想，也概括出来一整套中国伊斯兰教伦理概念，即夫爱妇敬之道，父慈子孝之道，君仁臣忠之道，兄弟协义之道，朋友忠信之道，是为伊斯兰的“五典”，以此规范穆斯林在夫妇、父子、君臣、兄弟、朋友五个方面应遵循的原则。

“五典”概念的提出始于元代，清初回族穆斯林学者刘智为集大成者，刘智在其所著《天方典礼》中将“五典”与伊斯兰教“天命五功”相并列，即人们常说的“天道五功，人伦五典”。刘智提出：“圣教立五功以尽天道，又立五典以尽人道者，天道人道，原相表里，而非二也。盖尽人道而返乎天道，斯天道有以立其基；尽天道而存乎人道，斯人道有以正其本。天道人道尽，而为人之能事毕矣。”[②] 刘智以儒家“三纲五常”学说丰富其“五典”说，认为人伦之礼本于“三纲”而尽于“五典”，“三纲”制约着“五典”的义，“五典”统一于“三纲”之名，“名义立，而道尽，人伦之要无余蕴矣。”[③] 如此则“人伦之要，五者备矣”。刘智认为“五典”的重要作用，即在于“五者为万物之本”。他说：“有天地而无人则天地设位何用？有万物而

---

① 孙振玉：《明清回回理学与儒家思想关系研究》，中国文史出版社 2005 年版，第 133 页。

② 刘智：《天方典礼择要解》卷十，《五典篇·总纲》。

③ 同上。

无人则万物之取用谁归?"[1] 因此他认为"五伦之礼尽，而生人之能事毕矣，天地之生义完矣。"[2] 可见此论证是以安拉造化人的目的、作用的伊斯兰教义为依据的。然后，他将伊斯兰的伦理观和儒家思想的伦理观加以融合，细化、规范了"五典"之道。

这里需要注意的是，回族穆斯林所谓"五典"，既非"三坟五典"之义，又与儒经、《尚书·舜典》中所讲的"父义、母慈、兄友、弟恭、子孝"之"五典"有别。与金贤在碑文中借用《尚书·舜典》中"慎徽五典，五典克从"的内涵和侧重也有所不同。

就"五伦"而言，伊斯兰教的"五典"思想表面上看来"与吾儒大相表里"，但仔细品味，伊斯兰教的"五典"思想还有"更广吾儒所不足"的一面，主要表现在以下几个方面：

第一，基点不同。儒家思想是由中国古代的圣贤们总结出来的，是中国古代智者智慧的结晶。儒家的"五典"作为中国古代伦理思想的精华汇集在儒家经典里，但是不论《四书》也好，《五经》也罢，其来源是"人"的语言而非"造物主"的启示，不具有宗教的神圣性，归根结底是立足于世俗层面展开论述的。在儒家思想体系中，天道本来属于哲学本体论、人性论、认识论范畴，人道则属于道德论、政治论范畴，一直到宋明理学崛起后，儒家的本体论、认识论思想都发生了伦理化的巨大变化，天道与人道的关系较为密切了。但就整体而言，中国儒家思想向来重人道、轻天道；重今世、轻后世；重君权、轻人权。儒家讲天道离不开天人合一，即天道与人道相分而又相合的整体特色。

而伊斯兰教的"五典"是从"主命"的高度，即从宗教的根本原则来要求的。伊斯兰教的根本经典——《古兰经》对孝敬父母、敦睦家庭、事上爱国、广惠乐群等问题都有明确的、具体的规定；先知穆罕默德关于这些方面的言行，也广见于六大圣训集之中，二者构成了伊斯兰的伦理基础。众所周知，伊斯兰将人的全部行为分为"主命"和"非主命"两部分，其中非主命又分为圣行、当然等，圣行又可分为强调的圣行和不强调的圣行。"主命"即是儒家学说里所说的"天命"或者"天职"(名称相同，概念接近，但内

① 刘智：《天方典礼择要解》卷十，《五典篇·总纲》。
② 同上。

涵不同)。伊斯兰作为一种宗教，无论是其经典文本而言，还是就其功能而言，都相异于其他任何宗教，伊斯兰不仅是一种个性化的信仰和存在目的，而且是一套完整的社会制度和全方位的生活方式，并由此形成了包括教义学、法学、政治学、哲学、文学和艺术等学科在内的文化体系。在伊斯兰社会中，政治、经济、法律等范畴无不与伊斯兰信仰融为一体，可以说社会中的任何一个领域，无不渗透着伊斯兰信仰中的“主命”精神和思想，伊斯兰的伦理思想也不例外。

伊斯兰的“主命”是一个十分重要的概念，伊斯兰语境中的“主命”与信仰紧密相关，它不单单指目的本身——社会的一部分，而且是安拉规定的任务，是人们必须完成的神圣事业。“主命”思想对伊斯兰伦理学有着深刻的影响，贯穿于每个穆斯林现实生活的方方面面，在履行“主命”的过程中，行为者不得丧失崇高的善的意志和能力，因为这不仅关系到该人在今世中的所作所为，而且还关乎后世的清算问题。由于“主命”思想深深根植于穆斯林的个体化人格中，成为穆斯林遵守某一项规定的约束力或者干任何工作的动力，使得任何一个穆斯林的操守具有神圣性，其伦理道德也就有了宗教意义。在伊斯兰的信仰体系中，伦理道德是与信仰融为一体的，信仰是伦理道德的基础和动力，而伦理道德又是信仰的外在体现，也就是说不能脱离信仰谈伦理道德。正是伊斯兰的“主命”精神，促使穆斯林自觉地遵守伊斯兰规定的各项伦理规范，而且视此为自己对安拉的忠诚，为了获得安拉对自己的喜悦，必须一丝不苟地履行各种伊斯兰的伦理道德，这已成为一个虔诚穆斯林的标志和伦理人格。从社会功能的角度看，伊斯兰的“主命”思想为社会中的任何一项工作或者一项伦理规范提供了一系列意义和终极基础，我们可以从穆斯林生机盎然的履行伦理道德的实践中感受“主命”思想对穆斯林人格的影响。同时，这种信仰的终极价值保证了虔诚的穆斯林丝毫不敢怠慢和忽视伊斯兰的伦理规范。

所以，建立在世俗层面上的儒家“五伦”思想与建立在“主命”基础上的伊斯兰的“五典”思想相比，两者的基点有着本质的不同，对人产生的内在震慑力和自我约束力不同，以及由此延伸的“后果”也是不同的。在伊斯兰文化中，伦理道德的建设始终被提升到信仰的高度而受到高度的重视，信仰与道德密不可分。偏离信仰基石谈伊斯兰的伦理道德，犹如无根之萍、无源之水。

第二，序列不同。中国古代儒家思想提出的“五典”的顺序分别是父子、君臣、夫妇、长幼、朋友，其中将父子关系列为“五伦”之首，君臣关系次之，该序列明确而有集中地体现了中国古代封建社会的父权、君权等级概念。

其实儒家“五伦”的顺序也曾有一个适应时代的演变过程。儒家创始人孔子从自然发展观和社会发展观的角度对各类人际关系的发展进程作了探讨。《易传·序卦》中也有系统的论述：“有天地，然后有万物；有万物，然后有男女；有男女，然后有夫妇；有夫妇，然后有父子；有父子，然后有君臣；有君臣，然后有上下；有上下，然后礼义有所措。”如果结合《易传》本身关于乾坤或阴阳之间对立统一以推动事物发展的理论进行考察，这段话分明是把男女两性之间的矛盾视为人类最原始、最普遍的基本矛盾，有了男女两性之对立与统一，才繁衍了人类；进而又把夫妇关系视为人类由自然进入社会之后的最原始、最普遍的社会关系，认为从只有“男女”观念发展到具有“夫妇”观念，乃是人类从自然人进化为社会人的重要标志；因为有了夫妇关系，才有所谓父子、君臣以及上下诸关系的相继产生，才创造了人类社会的文明，故把“夫妇”置于“父子”和“君臣”之前而列为人伦之首。孔子这种从夫妇到父子，再到君臣、上下的排列顺序，是合乎人类社会的发展逻辑的。由是观之，孔子对于“五伦”的排列顺序是：一夫妇、二父子、三兄弟、四君臣、五朋友。这一排列顺序，既合乎社会发展的规律，也有其科学的逻辑性。

到了孟子时代，他大力宣扬王道，重视父子和君臣关系，故而把人伦顺序更定为“父子有亲，君臣有义，夫妇有别，长幼有序，朋友有信”（《孟子·滕文公上》），将“夫妇”退居第三而将“父子”列为“五伦”之首，对孔子所定的人伦顺序作了调整。然而《礼记·中庸》在引用孔子回答鲁哀公问政的话时，又把“五达道”的顺序更定为“君臣也，父子也，夫妇也，昆弟也，朋友之交也”，在把“夫妇”退居第三的同时，又把“君臣”提到了首位。这与同书《哀公问》所记的同样是孔子回答鲁哀公问政时所说的“夫妇别，父子亲，君臣严”的顺序互相矛盾，而是《中庸》作者为了适应君主专制制度逐渐确立的形势所作的修正。不过《中庸》仍认为“君子之道，造端乎夫妇”，则保存了孔子把“夫妇”视为人伦之始的思想。

及至荀子时代，君主专制主义制度又有了进一步发展，为了适应这一趋势，就把“君臣”定为人伦之首，而把“五伦”的顺序又作了调整。《荀子·王制》云：“君臣、父子、兄弟、夫妇，始则终，终则始，与天地同理，与万世同久，夫是之谓大本。”更把“夫妇”退居“兄弟”之后而列为第四了。秦汉以后，由于中央集权的专制制度的进一步发展并长期占据着政治舞台，后世儒家就一直沿用了荀子所更定的顺序，即：一君臣、二父子、三兄弟、四夫妇、五朋友。显然这一排列顺序是为了适应时代而明显突出了君权和父权。

纵观“五伦”顺序的演变过程，孔子是根据社会关系自身发展的历程排列“五伦”之顺序的；而《中庸》作者和孟子、荀子则都是为了适应当时趋向大一统局面的时代需要而加以调整的。

而刘智排列的伊斯兰“五典”顺序依次是夫妇、父子、君臣、兄弟、朋友，其中将夫妇列为“五典”之首。序列的不同反映了伊斯兰伦理轻等级、重人伦的思想，充分体现了全人类一体的理念。

刘智以《古兰经》、《圣训》为依据，在其《天方典礼择要解》中，融会了中国儒家的“五常”说，分别以夫妇、父子、君臣、兄弟、朋友为序列，建构成中国伊斯兰伦理学的“五典”论。他没有按照儒家“父子有亲，君臣有义，夫妇有别，长幼有序，朋友有信”的序次和内容，而是以伊斯兰教义为本，重组“五典”序列并扩大其内涵。他认为：“人之生也非一，听于阴阳之气自相摩荡而成也。”[①] 他说安拉先造化阿丹（亚当）、哈娃（夏娃），阴阳摩荡，故“夫妇原为一体，生齿繁衍，互为配偶”[②]，才衍化为人类，所以夫妇为人道之首，被列在“五典”之先。然后“有夫妇而有上下，在家为父子，在国为君臣；有上下而有比肩，同出为兄弟，别氏为朋友”[③]。

刘智认为，“五典”是“君臣、父子、夫妇、昆弟、朋友之常经，为天理当然之则，一定不移之礼”[④]，是“万物之本也”。《古兰经》上说：“众人啊！我确已从一男一女上创造你们，我使你们成为许多民族和宗族，以便你们互相认识。”（49：13）据此，刘智认为夫妇是“生人之本”，“人道之纲”，“修此而后家道正，家道正而乡国正矣”。“你们当崇拜真主，不要以任何物

① 刘智：《天方性理·人篇》卷一。

② 同上。

③ 同上。

④ 同上。

配他，当孝敬父母……”（4：36）据此，刘智认为父子是“尊卑之本”，“父子定，则乡而长幼，国而君臣，由是而皆定矣”。“你们当服从真主，应当服从使者和你们中的主事人。”（4：59）据此，刘智认为君臣是“治道之本”，“道统于君，行于臣。君臣之分定，而天下归于至治矣”。刘智认为兄弟是“亲爱之本”，“并蒂之果，同本之支。举世交游，未若兄弟之近切而无嫌也。故圣人教人亲爱，自兄弟始”。刘智还认为朋友是“成德之本”，“生我者父母，教我者师长，成我者朋友。朋友一伦，能成四伦之功。故圣人教人定交，以成德也”。人为万物之灵，就在于能尽人道。①

第三，内涵不同。需要指出的是，《古兰经》和圣训中没有“五典”的说法，更没有将伊斯兰的伦理规范仅仅局限于这五个方面，“五典”学说是中国穆斯林译著家和思想家们从宗教的利益和需要出发，为避免伊斯兰教在中国日趋衰微并进一步立足图存，将伊斯兰的伦理思想与中国儒家的传统伦理思想巧妙地结合起来的产物，这在当时是唯一可行的出路；而且，儒家思想非常重视伦理道德的说教，注重人际关系的处理，这同重视现世生活的伊斯兰伦理思想有很多共同之处，客观上也具备两者结合、补充，甚至相互符合的可能性。相对而言，中国古代儒家思想提出的“五伦”的概念和范围非常明确，即规定了最基本的五大人际关系和伦理规范，没有涉及“五伦”以外的内容或者至少没有突出“五伦”以外的内容。

而伊斯兰的伦理规范实际上不仅仅局限于这五个方面，从伊斯兰的角度看，自《古兰经》下降后，人类的基本道德趋于完备，《古兰经》上说：“你们是为世人而被产生的最优秀的民族，你们劝善戒恶，确信真主。”（3：110）伊斯兰的先知穆罕默德也曾说：“我的使命就是为了完善人类的道德。”（《两大部圣训集》）伊斯兰的伦理思想则是非常宽泛的。除了“五典”涵盖的内容外，《古兰经》还就如何对待亲戚、孤儿、贫民、旅客、乞丐、邻居、伴侣、寡妇、战俘和奴隶等都有细致入微的规定。《古兰经》要求：“你们把自己的脸转向东方和西方，都不是正义。正义是信真主，信末日，信天神，信天经，信先知，并将所爱的财产施济亲戚、孤儿、贫民、旅客、乞丐和赎取奴隶，并谨守拜功，完纳天课，履行约言，忍受贫困、患难和战争。这等人，确是忠贞的；这等人，确是敬畏的。”（2：177）“你们当崇拜真主，不

① 以上均出自刘智《天方性理·人篇》卷一。

要以任何物配他，当孝敬父母，当优待亲戚，当怜恤孤儿，当救济贫民，当亲爱近邻、远邻和伴侣，当款待旅客，当宽待奴仆。真主的确不喜爱傲慢的、矜夸的人。”（4：36）

刘智认为，只要“五典”的原则去调整人与人，人与社会和家庭的关系，就是尽了人道，完成了人伦之礼。显然，刘智的“五典”学说主要是从人际关系的角度论述的，内容仅仅涉及了伊斯兰伦理道德的一部分。正如何汉敬在给《正教真诠》一书写的序中说：“独清真一教，其说本于天，而礼宗于一，与吾儒大相表里。其教众不废君臣、父子、夫妇、兄弟、朋友之序，而洁己好施，更广吾儒所不足。”[①] 刘智的“五典”学说在迎合了儒家“五伦”思想的同时，却在一定程度上忽略了伊斯兰的其他许多优秀的伦理规范。事实上，伊斯兰的伦理道德非常全面而且细致，包括个人品德、家庭美德、职业道德、社会公德诸多方面。诚实、公正、仁慈、宽容、慷慨、谦虚、知耻、坚忍等方面是对一个人道德素质的基本要求，具备了这些品德，个人的修养和信仰才会达到较高的境界。

第四，目的不同。就目的而言，中国古代儒家思想提出的“五典”学说是由封建士大夫们总结出来用以规范和调整社会秩序，主观上是为中国古代封建统治阶级服务的，在于维护国家的统治秩序，是封建社会的产物；客观上理顺了家庭和社会的伦理秩序，起到了较好的社会调适作用。实现“国泰民安”、“政通人和”是儒家伦理思想的最终目的和最高理想境界，儒家伦理思想没有延伸到死后的范域，难免会造成行善者若生前得不到应得的奖赏，死后便“无处得赏”；作恶者，生前若逃脱了应有的惩罚，死后便“奈何其我”的不公正的伦理归宿。

伊斯兰的“五典”学说是依据《古兰经》和《圣训》，结合儒家思想摘要总结出来的，对教内，起到宣传教义，维护伊斯兰信仰，改变过去那种“教义不彰，教理不讲”的做法，使伊斯兰教在中国进一步扎根和图强，使穆斯林通过伊斯兰伦理道德规范自己的言行；对教外，起到扩大影响，使人们了解伊斯兰伦理思想，进而给儒家文人学者提供了解伊斯兰教的便捷通道，求得儒家知识分子的谅解，旨在消除他们头脑中业已存在的视伊斯兰为“异端”的概念，刻意凸显和宣传伊斯兰伦理思想与儒家思想共通的一面。

---

① 王岱舆：《正教真诠·序》。

但是从终极目的看，除了现实目的跟儒家思想共通的一面外，穆斯林恪守伊斯兰的伦理道德，不光是为了维护社会和家庭关系的稳定，为了获得良心上的安慰和求得人们的夸赞与称道，而是在此基础上进一步为了求得造物主安拉的喜悦，希冀死后进入永久的天园。反之，如果违反伊斯兰的伦理道德的话，则必遭安拉的恼怒，是要注定进入火狱受罚的，也就是说无论行善者也好，作恶者也罢，都能在后世得到绝对公正的赏罚结果，因为对穆斯林（事实上对全人类）而言，今世毕竟是短暂的，而后世则是永久的。这是伊斯兰的伦理思想与儒家伦理思想最大的不同之处。

第五，外延不同。从外延上看，儒家伦理思想以人的死亡为终极归宿，未曾延伸到死亡以后的场景，没有“设定”一个“后世”的概念。作为基本伦理规范的儒家“五伦”，来源于哲人的思想精华，不具备宗教的功能，所以缺乏对人的“全天候与全方位监督”机制与“最后审判”程序，相对而言，它对人的约束力是有限的，有时甚至是非常脆弱的。儒家重人道、轻天道的倾向及其自然主义的死亡观，不能满足广大民众的终极关怀，也不能消除普通民众对死亡的畏惧心理，更不能合理地解释善恶与幸福、不幸之间的关系，无法更好地引导人们弃恶从善。儒家的善恶报应论也无法解释人们现实生活中福善不统一的矛盾。而伊斯兰的“主命”思想，与终极存在相联系的神圣关怀，与永恒相联系的超越精神，以公正为准绳的赏罚原则，对儒家文化具有补充作用，可以更好地引导人们弃恶从善。

伊斯兰认为，安拉是无所不在，无时不有，无所不能，无所不知的。这种来自宗教的巨大力量，一方面，使穆斯林感到敬畏；另一方面，也加强了穆斯林遵奉伊斯兰道德诫命的必要感。此外，在穆斯林所信仰的诸多天使中，就有专司此职的天使，每个人的左右肩膀上分别有一名天使，记录人们的恶行和善行，其中位于左肩膀上的天使记录一个人一生所干的恶行，右肩膀上的天使记录一个人一生所干的善行。“你们的上面。确有许多监护者，他们是尊贵的，是记录的，他们知道你们的一切行为。”（《古兰经》82：10—12）而且，天使的记录是无微不至、分毫不差的。“行一个小蚂蚁重的善事者，将见其善报；行一个小蚂蚁重的恶事者，将见其恶报。”（《古兰经》99：7—8）

伊斯兰一再告诫人们，在“末日审判”的那一天，安拉不允许任何人说情、担保，每一个人所得到的赏罚都由其生前的实际表现各负其责。“你怎能知道报应日是什么？在那日，任何人对任何人不能有什么裨益；在那日，命令全归真主。”（《古兰经》82：18—19）在伊斯兰看来，因为生前每个人都有充分享有安拉赋予的择优、从善、为美的自由，因此在“末日审判”时，安拉只根据作为证人的天使记录的功过簿做出公正、合理的审判。

和世俗的道德文明相比，伊斯兰的这种伦理思想和道德文明对信徒具有更强的神圣性和巨大的威慑力，也远远超越了一般意义上的善有善报、恶有恶报的伦理思想。实质上，伊斯兰教的教义与教法内容紧密相连，互相交叉，两者没有严格的界限，它在实施过程中无形中带有强制性，在穆斯林社区甚至发挥着准法律的作用。所以，赏罚绝对分明是伊斯兰伦理道德的一大特征，了解了这一点，我们就不难理解伊斯兰世界犯罪率极低，酗酒、卖淫、偷窃、赌博、抽签算卦、短斤少两、弄虚作假、坑蒙拐骗等社会丑恶现象极为罕见，相反，孝敬父母、体恤骨肉、善待邻居、周济穷人、诚信守信、忍耐谅解、谦虚谨慎、讲究文明礼貌现象蔚然成风。至于伊斯兰世界发生的一些恐怖（绑架、人体炸弹等）事件，则属于政治问题（有着复杂的国内国际因素），绝非普通的刑事犯罪，其性质是个别极端分子或者极端派别的极端行为，是伊斯兰伦理坚决反对的，理所当然地遭到全世界绝大多数穆斯林的一致谴责。

在伊斯兰世界，没有类似“五讲”、“四美”、“三热爱”的说法。也没有类似“三好”、“五好”的评判标准，没有类似“学生守则”、“上班规定”、“村民公约”、“公民道德建设实施纲要”等“人为”的制度，没有诸如雷锋、张海迪那样的“学习楷模”，没有许振超、王顺友那样的“岗位标兵”，也没有任长霞、牛玉儒那样的“时代先锋”，但在实践层面上却人人自觉地履行着人类社会需要的一切美好道德。对穆斯林而言，《古兰经》就是他们的指南，先知穆罕默德就是他们学习的榜样，《古兰经》的思想和先知穆罕默德的实践构成了伊斯兰的伦理大厦，里面包含有极为丰富的伦理资源，涉及个人、家庭、社会乃至国际关系。小到睡觉的姿势，吃饭的动作；大到民族存亡，国家安危，足够穆斯林汲取。伊斯兰的伦理思想已经内化为穆斯林的自觉行为和处世准则，起着良好的社会调适作用。

明末清初的伊斯兰学者为了回应主流文化的挑战，本着“隔教不隔理”的原则，进行汉文著述，事实上，这是伊斯兰教的知识分子发起的一场护教宣传运动，也是伊斯兰教史上的一场思想文化领域中的启蒙运动。刘智的

“五典”学说就是这场启蒙运动的重要成果。毫无疑问，“回儒对话”产生的影响是巨大的，意义也是非常深远的。

同时我们也应该看到，明清时期是中国封建社会处于最腐朽没落的时期，清朝初叶还大兴过“文字狱”。囿于当时政治环境和所处时代，学者们是在一不能触怒最高统治阶级，二不能脱离中国主流文化的前提下进行著述的，自然免不了时代的局限性。当时的学者们苦心孤诣，将伊斯兰伦理思想纳入儒家思维模式和语境中，目的在于消除儒家文人士大夫的褊狭心态，让伊斯兰伦理思想能够被儒家知识阶层理解。体现在他们的著作里的这种局限性使得阅读他们著作的普通读者和非穆斯林学者对伊斯兰文化会或多或少地产生误读。比如说，随着“五典”学说的普及，使得“天道五功、人伦五典”思想的深入人心并广为流传，但这却在客观上“缩放”和“窄化”了伊斯兰的伦理范畴。在凸显“五典”内容的同时却将“五典”以外的内容不自觉地置于“阴影”之下，另外有些学者还误以为“五典”就是《古兰经》上的内容和提法。对此我们不能苛求古人。但是今天的学者就伊斯兰伦理思想和儒家伦理思想进行横向比较时切忌过于简单化，应该本着“是什么就是什么”的原则进行比较与评判，以免误读包括伦理思想在内的伊斯兰文化的本来精神。

参考文献：

孙振玉：《明清回回理学与儒家思想关系研究》，中国文史出版社 2005 年版。

康有玺：《伊斯兰“法利度”概念浅析》，《内部资料》。

杨启辰、杨华：《伊斯兰哲学研究》，宁夏人民出版社 2001 年版。

徐儒宗：《与时俱进的时中思想》，www. ica. org. cn/content/view _ co.

杨桂萍：《天道与人道——马德新关于伊斯兰教与儒家文化的比较研究》，《回族研究》，2002 年第 4 期。

伊斯兰文化与和谐社会

构建社会主义和谐社会符合穆斯林的宗教信仰和根本利益

喇敏智* 喇延真**

和谐是人类普遍的追求，是历史发展的永恒主题。实现社会和谐，建设美好社会，是世界上各民族、各宗教孜孜以求的共同社会理想。在中国共产党领导下，具有中国特色的社会主义政治制度和经济制度的确立，为构建社会主义和谐社会，实现中华民族几千年来的梦想和伟大复兴创造了条件。中共十六届四中全会对这一命题的提出是巩固党的执政基础，提高执政能力，把马克思主义与中国实际相结合在理论上的又一重大创新，也是确保党长期执政和国家长治久安，实现各民族共同繁荣进步，各宗教和睦和谐，全面建设小康社会宏伟目标的根本保障，意义重大而深远。本文主要从宗教和社会主义相适应，各民族携手共建和谐社会这个角度，谈谈伊斯兰教和穆斯林群众对构建社会主义和谐社会应有的认识、态度及实践。

一 对和谐社会的理解和认识

对和谐社会，不同的学派、不同的宗教、不同的政党在不同的时期在表述上有所不同。胡锦涛同志指出，我们所要建设的社会主义和谐社会，应该是民主法治、公平正义、诚信友爱、充满活力、安定有序、人与自然和谐相

* 喇敏智，甘肃省政协副主席、党组副书记，西北民族大学伊斯兰文化研究所兼职研究员。
** 喇延真，兰州大学历史文化学院民族学专业博士研究生。

处的社会。伊斯兰教倡导的和谐社会是和平文明，以人为本，公平守信，共同富裕，稳定有序，充满活力，各民族各宗教各守其道、各得其所而又和谐相处的社会。对和谐社会的这种定位，两者在本质和内涵上是基本一致的。在伊斯兰教义教理中，通过“命人行善，止人干歹”要求人与人和谐相处，通过对理想境界的追求来激励人们以积极的态度处世、追求人与社会的和谐共融，通过对造物主的认知和参悟来认识自然、利用自然、保护自然，实现人与自然的和谐发展。

在1400多年前的阿拉伯蒙昧时代，阿拉伯人还不成其为一个民族，处在为数众多而又彼此挞伐的部落分割状态，充满愚昧暴力、相互倾轧、杀人掠货、重利盘剥、以强凌弱、歧视妇女、活埋女婴等种种恶风陋俗。穆罕默德圣人奉真主使命以阿拉伯半岛为立足点，以阿拉伯语为载体，以真主的启示——《古兰经》为法典，面向全世界传播伊斯兰教，号召人们归信独一的真主，和睦相处，平等博爱。他传教23年，不仅使伊斯兰教在阿拉伯半岛广为传播，被人们认同和接受，也使阿拉伯半岛实现了统一，各部落相互融合形成一个阿拉伯民族，并形成了共同信仰基础上的共同的人生观和价值观，阿拉伯社会出现了文明尚礼、安定有序、团结祥和、安居乐业、人心向善的浓厚氛围。这一美好、淳朴的社会结构被称为伊斯兰的“乌玛”时代，在世界穆斯林心目中就是和谐社会。随后两百年内穆罕默德圣人的弟子们一代接一代地将这一盛世又推向前进，创建了幅员辽阔、繁荣昌盛、文化发达、影响深远的伍麦叶王朝和“阿拔斯”，将伊斯兰教致力建设的和谐社会推向鼎盛，使之对世界文明进程的影响力长达几个世纪，在人类文明发展史上留下了辉煌的一页。美国历史学家希提评论说：“当欧洲还处于中世纪的蒙昧状态的时候，伊斯兰文明正经历着它的辉煌时代……几乎所有领域里的关键性进展，都是穆斯林在这个时期里取得的……当欧洲文艺复兴时期的伟人们把知识的边界往前开拓的时候，他们能眼光看得还远，是因为他们站在穆斯林世界巨人们的肩膀上。”“讲阿拉伯语的各国人民……是与西方分享希腊—罗马文化传统的人民，是在整个中世纪时期高举文明火炬的人物，是对欧洲文艺复兴做出慷慨贡献的人们。”①

正如世界上几大文明社会无一例外地走向衰落一样，阿拉伯文明也从公

① ［美］希提著，马坚译《阿拉伯通史》，商务印书馆1979年版，第904页。

元13世纪走向衰落。抛开导致其衰落的具体客观历史原因外，从内因和源头上探析其衰落的原因，可以肯定地说，阿拉伯社会后期偏离伊斯兰的教义教理，社会失去纯真的信仰和公平正义，统治者腐化堕落、贪图享乐、贫富分化等社会问题凸显，社会道德的缺失以及社会失去和谐，是导致阿拉伯世界走向衰落的内因。

二 伊斯兰教的和谐观

在建设社会主义和谐社会的过程中，客观认识和充分利用伊斯兰教义中的积极因素，使其为建设社会主义和谐社会服务，对于进一步巩固和维护民族宗教领域乃至全国各民族的团结稳定与和谐，增强信教群众的凝聚力、向心力和整合力，以及穆斯林与其他民族、各宗教的亲和力、兄弟般的团结性，引导信教群众与不信教的群众共同致力于社会主义和谐社会建设，从而在更深的层面和更广的领域引导宗教与社会主义社会相适应，具有十分重要和积极的意义。

众所周知《古兰经》和《圣训》是伊斯兰立法原则和穆斯林必须学习、诵读、遵循和践行的根本经典。在《古兰经》和《圣训》中关于和谐的内容十分丰富，涉及个人、家庭、社会、经济、文化、教育、自然、人类等诸多方面，重点是讲人的和谐，即人和人之间、信教者与不信教者之间、不同群体之间、不同阶层之间的和谐。在伊斯兰教义教法中，规范个人行为、家庭关系、邻里关系、群体关系、人与自然关系的准则所包含的和谐精神以及社会关系微观层面上的和谐精神，诸如个人修养、积极处世、孝顺父母、兄弟友爱、男女平等、夫妻和睦、邻里友好、尊老爱幼、扶弱济困、诚实守信、公平正义等，既是人人皆知的教义，也是各种宗教共同倡导的和谐精神。从宏观层面上看，伊斯兰教最具代表性的和谐精神主要体现在以下几个方面：

1. 热爱和平、宽容理性的精神

热爱和平是伊斯兰的特色。“伊斯兰”意为顺服、和平、安宁。伊斯兰的教义中，热爱和平是其最根本的主张。伊斯兰教号召人们寻求和平并为实现和平而努力。当今伊斯兰世界的主流和绝大多数穆斯林热爱和平并为世界的和平而不懈努力。但是历史上以及当代国际社会上发生的一些重大事件和热点区域模糊了人们的视线，加之个别穆斯林的偏执、极端和对西方势力的极度不满情绪，以及穆斯林世界的敌对势力利用其政治、经济、军事和文化上的优势力量而进行的单边霸权行径和别有用心的渲染与误导，使很多人把伊斯兰教与暴力、好战、狂热联系在一起。我们应该把一些极端的伊斯兰组织出于对西方大国和以色列霸权行径的强烈不满而又无法改变现状的困境下所采取的暴力恐怖事件，与伊斯兰的教旨教义区别开来；把个别打着宗教旗号的分裂势力、极端宗教势力、暴力恐怖势力，与伊斯兰教的教旨教义区别开来，以正本清源，教育群众，揭露和孤立“三股势力”。

伊斯兰教承认世界各民族、各时代都有先知，都有经典，要求穆斯林尊重历代先知和他们所留下的经典。伊斯兰的宽容理性表现在，凡是合乎天理人情的学说，凡是为人民谋幸福的制度，都是伊斯兰教所承认、所赞许的。比如，伊斯兰教的宗旨是实现全人类的自由平等，《古兰经》启示：“真理是从你们的主降示的，谁愿信道就让他信吧，谁不愿信道，就让他不信吧。”（18：29）“未曾因你们的宗教而对你们作战，也未曾把你们从故乡驱逐出境者，真主并不禁止你们怜悯他们，公平待遇他们。真主确是喜爱公平者的。”（60：8—9）在中世纪伊斯兰兴盛时期，大批异教徒生活在穆斯林世界，他们不但没有受到迫害、歧视，还可以参与以伊斯兰为国教的国家的政治、经济、文化建设，国家政权组织中有身为异教徒的官员。公元1165年，一位犹太旅行家写道：在伊斯兰教帝国里，非阿拉伯的犹太人约有30万人。当时仅在首都巴格达的非穆斯林就有近2万人，基督教、犹太教的教堂、修道院林立。在当代社会，伊斯兰教各国珍视和尊重《联合国人权宣言》，推行积极中立和不结盟政策，积极参与各种维护世界和平，促进区域合作与发展的活动。世界各地的穆斯林顺应时代发展的要求，更加珍视和平、宽容、理性的传统，为世界的和平与发展不懈地努力。

2. 崇尚科学、鼓励求知的精神

伊斯兰教把自然、世界与人类的起源及发展变化归结为真主的创造和控制。同时又鼓励人们积极探索宇宙的运动及发展规律，探索大自然的种种奥秘，鼓励人们积极求知。伊斯兰教历史上没有发生过宗教迫害科学、抑制科学发展的事情。《古兰经》多次教人观察宇宙的奥秘。据统计，《古兰经》中教人应用理智进行思考的经文有 300 多处，教人观察和探索宇宙（自然）奥秘的经文有 700 多处，教人用对比的方法进行科学研究的有几十处。

伊斯兰教教导穆斯林寻求真理，坚持真理。圣训教导穆斯林积极求知，如“求学是每个男女穆斯林的天命”，“寻求知识当始于摇篮，止于坟墓”，“学者的墨汁优于烈士的鲜血”等鼓励学习的圣训，在穆斯林世界广为流传，激励着一代又一代穆斯林学子如饥似渴地学习伊斯兰知识，学习一切外来文化和人类文明成果。许多著名的学者在研究《古兰经》、圣训、伊斯兰教法教义的同时，也积极研究医学、哲学、化学、数学、天文等自然科学和社会科学，并且取得了很大成就，结出了灿烂辉煌的阿拉伯——伊斯兰文化之果，为欧洲文艺复兴奠定了基础。在科技兴国、人才强国的当今时代，中国穆斯林应大力发扬这种崇尚科学、鼓励求知的精神，学习和掌握现代科学文化知识，吸收一切人类文明进步的成果，成为人人喜爱学习、终生追求知识的学习型民族。笔者认为，在当今谈论民族振兴，或穆斯林各民族无愧地自立于世界民族之林，主要看民族素质整体的提高和本民族所拥有的知识群体的质量、结构和数量。

3. 倡导信仰和现实合一、追求两世吉庆的精神

伊斯兰教既有浓厚的宗教色彩，又有很强的世俗性质，教义教法对人们的宗教生活和世俗生活有着丰富而具体的规定。历史上，伊斯兰教对穆斯林社会政治、经济、文化、教育的发展发挥了巨大的影响。如今，伊斯兰教依然在广大的伊斯兰世界和各个穆斯林民族中发挥着重要影响，在部分国家和地区，伊斯兰教在公共生活和个人生活领域的影响还十分突出，这是伊斯兰教信仰和现实生活合一，追求两世吉庆的鲜明特征。伊斯兰教认为，今生与后世、此岸和彼岸两个世界之间没有不可逾越的鸿沟。伊斯兰教反对人们消极处世，不要求人们在今世去做苦行僧，而是号召穆斯林在现实世界、现实社会、现实人生中积极努力，奋发有为，创造财富，为自己、也为他人谋福利；同时坚守信仰，遵守教法，主动行善，赖以创造后世的幸福生活。因此，中国穆斯林应当是既重视信仰，又重视现实生活，既追求后世的幸福生活，又重视今生的现实幸福，为自己、为家庭、为家乡、为祖国的民主文明富裕强盛而积极投身于改革开放和社会主义现代化建设事业，为全面建设小康社会、构建社会主义和谐社会积极贡献力量，追求两世吉庆。新中国建立以来的历史表明，这在中国凝练为“爱国爱教”的至理名言也是广大穆斯林的实践行动。

三　中国穆斯林应该为构建社会主义和谐社会而不懈努力

构建社会主义和谐社会是一个宏大的系统工程，不仅有物质利益层面的和谐，还有法律政策、制度机制和思想认识层面的和谐，也就是说不仅包含人与自然的和谐，各种社会关系的和谐，以及人自身的和谐，还包括人的思想认识、宗教信仰、价值观念方面的和谐。构建这样的和谐社会，就是要最广泛、最充分地调动一切积极因素，鼓励和支持社会各个阶层的人们为经济社会发展贡献力量，树立和落实科学发展观，使社会充满活力，一切有利于社会进步的创造愿望都能得到尊重，创造活动都能得到支持，创造才能都能得到发挥，创造成果都能得到肯定，促进社会公平和正义，各方面的利益关系都能得到妥善协调，形成全社会团结互助、扶贫济困的良好风尚，社会管理和社会利益协调机制健全，全社会的法律意识、道德意识和诚信意识增强，社会稳定有序、安定祥和，各族人民各尽其能、各得其所而又平等友爱、融洽和谐。这一理念和目标的实现，需要包括广大穆斯林在内的全国各族人民齐心协力、风雨同舟、坚持不懈地共同奋斗。

构建社会主义和谐社会的内涵十分丰富，可以多视角、多方面进行阐述。从全面理解党的宗教工作方针，发掘伊斯兰教义教法中的和谐精神以及正确利用伊斯兰教的社会功能引导穆斯林积极投身于社会主义和谐社会建设方面来说，应该是：

1. 用和谐的理念做好伊斯兰教事务工作

“政治上团结合作，信仰上互相尊重”，是中国共产党处理同宗教界人士关系的基本原则。这一基本原则体现了中国传统文化中“求同存异、和而不同”的和谐理念，目的在于增强党同宗教界人士以及信教群众之间的和谐融洽关系，巩固和扩大党的执政基础。这里的“同”就是“政治之同”，“异”

就是“信仰之异”。两者既并列，又互动，同不妨异，异不碍同；同则相亲，异则相敬，处于一种良性互动的和谐状态。这一原则还启示我们，一个和谐的社会并不意味着就是单一文化、单一思想的社会，而应该是思想、文化、观念丰富多彩的社会。对于襟怀博大的国家治理者来说，差异意味着多姿多彩与和谐，意味着花团锦簇的繁荣。对于经济市场化、文化多元化、思想活跃、信息纷繁的老百姓来说，求大目标之同，存个性之差异，维护团结、统一、发展，获得自由、平等、公平，才是正确的选择。我们应当用和谐理念来深刻理解、领会这一基本原则蕴涵的和谐内涵，密切保持党和宗教界及各宗教信教群众和谐顺畅的关系，这样会使爱国统一战线不断壮大，党的执政基础更加巩固。

“全面贯彻党的宗教信仰自由政策”，既是尊重和保护人权的重要体现，也是最大限度地团结广大信教群众的必然要求，目的在于增强党同信教群众的血肉联系与和谐关系，巩固和扩大党的群众基础。可以说，切实保护公民的宗教信仰自由是全部宗教方针政策的基石。没有了这一点，一切和谐、稳定、相适应都无从谈起。“文革”浩劫时期的与天斗、与地斗、与人斗的“斗争哲学”使社会失去了和谐，信教者失去了信仰自由，社会失去了活力，平添了乱源。因此，我们只有坚定不移地实行宗教信仰自由政策，尊重和保护公民的宗教信仰自由，保护正常的宗教活动，保护包括宗教界在内的信教公民的合法权益，才能把包括穆斯林在内的数以亿计的信教群众真正团结在党和政府的周围，才能调动和发挥其积极性、主动性和创造活力，把他们的智慧和力量凝聚到构建社会主义和谐社会的进程中来。“积极引导宗教与社会主义社会相适应”，体现了“以和为贵”的执政理念，突出了“和风细雨”的工作方式，目的在于破解“社会主义和宗教”的政治难题，使宗教成为社会主义社会中的和谐因素。这是基于宗教存在的长期性而做出的科学论断，也是执政理念上的一次重大理论创新，是对“斗争哲学”的彻底扬弃。我们应深刻领会这一理论成果中包含的中国“和合”文化的精神因子和“平和”概念，正确把握引导相适应的原则和尺度，突出引导工作中热情帮助、主动服务和积极推动的职能。从宗教界和信教群众来说，爱国爱教，奉公守法，服从政府依法管理，正确遵行信仰自由政策，不违法、不添乱、不滋事生非是必需的行为准则。

2. 充分激发宗教正面、积极的社会功能，抑制和化解宗教负面、消极的社会功能

宗教的社会功能主要有以下三个方面：一是心理调节作用；二是社会整合作用；三是行为规范作用。宗教对于群众来说具有感召力、宣传力和凝聚力。这些功能对于社会秩序来说，既可以发挥正面的、积极的作用，亦可以发挥负面的、消极的作用，取决于如何去调动、去激发、去引导。宗教所体现的是人类最崇高的愿望；它不但是道德伦常的保障而且也是公共秩序和个人内心平和的源泉；在它的影响下，人类变得高尚而文明。同时，我们也要看到宗教中的某些狂热、固执、褊狭和个人崇拜往往是诱发不稳定的导火索和不和谐因素。党和政府积极引导宗教发挥其正面、积极的社会功能，抑制和化解其负面、消极的影响自然是义不容辞的职责，而所有懂得宗教的学者、知识分子亦应利用知识、学术和知识群体的影响主动做这方面的工作。关键是团结宗教界对教义做出正确、理性、全面的阐释，使宗教教义在构建社会主义和谐社会的实践中充分发挥有益的作用。如伊斯兰教本是和平的宗教，以和平、和谐、中正为宗旨。这样一个主张和平的宗教却常常被误解，将之与暴力、恐怖主义联系到一起。这显然是个别人对经典的理解和阐释有问题。在某些特定的区域和环境下，有些人把“圣战”一词极端化、片面化，或是望文生义地去理解。其实《古兰经》启示：“被进攻者，已获得反抗的许可，因为他们是受压迫的。”（22：39）伊斯兰教对“圣战”的本质解释是，受到迫害、杀戮与谋取和平、平等无望时被迫拿起武器反抗。穆圣曾经指出，“圣战”的最高境界是战胜和克服自己的私欲。

3. 穆斯林要发扬伊斯兰倡导的和谐精神，为构建社会主义和谐社会多作贡献

中国穆斯林群体是中华各民族大家庭中的一部分，伊斯兰教在中国是多宗教、多元文化中的一部分。在中国共产党领导下，宗教界和广大穆斯林应不断发掘和积极弘扬教义教理在维系社会和谐方面的丰富资源，为促进和谐社会建设，特别是在促进社会公平正义、诚信友爱、安定有序、充满活力、人与自然和谐相处等方面发挥积极作用。用伊斯兰的和谐精神来促进人心和气、家庭和睦、班子和合、机关和兴、宗教和顺、民族和融、社会和谐、世界和平。

一是大力弘扬爱国爱教、崇尚和谐、独立自主、维护和平的优良传统，为维护社会稳定、民族团结和国家统一服务。爱国是伊玛尼（信仰）的一部分，热爱祖国是伊斯兰历来的主张。正是在这一精神激励下，在历次维护统一、抵御外敌侵略的正义战争中，都有中国穆斯林可歌可泣的英雄事迹。如国势衰危，英帝觊觎西藏时，甘边宁海镇守使马麒斗胆向全国公开发出"艳电"，揭露袁世凯政府软弱无能，挫败了英帝分裂西藏的罪恶阴谋。又如国共忙于内战，新疆兵力空虚，蒙古在苏联支持下，大举入侵北塔山，国民党骑五军马希珍连浴血奋战，维护了国家主权和领土完整。在历史上，穆斯林的爱国事迹不胜枚举。同时，伊斯兰是主张和平和睦的宗教，在一千多年的历史中，中国穆斯林与非穆斯林民族之间从未因宗教信仰相异而发生过战争。近代史上的几次以回民为主的穆斯林起义也是针对反动统治阶级的，并不是针对兄弟民族或不同信仰集团的。伊斯兰与其他各宗教和睦相处。因为在穆斯林看来，任何一个种族都是源于真主的造化，不应认为自己比别的种族优越。以此来处理宗教内部的教派关系，形成了"各干各得，互相尊重，互不干涉，和睦相处"的约定俗成规矩。这种精神和理念也完全适合处理不同民族、不同区域、不同群体之间的关系。

二是大力弘扬团结友爱、宽厚仁爱、扶弱济困、慷慨好施的优良传统，为营造良好的人际关系和社会关系服务。伊斯兰强调团结，认为穆斯林皆弟兄，理应团结一致，互帮互助；穆斯林与非穆斯林之间也应相互尊重，相互团结，相互帮助。如穆斯林施舍财物给穆斯林或非穆斯林都会得到真主的喜悦和恩赐。穆斯林认为交一位朋友是真主的特赐，并十分看重朋友关系和人际关系中的守信诚实。教法中将"全信约会"（守信）提升到"副主命"的高度。在乐善好施、救助弱者等方面更是以教法教规的形式有明确的规定和比例。如每个经济宽裕的穆斯林要将每年动产财富的2.5%作为天课，舍散给困难的穆斯林人群。教义还要求穆斯林要做到以德报怨，在你需要时没有施与你的人求到你时也要慷慨给予；即便不了解你的善意的人你也应视为友好。并严禁以施舍、济困、益人等善举沽名钓誉。

三是大力弘扬关心自然、热爱自然、保护自然的优良传统，为维护和改善生态环境，树立和落实科学发展观服务。《古兰经》多处启示人们：世界万物，无论大小、细微、有生命的还是无生命的，都是真主创造的；人也是大自然的一部分，是真主在大地上的代治者。强调人与自然的和谐一体。教导人们热爱自然，从大自然中参悟真主的伟大，从大自然中寻找真主的恩惠，合理开发利用和保护自然；维护生态环境，维护自然和谐的最佳状态。以积极向上的人生态度来建设美好的家园，追求和创造幸福的现实生活和美好的生活环境。“力行善功如即亡，耕耘今世如永生”是蕴涵和谐哲理的著名圣训。伊斯兰教还要求人们对所有动物予以善待和同情，“所有被造物都来自于安拉，凡是善待它们的人就临近了真主”。严禁穆斯林虐待与人类一起生存的动物，除了合法食用和其他特殊情况（治病或维护自身安全）外，禁止无故杀生和狩猎活动。这些规范穆斯林生产生活和习惯的教义都符合以人为本，全面协调可持续的科学发展观，并依此鼓励人们在与自然的关系上求得和谐，在谨守信仰和追求现世幸福生活上求得一致，以自己的敬畏之心、行善之功、勤奋工作来换取后世永久的天堂。穆斯林应依此教义，积极投身于和谐社会的建设，积极发展经济、文化、教育等各项社会事业，为全面建设小康社会，构建社会主义和谐社会多作贡献。

原载《回族研究》2005 年第 3 期

论阿拉伯伊斯兰文化的和谐理念

马明良

阿拉伯伊斯兰文化的和谐理念包括三个方面：一是人与造物主之间的和谐；二是人与人之间的和谐；三是人与自然之间的和谐。下面，分别探讨。

一 人与造物主之间的和谐

阿拉伯伊斯兰文化认识造物主的基本思路可以概括为“造器必有匠，造物必有主”。也就是说，世间连一个普通的器具都必有制造它的工匠，何况这样一个浩瀚无边的井然有序的宇宙及宇宙中的万物？毫无疑问，家有一家之主，国有一国之君；有条不紊、和谐运动的茫茫宇宙也必然有一个大智大慧、无所不能的造物主创造它、驾驭它、掌控它，使日月星辰运行如常，春夏秋冬更替如故，花草树木茁壮成长，各族百姓安居乐业。所谓“穆斯林”从广义上讲，泛指天地万物。“穆斯林”的意思是“顺从者”，天地及其天地间的一切如动物、植物、矿物——所有有生物和无生物，均按造物主指定的自然法则运动变化，都在顺从自然规律。作为万物之灵的人，更应该开动脑筋，启迪智慧，从宇宙这个“大世界”井然有序的运行中，从大自然的万千气象中，从人这个“小世界”自身构造的绝妙中，体认造物主的存在、万能，从而敬畏主、崇拜主、顺从主、喜爱主。

在阿拉伯伊斯兰文化看来，人类认识造物主的目的，就是要使人有自知之明，懂得人有所能，有所不能，做到有所为，有所不为，克服狂妄自大的心理，摆正自己的位置，明确造物主与被造物的关系，进而敬畏造物主，顺从造物主指定的自然法则，遵循自然规律；果如此，造物主会因此又降下更多的恩惠，供人类享受，这样才能实现人与造物主的良性互动，达到人与造物主之间的和谐。否则，人类若顺从私欲，屈从本能，无所顾忌，为所欲为，背法则而行，逆规律而动，做出伤天害理的事情，就会导致不和谐，就会受到造物主不同方式的、或迟或早、或隐或显的报应。千百年来，这种敬畏造物主的观念已经深入穆斯林的意识深处，成为一种根深蒂固的信仰。他们确信，凡事瞒得了人，瞒不过真主，真主不但洞察人们的行为，而且还洞悉人们的心灵，做伤天害理的事，也许能躲得过人们的眼睛，躲得过世俗法律的制裁，但绝对躲不过洞察一切的真主的惩罚，所以要放弃侥幸心理，不干缺德违法的事，因鬼迷心窍、财迷心窍、权迷心窍、色迷心窍、名迷心窍，已经干了的，要忏悔，悔过自新，以后决不再干。

阿拉伯穆斯林社会也和其他社会一样，由于人性的弱点（如贪婪、自私等），违法犯罪或违背人类道德规范的现象，屡见不鲜；但敬畏造物主的信仰，使他们不敢无所顾忌，忘乎所以，而对自己的行为有所控制，有所收敛，其中许多人由于有一种终极关怀和自我修炼的方式甚至能做到自爱、自尊、自省、自觉、自律，从而能够摆脱瞻前顾后、患得患失的自我困扰和内心冲突，步入心满意足、心安理得的境界，达到心理的平衡、心灵的宁静，进而能够实现人与自身的和谐。这恐怕是人与造物主之间和谐的更高境界。

二　人与人之间的和谐

在阿拉伯伊斯兰文化看来，人与人之间的和谐是人与造物主之间和谐的自然延伸和必然结果。因为人是由造物主创造的，人类，无论哪个民族或种族，都是阿丹（亚当）的子孙，本是同根生，理应相亲相爱，和谐相处。“敬主爱人”是伊斯兰文化的核心价值观。“敬主”是人与造物主之间和谐的基础；“爱人”是人与人之间和谐的基础。阿拉伯伊斯兰文化，从其本质上来讲，是一种“爱”的文化，而不是“恨”的文化；是一种“和”的文化，而不是“斗”的文化。

阿拉伯伊斯兰文化认为，人是社会的人，一个离群索居的人，不可能满足自身物质、精神等的所有需要，人作为社会的人，也只有借助社会的方式，才能促成人与人之间的交往、沟通，化解人与人之间的矛盾和冲突，使分散着的各个人联合起来，构成人与人和谐的社会基础。因此人为了获得自身的发展，必须建构社会，并服从社会的内在要求和规定，任何人企求离开社会而实现自我发展，或不顾社会的现实状况来任意设计自我的发展，是不可能的。[①] 人必然地处于一个十分广泛的社会关系中，人们的所作所为，所思所想，无不涉及社会内容，从家庭而至村落、部落、民族、国家、世界，从人与自然关系而至经济关系、政治关系、文化关系、男女关系、民族关系、社团关系……无不表现出人的社会性。既然人生活在这样一个错综复杂的社会关系中，那么，就得有一套为人们所遵循的社会规则，来规范人们的行为，如政治行为、经济行为、文化行为、日常行为等，以便确保社会正常运行、和谐发展。

伊斯兰文化关于确保人与人之间和谐的社会伦理规范很多，主要有以下几点：

1. 人人平等

印度社会有种姓制度，华夏文化尤其是儒家文化中有“三纲”、“五常”思想，人根据身份的不同分成三六九等。而伊斯兰文化坚持人人平等，否认人与人之间人格上的不平等。在伊斯兰文化看来，人，不分部落、民族、种族、肤色、地域、阶层、身份、贫富、强弱、智愚，在人格上一律平等。穆斯林群众常挂在嘴边的一段“圣训”说：“你们的主是一个，阿拉伯人与波斯人毫无区别，黑种人与白种人谁也不比谁优越；所不同者只在于敬畏真主、工作善美而已。”换言之，一个人的价值，取决于个人的行为选择和对社会的贡献大小，而不取决于其无法选择的出身、民族、种族、地域等。以造福人群、贡献社会为荣，以危害他人、祸害社会为耻。阿拉伯伊斯兰文化把各种职业，看成是社会分工的不同，并无高低贵贱之别。阿拉伯伊斯兰文化看待一个人，不看其与生俱来的先天禀赋，而观察其后天的作为。

2. 爱人如爱己

在现实生活中，能够做到爱人如爱己者恐怕是少数，甚至是极少数，但这种精神的有与无，是大不一样的。阿拉伯穆斯林当中有一句几乎家喻户晓的

---

① [古代阿拉伯]伊本·赫尔东：《阿拉伯人、波斯人和柏柏尔人的历史殷鉴》，黎巴嫩贝鲁特阿拉伯遗产复兴出版社 1999 年版，第 120 页。

"圣训":"爱人如爱己,方为真信士。"就是说,信仰的更高境界是就像爱自己一样爱别人。阿拉伯伊斯兰文化的这种理念类似于汉文化中"老吾老以及人之老,幼吾幼以及人之幼。"因为社会是一个有机的整体,一损俱损,一荣俱荣。在阿拉伯穆斯林中另一段流行颇广的"圣训"说:"信士之间相亲相爱相恤相怜,犹如一个躯体,如果这个躯体的一个器官生病,就会导致全身发烧失眠。"至于爱的方式多种多样,物质的如接济穷人、资助学人,精神的如祝福成功的人,安慰失败的人。总之,一个人的时间、精力、财力、体力、智力、善意、祝福等,都可以和他人分享,分享中体现爱。

3. 公平公正

公平、公正、公道,是伊斯兰文化所反复强调的最基本的社会规范之一。《古兰经》说:"我的主命令人主持公道。"①"我奉命公平待遇你们。"②阿拉伯穆斯林大众也把办事是否公道、待人是否公平作为衡量一个人品行的重要尺度。

4. 宽容大度

人非圣贤,孰能无过?事实上,按阿拉伯伊斯兰文化的说法,圣人也会有过错(如人祖阿丹夫妇偷食禁果),只是他们所犯过错与常人不一样罢了。在伊斯兰文化看来,人是不完美的,是有缺憾的,由于人性的弱点,人难免会犯错误,会有过失。只要悔过自新,痛改前非,真主尚且能宽恕人,人对自己的同类的过错有什么不能原谅的呢?基于对人的这种认识,阿拉伯伊斯兰文化要求人们对待同胞的过失,既要指出其错误所在,促其改正,又要对有过之人宽容大度,不能斤斤计较,耿耿于怀。有一段"圣训"说:"宽容忍让地对待对你轻率鲁莽的人;原谅对你不公正的人;向对你刻薄的人施恩;与跟你断绝关系的人保持友谊。"

5. 诚实守信

"民无信不立"是中国人耳熟能详的儒家的信条。阿拉伯伊斯兰文化讲诚信的特点是,把人与人之间的诚和信提高到信仰的高度来看待。穆斯林中的

---

① 马坚译:《古兰经》第7章第29节,中国社会科学出版社1981年版。

② 马坚译:《古兰经》第42章第15节,中国社会科学出版社1981年版。

长者和贤者经常拿这样一段"圣训"来警示周围的人:"不忠的人没有信仰,不履行诺言的人没有宗教。"并把说谎、爽约、背信弃义看做伪善者的三个特征,要人们警惕和防范。

6. 中和均衡

阿拉伯伊斯兰文化一个最显著的特点是对任何事物都主张中和、均衡,既不可不及,也不可太过,提倡中和、适度,反对偏激,反对极端。既反对宗教极端主义,也反对科学极端主义(即信奉科学万能论的极端主义)。如对信仰与理性,主张相互调和,相辅相成;对物质与精神,提倡和谐统一;对今世与后世,主张两世兼顾;对公平与效率,主张平衡适度;对个人与集体,既维护集体利益,又确保个人的权益。所以,伊斯兰文化在对待诸如科学与信仰、物质与精神、个人与集体、教民与公民、公与私、义与利等关系时,不存在非此即彼、非黑即白的两难选择,其中和、均衡的理念使他们能够较自如地处理这些对立统一的关系,因此,人们看到他们既是虔诚的宗教信仰者,又是科学技术的探索者和发明者。

7. 与各民族、各种族、各宗教和睦相处

阿拉伯伊斯兰文化所讲的"爱"与"和"不限于穆斯林内部,而广及于各民族,提倡与各民族和睦相处。《古兰经》告诫其信仰者说:"未曾因你们的宗教而对你们作战,也未曾把你们从故乡驱逐出境者,真主并不禁止你们怜悯他们,公平待遇他们。真主确是喜爱公平者的。"①阿拉伯伊斯兰文化禁止伤害无辜,更禁止杀人,把杀人定为大罪之一,《古兰经》明确指出:"凡枉杀一人,如杀众人;凡救活一人,如救活众人。"②圣训则直截了当地说道:"谁伤害非穆斯林,谁就不是穆斯林。""谁伤害被保护民,谁就等于伤害了我。"③

阿拉伯伊斯兰文化强调睦邻、亲邻,《古兰经》要求人们"亲爱近邻、远邻"。④"近邻"和"远邻"既指穆斯林,也包括非穆斯林;既指个人,也指国家。

---

① 马坚译:《古兰经》第 60 章第 8—9 节,中国社会科学出版社 1981 年版。

② 马坚译:《古兰经》第 5 章第 32 节,中国社会科学出版社 1981 年版。

③ 转引自[约旦]穆萨·伊布拉欣:《处在传统与挑战之间的穆斯林文化》,约旦安玛尔书局 1998 年版,第 107 页。

④ 马坚译:《古兰经》第 4 章第 36 节,中国社会科学出版社 1981 年版。

穆罕默德严禁伤害邻居,他曾连续三次说“他没有信仰!”其弟子问到底是谁没有信仰?他说:“就是伤害邻居,使之不得安宁的人。”[①]他又说:“在真主那里,最好的邻居就是对邻居最好的人。”[②]

根据阿拉伯伊斯兰文化的原则,对于非穆斯林,不但不能伤害,而且还要保护、善待,与他们和睦相处。当年,即公元622年,伊斯兰教先知穆罕默德在创建麦地那穆斯林政权的过程中,容纳了所有生活在麦地那及其周边地区的不同族群、不同宗教信仰者——在这个政权里,穆斯林、犹太教徒、多神教徒和具有各种信仰的人,和平共处,都能找到自己的一席之地。穆罕默德以法律的形式确认了这一原则,他与麦地那的居民共同指定了为所有的人所遵循的一个宪章,即著名的《麦地那宪章》[③],这个宪章明确规定了个人的权利和义务。对于非穆斯林,只要他们不反对穆斯林,不与穆斯林为敌,就保护其生命财产安全,确保其宗教信仰和名誉不受侵犯。比如对于犹太教徒,作出了这样的规定:尊重其宗教信仰,犹太人之间的纠纷,依据犹太教的经典“讨拉”(《摩西律法》)处理[④]。

当代一些阿拉伯伊斯兰学者认为,世界就是一个各种文明相会的“俱乐部”,它应给各个文明提供展示个性和风采的平台。每个民族和国家都有各自的民族利益、国家利益、经济利益、文化利益、安全利益,对此,必须给予均衡的关切。阿拉伯伊斯兰文化提倡世界主义,反对狭隘的民族主义。阿拉伯伊斯兰文化的世界性和世界主义意味着它在承认文明的多元性,在世界的多样性和民族、种族、肤色、血统、语言、宗教、法律、习俗、学派等千差万别的前提下,实现与“他者”的互动与交流。世界的多样性是大自然和人类社会存在的基础,是宇宙法则,是造物主安拉的不可变更的规律,人们只能遵循这个规律和法则,而不能背规律而动,逆法则而行,否则,会事与愿违,自食其果。[⑤]

---

① 《穆斯林圣训实录·信仰篇》。

② 《布哈里圣训实录·礼仪篇》。

③ 《麦地那宪章》正文见[埃及]穆罕默德·海卡尔著,王永芳、赵桂云译:《穆罕默德生平》,新华出版社1987年版,第195—198页。

④ [黎]穆罕默德·沙克尔:《伊斯兰教史》,贝鲁特伊斯兰书局1985年版,第166页。

⑤ [埃及]穆罕默德·安玛尔:《处在伊斯兰的世界主义与西方的全球化之间的我们的前途》,载《巴基斯坦国际伊斯兰大学第5次学术讨论会论文集》,第19页。

8. 和谐的个人—和谐的家庭—和谐的社会—和谐的国家—和谐的世界

把以上反映人与人之间和谐的7个方面加以总结的话,构成了这样一种不断递进的层次和紧密相连的链条:和谐的个人[①]—和谐的家庭—和谐的社会—和谐的国家—和谐的世界。换言之,和谐的世界由众多和谐的国家支撑,和谐的国家由众多和谐的社区(社会)支撑,和谐的社会由众多和谐的家庭支撑,和谐的家庭由众多和谐的个人支撑。反过来说,没有和谐的个人,就没有和谐的家庭;没有和谐的家庭,就没有和谐的社会;没有和谐的社会,就没有和谐的国家;没有和谐的国家,就没有和谐的世界。这一点与儒家的"修齐治平"之道颇有异曲同工之妙。

三 人与自然之间的和谐

阿拉伯伊斯兰文化不但关注人与人之间的和谐,即社会环境的质量,而且还重视人类赖以生存的生态环境的品质(即人与自然的和谐)。生态系统[②]及其生态平衡[③]是人类赖以生存的基本条件。生态系统是动态的统一体,并处于动态的平衡状态。[④] 生态平衡的维持有赖于生物多样性[⑤]的存在。生物多样性是地球生物圈与人类本身延续的基础,具有不可估量的价值。生物多样性给人类提供了一个多姿多彩、生机盎然的美好家园。茫茫大草原,使人心旷神怡,产生无限遐想和凝思;走在林中的小径上或竹林丛中,其境其

---

① 和谐的个人是指,一个人通过不断的修身养性,提升境界,最终摆脱内心的矛盾和冲突,不为物累,不为物役,实现心理平衡、心静如水。古往今来,凡是发动侵略战争,破坏世界和谐的现象都是由于战争贩子强烈的贪欲和野心导致的内心冲突、内心动荡造成的。换言之,他把自己内心的冲突和动荡以其所掌握的权力变成了世界的冲突和动荡。故和谐的个人是和谐社会、和谐世界的基础。

② 生态系统是指众多生物的组合,这些生物按照它们的组合永久存在的方式,彼此相互作用并同时与它们周围环境相互影响。

③ 生态平衡是指处于顶级稳定状态的生态系统,此时系统内的结构与功能相互适应,相互协调,能量的输入与输出之间达到相对平衡,系统的整体效益最佳。

④ [奥地利]康拉德·洛伦茨著,徐筱春译:《文明人类的八大罪孽》,安徽文艺出版社2000年版,第61页。

⑤ 生物多样性是指生命形式的多样性,各种生命形式之间及其与环境与环境之间的多种相互作用,以及各种生物群落、生态系统及其生境与生态过程的复杂性。

幽，宁谧而清静，有一种超凡脱俗之感；百花争艳，万紫千红，使人体味到生命的活力和人生的美好。猛虎下山之威武，鱼游水中之自如，骏马奔腾之矫健，猿猴攀缘之灵巧，象出深林之雄壮，羚羊奔跑之轻盈，雁过蓝天之整齐，熊猫行走之憨态，孔雀开屏之美丽，令人赞叹。夜莺之鸣声，悠扬婉转，娓娓动听；八音鸟之鸣声，尖柔多变，清脆悦耳。

伊斯兰文化强调人类在保护生态平衡和生物多样性方面所担负的责任，其生态观和环保措施主要有以下几个方面：

1. 关于多姿多彩的大自然伊斯兰的生态观与它的宇宙观是分不开的

伊斯兰文化认为，真主创造了自然万物、日月星辰，使整个大自然气象万千，多姿多彩，和谐美妙，有高山，有平原；有沙漠，有绿洲；有陆地，有海洋；有湖泊，有河流；有戈壁，有草原；还有空气、阳光、水和生活在地球上的无数种植物以及其他生物和无生命物。《古兰经》启发人们说："难道他们没有仰视天体吗？我是怎样建造它，点缀它，使它没有缺陷的？我曾展开大地，并将许多的山岳投在上面，还使各种美丽的植物生长出来，为的是启发和教诲每一个皈依的仆人。"①"天地的创造，昼夜的轮流，利人航海船舶，真主从云中降下雨水，借它而使已死的大地复苏，并在大地上散布各种动物，与风向的改变，天地间受制的云，对于思维的人看来，此中确有许多迹象。"②

2. 关于人类的使命

大自然中的所有这些景观——秀美的山川、茂密的森林、成群的动物、丰沛的雨水、灿烂的群星、广阔的海洋、微微的暖气、滚滚的寒流、蓝蓝的天空、飘动的云彩、潺潺的流水，以及由此而来的湖光山色、鸟语花香构成了一个协调有序、相互依存、生机盎然的宇宙大家庭。人类就是这个大家庭中的一员（但不是唯一的成员），而且是万物之灵长、天地间的精华，因而真让人成为真主在大地上的"代治者"，奉真主之命，受真主之托，治理好这个世界，建设好这个世界，使整个世界走向繁荣昌盛，使各族百姓安居乐

① 马坚译：《古兰经》第 50 章第 6 节，中国社会科学出版社 1981 年版。
② 马坚译：《古兰经》第 2 章第 164 节，中国社会科学出版社 1981 年版。

业。为此，人除了处理好同类（即人与人）之间的关系以外，还得处理好同自身赖以生存的大自然之间的关系。

3. 关于正确认识大自然

处理好同自然之间的关系，要求人们把握两点：一是接近自然而不崇拜自然；二是开发自然而不滥用自然，人与自然相依为命，共存共荣。

根据伊斯兰文化，自然界的运动变化，如刮风下雨、日起日落、昼夜循环、四季交替等，绝无神秘之处，人们不应对此心怀恐惧，盲目加以崇拜，而应该仔细观察自然，探索自然，领悟其中的奥妙，总结其中的规律，坚定自己的信仰。《古兰经》号召人们说："你们要观察天地之间的森罗万象。"[①]在《古兰经》的启发下，中世纪的穆斯林积极把目光投向大自然，但没有为"天地间的森罗万象"而晕头转向，不知所措；没有产生对自然的恐惧和崇拜心理；没有为自己树立什么山神、太阳神、水神、火神等偶像。相反，他们通过接近自然，观察自然，探索自然，悟出了一些道理，把握了一些规律，最终在天文学、地理学、数学、物理学、化学、动物学、植物学和医学等自然科学领域取得了巨大成就，对人类文明作出了重大贡献。

4. 关于合理利用大自然

在研究自然、认识自然的基础上，还要开发自然，造福人类。《古兰经》鼓励人们合理地开发自然，利用自然，有节制地向大自然索取，享受真主的恩赐。《古兰经》指出："他（指真主——笔者所加）以大地为你们的席，以天空为你们的幕，并从云中降下雨水。而借雨水生出许多果实，做你们的给养。"[②]"我（指真主——笔者所加）在大地上生产百谷，与葡萄和苜蓿，与木宰木敦和海枣，与茂密的园圃、水果和牧草，以供你们和你们的牲畜享受。"[③]这就告诉人们，大自然中一切都是相互联系，相互依存，相互生成的。海水蒸发上升为云，又从云中降下雨水，雨水集中汇流成河，最后又归于大海。同时，水的循环给大地带来生机，土壤中的种子和树根需要水分

① 马坚译：《古兰经》第10章第110节，中国社会科学出版社1981年版。

② 马坚译：《古兰经》第2章第20节，中国社会科学出版社1981年版。

③ 马坚译：《古兰经》第80章第24—32节，中国社会科学出版社1981年版。

时，恰逢天降甘霖，水滋润植物使之吸取周围其他养分，由于水、肥、阳光的作用，结出了人畜所需要的果实。一部分植物还可用作燃料以及纺织、房屋和器具的原料。吃过用过的废物返回土中，腐烂成肥，参加下一轮循环。生命如此循环，周而复始，生生不息。大自然如同一个伟大的母亲，用其乳汁无私地滋养着人类。那么人类也应该相应地爱护自然，保护自然，与自然相依为命，共存共荣。糟蹋自然，滥用自然，势必自毁家园，自食其果。《古兰经》说："灾害因众人所犯的罪恶而显现于大陆和海洋，以至真主使他们尝试自己行为的一点报酬，以便他们悔悟。"[①] 今天，人类因破坏生态平衡、污染环境而遭到了大自然的报复（如海啸、地震、飓风、疯牛病、禽流感、非典和各种莫名其妙的疾病），尝够了苦果之后，提出了维护生态平衡，保护自然环境的口号。

5. 关于环保的总原则

那么，伊斯兰文化在维护生态平衡、保护环境方面有哪些主张呢？在这方面，既有一些原则主张，又有很多具体要求。在维护生态平衡、保护环境方面的总原则是：人与自然相依为命，和谐相处，共存共荣。

6. 关于环保的具体要求

（1）节约资源，禁止浪费。具体要求很多，如对资源的消费要求有所节制，禁止浪费，认为浪费是犯罪。《古兰经》说："你们应当吃，应当喝，但不要浪费，真主确是不喜欢浪费者。"[②] 对于自然资源，不但匮乏时需要节约，而且富余时也不能浪费，相传，先知穆罕默德时代，一个人在涛涛的河边做小净，准备礼拜，他看见这人用水无节制，就批评说："即使在河边也不应为祈祷而洗脸三次以上。"至于对粮食和其他食物的浪费，更在禁止之列。

（2）禁止乱砍滥伐，乱捕滥杀。先知穆罕默德禁止人们对树木乱砍滥伐，对野生动物乱捕滥杀。他首先下令将麦加、麦地那和塔乙夫三城及其周围定为保护区，不允许人们砍伐树木，不允许人们捕猎野生动物。

---

① 马坚译：《古兰经》第 30 章第 41 节，中国社会科学出版社 1981 年版。

② 马坚译：《古兰经》第 7 章第 31 节，中国社会科学出版社 1981 年版。

（3）鼓励植树造林，保护动物。在禁止人们乱砍滥伐的同时，号召人们多植树，多造林，绿化、美化、优化环境。先知说："任何人若手中拥有一棵树苗，明知明天就要死亡，也要把这棵树种下去。"对生命、对生物热爱之情达到如此高的程度。关于热爱生命，保护生物，先知还讲了这样一个故事："古代有一位先知，被蚂蚁咬了一口，盛怒之下，便下令手下将一窝蚂蚁全部烧死。真主为此告诫他说：'咬你的只是一只蚂蚁，而被你毁掉的却是一整窝，那一窝蚂蚁在赞颂我'。"

（4）保护动物有回赐，伤害动物有罪。先知借此晓谕人们："对一只动物之善行同样可贵；对一只动物之暴行与对人之暴行有同样的罪孽。"他听说有人从鸟巢中抓了几只雏鸟，而母鸟在空中盘旋哀啼，他便问："是谁抓了幼鸟而使母鸟伤心？"随即命令立即将幼鸟放回原处。他不允许人们把动物捆绑起来，不允许将动物用做练习射击的活靶，不允许捕猎动物，笼养取乐，或以耍弄动物为营生，如街头耍猴、用动物演出等。无论何种动物，若对人畜无伤害的可能，则不能伤害它们。

（5）关于动物的权利。伊斯兰文化认为，动物也有不可剥夺的权利，如人们应当向它们提供所必需的饲料和水，即使病、老或闲置无用，也需饲养它们。动物的主人在役使它们时不能使它们超过负荷，过度劳累，也不能把它们约束在有害其健康的地方，不能使其受到同类或者异类动物的伤害。应该细心照料它们，以免受到伤害。屠宰时对它们态度要和善，等动物咽气，肉体冷却后才能开始剥皮、割肉。饲养动物的人有责任为它们准备好休息的场地，供给足够的饮水。在发情季节，为雌雄动物提供相遇的机会。从动物身上挤奶，应考虑母畜对幼畜的喂养的需要，不能使其幼仔受伤害。从蜂窝里取蜂蜜时，不能取尽，要留下适当的部分让蜜蜂自己食用。先知还给人们讲述了这样一个感人的故事：有一个人在长途旅行中口渴难忍，发现一口井，喜出望外，汲水痛饮，饮毕上路。途中见一条狗卧在路边，急喘气，舔湿土，有干渴状。此人自语，此狗必渴，如同我方才之难忍。他走到井口汲上水来，返回去让狗喝，真主因此赐福于此人。后代的穆斯林法学家收集早期的"圣训"和规章，制定了包括保护动物、森林、树木、牧草、水源等的一系列法律，成为约束穆斯林行为的有力武器。伊斯兰文化把保护环境、防止污染提高到信仰的高度来看待。穆斯林心目中的贵圣穆罕默德郑重其事地指出："清洁是信仰的一部分。"他非常厌恶污染环境的行为，他说："三种行为是受诅咒的：在水中、路上和树阴下大小便。”

而当代一些阿拉伯伊斯兰学者依据《古兰经》和《圣训》的基本原则，结合当今世界的环境问题，提出了自己的观点。有的学者认为，大自然是一个统一的、相互联系、相互影响的整体，各国、各民族在发展经济、改善生活的同时，必须以保护环境为前提，以牺牲环境为代价换来的经济发展，不但害人，而且也害己，既不符合人类的共同利益，也不符合本国本民族的长远利益。因为一国环境的破坏与污染必然会殃及邻国乃至全球。全人类都在同一艘船上，必须同舟共济，共同承担责任，履行义务，利人利己，共存共荣①。有的学者强调，大自然是人类可爱可亲的家园，而非人类的敌人，人类不能也不应以征服自然为能事，而应该亲近自然，顺应自然规律，与自然和谐相处，并有计划有节制地开发自然，利用自然，在空间上要最大限度地兼顾地球上不同国家和民族对资源的多层次的需求；在时间上也要充分考虑子孙后代对资源的长久需求。为此，一要做到“给苏特”（公正），二要做到“麦瓦则努”（均衡）。

由上可知，阿拉伯伊斯兰文化的和谐理念特色独具，内涵丰富，底蕴深厚，只要对其进行深度开掘，并赋予时代特点，使之发生创造性转换，必然会产生积极的影响。

第一，阿拉伯伊斯兰文化所提倡的人与人之间的慈爱和所强调的“爱人如爱己”，有助于奠定和谐人际关系与国际关系的思想基础。新世纪初，胡锦涛主席提出了两个“和谐”观：对内提出构建和谐社会；对外提出构建和谐世界。目前我国社会出现的一些问题如人际关系紧张、损人利己、以邻为壑，分配不公等，其思想基础是人性中固有的自恋、自私、贪婪以及西方文化中的个人主义泛滥的结果，反映了人与人之间友爱精神的缺失。伊斯兰文化中“爱人如爱己”理念如果与中华传统文化中的“己欲立而立人，己欲达而达人”思想结合起来的话，有利于建立“诚信友爱”新型人际关系。

第二，阿拉伯伊斯兰文化所倡导的包容和宽容，有助于消弭各国之间、各民族之间、各阶层之间、各地区之间由来已久的历史成见和文化偏见，促进各国、各民族、各阶层、各地区之间的交流、沟通与合作。其实，人类历

① ［埃及］阿里·宰克里：《伊斯兰的环境观》，埃及亚历山大知识出版社 1985 年版，第 16 页。

史的发展是一个不断地与“他者”交往的过程，也是不断地把“他者”纳入“我们的同胞”行列的过程，一个求同存异的过程，一个不断扩大合作对象的过程，一个和谐社会与和谐世界的追求、建立和不断完善的过程。伊斯兰文化所倡导的“普善”、博爱和宽容精神，有助于构建和谐的公共秩序，有助于实现人类心灵的安宁和自由。

第三，阿拉伯伊斯兰文化的中和、均衡理念有利于人与社会的全面良性的共存和发展、各个社会阶层有效的分工与合作，有利于社会资源的有效配置和利用，有利于公民、社会和政府相互的支持和配合，有利于整个社会所有公民对基本社会公共物品的公平分配和分享，有利于克服公平与效率、权利与义务、自由与秩序、人文与科技、价值与工具、物质与精神、经济与文化、城市与农村之间的失衡。

第四，阿拉伯伊斯兰文化中关于人与自然相依为命、共生共荣的理念有助于人与自然的和谐相处，建立生态文明，落实科学发展观，有助于经济发展目标和模式的转换，使经济建设由单纯追求数量、追求物质产品的无限增长转向质量的提高和人民生活品质的全面提升，有助于打破传统的 GDP 情结，尽快建立合理的自然价值评估体系、绿色 GDP 核算方法和规则，加速向循环经济的进化，使资源生产率、循环利用率、废弃物的最终处理能力等经济发展主要指标和能力不断提高，极大地提高生态环境的质量和整体改善人的生存空间。

原载于《阿拉伯世界研究》2006 年第 3 期，转载于中国人民大学复印资料
《宗教》2006 年第 4 期和人民日报社《内参》2006 年第 36 期

和谐社会中的穆斯林与非穆斯林

马明良

目前，全国上下致力于构建和谐社会，这是我国的又一个战略目标。族际关系的和谐是社会和谐的一个重要方面；那么，作为中华民族一部分的穆斯林民族与非穆斯林民族的关系是我国整个民族关系的重要组成部分，理应受到高度重视。

笔者以为，我国是一个统一的多民族的有着多元文化的国家，各民族既认同于中华民族和中华文化，又保留着各自的民族特色和民族文化，形成了在认同中融多样，在多样中求认同的格局。穆斯林民族在保持自己的独特信仰和文化的同时，也应与非穆斯林民族友好交往，和谐相处，共同建设好自己脚下的这片土地。这不但是现实社会的需要，而且也是伊斯兰教内在精神的要求。

一　猜疑:穆斯林与非穆斯林之间误会的根源及其危害

中国有10个民族几乎全民信奉伊斯兰教，同时在汉族、蒙古族、白族、苗族、藏族、傣族等数十个民族中也有部分人士信仰伊斯兰教，总数约2000万人。他们遍布华夏大地，从天山南北到黑龙江畔，从蒙古草原到天涯海角，处处有他们的身影和足迹。他们在这块土地上已经繁衍、生息了千百年，他们秉持普天之下皆乐土的理念，走到哪里就耕耘到哪里，开发到哪里，为祖国的繁荣昌盛作出了巨大贡献。在大多数情况下，穆斯林与非穆斯林各民族之间相处融洽，团结和睦，这是二者关系的常态。然而，由于种种误会甚至猜疑，彼此之间在历史的某些时刻曾发生过悲剧，在现实生活中也偶尔会出现一些不和谐的音符。这是值得重视的。

众所周知，中国历史上发生的所谓“回汉纷争”给双方带来了极为严重的后果，不但各自的生命财产受到很大损失，而且在双方的心灵深处留下了巨大创伤，在许多人的心目中埋下了仇恨和不信任的种子。

在中国历史上为什么会频频发生回汉纷争呢？起因可能有多种多样，但有一个根本的原因，就是双方的文化本位主义以及在此基础上对对方文明的误读。穆斯林（即当时的“回回”）以拥有正信的优秀民族自居，无视非穆斯林（当时主要是汉族）所拥有的五千年文明，把博大精深的华夏文明简单化、概念化，不做全面了解，不分精华与糟粕，一概斥之为“卡非日”（不信主者）的东西，对此采取不屑一顾的态度。而非穆斯林，尤其是拥有古老文明与悠久历史的汉族，特别是其中的一些士大夫和官僚阶层以意识形态的正统自居，凭借其政治、经济和地理上的优势，居高临下地看待汉族以外的族群，周边民族在其眼里不是“蛮夷”，就是“胡人”，是一些需要用孔孟之道进行教化的不开化的人群。清朝的某些皇帝认为穆斯林都是些“甘为异类”的“鄙薄之徒”，而其官员对伊斯兰教不但无知，而且非常仇视，称伊斯兰是“不拜天、不拜地、不拜父母、不拜皇帝”，唯主独拜的“旁门左道”，要求取缔伊斯兰教，拆除清真寺。

由于双方拒绝了解对方，尤其是这一对矛盾中作为矛盾的主要方面的占主导地位的一些非穆斯林士大夫和统治阶层，总是不能放弃文化和民族的优越感，使得彼此的隔阂和鸿沟日益加深，加之封建统治者那种由来已久的“非我族类，其心必异”心态的作怪，稍有风吹草动，哪怕是两个人（一汉一回）之间因个人恩怨引起的矛盾，也被无限夸大、扩大，人为地制造出一个所谓的“民族矛盾”，然后凭借意识形态上“正统”的地位和政治、经济、军事上的优势，肆意打击，演出一幕幕“平乱”、“平回”的闹剧，不但穆斯林生灵涂炭，而且统治者损兵折将，非穆斯林也不得安宁，弄得两败俱伤。

这些黑暗的岁月已经过去，悲剧已经结束，历史掀开了新的一页，进入了政治清明、经济发展、文化繁荣、社会和谐的改革开放年代，穆斯林与非穆斯林一道，团结奋斗，共同建设着自己的祖国。然而，由于彼此对对方了解不足，一些小的摩擦和不愉快的事情时有发生。如 1989 年上海文化出版社和太原希望出版社协作出版的《性风俗》等书刊，肆意歪曲、丑化伊斯兰教，引起全国广大穆斯林的强烈不满，造成了严重的后果，全社会为此付出了不应有的昂贵代价，这些代价不仅仅是可统计的经济损失，而且还有无法估量的时间、精力、感情和友好的民族关系等。之所以接二连三地出现此类事情，除了极少数人或别有用心或利益驱动以外，是因为绝大多数人的无知造成的，特别是非穆斯林民众对穆斯林文化的不了解造成的；之所以矛盾被激化，而不是被化解，与当地个别官员判断不准，处置失当有关，与部分穆斯林民众的过度反应有关，一句话，与双方的恶性互动有关。频频发生的“辱教事件”及其后果给全社会发出了警钟：与其亡羊补牢，不如防患于未然。加强对话与沟通，加深了解，增强理解，达成谅解，达到和谐，就是“防患”之举，就是未雨绸缪。

二 沟通：穆斯林与非穆斯林和谐相处的必由之路

每个民族都有独特的文化，我国数十个民族的文化构成了民族大家庭的百花园。一枝独秀，不足以代表春天；百花争艳，才称得上满园春色。各民族之间，尤其是穆斯林民族与非穆斯林民族之间只有通过文化上的对话与交流，才能互相了解，互相学习，取长补短，共同进步。民族平等，归根结底是文化的平等。文化多元化，才能形成异质文化，才有异质文化间的接触、交流、互补，才会有中华民族文化总体的进步、繁荣。在自然界，由于生物多样性的存在，才保持了生态平衡，才有了大自然的盎然生机和长盛不衰；在人类社会，也只有保持文化的多样性和文明的多元化，才能避免单一与单调，才能维持人类社会的“生态平衡”，才能使世界变得更加多姿多彩，美妙无比。

就我国目前的现实状况而言，汉族（非穆斯林）人口众多，历史悠久，地理位置优越，经济文化发展水平相对较高，加之学校的教材、国家的各种传播媒介主要以汉语、汉文为主，因而其文化传播面广，认知度高。而穆斯林民族的文化则由于其居住分散、人口较少、经济文化发展水平相对较低，加之语言和文化心理上的障碍以及其他人为的壁垒，传播面窄，认知度低。故在目前的交流和沟通过程中，需要着力展示穆斯林民族的文化，以便使单向交流成为双向交流——“交流”成为名副其实。

第一，应该通过各种媒体（如报刊、书籍、电视、电台、网络等）全面介绍穆斯林文化，使广大非穆斯林大众对穆斯林文化有一个较全面的了解。非穆斯林的干部和知识分子应该克服非此即彼、非黑即白的“二元对立”的思维定势，培养“和而不同”的思维习惯，学会包容，学会大气。“一国”可以“两制”；“一国”同样可以“多教”。人民，无论他们的宗教信仰如何，都是干部依靠的对象，是国家的主人，而不是对立面，干部面对群众不应如临大敌，而应该信任他们，爱护他们，“情为民所系，权为民所用，利为民所谋”。应该从民族团结的高度出发，认真地了解他们的文化，并将其视为自己的文化修养和工作需要的一部分；并用行动来证明自己对待不同文化的胸怀、气度。不然，如果总是以个人的好恶来判断不同民族的文化尤其是其核心——宗教，并想当然地处理相关问题，还以为自己是在给国家帮忙，实际上是在添乱——会产生许多意想不到的后果——不但会无意中伤害穆斯林的民族感情，影响国内民族团结；而且在国际上还会损害我国好不容易树立起来的负责任的大国形象，有时甚至在客观上会给某些别有用心的国家提供借所谓“人权”干涉我国内政的口实。

第二，穆斯林不但需要用语言、文字来“表述”自身，更重要的是需要用行动来诠释自身文明（文化），用行动来表明自己是“为世人而产生的优秀民族”。因为“行胜于言”。穆斯林文化的核心——伊斯兰的精神，如敬主爱人、诚实守信、中正和平、劝善戒恶、求知治学、尊重知识、尊重劳动等，不但应该反映在穆斯林的言谈中，更应该体现在其行动中。穆斯林只有将其内化为自己的灵魂和血脉，才能使其外化为自己的自觉行动，从而用它来提升自我、完善自我，然后才有可能重塑形象，进而使非穆斯林从中了解和领悟到穆斯林文明（文化）的真谛。

第三，穆斯林民族需要进一步了解以汉文化为主的其他非穆斯林民族的文化，积极吸收其精华。汉文化有着丰富的思想内涵和深厚的文化底蕴，其中虽有一些过时的成分，但也有许多宝贵的东西，至今仍有价值和意义，如仁爱、诚信、宽容、中和、己所不欲勿施于人、推己及人、和而不同、自强不息、厚德载物、见利思义等，理应认真总结，努力消化，为我所用。穆斯林应该以一种博大的胸怀、开放的态度对待其他民族的文化，积极吸纳包括华夏文明在内的人类文明的优秀成果，传承王岱舆、刘智等先贤开创的优良传统，在新的层次和新的起点上，重新整合伊斯兰文明与华夏文明，以自己的聪明才智和创造性劳动，为祖国的繁荣作出更多更大的贡献。到那时，这个独特的群体就不会受到那么多的误解和偏见的影响，他们会以一种更加自信和从容的姿态出现在中华大地上。

三 爱:穆斯林对非穆斯林的基本态度

伊斯兰教不提倡狭隘的地方主义和民族主义，伊斯兰教提倡一种“热和买提”——仁爱，它所提倡的仁爱，不限于穆斯林之间，而广及于全人类，无论民族、种族、肤色、语言、贫富、强弱乃至宗教信仰。[①]《古兰经》对穆斯林明确提出：“未曾因你们的宗教而对你们作战，也未曾把你们从你们的家园驱逐出境者，真主并不禁止你们怜悯他们，公平待遇他们。真主确是喜爱公平者的。”[②] 也就是说，即便是宗教信仰不同，只要对方不加害于人，也应爱怜他们，与他们和睦相处。

伊斯兰教强调睦邻、亲邻，《古兰经》要求人们“亲爱近邻、远邻。”[③]“近邻”和“远邻”既指穆斯林，也包括非穆斯林。先知穆罕默德严禁伤害邻居，他曾连续三次说：“他没有信仰!”其弟子问到底是谁没有信仰？他说：“就是伤害邻居，使之不得安宁的人。”[④] 他又说：“在真主那里，最好的邻居就是对邻居最好的人。”[⑤]

根据伊斯兰教的原则，对于非穆斯林，不但不能伤害，而且还要保护、善待，与他们和睦相处。因为伊斯兰教认为，全人类包括非穆斯林都是人祖阿丹的子孙，理应相亲相爱。当年，即公元622年，先知穆罕默德在创建麦地那穆斯林政权的过程中，容纳了所有生活在麦地那及其周边地区的不同族群、不同宗教信仰者——在这个政权里，穆斯林、犹太教徒、多神教徒和具有各种信仰的人都能找到自己的一席之地。先知穆罕默德以法律的形式确认

---

① [沙特阿拉伯] 齐亚·乌麦里:《伊斯兰与文明自觉》，阿拉伯文版，沙特阿拉伯吉达灯塔出版社1987年版，第25页。

② 《古兰经》第60章第8节。

③ 《古兰经》第4章第36节。

④ 《穆斯林圣训实录·信仰篇》。

⑤ 《布哈里圣训实录·礼仪篇》。

了这一原则，他与麦地那的居民共同制定了为所有的人所遵循的一个宪章，即著名的《麦地那宪章》[①]，对于非穆斯林，只要他们不反对穆斯林，不与穆斯林为敌，就保护其生命财产安全，确保其宗教信仰和名誉不受侵犯。公元630年，先知穆罕默德率领穆斯林大军由麦地那打回故乡麦加，人们预料这回他要报复那些曾经迫害过他甚至企图谋杀他、双手沾满穆斯林鲜血的麦加贵族当中的多神教徒，而他却一一赦免了他们，表现了伊斯兰教的仁爱与和平精神。

我国穆斯林之所以对非穆斯林有成见，原因是多方面的，比如历史上某些封建统治者对穆斯林采取了打击政策，在其心灵深处留下了创伤；现实中少数地方官员由于政策水平、文化修养以及胸怀和眼界等限制，有时未能正确贯彻落实中央的民族平等和宗教信仰自由政策，有意无意地伤害了穆斯林群众的感情，而穆斯林群众误把他们当成了非穆斯林的代表甚至是政府的代表，进而把这些不称职官员与政府或非穆斯林画了等号。在新时期，作为穆斯林，任何时候都应该坚持伊斯兰教的“公平”、“公正”原则，不能因为个别人的错误或失误，而对改革开放以来中央实行的一系列正确的民族政策和宗教政策发生怀疑或产生错误认识；更不能由此对广大善良朴实的非穆斯林民众和有远见、有胸怀、办事公道的非穆斯林干部、知识分子产生偏见和仇恨。应该清楚地认识到，“文革”中的民族宗教政策是错误的，而改革开放以来中央的民族宗教政策是正确的；如果说现在还有问题的话，那是执行过程中的问题，每个地方、每个干部由于政策水平、文化素质、眼界、胸怀等个人因素的不同而造成了政策到位程度的差异，穆斯林应该就事论事地反映问题、解决问题，学会用法律手段来维护自己的正当权益，尽力避免情绪化地做出反应。

总之，中国穆斯林应该放眼世界，鉴古知今，总结国内外的经验教训，对自己有一个合理的定位，即自己是中华民族的一部分，同样是这片土地的主人，与其他民族在同一艘船上，自己的命运与这艘船的命运息息相关，只有与所有同一艘船上的人齐心协力、同舟共济，才能乘风破浪，平安抵达胜利的彼岸。同时，应该明白自己想要什么？能给什么？以笔者之见，中国穆

① 《麦地那宪章》正文见穆罕默德·海卡尔著，王永芳、赵桂云译：《穆罕默德生平》，新华出版社1987年版，第195—198页。

斯林别无所求，只想使自己的宗教信仰自由和人格尊严等基本权利一如既往地得到尊重；同时，我们不但是一个索取的民族，而且也是曾经给予过并且能够继续给予的民族，我们能给自己生活于其中的国家和社会贡献两种资源：一是利国利民的文化资源（如仁爱精神等），以便构建和谐社会；二是造福于民的物质财富，以便建设富裕国家。在此前提下，与非穆斯林和睦相处，共创文明，共享和平。如此，则国家幸甚，民族幸甚！

原载于《中国穆斯林》2005 年第 4 期

伊斯兰妇女问题文化辨析

马丽蓉

一 《古兰经》中的女性关怀思想

针对妇女问题，《古兰经》不仅有《仪姆兰的家属》、《麦尔彦》、《光明》、《受考验的妇人》及《离婚》等章的全面论述，还有含176节《妇女》章的重点论述，更有散见于其他各章的概括论述。内容涉及妇女地位、权利、义务等多方面，体现出伊斯兰教自成体系的妇女观。

7世纪的阿拉伯游牧部落重男轻女的陈规陋习屡见不鲜，《古兰经》对此深恶痛绝（16：58—59），尤其反对活埋女婴，甚至将此罪列为末日景象之一（81：8—9、12、14）。据刘智译《哈底斯》（圣训）载，穆罕默德曾指出："头一胎生了女婴，那是妇人（母亲）的幸运。"告诫人们："你们不要厌恶女儿，我是女儿的父亲。"因为，"无以男喜，无以女忧，唯男暨女，真主所寄命也"。伊斯兰教传播之初，不但对重男轻女的不良世风予以关注和抵制，还强调在安拉面前男女平等，凸显出宗教领域男女无别的基本观点："顺服的男女、信道的男女、服从的男女、诚实的男女、坚忍的男女、恭敬的男女、好施的男女、斋戒的男女、保守贞操的男女、常念真主的男女，真主已为他们预备了赦宥和重大的报酬。"（33：35）可见，"这10种类型的男女，在阿拉伯原文中，每一种类型都是逐项使用阳性与阴性的复数名词郑重表述……行文不避重复，严肃庄重，所引译文，显然已省略了这些名词的多数形式，只在'男女'字样前共用一个'定语'"，[①] 尤其在"保守贞操"方

① 林松：《古兰经知识宝典》，四川人民出版社1995年版，第445页。

面也要男女无别，与鲁迅先生所鞭挞的中国封建社会宣扬男女有别的“贞烈观”形成了鲜明的比照。《古兰经》在确立了性别平等的基本前提下，又规定女性在遗产继承、借贷立约、名声隐私、缔结婚姻、离异改嫁以及抚育子嗣等诸多方面享有程度不同的优先权益。

在财产继承方面，《古兰经》总的规定是：“男子得享受父母和至亲所遗财产的一部分，女子也得享受父母和至亲所遗财产的一部分，无论他们所遗财产多寡，个人应得法定的部分。”（4：7）女性财产继承比例略少于男子“是因为男子一般都有赡养家属的义务与经济负担，而女子则有丈夫抚养照料，出嫁前亦有父母、兄长照管”[①]。伊斯兰教的遗产分配原则突出强调女子有权获得部分享受，仅在数额上男女有别。“但远在7世纪初，这具有权威性的法令已在《古兰经》中明文颁布，实际上已成为制定伊斯兰教法的首要依据，这是很久以后才姗姗来迟的、鼓吹提高妇女地位、保障妇女权益的欧洲所望尘莫及的。”[②] 伊斯兰教继承法虽有派系差别，但对妇女继承权的高度重视却是彼此一致的。

妇女因在重大商务活动中被委任为公证人而拥有法律地位。人们在借贷往来中为避免不必要的债务纠纷，越发强调证人必须公平秉正、高尚无私，否则会造成不良后果。《古兰经》规定女子和男子一样可以被邀请做证人：“你们当从你们的男人中邀请两个人作证；如果没有两个男人，那么，从你们所认可的证人中请一个男人和两个女人作证。”（2：282）之所以选用两个女证人，既是怕日久天长遗忘证词，还因在实际社交中两个女子结伴处置事务会更方便、更少引起误会。

据《光明》章规定：“凡告发贞节的而且天真烂漫的信女的人，在今世和后世，必遭诅咒，他们将受重大的刑罚。”在今世的惩治是“应当把每个人打八十鞭，并且永远不可接受他们的见证”；在后世的报应是“他们的舌头和手足都要反证他们之所为”。针对“道听而途说，无知而妄言”的歪风，《古兰经》严惩“传播丑事”者，既是为了保护女性的名誉隐私不受损害，也是为了抵制庸俗世风，更在一定意义上强化了女性自尊自爱的自我意识。

伊斯兰教提倡男女婚配，反对禁欲主义（16：72）；严守共同信仰为基

① 林松：《古兰经知识宝典》，四川人民出版社1995年版，第449页。

② 同上。

础的“内婚制”，打破门第财富等世俗婚姻观（2：221）；尊重妇女，反对逼良为娼（24：33）；美满的婚姻旨在男女“互相爱悦，互相怜恤”，（30：21），严禁近亲结姻与乱伦私通（4：23）；推行尊重双方意愿的慎重成婚程序，反对买卖包办婚姻（4：24）；告诫正常的夫妻关系应当是平等密切的（2：187），反对喜新厌旧、诬陷发妻的恶习（4：20）……伊斯兰教在维护人伦道德规范准则内婚配，尤其尊重妇女的婚姻意愿，保障妇女有婚姻自主权，反对强逼淫威。穆罕默德就强调“除非她本人允许”，哪怕是“不露反感”地保持沉默，否则，“婚姻无效”。亦即，“在婚姻方面，《古兰经》要求女方的同意，并且让女方自己成为彩礼的接受人”①。

“关于离婚，《古兰经》的允许似乎是勉强的，因为它一再鼓吹‘重修旧好’”②，即一旦感情破裂，夫妻双方都有权提出离异，各自嫁娶，好自为之。但须待察3个月：一是“期待三次月经，以确认是否怀孕”；二是“丈夫是宜当挽留她们”以图“重修旧好”，修复婚姻伤痕（2：228）。假若妻子怀孕，“做母亲的，应当替欲哺满乳期的人，哺乳自己的婴儿两周岁。做父亲的，应当照例供给她们的衣食”（2：233）。尤其是丈夫应该视财量力地提供从孕育、分娩到哺乳的一切费用，以保障母子健康（65：6—7）。假若妻子没有怀孕，在“待婚满期的时候，你们当以善意挽留她们，或以优礼解放她们；不要为妨害她们而加以挽留”（2：231），甚至“当她们与人依礼而互相同意的时候，你们不要阻止她们嫁给她们的丈夫”（2：232）。不刁难妻子改嫁被视为是“确信真主和后世的人”该有的“更有益”且“更纯洁”的气度。离异之妻可嫁他人，丧夫之妇亦可续婚。但也有时限规定：“你们中弃世而遗留妻子的人，他们的妻子当期待四个月零十日”（2：234），以备遗腹子分娩后，才能改嫁。对寡妇和被休妇女也要提供一定的生活保障：“你们中弃世而遗留妻子的人，当为妻室而遗嘱，当供给她们一年的衣食，不可将她们驱逐出去”（2：240）；“凡被休的妇女，都应得一份照例的离仪，这是敬畏的人应尽的义务”（2：241）。这些规定都从妇女及其子女的生理、心理、生活等诸方面作了物质和精神的有力保障，尤其是寡妇改嫁，更与中国

① ［美］D. L. 卡莫迪著，徐钧尧、宋立道译：《妇女与世界宗教》，四川人民出版社1995年版，第155页。

② 同上。

封建社会所宣扬的“从一而终”的礼教束缚形成了强烈的对比。伊斯兰教倡导离婚不能刁难，复婚亦不可儿戏：“如果他休了她，那么，她以后不可以做他的妻子，直到她嫁给其他的男人。如果后夫又休了她，那么，她再嫁前夫，对于他们俩是毫无罪过的。”（2：230）既限制了丈夫与同一妇女多次离婚的权利，又对男人的反复无常作了一定的限制，保障了婚姻家庭的进一步稳固。

《古兰经》褒贬鲜明地举出四个妇女为实例，作为两类对比性的妇女典型，突出强调妇女的母性品格，将尔萨之母麦尔彦与穆萨养母阿希耶树为穆斯林妇女的楷模。尤其是麦尔彦，《古兰经》用12章共提名34次，以相当的篇幅讲述她的事迹，第19章还以她的名字为章名，在16—40节里讲述她的故事及其儿子尔萨传教的概况。与之成对比的是“真主以努哈的妻子和鲁特的妻子，为不信道的人们的殷鉴”。因“她们俩不忠于自己的丈夫，她们俩的丈夫，未能为她们俩抵御真主的一点刑罚。或者将说：‘你们俩与众人同入火狱吧！’”（66：10）

《古兰经》在确保妇女各种权益的同时，还强调女子修德，二者互为因果，彼此依存。穆圣曾告诫道：“娶妻时要注重女人的钱财、名声、美貌和教门。你当娶有教门的女人，真主从其品德上会使你致富。”[①] 可见，在穆斯林妇女厚德、仁爱、能干、有生育力、贤淑等基本修德中，“教门”好则是最根本的，信仰坚定的穆斯林妇女本身就比宝藏更珍贵，《古兰经》就是通过典型事例来强调妇女应具备的这一首要和基本修德。如人类始祖阿丹之妻哈娃、先知努哈之妻和鲁特之妻、穆萨的母亲和姐姐、法老之妻阿希耶、先知优素福的女主人以及尔萨之母麦尔彦等。特别是麦尔彦“她曾保守贞操，但我以我的精神吹入她的身内，她信她的主的言辞和天经，她是一个服从的人”。因此，笃信“认主独一”的麦尔彦便成为“信道的人们的模范”（66：12）；同样也争得“信道的人们的模范”称号的阿希耶恐怕重在强调她遵安拉旨意，不畏强暴，冒死抚育穆萨的功德：她虽为埃及残暴法老之妻，但却心地善良，富有爱心。在暴君大肆捕杀并溺死以色列男婴的危机中，她不仅设法收穆萨为养子，还以特有的智勇将其抚养成人。一个正直仁慈的母

① ［埃及］穆斯塔法·本·穆罕默德艾玛热编，宝文安、买买提·赛来译：《布哈里圣训实录精华》，中国社会科学出版社2004年版，第205页。

亲形象便如此树起。如果说，麦尔彦是尽心奉主的信士的话，阿希耶就是尽责抚幼的母亲。从某种意义上讲，母性品格重在祛除欲望、凸显责任，折射出女子理性的光辉。因此，《古兰经》在弘扬母性品格的同时，势必也就摒弃了视女子为欲望符号的低等俗见。于是，从夏娃难抵诱惑而先吃“禁果”、努哈妻的敌视“认主独一、崇奉安拉”的教化、鲁特妻的伤风败俗且助纣为虐到优素福女主人的荒淫歹毒又卑下无耻……可以说，这些女人在膨胀的欲望中或被逐出天园，或遭灭顶之灾，或死无葬身之地，或理屈羞愧难以做人等，利欲熏心的女人终究受到了应有的惩罚，彰显出伊斯兰教弘扬女子理智、克己，贬抑女子欲望、野心的修德旨意。这一点可从穆斯林妇女的言行举止甚至穿衣着装上都能感受到。不仅如此，《古兰经》在正视男女先在差异的同时，倡导女子应该贤淑，不可执拗（4：34）。在马坚先生看来：“妇女的体格，不如男人，再加上月经、怀孕、哺乳等特殊的生理和任务，她们更不能不需求男人的保护与支持，故云‘男人维护妇女’。”[①] 男子不仅有维护妇女的强壮体魄，还有维护妇女的能力，尤其是在经济方面赠与妇女结婚财礼且负担其婚后的一切生活费用。因此，女子的贤淑虽不等同于服从，但“贤淑的女子是服从的”。

可见，虔敬信教、尽责母职和贤淑妻道是每一个穆斯林妇女所应持守的基本修德，在信士、母亲和妻子三种角色混就的复合人格中，信士是前提、母亲是先在、妻子是被塑。因此，《古兰经》论述三者的方式也各有侧重：既从“在安拉面前、男女信士一律平等”来强化“认主独一”的核心观念，还从贤妻和悍妇的对比论述中凸显伊斯兰教的道德理念，更从麦尔彦的坚忍与阿希耶的仁爱一并将“母亲”这一伟人的称号推向了极致。但愚昧时期的阿拉伯人，丈夫要休妻时，便“称妻为母”。但因“母亲”这一称号的神圣不可侵犯，故“称妻为母”者要遭重罚：“把妻子当作母亲然后悔其所言者，在交接之前，应该释放一个奴隶”；“没有奴隶者，在交接之前，应该连续斋戒两月。不能斋戒者，应该供给六十个贫民一日的口粮”（58：3—4）。之所以用如此的重罚来“劝告你们”，是因为，“你们中把妻室当做母亲的人们，她们不是他们的母亲；除他们的生身之母外，没有任何人，可以称为他们的母亲；他们的确说出恶言和谎话”（58：2）。

---

① 林松：《古兰经知识宝典》，四川人民出版社1995年版，第483页。

总之，《古兰经》正视男女存在先在的诸种差异，承认以男子为家庭和社会主体的这样一个在任何国家、任何民族发展史上都几乎存在且至今尚未彻底改变与完全消除的客观现实，却从女子出生、成长、婚恋、嫁娶、孕育、抚幼、离异、丧夫、失亲、养老乃至作证、公断、隐私等方方面面渗透着女性关怀的款款情愫。对此，就连美国中东问题专家、妇女问题专家们都不得不承认："伊斯兰教法给予妇女的某些权利，比西方法典载明的妇女权利还要解放。"[①]"必须承认，《古兰经》大大改善了阿拉伯妇女的境遇。"[②]

二　伊斯兰妇女问题误读要点之辨析

由于主客观的原因，《古兰经》的女性关怀思想却被西方女权主义者们长期漠视，更被西方传媒肆意歪曲，甚至仅凭只言片语和表面现象就妄下论断。"多妻制、离婚法和深闺制是批评者的主要目标。""面纱变成了一个巨大的考验，妇女能够面对世界的程度成了测量进步的标志。"[③] 依据《古兰经》具体辨析如下：

1. 关于"多妻制"

"如果你们恐怕不能公平对待孤儿，那末，你们可以择娶你们爱悦的女人，各娶两妻、三妻、四妻；如果你们恐怕不能公平地待遇她们，那末，你们只可以各娶一妻，或以你们的女奴为满足。这是更近于公平的。"（4：3）

首先，这段经文降示于"伍侯德战役"后，因此次战役伤亡惨重，遗下众多寡妇孤儿，而游牧为生的阿拉伯半岛经济令妇幼谋生不易，依附男子才能活命便成为她们的必然选择。此段经文的颁降主要是"为解决战争给当时

---

① 林松：《古兰经知识宝典》，四川人民出版社 1995 年版，第 449 页。

② ［美］D. L. 卡莫迪：《妇女与世界宗教》，四川人民出版社 1989 年版，第 156 页。

③ 同上书，第 167—168 页。

的阿拉伯社会留下的严峻社会问题，妥善安排那些遗留于世的寡妇和孤儿的生存及生活问题，避免给正常社会和家庭秩序带来紊乱，准许‘多妻’的婚姻形式合法存在，这在当时的社会历史背景下不失为一项积极的社会措施。”[①] 其次，“择娶你们爱悦的女人”既是为了婚后能够“公平对待孤儿”，也是为了强调在合法拥有一定遗产基础上的再婚仍应贯彻伊斯兰教所倡导的以爱为基础的婚配精神。再次，在男子具备相当的经济基础且从物质和精神上都能公平对待每一位妻子的前提下才能允许多妻，否则，“只可以各娶一妻”。但如此苛刻的条件，难有几人真正做到。最后，允许纳女奴为妻，又折射出《古兰经》对解放女奴具特殊而重要的意义（24：32—33)。因此，“伊斯兰教允许的多妻制与中国封建社会的妻妾制迥然不同。显然，伊斯兰教指出男人如不能公平对待诸妻，则只能娶一妻，此规定的基本精神，是限制多妻制，主张一夫一妻制”[②]。在现代文明的推进下，伊斯兰国家实行一妻制则更为普遍。

2. 关于“衣服”说

> “斋戒的夜间，准你们和妻室交接。她们是你们的衣服，你们是她们的衣服。真主已知道你们自欺，而饶恕你们，赦免你们；现在，你们可以和她们交接，可以求真主为你们注定的［子女］，可以吃，可以饮，至黎明时天边的黑线和白线对你们截然划分。”(2：187)

于是，有人据此断言穆斯林夫妻关系不平等、婚姻不稳定，理由是丈夫将妻子视为可随心所欲穿上或脱去的“衣服”。其实，这段经文是针对如何斋戒而颁示的。伊斯兰教规定，行“斋”礼必须每天从拂晓到日落严禁食色等欲望满足的举止甚至意念。至于男女嬉狎或夫妻房事，初定严避一月（但有“自欺”之事出现)、后改定为昼禁夜可。在这一月的夜晚，穆斯林既可以放开吃喝，也可以尽情享受鱼水之欢，甚至子嗣的孕育。所以，这里的

① 杨华：《伊斯兰婚姻向一妻制演变是历史发展必然》，《阿拉伯世界》2004 年第 3 期，第 34 页。

② 同上。

“衣服”是用来比喻夫妻关系的，上下两句承接性地明示了男女互为彼此的“衣服”，恰恰表明夫妻间有一种互为表里、彼此依存的平等又密切的情爱关系：“众人啊！你们当敬畏你们的主，他从一个人创造你们，他把那个人的配偶造成与他同类的，并且从他们俩创造许多男人和女人。你们当敬畏真主——你们常假借他的名义，而要求相互的权利的主——当尊重血亲。真主确是监视你们的。”在《妇女》一章首节里也强调，男女不仅原为一体，而且同类的两个个体又共同创造了子孙后代。在“敬畏真主”的前提下“当尊重血亲”。伊斯兰教重视血亲关系，自然也重视血亲链里夫妻关系这一核心链接点，这就将夫妻关系经由血亲这一参数的引入而推向了更高境界。

3. 关于“土地”说

“你们的妻子好比是你们的田地，你们可以随意耕种。你们当预先为自己而行善。你们当敬畏真主，当知道你们将与他相会。你当向信士们报喜”（2：223）。

《古兰经》用“农夫”和“田地”来作比喻是为了强调夫妻关系的重要性，但有人却仅取前两句就妄言穆斯林男子有绝对统治权，对待妻子就像农夫对待自己的田地一样可随意整治、肆意践踏。对此，马坚教授反驳为：“妻室生产儿女，犹如田地生产五谷，故称妻室为田地，是隐比法。这是指示我们婚姻的目的是种族的绵延，不是性欲的满足。农夫为种植而选择肥沃的田地，丈夫也当为生育而选择贤淑的妻室……”虽然农夫可“随意耕种”自己的“田地”，但以“预先为自己而行善”为限。因此，丈夫应像农夫尽心竭力于耕作、收获那样关怀备至地善待倾尽心血抚育后代的妻子。而“有关‘田地’的比喻旨在强调丈夫的职责和夫妇共同培育庄稼（子嗣）的义务。”①

4. 关于“休妻”说

因有人对“多妻”制的误读便也想当然地以为伊斯兰男子可随意休妻。

---

① 林松：《古兰经知识宝典》，四川人民出版社1995年版，第481页。

事实是，如果不是发生确凿无疑的越轨事件，不是双方无法继续维护婚姻，伊斯兰教并不主张草率分居、随便离异，尤其是丈夫不能随意休妻。《古兰经》规定：妻子的确“做了明显的丑事”（4：19）且有4人作证才算离婚证据成立（4：15），作假证诬告妇女者应受皮鞭惩罚（24：4）；严防为娶新妇而栽赃原妻作风不正、借此敲诈钱财达到休妻获财的双重目的之徒（4：20）；在“未与她们交接，也未为她们决定聘仪”之际休妻，仍需以量力而行的“离仪赠与她们”（2：236）；在“与她们交接之前，在为她们决定聘仪之后”而休妻，“当以所定聘仪的半数赠与她们”（2：237）；在夫妻双方等候离异期间，丈夫即使物色好新的续婚对象也要守制期满（2：235）；反对草率休妻、休而反悔的游戏婚姻（2：230）……伊斯兰教为保障婚姻的稳定、维护妇女权益、呵护儿童的身心健康而严禁随意休妻。

5. 关于“面纱”谜

包裹严实的伊斯兰妇女的那双矜持、深邃的大眼不得不令人对神秘的面纱产生种种疑惑和不解，追索“面纱”之谜，不仅是为了透视特定的世风民俗，也是为了研究伊斯兰妇女的衣着审美，更是为了探究穿戴者的内心世界。其实，衣着服饰既有实用的功能，也有彰显审美的作用。正如《古兰经》所强调的“遮盖阴部的衣服和修饰的衣服，敬畏的衣服尤为优美。”显然，“衣服”的3个不同的修饰词就依次表明伊斯兰教既认同衣着的实用功能，还重视服饰的审美价值，更强调衣着服饰的心灵敬畏和欲望规避的精神品质。为此，《古兰经》特别规定男女信士的不同着装要求：

> “你对信士们说，叫他们降低视线，遮蔽下身，这对于他们是更纯洁的。真主确是彻知他们的行为的。”（24：30）
>
> “你对信女们说，叫她们降低视线，遮蔽下身，莫露出首饰，除非自然露出的，叫她们用面纱遮住胸膛，莫露出首饰，除非对她们的丈夫，或她们的父亲，或她们的丈夫的父亲，或她们的儿子，或她们的丈夫的儿子，或她们的兄弟，或她们的兄弟的儿子，或她们的姐妹的儿子，或她们的女仆，或她们的奴婢，或无性欲的男仆，或不懂妇女之事的儿童；叫她们不要用力踏足，使人得知她们所隐藏的首饰。信士们啊！你们应全体向真主悔罪，以便你们成功。”（24：31）

要求男女信士在公众场合举止检点、目不斜视，着装庄重、忌暴讳露，仪态美和服饰美便达到了有机统一、彼此协调的境界。对妇女的着装要求更为具体、严格：不禁止妇女装饰，但反对其借装饰而过分炫耀甚至卖弄；用面纱遮其胸膛，既防露出首饰来炫弄，更防露出姿色来招摇；对夫、父、子、侄、甥及仆、婢、童均不设防；严禁妇女举止放荡、肆意显摆、搔首弄姿。可以想见，对于干旱酷暑生存环境中日趋淫邪的不正世风，《古兰经》如此详述女子着装问题，既是为了告诫男子不可放浪形骸、女子不要卖弄姿色，净化物欲横流的生存环境，也是为了强化妇女自尊、自爱的性别意识以杜绝异性的邪念恶欲，力避不良邪气之滋生，更是为了在穆斯林男子面前竖起一道圣洁、神秘的道德风景线，扭转视女子为欲望符号而被窥的屈辱命运，在规避欲望的理性对话与满怀敬畏的心灵共鸣中达到真正的男女平等。值得强调的是，当中外文坛盛行“身体写作”的时候，伊斯兰作家们均以鲜明的欲望规避的叙述特质而迥然有别于他人，破解了“面纱”之谜，也就寻到了此种文学现象背后的文化根源，至于伊斯兰妇女用面纱遮污的“不洁”说及其妇女地位低下之妄论也就不攻自破了。

6. 关于“多子”说

穆圣曾曰：“你们娶你们喜爱且能够多生育的妻子；我在复生日，将以你们和各民族相比数。”有人便据此判定伊斯兰教提倡多生孩子。

其实，这是穆圣在特定历史环境中表达的意愿，或在异教异族势力极强、或天灾人祸死伤极惨等都有可能许此心愿。但不能据此而断定伊斯兰教提倡“多子”。在东方学话语中，“大部分时候，对阿拉伯社会的轻觑以及令人难以想象的简化处理完全淹没了夸大其性能力的这一潜在倾向：阿拉伯人以性的方式不断繁衍着自身，如此而已”。亦即“阿拉伯人的重要性主要体现在其作为生物个体的这一方面；从社会机制、政治和文化的角度来说，他们毫无价值，或几乎毫无价值。从数量和作为家庭制造者的角度来说，阿拉伯人是现实存在的。”① 东方学家臆构的这种“多子”邪说肆意蔓延，西方强势传媒所播放的妇幼成群的惯常画面更将人们引向误读的泥潭。其实，伊

① ［美］爱德华·W. 萨义德：《东方学》，生活·读书·新知三联书店2000年版，第401页。

斯兰教虽主张“两世并重”，但强调不宜过分贪恋现世的物欲满足，仍应持守来世的精神信仰。因此，针对当时阿拉伯半岛居民中由于虚荣心所驱使，逞荣比富，以财产和子女的多寡来竞相争胜的不良之风，《古兰经》用形象的比喻说明物欲的享受如同田苗的由长到枯，瞬乎即逝。财产和儿女虽是今世的享受，但却是“迷惑世人的”、“欺骗人的享受”，“优美的归宿”是在“真主那里”。进一步而言，伊斯兰教鼓励婚配，反对禁欲主义，不回避性爱，但更强调以爱来构筑婚姻大厦。在婚姻甚至离异的具体规定中明显倾向于妇女儿童的物质与精神的权益保障，而不是只顾生不顾养的滥生者。在“认主独一”基础上兼顾血亲和非血亲关系，而非一味“多子”的繁衍者。

可见，对伊斯兰妇女问题误读要点作本源到变异性的检视，澄清被西方传媒歪曲了的伊斯兰文化历史且辩证的妇女观，可为深入研究中东妇女问题提供较坚实的立论基础。

三　西方传媒语境中“伊斯兰反妇女”论之成因

既然伊斯兰教的妇女观全面系统地关照了女性物质与精神的权益，但为什么人们的脑海中却是伊斯兰世界处处反妇女的现实印象呢？文化原典语境中的“女性关怀”思想与西方传媒语境中的“反妇女”观之间互错的原因大体如下：

1. 西方传媒有意或无意地将前伊斯兰教时代的陈规陋习与伊斯兰教的纠错经文混为一谈

D. L. 卡莫迪指出：“学者们一致认为，穆罕默德的启示对于妇女来说是给她们带来了相当大的好处，因为就在伊斯兰教产生之前，阿拉伯妇女几乎还没有任何权利。”① 事实的确如此。西方传媒对伊斯兰妇女的攻击目标主要集中于多妻制和离婚制。其实，多妻现象并非始于或独于伊斯兰文化。且不说伊斯兰教创立之前的阿拉伯半岛上早已盛行着买卖妇女的“巴尔”婚姻，中国古代的娶妻纳妾更是多妻制的极端变种。“事实上，7世纪阿拉伯

① ［美］D. L. 卡莫迪：《妇女与世界宗教》，四川人民出版社1989年版，第153页。

的游牧部落既是父权家长制又是多妻制的，一个男人能够买下或偷抢到多少妻子，他就有权利占有多少妻子。"[①] 对此，《古兰经》既反对男尊女卑的父权制和毫无节制的多妻制，还反对买卖婚姻与包办强娶。"穆罕默德倾向于赞成一妻制，但他被迫向先前漫无节制的多妻制作了妥协，这部分是因为无休无止的战争消灭了大批男性人口。"[②]

在前伊斯兰时代的阿拉伯半岛，不仅杀溺女婴的现象极为流行，而且妇女就像财产一样从她们的父亲手里转到她们的丈夫手里；在丈夫死了之后再转到儿子手里。对此，《古兰经》不仅强调残杀女婴者在末日审判时必遭严惩，还提倡妇女自愿的婚姻，更允许寡妇再嫁。这是对被压迫妇女挣扎于父—夫—子男权牢笼里的不公命运的同情和援助。

在现实社会中，随着阿拉伯—伊斯兰国家女子教育的迅速发展，已有越来越多的穆斯林妇女向传统的多妻制和离婚制的陋习发起挑战，据 1983 年妇女社会服务慈善协会的一项调查显示，即使是在保守的沙特，"44%的被调查妇女把工作和教育分别放在第一、第二位，婚姻位居第三位；73%的妇女认为婚姻是男女间的伴侣关系"[③]。这表明穆斯林妇女已将经济独立与自我完善置于婚姻生活之上，崇尚有爱情的婚姻而非依附被动的婚姻。这种全新的婚姻观也影响了妇女的生育观，造成一些国家人口增长率下降。如"1960—1990 年沙特和阿联酋每年人口增长率分别为 4.2%和 10%，到 1990—2000 年，每年人口增长率分别降到 3.9%和 2.1%。"[④] 也和西方发达国家一样，随着离婚率的不断上升，穆斯林妇女提出离婚的人数也在逐日增长。这些事实都与西方传媒惯常所渲染的多妻、多子且随意休妻的情形大相径庭。

2. 穆斯林妇女遭遇男权社会与西方传媒双重"被塑"的尴尬

"面纱是传统服饰的有代表性的部分，具有特定的文化含义。有时它指蒙面的头巾，有时它指黑色长袍。"[⑤] 作为一种特定的民族服饰之所以与妇

---

① ［美］D.L. 卡莫迪：《妇女与世界宗教》，四川人民出版社 1989 年版，第 155 页。

② 同上书，第 154 页。

③ 王铁铮：《沙特阿拉伯的国家与政治》，三秦出版社 1997 年版，第 265 页。

④ UNDP，Human Development Report 2000，pp. 170-171.

⑤ 伍庆玲：《现代中东妇女问题》，云南大学出版社 2004 年版，第 139 页。

女地位纠缠在一起，既与《古兰经》颁降时阿拉伯半岛不良的世风有关，也与由男性把持经文解读的不公的惯例有关，更与将女子视为欲望符号有关。有人援引《古兰经》关于端庄行为的规定（24：31）而别有用心地证明诱因男子思淫念邪的是女人的整个身体，因而需要将其遮蔽起来，“安拉将褒奖那些看到美丽的妇女就闭上眼睛的穆斯林”。于是，对男人来说，回避女人竟成了一种美德。面纱作为一种抽象的服饰文化符号就被烙上了道德约束的新质，埃及女大学生以“重戴面纱”来抵制西方文化的物欲横流就是明证。西方传媒更借男子纵情声色、女子必戴面纱而妄断妇女社会地位低下，穆斯林妇女又因面纱制而招致难言莫辩的窘境。

穆斯林妇女除了服饰隔离外，还有家庭隔离，亦即将女子幽闭在家，甚至规定“妇女被同意外出三次：第一次是在结婚时去丈夫的家；第二次是她父母去世时；第三次是她走向坟墓。”[1] 结果导致穆斯林妇女被社会逐步边缘化，剥夺了上学与就业的基本权利。尤其是女子不得外出工作，否则做丈夫的荣誉将会受到损害，人们会以为他无力供养她；“妇女不再能经常去清真寺。既然清真寺是文化教育中心和宗教中心，妇女在文化上很快就完全处在边缘地位。她们在社会、心理和经济上都被撇在死气沉沉的状态中，这就完全阻碍了她们整个人的发展。她们受到的阻碍是如此的严重，以至她们已不适应公共生活。这在实际上造成了一个无法终止的恶性循环”[2]。可见，“穆斯林妇女的形象是由男性的名誉和欲望这两个因素塑造出来的”，“只有男性的慎重和深闺制才能防止女人的淫荡、贪婪和判断上的弱点”[3]。社会与文化两方面边缘化伊斯兰妇女的现实弊端也被西方传媒用来大做文章，在西方女权主义那里更成为绝好的反面教材。

在现实社会中，随着女子受教育程度的普遍提高以及阿拉伯—伊斯兰国家战争的频发、经济的衰退，使得妇女就业人数迅速增加。阿曼的妇女不仅进入教育机构和公共部门，而且还到武装、警察部队和广播电视台工作，几乎所有职业部门都不拒绝受过教育的妇女的加盟。摩洛哥妇女中“一些受过高等专业教育的佼佼者开始在咨询、培训、信息、金融等科技和高智商领域

① Huda Lutfi, Manners and Customs of Fourteeth-Century Cairene Women. 转引自伍庆玲：《现代中东妇女问题》，云南大学出版社 2004 年版，第 48 页。

② ［美］D. L. 卡莫迪：《妇女与世界宗教》，四川人民出版社 1989 年版，第 155 页。

③ 同上书，第 159 页。

展露才华”。且据不完全统计，“摩洛哥全国目前共有5000多位妇女企业家，约占全国就业总人口的0.5%，其中80%以上的妇女最近20年创办了自己的企业。”[①] 这些可喜成就与西方传媒所报道的情况出入甚大，也在一定程度上回击了西方传媒利用蒙面纱和深闺制而借机鼓噪穆斯林妇女社会地位低下的谬论。

3. 西方传媒别有用心地报道伊斯兰妇女问题

西方传媒在报道伊斯兰世界时，多战争与恐怖报道，少生活与女性报道；在报道伊斯兰妇女时，多消极与负面报道，少进步与成就报道。实际上，随着全球妇女解放运动的不断深入，随着西方女权主义思潮的不断蔓延，更因《古兰经》自成体系的女性关怀思想的精神感召以及女性自身发展的本能需求，伊斯兰妇女的命运处境也和非伊斯兰世界的妇女一样发生了或正在发生着巨大的变化。尤其是伊朗妇女，她们依靠自身的力量已经取得了引人注目的成就，“在伊朗议会的270个席位中，女性已占14席，这超过了美国女参议员的数目”[②]。希林·伊巴迪就是伊朗穆斯林妇女中的一位佼佼者：2003年10月10日诺贝尔奖评审委员会宣布，伊朗女作家希林·伊巴迪由于在人权尤其是争取妇女和儿童权益方面所做出的努力而成为2003年度诺贝尔和平奖得主，她是首位获得诺贝尔和平奖的伊朗人。一提起伊朗女性，人们脑海中往往涌现出一个蒙面人的形象：一身黑色长袍，面纱罩面，只露出一双深不可测的眼睛。作为一名伊斯兰知识女性，她认为，“如果妇女和儿童的权益得不到尊重，任何一个社会都称不上是一个文明社会。……坚持伊斯兰教与基本人权之间没有冲突的立场，主张世界上不同的文化与宗教之间应展开对话，反对采取暴力行为”[③]。无论如何，伊斯兰妇女荣获诺贝尔和平奖这一举世瞩目的事实也表明世界对伊斯兰妇女命运的极大关注、伊斯兰妇女的现实处境与世界和平有着密切的关系。伊巴迪的成功及其获奖，都向世人表明伊斯兰妇女真实的命运处境与执著的精神追求。尤需强调的是，伊斯兰妇女伊巴迪既是“虔诚的穆斯林”，又是现代知识精英，多重

---

① 陈静：《海湾妇女：历史、现状与未来》，《西亚非洲》2002年第3期，第53页。

② 《青岛晚报》2003年10月18日。

③ 同上。

特殊身份集于一身便赋予其话语判断的相当权威性。因此，“坚持伊斯兰教与基本人权之间没有冲突的立场”也就最大限度地折射出伊斯兰文化形象的真在与本相。但是，西方传媒却将极少量又失真的穆斯林妇女报道淹没在连篇累牍的战争与恐怖事件当中。

4. 西方传媒用西方女权主义来苛责身处迥异生存环境中的伊斯兰妇女

在西方女权主义思潮盛行之际，在西方强势传媒统驭全球之时，事实是，自海湾战争以来，美国和伊斯兰世界就一直冲突不断。特别是“9·11”事件后，以美国为首的西方霸权主义者将自己对异质文明的偏见肆意“泛恐怖化”，伊斯兰文明正遭遇着前所未有的被妖魔化的不幸命运。拥有世界传媒绝对优势的美国传媒，其强大无比和无所不及性更是有目共睹。在它“恶毒中伤和蓄意丑化”伊斯兰文化形象时，有关“反妇女论”的报道便应运而生了。

布什政府视伊斯兰文明为西方推进现代民主的巨大障碍，民主改造伊斯兰文化被当作解决恐怖主义的根本。美国在伊拉克等国全力倾销西方“民主”与“自由”的后果是，给这些国家同时带去了西方的性自由、享乐至上等异质文化的不良消费品。穆斯林妇女在内敛、制欲的传统文化与张扬、纵欲的西方文化夹缝中求生，成为非常态文化交流中的首要被冲击者。西方自由主义的生活方式在一定程度上成为长期遭受物质贫困、独裁专制双重桎梏的一部分阿拉伯人最直接的自我解脱方式，女性便成为他们恃强凌弱的最适宜的猎物，沦为西方文化霸权主义的最无辜但却是最大的牺牲品，亦即，在连绵不断的战争中丧亲失痛、动荡不安的经济衰微中贫困交加的穆斯林妇女无法奢谈地位与权利，西方传媒用女权主义理论来苛责伊斯兰妇女问题更有失公平。

伊斯兰生态文明初探

马明良

当代许多国家在进行生态环境建设时，除了采取科学的手段以外，还试图从传统文化和宗教中开掘生态思想资源，以寻求某种价值支持。本文探讨了世界三大宗教之一的伊斯兰生态文明，指出伊斯兰生态文明总的原则是人与自然相依为命，共存共荣；并深入探索了伊斯兰生态文明的具体内涵及其当代价值。

随着全球生态危机的加剧，建立生态文明的呼声日益高涨。如西北大学彭树智教授将生态文明与物质文明、精神文明和制度文明相提并论。他说："只讲物质、精神、制度文明，而不讲生态文明，也就疏忽了人类社会与自然环境的综合性和整体性交往关系；其结果便忽视了生态文明系统对人类文明交往的制约作用。"[①] 而伊斯兰生态文明在诸多生态文明中，独具特色，具有鲜明的个性，值得探讨。

一

100 多年前，当西方对自身所取得的工业文明成就而沾沾自喜时[②]，恩格斯就曾警告人们不要过分陶醉于人类对自然界的胜利，因为对于每次这样的胜利，自然界都会对人们进行报复。100 多年后的事实证明，恩格斯的话

① 彭树智：《文明交往论》，陕西人民出版社 2002 年版，第 83 页。

② 裔昭印主编：《世界文化史》，华东师范大学出版社 2000 年版，第 379 页。

不幸言中：自然界果然开始报复"竭泽而渔又自以为是"的人类，试看今日世界之生态问题：

一是温室效应。由于工业化国家大量排放温室气体，气温不断上升，干旱、暴风、洪水等灾害频频发生，生态平衡遭到严重破坏。

二是大气污染。人类大量排放的二氧化碳使城市的人口一半生活在污染超标的大气环境里。

三是水污染。全世界每年有 2.5 万人死于水污染造成的疾病，13 亿人缺乏安全用水。

四是土地沙化。由于乱砍滥伐，森林减少，植被遭破坏，化肥农药过量使用，致使土质严重退化，沙化和荒漠化面积不断增加，扬尘天气和沙尘暴有增无减。

五是海洋生态危机。由于江、河、湖、大洋受废气、废物、有毒化学物质、油气等污染，沿海居民中肝炎、霍乱等病例不断增加，鱼虾等海洋生物死亡和减少。

六是臭氧层被破坏。臭氧层不断减少，甚至出现"臭氧洞"使皮肤癌、黑色毒瘤、白内障等疾病的发病率急剧上升，并使海洋浮游生物受到伤害，导致海洋食物链中基础食物数量的减少，特别是浅水里的鱼类和贝类的幼体难以生存。

七是物种濒危。由于生态平衡遭到破坏，地球上每天有 100 种生物绝灭。

八是空间碎片污染。这种污染也就是所谓的"太空垃圾"污染。目前在外层空间约有 3000 吨碎片，包括已失效的卫星和同飞行器任务有关的物体。由于这些碎片飞行速度很快，即使直径 1 厘米的小铁块在和宇宙飞船及轨道站相撞后，也会带来灾难性的后果。

九是核污染问题。核泄漏、核爆炸事件的频频发生，严重危及人类的生命安全。[①]

上述生态环境问题，已引起各国政府和有识之士以及联合国的关注。1972 年 6 月 5 日，联合国人类环境会议通过了《人类环境宣言》(简称《宣言》)，《宣言》指出："保护和改善人类环境是关系到世界各国人民的幸福和

① 蔡拓：《当代全球问题》，天津人民出版社 1994 年版，第 233 页。

经济发展的重要问题。”1992年，被称为“地球首脑会议”的里约“世界环境与发展大会”召开，并通过全球《21世纪议程》和《里约宣言》等文件，大会强调了“可持续发展”理念。与此同时，由于生态环境问题的日益严重，出现了生态安全和环境安全的概念。尤其是“冷战”结束后，军事安全的地位下降，对国家安全的其他非传统、非军事威胁日益突出，生态威胁就是其中之一。因此，各国将生态安全纳入其国家安全战略。[①]

由于生态环境问题关系到全人类的生存与发展，除了引起各国政府的重视外，一向以关怀人类福祉为己任的世界各大宗教也从各自的角度表示了关注，在西方于20世纪60年代形成了宗教生态学。宗教生态学从生态平衡的角度来研究各种宗教对自然生态的态度和应采取的相应行为。有关基督教生态观的研究也日益活跃。这方面的代表性成果有道格拉斯（T. B. Douglass）的《生态改变与教会》（公元1960年）、克贝尔勒（A. Koberle）的《基督教信仰中的自然之爱和自然责任感》（公元1963年）、霍尔费尔德（W. Hohlfeld）的《教会是绿色的吗？从基督教观点看环境问题》（公元1972年）以及密纳雷克（Hubertus Mynarek）的《生态宗教》（公元1986年）等。[②] 关于佛教和道教生态观的探讨论著则更多，举不胜举。相比之下，有关伊斯兰教的生态思想，则探讨文章不多，国外伊斯兰学者虽有一些零星的论述，但缺乏系统的研究，国内伊斯兰学者对此几乎无人问津。因此，伊斯兰生态文明的研究是一个具有挑战性和开拓性的领域，笔者在此将自己的初步探讨结果发表出来，以就教于各位专家学者，并希望引起国内学者对此问题的研究兴趣。

二

伊斯兰教的生态观与它的宇宙观是分不开的。伊斯兰教认为，真主创造了自然万物、日月星辰，使整个大自然气象万千，多姿多彩，和谐美妙，有高山，有平原；有沙漠，有绿洲；有陆地，有海洋；有湖泊，有河流；有戈

① 王逸舟主编：《全球化时代的国际安全》，上海人民出版社1999年版，第99页。

② 卓新平：《宗教理解》，社会科学文献出版社1999年版，第32页。

壁，有草原；还有空气、阳光、水和生活在地球上的无数种动植物以及其他生物和无生物。《古兰经》启发人们说：“难道他们没有仰视天体吗？我是怎样建造它，点缀它，使它没有缺陷的？我曾展开大地，并将许多的山岳投在上面，还使各种美丽的植物生长出来，为的是启发和教诲每一个皈依的仆人”①(50：6)。“天地的创造，昼夜的轮流，利人航海船舶，真主从云中降下雨水，借它而使已死的大地复苏，并在大地上散布各种动物，与风向的改变，天地间受制的云，对于思维的人看来，此中确有许多迹象。”(2：164)关于大自然的和谐、天地万物的井然有序及其生态平衡，《古兰经》启示道：“我展开大地，并把许多山岳安置在大地上，而且使各种均衡的东西生出来”(15：19)。“太阳疾行，至一定所……月亮，我为它预定星宿……太阳不得追及月亮，黑夜不得超越白昼，各在一个轨道上浮游着。”(36：38—40)水为生命之源，万物生长都离不开它，《古兰经》就此指出：“我从云中降下清洁的雨水，而使已死的大地复活，并用雨水供我所创造的牲畜和人们做饮料。”(25：49)“真主用水创造一切动物，其中有用腹部行走的，有用两足行走的，有用四足行走的。”(24：45)“他从云中降下雨水，用雨水使一切植物发芽，长出翠绿的枝叶，结出累累的果实”(6：99)。“他制服海洋，以便你们渔取其中的鲜肉，做你们的食品；或采取其中的珠宝，做你们的装饰。”(16：14)

正因为有了水，才使大地披上了绿装，大自然充满了生机与活力，《古兰经》用独特的语言描述了这一景象，说道：“我从云中降下定量的雨水，然后，我使它停留在地上——我对于使它干涸是全能的——然后，我借它而为你们创造许多枣园和葡萄园。”(23：18—19)“大地上有许多邻近的区域，有葡萄园，有庄稼，有椰枣树，其中有二株同根生的、二株异根生的，(这些都是)用同样的水灌溉的，我却使这一部分果实比那一部分佳美。”(13：4)“他创造了许多园圃，其中有蔓生的和直立的果木，与果实各别的海枣和百合，形同味异的油橄榄和石榴。”(6：141)

关于大自然的千姿百态和生物多样性，《古兰经》提示道：“难道你还不知道吗？真主从云中降下雨水而生产各种果实。山上有白的、红的、各色的

① 马坚译：《古兰经》，中国社会科学出版社1981年版。括号中数的前者表示《古兰经》的章，后者表示节。本文《古兰经》语均引自该译本，不再一一注明。

条纹，和漆黑的岩石。人类、野兽和牲畜中，也同样有不同的种类。”（35：27—28）“他创造了牲畜，你们可以其毛和皮御寒，可以其乳和肉充饥，还有许多益处。”（16：5）“你的主曾启示蜜蜂：‘你可以筑房在山上和树上，以及人们所建造的蜂房里。然后，你从每种果实上吃一点，并驯服地遵循你的主的道路。’将有一种颜色不同，而可以治病的饮料，从它的腹中吐出来；对于能思维的民众，此中确有一种迹象。”（16：68—69）总之，大自然中的所有这些景观——秀美的山川、茂密的森林、成群的动物、丰沛的雨水、灿烂的群星、广阔的海洋、微微的暖气、滚滚的寒流、蓝蓝的天空、飘动的云彩、潺潺的流水，以及由此而来的湖光山色、鸟语花香构成了一个协调有序、相互依存、生机盎然的宇宙大家庭。人类就是这个大家庭中的一员（但不是唯一的成员），而且是万物之灵长、天地间的精华，因而真让人成为真主在大地上的“代治者”（10：14），奉真主之命，受真主之托，治理好这个世界，建设好这个世界，使整个世界走向繁荣昌盛，使各族百姓安居乐业。为此，人除了处理好同类（即人与人）之间的关系以外，还得处理好同自身赖以生存的大自然之间的关系。

处理好同自然之间的关系，要求人们把握两点：一是接近自然而不崇拜自然；二是开发自然而不滥用自然，人与自然相依为命，共存共荣。

根据伊斯兰教义，自然界的运动变化，如刮风下雨、日起日落、昼夜循环、四季交替等，绝无神秘之处，人们不应对此心怀恐惧，盲目加以崇拜，而应该仔细观察自然，探索自然，领悟其中的奥妙，总结其中的规律，坚定自己的信仰。《古兰经》号召人们说：“你们要观察天地之间的森罗万象。”（10：101）在《古兰经》的启发下，中世纪的穆斯林积极把目光投向大自然，但没有为“天地间的森罗万象”而晕头转向，不知所措；没有产生对自然的恐惧和崇拜心理；没有为自己树立什么山神、太阳神、水神、火神等偶像。相反，他们通过接近自然，观察自然，探索自然，悟出了一些道理，把握了一些规律，最终在天文学、地理学、数学、物理学、化学、动物学、植物学和医学等自然科学领域取得了巨大成就。这些成就成为中世纪伊斯兰文化的一个有机组成部分，对欧洲文艺复兴，对人类文明作出了重大贡献。

那么，伊斯兰教在维护生态平衡、保护环境方面有哪些主张呢？在这方面，伊斯兰教既有一些原则主张，又有很多具体要求。伊斯兰教在维护生态平衡、保护环境方面的总原则是：人与自然和谐相处，相依为命，共存共荣。伊斯兰历史上较早关注人与自然关系问题的学者是动物学家扎黑祖、医学家拉齐、历史学家伊本·赫尔东。扎黑祖论述了人与环境、动物与环境的关系，反复提醒人们注意保护生存环境，否则空气污染会导致水的污染，而水污染又会导致土壤的污染，进而会危及人和动物的健康。[①] 拉齐用他的环境知识和独特的方法为阿拔斯王朝统治者选择了巴格达医院院址。他将几块动物的肉分别放在巴格达的不同区位，然后观察数天，最后以保鲜时间最长、肉质腐烂最慢的区位为建造医院的最佳位置，因为这说明这个区位空气最洁净，环境最佳，有利于病人康复。伊本·赫尔东在其名著《柏柏尔人和阿拉伯人的历史殷鉴》绪论中，分析了气候和自然环境对人类生活和历史发展进程的影响，并指出炎热地区可通过植树种草来降温，改善生活环境。而当代一些伊斯兰学者从《古兰经》和《圣训》的基本原则出发，联系当今世界的环境问题，提出了自己的观点。有的学者认为，大自然是一个统一的、相互联系、相互影响的整体，各国各民族在发展经济、改善生活时，必须以保护环境、维护生态平衡为前提；以牺牲环境为代价换来的经济发展，不但害人，而且也害己，既不符合人类的共同利益，也不符合本国本民族的长远利益。因为一国环境的破坏与污染必然会殃及邻国乃至全球。全人类都在同一条船上，必须同舟共济，共同承担责任，履行义务，利人利己，共存共荣。[②] 有的学者强调，大自然是人类可爱可亲的家园，而非人类的敌人，人类不能也不应以征服自然为能事，而应该亲近自然，顺应自然规律，与自然和谐相处，并有计划有节制地开发自然、利用自然，在空间上要最大限度地兼顾地球上不同区域国家和民族对资源的多层次的需求；在时间上也要充分考虑子孙后代对资源的长久需求。为此，一要做到“给苏特”（公正），二要做到“麦瓦则奴”[③]（均衡）。

当代伊斯兰国家对生态环境问题重要性的认识不断提高，已经和正在采取种种措施来解决所存在的问题。2000 年 10 月 23—25 日，由伊斯兰会议

① ［古阿拉伯］扎黑祖：《动物志》第 32 页，转引自阿布杜勒·阿最目著《伊斯兰与环境》，埃及亚历山大大学青年出版社 1999 年版，第 54 页。

② ［埃及］阿里·宰克里：《伊斯兰的环境观》，埃及亚历山大知识出版社 1995 年版，第 16 页。

③ ［埃及］阿布杜·勒托夫：《人道主义思想与信仰现实中的环境》，开罗埃及—黎巴嫩书社 1994 年版，第 59 页。

组织，联合国环境计划署、伊斯兰发展银行等机构代表和一些伊斯兰学者、政府官员、企业界人士参加的伊斯兰国家环保会议在沙特阿拉伯港口城市吉达召开。会议经过充分讨论，反复协商，通过了一个重要文件——《吉达宣言》(简称《宣言》)。《宣言》着重强调了以下几点：第一，恢复和发展伊斯兰的生态平衡理念和环保实践；第二，要建立与当今全球环保事业相适应的并能体现伊斯兰精神的伊斯兰世界环保机构；第三，鼓励专家学者致力于环境科学与伊斯兰法学相结合的学术研究，以便适应不断发展的环保形势；第四，强调环保教育的重要性和从伊斯兰的角度提高穆斯林大众环保意识的必要性；第五，强调清真寺、各种媒体、各级各类学校和民间组织在提高公众环保意识方面的责任和义务；第六，呼吁尽快建立伊斯兰世界环境信息中心，并利用互联网，加强交流，促进合作；第七，重视沙漠化和水资源短缺问题；第八，与国际组织特别是与联合国环境计划署加强合作，以改善伊斯兰世界的环境状况。① 在当代伊斯兰国家中，阿联酋的环保工作成就突出，受到国际社会的广泛赞誉。联合国环境计划署高度评价阿联酋在发展农业、绿化国土、防沙治沙、净化环境、减少沙尘等方面所做的努力和取得的重大进展。

三

由上可知，伊斯兰生态文明内涵丰富，特色独具，值得探索。尽管其生态文明具有浓厚的神学色彩，但只要透过其神秘的外衣，深入开掘其内在的丰厚文化底蕴，对于缓解人类今天所面临的生态危机，进行生态环境建设不无借鉴价值。

第一，需要对其进行扬弃，继承和发展其人与自然相互依存、共存共荣的整体生态文明思想，并对它进行现代诠释，促使其现代转换，从而使其成为有活力的思想文化资源，与现代人的生态环境意识相契合。在此基础上建立一种人与自然和谐相处的，既能保护自然生态平衡，又能适应社会经济持续发展的新型生态文明和环境思维方式。

① “伊斯兰与环保”，www. al-islam. com.

第二，在继承伊斯兰传统生态文明合理成分的基础上，确立一种既能维护生态平衡，又能适应持续发展的生产方式。目前，全世界信仰伊斯兰教的人（穆斯林）约有10亿，主要聚居在西亚北非阿拉伯—伊斯兰国家。这些国家都属于发展中国家，都正在致力于现代化建设。现代化的最终目的是为人类创造舒适的物质生活环境和高品位的精神生活环境。如果单纯追求物质财富的创造，而置生态环境危机于不顾，那么，这样的现代化是毫无意义的。西亚北非阿拉伯—伊斯兰国家，自然地理条件相对较差，生态环境基础相当脆弱，荒漠化面积不断扩大，水资源危机日益加剧，油气污染非常严重。在此情况下，若再不注意生态平衡和环境保护，不但会影响那里的人们的生存环境和生活质量，而且还会危及周边地区乃至全球。我国也有10个信仰伊斯兰教的民族约2000万人，主要聚居在西部地区。尽管生态环境建设问题作为西部大开发的重要内容而受到各级政府的重视，但西部尤其是西北的生态环境问题仍很突出，日益严重的扬尘天气和沙尘暴就是其中最典型的表现。

目前流行的环境保护技术，是以现代科学技术手段，设法补偿或部分补偿被破坏的生态环境。尽管随着现代科学技术的发展，它日益成为一种非常有效的手段，但是，因为它是先破坏，后补偿，所以是滞后的、消极的。如果不改变思维方式和生产方式，先污染、再来治理，不但代价高，而且也很难使生态环境完全恢复到原来的状态。所以，更主要的手段应当是设法不破坏（或少破坏），这才是超前的、积极的方法，即符合生态文明的生产方式。而在这方面，伊斯兰教关于爱护自然、保护自然，与自然相依为命、和谐共处的生态文明观对人们是有一定的启发的。

第三，建立符合生态文明的生活方式，即不再单纯追求物质财富的过度享受，而追求既满足自身需要，又不破坏自然生态的生活方式。如果说，在自然经济形态下，人类的活动在某种意义上还是自然过程的一部分的话，那么，进入工业化时代以后，人类依靠先进的科学技术武装起来的强大生产力，向自然界发起了无限的进攻，一方面以掠夺式的开发和“竭泽而渔”的方式拼命向自然界索取；另一方面又无顾忌地向自然界大量排放各种废物，以超越自然净化能力的速度污染环境。无节制地夺取和无顾忌地污染，使得大自然不堪重负。各国经济赖以发展的全球自然生态系统，自20世纪70年代以来已减少1/3，人类若依照目前的速度继续消耗地球资源，那么所有的自然资源将在2075年前被耗尽。也就是说，如果我们消费欲望无限制地膨胀、无节制地消费的话，那么地球在我们这一代人手中就会流尽最后一滴血。在各国经济联系日益密切的全球化时代，强调节约资源，适度消费，就至关重要。各国在采取行政、法律、经济手段来解决生态环境问题的同时，挖掘伊斯兰教等宗教文化中的有关生态文明的思想，并赋予其新的内容，以此唤起有关国家人们的生态意识，促进环保工作，或许是一种有益的尝试。

原载于《世界宗教研究》2003年第4期

穆斯林生理卫生与心理卫生观念初探

马明良

一

当今世界，人们的物质生活越来越丰富，衣食住行用等方面的消费越来越高，然而，我们很难发现人们脸上有由衷的笑、舒心的笑和爽朗的笑；若有，那也是商业性的笑、职业性的笑和人际交往所必需的礼节性的笑。隐藏在这种“笑容”背后的是人们的各种各样的烦恼：穷人因为穷而烦恼，富人因为富而烦恼；有人因怀才不遇而烦恼，有人则因过分引人注目而烦恼；有人因为得不到权力而烦恼，也有人因为害怕失去权力而烦恼；有人因为太忙而烦恼，也有人因为太闲而烦恼；有人因为儿女考不上大学而烦恼，也有人因为儿女考上大学而烦恼；有人因为找不到对象而烦恼，也有人因为甩不掉对象而烦恼；有人因为房子太小而烦恼，也有人因为房子太大寂寞而烦恼；有人因为营养不良太瘦而烦恼，也有人因为营养过剩太胖而烦恼；有人因为丑陋而烦恼，也有人因美丽而烦恼……天下烦恼事实在太多太多。长期烦恼的结果，就是心气不畅，心气不畅的结果导致各种疾病，诸如心脏病、肝病、胆病、肾病、肺病、胃病、高血压、癌症、月经不调等，各种疾病不约而同地找上门来，让人应接不暇、招架不住。心情不好，身体不好；身体不好，心情更不好，恶性循环，没完没了。

这就是生理健康与心理健康的关系。生理健康和心理健康是需要维护的，维护的办法就是讲究生理卫生和心理卫生。而穆斯林的生理卫生和心理卫生观念十分独特，值得研究。研究穆斯林的生理卫生与心理卫生观念及其实践，对于提高现代人的生活质量、对于调适现代人紧张的心态、对于丰富民族学和社会心理学的内涵，都具有重要的理论意义和现实意义。

二

先谈生理卫生。穆斯林认为，宇宙万物及人都是真主创造的，真主以理智而使人优越于其他任何动物，让人居宇宙的首席，人是真主在大地上的“代治者”（或译代理者），奉真主之命，受真主之托，治理这个世界，建设好这个世界，使整个世界走向繁荣昌盛，使各族百姓安居乐业。为了更好地完成这个使命，人首先得具备一个健康的身体。为此，人必须爱护、珍惜真主所赐予的生命，让生命呈现出最大活力，释放出最大能量，发挥最大效益。以珍惜生命、保护生命为荣，以糟蹋生命、滥用生命为耻。基于这种对生命价值的认识，才有了穆斯林的生理卫生观念及其实践。

穆斯林所注重的生理卫生主要包括以下几个方面：

日常卫生：讲究日常卫生已经成为现代人的共识。比如，饭前便后要洗手，早晚要刷牙、洗脸，经常洗澡、洗头、剪指甲。现代人从幼儿园开始就受到了这种教育，电视、报刊都在宣传讲究日常卫生的重要性。然而，宣传和倡导是一回事，人们是否去实践又是一回事。2000 年 9 月 19 日中央电视台“新闻联播”报道说，据调查，在我国，80％的人在家里上厕所后不洗手，60％的人上了公共厕所后不洗手，50％的人在饭前不洗手。这个数据说明，人们对讲究日常卫生虽然有所认识，但尚未深入人心，变成普遍自觉的行动。而穆斯林早在 1400 年前就被告知讲究日常卫生，饭前便后要洗手，每天至少刷一次牙（那时用的刷牙工具是一种特殊的草根，称“米斯瓦克”），常剪指甲，经常沐浴（即大净），最好一周一次。伊斯兰教规定，穆斯林必须每天礼五次拜，拜前必须“小净”，所谓“小净”就是洗身体的局部，如双手、前窍、后窍、漱口、呛鼻、洗脸、洗双臂、抹头、洗脚。许多穆斯林也许不知道讲究日常卫生的科学道理，但因为这是教规所定，虔诚的穆斯林恪守不渝，日复一日，年复一年，从不间断，久而久之，最大限度地避免了各种疾病的侵害。在日常生活中，穆斯林家庭，无论贫富，两样卫生用具必须齐备：一个洗手和“小净”用的汤瓶，一个“大净”（沐浴）用的吊桶。穆斯林洗手不用脸盆，而用汤瓶或自来水龙头，认为脸盆的水不流动，反复洗反而不卫生，而汤瓶和水龙头的水是流动的，能够更好地冲掉污物。洗“大净”不在盆池中洗，而用吊桶，也是出于同样的道理。

此外，穆斯林在日常生活中，讲究按时睡觉，按时起床，晚上不熬夜，早晨不睡懒觉。白天劳作，夜晚休息，顺应自然节律。穆斯林没有过夜生活的习惯，不进夜总会，不赌博，不沉湎于不健康的娱乐。晚上按时入睡，养精蓄锐，恢复体力，早晨黎明前就起床，洗小净，做晨礼（邦达）。然后，或下地，或上工，各司其职，恪尽职守。睡觉时要求遵从“圣行”（逊乃），向右侧睡，以免压迫心脏；不允许趴着睡、蒙着头睡。

穿戴卫生。服装是直接用来保护身体的，因此，穆斯林对穿戴卫生特别讲究。首先，伊斯兰鼓励穆斯林穿着要大方、朴素、美观。有一次，一个穿得破破烂烂的人来见穆圣，穆圣问他：“你没有财产?”他说：“有!”穆圣接着问：“哪方面的财产?”他说：“各方面的财产，真主已赏赐给我了。”穆圣说：“既然真主已把财产赏赐给你了，你就应该展示真主对你的恩惠。”言下之意是，在经济条件允许的情况下，穆斯林尽可能要穿得好一些。穆斯林不追求服装的奢华，但讲究穿戴的整洁。穆圣说：“你们爱好清洁吧！因为伊斯兰是清洁的宗教”，“清洁是信仰的一部分”。其中，衣服的清洁是一个重要的组成部分。凡是被弄脏的衣服，要求立即洗掉，洗衣服至少要洗三遍，每次都要拧干后再洗，最后要用流动的水清洗。尤其是内衣内裤要经常换洗，力戒外表整洁、内里肮脏。

饮食卫生。饮食是滋养生命的源泉，饮食卫生直接关系到生理卫生。因此，穆斯林对饮食卫生格外关注。说到穆斯林的饮食，人们马上会想到不吃猪肉。其实，不吃猪肉是穆斯林整个饮食制度的一部分，而非全部。穆斯林有一整套的饮食制度和饮食禁忌，这些制度和禁忌源于伊斯兰教。

首先，伊斯兰教要求穆斯林对饮食有所选择，选择的标准看是否“佳美”（妥伊布）。佳美的食物很多，有动物类（如牛、羊、鸡、鸭、鱼、虾等），植物类（如各种粮食作物、瓜果蔬菜等），矿物类（如盐等），等等，不胜枚举。不佳美的、不可食的食物，伊斯兰教指出了若干种，比如《古兰经》说道：“有信仰的人们啊！你们可以吃我所供给你们的佳美的食物，你们当感谢真主，如果你们只崇拜他。他指禁戒你们吃自死物、血液、猪肉，以及诵非真主之名而宰的动物。”（2：172）在《古兰经》的另一处，对上述禁忌食物讲得更具体，说："禁止你们吃自死物、血液、猪肉，以及诵非真主之名而宰杀的、勒死的、捶死的、跌死的、抵死的、野兽吃剩的动物，但宰后才死的，仍可以吃，禁止你们吃在神石上宰杀的。"（5：3）伊斯兰教之所以禁止穆斯林吃上述食物，除了宗教观念的原因外，还出于卫生的考虑。比如自死物，在自然情况下死亡的动物，不外乎有这样几个原因：病死、老死、吃了有害食物中毒而死，或跌死、摔死、抵死，或因其他事故和灾害而死。在上述情况下死亡的动物，不是肉质腐败，就是其中有大量病毒或细菌，吃了以后难免对人体产生危害。不过，在所有自死物中鱼类是个例外（《古兰经》5：96），鱼类离开水以后结束生命的，就可以吃；但在水中因中毒或别的原因而死亡的，不可以吃。至于血液不能吃，其原因是显而易见的：血液中含有各种病毒，是现代医学所证明了的。而猪肉之所以不能吃，既有宗教的原因，也有卫生的原因。《古兰经》从宗教角度认为猪肉"确是不洁的"（6：145）。中国伊斯兰学者刘智、马坚等从卫生角度阐述了禁食猪肉的原因。刘智在其著作《天方典礼》卷十四中说："豕，畜类中污浊之尤也。"马坚教授则广征博引一些古今中外医学家的研究报告，指出猪肉当中有许多寄生虫和其他病菌，对人体有害，其中援引李时珍在《本草纲目》中的话说："南豕，味厚，汁浓，其毒尤甚。"当然，在当今世界上还有数十亿人吃猪肉，既然吃就有吃的理由，在此情况下，不宜对此进行过多的评论，以免伤害感情，影响团结。

穆斯林在饮食方面的另一个突出特点就是禁止饮酒、禁止吸毒、禁止吸烟。酒，这个含有酒精而使人致醉的东西，是许多民族所喜爱的饮料。古今中外，关于酒的故事、传说，实在太多太多；吟咏酒的诗篇，也汗牛充栋，数不胜数。尤其是中国人，对酒情有独钟，历来有"无酒不成席"的说法。而伊斯兰教要求穆斯林绝对禁止饮酒（《古兰经》5：90）。穆圣说："凡是使人麻醉的，都算酒；凡是酒，都是非法的。"世界上，凡是比较虔诚的穆斯林都不喝酒。酒的危害，已人所共知，它不但危害喝酒者本人的健康，使其机体衰老，记忆力衰退，神经受损，而且还因其丧失理智而危害他人的安全和利益；大量的车祸、抢劫、暴力、凶杀以及玩忽职守、腐败等都与酒有直接或间接的关系，因此世界卫生组织已把酒列入麻醉剂之列。

穆斯林还禁止吸烟。吸烟容易导致各种疾病，香烟对人体的危害已引起世界各国政府和人民的关注，只是商家由于经济利益驱动而不愿停止生产和销售。而毒品，乃是洪水猛兽，穆斯林理所当然地拒绝它。当然极少数利欲熏心的穆斯林，加入吸毒和贩毒的行列，这是为绝大多数穆斯林所不容的。

性卫生。“食色，性也”，性生活是人的整个生活中重要的组成部分，性卫生是现代人的一个重要卫生理念，尤其是随着性病的流行，人们更加注意这个问题。而穆斯林有其更独特的性卫生观念。

性的需要是人的诸多生理需要中的一个不可忽视的需要，性欲是人的各种欲望中的一个正常欲望。这是由人的天性所决定的。因此，伊斯兰教要求穆斯林给性以合理的定位，即：既反对禁欲主义，也反对纵欲主义。穆斯林被告知，禁欲主义与纵欲主义，表现形式虽然不同，但本质都是一样的，都是违背人的天性的，都是危害人的身心健康的。禁欲主义者终身不嫁不娶，压抑性欲，违背人性，自我折磨，其结果不言而喻。而纵欲主义者又走向了另一个极端，对性欲毫无约束，毫无节制，如脱缰之野马，在性的领域任意驰骋，任意发泄。古今中外，那些沉湎女色、纵欲过度的帝王将相和所谓“才子佳人”，莫不未老先衰，甚至未老先死。

而伊斯兰教所提倡的节欲主义，则是指通过婚姻来适当满足性欲。前面已经提到，性欲是人的天性的一部分，无论男女，到一定年龄，生理上成熟后，就有这种要求，这种要求是必须要满足的，满足的正常途径就是婚姻。通过和谐的婚姻满足性欲，会使人青春焕发，充满朝气，而通过其他途径和私通来满足性欲被认为是不健康的、非法的。《古兰经》指出：“你们不要接近私通，因为私通确是下流的事，这行径真恶劣。”（17：32）

穆斯林在强调通过婚姻满足性欲的同时，对夫妻之间性卫生还有一些讲究，如禁止在妇女月经期间和生产后40天内发生性交。之所以禁止经期性交，是因为这时妇女的生殖器官因内分泌腺的不断分泌而处于充血状态，此时如果遭男性生殖器的干扰，会阻碍月经的正常排出，有时还会引起生殖器官的发炎、月经混乱等，从而会危害妇女的身心健康。之所以禁止妇女产后40天内性交，是因为妇女生孩子，在身心方面经历了一种重大的变化，体力消耗很大，生殖系统遭到较大损伤，这一切都需要一个恢复的过程。所以，产妇需要较多的营养与一种平静的生活，而不能有丝毫的干扰。此外，夫妻之间每次房事之后，都要求各自洗“大净”（沐浴），厌恶连续的性交而不洗“大净”。这一点同样也是出于性卫生的考虑。世界上各种性病的传染，固然主要由于性乱所致，但也不能排除夫妻间不讲性卫生的因素。故勤洗

"大净"、勤洗内衣内裤，一再被强调。至于每天洗小净时的"净下"（洗前、后窍），则是日常生活中的"必修课"。通常大、小便后，都要"净下"，国内穆斯林用汤瓶"净下"。笔者在科威特留学时发现，科威特人的厕所里，一般都有一根软管，便后便用软管中的水冲洗前、后窍，而不能用纸一擦了之。

以下再谈心理卫生。

心理卫生与生理活动是相互联系、相互影响的。心理活动虽然离不开生理活动，但心理活动对生理活动也不是无所作用的。在中国古代医书中，就指出了"七情"（喜、怒、忧、思、悲、恐、惊）是致病的重要因素。苏联生理学家巴甫洛夫有一句名言，他说："一切顽固沉重的忧郁和焦虑，足以给各种疾病大开方便之门。"现代医学证明，人的许多疾病，如高血压、心脏病、溃疡病、肺结核、支气管哮喘、月经失调以及某些皮肤病、癌症等，它们的发病、病程和预防都与心理因素有很大的关系。

穆斯林的心理卫生观念主要包括以下几个方面：

世界观。世界观是人的其他观念的核心和基础。世界上的任何人、任何民族都有自己的世界观。穆斯林的世界观，可以概括为"两世吉庆"，是指：追求今世与后世的吉庆。穆斯林认为，人的生活包括今世生活与后世生活两大部分，死亡是今世与后世的界限，人死亡之前就是今世，人死亡后就是后世。在穆斯林看来，人的死亡并不意味着生命旅程的终结，死亡只是连接今世与后世的桥梁，是今世的结束和后世的开始。人的肉体死后，其灵魂不灭，人还要复活，接受末日审判。审判时，人在今世的所作所为都要大曝光：信主行善者上天堂，永享幸福；昧主作恶者下地狱，永遭痛苦。据此，穆斯林认为，今世是短暂的，一个人在今世的命运并不能说明一切；最后的结局（即后世的状况）才是衡量一个人荣辱祸福的标准。只有两世吉庆才是真正的幸福。

成功观。成功是所有人所追求的，但成功的标准是什么，各人的想法并不相同。对很多人来说，成功意味着获得较高的社会地位、可观的金钱和较高的名望。而对穆斯林而言，地位和金钱等固然重要，但更重要的是真主的喜悦。真主何以喜悦一个人？主要凭坚定的信仰、纯洁的意念和不懈的努力。一个人不一定非要干一番惊天动地的事业才算成功，在生活当中，我们常常会发现这样的穆斯林：相貌平平，地位不高，收入不多，普普通通，甚至有这样那样的困难，但他乐观、从容、自信、镇定，以微笑面对困难。他确信真主是万能的，只要按真主的旨意去生活、去努力、去奋斗，只要怀着一颗善良的心，即使暂时遇到一些困难、挫折，最终必然会成功。因此，当他看到周围的人有很大的权力、很多的财富、很高的名望，他也会以一种平和的心态去看待。他觉得，如果这些东西是通过合法的渠道、凭自己的劳动和贡献获得的，那他就不必嫉妒而应该祝贺；如果这些东西是通过不正当手段窃取的，那他也不必羡慕，而应该鄙视。

失败观。穆斯林认为，在一件事上成功了，不要沾沾自喜，得意忘形；在一件事上失败了，也不要耿耿于怀，灰心丧气。成与败要看最后结局。因此，当穆斯林子弟高考落榜后，家长不会怨孩子，而是安排孩子来年再考或让其干别的事情。同样，穆斯林如果因某种原因下岗的话，一般也不焦躁不安，他（她）会想方设法另找出路，如开店、跑车等，甚至摆摊、卖小吃，也不觉丢面子，反倒会自得其乐，随遇而安。他们认为下岗虽是企业管理不善，或市场变化或结构调整等人为因素造成的，但归根结底，是真主的“定然”，是天命；与其怨天尤人，不如自力更生，更能解决问题。

金钱观。在金钱观上，大多数穆斯林既不是拜金主义者和金钱万能论者，也不是那种视金钱如粪土的所谓“谦谦君子”。穆斯林对金钱的定位是：金钱是手段，不是目的。金钱本身无所谓肮脏或干净，最根本的是，钱从哪里挣，钱往哪里花。对此，穆斯林的态度是取之合法，用之正当。合法的钱，多多益善；非法的钱，分文不沾。所谓用之正当，如赡养老人、抚养孩子等家庭的必要开支；投资农业、工业、商业等有益产业；兴办学校、医院、图书馆、孤儿院、养老院等公益事业；赴麦加朝觐、兴办清真寺等宗教事业；赈济贫民、扶危济困等社会事业；等等。而不正当消费主要指：吸烟、喝酒、吸毒、赌博、嫖娼等吃喝玩乐领域，以及为比阔而购置的豪华别墅、豪华轿车、豪华飞机、豪华名牌服饰等高档消费领域。以这些豪华的东西来显示自己价值的人，被穆斯林认为是一种病态心理。

权力观。大多数穆斯林既不是无政府主义者，也不是专制主义者。他们认为，真主创造了人类，人就其天性而言，是社会的。人类社会要想正常运行，要想进步、发展，就必须保证每个人的合法权益。在此前提下，每个人都应服从管理机构和管理人员（即权力拥有者）的管理。所以，形成了穆斯林的权力观，即相信其作用，又不迷信其威力。换言之，穆斯林如为某个权力拥有者（即官员），能够在一定程度上帮助自己实现一定的愿望，但这个官员绝不能决定他的命运，决定他的命运的是至高无上的真主。所以，在现实生活中，穆斯林一般不把自己的前程系于某个有权者身上。但一个穆斯林从某个有权者那里获得为其办事的承诺，然后他的事因某种原因未办成时，他会觉得，事情未成，这个“办事者”固然有责任，但归根结底，这个结果是真主的安排。因此，他的怨气会慢慢化解，他会另想办法来实现其愿望。

社会观。穆斯林认为，无论是历史上还是当今世界，绝对公平的社会是不存在的，因为绝对公平是造物主——真主的属性，而不是被造物——人的属性。在人类社会中，只有相对的公平和相对的不公平。因此，穆斯林在现实生活中，追求可能的公平，不苛求绝对的公平。当一个穆斯林受到不公平的待遇时，他会据理力争，尽可能争取自己的正当权益。当他尽最大努力来争取获得公平的待遇，但因种种原因仍未实现其正当愿望时，他会失望，但他不会绝望，更不会走上自杀的道路。他会觉得，人亏人，但真主不亏人。他会忍耐，等时机成熟，再做努力。即使再做努力之后仍得不到公正待遇，他也不会心灰意冷，一蹶不振，他会调整思路，改变方法，或者干脆换个环境，继续努力。即使他一辈子都得不到公正待遇，他也不会怨天尤人，唉声叹气。因为，他觉得人性是有缺陷的，今世是有缺憾的，只要信仰坚定，意念纯洁，不断努力，就会受到真主的嘉奖，就会在后世进天堂。如此一想，他的心态就趋于宁静，心里就得到平衡，从而最大限度地避免过分怨恨而带来的疾病。

职业观。从理论上来讲，现代人都知道，各种职业，只有社会分工的不同，并无高低贵贱之分，但在现实生活中，人们心目当中的职业就有高低贵贱之别。比如，很多汉族人受传统观念影响，认为脑力劳动者或者坐办公室的人是高贵的，而体力劳动者如农民、工人、服务行业的职员则是比较低贱的。因此，许多家长想尽办法也要让其子女上大学，当子女榜上无名时，就会怨子女不争气，没出息。在种种压力之下，高考落榜生跳楼自杀的信息，不时见诸报端。大多数穆斯林对职业选择有自己的看法。他们的态度是能上大学则上，以便将来谋一个较好的职业；若上不了，也不会拼命去挤，他们会自谋出路，或务农，或做生意，或打工，或摆摊设点做小买卖，他们不认为这些工作是低贱的职业。

疾病观。生老病死，乃是自然规律，任何人都难免。不过，怎样对待疾病，则各人有各人的态度。大多数汉族同胞对疾病比较敏感，尤其在过年时，更忌讳说“病”字，甚至生病住院的人都在这时出院，过几天“健康人”的日子。而大多数穆斯林对待疾病的态度是：无论何种原因致病，都是真主的安排，恐惧和回避都无济于事，甚至会加重病情，理应寻找各种“色白布”（措施），加以治疗；在想方设法进行治疗的前提下，把自己的健康托付给真主，该吃就吃，该睡就睡，该笑就笑，而不胡思乱想，忧心忡忡。

穆斯林生病后，也不找神汉巫婆念咒语，只是在治疗的同时，自己默念“杜哇”（祈祷词），求真主使其早日康复。一个穆斯林即便被诊断为得了不治之症，也能处之泰然，因为在穆斯林看来，人的寿限，真主早已注定，要多做善功，为后世的幸福做准备。当穆斯林听到另一个穆斯林去世的消息以后，第一个反应不是震惊，也不是为亡人说一些好话，而是念一句《古兰经》中经文：“的确，我们都属于真主，我们都归于真主。”（2：155）意思就是说，人人都要死，只不过有先后而已，你先走了，我随后就来。

三

从上面的探讨可以看出，穆斯林的生理卫生与心理卫生观念十分独特，其中有不少是现代人值得借鉴的东西。

从生理卫生方面，现代人可以从以下几个方面加以借鉴：

第一，讲究日常卫生，勤洗手、勤洗澡似乎人人皆知，不必饶舌。其实，知与行之间仍有距离，反复强调，十分必要。比如，城里人到别人家做客或参加宴席，多数人饭前不洗手，以为自己的手是干净的，殊不知，他乘坐的公共汽车扶手上有多少人留下的细菌；他在入席之前又跟多少人握过手，而这些人中有些是刚下班回来，来不及或者根本不打算洗手，有的甚至从厕所出来后，尚未洗手等。而穆斯林饭前洗手的习惯，则能最大限度地避免病菌的传播，值得提倡。再者，现代人虽然养成了勤洗澡的习惯，但很多人喜欢到公共浴池或在宾馆用盆池洗澡，这就埋下了致病的隐患。而穆斯林淋浴的习惯则显得更卫生，更值得提倡。此外，现代人虽然懂得经常洗澡，但他们在不洗澡的时候，很少洗前、后窍，这就为许多生殖系统的疾病（尤其是一些妇科病）打开了方便之门。而穆斯林每天“净下”多次的做法，则更好地保持了生殖系统的清洁，理应借鉴。

第二，讲究饮食卫生，防止病从口入。随着生活水平的提高，人们对饮食越来越讲究，食物的品种越来越多，有的人甚至无所不吃，天上飞的、地上跑的，都成了他们餐桌上的美味佳肴。显然，这种现象无论对身体健康还是对动物保护、生态平衡都不利。而穆斯林对饮食有所选择的做法，有其合理性，值得借鉴。此外，烟酒对人身体的危害，已为越来越多的人所认识，但就是下不了决心来戒除它，而穆斯林对烟酒的态度对现代人或许不无启发。

第三，讲究性卫生，防止性乱和性病。当今世界，性乱和性病（包括艾滋病）已威胁着人类的健康乃至生命。与其舍本逐末，教会人们怎样采取"安全措施"，不如从根本入手，号召人民戒绝婚外性行为，正如穆斯林对性的态度那样。

在心理卫生方面，可以从以下几个方面加以借鉴：

第一，正确对待成与败。随着改革开放的深入，我国社会正经历着由计划经济到市场经济、由传统到现代的巨大变革。这种巨大变革不但触动着人们的经济利益，而且还冲击着人们的思维方式、行为方式和生活方式，从而对人们造成较大的心理压力。尤其是随着人事制度和分配制度的进一步改革，人们的精神压力更大。如何调整自己的心态，如何面对成败，是摆在每个人面前的一个重要问题，在此情况下，穆斯林那种看开一时一事的成败，满怀信心、勇往直前的精神，成不沾沾自喜、败不耿耿于怀的心态，对焦躁不安的现代人不无启迪。

第二，正确对待钱与权。金钱与权力是两样造福于人、服务于人的东西，但不知从什么时候起，这两样东西又异化为害人的"魔鬼"。人们既恨它，又离不开它。有人视钱与权为洪水猛兽，避之唯恐不及；但也有人认为钱与权是万能的，对它崇拜得五体投地，甘愿当它的奴隶。尤其是市场经济尚未走向法治化、规范化、道德化的情况下，人们对它不是恶意利用，就是善意误会，认为搞市场经济就应该见利忘义、损人利己、不择手段。于是，拜金主义泛滥，为了金钱，贪污、受贿、偷盗、诈骗等劣行姑且不论，有人甚至制造假药，致人死亡，以同胞的生命为代价来换取一己私利。然后，用这种不义之财，大肆挥霍，过一种灯红酒绿、纸醉金迷的生活。至于权钱交易、贪污腐败，又是一种见怪不怪的现象。所有这些，都是由于一种病态心理所致。而穆斯林对金钱与权力那种取之合法、用之正当的态度，合理加以利用而不加以崇拜的理念，对于医治这种病态心理，不无价值。

第三，正确对待疾病与死亡。疾病与死亡像挥之不去的阴影始终紧跟着人们。由于生活水平和医疗水平的提高，人们虽然告别了传统的一些疾病，但新的疾病又不约而至，继续折磨着人们。这些新的疾病与人们的心理健康密切相关。由于现代人的生活节奏越来越快，压力越来越大，由于成功的欲望无限，而成功的机会有限，人们渴望成功，而害怕失败，也使焦虑、紧张、烦躁、寂寞、孤独和绝望随之而来，这些情绪往往得不到宣泄。“才下眉头，却上心头”，久而久之，心力交瘁，抑郁成疾，而对疾病和死亡的恐惧对于人的病情而言，无疑是雪上加霜。而穆斯林对疾病与死亡的泰然处之的态度，则大大有助于人的身心健康，值得人们借鉴。

第四，正确对待社会公平。公平向来是一项原则、一种信条、一种理念，人们理应为此而努力而奋斗。然而，人世间的公平只是一个相对的概念，绝对的公平是找不到的。在现实生活中，有时候，有些人兢兢业业、任劳任怨、埋头苦干，但得到的回报可能很少很少；而有些人不学无术、为所欲为，得到的却很多很多。一个人要是时时处处死钻牛角尖，在每件事情上都追求公平，那只能四处碰壁，自寻烦恼。而穆斯林那种争取公平，但不强求公平的态度，有助于调整处在社会转型期的人们的心态，从而使人们能够满怀信心，轻装上阵，以一种积极的精神状态投入到工作和生活中去，进而能推动改革开放和现代化建设事业。

原载《回族研究》2001年第3期

伊斯兰文化与中国穆斯林

对王岱舆、刘智学术地位的再认识

——致杜维明先生的信

杨怀中[*]

编者按：2005年11月18—21日，美国哈佛大学—燕京学社与南京大学、宁夏社会科学院联合召开了“文明对话与文化自觉国际学术研讨会”。美国人文社会科学院院士、哈佛大学中国历史与哲学教授、哈佛大学—燕京学社主任、新儒家学派代表人物杜维明先生，在开幕式作了主题演讲：《回儒对话的哲学含义：以王岱舆和刘智为例》。杨怀中先生听取了杜维明先生的演讲，并和杜先生进行了交谈。二位先生相识、相熟20年。会后，杨怀中先生给杜维明先生写了这封长信，进一步交流，求其指正。为此，杜维明先生给我院回族伊斯兰教研究所副所长丁克家博士来信说：“杨怀中老师的信中，有不少值得广为流传的信息和观点，请征得同意，稍作修改，公之于世。”现在本刊将这封信全文发表，以荐读者。

维明教授如晤：

此次，哈佛大学—燕京学社与南京大学、宁夏社会科学院在银川联合召开“文明对话与文化自觉国际学术研讨会”，先生亲临银川，亲自主持文明对话学术会议，并作主题演讲，与会学者十分高兴。先生主讲王岱舆、刘智的学术著书意义，不仅推动了明清之际中国伊斯兰汉文译著的研究，更开阔了中国历史文化研究领域，还有深刻的现实意义。

---

* 杨怀中，宁夏社会科学院名誉院长、研究员，中国回族伊斯兰教研究中心主任，西北民族大学伊斯兰文化研究所学术顾问。

清康熙年间有赵灿著《经学系传谱》，内记王岱舆的老师马君实先生传谱，文称："君实马先生，讳忠信，字君实，金陵人氏。本坊授学。"君实受经堂教育，在南京"本坊授学"，即办经堂教育。传谱记载他帐下弟子十七人，岱舆为其一。每个弟子名下记其籍贯、人品、学业。记王岱舆文为"岱舆王师，著有《正教真诠》等，长于训劝，奇迹颇多"。可见王岱舆也受过经堂教育。王岱舆师从马君实受业；而马君实又师从张少山受学。张少山，陕西临潼人氏，广学博雅，咸异其才，俗称状元巴巴，他设帐金陵净觉寺及长安等处，当时著名经学家马君实、常蕴华、李延龄、张君时都出其门下；张少山则师从冯伯庵，其帐下除少山先生之外，有马明龙也出其门下。伯庵先生受教于族叔冯二先生；而冯二先生则为太师胡登洲的入室弟子。现在可以胪列出王岱舆在伊斯兰经堂教育中的传承次第：胡登洲—冯二先生—冯伯庵—张少山—马君实—王岱舆。经过六代人、百年的涵养孕育，至王岱舆而大成。胡登洲先生创办经堂教育，主要目的在培养中国伊斯兰教经学人才。但他同时重视对经学人才的汉文化学习，据说，他"及慕本教经书，欲译国语，以为斯土万世法。后客都门，年及半百，崇延名师，谙习经书，由是过目成诵焉"。也许在他这个认识的影响下，后来的经学家有的人重视汉文化的学习，马明龙先生的《传谱》中记载了一则《率性而修》的故事[①]。其文云：

"先生之居邻达清真寺，而接垠抚台辕下焉。朔望之辰，诸司道必吉服趋谒，俟其启门而于宦廨集坐之。一日谒其贵偶偕步于寺，而先生之宅有扉可达焉，遂出迓礼于庭，诸司曰：'汝何人也？'曰：'清真掌教。'曰：'何为教？'曰：'即修道之谓教也。'曰：'所修何道？'曰：'率性而修，即修齐治平之道。'曰：'切勿论修齐治平，所云率性何以解之。'曰：'率性乃克去己私，复还天理，而成宁定之性是也，凡人率此，则道可达矣。'诸司点首称善，又曰：'汝等掌教，亦似物外闲人，其如释道之流，则有笑傲于王公之前者，汝何若是之足恭也。'曰：'吾教与儒教同伦理，凡循礼法者，必以忠君孝亲为事业，而贱之事贵，自有成规，岂可以无父无君之狂妄释道为比哉。'诸司见其出言不俗，亦礼而不亵，曰：'闻汝教有经，可许观乎？'曰：'请至掌教寒庐，何妨一玩。'于是导入小扉，进其院落，则庭除潇洒，径辟

① （清）刘智：《天方性理》，清同治十年锦城宝真堂刻本。

幽闲，池磷沁目，砌卉可人，由花架曲廊而达其堂，则几炉起篆，图画生风，继则茗碗花瓶，琴床书案，听者上台，叙爵而坐，命从人为先生设座，毋许叩，命揖之，诸上台举手曰：'请起。'于是先生献茶毕，取《咯遂》，开箧呈览，而命讲之，先生从容缓言以讲，而其理性渊源，阐扬机妙，尽属儒书中之所未发。各上台侧耳静听，无敢声嗽之音，及报抚台升座，而犹怏怏未忍去。后朔望辄来听讲，旬日间，旌奖匾额，森列其庐，给掌教碟并冠带焉。"

马明龙先生对诸司道官员关于伊斯兰教的提问，他没有用阿拉伯文原典话语给以解说，这样做恐怕汉族官员听不懂，很可能失去一次使教外人士了解伊斯兰教的机会，他改用儒学中"天命之谓性，率性之为道，修道之谓教"、"正心、诚意，修身齐家治国平天下"的语句，给以解释，官员感到满意。给马明龙赠送了匾额以及官府批准任教的文碟（亦称札副）和冠带。这个事例传达了一个信息，明清之际的伊斯兰教经学家，有的对儒学的学习和理解、认同方面，下了很大的工夫。早在这一代人中他们已将伊斯兰文化与儒家文化进行比较、对话。"然时人以（常）蕴华、（李）定寰、（马）君实、（马）明龙四先生为东土学者之四镇云"，马君实是处在当时穆斯林学术的领袖地位。王岱舆出其门下，其学问得名师传授，有学术渊源。还有王岱舆著书中的学术思想，当然是他自己的思想结晶。也应该看到他也继承和发扬了马君实等一代穆斯林学术代表人物的学术思想。

刘智出生于南京伊斯兰教学者之家，他的父亲刘三杰是清初伊斯兰著名经师。康熙年间，云南伊斯兰教经学家马注将其所著《清真指南》稿本送刘三杰审阅时，刘三杰赠诗说：

二十余年海上游，上方烟雾掌中收。
闲探日月囊中物，笑指乾坤水上鸥。
天国已闻传妙偈，人间何羡有千秋。
南针不向迷人指，愧杀无缘空白头。

从诗中对马注的称许和慨叹自己不能阐发伊斯兰哲理，可以看出刘三杰具有深厚的伊斯兰文化与汉文化学养。他教导刘智说：我们伊斯兰教的经书，未曾汉译，你应把伊斯兰教经书翻译成汉文。刘智继承父亲的遗志，译著了大量的伊斯兰经书，成为穆斯林中的著名学者，又是享有国际盛誉的学者。他15岁起在父亲督导下读了8年儒书，又学了6年阿拉伯文，还阅读了佛教道教和西洋书籍。他著书数百卷，刊刻者五十余卷。他的代表作为《天方性理》、《天方典礼》、《天方至圣实录》，前两书他在世时已有刻本，后一部书雍正二年（公元1724年）定稿，没有条件刊印，一直过了52年，到乾隆四十一年（公元1776年）才由他的老师袁汝琦的孙子袁国祚将全书刊印。但刘智早已谢世，他生前并没有看到自己这部书的刻本。这对一个潜心著述的学者来说，是非常凄凉的事情。更不幸的是，《天方至圣实录》问世的第七年，即乾隆四十七年（公元1782年）五月，围绕刘智的著书发生了“逆书案”。桂林地方官吏从海南岛穆斯林海富润的行囊中盘查出一些阿文、汉文伊斯兰教经书，他被逮捕入狱。广西巡抚朱椿申奏朝廷，并飞咨江南各省并陕西、广东、云贵、湖北各地查办。朱文说：查出汉字《天方至圣实录年谱》一部十二本，《天方字母解义》一本，《清真释疑》一本，《天方三字经》一本。俱系江宁回人刘智所著，袁国祚等分别于乾隆四十年及四十三年刊行，版系袁氏家藏。各书内大义，通系揄扬西域回教国王穆罕默德之语。其书名《至圣实录》已属僭妄，且以本朝人译刻，而于庙讳不知敬避。刘序引、凡例、记事、辩论等类，狂悖荒唐之处，不一而足……应逐一究明，从重案拟治罪。而江南巡抚闵鹗元札饬江宁、镇江、松江三府，认真剿办，其文说：“将逆书案内之赠书之江宁袁二，著书之石城人袁国祚、金天柱、金陵刘智……严密查拿。”刘智约生于公元1660年或1662年，享寿60多岁。此年他的冥诞约为122岁或120岁。如果他还活着又得经受一场牢狱之灾。所幸的是乾隆帝看了上述奏章，连发诏书，责令“将拿获各犯，解放回籍，所有起出书籍板片，悉行给还”。“嗣后各省督抚，遇有似此鄙俚书籍，俱不必查办。”人天相隔，刘智有知，痛何如哉！刘智是沟通伊斯兰文化与儒学的道理，在语言表述上他不用传统的经堂俗语，而是力求文辞典雅。刘智还计划撰写《三极会编》，从这个书名就看出他会在这本书内将伊斯兰文化与儒学，特别是宋明理学，融合在一起表述，肯定会有一些新鲜见解，可惜天不假年，他赍志以殁，使后人深感遗憾。

刘智是在刻苦艰毅中完成他的译著工作的。他专心读书，不懂得经营生产，家里人讨厌他。他从事的事业，别人都不理解，正如白寿彝先生文章所说：不只习科举的人不懂得，治古文词的人不懂得，讲宋明理学的人不懂得，就是素来笃于宗教的人也不懂得。在现实生活中他成了一个多余的人，没有生存空间，终于退居清凉山扫叶楼中，闭户十余年，著成各书。他的老师袁汝琦说他："避世居山殚二十年，苦功著书十数种。"回族老人说："介廉巴巴（介廉是刘智的字，巴巴是回民对刘智的敬称）十年不下扫叶楼。"我到了南京，给介廉巴巴上了坟，然后寻访清凉山和扫叶楼。清凉山已辟为清凉公园，入园见一高台，拾级而上，"扫叶楼"三字赫然在目，台上有一座孤独矮小的房子。当然此亦非300年前旧物。原来刘智在这样的环境中著述，这是伊斯兰苏非苦行者的境界。置身房前，我只能见遗址而慨然了。南京回族历经唐宋元明四朝1 000年的孕育培养，到了清朝康乾年间人口繁盛，经济文化发达，富商大贾不乏其人，其中出现了刘智这样一个杰出的学者，竟不被认识，得不到支持，这实在是回回民族的悲哀，也是中国伊斯兰的不幸。

站在扫叶楼房前，想起刘智所著《著书述》这篇古今奇文中所述自己经受的艰难困苦，感人更深。他说："著书岂易哉！尤有难者，生无同志，业无同事，即族属亲友且以予不治生产为不祥，而予孳孳之意不息，笃志天方之学以晓中人。自立稿，自誊清，自修自润。""造物之成就人处固多，而颠簸人处亦多。人心之反复，世道之崎岖，尘纷之抢攘，毁誉之凌渎，日无宁晷，心无宁刻。入室则咿晤嚅叽，假寓则是非糅杂，谋一椽可隐而力不赡。兄弟戚友，初未尝不爱吾居吾也，视吾迂腐疏狂，去之远之不暇，尝至一岁迁徙数处，无恒其友。""心志之苦，筋骨之劳，可谓至矣，然而志不可夺。"他感到难于其学，复难于翻译；难于编著，复难于成；难于会通百氏而成一家之言，复难于以一人经理百务而无相为友。

刘智的阿拉伯文老师袁汝琦在给刘智《天方性理》序文中对刘智以献身精神从事的译著事业，有更沉痛的评价，他说："夫介廉何如人也？伟人也！不伟于世务，而伟于道德；不伟于人之所能，而伟于人之所不能，所以成其宜宜也。伟人哉！争衡量，校铢两，介廉不知；攻词华，邀青紫，介廉不习；惟于性命操持一息不间，一学不遗。幼从余学，即有大志，见者皆必其有成，而不图造道至于如是。学即成，避世居山殚二十年，苦功著书十数种。《性理》则其首编也。其余礼书、乐书、典礼诸集，俱各臻其妙要。皆阐天方以晓中国，不以私臆眩诸听闻。伟哉！三家无是学，千古鲜是人。居喜僻，交寡俦。故都邑不闻其人，乡里不知其学，戚友皆不识其所作做。至于家庭骨肉，厌其不治生产，且以为不祥。而介廉弗愠亦弗顾，澹如也，宜宜也。书成视余，余不文，不能加点。问序，既不文，何以序？识其宜宜之至意，以告世之学者，共相勉于格致穷尽之效，以见其全体大用，不负斯人也，则是书之作不偶然矣。”[①]

袁汝琦对刘智的学问、人品非常赞赏，对刘智处境的艰难深表同情。这如同孔子之对待颜回。哀公问孔子，你的弟子中谁最好学？孔子说：“有颜回者好学，不迁怒，不贰过，不幸短命死矣。今也则亡，未闻好学者也。”[②]还有一次，孔子以非常赞赏的口气说：“贤哉！回也。一箪食，一瓢饮，在陋巷，人不堪其忧，回也不改其乐，贤哉回也。”又说：“颜回死，子哭之恸。”[③] 古往今来，凡学问宗师，对待堪承学术大道的得意门生弟子，其关心培养、寄托希望之心情是一致的。在这一点上袁汝琦与孔子是相通的。鲁迅先生说，舍身求法的人是中华民族的脊梁。刘智也应该是属于这种人物的。扫叶楼在回族文化史和中国伊斯兰史上，是一个发光闪亮的地方，我在这里追寻、捕捉、感悟。我感受到了前辈回族学人的虔敬的信仰、坚韧的精神和承担的苦难。我的心发疼。我带着一种敬仰而又沉重的复杂心情，走下了扫叶楼。袁汝琦，字懋昭，金陵卢妃巷人氏。其父也是伊斯兰教经学家，汝琦“髫龄从父习经，聪明博记，颖悟异常”，他得到家学传授。汝琦的儿子宗愈，“常随先生习经大成，亦英彦中之名重一时者也”。汝琦的孙子国祚为刘智著作的刊刻家。袁氏一门，为伊斯兰经学世家，这一门人对刘智的求学和刘氏著作的刊刻，都有很大的帮助。汝琦是著名的伊斯兰经学家，对汉文化也有较高的造诣，除了前引的他给刘智的《天方性理》序文，还有一首他阅读了马注所著《清真指南》稿本后题赠注的一首七律，诗云：

先生明月腹中藏，照尽妍媸未损光。
只为乾坤纯黑暗，故随天毂出东方。
光分日耀星辰灿，职任丹青草木芳。
此过金陵沾晚照，余辉不记有沧桑。

① （清）刘智：《天方性理》，清同治十年锦城宝真堂刻本。

② 《论语·雍也 3》。

③ 《论语·雍也 11》。

从一篇序文和一首七律，可以看出刘智的老师袁汝琦这位伊斯兰经学家的汉文化素养。

中国伊斯兰教不主动向外传教，不求人知，人亦不知。刘智的书出现后，能读懂并看到其价值的人并不多。《四库全书总目》卷一二五·子部·杂家类存目二收录了刘智的《天方典礼择要解》，其提要释文说：《天方典礼择要解》二十卷，两江总督采进，本国朝刘智撰，智字介廉，江宁人，回回裔也。尝搜取彼国经典七十种，译为天方礼经。后以卷帙浩繁，复撮其要为此书。首为原教、真宰、识认、谛言四卷。次为五功四卷，五功者念真、礼真、斋戒、捐课、朝觐也。次为礼俗一卷。次为五典四卷，言五伦之事。次为民常四卷。次为娶礼、婚礼、丧礼，而附以归正义。每事详为解释，以自尊其教。回回教本僻谬，而智颇习儒书，乃杂援经文以文其说。其文亦颇雅赡，然根抵先非，巧为文饰无益也。四库馆臣不了解伊斯兰教，更难懂刘智的书，释文所言，无非是当时社会上的俗见。即如四库总纂官纪昀，乃饱学之士，然他们对国门之外的广大世界是缺乏知识的，再加上他们身上天朝大国文化官员特有的傲慢，对刘智的书只能横加褒贬而已。但四库此文一出，300年来对明清中国伊斯兰汉文译著就有“附儒而行”、“外回内儒”的各种说法。说者处于误解、误读之中。刘智书中援引中国儒学资源部分，中国读者是熟悉的。但他引用波斯伊斯兰哲学资源部分，这对中国学人来说是陌生的，存在认知的障碍。

先生平生致力于中华文化之复兴，学术伟业，功莫大焉。一个民族的文化传统不能断绝，应在发扬本土文化的前提下，再吸收异质文化之精华，异质文化必须适合本土的历史文化传统。近年先生又致力于文明对话的讨论，特别是开展回儒对话，意义非凡，功德无量，且感且佩。读先生文章，听先生演讲，与先生交谈，深知先生对中国伊斯兰教汉文译著有全新的认识。明清汉文译著活动是回回民族学者自觉发起的伊斯兰文化与儒学文化的对话活动。这是一次回回民族学者长达百年的心智建设，这显示着回族穆斯林的情，中国人的心。先生站在当代世界文化的高峰，以广阔的视野，为王岱舆、刘智的学术地位，重新定位，这使我惊喜。先生此次在银川会议上讲：“刘智不但在伊斯兰文化研究领域具有一般学者难以企及的水平，而且在中国传统文化方面的造诣，也不亚于当时的任何一位顶尖人物。”2002 年 8 月先生在南京回儒对话会议上讲道：

作为一个儒家学者，我觉得王岱舆对儒家不仅没有曲解，还有更多独到的洞见。我感到非常惊讶，于是我和村田幸子合作5年，把《清真大学》译成英文，然后加以注释，我给他们的书写了序言。从那个时候开始，我对伊斯兰教在17、18世纪的几个重要人物，比如刘智、马注、马德新非常关注。这给一些专门研究伊斯兰哲学而对中国没有太多认识的学者带来非常大的震惊。在19世纪之前伊斯兰教义学只有用阿拉伯文、波斯文来表述，而17世纪的王岱舆和18世纪的刘智、马德新则是用古代汉语，通过儒家哲学的理念把伊斯兰教的经义展述出来。从儒家的角度看这是绝对成功的。刘智认为宋明儒学都是对的，都是可以接受的。他把儒家的资源都加以消化接受，其基本立场是我并不要改变你原来的信仰仪程，但是我要用另一套论说使你相信我的理念。刘智认为儒家还有一见未达，还有一个层面没有发展出来，那就是“真一”。有了“数一”和“体一”，但没有“真一”这个层面。从我从事儒学研究的角度看，这是非常大的挑战：是不是这条路为从儒学走向超越外在指示了一个方向，这很值得我们作进一步的思考。

利马窦是要彻底解构宋明儒学的基本信念，使儒家学者回到先秦，回到“天”，回到上帝。因为只有回到先秦，才能把基督教所认为的超越而外在的上帝这个概念带进儒家的论说。利马窦的做法是先打破你的基本信仰，然后你才能接受我的看法①。这就使得王岱舆、刘智的理论显得非常有价值。②

先生有《道·学·政》专著行世，提出三个领域要同时并进，要了解一个传统的精神文明的核心价值，比如把《古兰经》内容变成不仅是穆斯林的，而且是所有中华民族生活的当今世界的重要资源来了解，认识其中既有特殊性又有普遍性的价值，使它成为活的学问。中华民族的复兴，包含有深刻的文化信息。中华民族要为世界和平提供文化思想资源。伊斯兰和儒学的对话，应该是为这方面提供重要的精神资源。

---

① 作者按：这是欲灭人之国，先去其史，先去其文的策略。

② 杜维明：《文明对话的发展及其世界主义》，《回族研究》2003年第3期，第5—13页。

先生的这些精辟见解，使人们对中国伊斯兰汉文译著重新审视。这不仅对中国伊斯兰史、中国回族史，同时也对中国和世界历史文化研究都具有积极意义。可喜可贺。

先生寄给我的英人孟席斯写郑和下西洋的书，收到了，谢谢。我寄先生的白寿彝教授主编的《回族人物志》上下册，想已收讫。

我主编的《回族研究》，已出刊60期，学术季刊，国内外发行，每期印4 000册。先生在银川会议上的演讲稿，我们想在《回族研究》刊出。讲稿已由丁克家先生根据录音整理出来，并通过传真和电子邮件传发给您了。如蒙同意，希望您拨冗审阅、修改，定稿后赐寄我们。尊稿将尽快刊于《回族研究》。

书未尽言，即此致礼。

杨怀中

2005年12月20日星期二晚于银川自宅

参考文献：

（清）赵灿：《经学系传谱》，青海人民出版社1989年版。

《四库全书总目》（上册），中华书局1985年版。

原载于《回族研究》2007年第1期

他山之石

——西方学界对中国回族伊斯兰教的研究述评

周传斌

国外对中国伊斯兰教和穆斯林的研究可以按照地理和语言界限分为三大块：一是英国和美国，即英文文献；二是日本，即日文文献；三是欧洲大陆，主要是法文、俄文和德文文献。关于这些研究成果的概述，已经有数篇文章发表。本文并不想局限于泛泛的介绍和书目的铺陈，而是力图结合对西方回族伊斯兰教研究的分期而对每一时期的关键性论著进行评述。本文的内容将限定在以下范围内：

（1）本文主要涉及英文的研究成果。显然，在今天这样一个英语霸权的时代，英文著作在世界学术界内具有一种特殊的地位，在很大程度上影响、左右着整个世界对中国回族伊斯兰教的认识和理解。由于语言的限制，笔者也无力解读其他文字的西方文献，仅在必要时予以提及。由于笔者已把题目限定为“西方”，因此日文文献不在视野之中。

（2）本文主要涉及研究回族伊斯兰教的西方文献。笼统地谈国外学者对中国伊斯兰教和穆斯林的研究时，显然还包括其他信仰伊斯兰教的少数民族。本文将进一步缩小自己的视野，仅锁定在与回族有关的研究上。

（3）本文主要涉及专著性质的文献。显然，专著是关于某一研究领域的举足轻重的成果。笔者仅就在回族研究领域具有重要影响的一系列英文著作展开论述。至于大批的关于此话题的学术论文，我们难以查找其原文，也就难以作出评论。

西方学界对中国回族伊斯兰教的研究，可以大致划分为四个阶段，下文将按照时间顺序加以论述。

一 19世纪下半叶:开端

在19世纪以前，欧洲已有关于中国回族伊斯兰教的记述，其中最著名的当属马可·波罗的游记。但当时尚不存在今天意义上的学术研究。19世纪自然科学的发展和启蒙主义的出现，逐渐催生了现代欧洲的社会科学。随着19世纪中叶欧洲凭借武力叩开中国的大门，西方学界的目光也随之进入了中国；西方的学理、方法也在此后逐渐进入中国并被中国学界所接受。

最早开始收集中国回族伊斯兰教资料的是两种人：基督教传教士和东方学家。传教士的异域游历曾经催生了以研究异域文化为己任的现代人类学，他们因传教的需要而研究当地土著人的社会和文化。伊斯兰教是传教士们熟悉并视之为重要竞争者的宗教，他们当然很关注。如俄国东正教传教士华西里夫（Vasili P. Vasilev）和帕拉迪（Palladii）都收集了关于中国伊斯兰教的资料。进入20世纪以后，英美传教士也在此方面给予了关注。

在欧洲东方学（Orientalism）领域，法国人对中国回族伊斯兰教的研究是非常有成就的。法国东方学家维希尔（Vissieres）、奥龙（d'Ollone）、梯尔桑（Dabry de Thiersant）和考迪尔（G. Cordier）等都对中国伊斯兰教有所研究。其中，于1895年出版于巴黎的德弗瑞（Gabriel Devéria）的著作《中国伊斯兰教的源头》（*Origine de I'islamisme en Chine*. Paris：Imprimerie Nationale，公元1895年），被布鲁姆霍尔评价为在他之前出版的最严谨和最有价值的著作①。王建平认为，法文资料的宝贵价值在于它收集了一些中国清真寺碑文资料，包括阿文拓片、照片和对当时中国穆斯林生活的直观描写②。

---

① Marshall Broomhall. *Islam in China*：*a Neglected Problem* [M]. London：DARF Publishers Limited，1987. 308.

② 王建平：《国外学界研究中国伊斯兰著述简介》，《上海穆斯林》2001年第1期，第56—59页。

总的来说，在19世纪下半叶，西方学界已经开始接触并注意到中国的伊斯兰教。这一时期主要是由传教士和东方学家做了资料收集性的工作，但有的资料当时并未发表，因此尚未产生重要的影响。但其开创性价值应该得到承认，因为那个时候中国国内尚未出现对回族伊斯兰教的学术研究。另一方面，沈青认为，这一时期的很多文章涉及清末回民起义问题，与西方列强企图瓜分中国、蚕食中国边疆有关[①]。看来，回族伊斯兰教研究的命运，一开始就与整个中国的命运联系起来了。

二 20世纪上半叶：初绽

20世纪上半叶，西方基督教会在中国的传教工作达到了高潮。如跨国的对华传教组织内地会（China Inland Mission），由英国传教士戴德生（Hudson Taylor，公元1832—1905年）于1865年创立，它派到中国来的传教士来自不同的宗派，以英国、美国、加拿大、新西兰为主，也有少数德国、奥地利和北欧（如瑞典、挪威、芬兰、丹麦）等国的传教士。内地会要求传教士要有不计报酬的献身精神并尽量“中国化”，因此成为深入中国内地传教的先遣队，每到一处，就建立起传教站，然后迅速向四周扩展，一直深入到最偏远的地区。到19世纪末，内地会在中国约有650名传教士，270个传教点，教徒约5000人，成为新教在华的最大团体。在这种背景下，传教士主要从对穆斯林传教的角度开始进行中国伊斯兰教的调查和研究。这一时期，英美传教士在中国回族伊斯兰教领域的研究达到了顶峰，其标志有两点：一是英国传教士海思波于1910年出版的著作《伊斯兰教在中国：一个被忽视的问题》，二是1911年由基督教会创办的《穆斯林世界》（*Moslem World*）季刊。

布鲁姆霍尔（Marshall Broomhall），中文名字为海思波，正是一名英国内地会的传教士。1891年，他第一次在河南和安徽交界处访问了一座清真寺，给他留下了深刻的印象：清真寺如此整洁，而且没有任何偶像，

① 沈青：《国外的中国伊斯兰教研究》，《中国伊斯兰文化》，中华书局1996年版，第58—63页。

与通常的中国庙宇形成鲜明对比①。1910 年，他出版了《伊斯兰教在中国：一个被忽视的问题》（*Islam in China*：*a Neglected Problem*）一书，成为西方学界迄今为止进行中国伊斯兰教研究的必读书。一个证据是，这本书于 1987 年在英国再版。该书曾经由图乐新翻译，宁夏社会科学院 1992 年油印，但该译本对地名、术语等把握得不好，学者们在引用、参考时尤其要慎重。

该书主要分为两大部分：第一部分"历史回顾"，主要包括中国与阿拉伯的关系、早期来华的穆斯林、汉文和阿文碑刻、广州的宛葛斯墓、清末云南和西北回民起义以及"回回"的含义等方面的内容。第二部分"现状"，主要包括对一处清真寺的访问、人口估算、社会和宗教状况、如何向中国穆斯林传福音等方面的内容。这本书的意义在于：它是西方人所写的第一部有关中国回族伊斯兰教的重要著作。这体现在以下几个方面：

（1）广泛参考了前人的研究成果。他在前言中指出，在此书之前虽然有一定数量的论文发表，但在此领域尚无英文的著作出版。而少量的法、德、俄和土耳其文的著作中，最重要的是法文著作。他特别列举了德弗瑞（M. Devéria）和梯尔桑（M. de Thiersant）的名字。在书后的参考书目中，他列举了所有他所参考的文献。可以认为，布鲁姆霍尔的著作是对 19 世纪中期以来的中国伊斯兰教研究的一个阶段性总结。

（2）作者本人通过实地考察和通信收集了大量第一手资料。布鲁姆霍尔向传教士、外交人员和本地人士寄出了 800 多份调查提纲，收回了近 200 份。他的研究就建立在这些调查的基础上。在当时的条件下，他的资料收集方式应该是比较有效的。

（3）保存了很多现在已经难以见到的资料，尤其是照片和碑文拓片。作为最早出版的一部研究回族伊斯兰教的著作，它最主要的价值在于收集和保存了许多重要资料。100 年以后，我们已很难再见到书中列举的那些清真寺和碑刻了。如西安化觉寺天宝元年《创建清真寺碑》和阿拉伯文碑、大学习巷清真寺洪武圣旨碑、北京回回营普宁寺乾隆御制碑的拓片和碑文等。北京回回营是专为入附北京的新疆维吾尔族人修建的，普宁寺则

---

① Marshall Broomhall. *Islam in China*：*a Neglected Problem* [M]. London：DARF Publishers Limited，1987. xi.

与香妃有关。这座清真寺的位置在今天中南海新华门的对面，已于袁世凯时期被毁，但其照片和碑文拓片至今完整保存在布鲁姆霍尔的书中。照片中的毛拉明显是新疆维吾尔族的装束和面貌。但民国以后，这些维吾尔族已经融入回族中了。

北京回回营普宁寺乾隆御制碑拓片

西安化觉寺创建清真寺碑拓片

（4）该书是第一部大部头、全面介绍中国穆斯林历史与现状的著作。由于该书建立在前人研究和现状调查的基础上，奠定了该书的学术地位和时代价值。可以说，该书代表了 20 世纪上半叶西方研究中国回族伊斯兰教的顶峰。

布鲁姆霍尔的书，其缺陷也是十分明显的。首先是其赤裸裸的西方政治立场和基督教传教士的心态。他明确指出其著作是为了向中国穆斯林传教而写作的。他特别在书中第279页放置了一张名为“一位中国穆斯林的洗礼”的照片：在河南郑州附近，一位79岁的“中国穆斯林”站在一个水坑里接受洗礼，旁边的围观者是一群西装革履的洋人。其次，书中的很多资料有明显的讹误，对穆斯林的记述也有很明显的歧视、歪曲之处。中国穆斯林很难接受这样一本描写他们的书，但事实却是：这本书是西方人了解中国穆斯林的入门读物。这种现象或许值得我们回族研究界思考。

1911年创刊的《穆斯林世界》季刊，从1911年至1949年，共刊发有关中国伊斯兰教的文章133篇[①]。1949年前，西方学界也就汉文伊斯兰教书籍、文献等进行收集和研究，出版了一些书目和介绍。但随着日本侵华，西方人在中国的活动趋于低潮。20世纪30—40年代，日本人对中国回族伊斯兰教的研究达到了一个高潮，这超出了本文的讨论范围。

三 20世纪50年代至70年代:低潮

1949年以后，西方各种势力被迫退出了中国。无论是传教士还是东方学家，他们再没有机会到中国大陆进行调查了。在“冷战”的国际政治形势下，西方对中国伊斯兰教的研究不可避免地陷入了低潮。第二次世界大战以后，随着殖民地国家的纷纷独立，西方以研究“野蛮人”和“落后的东方”为己任的学科，如东方学和人类学等，逐渐丧失了传统的“田野”。以人类学为例，正是这种时代促使了其学术转向，于20世纪60年代以后兴起了以理论建构为特色的结构主义人类学。在回族伊斯兰教研究领域，同样的转向也发生了：这一时期的研究主要以文献研究为主，并出现了以社会学、人类学相关理论观照回族伊斯兰教研究并建构理论的倾向。以文献研究见长的学者有美国学者约瑟夫·弗莱彻（Joseph Fletcher）和澳大利亚学者唐纳德·莱斯利（Donald Daniel Leslie），而理论建构的代表人物则是以色列的拉斐尔·以色列利（Raphael Israeli）。

---

① 沈青：《国外的中国伊斯兰教研究》，《中国伊斯兰文化》，中华书局1996年版，第58—63页。

约瑟夫·弗莱彻（Joseph Fletcher）以丰富的语言知识和深厚的历史学功底对中国伊斯兰教苏菲派中的纳格什班底耶教团进行了细致的研究，其部分成果于1995年整理为《中国和伊斯兰教的亚洲腹地研究》（Joseph F. Fletcher，Beatrice Forbes Manz ed.，*Studies on Chinese and Islamic Inner Asia*，Aldershot：Variorum，1995）。但弗莱彻英年早逝，没来得及将他收集的大量资料作进一步的研究。他的学生李普曼（Jonathan Lipman）继承并发展了他的研究，后文将加以论述。

唐纳德·莱斯利（Donald Daniel Leslie）也具有深厚的语言功底和梳理史料的功夫。但他的代表性著作是20世纪80年代出版的，本文也将他放在后面论述。

以色列学者拉斐尔·以色列利（Raphael Israeli）在美国伯克利的加州大学（California University at Berkeley）获得博士学位，此后长期在耶路撒冷希伯来大学（Hebrew University of Jerusalem）从事中国与伊斯兰历史研究。20世纪70年代以后，他关于中国穆斯林的著述不断发表，在西方学界产生了较大影响。1979年，他在博士论文的基础上出版了《穆斯林在中国：文化冲突研究》（*Muslims in China：A Study in Cultural Confrontation*，London：Curzon Press，1979）。这本书可以看做是50年代至70年代诞生的最具代表性的作品。

笔者已撰文对此书进行了评论[①]。该书主要以社会学关于民族关系的理论出发，提出汉文化和伊斯兰文化以“主体民族—少数民族”“主位文化—客位文化”关系的方式互相遭遇，其衍生的问题从涵化（acculturation）到对抗（confrontation）依次排列，可以分解为包含三个阶段的文化演变（cultural change）过程。这个文化冲突的“三段论”预设了伊斯兰教在中国的悲惨结局，即穆斯林在中国不可能长久和平地生存下去。他的研究一方面给予我们很多启发，即从文化冲突角度理解伊斯兰教在中国的历史，以及在回族伊斯兰教研究中建构理论范式的可能性；另一方面也显示出其武断和肤浅，即其理论并不能解释回族伊斯兰教的现实。他的缺陷根源于他没有到过中国大陆，而仅根据文献来进行“想象”。在后来的80年代，我们将会看

① 周传斌：《构想与现实——评述以色列利〈穆斯林在中国：文化冲突研究〉一书》，《回族研究》2000年第4期，第88—94页。

到，这种摇椅上“想象”的回族研究已经没有市场了。

1994年，以色列利又整理出版了一个详尽的有关中国回族伊斯兰教研究的工具书：《中国伊斯兰教研究书目索引》（*Islam in China: A Critical Bibliography, With the assistance of Lyn Gorman*. London: Greenwood Press, 1994）。这本书提供的详尽的目录、细致的分类和便捷的检索方式使它成为本研究领域重要的参考书。尤其中国学者要了解西方学界对中国回族伊斯兰教的研究时，一定要读此书，然后按图索骥。

四 20世纪80年代以后：繁荣

20世纪80年代，中国重返国际体系；90年代，“冷战”时代随社会主义阵营的瓦解而彻底结束了。时代再次提供了学术转型的机遇。这一时期有三个特点值得注意：一是建立在田野工作基础上的学术著作的出现，二是前一时期文献研究的进一步发展和深化，三是大量学术专著的涌现。下面将分别论述。

1. 建立在田野工作基础上的学术著作

1981年，美国华盛顿大学的人类学博士研究生杜磊（Dru C. Gladney）来到北京大学学习汉语，此后他把自己的注意力集中在了回族身上。1983年到1985年期间，他作为富布莱特（Fulbright）和国家科学院（National Academy of Science）的学者来到中国，为他的博士论文做田野工作。自那以后，他每年都来中国旅行，田野工作时间长达6年。1990年，他在博士论文的基础上出版了《中国穆斯林：人民共和国的族群民族主义》（*Muslim Chinese: Ethnic Nationalism In the People's Republic*, Harvard University Press, 1990）一书。他的这部著作当之无愧地成为20世纪80年代以来关于中国回族伊斯兰教研究领域最具代表性的作品，奠定了他在西方回族伊斯兰教研究界的地位。1998年，他在这一著作的基础上又出版了《中国的族群认同：一个穆斯林少数民族的缔造》（*Ethnic Identity in China: The Making of A Muslim Minority Nationality*, Orlando: Hardcourt Brace & Company, 1998）一书。

杜磊的著作建立在对四个不同类型的回族社区的调查的基础上，即作为西北回族农村社区代表的宁夏的纳家户村、作为东部都市回族社区代表的北京牛街、作为华北回族农村社区代表的北京郊区的常营回族乡、作为东南沿海回族社区代表的福建泉州的陈埭回族镇。马海云曾经就其著作进行过评述，我们也合作对纳家户进行了回访，并就杜磊的有关理论构建进行了批评[①]。杜磊提出："回族内部的差异如此之大，以至于他们不是一个民族(ethnic)。但无论这种差别多大，回族成员都确信他们共享某种东西。这种情感经由国家得以制度化和合法化。这就以关系的方式，导致了对族群性(ethnicity) 的进一步表述乃至创造 (invention)"。从这个意义上来说，"回族在 1950 年民族识别之前，还不是一个民族。和其他民族一样，回族是在帝国向民族—国家（nation-state）的转变过程中出现的"，"随着本世纪初清帝国的覆灭和民族主义的兴起，回族作为几个寻求认可的民族之一而出现了。回族正是通过自我认同和国家承认之间的关系互动，并在国家将其制度化之后，才最终成为一个族群（ethnic group）或民族（minzu)"[②]。为了以"关系理论"(Relational Approach) 在回族文化的差异性和回族民族认同的统一性之间作出解释，杜磊将纳家户回族社区"苏菲化"(苏菲化则意味着"伊斯兰化")，而将陈埭回族社区"汉化"，从而否定"回族"存在的"共同文化"基础，以便适合他的理论构建——"国家政策与回回的磨合产生出回族"。于是，在对中国回族进行具体阐释时，杜磊的关系理论就给回族的族群性定下了主观性的基础。

笔者认为，杜磊的作品是有很多值得我们借鉴的方面的。

第一，他对回族的同质性的消解，对回族民族认同的多元化的揭示，已经超越了以色列利把回族视为同质化的整体的观点。

第二，他把对回族的研究提升到族群理论的国际对话之中，如以回族为例反驳亨廷顿的"文明冲突论"。

第三，他对回族认同标志的把握是颇有见地的，在总体上他找到了"清

① 马海云：《回族研究的新视野：一个方法论的讨论——兼评杜磊〈中国穆斯林〉》，《回族研究》1998 年第 4 期，第 77—87 页；马海云、周传斌：《伊斯兰教在西北苏菲社区复兴说质疑——对宁夏纳家户村的再认识》，《民族研究》2001 年第 5 期，第 34—40 页。

② Dru C. Gladney. *Ethnic identity in China*: *The Making of a Muslim Minority Nationality* [M]. Orlando: Hardcourt Brace & Company, 1998. 49.

真”一词，然后寻求各地回族对“清真”的不同阐释：在西北是宗教信仰，在都市中是饮食禁忌和职业特色，在华北农村是姻亲网络，在东南沿海是血统宗族。

第四，他是第一个完全将自己的研究建立在实地调查基础上的研究回族伊斯兰教的西方学者。

但是，正是最关键的田野调查使他露了马脚。由于他的先入为主的西方学科背景、薄弱的田野工作以及回族本身的分散性，使得他的作品中有很多破绽。这里限于篇幅，不再一一列举。但笔者觉得，杜磊其实是知道自己的弱点的，但他非但不明白地承认，反而致力于掩饰弱点，并在书中暗示他对回族社会的熟稔。如他在《中国穆斯林》一书的扉页上写着：“献给我的生身父母，我的‘干’父母，以及玛丽。”他在书中特别提到他认回族学者马寿千为“干爹”的事，显然，他是自比美国早期人类学家摩尔根被印第安部落收为“义子”的事，来暗示他已经被回族社会所接纳，完成了人类学中至关重要的“文化进入”的问题。但读了他的书后，我们发现他对回族社会的陌生与回族社会对他的陌生是一样的强烈，这尤其表现在他对纳家户的“想象”和“书写”之中。杜磊是当代西方最优秀的回族伊斯兰教的研究者之一，但他的这些致命的缺陷使我们有理由怀疑西方人笔下的“回族”是否真的是“我们自己”？这也激励我们这些回族学者更强烈地要求表达自我的学术冲动。

杜磊的弟子玛丽丝·吉莱蒂（Maris Boyd Gillette）于2000年出版了其研究西安回坊的著作《在北京和麦加之间：都市中国穆斯林的现代化和消费》（*Between Beijing and Mecca: Modernization and Consumption Among Urban Chinese Muslims*，Stanford：Stanford University Press，2000）。杨文炯已经对其进行了评述[①]。吉莱蒂在西安做了长达18个月的田野调查，收集了大量第一手资料。但该书远非上乘之作，正如杨文炯所言，作者对西安回族的消费和现代化的诠释，背后隐藏着西方的“现代性”情结，以西方的可口可乐、婚纱、迷你裙等作为解读和评价回族消费的隐性参照系；以一个穿迷你裙的回族女孩为其叙述的“主人公”和主要信息提供者之一，这使

① 杨文炯：《现代化和消费：都市回族社区研究的新视点——读美国人类学者玛丽丝〈在北京和麦加之间〉一书》，《全面建设小康社会与回族学》，宁夏人民出版社2004年版，第317—336页。

得她的研究有着表面化、片面化的倾向。

2000年，欧洲的女性主义者马利亚·雅绍克（Maria Jaschok）与中国回族女学者水镜君出版了《中国清真女寺史》（*The History of Women's Mosques in Chinese Islam: A Mosque of Their Own*，London: Curzon Press，2000）一书。该书的汉文版也于2002年由三联书店作为"三联·哈佛燕京学术丛书"的一种出版。牛津大学的劳拉·纽伯（Dr. Laura Newby）评价说："本书最大的贡献或许是，在国际女性主义学者的理论探讨中，加入了中国穆斯林妇女的声音。"[①] 但对于中国的回族研究界来说，应该是在回族研究中引入了女性主义的声音。启明在该书中发现了"双眼"：一只是水镜君代表的产生于中国的传统之眼，是"一个客观的叙述者或者女性穆斯林的历史重建"；另一只是由马利亚·雅绍克代表的西方的学术之眼，是"对女性穆斯林历史的解构和颠覆"[②]。确实，由西方女性主义者和中国回族女学者分别撰写的章节在整体上有貌合神离的感觉。水镜君则认为该书的写作体现着一种"对话"的方法及其结果[③]。笔者觉得，以女性主义解读的中国回族的女寺史并非真的就是中国穆斯林女性的历史：先入为主的"女性"立场使玛利亚·雅绍克的叙述有削足适履的感觉，女寺史也就成为女性主义（feminism）话语霸权下的"中国穆斯林女性的历史"。

美国学者白蓓莉（B. Pillsbury）的博士论文《中国一个穆斯林少数民族中的凝聚和分裂》（*Cohesion and Cleavage in a Chinese Muslim Minority*，1973，Columbia University，New York）是对1949年以后台湾穆斯林社团的研究，建立在她在台湾进行的田野调查的基础上。她集中考察了回、汉之间边界的显现、维持及瓦解，以及涵化和同化的问题；她注意到涵化于汉族习俗的"回回"仍保持着持续的认同。1996年，王建平在瑞典隆德大学出版了其博士论文《和谐与冲突：对云南回回社团的历史透视》（*Concord and Conflict: the Hui Communities of Yunnan Society in a Historical Perspective*，斯德哥尔摩国际书社），该论文建立在作者在云南回族

---

① 水镜君、[德]马利亚·雅绍克：《中国清真女寺史》，生活·读书·新知三联书店2002年版，封底。

② 启明：《解构和颠覆：双眼下的中国女性穆斯林群体》，《穆斯林通讯》2004年第3期。

③ 水镜君：《在对话中探寻中国清真女寺史——兼谈回族学建设中理论、方法的探索与创新》，《全面建设小康社会与回族学》，宁夏人民出版社2004年版，第337—348页。

地区的生活和调查之上。

2. 文献研究的发展和深化

前文提到，澳大利亚学者唐纳德·莱斯利（Donald Daniel Leslie）是文献研究的代表性人物之一。1981 年，他出版了《伊斯兰汉籍考》（*Islamic Literature in Chinese Late Ming and Early Ch'ing：Books，Authors and Associates*，Canberra College of Advanced Education，1981）一书。回族学者杨大业将其翻译成汉文，但未正式出版。1986 年，莱斯利出版了其代表作：《传统中国的伊斯兰教：1800 年前的简史》（*Islam in Traditional China：A Short History to 1800*，Canberra College of Advanced Education，1986）。该书的主体分为四部分：第一部分“中国和西亚”考证了唐及其以前中国与西亚的关系；第二部分“伊斯兰在中国的开端”主要考证了唐宋时期的中国伊斯兰教史；第三部分“蒙古人统治下”考证了元代伊斯兰教史；第四部分“汉化：明和清”考证了明清时代的伊斯兰教史。该书对中国伊斯兰教史的书写有独特的体例，并且充分反映了作者解读汉文、阿拉伯文、日文和欧洲文字文献的能力。

李普曼（Jonathan N. Lipman）继承和发展了约瑟夫·弗莱彻的研究传统。在其博士论文《甘肃边缘世界，1895—1935》（*The Border World of Gansu，1895—1935*）中使用了大量的原始汉文资料，对地方和中央政府与回族的关系以及封建王朝对回族的法律应用有独到的研究①。1997 年，李普曼出版了《熟悉的陌生人：西北中国的穆斯林史》（*Familiar Strangers：A History of Muslims in Northwest China*，University of Washington Press，1997），是在其博士论文的基础上写作的。李普曼对弗莱彻的超越在于：他已经不仅局限于文献研究，而是在文献研究中注入了理论观照。在后现代解构主义思潮兴起的年代，李普曼将其对西北回族的研究置于对“民族”之类的学术“话语”（discourse）的反思和质疑之上，他倾向于就具体的历史事件和人物做具体分析，而不是构建宏大叙事的回族的民族史②。李普曼把西

① 王建平：《国外学界研究中国伊斯兰著述简介》，《上海穆斯林》2001 年第 1 期，第 56—59 页。

② 马海云：《熟悉的陌生人——读一部西北穆斯林史》，《回族研究》2000 年第 4 期，第 95—100 页。

北穆斯林社会描述为中国边缘的具有二元特征的社会：既是一个缺乏伊斯兰社会调节机制的穆斯林社会，又是一个缺乏东部“中国”社会调节机制——尤其是士绅阶层——的中国社会；对于“熟悉的陌生人”这一术语的使用，则揭示了穆斯林与中国社会的一种独特的互动形式。

美籍日本学者村田幸子（Sachiko Murata）于2000年出版了其著作《苏菲之光的汉文折射》（*Chinese Gleams of Sufi Light*，Albany NY：State University of New York Press，2000）。该书把王岱舆的《清真大学》和刘智的《真境昭微》[①] 译成英语，并与波斯苏菲神秘主义诗人加米的原作相对照。村田幸子的这一研究基于艰苦的考古学式的文献挖掘上，并与杜维明倡导的“回儒对话”有密切的关系。实际上，她一方面继承了日本学者对中国苏菲文献的研究传统，如井筒俊彦的关于苏菲与道教的研究；另一方面，则反映了近来西方学术界，主要是由新儒家发起的对于中国明清时代伊斯兰教汉文译著的关注和兴趣。这仍是一个有很大潜力可以挖掘的研究领域。

3. 其他类型的著作

美国学者路卡特（Karl W. Luckert）和原宁夏大学回族文学研究所的李树江合作出版了《回族神话和传说》（*Mythology and Folklore of the Hui, A Muslim Chinese People*，State University of New York Press，1994）一书。该书收集的回族民间故事，后来也出版有汉文本。在英文本中，路卡特撰写了一个较长的导言，提供了对这些故事的分析。全部故事被分为14个类别。

1996年，法国人狄龙（Michael Dilon）出版了名为《中国穆斯林》（*China's Muslim*，New York：Oxford University Press，1996）的小册子。1999年，他出版了《中国的穆斯林回族社团：迁徙、定居和派别》（*China's Muslim Hui Community*：*Migration*，*Settlement and Sects*，London：Curzon Press，1999）一书。该书基本上是对马通《中国伊斯兰教派与门宦制度史略》的一个英文翻译，对中国学者来说，没有多少参考价值。

---

① 《真境昭微》的原名为《勒瓦一合》（光明的闪烁），作者是著名的波斯诗人、苏菲大师努尔丁·阿布达尔·拉赫曼·加米·纳格什板底（卒于公元1492年）。据说由刘智译为《真境昭微》一书。刻板问世时间不详，有公元1925年北京清真书报社重印本。共36章约6000字。

近年来的法文著作中，有一本研究河南回族的著作值得注意，即伊丽莎白·艾莱（Élisabeth Allès）的《中国穆斯林：对河南回族的人类学研究》（*Musulmans de Chine*：*Une Anthropologie des Hui du Henan*，Paris：EHESS，2000）。河南是我国仅次于宁夏和甘肃的第三个回族人口大省，而该书是仅见的研究河南回族的专著。该书涉及回族在中国的历史、回族的文化、回汉关系、女寺等内容，但由于语言隔阂，笔者无力进一步解读。

阿卜达尔·瓦西德·拉祖（Abdal Wahid Radhu）于1997年出版了《伊斯兰教在西藏·西藏的马帮》（*Islam in Tibet* & *Tibetan Caravans*，with a Foreward by His Holiness The Dalai Lama，Preface by Marco Pallis，Translated by Jane Casewit，Fons Vitae，1997，Louisville）一书。该书包括两部分：前一部分是对西藏伊斯兰教历史和现状的记述，有一些拉萨清真寺和穆斯林的照片；后一部分是关于西藏境内的马帮商业的研究。

综上所述，20世纪80年代以来，西方的回族伊斯兰教研究趋于繁盛，著作很多。但这些著作都没有被译为汉文，国内回族研究界对这些著作的了解不多，这显然不利于学术交流和回族研究的进一步发展。另外，我们也应该看到，回族伊斯兰教研究在西方学界仍然是处在比较边缘的位置，与发达的中国研究或伊斯兰世界研究相比，尚非常薄弱；而从事回族伊斯兰教研究的多为犹太学者，如以色列利、李普曼、莱斯利等，这也许是因为回族在中国的历史遭遇与犹太人有相似之处？国内回族学界或许应该注意和思考西方回族伊斯兰教研究的这些特点，借鉴、反思并批评他们的研究方法和成果，开拓回族研究的思路，并把回族学推向国际。

原载于《西北民族研究》2005年第1期。中国人民大学报刊复印资料《B9宗教》2005年第3期转载。

伊斯兰教传入西藏考

周传斌

伊斯兰教的传播大致有两种方式，一是通过武力征服和传教等手段使某一地区伊斯兰化；二是通过穆斯林移民为载体而把伊斯兰教流播各地。一般来说，前者的结果是形成了今天的伊斯兰世界，后者的结果是形成了遍布全球的穆斯林少数民族。在青藏高原及其周边地区，伊斯兰教通过这两种方式得到了不同程度的传播。无论哪一种传播方式，清真寺的修建都是伊斯兰教传入并在该地区存在的最有力的证明。本文主要以今天的西藏自治区境内历史上清真寺的修建情况，必要时也涉及周边藏区的相关史料，来考察穆斯林迁居西藏和伊斯兰教传入西藏的过程。

一 7—13世纪

公元7世纪初，阿拉伯人伴随着伊斯兰教的兴起而登上了历史舞台，吐蕃王朝也伴随着佛教的传入而崛起在青藏高原。阿拉伯史料记载，704年吐蕃(al-Tubbat)与大食已经在吐火罗地区发生了直接接触[①]。汉文史料则似乎反映出吐蕃与大食的军事联合[②]。最常被引用的史料有三则。一是《资治通鉴》载开元三年(公元715年)，“拔汗那者，古乌孙也。内附岁久。吐蕃与大食共立阿了达为王，发兵攻之”[③]。据考，大食名将屈底波(Qutaybah ibn Muslim,

① 王小甫：《唐吐蕃大食政治关系史》，北京大学出版社1992年版，第138页。

② 房建昌：《西藏的回族及其清真寺考略》，《西藏研究》1988年第4期。

③ 《资治通鉴》卷二一一唐纪二十。

古泰白·伊本·穆斯林）于公元715年进攻拔汗那时去世，加之当时阿拉伯伍麦叶王朝（Umayyad，661—750）发生内乱，大食兵退；此后吐蕃才到拔汗那，二者没有合作的机会[①]。二是《资治通鉴》载开元五年（公元717年）"突骑施引大食、吐蕃谋取安西四镇"[②]事，王小甫认为公元715年后大食在中亚的扩张势头已经失去，大食于此时谋取四镇似无可能[③]。三是《新唐书》载贞元十七年（公元801年）渡泸之役，"康、黑衣大食等兵及吐蕃大酋皆降，获甲二万首"。[④] 大食军队竟然深入到四川助吐蕃作战。但有学者指出这是孤证，大食兵并不见载于其他史书[⑤]；而且大食兵之来源，被俘后之去向均无考[⑥]。且《旧唐书》言大食在"贞元中，与吐蕃为劢敌。蕃军太半西御大食"[⑦]。与上述记载相矛盾。王小甫在论述唐代西域的"三方四角"政治关系时，认为吐蕃与大食的关系是趋向于敌对的[⑧]。而在吐蕃时期，中亚的伊斯兰化刚刚开始；伊斯兰教势力尚未推进到青藏高原边缘，中间还存在缓冲地带[⑨]。可见吐蕃与大食的军事联合之说似并不可信。

但也不能因此否定吐蕃时期穆斯林入藏活动的可能性。如前所述，吐蕃与大食在中亚已经有了接触。此外，阿拉伯名将喀斯木（Muhammad ibn al-Qasim，穆罕默德·伊本·喀希姆）于公元712年进攻印度河流域，据说曾远征至克什米尔（Kashmir）山脚下[⑩]。阿拉伯史料记载，信德（al-Sind）总督希沙木（Hisham b. 'Amr al-Taghlibi，希沙木·本·阿木尔·塔格里比）约于公元768年征服了克什米尔[⑪]。这表明吐蕃在克什米尔一带也可能与大食发生了接触。据《藏医史》记载，松赞干布（公元581—650年）请来"大食或昌木的医

① 王小甫：《唐吐蕃大食政治关系史》，北京大学出版社1992年版，第148页。

② 《资治通鉴》卷二一一唐纪二十。

③ 王小甫：《唐吐蕃大食政治关系史》，北京大学出版社1992年版，第150页。

④ 《新唐书》卷222南昭。

⑤ 纳为信等：《元咸阳王赛典赤·赡思丁世家》，今日中国出版社1996年版，第25页。

⑥ 王胞生：《唐宋时期大理与波斯大食人关系浅说》，《甘肃民族研究》1988年第3—4期。

⑦ 《旧唐书》卷198大食。

⑧ 王小甫：《唐吐蕃大食政治关系史》，北京大学出版社1992年版，第179页。

⑨ [德]克林凯特：《丝绸古道上的文化》，新疆美术摄影出版社1994年版，第98页。

⑩ [巴基斯坦]赛义德·菲亚兹·马茂德著，吴云贵等译：《伊斯兰教简史》，中国社会科学出版社1981年版，第77、263页。

⑪ [古阿拉伯]白拉祖里：《诸国之征服》（阿文），转引自《唐吐蕃大食政治关系史》，北京大学出版社1992年版，第210、332页。

生噶来诺等三人”治病；西藏藏医传说，吐蕃赞普赤松德赞（公元755—797年在位）时期，派使者分别从印度、克什米尔、中原、大食、朱古、多卧、尼泊尔等地请来了九位医生，被称为国王的九大御医，其中来自大食的叫做哈拉兴笛[①]。在经济上，大食与吐蕃之间存在着贸易关系，特别是麝香贸易[②]。而吐蕃在与唐朝的争夺中，曾多次据有河西走廊和安西四镇，到公元792年唐朝势力已退出了西域[③]。因此吐蕃曾长期控制丝绸之路。吐蕃时期穆斯林商人进入青藏高原活动是可能的。

9世纪中叶吐蕃崩溃到大约13世纪，青藏高原与伊斯兰世界的距离在不断拉近。9世纪20年代，中亚出现了波斯人、突厥人控制的穆斯林小王朝；9世纪40年代，吐蕃、回鹘相继崩溃，回鹘西迁推动了中亚的突厥化和伊斯兰化[④]。波斯萨曼王朝（公元875—999年）时中亚地区真正实现了伊斯兰化[⑤]。10世纪以后，佛教、摩尼教和拜火教在中亚基本上销声匿迹[⑥]。第一个信奉伊斯兰教的突厥王朝是伽色尼王朝（公元962—1212年），经常向印度北部发动“圣战”。之后，廓尔王朝（公元1150—1206年）把穆斯林的统治扩大到印度北部大部分地区。德里苏丹国（公元1206—1526年）时期，印度北部完成了伊斯兰化。这表明青藏高原南缘也与伊斯兰世界相连了。喀剌汗王朝（公元992—1212年）于公元1001年把伊斯兰教传入于阗、叶尔羌等地，即青藏高原的西北缘。13世纪时新疆伊斯兰教推进到昌八喇城（今济木萨尔）[⑦]。13世纪蒙古西征则把大批穆斯林带入了我国中原地区。元代河湟地带已成为穆斯林人口比较集中的地区，如元至元十年（公元1273年）天方圣裔“古土布兰巴尼尔布都来海麻尼”由伊拉克来华传教，在西宁去世，西宁王速来蛮为他建南

---

① 《藏医史》（藏文版），甘肃民族出版社1982年版。转引自佟锦华著：《藏族传统文化概论》，中国藏学出版社1990年版，第96—98页。

② *Encyclopaedia of Islam*, Leiden, 1934, vol. 4. pp. 141—143, “Tibet”, by Bartol'd V. V. 及 “Tibet and the medieval florissance in Eurasia”, by Ch. I. Beckwith, *Central Asiatic Journal*, vol. ⅩⅪ, No. 2, 1977, pp. 89—104.

③ 王小甫：《唐吐蕃大食政治关系史》，北京大学出版社1992年版，第214页。

④ 同上。

⑤ 金宜久主编：《伊斯兰教史》，中国社会科学出版社1990年版，第346页。

⑥ 《伊斯兰东进之路》，《阿拉伯石油天地》第47卷7期，Houston, U. S. A.。

⑦ ［巴基斯坦］赛·马茂德著，吴云贵等译：《伊斯兰教史》，中国社会科学出版社1981年版，第348、386、433、434页。

山拱北[①]。13世纪也出现了回回入滇的第一次高潮。元宪宗三年（公元1253年）忽必烈、兀良合台率蒙古军和西域回回亲军十万人平大理[②]。著名回回政治家赛典赤·赡思丁于元至元十一年（公元1274年）出任云南行省平章政事，对云南成为回族聚居区有重要影响。总之，13世纪伊斯兰教已推进到青藏高原的四缘，为伊斯兰教传入青藏高原提供了条件。据公元982年成书的波斯文著作《世界境域志》记载，在拉萨（Lhāsā）已有一座清真寺（mazgit）和少量穆斯林。这是目前可知关于西藏境内清真寺的最早记载。但有的研究者怀疑其是否可靠[③]。这只能是一桩悬案。可以肯定的是，在14世纪以前尽管存在穆斯林入藏活动的可能性，但还不具备伊斯兰教深入青藏高原的条件。

二　14世纪以后的西部藏区(Western Tibet)

14世纪，与藏区毗邻的克什米尔地区开始了伊斯兰化的过程。据载，克什米尔的第一位穆斯林苏丹于公元1320年在苏菲派传教士的影响下入教[④]。特别是苏丹希坎德尔（Sinkader，公元1394—1416年在位）有“偶像破坏者”之称，他完成了克什米尔的伊斯兰化。此时由于13世纪蒙古西征的持续影响，一些穆斯林难民和宗教学者从中亚、西亚避居克什米尔，增强了伊斯兰教的影响。如波斯哈马丹人赛义德·阿里·哈姆达尼（公元1314—1384年）于公元1372年率700学者和信徒来到克什米尔。与此同时，印度大部分穆斯林是在13—15世纪改信伊斯兰教的本地居民，到公元1526年莫卧尔王朝建立前已基本完成了伊斯兰化[⑤]。印度次大陆北部尤其是克什米尔的伊斯兰化对青藏高原产生了一定影响，特别是在藏区边缘的巴尔蒂斯坦（Baltistan）、拉达克（Ladakh）和阿里古格（Guge）王朝。

---

① 胡振华主编：《中国回族》，宁夏人民出版社1993年版，第93页。马通：《甘肃回族史》，甘肃民族出版社1994年版，第18页。

② 杨兆钧主编：《云南回族史》，云南民族出版社1994年版，第7、26页。

③ Hudūd al-Alam. *The Regions of the World*, 372A. H. — 982A. D., trans &expla by V. Minorsky, London, 1970, pp. 93, 258.

④ 马苏德·贾弗里：《伊斯兰教在克什米尔》，《南亚译丛》1982年第3期。

⑤ [巴基斯坦]赛·马茂德著，吴云贵等译：《伊斯兰教史》，中国社会科学出版社1981年版，第381、386页。及陆水林：《小西藏：巴尔蒂斯坦的伊斯兰化过程》，《中国穆斯林》1996年第5期。

欧洲人最早接触藏区是在印度莫卧尔王朝后期，传教士到印度次大陆活动时[①]。他们最先接触的藏区是青藏高原西南缘的巴尔蒂斯坦、吉尔吉特(Gilgit)、拉达克地区。由于对藏区缺乏全面的了解，他们把巴尔蒂斯坦称为"第一西藏"(First Tibet)，或"小西藏"(Lesser Tibet)；把拉达克称为"第二西藏"(Second Tibet)，或"大西藏"(Great Tibet)；把以拉萨、日喀则为中心的卫藏地区称为"第三西藏"(Third Tibet)，后来又称为"中心藏区"(Central Tibet)[②]。据说这种划分方法最早是由波斯伊斯兰传教士使用的[③]。后来西方研究者又把阿里、拉达克、巴尔蒂斯坦一带称为"西部藏区"(Western Tibet)[④]。这一带由于与克什米尔、印度、新疆接壤，在14世纪以后受到伊斯兰教的强烈影响。

1. 巴尔蒂斯坦(Baltistan)

巴尔蒂斯坦(Baltistan)和吉尔吉特(Gilgit)在我国史籍中分别称为"大勃律"、"小勃律"，在今天的巴基斯坦境内。巴尔蒂语至今仍算得上是藏语的一个分支。这两个相邻地区今天已成为伊斯兰世界的一部分。巴尔蒂斯坦的伊斯兰化开始于14世纪的最后1/4世纪。前述至克什米尔传教的波斯人阿里·哈姆达尼于公元1381年至巴尔蒂斯坦传教并兴建了几座清真寺。此后波斯人努尔·巴赫希(公元1393—1464年)于公元1446年、沙姆斯·乌丁·伊拉吉(公元1429—1525年)于公元1505年至巴尔蒂斯坦传教，后者使巴尔蒂"布迦"王(Bogha，突厥语"野牛"意)和王储接受了伊斯兰教。从王储谢尔汗(Sher Shah)开始，默格本(Maqpon)王室全部采用了穆斯林名字。默格本王室在巴尔蒂的统治持续到公元1840年。16—18世纪是伊斯兰教在巴尔蒂斯坦巩固和发展时期。除波斯传教士外，中亚突厥人和克什米尔人也纷纷至此传教。阿里·谢尔·汗(Ali Sher Khan，公元1580—1625年)时期是默格本王朝的鼎盛时期，与印度莫卧尔帝国有密切联系。阿里·谢尔·汗的女儿

---

① 伍昆明：《早期传教士进藏活动史》，中国藏学出版社1992年版。

② 伍昆明：《早期传教士进藏活动史》，中国藏学出版社2006年版，第539页。及 *An Account of Tibet—the Travels of Ippolito Desideri, 1712—1727*, ed. By Filippo De Filippi, AES Reprint New Delhi, 1978。

③ 陆水林：《小西藏：巴尔蒂斯坦的伊斯兰化过程》，《中国穆斯林》1996年第5期。

④ *History, Folklore & Culture of Tibet*, by A. H. Francke, Delhi, 1978.

是莫卧尔皇帝贾汉吉尔的第一个妻子,以"西藏皇后"著称;阿里·谢尔·汗也娶了莫卧尔皇室的一位公主。极盛时期,阿里·谢尔·汗的统治疆域东至今西藏境内的玛旁雍错,西至奇特拉尔和卡菲尔斯坦,北起慕士格喀喇昆仑山,南至祖吉拉山口(Zoji La)①。

苏菲派和什叶派传教士对巴尔蒂斯坦的伊斯兰化作出了重要贡献,这可以与青海卡力岗地区做一个有趣的对比。约在清乾隆十五年(公元1705年),苏菲派华寺门宦创始人马来迟(公元1681—1766年)使青海卡力岗地区的部分藏人皈依了伊斯兰教②。巴尔蒂斯坦和卡力岗地区是仅有的两处被伊斯兰化的藏区。除此以外伊斯兰教在藏区的存在都是以移民的方式造成的。对比这两处可以看出,巴尔蒂斯坦和卡力岗地区都处于藏区边缘;都靠近穆斯林聚居区(巴尔蒂斯坦在今巴基斯坦境内,卡力岗在今化隆回族自治县境内);而这两处的伊斯兰化都是由苏菲派或什叶派传教士完成的,这也许是因为苏菲派、什叶派的神秘主义与原始宗教、佛教等更具有相似性。藏学家弗兰克(A. H. Francke)认为,伊斯兰教于14世纪从克什米尔(Kashmir)传入藏区(Tibet),在巴尔蒂斯坦(Baltistan)和普里(Purig)传播的是什叶派(Shi'ite),而东拉达克(Eastern Ladakh)首府列城(Leh)主要是逊尼派(Sunnite)③。他所用的"Tibet"一词显然主要是指巴尔蒂斯坦和拉达克一带,并非指今天的"西藏";国内有文章据弗兰克的论述指出伊斯兰教于14世纪传入"西藏","从此,穆斯林开始在西藏安家落户"④,这显然是对"Tibet"一词理解上的偏差造成的误解。

吉尔吉特(Gilgit)的罕萨谷(Hanza)扼中国至印度丝绸之路的咽喉。中亚的突厥帕坦人(Pathans)于8、9世纪和13世纪入侵,在这里建立了可能是全世界海拔最高的伊斯兰教前哨⑤。17世纪初,吉尔吉特还曾归于巴尔蒂阿里·谢尔·汗的统治之下。总之,以巴尔蒂斯坦为代表的青藏高原西南边缘少数地区已是伊斯兰世界的一部分。

---

① 陆水林:《小西藏:巴尔蒂斯坦的伊斯兰化过程》,《中国穆斯林》1996年第5期。陆水林:《巴尔蒂斯坦简介》,《国外藏学研究译文集》(第六集),西藏人民出版社1989年版。

② 李耕砚、徐立奎:《卡力岗地区部分群众昔藏今回的调查》,《青海社会科学》1981年第2期。

③ Islam among the Tibetans, by Francke A. H., *Moslem World* XIX, 1925。

④ 房建昌:《西藏的回族及其清真寺考略》,《西藏研究》1988年第4期。

⑤ 《伊斯兰东进之路》,载于《阿拉伯石油天地》第47卷7期,Houston, U. S. A.。

2. 拉达克(Ladakh)

吐蕃王朝崩溃后,王室后裔尼玛衮(Nyi-ma-mgon)[①]退居阿里,其三子分别为"阿里三围"(mNgav-ris-skor-gsum)之王。长子日巴衮(Rig-pa-mgon)据玛域,后成拉达克王系;次子扎喜衮(bKra-shis-mgon)据布让(后被古格所灭);三子德尊衮(lDe-gtsug-mgon)据象雄,后成为古格(Gu-ge)王系[②]。16世纪上半叶,伊斯兰化的蒙古人曾由新疆进入拉达克和巴尔蒂斯坦地区,其中米尔咱·马黑麻·海达尔(公元1499—1551年)成为克什米尔的统治者[③]。16世纪末或17世纪初,著名的巴尔蒂王阿里·谢尔·汗(Ali Sher Khan)曾进攻拉达克,俘虏了拉达克王杰央南吉(Jamyang Namgyal)并娶了拉达克王的女儿;拉达克王承认默格本王朝的宗主权,把部分地区划归格尔德赫夏(后改称克尔门)[④]。一说是巴尔蒂王的女儿嫁给了拉达克王[⑤]。虽然拉达克王并没有皈依伊斯兰教,但伊斯兰教还是开始传入了拉达克地区。藏学家弗兰克认为列城附近的巴尔蒂村"Chushod"也许是在此时形成的[⑥]。

17世纪的卫藏地区,五世达赖喇嘛得到厄鲁特蒙古和清政府的支持,格鲁派成为藏传佛教主流。不丹支持主巴噶举派与格鲁派抗争,引起蒙藏联军与不丹的战争(公元1644年)。拉达克王森格南吉(?—1646年)之子德丹南吉(bDe-ldan-rnam-ngyel,约公元1646—1675年在位)声称自己信奉主巴派[⑦],于公元1661年"派人给达延汗和第巴送来言辞粗鲁的信,为不丹人助威。"[⑧]到德丹南吉之子德列南吉(Delegs Namgyal,约公元1675—1705年在位)时,于公元1679年左右进攻西藏阿里地区,被蒙藏联军击败。德列南吉求

① 括号中为藏文转写。后文中凡出现用短横线"-"连接的英文字母,一般均为藏文转写,不再一一注明。

② 黄奋生:《藏族史略》,民族出版社1985年版,第164页。

③ 米尔咱·马黑麻·海达尔:《中亚蒙兀尔史(拉失德史)》(第二编),新疆人民出版社1983年版,第390页。

④ 陆水林:《巴尔蒂斯坦简介》,《国外藏学研究译文集》(第六集),西藏人民出版社1989年版。

⑤ 房建昌:《西藏的回族及其清真寺考略》,《西藏研究》1988年第4期。

⑥ *History, Folklore & Culture of Tibet*, by A. H. Francke, Delhi, 1978。

⑦ 《黄琉璃》(Vaidu-rya-ser-po,藏文)。转引自杜齐(G. Tucii):《西藏中世纪史》,中国社会科学院民族研究所,1980。

⑧ 丹珠昂奔主编:《历辈达赖喇嘛和班禅额尔德尼年谱》,中央民族大学出版社1998年版,第132、186页。

救于莫卧尔帝国,莫卧尔军队击退了蒙藏联军。德列南吉却也因此被迫接受伊斯兰教,他被赋予一个穆斯林名字:"Akabal Mahmud Khan(阿克巴·马哈默德·汗)",这个名字被铸造在一种叫做"Jau"的硬币上,这是西部藏区唯一的一种硬币。他的妻子和一个儿子(Jigpal Namgyal,吉朴南吉)被作为人质带到克什米尔,还必须每年向克什米尔纳贡。他不得不允许伊斯兰教在拉达克传播,在首府列城(Leh)建造了清真寺。靠近克什米尔和巴尔蒂斯坦的拉达克西部地区大部分改宗了伊斯兰教,首府列城周围也散布着相当多的穆斯林①。

3. 阿里地区(mNgav-Ris)

古格(Gu-ge)王朝建立于10世纪,传28代,公元1630年被拉达克王森格南吉所灭。首府扎布让(rtsa-brang)在今阿里地区扎达县境内。古格与伊斯兰教最早的接触发生在11世纪。古格王德尊衮的次子松埃(Srong-nge)后半生出家,称为"拉喇嘛益西约"(Lha-bla-ma-ye-shes-vod),他在为迎接印度高僧阿底峡(公元982—1054年)入藏而到处寻求黄金时,为"卡洛王"(Gar-log-gi-rgyal-po)捉获②。据认为"卡洛"是指当时据有于阗、叶尔羌、喀什的突厥喀剌汗王朝(公元992—1212年)③。据说喀剌汗王朝要求古格以等身重的黄金为益西约赎身,或改宗伊斯兰教;益西约拒绝,让其侄用此黄金前去迎请阿底峡,益西约遂为佛法而死,时约在公元1036年④。

14世纪以后,随着阿里毗邻的克什米尔地区伊斯兰化的完成,可能已有穆斯林进入古格活动。16世纪,伊斯兰化的蒙古人侵入拉达克、巴尔蒂斯坦和克什米尔以后,又大举进攻阿里地区。米尔咱·马黑麻·海答尔于公元1533年从玛域(拉达克一带)东进远征卫藏(URSANG,原文如此),西方研究者认为他最远没有越过今西藏的佩枯错(Palgu或Palu Lake)。他在归途中曾至古迦(Guga,

① *History, Folklore & Culture of Tibet*, p. 105, 174, by A. H. Francke, Delhi, 1978.

② (明)班钦·索南查巴著,黄颢译:《新红史》,西藏人民出版社2002年版,第39页。(清)土观·罗桑却吉尼玛著,刘立千译:《土观宗教源流》,西藏人民出版社1984年版,第47页。

③ (明)班钦·索南查巴著,黄颢译:《新红史》,西藏人民出版社2002年版,第186页注。

④ 冈日瓦·群英多吉:《雪域西部阿里廓尔松早期史》(藏文)。西藏人民出版社1996年版,第49、50页。

原文如此,似应为古格,Gu-ge)征收赋税[①]。但这次远征似乎没有造成伊斯兰教在该地的影响。公元1600年巴尔蒂阿里·谢尔·汗进攻拉达克时据说一直打到了西藏本土——巴尔蒂语中称为"赫拉尤尔",意为"仙女和天神之国";最远到达玛旁雍错和尼泊尔边界之间的博朗格普兰(Burang)[②]。

进入古格境内活动的主要是克什米尔、印度、拉达克的穆斯林商人。公元1624年,葡萄牙神甫安夺德(Antonio de Andrade,公元1580—1634年)来到扎布让传播天主教,古格王犀扎西查巴德(Kri-bKra-Sis-grags-pa-lde)接见他时由克什米尔穆斯林做翻译。安夺德向古格王提出的五个条件之一是"不得听信克什米尔穆斯林反对我们的谗言,因为他们是反对我们的教义的。"[③]古格王则签署了用"波斯文"写的文件,命令所有与古格有贸易关系的阿格拉(Agra)和拉合尔(Lahore)的穆斯林,把传教士的东西像穆斯林自已的东西一样带到西藏。阿格拉和拉合尔是莫卧尔帝国(公元1526—1858年)时代印度最大的两座城市[④]。公元1626年,另一位葡萄牙神甫戈迪尼翁(Francis Godinho,公元1596—1662年)在一封信中谈到古格王拆毁了扎布让的一座清真寺[⑤]。这表明,至少在17世纪穆斯林商人的活动在古格境内有重要影响,并建立了清真寺。

此外,古格所在的阿里地区处于卫藏通向拉达克、克什米尔的商道上,克什米尔穆斯林商人也正是通过这条路进入卫藏的。公元1630年拉达克吞并了古格;17世纪末拉达克势力被驱逐出境,阿里地区置于噶厦政府的管辖之下,扎布让由首府而成一片废墟(今古格遗址)。但穆斯林在阿里地区的活动仍在继续。17世纪末以后,拉达克王每三年派一使团到拉萨进贡;拉萨的商人每年运砖茶到拉达克地区。道光二十一年(公元1841年)清朝击败了拉达克、八底(巴尔蒂)的入侵以后,道光旨曰:"拉达克番民及八底部落长人等共同恳求,准其投归唐古忒商上,情愿各防边界,协力堵御等情。拉达克部落向与

① [古代阿拉伯]《中亚蒙兀尔史(拉失德史)》(第2编)第446页注,第139页。

② 陆水林:《巴尔蒂斯坦简介》,《国外藏学研究译文集》(第6集),西藏人民出版社1989年版。

③ 《早期传教士进藏活动史》,第138、139页。

④ [巴基斯坦]赛·马藏德著,吴云贵译:《伊斯兰教简史》,中国社会科学出版社1981年版,第547页。

⑤ 《早期传教士进藏活动史》及霍斯坦(H. Hosten):《1628年8月16日耶稣会士弗朗希斯科·郭丁和神父从西部西藏扎布让发出的一封信》,《皇家亚洲协会杂志》卷21,公元1925年。

唐古忒通商，兹既愿投商上，自应俯如所请。”[①]可见此时穆斯林商人的活动仍是被允许的。可以认为，直到 20 世纪 40 年代以后，由于印巴克什米尔争端和中印边界冲突，这一带的跨境贸易活动才走向了衰落。如今，我们在阿里地区似乎已看不到穆斯林存在的迹象了。

三　14 世纪以后的卫藏(Dbus-gtsang)

据普遍说法，佛教是在松赞干布（Srong-btsan-sgan-po，公元 581—650 年）时期，随尼泊尔墀尊公主（Khri-btsun）和大唐文成公主的入藏而分别由南、北两个方向传入卫藏的。值得注意的是，14 世纪以后伊斯兰教大致也是由这两个方向分别进入卫藏地区的。即是说，穆斯林分别从西南方的克什米尔和东北方的祖国内地进入卫藏地区，带来了伊斯兰教。

1. 克什米尔系统的穆斯林

由卫藏向西经阿里进入克什米尔、印度或新疆、中亚的道路一直非常重要[②]。通过这条道路，克什米尔与卫藏地区的贸易关系自吐蕃时期已经确立。在赤松德赞（公元 755—797 年在位）时拉萨已成为重要的商品集散地之一，绸布市场位于大小昭寺之间，来自迦湿弥罗（克什米尔）的商人在此经商[③]。藏语中对藏红花的称呼之一是“Kha-che-gur-kum”，即“克什米尔红花”，也反映出西藏与克什米尔的联系紧密。14 世纪以后克什米尔的伊斯兰化为伊斯兰教从这个方向进入卫藏提供了前提。克什米尔穆斯林在西藏伊斯兰教史上有重要地位，现在藏语中对穆斯林的称呼“卡契”（Kha-che）即是从对克什米尔人的称呼中转化来的；卫藏地区现存最早的清真寺也与克什米尔穆斯林商人有关。

9 世纪中叶拉萨随吐蕃王朝的崩溃而一度衰落。14 世纪宗喀巴创建藏传佛教格鲁派后拉萨宗教中心的地位重新确立。17 世纪中叶五世达赖喇嘛阿

---

① 吴丰培、曾国庆编撰:《清代驻藏大臣传略》,西藏人民出版社 1988 年版,第 154 页。

② 王小甫：《唐吐蕃大食政治关系史》，北京大学出版社 1992 年版，第 20、26、32 页。

③ 《中国国情丛书——百县市经济社会调查：拉萨卷》，中国大百科全书出版社 1995 年版，第 29 页。

旺·罗桑嘉措（公元1617—1682年）时期拉萨再度复兴为西藏的政治、经济和文化中心①。五世达赖喇嘛晚年著有自传《云裳》（Du-kvu-lavi-gos-bzang），为后人留下了丰富的资料。意大利藏学家杜齐（G. Tucii）根据其自传列举了五世达赖时期从不同地方来访问或游历西藏的人，其中有政治使节、印度学者以及商人；印度人、汉人、蒙古人、克什米尔的穆斯林们都在拉萨市集上见面，交换货物②。在五世达赖去世以后约30年，即公元1716年，欧洲人德西德里（Ippolito Desideri）来到拉萨时，他看到拉萨有一个"海关"（royal custom-house），来自汉地或西方的商人在这里交税；穆斯林在拉萨已拥有一块墓地③。在约雍正五年（公元1727年），汉文史料也记载道："商亦有本地人，西则大洋各处人，北则缠头鄂罗厄勒素回回各色目人。"④ 所谓"缠头"即指克什米尔穆斯林，清代文献一直沿用这一称呼。伊斯兰教在拉萨存在的可考历史就是从五世达赖时期开始的。

拉萨市现存最早的清真寺是西郊的"卡契林卡"（Kha-che-Gling-kha，克什米尔人的园林）。据拉萨穆斯林传说，一位叫做辟尔·亚古博（Pir Jacob）的阿訇从克什米尔来到拉萨。五世达赖在布达拉宫上望见辟尔·亚古博在拉萨北面的根培乌孜山上做礼拜，遂派人询问；后来便在拉萨西郊射箭赐地，以五个射程方圆的面积赐给他，称为"箭达林卡"（Rgyang-mdav-gang-gling-kha，一箭之地园林），后来称为"江达岗林卡"⑤。一说是辟尔·亚古博因无落脚之地而向五世达赖辞行，达赖喇嘛遂在西郊射箭赐地⑥。前一种说法流传更广，今天的拉萨穆斯林，甚至甘青回族商人都到根培乌孜山上的一块岩石边诵经祈祷，把那里视为辟尔·亚古博的礼拜地和穆斯林在拉萨的最早遗迹⑦。据考"辟尔"一词系波斯语"导师、领导者"之

① 《中国国情丛书——百县市经济社会调查：拉萨卷》，中国大百科全书出版社1995年版，第31—33页。

② ［意］杜齐（G. Tucii）：《西藏中世纪史》，第135—136页。

③ *An Account of Tibet—the Travels of Ippolito Desideri, 1712—1727*, ed. By Filippo De Filippi，AES Reprint New Delhi，1978.

④ （清）李凤彩：《藏纪概》，中央民族学院图书馆，1978（油印本）。

⑤ 《江达岗林卡的简历》，拉萨小清真寺复印件，1995。

⑥ 宋小稓：《拉萨清真寺》，《雪域文化》1991年春季号。

⑦ 作者1997年夏在拉萨的调查。

意，系波斯和印度的苏菲派对其导师的尊称[①]。“亚古博”即“叶尔古白”，是常见的穆斯林名字。从“辟尔”这一尊称及其在山上礼拜的行为来看，这位亚古博可能是一位苏菲派导师。接合前文所述苏菲派传教士进入巴尔蒂斯坦等地传教的活动来看，这种可能性更大。

“卡契林卡”或“江达岗林卡”的创建年代，据拉萨穆斯林认为是在公元1650年。[②] 但我们认为这个年代似乎不确。首先，林卡的创建年代尚未见于文字记载。其次，据记载公元1652年五世达赖进京途经青海境内时，“西宁城的回民掌教率50余人前来敬献重礼。询问掌教敬奉什么神，掌教答说敬奉的是天。认为大约与敬奉大自在天、遍入天相类似，向日月等礼拜。这是与伊斯兰教的首次接触。”[③] 可见在此之前五世达赖与伊斯兰教没有接触。另外，若根据拉萨穆斯林的传说，从布达拉宫上北望根培乌孜山上之亚古博礼拜处，则必须借助于望远镜才有可能[④]。据记载五世达赖曾于公元公元1678年于蒙古准噶尔部噶尔丹送来的礼品中得到一件“可以看见远处奇异景象的水晶筒（可能是望远镜）”[⑤]，此前尚未见类似记载。据此推测似乎“卡契林卡”的创立不应早于1678年。另一方面，虽然射箭赐地之说不见于文字记载，但在五世达赖时期应属可信。因为如前所述，五世达赖时来自各地的使节、游历者和商人很多，其中有不少穆斯林。公元1656年印度“孟加拉王沙哈杂派遣的玛哈玛德沙比（穆罕默德沙比?）来到哲蚌寺”并赠送了礼品[⑥]。据杜齐分析，这里的“沙哈杂”（Sakradsa）应是“沙·吉汗”（Shah Jahan）的讹写，而“沙比”（Sa-ha-su-ja）应即“Shah Shuja”的转写[⑦]。沙·吉汗（公元1628—1658年在位）是莫卧尔皇帝，他的儿子“Shah Shuja”当时是孟加拉总督[⑧]。当时克什米尔穆斯林商人在拉萨的也一

---

① 《中国伊斯兰百科全书》，四川辞书出版社1994年版，第436页。

② 《江达岗林卡的简历》及林卡大门上的铭文。

③ 丹珠昂奔主编：《历辈达赖喇嘛和班禅额尔德尼年谱》，中央民族大学出版社1998年版，第99页。

④ 作者曾于1997年夏亲自登上此山。

⑤ 丹珠昂奔主编：《历辈达赖喇嘛和班禅额尔德尼年谱》，中央民族大学出版社1998年版，第171页。

⑥ 同上书，第80页。

⑦ ［意］杜齐（G. Tucii）著，李有义、邓锐龄译：《西藏中世纪史》，第129页。

⑧ ［巴基斯坦］赛·马茂德著，吴云贵等译：《伊斯兰教简史》，中国社会科学出版社1981年版，第538页。

定不少，藏文史料表明，至少在公元1679年6月举行第巴桑结嘉措的就职庆贺仪式时有“克什米尔”的代表参加[①]。另据《拉萨文物志》称，五世达赖常于藏历每月八日、十五日，邀请所有穆斯林到布达拉宫做客，渐成定制；西藏开始铸钱后，达赖喇嘛还给每个成人赐三个章卡（藏银圆），小孩赐一个；五世达赖还专门指定“格林姑息”为其经商的地点[②]。此外，据记载五世达赖时期至少有四次（公元1661、1669、1675、1680年）给贵族、寺院等赐地，[③] 辟尔·亚古博也许于此时得到了一小块土地。

有一种说法认为，辟尔·亚古博就是曾经入藏求援的新疆白山派阿帕克和卓[④]，我们对此持有异议。阿帕克和卓（公元1606—1695年）道号为“依达也提吐拉”（阿语，安拉的正道），别号为“海孜来提帕地夏”（伟大的阁下）[⑤]，未见其有“亚古博”一名。在17世纪后半期的南疆，叶尔羌汗国由于白山派、黑山派和卓的纷争而陷于内乱。公元1668年，白山派拥立尤勒巴尔斯为汗，准噶尔部僧格台吉进行了支持，并因此获得了喀什噶尔的统治权。蒙古准噶尔势力由此进入南疆。公元1670年4月，黑山派支持的伊斯梅尔汗上台，白山派阿帕克和卓被迫出逃克什米尔，并由此入藏[⑥]。据说阿帕克和卓入藏（或在新疆一活佛陪同下）并晋见了五世达赖，达赖喇嘛写信给噶尔丹让其出兵[⑦]。关于阿帕克和卓入藏的时间，一般认为是在公元1670年。就在这一年，准噶尔部僧格台吉被异母兄车臣台吉和卓特巴巴图尔谋杀，僧格之弟噶尔丹（公元1644—1697年）当时正在西藏出家当喇嘛，闻讯后还俗于公元1671年回到新疆统率僧格旧部[⑧]。此前后噶尔丹羽翼未丰，达赖喇嘛写信要求噶尔丹出兵似不可能。据说阿帕克和卓于公元1673年左右来到西宁（或许是从克什米尔经西藏前来），传授虎非耶教理，对后

---

① 丹珠昂奔主编：《历辈达赖喇嘛和班禅额尔德尼年谱》，中央民族大学出版社1998年版，第184页。

② 《拉萨文物志》，西藏自治区文物管理委员会，1985年第90页。

③ 丹珠昂奔主编：《历辈达赖喇嘛和班禅额尔德尼年谱》，中央民族大学出版社1998年版，第131、149、172、188页。

④ 房建昌：《西藏回族和清真寺的若干问题》，《回族研究》1992年第2期。

⑤ 马通：《中国伊斯兰教派门宦溯源》，宁夏人民出版社1995年版，第59、62页。

⑥ 维吾尔族简史编写组：《维吾尔族简史》，新疆人民出版社1991年版，第157页。

⑦ 同上书，第157页。及 *Encyclopedia of Islam*, Leiden, 1934, vol. 4. pp. 141—143. “Tibet”, by Bartol'd V. V.

⑧ 同上书，第168页。

来西北回族中的几大门宦有直接影响。此后在公元1678年以前他主要在肃州一带，以传教为名进行政治活动，通过受宠于五世达赖的第巴桑结嘉措、肃州的“婆罗迷僧侣”等获得了以五世达赖名义给噶尔丹的信[①]。公元1678年，噶尔丹出兵吞并了南疆并扶持阿帕克傀儡政权。考察史实我们发现，阿帕克和卓的传教活动在西北回族中有重要影响，一向以二十五世“圣裔”著称；而在西藏穆斯林中没有留下任何记忆，这似乎不合情理，这表明阿帕克和卓至少是在西藏没有积极活动。综上所述，我们认为阿帕克和卓与辟尔·亚古博并非一人。

“卡契林卡”是拉萨西郊沼泽地边缘的一片园林，今天尚有64289平方米[②]，内有两处礼拜殿和一处墓地。墓地内现存一些用乌尔都文刻写的石制墓顶，其形制明显不同于内地回族，可能是克什米尔、印度风格。现存年代最早的一块刻于希吉来历1133年（公元1720年，清康熙五十九年）。“卡契林卡”最早见于汉文记载是在乾隆六年（公元1741年）官修《西藏志》，“卡契园，在布达拉西五里许，劳湖柳林内。乃缠头回民礼拜之所，有鱼池、经堂、礼拜台，花草芳菲可人。”[③] 此时在拉萨的穆斯林商人也明确见于记载，“有缠头回民贩卖珠宝”，“有白布回民贩卖氆氇、藏锦、卡契缎、布等类，皆贩自布鲁克、巴勒布、天竺等处。”[④] 清代以来，来自克什米尔、拉达克、印度、尼泊尔的穆斯林一直在“卡契林卡”内举行聚礼，直到小清真寺建立。

拉萨小清真寺位于大昭寺南边的饶塞巷内。大昭寺周围的八廓街是拉萨最繁华的商业区，小清真寺建在这里显然与穆斯林商人有关。据《拉萨文物志》记载，“拉萨小清真寺是20世纪20年代专门为在拉萨做买卖、短住或长住的克什米尔、拉达克、不丹、尼泊尔、英国等国信奉伊斯兰教的人做礼拜而筹资、捐资修建的。”[⑤] 但是小清真寺的建筑年代似乎可以追溯得更早。公元1900年俄国人崔比科夫到达拉萨时，见到克什米尔穆斯林“在拉萨市南部有自己单独的祈祷地，在拉萨以西约四里处有其单独的墓地。”[⑥] 后者

① 马通：《中国伊斯兰教派门宦溯源》，宁夏人民出版社1995年版，第66页。

② 《卡基林卡核定用地面积说明》，拉萨市城市规划局，1996年。

③ 《西藏志·卫藏通志》，西藏人民出版社1982年版，第16页。

④ 同上书，第32页。

⑤ 《拉萨文物志》西藏自治区文物管理委员会，第55页。

⑥ ［俄］崔比科夫：《佛教香客在圣地西藏》，西藏人民出版社1993年版，第108页。

显然是指“卡契林卡”，前者正与小清真寺今天的位置相符。因此可推知至迟在19世纪末20世纪初小清真寺已经建立了。小清真寺建成以后，方便了穆斯林商人履行宗教功课；西郊的“卡契林卡”礼拜殿就只有在重大节日聚会时才使用了。小清真寺教坊的穆斯林大都是来自克什米尔方向的商人，他们有自己的社区组织，其头人称“本布”，新中国成立前直接由西藏地方政府噶厦管理。在20世纪40年代有70余户①。1960年时对这些穆斯林进行国籍认定，大多数选择外国籍而迁往境外。今天小清真寺教坊只有约52户教民，其中约15户属于外国籍。教长阿卜杜·哈里木（‘Abd al-Halim）持有尼泊尔护照。

日喀则是西藏第二大城市，又处于从克什米尔、印度、尼泊尔至拉萨的交通要道上，可以肯定穆斯林商人在这里活动的年代也是很早的。但文字史料较少。公元1800年英国东印度公司的特涅尔（Captain Samuel Turner）在《出使札什喇嘛西藏宫廷记》中记载，逊尼派穆斯林和印度教徒等非喇嘛教徒至少有300人生活在日喀则②。光绪十二年（公元1886年）《西藏图考》记载，克什米尔人“奉回教，修髯伟貌，远游服贾，南路八城及三藏之地，处处有之……前藏设有大头人三名，后藏一名，以为管辖。”③后藏即指日喀则。日喀则现存的邦加林清真寺据说已有300年的历史，其附近是日喀则繁华的商业区。据当地穆斯林说，公元1960年前有穆斯林40户左右；现在只有9户，但仍保持着穆斯林的传统④。

西藏山南地区是藏族文化的发祥地。首府泽当镇在历史上曾经以制作藏式花呢（泰勒马）、喇嘛们的讲经用帽和廉价藏呢而驰名，产品运往拉萨销售⑤。历史上穆斯林曾在这里建起一座清真寺，其建筑年代不可考，今已无存；只有墓地遗址还在，拉萨穆斯林有时来这里诵经游坟⑥。克什米尔穆斯林的足迹可能一直延伸到了康区的德钦县（今云南迪庆藏族自治州境内），德钦县升平镇清真寺是当地最古老的清真寺，于公元1984年重新开放。德

① 马瑛富：《穆斯林的旗帜飘扬在拉萨》，《清真铎报》1947年第2期。

② 房建昌：《西藏回族和清真寺的若干问题》，《回族研究》1992年第2期。

③ 《西招图略·西藏图考》，西藏人民出版社1982年版，第264页。

④ 作者1997年在日喀则的实地调查。

⑤ ［俄］崔比科夫：《佛教香客在圣地西藏》，西藏人民出版社1993年版，第300页。

⑥ 作者在1997年在泽当的实地调查。

钦在历史上称为“阿墩子”，是商业、运输及藏传佛教朝山的要冲地。据记载来到德钦的除内地回族外，还有印度、拉萨来的穆斯林，据说300年前曾有一位叫“尔林巴巴”的土耳其穆斯林学者及他的两个学生从印度来到升平镇传教[①]。

除了前述由卫藏西经阿里入拉达克、克什米尔、印度的道路以外，还有两条重要的商路通往喜马拉雅山脉南麓。一条经江孜、帕里进入锡金或不丹，再到印度境内的大吉岭。另一条由日喀则向西南经定日、樟木进入尼泊尔境内。18世纪末，尼泊尔廓尔喀人入侵西藏，被清军击退；公元1792年决定在江孜和定日驻兵，查验商人路证[②]。说明这两条路线日益重要，因为铁路线已延伸到了印度的大吉岭。公元1900年俄国人崔比科夫记载道，商队从江孜到大吉岭要走一个月，从大吉岭沿铁路线到加尔各答要一昼夜半；在加尔各答有许多来自西藏的商人[③]。这些商人中除了克什米尔穆斯林以外，最多的是尼泊尔人。据清代《西藏志》记载，乾隆五十七年（公元1792年）福康安等奏：“向来贸易商民，全系巴勒布、克什米尔二种”，“查明在藏贸易巴勒布商民四十名，商头三名；克什米尔商民一百九十七名，商头三名，向俱任其常川兴贩，往来不绝。”[④]“巴勒布”即指尼泊尔。尼泊尔的尼瓦尔族善于经商，过去他们控制着加德满都的大部分商业，并经营着对中国西藏的贸易；他们信仰佛教[⑤]。公元1855年尼泊尔入侵西藏，签订了不平等条约，规定对尼泊尔商人提供种种优惠。公元1893年的藏印条约又规定开放亚东，听任英国诸色商民前往贸易[⑥]。崔比科夫在公元1900年记载，拉萨的克什米尔人和尼泊尔人的人数差不多，尼泊尔人可能稍多一点；尼泊尔人是佛教徒[⑦]。这些尼泊尔人可能就是尼瓦尔人。在尼泊尔商人中也有一部分穆斯林。穆斯林是尼泊尔最大的少数民族，其历史可以追溯到14世纪。据说在15世纪末16世纪初，克什米尔穆斯林商人在拉萨见到了当时

① 《迪庆藏族自治州宗教志》，中国藏学出版社1994年版，第205—209页。
② 牙含章：《达赖喇嘛传》，人民出版社1984年版，第63页。
③ ［俄］崔比科夫：《佛教香客在圣地西藏》，西藏人民出版社1993年版，第294页。
④ 《西藏志·卫藏通志》，西藏人民出版社1982年版，第330页。
⑤ 王宏纬、鲁正华编著：《尼泊尔民族志》，中国藏学出版社1989年版，第100页。
⑥ 牙含章：《达赖喇嘛传》，人民出版社1984年版，第83、135页。
⑦ ［俄］崔比科夫：《佛教香客在圣地西藏》，西藏人民出版社1993年版，第74页。

尼泊尔国王拉特纳马拉的代表，将经商活动扩展到了加德满都，后来他们逐渐定居下来，被当地人称为朱罗德人（Chhurote）[①]。总之，克什米尔系统的穆斯林除以克什米尔人为主外，还包括少量尼泊尔、印度等地的穆斯林，他们构成了西藏穆斯林的来源之一。

2. 内地回族穆斯林

回族形成于明代（公元 1368—1648 年）。沿青藏高原边缘的青海、甘肃、云南都是回族的主要分布区域。有的学者认为，在我国北方和西部的半月形农牧接壤地带，回族找到了沟通农牧区民族贸易、发挥自身经商特长的用武之地[②]。中国农牧区之间历来存在一种经济互补关系，回族自形成以来就积极介入了这一经济流通过程。回族，特别是宁夏回族的商业活动在相当大程度上将甘、青、藏、川等地的回、汉、藏等族纳入了一个更大的经济流通体系之中。在青海、甘肃、四川、云南藏区，今天都分布着一些回族聚居点。

内地回族在拉萨的定居，是和清代驻兵西藏联系在一起的。从公元 1718 年（康熙五十七年）到 1909 年（宣统元年），清政府先后六次大规模用兵西藏。公元 1727 年（雍正五年）始设驻藏大臣两人，同时在西藏留驻川陕兵两千人，归驻藏大臣指挥[③]。公元 1733 年（雍正十一年）“特命于色拉、召之间扎溪地方另建城垣，留兵五百名，其余撤回。”[④] 所留五百人规定三年一换，由川兵来顶替。此驻兵轮换制度一直保持到清末。在清军中有一些回族官兵。据考清代四川回族从军者很多，“武功素称极盛”[⑤]；民谣也谓回族职业为“不宰牛便宰羊，不卖粑粑便吃粮”[⑥]，所谓“吃粮”即从军。史料表明，公元 1733 年始建的拉萨清军驻地扎什城（今拉萨北郊）内建有汉族的关帝庙和回族的清真寺各一座。据房建昌文，今天拉萨北郊万寿寺展有乾隆五十九年（公元 1794 年）驻藏大臣和琳与成德发给该寺主持的一块令牌，其中写道：“据扎什城万寿寺中喇嘛呈称情缘，扎什城万寿寺从前原系内地回民清真寺，”

① 王宏纬：《尼泊尔民族志》，中国藏学出版社 1990 年版，第 257 页。

② 周星：《民族学新论》，陕西人民出版社 1992 年版，第 206 页。

③ 牙含章：《达赖喇嘛传》，人民出版社 1984 年版，第 42、224、46 页。

④ 《西藏志·卫藏通志》，西藏人民出版社 19892 年版，第 6 页。

⑤ 同治十二年：《重修成都县志·卷首例言》。

⑥ 《四川少数民族》之“回族”，四川民族出版社 1982 年版。

“于乾隆二十六年内，蒙辅□二位大人□毁，改修万寿寺。”① 据载，驻藏大臣辅鼐于乾隆二十六年（公元1761年）六月抵达拉萨，可见此寺被毁当在公元1761年下半年。扎什城在1912年清朝灭亡后被焚毁，如今的万寿寺系“文化大革命”后新建，已见不到任何古老的遗迹了②。

拉萨现存最大的清真寺是河坝林的大清真寺。据《拉萨文物志》称，大清真寺创建于康熙五十五年（公元1716年），最初规模不大，建筑面积只有200平方米；乾隆五十八年（公元1793年）平定廓尔喀后进行了维修和扩建③。若此年代确实可信，则大清真寺的创建与清军无关；因为清军首次到达拉萨是在康熙五十九年（公元1720年）④。而大清真寺内一块约于乾隆年间立的匾中，有“贸易客民马如龙、何文才、马明远”⑤ 等人名，可见内地回族商人在拉萨的活动也是确实的。最早创建大清真寺的可能是这些回族商人。而使大清真寺得以扩修并形成现存规模的却是驻藏清军。大清真寺可考的最早证据是在乾隆年间，有三件。一是乾隆三十一年（公元1766年）“咸尊正教”匾，立匾人有守备哈国祥，把总单应举、马国隆、虎文斌等，显是驻藏清军；二是乾隆四十六年（公元1781年）千总马大雄，把总虎文林等所立之匾⑥；三是乾隆四十八年（公元1783年）马明远经手之大清真寺购买店铺的契约，盖有“四川西藏卫藏关防”印⑦。可见大清真寺在乾隆年间已具相当规模了。此外，大清真寺内还有道光十五年（公元1835年）、咸丰壬子（公元1852年）、民国十二年（公元1934年）及1940年的匾，道光二十八年（公元1839年）马朝俊经手的买店铺契约等，是大清真寺历史的见证。另据薛文波先生20世纪50年代的记载，大清真寺可考之最早的修建年代为乾隆三十一年（公元1766年）；道光三年（公元1823年）修补一次；光绪十六年（公元1890年）又修补一次；民国时又小修一次⑧。在公元1959年

① 房建昌：《西藏回族和清真寺的若干问题》，《回族研究》1992年第2期。原缺二字。

② 作者曾于1997年到万寿寺。

③ 《拉萨文物志》，西藏自治区文物管理委员会，第54页。

④ 牙含章：《达赖喇嘛传》，人民出版社1984年版，第42页。

⑤ 此匾见于薛文波“拉萨的回族”一文记载，今已不存。其中“马明远”一名还见于乾隆四十八年大清真寺买房契，故推此匾系同时代物。

⑥ 薛文波：《拉萨的回族》，《甘肃民族研究》1986年第2期。

⑦ 《拉萨文物志》，西藏自治区文物管理委员会，第54页。

⑧ 薛文波：《拉萨的回族》，《甘肃民族研究》1986年第2期；《拉萨文物志》，第54页。

拉萨暴乱中，大清真寺被焚毁，1960 年重修；多数上述文物今已无存。新修之礼拜殿建筑面积 285 平方米，并建一 13 米高的邦克楼；大门为汉式牌坊建筑，上以阿文、藏文和汉文书写“西藏大清真寺”字样。

大清真寺在拉萨北郊多底村北拥有一块墓园，称为“格格霞”。此墓园的建成大约与大清真寺同时，现存最早的墓碑是乾隆四十九年（公元 1784 年）所立，墓主“扇公讳聚财，原籍山西凤翔县瓦窑头礼拜寺。”[①] 据调查，墓园内现存石碑 23 通，其中有清代墓碑 16 通保存完好。墓碑形制多为内地回族特点，碑首多刻写阿文清真言，碑心刻写墓主名讳，两侧刻写汉文对联。如清咸丰七年碑，碑心为“皇清诰赠显妣马母黄氏老宜人之墓”，两侧为“风清瑞照牛眠地，山岚详徵马鬣村”，横批“万古佳城”[②]。格格霞墓园总面积约 64000 平方米，西面依山，墓地分布在一片稀疏的树林之中；有围墙，大门东向，大门是富有伊斯兰特色的绿色尖塔式建筑；进门是守墓人住所和礼拜殿建筑。此礼拜殿专为前来游坟者礼拜所用，以及每年“抓饭节”全体穆斯林露营生活时使用[③]。

清代驻军和商人中的内地回族在拉萨定居，成为今天拉萨穆斯林的主体。他们在清代被划入拉萨汉人的群体，其首领称“保正”，由回民推选再经西藏地方政府承认；一般事件由保正处理，无法解决的才报西藏地方政府。在十三世达赖喇嘛时他们被划归西藏地方政府的农林局（索朗列空）管理。20 世纪 50 年代，内地回族系统的穆斯林在拉萨共有 150 余户千余人[④]。在 40—50 年代，拉萨穆斯林（包括内地回族和克什米尔系统的穆斯林）总共有 200 余户 2000 人左右[⑤]。有西方学者认为，在 20 世纪初拉萨至少有穆斯林 10000 余人[⑥]，显系夸大其词。因为直到 50 年代，拉萨总人口也不过 30000 多[⑦]。国内有文章认为 14、15 世纪西藏穆斯林人口已有 2000 余户 10000 余人，则更是危

① 作者于 1997 年到此墓园，此碑藏于墓园屋内。

② 《拉萨文物志》，西藏自治区文物管理委员会，第 141—142 页。

③ 来自作者 1997 年在拉萨的调查，“抓饭节”是拉萨穆斯林特有的节日。

④ 薛文波：《拉萨的回族》，《甘肃民族研究》1986 年第 2 期。

⑤ 马瑛富：《穆斯林的旗帜飘扬在拉萨》。及薛文波：《拉萨的回族》。

⑥ *Muslims in Tibet*, by Muir J. R., Cited by Broomhall, *Islam in China*, London, 1910。

⑦ 《中国国情丛书——百县市经济社会调查：拉萨卷》，中国大百科全书出版社 1995 年版，第 47 页。

言耸听[①]。今天拉萨穆斯林人口也仅有 3000 人左右[②]。

在西藏东部重镇昌都，也很早就有回族人入居。清康熙四十一年（公元 1702 年）陕西籍回民在昌都修建了礼拜殿，命名为“陕西回馆”。康熙五十八年（公元 1719 年）正式建立了清真寺，当时驻防昌都的清军回族官兵给予了捐助[③]。昌都也是清代在西藏驻军的重要地点，公元 1733 年后在昌都驻兵 500 人，三年一换，由滇军接替[④]。今天昌都约有回族 36 户 190 余人；清真寺仍然存在。

在其他藏区，也于明清时期形成了一些回族聚居点。甘青的河湟地带自明代已成为回族聚居区，回族商人开始深入藏区从事贸易活动。在四川藏区的松潘县，明初丁玉出兵于此时建立了清真寺。明代的“湖广填四川”，清乾隆年间两平金川之役，都有一些回族迁入四川藏区的茂汶、金川、小金等地并建立了清真寺。清末民初阿坝、若尔盖等地也建立了清真寺[⑤]。在云南藏区，清雍正年间（公元 1725—1735 年）发现了马鹿厂银矿，山西、陕西回民开始迁入，在中甸建立了清真寺[⑥]。

今天，随着改革开放，大批内地回族商人又掀起了入藏经商潮。在拉萨、日喀则、泽当、林芝、昌都、亚东等地都有他们的足迹。在拉萨，甘肃回族商人在临夏州驻藏办事处院内建立了一处临时礼拜殿，从广河县聘请了阿訇。在日喀则，大量的甘青回族商人使邦加林清真寺焕发了生机。在泽当，临夏回族商人自建了礼拜殿并聘请了阿訇。在林芝，回族商人也要求建立礼拜场所。在昌都，甘青回族商人促使了昌都清真寺的重修开放。

四 结 论

青藏高原是藏文化的发源地和主要分布区域。随着伊斯兰教的兴起和东

① 房建昌：《西藏穆斯林的来源及其生活》，《宁夏社会科学》1986 年第 3 期。

② 据 1990 年人口普查西藏自治区有回族人口 2987 人。

③ 杨纯灵（洛桑）：《西藏昌都回族穆斯林和清真寺》，西藏昌都清真寺管理委员会 1994 年打印本。

④ 牙含章：《达赖喇嘛传》，人民出版社 1984 年版，第 46 页。

⑤ 燕松柏、雀丹：《阿坝地区宗教史要》，成都地图出版社 1993 年版，第 29、64、413 页。

⑥ 《迪庆藏族自治州宗教志》，中国藏学出版社 1994 年版，第 205—206 页。

传，青藏高原周围逐渐成为穆斯林分布的重要区域。伊斯兰文化和藏文化之间不可避免地发生了接触和交流。随着时间的推移，与穆斯林聚居区接壤的少数藏区边缘被伊斯兰化了。而伊斯兰教随穆斯林商人和士兵的活动在藏区扎根，形成了小聚居点，建立了清真寺。

考察这一过程后本文认为：

(1) 在 13 世纪以前伊斯兰教虽然与藏区发生了接触，但穆斯林入藏活动还只具有可能性；即使有穆斯林入藏也是少量的、不连贯的。

(2) 14 世纪是一个分界线。13 世纪伊斯兰教已推进到青藏高原四缘，14 世纪克什米尔的伊斯兰化为穆斯林从西南方向进入西藏提供了条件；明代内地回族的形成也为穆斯林从另一方向进入西藏提供了条件。而 14 世纪以后，随着西藏在元代的再次统一，黄教兴起和拉萨复兴，为穆斯林入藏经商提供了内部环境条件。

(3) 伊斯兰教通过两种方式在藏区传播。在巴尔蒂斯坦和卡力岗地区，是通过传教的方式达到了伊斯兰化。在更加广泛的藏区，是以穆斯林移民为载体把伊斯兰教流播各地。

(4) 就后一种方式而言，伊斯兰教是从两个方向进入西藏的。最早入藏的是克什米尔穆斯林商人；内地回族商人和清代驻防军队中的回族官兵从另一方向把伊斯兰教带入了西藏。

(5) 伊斯兰教在卫藏地区的可考历史是从五世达赖喇嘛时期（17 世纪）开始的。

(6) 入藏穆斯林在当地逐渐土著化的过程，重复了唐宋以来穆斯林“蕃客”在华土著化的过程；而两种来源的穆斯林在拉萨逐渐认同和融合则体现了中国回族形成过程的一个历史缩影。穆斯林在西藏的土著化，使藏地伊斯兰文化具有不同于其他地区的典型特色。

本文主要回顾了伊斯兰教传入藏区的历史过程。关于穆斯林在藏区土著化的过程，以及伊斯兰文化与藏文化的交流，拟将另文探讨。

原载于《青海民族研究》2000 年第 2 期

西海固伊斯兰教的门宦教权体制

周传斌

一 “门宦”释义

一般认为，“门宦”一词最早出现于光绪二十三年（公元 1897 年）河州知州杨增新的《呈请裁革回教门宦》奏折。① 据认为，“门宦”一词最早为他称，来源于汉族的“宦门”、“门阀”，表明一种封建世袭身份的特权；后来逐渐为各门宦所接受，成为自称。笔者认为，“门宦”一词可以分两部分来认识：“门”用以概括苏菲主义（Sufism）追求的道路和途径，代表着宗教性、内容及其外来根源；“宦”用以概括其以教权承袭为核心的组织制度，代表着世俗性、形式及其中国根源。试分别阐述：

1. “门宦”之“门（al-Ṭariqah）”

苏菲主义（Sufism）是伊斯兰教中的神秘主义（mysticism）。对于苏菲方式的追随者来说，苏菲主义就其本质来讲是永恒的；而其历史的开端则始于《古兰经》的下降：

> 一天，正当先知穆罕默德教授一段经文“真主创造了七重天”（《古兰经》65 章 12 节）时，关于这段经文的特殊含义被启示给了他。后来

① 《甘宁青史略》正编卷二十五。转引自马通《中国伊斯兰教派与门宦制度史略》，第 75 页。

有人问伊本·阿巴斯（Ibn ‘Abbas）[①] 先知说了些什么时，他回答说，“如果我告诉了你，你会用石头砸死我。”[②]

这段故事说明，《古兰经》中包含着真主对事物内部含义的暗示，而这一含义并不被所有的人所理解，这样，通往真主的神秘之门打开了——这就是苏菲之门。在先知的时代已经出现了禁欲苦行的虔诚信仰者。到公元8世纪初（伊斯兰纪元2世纪），这些苦行者渐以苏菲（Sufi）而闻名。据考，“苏菲”这个词汇可能来源于阿拉伯语“羊毛”一词，与苦行者所穿的粗糙的羊毛衣服有关。[③]

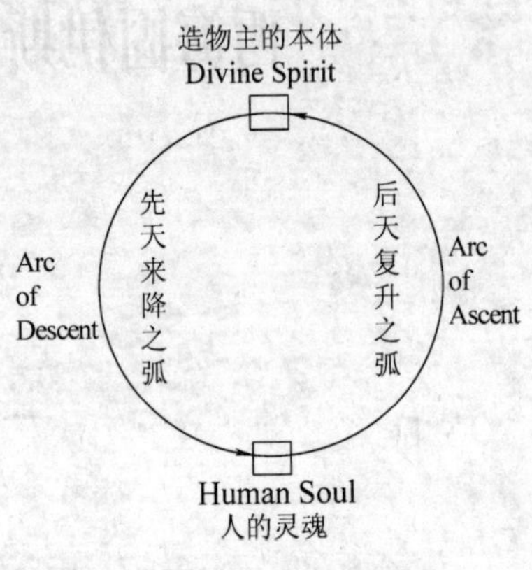

图一　苏菲主义的世界观

苏菲主义认为，客观世界不过是造物主的自我显现而已。造物主创世的过程是“先天来降之弧（Arc of Descent）”；物质世界像镜子一样映照着真主的本体，万事万物中都体现有造物主的神性。苏菲主义诉求的过程则是“后天复升之弧（Arc of Ascent）”；苏菲借万事万物而体认真主，通过神秘主义的方式回溯创造的过程，完成向造物主的回归（图一）。这样，“先天来降，后天复升，来自此心，复于此心。两弧界合，复满圆形”。[④]

国外的苏菲派组织一般称为“塔利格（al-Ṭariqah）”，习惯上译为“教团”。按“塔利格（al-Ṭariqah）”一词也正是中国苏菲门宦所谓“三乘”中的“道乘（妥勒盖提）”。按照苏菲的解释，真主的造化（先天来降）是有次序和规律的，因此苏菲的诉求（后天复升）也是由时序、规律、期限和过程

① 伊本·阿巴斯（Ibn ‘Abbas）是著名的圣门弟子，先知言论的著名传述者，降示上述《古兰经》文时的在场者之一。所以后人向他询问有关这段经文的含义。

② Laleh Bakhtiar, *Sufi: Expressions of the Mystic Quest*, London: Thames and Hudson, 1976. p. 6.

③ Ibid.

④ 刘智：《天方性理》，中州古籍出版社1994年版，第14页。

所构成的，这就是“三乘”：

（1）教乘（al-Shari ‘ah）。回族中一般音译为“舍勒阿提”，实际上是伊斯兰教法“沙里亚（al-Shari ‘ah）”的另一种译法。即履行伊斯兰教的五项基本功课（念、礼、斋、课、朝），过伊斯兰所倡导的生活方式，此乃“近主之路（the journey to God）”，是穆斯林的基本功修。

（2）道乘（al-Ṭariqah）。回族中一般音译为“妥勒盖提”，是三乘中的核心。即在教乘基础上，在精神导师（Murshid）的指引下，从事冥想、赞念、斋拜等神秘主义功修，以期获得神秘主义体验。此乃“达主之路（the journey in God）”，是达到“人主合一”境界的关键方法；因此苏菲教团都称为“塔利格（al-Ṭariqah）”。

（3）真乘（al-Ḥaqīqah）。回族中一般音译为“哈给盖提”，是三乘的目的和结果，即已经达到“物我两忘、人主合一”的最高境界。此乃“化主之路（the journey through God）”，至此境界，则“我归真一，而并忘乎我，并忘乎真一，而真一亦并忘乎我也，则化矣”。[①]

表 1　苏菲神秘主义功修的三个阶段

阿拉伯语	الشريعة	الطريقة	الحقيقة
	al-Shari ‘ah	al- Ṭariqah	al- Ḥaqiqah
汉　语	舍勒阿提	妥勒盖提	哈给盖提
	教乘	道乘	真乘

因此，“三乘”中最核心和关键的是“道乘（al-Ṭariqah）”，阿拉伯语原意为“道路、途径、方法”；苏菲教团以此为名也正是强调其神秘主义修炼的本质是“通往真主的道路”或“通往真主的神秘之门”。从这个意义上讲，把阿拉伯语“al-Ṭariqah”翻译成汉语的“门”也是比较贴切的。我国的许多具体的门宦都是自称为“门”的，如西海固地区的洪门、鲜门、七门等。洪门对“门宦”一词更是有着自己的理解和解释：“门宦是伊斯兰教认主之门，这门是人人都可以走进去的，但必须有一位引路者，这就是老人家。真

① 王岱舆：《正教真诠》（1931 年中华书局刊本）。王岱舆著，余振贵点校：《正教真诠·清真大学·希真正答》，宁夏人民出版社 1988 年版，第 169 页。

主的召唤，老人家（导师）的引领，个人的功修，三者全美了，方可进得近主的大门，这才是‘门宦’的宗教内部意义上的来历。”① 这也可以看做是门宦内部对“门宦”一词的代表性解释。

2. “门宦”之“宦”

在汉语中，“宦”与“官”有直接的联系，“宦海”就是“官场”。门宦制度的核心内容是教主权威制、教权世袭制、教权层级制，这些都和中国封建官场有类似之处；而且门宦制度的形成也正是在中国封建社会里吸取营养的。正如马通所言，“‘门宦’一名的出现，说明中国伊斯兰教已与中国传统封建制度和儒家思想紧密结合在一起，逐渐形成了独特的封建门宦制度。‘门宦’一名的出现和被甘、宁、青苏菲学派各支派所接受，则表明这些支派大多已形成一种具有宗教世袭的身份、地位与特权的高门世家”②。

门宦制度是伊斯兰教中国化的最为典型的形式之一。门宦制度的教义理论无疑是源于伊斯兰教中的苏菲主义，但其具体的表现形式却是中国化了的。苏菲主义中国化的主要表现就是苏菲教团（al-Ṭariqah）的世俗化（secularization），在此过程中，形成了以教权承袭为核心的一系列组织和制度。关于这一世俗化过程的具体内容，下文还将详细探讨。

3. “门宦”定义

综上所述，门宦制度以其外来的苏菲主义根源为内容，以其中国根源的世俗权力（power）和利益及其运营方式为形式，是伊斯兰教中国化的最为典型的形式之一。如果给门宦制度下一个定义的话，我们可以这样来表述：所谓门宦，是指以起源于西亚、中亚的伊斯兰教苏菲神秘主义思想为基础，并于明末清初时期在中国西北地区首先产生并发展起来的一种以教主权威制、教权世袭制和教权层级制为主要内容的中国化了的伊斯兰教组织与制度。

① 马通：《中国伊斯兰教派与门宦制度史略》，宁夏人民出版社 2000 年版，第 218 页。
② 同上书，第 75 页。

二 门宦教权体制的形成

门宦教权体制形成的过程就是苏菲教团世俗化的过程。在这一世俗化过程中，苏菲导师“穆勒什德（Murshid）”演变成为“教主”，导师传承制度（道统）演变成为教主世袭制度，“导师（Murshid）—教徒（Murid）”关系演变成为教权体制。其中，最关键的是苏菲导师的产生与新教团（al-Ṭariqah）的建立。

1. 苏菲导师产生的理论根源

苏菲导师产生的理论根源是苏菲神秘主义的世界观，即个人的成功必须具备三方面的条件：真主的召唤，老人家（导师）的引领，个人的功修。一个人在血统上、肉体上是父母精血所生，其谱系可以上溯至人祖阿丹（Ādam）；而在道统上、精神上是导师穆勒什德（Murshid）的“鲁哈（Rūḥ）”传承，其谱系可以上溯到至圣穆罕默德的先天真光（Nūr Muḥammad）。

> 父母只是使孩子在物质世界出生的原因，这是远离真主的，最低层的；而圣人和谢赫则是把圣道的精水投入教徒心灵的子宫，是使教徒在精神世界出生的原因，这是接近真主的，最高层的。每上一代谢赫、穆勒什德，都是他们下一代的穆里德和教众的“麦阿奈维”，即“内在之父”。①

因此，苏菲主义认为“道统”是贵于“血统”的，“道统”是灵魂得救的途径，修道之人（穆里德）不能没有道长（穆勒什德）：

① 杨效良（哲赫忍耶）：《明证利剑集》；鲜培礼（鲜门）：《鲜门虎夫耶道统史》。转引自勉维霖主编：《中国回族伊斯兰宗教制度概论》，宁夏人民出版社 1997 年版，第 321 页。“麦阿奈维（Ma'nawiyaah）”一词，阿拉伯文的原意是“内涵”、“内在的含义”。

道长好比渡幻海的船。修道者要渡过幻海没有船是不能到达彼岸的。有道长的人只要全听从道长的口唤，加上苦修，就有得道的日子。意念不诚实的人，前定中没道长的人，则是永无得道之日的。①

在正统伊斯兰教（Ahl al-Sunnah）中，每个人的人生都具有宗教所赋予的神圣意义，个人通过履行宗教功课和祈祷（Du‘ā’）而与真主沟通，并不需要任何媒介。而苏菲教团实际上在“人”与“造物主”之间添加了媒介：精神导师穆勒什德。亦即，就苏菲门宦的观点看来，任何人不追随一个正确的导师是不可能获得后世里的成功的。这一点是苏菲派与其他伊斯兰教派的本质区别，也是门宦产生的根源。也正是在这一点上，苏菲门宦与其他教派之间存在着微妙的张力（tension）。

2. 苏菲导师产生的社会根源

按照马克斯·韦伯（Max Weber）关于三种权威类型的理论，苏菲导师是显然的“克里斯玛（Chrisma）”型的权威。②“克里斯玛（Chrisma）”这个词在词源上与基督教相关，意思是“得到了上帝的恩赐”，在汉语中常被翻译为“神授魅力”。著名人类学家王斯福（Stephan Feuchtwang）指出，其他两种权威都倾向于变得常规化和制度化，只有克里斯玛型权威具有创造、发明和革新的性质；克里斯玛型人格与其追随者之间的关系“可以用热诚来概括，这种热诚有时候会达到一种狂喜的状态”；“克里斯玛是一种混合了武士的狂热、圣人的庄严和救世主的承诺的性状”③。

---

① 乃格什板迪（al-Naqshibandiyaah，1314—1389）著，穆罕默德·哈比卜·阿里米译注：《真道隐秘全集》（*Kitāb Bayān Aḥfah al-Dīn al-Islāmi*），民间版本，第35页。

② 马克斯·韦伯（Max Weber，公元1864—1920年）在《经济与社会》（1922年）一书中提出了关于三种权威类型（或称统治类型、领袖类型）的理论，分别是：（1）传统权威，其基础是相信传统是神圣的，按照传统确定行使权威的人是合理的；（2）法理型权威（理性权威），其基础是相信规章条例是合理的、行使统治权的人有资格进行统治，是理性的统治；（3）克里斯玛型权威（神授魅力型权威），其基础是人们无限忠于某个人的神威，是享有殊誉人物的统治。参见［法］雷蒙·阿隆（Raymond Aron，公元1905—1983年）著，葛智强等译：《社会学主要思潮》，华夏出版社2000年版，第373页。

③ 王斯福（Stephan Feuchtwang，公元1937年— ）：《克里斯玛理论和中国生活》。参见马戎、周星主编：《二十一世纪：文化自觉与跨文化对话（一）》，北京大学出版社2001年版，第329页。

在伊斯兰教的历史上，随着先知时代（公元610—632年）和四大正统哈里发时代（公元632—661年）的结束，伊斯兰教在随后的倭马亚王朝（公元661—750年）和阿拔斯王朝（公元750—1258年）时期逐渐走向制度化和世俗化，从而也走向了僵化：统治者成为缺乏虔诚信仰和毫无创新精神的“传统型权威”，宗教信仰在烦琐的经院哲学和教法演绎中成为僵死的教条。正是在这样的背景下，苏非教团的创始人们作为克里斯玛型权威凸显出来，以其苦修式的宗教虔诚和神秘主义的“神授魅力”而给伊斯兰社会注入了新鲜的活力。

在中国伊斯兰教历史上，各苏非门宦的创始人也都具有鲜明的克里斯玛型人格。试以哲赫忍耶为例：近年来，随着张承志的《心灵史》、哲赫忍耶内部文献《热什哈尔》等作品的正式出版，中国社会对苏非教派的神秘性已经有了一定的体悟。在用阿拉伯文和波斯文写成的苏非文献《热什哈尔》中，哲赫忍耶创始人马明心所具有的克里斯玛型人格在神秘的言辞和叙事方式里若隐若现，他和他的追随者之间是一种充满热忱和狂喜的关系；而在社会历史的意义上，《热什哈尔》又“不仅仅是一部书，这是被迫害时代的中国回族的一种形象，是他们的心灵模式”。[①] 而按照回族史学家杨怀中的论述，爆发于公元18世纪的中国西北哲赫忍耶起义也无疑是有着其特定的社会历史根源的。[②] 亦即，具有克里斯玛人格的苏非导师的出现是与特定的社会历史背景密不可分的。

3. 从苏非教团向门宦制度的演变

具有克里斯玛人格的苏非导师及其追随者构成了苏非教团。二者的关系是纯粹的精神领域的关系：穆勒什德（Murshid）是精神导师，是渡过人生幻海、到达后世彼岸的船；穆里德（Murid）是寻道之人，是寻求人生解脱方式的人。具有克里斯玛人格的苏非导师一方面具有显现“克拉麦提（Karāmaah）”等的“神授魅力”[③]，另一方面也都是禁欲、苦修方式的倡导

① 参见关里爷著，杨万宝、马学凯译：《热什哈尔》，生活·读书·新知三联书店1993年版。

② 杨怀中：《论十八世纪哲赫忍耶穆斯林的起义》。参见杨怀中：《回族史论稿》，宁夏人民出版社1991年版，第310页。

③ “克拉麦提（Karāmaah）”一词的阿拉伯语原意是“恩惠、恩赐”。在伊斯兰教看来，具有超凡人格的克里斯玛型权威所显示的“神迹”、“奇迹”并不是他自己的能力使然，而是他得到了真主特别的恩赐。这种理解与我们一般意义上所说的“奇迹”是有区别的。

者和实践者，他们不以聚敛钱财为目标，不收受教徒的奉献。但是实际上苏菲教团的维系却要依赖于两个因素：导师传承和经济支持。

导师传承 即苏菲道统的延续问题。苏菲社团的基本关系格局是“穆勒什德（导师）—穆里德（追随者）”的关系，一个苏菲导师去世了，这种关系格局就被打破了；如果要继续维持这种关系格局的平衡，就必须要产生新的导师。新导师获得道统传承合法性的要点在于他要获得前任导师的认可，即所谓“口唤（允诺、命令）”；也就是说，继承人是由导师指定的。通常是口头指定，有时采用书面遗嘱的方式，并授以“衣扎孜（'Ijāzaah，凭证、证书）”。如宁夏西海固地区的虎非耶洪门门宦创始人洪老太爷（洪寿林）是从凉州庄老太爷那里获得教权传承的。根据洪门的传说，凉州庄老太爷归真前留有“口唤”：“虎非耶教门的这杆旗由西面转向东面了”，即暗示要由洪老太爷继承教权；洪老太爷继承了金印、拜毡、代斯达尔等“衣扎孜”，开始传教。[①] 其他门宦也都有类似的传说故事用以证明其历代教主、老人家的道统合法性。如果我们对比藏传佛教的活佛转世制度，就会发现二者之间存在惊人的相似之处，这也许意味着宗教神秘主义的某种相通性。

如前所述，苏菲教团的创始人都是具有克里斯玛型人格的充满活力和创造性的人物。但随着苏菲导师代际传承的制度化（institutionalized），后继者获得教权的方式与第一代相比有了很大的不同：创始人是以其独特的人格魅力缔造了一个教团并赢得了追随者；后继者只是以制度化的方式继承而已，他们已蜕化为传统型权威，不再具有创造性的克里斯玛型人格。这样，他们关注的目标实际上有所不同：创始人关注的是宗教功修，继承者关注的往往是如何获得和保持权力（power）。此时，按照社会学的观点，当一个组织的成员更关注于组织本身的存续和他们在组织中的位置，而不去关心是否与组织的实际目标相符合时，制度化的效应之一——目标置换（goal displacement）就会发生。亦即，随着导师传承成为一种制度并付诸实施，在苏菲教团内部已经发生了目标置换。这种目标置换意味着苏菲教团已经在世俗化道路上迈进。

回族伊斯兰教中的苏菲派大都经历了这样的过程而成为事实上的“门

① 丁克家等著：《两世吉庆——中国伊斯兰教虎非耶洪门》，民间版本1998年版，第27页。

宦”了。其明显的标志是苏菲门宦大都实行了教主世袭制。这与马克斯·韦伯的理论是相符合的：克里斯玛型权威的“最大特色在于其根本就不是一种恒常性的、制度性的组织”，“往往只具过渡的性质”。[①] 因此，门宦教权体制是苏菲教团克里斯玛型权威“制度化”的结果。据研究，回族伊斯兰教门宦中的教权传承制度基本可分为三种类型：父子世袭制、家族世袭制和师徒相继制。其中父子世袭制是最基本的，其他两种都只是其补充形式而已。目前，西海固地区的各门宦大都实行父子世袭制，如哲赫忍耶、虎非耶洪门、鲜门等。嘎德忍耶九彩坪门宦因为实行出家制度，终身不婚，所以采取了师徒相继的方式。

因此，从导师传承来看，由苏菲教团到门宦的发展过程是一个制度化、世俗化的过程。在此过程中，克里斯玛型的苏菲导师蜕化为传统权威型的门宦教主；教主作为精神导师穆勒什德的本质内容已经发生目标置换；以“穆勒什德（精神导师）—穆里德（追随者）”为基本关系格局、追求灵魂解脱的苏菲教团已经转化为以权力运营、世俗利益为核心内容的权力层级组织；苏菲教团的结构模式是同心圆式的，而门宦制度的结构模式是层级式的（图二）。

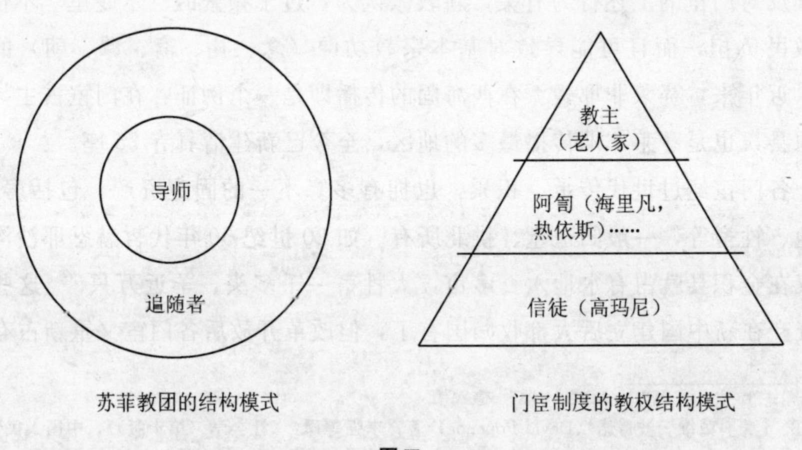

苏菲教团的结构模式　　门宦制度的教权结构模式

图二

经济支持　按照有关社会组织的理论，苏菲教团是“志愿者协会（Voluntary associations）”式的松散组织，它允许成员自由地追寻某些共同利益

① 谢立中主编：《西方社会学名著提要》，江西人民出版社 1998 年版，第 48 页。

并且几乎没有正式控制机制。[①] 它关注来世目标，倡导禁欲、苦行，并不特别需要特定的经济支持。但随着苏菲教团的制度化和世俗化，门宦制度已经成为一种较为完备的权力层级组织，具有自己的领袖、设施和组织制度，这样，其存在与正常运营就需要特定的经济基础来加以支撑。

门宦的经济来源主要是两部分：教徒奉献和固定资产。各门宦在宗教活动中收取教徒奉献是普遍现象，也是其主要的经济来源。这些宗教活动包括：伊斯兰教节日（开斋节、古尔邦节、圣纪等），门宦老人家的纪念日、门宦重大事件纪念日、殡礼，以及教徒个人纪念先人的活动等。门宦泛称这些宗教活动为"尔曼里"（Amal）[②]，届时诵经祈祷，教徒"出散"财物等作为"乜贴"（Niyyah）、"海迪耶"（al-Hadiyyah）[③]。频繁举行各种形式的"尔曼里"是各门宦区别于其他教派的重要特征之一。据勉维霖的统计，哲赫忍耶门宦一年之中仅历代教主及重要人员生辰、忌日的"尔曼里"数量就达 37 次之多。[④] 这些活动随着年轮变换周而复始地举行，一方面加强了各门宦的内部认同和凝聚力，另一方面也在事实上造成了教徒的经济负担。民国以降倡导"尊经革俗"的新教派在西北地区的产生和发展，在很大程度上与其反对门宦的上述行为有关，新教派认为，过于频繁的"尔曼里"不仅增加教民负担，而且可能导致对基本宗教功课（念、礼、斋、课、朝）的忽视。近年来，赛莱非耶教派在西海固的传播即是一个例证：在门宦占主导的海原县，也是赛莱非耶传播最多的地区，至今已新建清真寺 25 座。

各门宦经过世代传承、积累，也拥有多寡不一的固定资产，包括房产、土地、牲畜等，一般归道堂、拱北所有。如 20 世纪 50 年代哲赫忍耶沙沟门宦仅在金积县就占有水地六百多亩，大牲畜一千多头，羊近万只。[⑤] 这些固定资产在新中国建立后大都收归国有了，但改革开放后各门宦又重新占有着

① ［美］戴维·波普诺（David Popenoe）著，李强等译：《社会学（第十版）》，中国人民大学出版社、Prentice Hall 出版公司 1999 年版，第 202 页。

② "尔曼里"系阿拉伯语音译，原意为"善行、善事、善举"。中国伊斯兰教各门宦习惯上将宗教节日、门宦老人家纪念日及祖先忌日所举行的诵经、赞圣、宴请宾客等活动均称为"尔曼里"。

③ "乜贴"系阿拉伯语音译，原意为"心愿、意图、决心"等，意译为"举意"。中国穆斯林习惯上把施舍财物称为"散乜贴"。"海迪耶"阿拉伯语原意为"礼物、馈赠"。中国穆斯林习惯上把其作为"乜贴"的同义词来使用，指有宗教意义的礼物、捐献等。

④ 勉维霖：《宁夏伊斯兰教派概要》，宁夏人民出版社 1981 年版，第 96 页。

⑤ 勉维霖主编：《中国回族伊斯兰宗教制度概论》，宁夏人民出版社 1997 年版，第 350 页。

一定数量的固定资产。

稳固的经济基础和经济利益进一步推动了苏菲教派的世俗化和制度化，教主（导师）世袭更直接地与世俗利益联系起来了。正是随着导师传承的制度化和稳定的经济基础的形成，以及这二者的互动，苏菲教团实现了世俗化和制度化，演变成为门宦制度。在这一过程中，以苏菲导师制度为核心发生了目标置换，从苏菲导师制度演化出了门宦教权体制的三个核心内容：教主权威制、教权世袭制和教权层级制。

三 门宦教权体制的结构与运营

中国回族伊斯兰教四大苏菲学派的分支门宦的总数逾 40 个。宁夏西海固地区的主要门宦有：（1）以洪门门宦为主干的虎非耶各支系门宦，约五六支；（2）以哲赫忍耶沙沟门宦为主干的各分支门宦，约四支；（3）嘎德忍耶的不同支系，包括九彩坪门宦、鲜门门宦、七门门宦及其分支、明月堂（隶属于兰州的灵明堂）等。这样，西海固地区现存门宦的总数约为十五六个。[①] 这些门宦中虽然都具有教主权威制、教权世袭制和教权层级制的共同特点，但在具体的教权体制机构与运营方式上又可划分为不同的类型。

1. 西海固门宦教权体制的结构

从静态的时空横剖面来研究西海固地区的门宦教权体制，就是结构性（structural）研究。此时我们所看到的主要是门宦教权的层级结构。前文曾经论及，苏菲教团的结构模式是同心圆式的，而门宦制度的结构模式是层级式的（图二）。笔者认为，在层级式结构的基础上，西海固地区门宦教权的层级结构可以进一步划分为两种类型：一类是以哲赫忍耶门宦为代表的“金字塔形结构”，这是门宦教权体制发展到成熟状态的一种结构模式；另一类是以虎非耶和嘎德忍耶各门宦为代表的“菱形结构”，这是一种相对松散的、不完备的教权结构模式（图三）。当然，这种类型划分只是相对的，为理论

① 由于各门宦都在持续分化之中，一些新兴支系未得到政府认可，因此门宦的具体数目不是非常确定。门宦的分化主要源于教主继承中的纷争，是不安定因素，也是比较敏感的话题。

分析服务的；在现实中，各门宦的教权层级结构会更加复杂和富于变化。

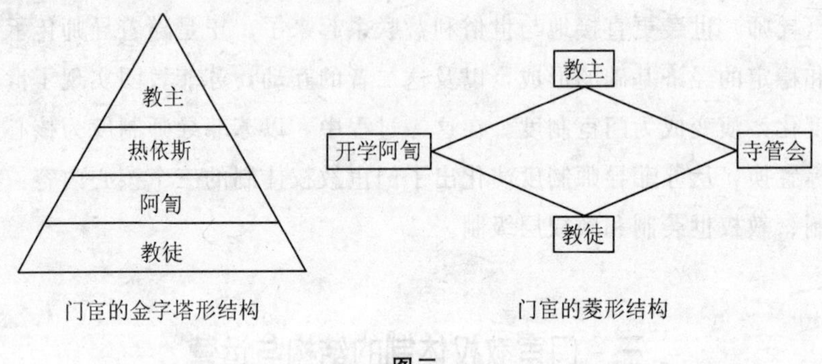

图三

(1) 金字塔形结构。金字塔形结构是门宦教权体制成熟的和典型的形态。在一些规模大、分布广、组织严密的门宦内，如哲赫忍耶门宦、北庄门宦等，都不同程度地存在金字塔形的教权层级结构。西海固地区的哲赫忍耶沙沟门宦是具有金字塔形教权层级结构的最为典型的例证之一。

根据马通的论述，哲赫忍耶在第三代导师马达天时期由于特殊原因而从“传贤不传子”过渡为“子孙世袭罔替”，在教权世袭制出现后，“道堂已经不再是招收阿訇讲经论道、传授教理的中心地方，而成为管理拱北，收受束脩捐赠的中心了。同时，从教徒中收受的钱财已不是用于施舍济贫，也不全用于宗教事务，而是据为已有，用以购置田产、庄园和其家族的奢侈挥霍上。在此情况下，教权的承袭，不仅仅是教统的继承，而主要是财产的继承了。”[①] 此后至马元章时期，哲赫忍耶门宦已经形成了以中国封建等级制度为其参照的成熟的门宦教权层级结构：“他们以教主为君，辅佐人员为臣(教主的亲族和中、上层神职人员在内)，教徒为庶民。”[②] 我们具体分析，就可把哲赫忍耶的金字塔形结构划分为四个层次（图三）：教主、热依斯、阿訇、教徒。笔者认为，在苏菲教团世俗化与制度化的过程中，苏菲导师制度纵然是门宦教权制度得以形成的渊源，但中国社会的封建等级制度却在更大的程度上型塑了门宦的教权层级结构。很显然，金字塔形结构也是封建等

① 马通：《中国伊斯兰教派与门宦制度史略》，宁夏人民出版社 1982 年版，第 324 页。

② 同上书，第 326 页。

级制度的最佳结构模式。

教主 教主是从苏非导师演变而来的门宦领袖。西北回族门宦一般尊称其教主为“老人家”、“爷”，每一位教主都有特定的称谓。例如：哲赫忍耶称其第二代教主穆宪章为“平凉太爷”（因其为平凉人），第三代教主马达天为“船厂太爷”（因其卒、葬于吉林船厂），第四代教主马以德为“四月八太爷”（因其去世的日子为四月初八），等等。门宦教主既是精神领袖也是世俗权威，他的指示和命令称为“口唤”，信徒只能遵行，不能违反。但随着门宦的世俗化，大多数世袭的教主已经丧失了作为苏非精神导师的实质内容，仅保留了形式而已，更多的是作为制度化的世俗权威发挥作用的。马通认为，在哲赫忍耶第七代教主马元章和马进西之后，“他们子孙中能传播哲派教理的人，寥寥无几”①。确实道出了个中滋味。

热依斯（Ra'is） 为阿拉伯语音译，原意为“主席、首领”。热依斯是门宦教主派驻某一地区的教权代理人，管辖若干寺坊。历史上，哲赫忍耶门宦曾在新疆，云贵，济南，吉林，南京，兰州，宁夏的西海固地区、河东地区、河西地区及西吉县新店子等地委派热依斯，管辖这一地区的寺坊和教民。热依斯多兼任这一地区的中心寺坊的开学阿訇。派驻热依斯的制度与天主教在教皇统一领导下设立教区、派驻主教的方式有些类似。热依斯均由教主任命，有些地区的热依斯也成为世袭制，但仍须得到门宦教主的认可。如哲赫忍耶沙沟门宦在西吉县新店子委派的热依斯（“新店子大爷”）即是如此。有的时候，委派的热依斯及其世袭家族有可能形成与原门宦分庭抗礼的局面。

阿訇 阿訇是一个寺坊社区的宗教权威。回族社会是由寺坊社区为基本构建单位的，所不同的是：在其他教派中，寺坊是独立的宗教社区，自主管理和举办本社区的一切宗教事务，互相没有隶属关系；阿訇实行聘任制。在门宦中，寺坊作为基层宗教社区是隶属于教主的统一管理之下的，寺坊宗教事务不能完全自主；阿訇一般由教主直接委派，有时也由寺坊教民提出人选而经过教主的批准和认可；阿訇应该向教主负责（或通过热依斯），而不是向寺坊教民负责。

① 马通：《中国伊斯兰教派与门宦制度史略》，宁夏人民出版社 1982 年版，第 325 页。

教徒 教徒，或称“穆里德（Murid)”、“高玛尼（Qawm)”，“哈万德（Hāwand)”，[①] 通指一教派、门宦或寺坊的教众，以表示内部团结、友爱的关系。要成为某一门宦的教徒，必须经过特殊的仪式（ritual)，这将在后文关于仪式的部分中详细阐述。门宦中“教主—教徒”的关系是苏菲教团中“精神导师—追随者”关系的演变，但二者的性质已经不同。后者没有等级的差异，前者则已经演变成为世俗等级。在门宦中，热依斯和阿訇的存在都是为“教主—教徒”关系提供服务的，他们共同构成了完整的教权层级结构。

（2）菱形结构。菱形结构是一些规模小、组织松散、制度化程度不高的门宦的教权层级结构模式。无论在金字塔形结构或菱形结构中，其最基本的关系形态都是“教主—教徒”关系。菱形结构之所以被看做是不成熟的、松散的层级结构，是因为“教主—教徒”关系需要通过两个平行的路径表现出来（图三)，两种路径还没有能够整合为一个严密的系统结构。这两种平行的路径：

一是教主—开学阿訇—教徒。在第一种路径中，“教主—教徒”关系需要经过“开学阿訇”这个中介。这一路径是教主权威发挥作用的主要途径和表现形式。清真寺和阿訇是穆斯林社区的基本设置和凝聚力的核心；教主辖有一定数量的寺坊（社区)，这些寺坊可能散处各地；教主通过该寺坊的清真寺和阿訇维持与教徒的宗教性联系，主要表现为该清真寺和阿訇在日常宗教活动中强调并奉行本门宦的特色仪式，维护教主的权威；寺坊阿訇由教主委任，或者由寺坊教民聘任本门宦阿訇并经过教主的认可。

二是教主—寺管会—教徒。在第二种路径中，“教主—教徒”关系需要经过“寺管会”这个中介。这一路径与前一路径存在着张力，是教主权威制的制衡者或潜在的竞争者。在一个具体的寺坊中，寺管会是实际的权力机关，掌管寺坊的经济大权并就宗教和世俗事务做出决定；开学阿訇一般是聘任的，只主管教务和礼仪性事务。阿訇可能由教主委任，但寺管会一般由本寺坊选举产生；因此教主对寺管会的控制能力比较弱。寺管会对教主的态度将影响到教主权威制的实施效用，寺管会甚至会成为教主权威潜在的竞争者

---

① “穆里德（Murid)”为阿拉伯语音译，原意为“寻道者”。“高玛尼（Qawm)”为阿拉伯语音译，原意为“民众、宗族”。“哈万德（Hāwand)”为波斯语音译，原意为“为公共事务操劳的人”。

和反叛者。

在菱形结构中，有的时候教主也直接与教徒发生关系，无须通过任何中介，或者通过“道堂/拱北”作为一个中介。道堂/拱北作为门宦特有的宗教设置，体现本门宦的个性和凝聚核心，不具有普世效应。在菱形结构中，教主权威制较少通过“寺管会”路径发生作用。这反映出此类门宦对寺坊的整体性控制能力较弱，主要是对具体的教徒个人或家庭实施其控制能力的。这与金字塔形结构中的严密的教权层级及其成熟的结构、强大的控制能力有显著的差异。但此类结构的门宦有可能向着更为成熟的金字塔形结构发展。

2. 西海固门宦教权体制的运营

从动态的视角来研究门宦教权体制，就是功能性（function）研究。此时，我们关注的是静态的教权层级结构的运动形式。笔者认为，我们可以从门宦制度核心的教主权威制、教权世袭制和教权层级制三个方面来分析，这包括：教主的角色及其领导方式，教权承袭的不同方式与实际运营中的得失，教权层级管理的方式、方法以及仪式（ritual）等。

（1）教主的角色及其领导方式。社会学理论认为，许多群体规范都以角色期望的形式表现出来。处于领导地位的角色尤其重要。领导虽然没有固定不变的特征，但是它有赖于群体价值观、群体需求和群体目标。领导类型主要有两种：工具型领导（instrumental leadership）和表意型领导（expressive leadership）。[①] 笔者认为，西海固地区各门宦教主权威制中的领导方式也可以沿着这一思路划分为两种类型。

工具型领导 工具型领导设法指导群体朝向群体目标。门宦的工具型领导与金字塔形的教权层级结构相联系。在历史长久、根基稳固、制度化与世俗化程度高的门宦中，其教主的领导方式趋向于工具型领导。此类型以哲赫忍耶沙沟门宦为代表。到沙沟太爷马元章为止，沙沟门宦基本上完成了其制度化与世俗化的历程。此后的历代教主都已经彻底蜕变为世俗化的传统型权威类型，其领导方式是维护既定的群体目标。而这一目标就是神化的道统、教主的世俗化利益和业已固化的教权层级结构。1993 年发

① ［美］戴维·波普诺（David Popenoe）著，李强等译：《社会学（第 10 版）》，中国人民大学出版社、Prentice Hall 出版公司 1999 年版，第 201 页。

生的西吉“沙陈事件”，就是维护与伊斯兰信仰无关的已经制度化、世俗化了的门宦内部价值观的结果。门宦教徒在工具型领导方式下，盲目地加入到为门宦内部价值观和群体目标奋斗以致牺牲的行列中去，上演了史无前例的悲剧。

表意型领导 表意型领导是为了寻求群体团结或者维持群体和谐。门宦的表意型领导与菱形的教权层级结构相联系。在历史较短、根基较浅、制度化程度不高的门宦中，其教主的领导方式趋向于表意型领导。此类型以虎非耶、嘎德忍耶的一些分支门宦为代表。这些门宦一般规模较小，尤其是制度化程度较低；教主的世俗化不是很彻底，一般仍履行其作为宗教导师或阿訇的职责；其宗教或社会主张均比较温和。

工具型领导或表意型领导方式的形成与门宦的历史记忆有密切的关系。如哲赫忍耶的工具型领导方式与其历史遭遇及在此基础上形成的深刻的历史记忆是密不可分的。与其相反的是虎非耶洪门门宦，其历史记忆与哲赫忍耶有极大反差。洪门的创始人洪老太爷受到西北军阀马鸿宾的推崇，又与红军产生了特殊的关系，这使得该门宦在新旧时代均得到世俗政权的认同，有比较顺利的发展环境和经历。20世纪80年代以来，洪门门宦在洪维宗的率领下得以中兴，也确立了工具型领导方式。但其群体目标除维护本门宦的教权与世俗利益外，强调对社会公益与教育等事业的重视，强调以较积极的态度和方式介入主流社会和政治生活等。

无论是工具型领导方式或表意型领导方式，其中教主的角色是基本的和核心的。在关于门宦教权体制运营的研究中，必须注重教主的角色。但教主的角色又是非常个性化的，需要具体分析。笔者的分类只是概括性的，旨在抛砖引玉。

（2）教权承袭方式的三种类型。门宦教权承袭方式是从苏菲教团的导师传承方式发展而来的，在西海固地区，教权承袭方式通过互相联系、互为补充的三种类型体现出来：

师徒相继型 是教权承袭的原始方式，也是发展到成熟阶段的教权承袭方式——父子世袭型的补充方式。苏菲教团的导师传承方式是师徒相继，由苏菲教团脱胎而来的门宦大都经历了由师徒相继到父子世袭的演变过程。例如，哲赫忍耶门宦的前三代教主是师徒相继，从第三代船厂太爷马达天开始采取了父子世袭的方式；这样，哲赫忍耶教主共传了“两姓（马、穆）三家

(马明心、穆宪章、马达天)”,当代哲赫忍耶的教权依旧集中在马达天和马明心家族后裔的手中。鉴于师徒相继型主要存在于门宦形成的初期,笔者提出其只是教权承袭的原始方式。另外,当前仍然存在的师徒相继型教权承袭方式则是特殊条件下出现的一种补充方式。当前仍然实行师徒相继的门宦主要是实行“出家”制度的部分嘎德忍耶门宦。在西海固地区最为典型的是九彩坪门宦,因其中心拱北和道堂位于海原县九彩乡的九彩坪而得名。该门宦实行“童子出家”制度,出家人居住在拱北、道堂中,从事神秘主义修炼,终生不婚。正是这种特殊的出家制度导致了该门宦实行师徒相继型的教权传承方式。

父子世袭型 是门宦教权承袭的成熟的、核心的方式。由师徒相继到父子世袭的演变,是苏菲教团演变成为门宦制度的重要标志之一,也是苏菲教团世俗化和制度化的核心内容之一。在从苏菲导师制度演化出的门宦教权体制的三个核心内容——教主权威制、教权世袭制和教权层级制中,父子世袭制度是最为核心和重要的一个。目前,绝大多数门宦都实行父子世袭的教权承袭方式。这已经成为门宦制度区别于其他伊斯兰教教派的主要特征之一。

家族世袭型 是父子世袭型的补充方式。部分门宦在特殊条件下还实行过在一个或数个家族内世袭的方式,如哲赫忍耶历史上所传的“两姓三家”(如表 2)。但家族世袭只能是一种补充方式,哲赫忍耶门宦在第七代以后的内部分裂就与马明心家族与马达天家族争夺教权有直接的关系。而各门宦的持续分化也大都与教主家族内部的教权之争密切相关。

表 2　　哲赫忍耶教权传承中的三个家族

教权传承	马明心家族	穆宪章家族	马达天家族
第一代	道祖太爷马明心		
第二代		平凉太爷穆宪章	
第三代			船厂太爷马达天
第四代			四月八太爷马以德
第五代			十三太爷马化龙
第六代			汴梁太爷马进成

续表

教权传承	马明心家族		穆宪章家族	马达天家族	
第七代	沙沟大太爷 马元章	北川三太爷 马元超		板桥二太爷马进西	
第八代	沙沟四爷 马震武	北川六爷 马殿武		板桥十爷 马腾霭	南川六爷 马腾霓

（3）教权层级管理的方式、方法。门宦教权的层级管理有一套大致相仿的方式、方法，即门宦教权通过收授门徒以建立，通过放口唤、放阿訇等手段得以行使。

收授门徒 收授门徒以苏菲神秘主义的道统学说为基础，沿袭了苏菲教团导师收授门徒的方式和方法。虎非耶洪门门宦收授门徒的“升道”仪式称为“四段授道法”：一为告诫。门徒跪于教主面前，教主把自己的“戴思达勒（Dastār）”放开一段，缠在门徒颈上，象征把他系在本门宦之中。然后向他讲明应该遵守的戒律“十戒”、“十常守”。二为念“讨白（Tawbah）”。教主为门徒念讨白，向真主祈祷，象征着门徒与过去告别，走上全新的苏菲之旅。三为点“孜克尔（dhikr）”。教主向门徒传授特殊的念词，以及赞念时特定的运气施力的穴位和方法。四为授“守头”。教主传授给门徒某一特定的前代教主（穆勒什德）的道号，在危难中可以向其呼救。此“守头”要严格保密。[①] 至此，收授门徒的仪式才告结束。经过这一系列的“通过礼仪（site of passage）”，[②] 门徒获得了新的身份，并与教主建立了内在的不可割舍的精神依附关系。

放口唤 “口唤”是经堂语中对阿拉伯语“إذن”（'Idhn）一词的意译，其本意是指来自真主的“许可”、“允诺”。苏菲神秘主义认为道长（穆勒什

① 以上洪门收授门徒的过程，参见丁克家等：《两世吉庆——中国伊斯兰教虎非耶洪门》，内部资料 1998 年版，第 56 页。“戴思达勒（Dastār）”为波斯语音译，意为“缠头巾”；阿拉伯语为“尔玛麦（‘Imāmah）”。“讨白（Tawbah）”为阿拉伯语音译，意为“悔过、忏悔”，指穆斯林向真主忏悔的祈祷仪式和祷词。“孜克尔（dhikr）”为阿拉伯语音译，意为“怀念、向往、记念、赞颂”，译称“记主词”，指赞颂真主的祈祷词或苏菲派的赞念功修。

② 通过礼仪（site of passage）是一个人类学术语，是指人们在人生过程中借用一系列仪式活动（如命名、割礼、文身、婚礼、葬礼、追悼会等）从而达到变更身份的目的。这是因为随着一个人的不断成长，一个旧的地位及与此相伴的全部角色行为都要除去，这个人也就成为一个新人。

德）是渡过今世幻海的船，见道长的人可分为三种：

> 一种是看望道长的人，一种是看机密求深理奥义的人，一种是相伴道长永不抛弃的人，他小心敬重，倾耳诚听，不敢妄言，问而简答，不加婉转，不固执己见，不明知故问，对一切话，不能理解的不辨析，不失敬，不失礼，除非口唤，不在道长前引路，也不在后踩着道长的脚印走，一切习惯都以道长的安排，而不自行其是。因为自行其是，便是步入恶魔的路。①

第三种人才是真正的苏非寻道者（穆里德）。按照神秘主义的解释，道长不是修功办道而成，而是真主的特选。道长的"话"因此而具有"机密"，如哲赫忍耶认为：

> 《古兰经》和《圣训》之后的任何语言，都不能高于办道的筛海们的语言，因为他们的语言是认主、热爱主和道品的产物，不是背记和人云亦云的果实。这些语言都是机密的，是真主赐给的知识，而不是学来的，是真主从天上的启示，不是父母和老师在地上教给的。②

门宦教主的口唤正是建立在以上神秘主义解释的基础上的。教徒作为形式上的苏非寻道者，要遵从教主（形式上的道长）的口唤；封建等级式的教主权威制和教权层级体系为自己找到了宗教神学的依托。门宦教徒遵从教主的口唤有两个层次：一是无条件地遵从教主的任何命令和指导；二是在有关自己生活的具体事务方面不能自专，要向教主或其代理人讨口唤获得同意，婚丧嫁娶等概莫能外。这样，通过放口唤，教主的权威不仅在宗教事务中发生作用，而且延伸到教徒世俗生活的方方面面。因此，放口唤是门宦内部维持教主权威制、"教主—教徒"关系的具体形式和手段。

---

① 乃格什板迪（al-Naqshibandiyaah，1314—1389）著，穆罕默德·哈比卜·阿里米译注：《真道隐秘全集》（Kitāb Bayān Ahfah al-Dīn al-Islāmi），民间版本，第35页。

② 《哲赫林耶道统史》。转引自勉维霖：《宁夏伊斯兰教派概要》，宁夏人民出版社1981年版，第91页。

放阿訇 如果说放口唤表现了教主与教徒个体的直接关系的话，放阿訇则体现了教主对回族社会的基本社区单位——寺坊——的控制能力。大分散、小集中的回族社会以“一寺一坊”为其基本的社会组织单位，清真寺阿訇是宗教首领和伊斯兰教法的阐释者，是寺坊社区的权威。门宦层级管理的基层单位也是寺坊，教主对寺坊的控制正是通过委派、任命阿訇（“放阿訇”）而得以实施的。一般伊斯兰教清真寺阿訇是由寺坊群众自主聘任的，有一定的任期。但门宦清真寺的阿訇一般由教主直接任免，教徒没有选择权。阿訇要取得“开学”、“掌教”的资格，除了其学识以外，对教主的忠诚更是一个关键要素。

在教权层级结构最为成熟的哲赫忍耶各门宦中，“热依斯”是其教权层级管理中的一个重要环节。其人选一般由教主的家族成员和主要亲信担任。如马元章担任教主期间，各热依斯都由其兄弟、儿子、侄子担任，典型地反映了门宦的封建性质。热依斯要定期（至少一年一次）拜谒教主，称为“跑教门”，一方面报告教务，一方面送上教徒的奉献。[①] 可见，放阿訇是教主维持其对寺坊的整体控制能力的主要手段和形式。

转坊 教主定期（一般以一年为周期）到其下属的各地寺坊上去巡查，指导宗教活动，收取教徒的奉献，这称为“转坊”。如虎非耶洪门的老人家（穆勒什德）每年转坊一次，亲自到自己下属的主要寺坊，为教徒念“讨白”，干“尔曼里”。嘎德忍耶九彩坪门宦的老人家也在每年一定的时节（多在夏收和秋收后）到自己所属的寺坊“串坊”。显然，教主的转坊既是一种收取教徒奉献的手段，也是一种重要的控制机制：周期性地回顾和巩固“教主—教徒”之间的关系。

(4) 仪式。著名社会学家涂尔干（Emile Durkheim，公元 1858—1917年）认为，“宗教现象可以自然而然地分为两个基本范畴：信仰和仪式。信仰是舆论的状态，是由各种表象构成的；仪式则是某些明确的行为方式。这两类事实之间的差别，就是思想和行为之间的差别”。[②] 宗教活动的一个共同特征是它的例行性及重复性，这就是仪式。绝大多数宗教活动都是以仪式

① 勉维霖：《宁夏伊斯兰教派概要》，宁夏人民出版社 1981 年版，第 94 页。

② 爱弥尔·涂尔干著，渠东汲喆译：《宗教生活的基本形式》，上海人民出版社 1999 年版，第 42 页。

的形式进行的。伊斯兰教最为典型的仪式就是礼拜。而对于信奉神秘主义的苏菲教派，其典型仪式已不再是作为伊斯兰教信仰基础的礼拜仪式，而是具有鲜明个性的神秘主义音乐、舞蹈和赞念等。中国西北的各伊斯兰教门宦也有其区别于其他教派特色仪式，如副功斋拜、静修参悟、赞念、点香、上苫单等。

副功斋拜和静修参悟 是苏菲神秘主义在行为方面重要的功修仪式。按照伊斯兰教法的分类，伊斯兰教的各项功课分为三个基本的层次：主命(Fariḍah)、圣行（Sunnah al-Rasūl）和副功（Taṭawwu ‘）。“副功”一词的阿拉伯文原意为“志愿”，即履行主命、圣行功课外自愿附加的其他可嘉的功课。伊斯兰教的先知穆罕默德曾经做很多额外的副功拜和副功斋。穆斯林以副功斋拜作为虔信的表达。中国伊斯兰教派中的格底目派传统上也重视副功，但苏菲门宦尤甚，以此作为神秘主义功修的重要组成部分。甚至有的门宦强调副功而忽视了主命和圣行功课，受到其他教派的批评。

赞念 几乎是所有宗教仪式中核心的部分，通过持续、反复的吟唱，信仰者的情感得以宣泄。苏菲神秘主义者尤其喜爱使用声音这种缥缈、自由的表达方式。在门宦的各种“尔曼里”中，除了朗诵《古兰经》以外，他们特别注重几种特别的赞念方式：孜克尔、赞圣和念求祈。“孜克尔（dhikr)”为阿拉伯语音译，意为“怀念、向往、记念、赞颂”，译称“赞主词”，指赞颂真主的祈祷词。伊斯兰教认为，在所有的“赞主词”中，最尊贵的是“清真言”和“法图麦赞词”。[①] 苏非修道者把孜克尔赞念结合特定的运气、穴位等，作为神秘主义功修的重要手段。“赞圣”是念诵一些著名的赞美先知穆罕默德的诗篇，每个门宦一般有自己特定的赞念篇目和声调。西北门宦中常用的赞圣诗有：《卯路提》、《曼丹耶合》、《穆罕麦斯》（*al-Mukhammas*）和《奥拉代》（*Awrād*）等，其中既有阿拉伯文的也有波斯文的。念求祈是在各种尔曼里中举行的通过赞念、祈祷而祈求真主的饶恕的仪式。如在虎非

① 清真言是伊斯兰教的信仰总纲：لا إله إلا الله محمد رسول الله。意思是：除安拉外没有主，穆罕默德是安拉的使者。法图麦赞词因先知穆罕默德曾劝告其爱女法图麦经常诵读而得名：سبحن الله و الحمد لله و لاإله إلاالله و اللهاكبر. لاحو لا و لاقوة إلابالله العلى العظم。

意思是：赞颂安拉清净，万赞归于安拉，除安拉外再没有主，安拉至大。我无计无力，只能依靠安拉。

耶洪门中，念求祈是尔曼里的核心仪式。[①]

点香和上苦单 是门宦教众上拱北时特有的宗教仪式，用以表示对逝去教主的追缅和尊敬。这两种仪式不属于伊斯兰教所规定的宗教功课范畴。点香有特定的形式和寓意，在各门宦中有一定的差异。如在哲赫忍耶门宦中，通常在仪式中并排陈列三只香炉，中间的大香炉插一支香，表示“认主独一”；两边的小香炉各插三支香，从右至左分别代表先知穆罕默德、四大哈里发（艾卜·伯克尔、欧麦尔、奥斯曼、阿里）和大伊玛目哈乃菲。[②] 而洪门一般点三支香，比喻真光、灵光、本光三光归一。[③]

上述特色仪式大都体现着各门宦与普世性伊斯兰教教义相比较而言的独特性。对本门宦个性化仪式的强调，无疑是为门宦的教权体系运营服务的，是教权层级管理的一种手段。

四 小 结

传统研究中大都把门宦定性为一种封建式的地主加教主的制度。如门宦研究的专家马通先生认为：“门宦制度是由雄厚的经济和宗教特权组成的。大教主一般是地主阶级的代表。门宦制度的特权集中表现在‘父传子受’的世袭罔替制度、对清真寺教权的控制、组织武装、左右地方政权和依附政治势力维护教权。”[④] 但在伊斯兰教各教派中是否只有门宦具有封建特权呢?马通接着指出，在旧社会，各教派都程度不同、大小不一地存在封建特权。新中国成立后，经过民主改革和社会主义改造，宗教中的封建特权已不复存在。但部分门宦教派的教权体制并没有完全被废除掉，甚至有的在改革开放后又死灰复燃，国家政策中提出的“三废除”没有完全做到。这其中的原因是多方面的。

首先，是历史的惯性问题。门宦制度的形成有其宗教神学的和社会历史的根源，其在中国的产生、发展经历了几百年的时间，在一定时期内曾经作

① 丁克家等著：《两世吉庆——中国伊斯兰教虎非耶洪门》，民间版本 1998 年版，第 61 页。

② 勉维霖主编：《中国回族伊斯兰宗教制度概论》，宁夏人民出版社 1997 年版，第 301 页。

③ 丁克家等著：《两世吉庆——中国伊斯兰教虎非耶洪门》，民间版本 1998 年版。第 65 页。

④ 马通：《中国伊斯兰教派与门宦制度史略》，宁夏人民出版社 2000 年版，第 339 页。

为回族社会反抗清政府民族歧视、压迫政策的组织制度存在，发挥了积极作用。在新中国成立后的短时期内，门宦制度不可能立刻就彻底云消雾散。改革开放后我们才在学术上和政策上提出，宗教在社会主义时期将长期存在。而门宦制度的变革尤其要依赖于一定社会历史条件的变革，即下文将谈及的包括西海固在内的西北贫困地区回族社会经济、教育和文化的发展。

其次，是新中国成立初期处理宗教问题的政策过左、过急，造成了消极后果。表现为分析、处理问题简单化，只从阶级斗争的角度分析门宦现象，忽略了门宦制度所蕴涵的其他历史的与文化的积淀。如宁夏回族自治区成立于“左倾”之风日烈的1958年，民族宗教政策从自治区成立之初就不断遭到践踏和歪曲。1958年前宁夏地区有清真寺1895座，到1960年后确定只保留清真寺109座，约占原有清真寺的6%。“左倾”政策结果适得其反，改革开放后宁夏地区（还可以扩大到西北地区）重建清真寺的热潮正是其证明。到目前，宁夏全区清真寺数量已超过3000座，与1958年相比，没有减少，反而增加了。“左倾”政策的后果值得我们永远牢记并引以为戒。

再次，是改革开放以来对门宦问题的研究不够深入，认识肤浅或存在误解，导致了处理相关问题时措施不得力，效果不好。改革开放以来对门宦制度的研究取得了多方面的成果，其中最著名的是马通和勉维霖的著作。但毋庸讳言，一方面，此类研究成果仍然相对稀少；另一方面，对门宦制度的研究大多只集中在探索源流及其在历史上的发展形态等，缺乏现实性、实证性研究。缺乏深入研究的结果就是对门宦教派问题处理不力，在突发事件面前不知所措，甚至弄巧成拙。

最后，门宦问题的解决应该落脚在西海固地区经济、教育和文化发展上。笔者认为，对门宦问题不能孤立地看，而必须与西北贫困地区回族社会的方方面面联系起来。门宦教权的存在也不简单的是宗教问题或部分特权家族的利益问题，它更多的是一个社会问题。本文认为：门宦制度与西海固特殊的自然、人文环境是密切联系在一起的。门宦教权问题的解决，也只能与当地社会经济的发展最终结合起来。

论法门门宦两份阿拉伯文苏菲传教凭证的文献价值及信息

马效佩

在中国伊斯兰教苏菲派诸多门宦中，法门门宦是一个传入中国历史较晚，因而门徒较少、影响较小的门宦，其信徒主要集中在甘肃省临夏回族自治州临夏市八坊回族聚居区、市西郊石头洼村、临夏县、积石山县、和政县、东乡县、甘南藏族自治州州府合作市以及青海和新疆的一些地方，具体数字目前没有统计数据可查，据法门门宦现任第三代掌门人法元忠等法门宗教人士估计，信徒大约有三四万人。该门宦见诸文献研究的资料也非常少，甘肃人民出版社出版的《临夏市志》和甘肃民族出版社出版的《临夏民族宗教专辑》对该门宦只是一笔带过，提到有它的存在，马通先生的《中国伊斯兰教教派与门宦制度史略》对该门宦的记载也非常简单，只有寥寥三百多字，现辑录如下，以备后论：

> 法门是法真阿訇传授的。法真是河州人，生于光绪年间，殁于1957年，终年70余岁。他是格底目，后去麦加朝觐，人称法哈知。法真在朝觐期间，曾和祁明德阿訇受马福祥之托，以其黄金在麦加购买了一处地方，作为中国穆斯林朝觐者的宿地。
>
> 法真生前，曾在临夏八坊王寺、韩集磨川大寺开学。在此期间学习了苏菲派虎夫耶学理，以自己“干功”为主，不发展教民，但一些好道之士，爱慕法真的学识和遵行，就设法投师，所以他的追随者大半是阿訇、满拉。他对投师的学生仍规定“自学自干，不能传教发展，否则一律不接受”，因此没有形成派系，但他的声望高，影响大，法门之称，

传遍临夏。现其子法元忠继传其父学理。[①]

2002年夏，笔者留学归国省亲之际，受法元忠老人家盛情邀请，赴临夏市郊石头洼村府上做客。席间，得知其处尚存有其祖父和父亲两代人从麦加带回国的阿拉伯文苏菲传教凭证，外界对此一无所知。拿出来一看，果真如此，两份传教凭证都是隽秀的阿拉伯文手写真迹，从工整秀丽的笔迹上看，无疑出自纯真而且很有文化涵养的阿拉伯学人之手，结尾处还加盖了凭证授予者的阿拉伯文圆形印章，其祖父法明德的传教凭证上的印章只有授予者的名字，没有图形，顶端有阿拉伯文“真主”字样，下半部刻有印章主人“穆罕默德·麦阿肃穆”（محمد معصوم）的名字；其父亲法真的传教凭证上授予者的印章既有名字，又有图形，上半部分为一颗星星，刻有阿拉伯文的“穆罕默德”字样，为下半部分的新月所围住，新月中刻有“穆展迪顶耶道统艾卜·舍热福”（ابو الشرف المجددى）字样。由于在国外也曾经见到过一些阿拉伯文苏菲传教凭证，立刻便认识到了面前这两份珍贵文献的价值。当时便萌发了进行翻译、研究的念头，但为学业所羁，搁置了下来。2005年开斋节，笔者再次到法元忠府上拜访，提起此事，当场复印、拍照，许诺决心把这两份文献翻译出来，进行研究，公之于世。

一 法门第一代导师法明德的传教凭证

法门第一代导师法明德，经名叫穆罕默德·赛尔迪。据其孙法元忠讲述，法家世居临夏市抱罕乡石头洼村，其祖父法明德生于清同治二年（公元1863年），殁于民国十五年（公元1926年）农历五月十五日，享年63岁。1920年赴伊斯兰教圣地麦加朝觐，期间访求名师，被麦加圣城的乃格什班顶耶苏菲道统导师筛赫穆罕默德·麦阿肃穆收为弟子，随其进行苏菲修炼，并于离开圣地归国前授予文字性“伊扎泽提”即传教凭证。以下便是该传教凭证的中文译本：

① 马通：《中国伊斯兰教派与门宦制度史略》，宁夏人民出版社2000年版，第210页。

奉至仁至慈的真主尊名

一切赞颂，全归至高无上的真主；愿赞美和祝安降临被他所拣选的爱圣及其敬畏真主的家属和门弟子。

（赞主颂圣）之后，隶属于乃格什班顶耶道统穆展迪顶耶支系的贫仆穆罕默德·麦阿肃穆声明：

清廉而守正的兄弟、河州人氏穆罕默德·赛尔迪哈智在我的手上进入了乃格什班顶耶道统穆展迪顶耶支系，我给他传授了种种赞词，小“韦俩耶提（近主之境）”（الولاية الصغرى）、大“韦俩耶提”（الولاية العليا）和最高“韦俩耶提”（الولاية العليا）中的“穆拉格拜（聚念）”（المراقبة）修炼方式，三个完美（الكمالات الثلاث），七个真谛（اللطائف السبع）以及穆展迪顶耶支系的最后一个境界。他勤于这些功修，并以之在至高无上的真主恩宠下获得了福分。我已经允许他给寻真者和求道者传授穆展迪顶耶道统和其他道统，并给他们传授“台万聚海（心心传念）”（التوجه）之功，同时，也允许他（传授）那些从伟大筛赫传之于我的所有日常颂词和知识。

我嘱咐他：要尽其所能地遵守教法和高贵的圣行，避免丑陋的异端，持之以恒地面向真主，勤于赞词和取主喜悦的“穆拉格拜”修炼方式；还（嘱咐他）：不要在其为今世和后世幸福而做的清廉祈祷中忘记我。

主啊！求你看在你的爱圣、我们的领袖穆罕默德（愿主赞美他及其所有家属和门弟子）的情面上，使他成为受引导的引领正道者。

1339 年 12 月禁月 14 日星期四
穆展迪顶耶道统贫仆
穆罕默德·麦阿肃穆（愿主襄助他）
手书于尊荣的麦加

二 法门第二代导师法真的传教凭证

法门第二代导师法真，经名叫舍穆逊迪尼（شمس الدين）。据其子法元忠讲述，法真生于光绪二十五年（公元 1899 年），殁于 1967 年 6 月 12 日，享年 68 岁。他精通阿拉伯文和波斯文，被誉为格底目教派的“三根柱”之一。

曾先后三次朝觐，第一次于1920年与其父法明德朝觐，第二次于1932年12月9日与著名的马松亭大阿訇等一行八人由上海乘意大利康泰罗素号游艇赴麦加朝觐，在圣地朝觐期间，受教于乃格什班顶耶道堂的已故筛赫穆罕默德·麦阿肃穆之子艾卜·舍热福筛赫。这次朝觐结束后，法真在麦加居留了一年多的时间，次年朝觐季节来临时，又一次参加了朝觐活动。归国前，曾经给其父法明德授予传教凭证的筛赫穆罕默德麦阿肃穆之子、继承人艾卜·舍热福·阿卜杜里·嘎迪尔（ابو الشرف عبد القادر）授予法真文字性“伊扎泽提”即传教凭证。以下便是该传教凭证的中文译本：

奉至仁至慈的真主尊名

一切赞颂，全归真主，众世界的养育主；愿赞美和祝安降临一切先知和钦差圣人中的至贵者，我们的领袖、我们的主人穆罕默德及其所有家属和门弟子。

（赞主赞圣）之后，企盼其强大的养育主之恩典的贫仆、在血统和道统上都隶属于穆展迪顶耶支系麦阿肃命耶旁系的艾卜·舍热福·阿卜杜里·嘎迪尔（愿主襄助他、他的双亲以及所有筛赫）声明：

清廉的哈智兄弟、中国河州人氏、已故筛赫赛尔迪之子舍穆逊迪尼，先前偕同其父幸临吉祥的圣地——真主的禁地尊荣的麦加和其爱圣的隐光之地麦地那，并在我的生父、我的领袖、我的靠山、知主之士、维持万物的君主面前受承领的毛拉筛赫、隶属于乃格什班顶耶道统穆展迪顶耶支系的穆罕默德·麦阿肃穆（愿主使他的至洁机密纯洁）阁下手上接受了乃格什班顶耶道统穆展迪顶耶支系的崇高“托里盖提”（الطريقة）道乘功修，他在整整一个年头的时间内，持守对（筛赫）的吉庆陪同，并从其中获得了种种流溢和样样吉祥。

当时，由于父亲阁下（愿其机密纯洁）诸病缠身，年事已高，不能再坐在“哈莱格”（حلقة）圆圈席上指导求道者进行“台万聚海（心心传念）”修炼，所以，虽然贫仆本人没有资格担此重任，但领其尊命，只能服从、遵守，代行职责。每天日落以后，他偕同其父坚持参加“哈莱格”圆圈席上进行的“台万聚海”修炼，在“达依热体·里·伊姆卡尼（或然之圈）”（دائرة الامكان）取得与命令和创造世界的妙谛（لطائف عالم الخلق والامر）的联系后，他投入了“穆拉格拜（聚念）”修炼，从“穆拉格拜·艾哈顶耶（唯一聚念）”（المراقبة الاحديه）到“穆拉格拜·麦恩耶（同在聚念）”（المراقبة المعيه），然后到“穆拉格拜·埃格热宾耶（至近聚念）”（المراقبة الاقربيه），这些功修的迹象和吉庆已在他身上按其慧根之量度显示出来。一年以后，他返回家乡，在告别之时，父亲阁下（愿主使其机密纯洁）允许其父传道，并给他书写了崇高的乃格什班顶耶道统（愿主使这个道统众筛赫的机密纯洁）的“伊扎泽提”传教凭证，当时，我就向（父亲阁下）提出了一个请求：也给他授予“伊扎泽提”，因他已经拥有了资历。他接受了我的请求，并以它尊贵的口舌授予了“伊扎泽提”。

然后，他返回自已的祖国，与其父一道长期坚守正道，既正又洁。后其父归真（愿主疼慈他）。今年，他第二次得到了朝觐和探望圣人的机会。他每天持守对贫仆的陪同，进行了“穆拉格拜·埃格热宾耶（至近聚念）”、“买罕拜提·乌俩（第一爱）”（المحبة الاولى）、“买罕拜提·萨尼耶（第二爱）（المحبة الثانيه）”以及“高斯（弓）”（القوس）的种种“台万聚海”修炼——这些都是列圣（愿赞美和平安降临我们的圣人及一切圣人）的“韦俩耶提（近主）”品位。在最高“韦俩耶提”和尊贵天使（愿平安降临他们）的“韦俩耶提”中，他从“伊司穆·扎黑尔（外显之名）（اسم الظاهر）”升腾到了“伊司穆·巴推尼（内隐之名）（اسم الباطن）”，特就穆展迪顶耶分系来说，这是品位修行的最高级别。

他在这些崇高品位的修行中已经获得了一种成就，这已经在他修道期间的种种“哈里（领受）（الحالات）”和“瓦瑞德（心悟）（الواردات）”中表现出来了，真主（赞主清静）至知其情，主的知识才是最全面、最完美的。

基于此，我在祈求尊贵的真主襄助，按圣行做了“伊司提哈尔（求吉礼拜）（صلاة الاستخار）”后，我授予他崇高的乃格什班顶耶道统穆展迪顶耶支系（愿主使这个道统众筛赫的机密纯洁）的传道凭证，允许他发扬道统，接受约会（اخذ المبايعه），一心为主、不贪图尘世、不炫扬自我地服务于求道者，正如众筛赫所讲述的“哈迪斯·古笃西（圣洁的圣训）（الحديث القدسي）”所说：“达吾德啊！一旦见到一个寻求我的人，你就要成为他的服务员。”

愿真主使他成为受引领的引领正道者！愿主以完美的恩典和慷慨擢升他，让他达到近主的最高品级和“伊哈萨尼（至善）（احسان）”境界！愿真主看在其爱圣（愿主赞美他和他的家属及门弟子）的情面上准承！愿真主通过众位大筛赫（愿主喜悦他们）的情面应答！

允许传教的条件：紧跟高贵的圣行，避免丑陋的异端，在遵循正道、持守“杰穆恩依（合一境界）（الجمعية）”的情况下，常守“迪克尔（念功）（ذكر）”，常持“菲克尔（悟性）（فكر）”，除必要限度外，要背对尘世及其追求者，在他隐蔽之时、名扬之处的清廉祈祷中不要忘记我、我的双亲、我的家眷和我的子女。

我们的养育主啊！请接纳我们，你的确是全听的、全知的。

愿至高无上的主赞美我们的领袖穆罕默德及其家属和门弟子，并向多多祝安！一切赞颂，全归真主，众世界的养育主。

伊斯兰教历1351年12月8日星期一

期盼强大真主之恩赐的贫仆

隶属于穆展迪顶耶支系麦阿肃命耶分系的

艾卜·舍热福·阿卜杜里·嘎迪尔（愿主襄助他）

手书于尊贵的麦加

三　两份阿拉伯文传教凭证的文献价值

伊斯兰教传入中国虽然已经有1300多年的历史，就现有文献资料来看，苏菲道统传入中国内地也已经有了400多年的历史，然而，中国伊斯兰教的文献资料，特别是苏菲道统方面的资料流传下来的非常少，给研究者造成了诸多不便。这种现象的产生除了受中国穆斯林一开始作为从阿拉伯和波斯等地迁居而来的蕃客这一“侨民”身份本身所带来的局限，很长一段时期以来使用阿拉伯语和波斯语作为自己的文化和宗教传承语言，很少使用中文记载自己的历史、传播自己的文化外，也与中国穆斯林在历史上所遭遇的政治和文化命运有关，尤其是清朝入主中原以来，由于清朝统治者蓄意挑拨回汉民族关系引起几百年来战乱不断、反抗封建朝廷奉行的民族压迫和歧视政策的回民起义此起彼伏的历史事实紧密相关。一个处于逆境中的异域文化在主流文化的海洋包围之中自身能生存下来就已经不简单了，要保存住一些珍贵的文献资料就更是难上加难了。大批珍贵文献往往毁于军事战火和政治动乱。这种文献资料匮乏和奇缺的现状与它的悠久历史极不相称，也给学术研究制造了难以逾越的巨大障碍，是我国伊斯兰教研究所面临的窘境之一。

伊斯兰教世界著名的苏菲道统，尤其是嘎迪忍耶、乃格什班顶耶等道统在中国都有一些传播，在西北穆斯林聚居区有着很大的影响。然而，迄今为止，我国学术界对苏菲学理、道统、人物、传承等的研究与伊斯兰教世界，甚至西方对苏菲的研究成果相比，仍然处于一个初级阶段，造成这种局面的诸多原因中，文献资料奇缺以及研究者不掌握作为伊斯兰教文化的载体语言阿拉伯语和波斯语是一个关键性的因素。

在各苏菲道统中，传承是一个重大问题，有世袭制和传贤制两种说法。中国伊斯兰教各大门宦的第一辈导师在把一个新的道统传入中国时，一般都带回一个“伊扎泽提”即传教凭证，这种传教凭证有时是一些信物，如花寺门宦的马来迟从也门带回宝剑、大印、经典、拜毡等八样礼物；[①] 传教凭证有时也是文字性的凭据，如甘肃北庄门宦的马葆贞就从新疆莎车道堂带回一个阿拉伯文的文字性传教凭证。[②] 可见，上一辈导师在给下一辈继承人授予传教资格时，往往会写一个文字性的传教凭证，一方面用来证实传承关系，另一方面也有防止假冒的目的。据笔者在伊斯兰教世界的多年游学，发现文字性传教凭证是苏菲道统传承的一个显著特点，笔者在巴基斯坦就见到过这样的阿拉伯文“伊扎泽提”。然而，在中文文献中，直到现在，我们还没有见到一个完整的文字性“伊扎泽提”，使传教凭证这一苏菲概念披上了一层神秘的面纱。笔者认为，此次发现法门门宦两代传教人的阿拉伯文文字性“伊扎泽提”并把它翻译成中文，可以填补我国苏菲研究方面的一个空白，第一次揭开传教凭证的神秘面纱，有助于推动对苏菲学理和苏菲传承的进一步研究。

以下便是笔者对这两份传教凭证的文献价值的初步分析：

1. 法门门宦两辈“穆尔施德”导师法明德和法真带回中国的两份阿拉伯文“伊扎泽提”传教凭证是迄今为止第一次在中国国内发现的苏菲道统文字性传教凭证，在中国伊斯兰教研究史上还没有出现过译为中文的完整的文

① 马通：《中国伊斯兰教派与门宦制度史略》，宁夏人民出版社2000年版，第163页。
② 同上书，第199页。

字性传教凭证的记载。其所具有的重大文献和学术价值是不言而喻的。

2. 法明德和法真父子两代“穆尔施德”都从伊斯兰教圣地麦加带回各自的“伊扎泽提”，而且两者互为印证，其传教凭证授予者也是乃格什班顶耶道统的一个著名支系、以“伊斯兰教第二个一千年的刷新者”称号闻名于世的印度伊斯兰教苏非大筛赫、《麦科图巴特书信集》的作者伊玛目冉巴尼之名而著称的穆展迪顶耶支系的父子两代导师筛赫穆罕默德·麦阿肃穆和筛赫艾布·舍里夫·阿卜杜里·嘎迪尔。这两个文献为研究者提供了国内外苏非传承路线图、历史渊源关系、人物、支系、旁系以及道统延续的重要线索。

3. 这两份传教凭证一个短小精悍，一个内容翔实，都从不同角度提及了苏非修炼的一些方式、修行的境界、传道者的条件等一系列苏非学理术语和概念，如法明德的“伊扎泽提”所提到的小“韦俩耶提”、大“韦俩耶提”和最高“韦俩耶提”三个“穆拉格拜”修炼方式、三个完美、七个真谛，法真的“伊扎泽提”所提到的“穆拉格拜·艾哈顶耶”、“穆拉格拜·麦恩耶”、“穆拉格拜·埃格热宾耶”、“买罕拜提·乌俩”、“买罕拜提·萨尼耶”和“高斯”的“台万聚海”修炼等。在中文伊斯兰教研究圈，这些术语和概念属于第一次出现，对它们的研究和解释是进一步深入研究苏非，揭开苏非修炼及宗教体验的神秘面纱的先决条件。所以说，这两份阿拉伯文文献在国内面世为有关苏非门宦的学术研究打开了更为宽阔的天地。

4. 长期以来，苏非道统传承的方式有世袭制和传贤制两种说法，是一个颇有争议的问题。这两份来自伊斯兰教圣地麦加的传教凭证的面世可以为这个问题提供一些思路，麦加的父子两辈导师把“伊扎泽提”传教凭证在不同时段内授予了来自中国的父子两代求道者，而且都是以他们所从事的修炼和达到的境界为依据，并且是有条件的，其中最重要的一个条件就是坚持穆罕默德圣人的圣行，避免异端。这说明世袭和传贤之间并不一定对立，其间有一个衔接地带。

5. 法明德和法真父子 1920 年第一次去麦加朝觐以及法真后来于 1932 年再次去麦加朝觐的十几年间，正是阿拉伯半岛上以麦加谢里夫侯赛因圣族为代表的逊尼派和以阿卜杜勒·阿齐兹的沙特家族为代表的瓦哈比派之间争夺对阿拉伯半岛以及伊斯兰教两大圣地统治权的时代。1924 年 10 月，阿卜杜勒·阿齐兹占领麦加，后于 1932 年，正式定国名为沙特阿拉伯王国。外界传说沙特家族奉行严格的瓦哈比教义，严禁逊尼派和苏菲道统在其国境内活动，甚至有传闻说苏菲道统的人物受监禁和迫害之苦。对这两份写成于这个历史关头的文献资料以及相关文献资料的深入研究，可为我们提供当时苏菲道统在1924年沙特家族占领麦加前、后的传道和活动情况以及逊尼派与瓦哈比派的关系，也可以帮助学界厘清国外伊斯兰教派别与国内伊斯兰教派别的渊源与传承关系，具有重大史学价值。

6. 自历史进入近代以来，伊斯兰教世界和中国国内的苏菲道统都不同程度地呈现出了一些衰弱、萎缩，甚至异化的迹象，对苏菲道统持否定态度的现代主义派别和原教旨主义派别传播非常快，大有取而代之的趋势。许多学术界的人，甚至宗教界的人士认为苏菲道统已经失去了生存的“土壤”，丧失了生命力，苏菲修行是过去的事，近现代没出现有成就的苏菲修士。这两份苏菲文献的面世为我们展现了一个与这个时代流行的看法迥然不同的风貌，是研究苏菲道统在近现代史上传播、延续的第一手资料。

四 两份传教凭证提供的信息对现有资料的补正

从1920年法明德导师朝觐归国，带回乃格什班顶耶道统穆展迪顶耶支系的“伊扎泽提”传教凭证算起，法门门宦在西北甘青新等地传教已经有80多个年头的历史了，但是，法门门宦见诸文献记载和研究资料的非常少，只有马通先生的《中国伊斯兰教教派与门宦制度史略》有一些简单记录。笔者在把法门门宦的两份传教凭证翻译成中文并经过研究后发现，马通先生关于法门门宦的记载中有一些与史实不相符合的地方，产生了一些疑问。笔者带着疑问再次走访了法元忠老人家，就马通先生的说法与两份传教凭证所提供的信息之间的不同进行考察与对证，发现《中国伊斯兰教教派与门宦制度史略》（以下简称《史略》）的说法在某些地方存在既与传教凭证所提供的文献资料相矛盾，又与法元忠老人家的讲述不相符合之处，现将不符合之处梳理出来，与文献资料对照，予以补正，共为探讨：

（1）《史略》所说“法门是法真阿訇传授的”一语与“伊扎泽提”阿拉伯文文献资料的说法不符。两份文献提供的信息证实，法真虽然于1920年偕同其父共赴伊斯兰教圣地麦加朝觐，在其回国时麦加的乃格什班顶耶道统穆展迪顶耶支系的筛赫穆罕默德·麦阿肃穆接受其子艾卜·舍热福·阿卜杜里·嘎迪尔的请求，看在其功修已有一定的成就，拥有传教资格的情况下，给其授予了口头的传教“伊扎泽提”，但是，从真正意义上讲，筛赫穆罕默德·麦阿肃穆授予亲笔书写的文字“伊扎泽提”的却是其父法明德，而不是法真本人。法真真正被授予文字性的“伊扎泽提”，是在他第二次赴圣地朝觐并在麦加居住了一年多之久，参加了他生平的第三次朝觐之后，其间相隔12年的时间。这次授予他文字“伊扎泽提”的麦加筛赫不是原来的穆罕默德·麦阿肃穆，而是其亲生儿子、道统继承人艾卜·舍热福·阿卜杜里·嘎迪尔。所以说，隶属于麦加的筛赫穆罕默德·麦阿肃穆传授的乃格什班顶耶道统穆展迪顶耶支系在中国的第一个传入者是由他本人亲自授予文字性传教凭证的法明德，而不是其子法真。法真应该是该门宦在中国的第二代传教人。据法元忠老人家讲述，其祖父法明德从麦加朝觐带回“伊扎泽提”到其于1926年归真时有6年多的时间，其间，他传授了一些弟子，其中大多数是一些阿訇和满拉，其祖父在世时，法门门宦影响很小，该门宦真正的发展壮大是在法真带回“伊扎泽提”正式传教以后。

“伊扎泽提”文献资料说明，法明德和法真父子两代导师在麦加也是受教于穆罕默德·麦阿肃穆和艾卜·舍热福·阿卜杜里·嘎迪尔父子两代筛赫，他们的道统也是同一个，所以说，法门门宦在中国是由法明德传入、法真发扬壮大的。

(2)《史略》所说“法真生前，曾在临夏八坊王寺、韩集磨川大寺开学。在此期间学习了苏菲派虎夫耶学理，以自己‘干功’为主，不发展教民，但一些好道之士，爱慕法真的学识和遵行，就设法投师，所以他的追随者大半是阿訇、满拉”，有欠妥之嫌，且与“伊扎泽提”文献资料所提供的信息相比，缺乏历史衔接。现梳理如下：

按苏菲传承原理，一个人只有在追随了一个拥有“西历希莱”道统的导师修道并获得其授予的“伊扎泽提”以后，才可以接受弟子，下传“托里盖提”道统。按两份阿拉伯文“伊扎泽提”提供的信息，法门的两辈导师都是这样做的。然而，《史略》所说的法真“在临夏、韩集开学期间，学习了苏菲派虎夫耶学理”一说，既没有讲清楚法门门宦的历史渊源，也与“伊扎泽提”文献资料提供的信息不符：法真在第一次朝觐时就已经偕同其父拜麦加的乃格什班顶耶道统穆展迪顶耶支系的筛赫穆罕默德·麦阿肃穆为师，勤练苏菲功修，获得艾卜·舍热福的赏识，请求其父赐予了口头的“伊扎泽提”，后来第二次朝觐时，又每天持守对其师艾卜·舍热福的陪同，潜心修道，一年后被授予文字性传教凭证，归国传教。这些信息证实，法门门宦与麦加的乃格什班顶耶道统穆展迪顶耶支系有一个历史渊源与传承关系，虽然不能否认法真回国后在临夏、韩集开学期间钻研虎夫耶学理的可靠性，但他的学理不仅仅是来自书本经典的理论，而是来自道统传承的理论与实践。这里面有一个非常关键的道统传承的过程，而不仅仅是学习学理的问题。按苏菲道统的观点，一个人不可能自修成导师，苏菲修炼是以道统的传承和延续为其基石的。很可能，正是有了这样一个来自圣地麦加的代代传承的道统体系，法门后来在西北马步芳强力支持“伊赫瓦尼”、形势对苏菲传道非常不利的情况下得到了传播，自成一门。

《史略》所载法真“以自己‘干功’为主，不发展教民，但一些好道之士，爱慕法真的学识和遵行，就设法投师，所以他的追随者大半是阿訇、满拉”一说，也于情理不合。首先，法真受命于麦加的艾卜·舍热福筛赫，回国传道应是其使命的一部分，他在没有外在因素的制约下，不可能只自己“干功”，不发展教民。事实上，据法元忠讲述，法门门宦的发展壮大，就是在法真朝觐回来之后才实现的。其次，虽然不排除一些好道之士，爱慕法真的学识和遵行，设法投师的可能性，但是，真正吸引好道之士来追随法真的应该是他从麦加带回的“伊扎泽提”，如果没有来自圣地的传教凭证和道统延续，即使他的学识再好，修道再认真，恐怕也不会吸引来这么多的好道之士。再次，法真的弟子中，很有一些阿訇和满拉，这与他归国后长期在临夏老王寺和韩集磨川大寺这样的在临夏一带具有中心地位和影响的清真寺开学、主持教务有关，然而，要说法真的追随者中大半是阿訇、满拉一说似乎也欠妥，与事实有一定的距离。法真的追随者中虽然有许多著名的阿訇以及求学的满拉，但大多数人仍然是一般的穆斯林求道者。正是有了一个较大的教民基础，法门才自成一门，如果仅仅是一些阿訇和满拉，它不可能在几十年的时间内就发展成一个拥有几万信徒的门宦。

（3）《史略》所讲法真“对投师的学生仍规定‘自学自干，不能传教发展，否则一律不接受’，因此没有形成派系”一说，也是顺着法真在开学期间学习了虎夫耶学理，“自学自干”，不发展教民这一思路的自然延伸而提出的。由于其前提不妥，结论自然有误，不具可信依据。我们在“伊扎泽提”

文献资料提供的信息基础上已经解明，法真的道统是有圣地麦加的乃格什班顶耶道统渊源的，他根本不是“自学自干”，而是有所传授、有所延续的。他对追随者的要求不可能是“自学自干”，而是有所传授，有所指定的方式和规则的，是在他本人的具体指导下进行苏菲修炼的。至于“不能传教发展”这个说法，则是正确的，法明德和法真两位导师生前确实没有给家门外的任何追随者授予“伊扎泽提”传教凭证，但这也是合乎苏菲学理的，一个导师并不是在接受弟子时就把“伊扎泽提”传给他的，导师在自己的弟子中选拔一个有良好的学养并被认为达到了某种境界，具有资历的人做自己的继承人，他也可以不选择任何人做自己的继承人。至于《史略》所说法门没有形成“派系”一说，我们无法知道此处“派系”的确切意义，如果是指门宦而言，法门后来确实成了一个较有影响的门宦，如果不是，则可另当别论。

有必要在本文结尾交代的是，这两份苏菲传教凭证包含一系列概念和术语，需要进行进一步研究和阐释，但为篇幅所限，笔者拟另行撰文再作探讨。好在法真回国时还带回了一些文献资料，其中包括“西历希莱”道统谱系及一些乃格什班顶耶道统修行方面的阿拉伯文经典和资料，可为我们研究和阐释这两份苏菲传教凭证提供必要而可靠的资料。

陕鄂交界地区回族、伊斯兰教考述

魏寒梅*

本文所述陕鄂交界地区是指陕西省东南部镇安县西口回族镇、茅坪回族镇及湖北省郧西县湖北口红岩回族乡交界地区，当地人习惯称该地区为“陕南”。陕西省共有三个回族镇，除上述两个外，还有陕西省宁陕县江口回族镇。该镇的80%以上的回族是在“民国”时期以及新中国成立后的三年自然灾害时期和“文化大革命”时期由陕鄂交界地区迁移而来的。湖北口红岩回族乡的回族与西口、茅坪回族镇的回族也是由同一地区进入陕鄂交界地区的。对这一地区回族、伊斯兰教的情况，学术界一向忽视，鲜有论及者。因此，考察该地区回族、伊斯兰教的历史与现状，对于研究回族史、中国伊斯兰教史都具有重要的意义。

一　伊斯兰教在陕鄂交界地区的传播

众所周知，伊斯兰教是在唐代随回族先民这个载体而传入中国的。伊斯兰教在陕鄂交界地区的传播也是因为回族的进入而传入的。据当地人介绍，约在明朝洪武八年（公元1375年），关中魏姓、王姓等回族因饥荒陆续翻越秦岭逃亡到今陕西省东南部镇安县西口回族镇、茅坪回族镇及湖北省郧西县湖北口红岩回族乡交界地区。又据《魏氏宗谱》记载，“祖籍陕西西安临潼县魏城湾，于洪武八年迁移湖北郧阳府郧西县

* 魏寒梅，西北民族大学宗教学专业伊斯兰文化方向2004级研究生。

红岩堡老水泉"[1]，另有该地区最早的清真寺——红岩西寺，在清道光二十九年重修该寺时所刻的碑文也记载了当地回族由陕西关中迁来，该碑云："主圣曰：当闻混沌初开，乾坤始奠，气之轻清为天，气之重浊为地，有天地故有日月，日月乃天之精华，天文地兴既备为万国之化吾。主圣 祖籍西域天方国，次居陕西中原长安学习巷，渐入湖省郧西红岩堡内，追念 祖籍于唐朝中宗帝前以为辅佐，钦赐敕封清教寺，玄宗丁巳年钦赐敕封唐明寺，至明朝洪武十七年钦赐敕封清真寺，饬兵部尚书铁铉建修，永乐十一年钦差太监郑和建修，唐宋元明以至清朝一千二百三十余年，古今不易之规，吾西社东社十八盘众姓人等□先祖古律初三日期，报本追远承先开来咸尊旧规于是集会各捐资财，名目列右碑，修造勒石刻铭，铭立碑朝夕乾惕，式礼莫愆祀事孔明俱竭虔诚，人人自得考以为万亿无疆之休云。镇安东乡蒿坪娅在内 阿洪 计万里 马兴龙 魏花满 王德均 大清道光二十九年 菊月吉日合方仝"[2]。明初朝廷为了修复战争带来的破坏，推行"休养生息"和"移民屯田"的政策。朱元璋谕："天下始定，民财力俱困，要在休养安息，惟廉者能约已而利人，勉之。"[3] 在这样的社会大背景下，关中回族为了求得生存翻越秦岭来到陕鄂交界地区。伊斯兰教因明朝初期关中回族的迁移而传入这一地区。不过当时只有零星的回族迁人，加之财力不济，不可能建立清真寺来沐浴礼拜，所以回族家庭自创"吊桶"进行沐浴，至今这种"吊桶"（或称"吊罐"）仍是当地回族人洗大净的主要用具，礼拜则都在家里进行。经过几百年的发展，加之明末清初战乱，许多关中、山西回族离家落居该地。随着回族人口数量的增加，渐渐形成老庄、观上、程家川、红岩等村落或坊。据《镇安县志》卷一〈大记事〉记载：明万历四十一年（公元 1613 年），镇安县境内茅坪、阳山观等地回民因反民族歧视而起义。占领县城后，东进山阳被阻，又退回镇安，后被朝廷招抚。[4] 这段资料证实了当时已有回族村落或坊的存在。坊是以寺为中心而形成的回族聚居区，这也说明当时已

---

① 2005 年 8 月，笔者走访湖北省郧西县红岩回族乡魏登云家，查阅了清宣统二年创修的《魏氏宗谱》。

② 2005 年 8 月，笔者走访该寺所看到的碑文。

③ 转引自邱树森主编：《中国回族史》（上），宁夏人民出版社 1996 年版，第 463 页。

④ 镇安县志编撰委员会编：《镇安县志》卷一〈大记事〉，陕西人民教育出版社 1995 年版，第 9 页。

建有清真寺。清真寺的出现，标志着伊斯兰教在当地有了一定的发展。从清康熙到同治年间，尤其同治年间，由于回民起义以及清代统治者推行的民族歧视和民族压迫政策，导致关中、甘肃河州大量回族难民流落该地区，如安、马、高、杨、班、胡等姓回族落居西口、茅坪、红岩等地。此外，也有西安、安康等地的少量回族商人、传教阿訇来该地区定居。据茅坪回族镇蒿树娅清真寺咸丰八年（公元 1859 年）碑记："河州杨老师大人于乾隆年间驾临我方。嘉庆末年亡故于分水娅，埋葬石马梁。"[①] 可见，一方面回族群体继续壮大，据《镇安县志》记载：光绪末年（公元 1908 年）镇安县境内的回族已有 5300 人[②]；另一方面有阿訇的传教，使陕鄂交界地区的伊斯兰教得到持续发展，在历史上曾号称有十三坊之多。从当地所建清真寺的数量，大体可以看出该地区伊斯兰教的发展过程。见下表：

陕鄂交界地区清真寺简表[③]

寺名	寺址	简　介
红岩西寺	红岩乡红岩村	建年无考，相传是该地区修建最早的清真寺。道光二十三年（1843）重修，现已倒塌，只存两块寺碑。
观上寺	茅坪镇红光村	建于明末，清咸丰九年（1859）兵毁，同治时重建。1930 年被带子会烧毁，1934 年重修。现有房 30 间，分前院、中院、大殿三部分。南北厅、对厅、门楼构成四合院。
老庄寺	茅坪兴胜村	建年无考，相传是镇安县修建最早的清真寺，民国 12 年（1923）兵毁后重修，现有寺房 13 间。
西川清真寺	红岩乡西川	始建于清乾隆年间，同治年间兵毁，清光绪七年（1881）年重修。近几年，该寺又进行全面翻修，大殿面积约 90 平方米，全寺总面积 270 平方米。藏有阿拉伯文《古兰经》30 本，波斯文《古兰经》注 3 本。
蒿树娅寺	茅坪镇茅坪村	清乾隆年间建，民国二年（1913）复修扩建，现有寺房 8 间。

① 2005 年 8 月，笔者走访该寺所看到的碑文。

② 镇安县志编撰委员会编：《镇安县志》卷十九〈民俗·宗教〉，陕西人民教育出版社 1995 年版，第 558 页。

③ 所列清真寺，除红岩西寺不存在外，其余清真寺至今都存在，且发挥着清真寺应有的功能。

续表

寺名	寺址	简介
杨家娅寺	程家乡青树村	清康熙年间建于程家川安岭村松树沟口，乾隆五十四年（1789）重修，原寺名为程家川清真寺。同治年间兵毁，光绪二年（1875）扩建。民国三十一年（1942）拆迁杨家娅，现有寺房12间。该寺大殿前廊墙镶有一块高5尺、宽3尺的石板，上面刻有荷花、梅花、牡丹等图案。大殿左廊下竖有一座高7尺、宽3尺、厚6寸的石碑，碑额刻有“清真寺院”四字，旁有二龙戏珠浮雕，该寺雄伟肃穆，堪称镇安县境内清真寺建筑之首
红岩东寺	红岩乡	建于清道光十三年（1833），该寺是从红岩西寺分出的，现有寺房12间，大殿面积约40平方米
龙洞川寺	西口镇聂家沟村	清乾隆时初建龙洞川，后迁建聂家沟口，光绪二十九年（1903）重修，现有寺房12间
石井山寺	甘沟乡石井村	初建老寺垭，后被兵毁，清道光时重修。民国十九年（1930）被带子会烧毁，民国二十九年（1940）年重修，现有寺房11间
熨斗滩寺	熨斗乡丰河村	清乾隆年间建，道光十七年（1837）重修，现有寺房10间
程家川上寺	程家青树村	初建年代无考，民国三十二年（1943）改建，现有寺房14间
孙家坪寺	程家乡孙家坪村	初建年代无考，1983年倒塌，1985年重修，现有寺房5间
寨湾寺	茅坪乡寨湾村	清光绪年间建，民国十二年（1923）兵毁，民国十四年（1925）重修，现有寺房8间

伊斯兰教的发展与回族社会地位之变化息息相关。从明末开始，伊斯兰教在陕鄂交界地区得到了长足发展。但在清朝中后期，因其他地区回民起义，该地区的回族也受到牵连，各个清真寺几乎都没有逃脱清兵和当地汉族地主武装的摧毁，伊斯兰教也曾一度遭到压制。民国时期，孙中山先生倡导“五族共和”，回族人民的地位始有提升。除了上述重修清真寺外，另有小窑子（民国十八年建）、万家山（民国三十四年建）、坎子山（民国三十四年建）等清真寺也相继建立，伊斯兰教也度过了一段危险期，开始进入平稳发

展的时期。

二 陕鄂交界地区伊斯兰教的再度萎缩与复苏

新中国成立后，陕鄂交界地区的各教坊仍沿袭传统的教长制，如1953年镇安县境内有清真寺13座，阿訇17人，伊玛目7人，满拉8人，社头74人。1960年宗教改革中，合并寺坊，全县仅留蒿树垭清真寺一座。1962年又恢复程家川、龙洞川、石景山、熨斗滩、观上五座清真寺。农业合作化时期，使每个人以集体为单位，造成城乡有别，使城乡人民难以互相交流，而那种靠阿訇、联姻等沟通伊斯兰教的方式也被断裂。文化大革命时期，由于极“左”路线的干扰，宗教被打入“冷宫”。陕鄂交界地区的伊斯兰教也未逃出噩运，所有清真寺都被关闭，阿訇被赶出清真寺挨批斗。许多阿訇不堪侮辱，相继逃往外地，如坎子山清真寺的马阿訇因无法忍受这种痛苦，远逃甘肃平凉。[①] 从农业合作化时期到20世纪80年代初以前，陕鄂交界地区伊斯兰教日趋萎缩。当地回族没有人封斋，更谈不上礼拜，也没有哪家父母教孩子最简单的“清真言”。就连家住在清真寺旁边的人，也不知道那是清真寺。直到80年代初，有人开始把各寺坊阿訇请到家里，摆筵席，过圣纪。这可能是当地回族在80年代所过的最隆重的宗教节日。不过，丧葬礼仪倒是严格按照教义、教规而行的。

中国共产党十一届三中全会后，随着党的宗教信仰自由政策的贯彻、落实，通过政府拨款、本坊回民集资以及外地回民施舍，陕南回族先后维修和建立了茅坪回族镇观上、元坪、老庄、寨湾、蒿树垭、毛家沟清真寺和西口回族镇龙洞川、石景山、小窑子、孙家坪、杨家垭、程家上川、熨斗滩清真寺以及湖北口回族乡红岩东寺、虎坪、坎子山、西川寺等清真寺。在20世纪80年代初至90年代末，由于交通不断畅通、信息传递日益便捷，城乡之间的交往日渐频繁。茅坪回族镇元坪乡的王阿訇到西安游学，回到家乡后宣传新教派赛来菲耶，虽当地没有赛来菲耶派清真寺，但也影响不少人倾向于赛来菲耶派。近几年，甘肃张家川

① 2005年8月，笔者走访该寺时，寺管会主任告诉笔者的。

阿訇到此传教，宣传哲赫忍耶派教义，虎坪清真寺便由哲赫忍耶阿訇任教长。为了适应当地回民的实际，哲赫忍耶派也作了一些变动，如在做礼拜时，不点香、阿訇不带六角帽等。至此，陕鄂交界地区伊斯兰教老格底目呈清一色的局面被打破了，但也并没有因新的教派的传入而发生矛盾，而是求同存异、和睦相处，体现了各教派的宽容精神。今天，该地区回族的宗教意识逐渐增强，平时也许看不到有几个人到清真寺做礼拜，但每逢主麻日，哪怕刮风下雨，路途再遥远，都有许多人到清真寺参加聚礼。人们也开始禁酒了（尤其大多数中年以上的人基本上都不喝酒了），更注重每年的斋月。一年一度的开斋节、古尔邦节、圣纪节，各寺坊互相邀请阿訇、社头，也邀请周围汉族同胞共同庆贺。在生活习俗和饮食方面也开始注意与教规相符了，如宰鸡、鸭、牛、羊时，请阿訇或到清真寺去宰牲；孩子出生时请阿訇取经名；结婚时念“尼卡罕”（喜经）；等等。总之，陕鄂交界地区的伊斯兰教在改革开放的20多年来又开始复苏了。

三　伊斯兰教对陕鄂交界地区回族社会生活的影响

虽然“陕南”伊斯兰教开始复苏，但外界对陕鄂交界地区回族的印象仍是不吃大肉的回族，认为已被“汉化”，如喝酒、拜汉族为干亲家、让汉族同胞帮修清真寺、共同庆祝回汉节日等。长期以来，由于道路险阻，交通不便（据老人们讲，古时人们从山区走出秦岭到西安，需要两个月的时间），加之当时特定的政治背景环境，陕鄂交界地区的回族与外界隔绝，致使这里的伊斯兰教没有了新鲜血液的注入，只能靠自我生存与发展。但这里的伊斯兰教并没有因此而泯灭，虽然虔诚的信仰所表现的外在形式弱化了，可人们内心里隐藏着它，总是体现在生活细节上。比如，该地区穆斯林都非常强调洁净的东西要放在高处（如厨房用具）；倒水（或其他东西）时，要用右手顺方向倒，不能反着倒等。这些在一般人眼里看似平常的行为，其实反映了伊斯兰教对当地回族生活习俗的影响。穆斯林在进行宗教活动前，要沐浴洁身，即大小净不也是从右到左吗？据乌木米艾提耶传，圣人在为其女儿再那甫大净（洗埋体）时，曾对乌木米和她的同伴说：“你们给再那甫大净时，同小净一样，应从右面的器官开始。”[①] 因为这种右和上被看做是神圣的，左和下是被看做世俗的。“右手优于左手的生理优势，仅仅提供了一种品质不同的机会，在于集体意识的结构之中，确切地说，正因为将身体作为复杂的社会结构的标论，文化的规则才显得自然”。[②] 而那些被认为是“汉化”的东西，却保存了伊斯兰教原本的精神。伊斯兰教提倡团结友爱、宽厚仁慈、睦邻、爱邻的精神，在中国这个特殊的环境里，正是体现在民族关系上。在伊斯兰教看来，真主创造了宇宙万物，人是真主在大地上的“代治者”，不论民族、种族、肤色、贫富、强弱等，在真主面前一律平等。《古兰经》云：“众人啊！我确已从一男一女创造你们，我使你们互相认识，在真主看来，你们中最尊贵者，是你们中最敬畏者。真主是全知的，确是彻知的。”（49：13）[③] 迁至陕南的回族，在长期生产与生活中与当地汉族建立了亲密友好的关系，虔诚的穆斯林为了宗教信仰的需求，需要盖建“安拉的房子”——清真寺，但基于人力、物力、财力的单薄，无法完成这项功修，只好借助于自己的邻居——当地汉族同胞的援助，而这种援助只有建立在两族人民深厚的情感与平等的基础上，才会出现。伊斯兰教提倡团结友爱，并不局限于穆斯林，对于非穆斯林而言，只要他们不压迫、不杀害、不欺凌、不剥夺别人生存的权利，就要与他们友好交往，和平共处。《古兰经》这样教诲：“未曾为你们的宗教而对你作战，也未曾把你们从故乡驱逐出境者，真主并不禁止你们怜悯他们，公平待遇他们。真主确是喜爱公平者的。他只禁止你们结交曾为你们的宗教而对你们作战，曾把你们从故乡驱逐出境，曾协助别人驱逐你们的人。谁与他们结交，谁是不义者。”[④]（60：8—9）在长期交往中，回、汉民族互相熟悉对方，互相影响，入乡随俗是很自然的事。回、汉民族互认干亲家，共同庆祝节日正是这种宗教与世俗精神的升华。在日常生活中，那种互相帮助、敬邻、爱邻、热情款待客人的宗教伦理观是陕南回族最简单淳朴不过的事，如回、汉民族婚、丧、喜庆互赠礼品，互相帮

① ［埃及］穆斯塔发·本·穆罕默德艾玛热编，穆萨·宝文安哈吉、买买提·赛来哈吉译：《布哈里圣训实录精华》，中国社会科学出版社 2004 年版，第 204 页。

② ［英］菲奥纳·鲍伊（Fiona Bowie）著，金泽、何其敏译：《宗教人类学导论》，中国人民大学出版社 2004 年版，第 49 页。

③ 马坚译：《古兰经》，中国社会科学出版社 2003 年版，第 383 页。

④ 同上书，第 416 页。

助；农忙季节、盖房子互换农工；等等。在笔者走访的几个村子里，当问及他们在日常生活中有无与汉族同胞发生过矛盾（如土地纠纷、牛羊吃了庄稼、砍了别人山上的柴火等日常琐事）时，90％的人回答没有，其余说曾经为此吵过架，但很快过去了，彼此不在心里计较。他们说："远亲不如近邻嘛！"，"记死仇那是违背教门的"。的确，《古兰经》明确提出："你们当崇拜真主，不要以任何物配他，当孝敬父母，当优待亲戚，当怜恤孤儿，当救济贫民，当亲爱近邻、远邻和伴侣，当款待旅客，当宽待奴仆，真主的确不喜爱傲慢的、矜夸的人。"[①] 先知也曾讲："天使吉卜利勒经常嘱咐我，要善待邻居，致使我以为邻居之间相互可以继承"。[②] 无论你是谁，从哪里来，这里的回族人都会满腔热情地给你泡一杯又浓又香的陕青茶，恭恭敬敬地送到你面前，让你品尝；还会问寒问暖，忙着给你生火做饭。遇到客人总是先点头、招手问好。谦逊和蔼、热情款待客人，这是陕鄂交界地区每户穆斯林家庭所共有的礼节。从他们的言谈举止中，可以看出，和谐的伊斯兰教伦理观已成为他们的人生坐标，客观上对于促进民族团结与和谐，增强信教群众的凝聚力、向心力和整合力，以及与其他民族、宗教的亲和力，对于各民族共同致力于社会主义和谐社会的建设，发挥着积极的作用。在这里，伊斯兰教的宽容精神得到发扬，真正体现了伊斯兰教的和平思想。总之，该地区的回族在特定年代，以不同的方式来表达内心的虔诚信仰，今天，他们仍在不断地努力完善、改正自己因历史原因所造成的对伊斯兰教有所偏离的东西（如喝酒）。而那些良好的回、汉民族关系所呈现的外在的所谓的"汉化"的东西，并没有背叛教门，相反它真正体现了伊斯兰教原本的东西。

原载《西北民族大学学报》（哲社版）2006 年第 2 期

① 马坚译：《古兰经》，中国社会科学出版社 2003 年版，第 60 页。

② ［埃及］穆斯塔发·本·穆罕默德艾玛热编，穆萨·宝文安哈吉、买买提·赛来哈吉译：《布哈里圣训实录精华》，中国社会科学出版社 2004 年版，第 616 页。

维吾尔族jamaat群体研究

阿布都哈德*

一 引 子

当前，在中国现代化进程中对“如何加快中国少数民族的现代化进程?”问题的探讨是一个不容忽视的、重要的学术课题。如何才能加快中国少数民族的现代化进程，关于这一问题的症结，费孝通教授早在他半个多世纪前研究中国农民社会时写的《江村经济》、《乡土中国》两本书中就强调，社会文化的改造与变迁必须建立在“本土的、草根”文化基础上，社会文化的改造者务必尊重“乡土本色”的原有价值①。本着这一思想的引导，我们应该就各个少数民族的不同传统文化进行深入研究，探求如何促进中国少数民族现代化进程这一具有深远意义的历史课题。

基于中国少数民族中有很多几乎是全民信仰宗教的，民族宗教文化通过信仰已渗透到其传统文化的各个层面。宗教文化是传统文化的重要组成部分，我们在关注传统文化时绝对不能忽视宗教文化因素。然而，在中国对传统文化与当今社会发展关系的研究，尤其是传统文化中宗教文化因素所发挥的社会作用的研究，目前还没有深入②。“人类学对乡村社会中宗教的社会

---

* 阿布都哈德，西北民族大学社会人类学与民俗学学院讲师、博士。

① 王铭铭:《现代的自省——塘东村田野考察和理论对话》，载于潘乃谷、马戎编《社区研究与社会发展》，天津人民出版社，1996年版，第971页。

② 王铭铭:《社会人类学与中国研究》，生活·读书·新知三联书店1997年版，第174页。

和历史作用的研究不仅少，而且缺乏深度。”① 本文试图通过从民俗学角度研究维吾尔族宗教文化生活中的 jamaat 群体，来加深对这一领域的涉足。

维吾尔族信仰伊斯兰教已有近千年的历史，伊斯兰文化对维吾尔族当前的现实生活依然有着深刻影响，深入了解维吾尔传统文化与伊斯兰文化相融和的特性，了解这种特性如何影响维吾尔族当今社会的发展，是当前需要深入研究的重要课题。

jamaat 群体是维吾尔族社会文化生活中以伊斯兰文化为核心形成的传统文化的载体与代表，jamaat 群体现象是伊斯兰文化、维吾尔传统文化在维吾尔民俗生活中抑或社会生活中的真正体现形式。要深入把握维吾尔族传统文化中的宗教文化因素，须得从对 jamaat 群体的研究入手。

维吾尔族是全民信仰伊斯兰教的民族，然而现实生活中能够较虔诚、较全面地履行伊斯兰教教义教规的只是一部分上了年纪的长者②，这一部分人就是构成 jamaat 群体的主体。

jamaat 群体由教长依麻目［imam］、哈提甫［hateep］、买森［muazzin］、卡热［kari］、穆特瓦力［muteweli］、加里甫开西［jaripkex］、乡老［yurtqongi］（寺民主管理委员会由上述这些人组成）以及一些普通教众组成③。jamaat 是一个群体概念，这一群体不同于出家修行的僧侣团体、教团及教会组织，不具有同他们一样的严密组织形式，而是寺坊内普通的成员世俗的宗教信仰者，在自发自觉的宗教活动中形成的一种结构松散的小群体。它没有“入群”的仪式，入清真寺礼拜就被群体“认同”了；除伊斯兰教的共同信仰与宗教义务之外，群体内没有自定的目标与义务；群体内的结构分化及权威的获得与权力的“实施”完全依靠信仰、道德和人格的影响力，停

---

① ［美］杜赞奇：《文化、权力与国家》，江苏人民出版社 1994 年版，第 111 页。

② 据笔者调查资料，60 岁以上的人在 jamaat 群体中占的比例超过 90％。

③ 教长依麻目［imam］：统领寺坊内各种宗教事务。

哈提甫［hatip］：领读聚礼拜者。

卡热［kari］：能背诵《古兰经》整本 30 卷的人，即哈菲孜［hafiz］。

买森［muazzin］：念宣礼（邦克）者。

穆特瓦力［mutawali］：管理清真寺财政者。

加里甫开西［dzaripkex］：清真寺杂役。

乡老［yurtqongi］：寺坊内德高望重者。

寺民主管理委员会：监督管理清真寺各项事务的组织，由伊协等部门统领。

留在观念领域中的软性层面上。群体的“组织活动”即各种社会功能的发挥完全围绕“宗教善功”开展。

jamaat 群体是寺坊[①]内能够较严格的奉行伊斯兰教五功[②]（如每天坚持到清真寺做五次礼拜[③]）的居民。他们在寺坊内获有较高的威望，发挥着多种社会功能。他们通过规范道德行为、团结协调社会各阶层人民，起到了维持社会秩序、巩固现存社会制度、稳定社会的作用；同时他们在党和政府各项政策、法令法规的深入宣传与执行过程中发挥着重要的桥梁作用；并通过对民间传统习俗中带有宗教内容的仪式、活动的参与，主持婚丧嫁娶诸仪式、调节民间纠纷、资助贫困人家等各项公益事务，有益地配合了基层党政各项事业。

有清真寺的地方，就有 jamaat 群体。jamaat 群体多种社会功能的发挥同伊斯兰文化与维吾尔传统文化结合的特性分不开。

应该说在当前，对作为维吾尔族社会中群众生活层面或宗教文化层面上的 jamaat 群体研究，具有重要的现实意义。

我国国内目前有关伊斯兰教的研究仅限于对宗教经典、教派、宗教教职人员、建筑文化的研究，而对伊斯兰文化在各民族民间的真正体现形式研究很少。

有关 jamaat 群体的研究文章，至今还少有刊布。《维吾尔族风俗志》[④]、《维吾尔族习俗》[⑤] 两本书中只是介绍性地提到了 jamaat 群体，而没有深入系统地研究。在中国伊斯兰教研究中，寺坊研究的文章比较多，但没有涉及类似于 jamaat 的群体。

在历史文献中，有关维吾尔风俗、宗教的记载，只是提到“毛拉”、“阿訇”等宗教职业者，而没有记载 jamaat 群体。笔者认为这是因为在维吾尔族历史上，宗教长期占据统治地位，当时凡男子年满 12 岁，都要去清真寺礼拜（只有残废或精神失常的人例外），信仰活动是社会全体成员的活动，

---

① 本文引用的寺坊概念指的是维吾尔族聚居区内以一个清真寺为中心形成的具有较浓郁的宗教氛围的社区。是引用中国回族对同样社区的概念指称。

② 五功，即念、礼、斋、课、朝五功。

③ 五拜，即晨礼、晌礼、晡礼、昏礼、宵礼。

④ 阿布都热依木·艾比布拉：《维吾尔族风俗志》维文版，新疆人民出版社 1993 年版。

⑤ 阿布都克里木·热合曼等：《维吾尔族习俗》维文版，新疆青少年出版社 1996 年版。

宗教法庭、阿訇、毛拉统治着人们的精神世界和社会生活。宗教在民间的影响力是通过“阿訇”等人来体现的，这种历史一直延续到新中国成立。[1] 新中国成立后，党和国家贯彻了宗教信仰自由政策，宗教对人们的影响力大大减弱，只有少部分人依然坚持伊斯兰教五功，同新中国成立前严格的宗教生活体制相比，形成了特殊的群体——jamaat 群体。

本文资料的来源主要是笔者于 1997 年 6 月至 9 月（1998 年 2 月做了补充调查）在新疆库尔勒市的田野作业。笔者调查了以工人、农民、商人（及手工业者）三种职业者分别占多数的三种不同社区，即工业社区：塔什店；农业社区：铁克其乡；城市社区：库尔勒市老街区。为了调查的深入，笔者在关注这三种社区总体情况的同时，着重选取能够代表每一社区 jamaat 群体宗教生活的一个清真寺及其寺坊，进行了较深入的调查；它们是：塔什店巴音郭楞蒙古自治州煤矿（以下简称州煤矿）清真寺；铁克其乡吾斯屯恰其清真寺；老街海热木巴格五组清真寺。在田野作业过程中，笔者以参与实践、深入访谈等方式获得资料。

库尔勒市位于东经 85°12′—86°27′，北纬 41°14′—42°14 ′，是南北疆交通咽喉和南疆通往内地的通道与枢纽。库尔勒市现已发展成一个拥有 322509 人口（其中维吾尔族为 96171 人 ，占总人口的 29.8％[2]），以石油、轻纺、建材、造纸、电力、食品为主，以农业为基础的新型城市。从 1989 年 4 月塔里木石油勘探开发指挥部在库尔勒市成立以来，库尔勒市经济、文化事业有了快速的发展。把库尔勒市建成新疆第二大城市，形成“南库北乌”（南疆的库尔勒市北疆的乌鲁木齐）的格局，是该市当前的发展目标。

库尔勒市位于新疆腹地，处在南北疆的过渡地带，具有承北启南的地缘优势。库尔勒市具有优越的自然条件和自然组合的优势。丰富的自然资源，尤其是在政策开放搞活的形势下，塔里木石油、天然气的开发，给库尔勒市国民经济建设的大发展提供了良好的机遇。

---

① 马明达、王继光：《略述杨增新督新时期的伊斯兰教政策》，《伊斯兰教在中国》，宁夏人民出版社 1982 年版。

② 何森：《我市户籍人口达三十二万》，《库尔勒晚报》1998 年 2 月 10 日，第 3 版。

二 社区概况

1. 工业社区——塔什店

塔什店位于库尔勒市区东北17公里处，乌鲁木齐—喀什公路纵贯全境，南疆铁路在辖区内设有塔什店站，交通方便，是库尔勒市发展最早的工业区。其地有居民6334户23032人，其中维吾尔族2601人、汉族19928人、回族359人、蒙古族25人、其他民族119人，男12536人、女10496人①。

塔什店区矿产资源丰富，已形成煤炭、电力、建材、建筑、化工、制药、电子、针织等多种工业的工矿区；有50家工业企业，近百种工业产品，从业职工8800人，年创总产值17649万元。塔什店区仅有一座清真寺，坐落在塔什店区维吾尔族人口最集中的巴音郭楞蒙古自治州煤矿。该寺占地312平方米，有业余宗教人士8人，1996年该寺募捐等收入10000余元。该寺jamaat群体成员中仅有一人去朝觐过，州煤矿jamaat群体参与并主持塔什店区穆斯林群众的婚丧嫁娶等宗教活动仪式。

巴州煤矿建矿于1959年，位于库尔勒市塔什店矿山路，东距吐喀国道3公里，是巴州生产煤炭企业中的国有企业。全矿占地面积207406平方米。1996年完成工业总产值为190.6万元；有361户1735人，其中维吾尔族1524人、汉族183人、回族23人、蒙古族5人，男900人、女835人②。

2. 农业社区——铁克其乡

铁克其乡位于库尔勒市东南，土地面积89.97平方公里，辖8个村民委员会28个村民小组，有2596户12431人，其中维吾尔族10300人、汉族1977人、回族136人、蒙古族2人、其他民族16人，男6398人、女

---

① 库尔勒市公安局塔什店派出所户籍统计资料。

② 州煤矿保卫科统计资料。

6033人[①]。

铁克其农业经济发达，逐渐形成以农为主，农、牧、果相结合的经济特点。1996年，全乡各项经济总收入1118.08万元，人均收入747.6元。

铁克其乡有23个清真寺，总建筑面积4342.8平方米，宗教人士148人（其中包括职业宗教人士、业余宗教人士），1997年清真寺总收入24250元。

笔者所考察的清真寺为吾斯屯恰其村清真寺。该寺占地420平方米，1997年募捐等收入5000余元。该寺所在的村是纯农业村，维吾尔族常住户口有250户650人，其中男330人、女320人，有业余宗教人士5人，至1997年，jamaat群体成员中有9人去朝觐过。

3. 城镇社区——老街区

老街区位于市中心南部，包括其兰巴格等15条街巷，历来是库尔勒政治、经济、文化中心。有7036户26708人，其中维吾尔族8594人、汉族16638人、回族1073人、蒙古族246人、其他民族157人，男13122人、女13586人[②]。

进入20世纪80年代，老街区形成了以葵花桥、团结路为中心的商业带，经销门市部遍布大街小巷两侧，主要经营布匹、饮食、烟酒茶糖、服装鞋帽、干鲜果品、五金交电等。1996年有商业网点256个，从业人员3508人，营业额168万元。

老街区有清真寺12座，其中维吾尔族清真寺10座，回族清真寺2座，总面积2887.79平方米，有宗教人士96人（其中包括职业和业余宗教人士），1996年这些清真寺寺产总收入40000余元。

笔者所调查的清真寺位于其兰巴格街海热木巴格5组，占地748平方米，1997年该寺总收入11000余元。海热木巴格5组维吾尔族常住户有130户355人，其中男185人、女170人，有职业宗教人士10人。多数居民从事商业、手工业，也有一部分城市化的农民。至1997年，海热木巴格清真

① 铁克其乡政府统计资料。

② 库尔勒市团结办事处统计资料。

寺 jamaat 群体成员中有 15 人朝觐过。

三 jamaat 群体介绍

1. jamaat 一词的语义内涵

"jamaat" 一词是源于阿拉伯语的音译借词，在阿拉语里表示"一群"、"一批"、"集中"之意。[①] 现代维吾尔语书面语中一般用来表示"公众"、"大众"、"公共"之意。[②] 如维吾尔语表示"公安局"、"公众事业"等合成词时，都要用 jamaat 一词来表示"公"字之意。《维吾尔语详解词典》对该词有两种义项的解释：一指以共同的意志和目标聚集在一起的人们、大众、众人、群众。二指在一个教长［imam］领读下做礼拜的人们。[③] 笔者考察的就是义项二中所指的人群。

2. jamaat 群体的内部结构及其形成

维吾尔族 jamaat 群体是以清真寺为活动中心，以哈提甫、买森、穆特瓦力、加里甫开西及部分有威望的"乡老"形成的清真寺民主管理委员会为核心，以及一些普通的信教群众围绕教长［imam］，所构成的组织松散的小群体，他们只要在寺内日礼五拜，并能较为严格地奉行教义教规，就会成为 jamaat 群体的一员。

jamaat 群体的形成具备下列条件：

（1）有一定数量的信教群众。

（2）有一座宗教活动中心——清真寺。

（3）有一个统领教务的教长［imam］。

（4）有一定数量的清真寺管理人员和由这些人形成的清真寺民主管理委员会。

---

① 袁义芬、周文世编：《阿拉伯语——汉语袖珍词典》，同济大学出版社 1989 年版，第 264 页。

② 陈世明、廖泽余主编：《实用维汉词典》，新疆大学出版社 1995 年版，第 36 页。

③ 阿布利孜・牙库甫等编：《维吾尔语详解词典》（第 2 卷），民族出版社 1991 年版，第 532 页。

（5）jamaat 群体必须严格地、虔诚地履行宗教教义和教规，尤其是日常礼拜。

（6）能在节日、婚丧嫁娶等诸活动中主持宗教仪式。

笔者之所以称 jamaat 是一个小群体，是因为 jamaat 群体人数少（三个寺坊分别为州煤矿 42 人、海热木巴格 60 人、吾斯屯恰其 55 人，占各寺坊维吾尔总人口数的 2.7%、8.4%、16%），群体之间能够面对面地交往和接触；他们有共同的活动、一定的结构、共同的价值取向和规范，并具有较强的群体意识。jamaat 群体的这些性质正好符合了社会学中所说的“小群体”的概念。

jamaat 群体成员的价值取向和规范，以《古兰经》、《圣训》为核心的伊斯兰文化价值观和规范的基础上，一定程度地糅合了维吾尔传统文化。

jamaat 群体的结构如图 1 所示：

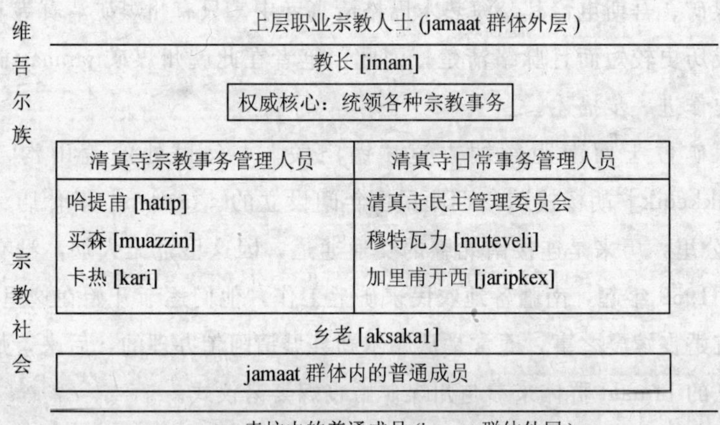

图 1 jamaat 群体在维吾尔宗教社会中的结构图

jamaat 群体与上层职业宗教人士并没有隶属关系，仅仅是在寻求本访教长无法解答的问题时，培养宗教接班人，寻求新的宗教知识时与职业宗教人士交往接触。

笔者所调查的州煤矿清真寺没有穆特瓦力，先前管财政的穆特瓦力于 1995 年去世，目前还没有合适的人选。寺财务由依玛木代管，另外州煤矿清真寺管理委员会未成立。

jamaat 群体内“权威”的获得或实施都须由其普通成员承认，因为普通成员是 jamaat 群体成员的多数，在多数寺坊他们有权不承认不合众意的教长，另请教长。

jamaat 群体与寺坊有密切的关联，其成员并不都是专职的宗教职业者，往往是当地寺坊中的一员，是寺坊内的“父老乡亲”，且多数为退休、没有过多工作负担或生活劳累的长者，他们往往和社区里的人们有着共同的生活方式。

按照伊斯兰教教规，只要有两个以上的人一起礼拜，就可以形成一个 jamaat 群体。伊斯兰教十分提倡人们聚众形成 jamaat 礼拜，认为与 jamaat 群体一起礼拜而记的善功远远大于独自一人做礼拜，为去清真寺与 jamaat 一起礼拜而迈出的每一步都要记很大的善功。所以说穆斯林居住在一起，通常都要努力形成 jamaat 群体，积极筹建寺院。

州煤矿、吾斯屯恰其、海热木巴格清真寺中。只有州煤矿清真寺 jamaat 群体形成历史较短而且脉络清楚，因此，笔者在此就州煤矿 jamaat 群体的形成历史作进一步描述。

州煤矿位于西南距丝绸古道“铁门关”4 公里处的荒山沟，史称“[tograkkeqik] 胡杨栈”[①]，西距民国年间设立的 [taxdan] 塔什店（石头店）[②] 1 公里，历来是连接南北疆的交通通道，因这里荒无人烟，没有设立清真寺。1959 年起，南疆各地农民来矿上工作，他们逐渐开始在这里安家；当时遇有婚丧嫁娶之事，通常是从库尔勒县城请阿訇办理的，后来，州煤矿有了自己的 Jamaat 群体来参与州煤矿婚丧嫁娶诸仪式。

四 jamaat 群体信仰现状

新疆维吾尔族 jamaat 群体的宗教信仰是以伊斯兰教五功为主的信仰准

① 州煤矿的长者称这里是南北疆交通要道，因流经中部的孔雀河畔生长有胡杨林，所以称为 [tograkkeqik] 胡杨栈，1966 年因建铁门关水电站，通过此地的南北疆道路从此改道。

② 民国时用石头垒的简易客栈，新中国成立后废止。

则，为了反映库尔勒三个不同社区维吾尔族 jamaat 群体的信仰现状，笔者以寺坊内的人去清真寺参加礼拜的状况、出纳天课的方式、去朝觐及封斋的情况来考察 jamaat 群体的信仰现状。但是，在考察信仰现状的同时，我们不能不考虑到：信仰是人内心深处的东西，通过数字或文字很难表达复杂的内心信仰的深浅度，通过现象观测的信仰现状能否展现真实的信仰实况还有待进一步证实。在这里，笔者只是对此作了粗浅的尝试。

伊斯兰教规定，凡男子年满 12 岁必须去清真寺礼五拜，而当今维吾尔族 jamaat 群体成员的状况又如何呢？请看表 1：

表 1　　三个社区 1997 年清真寺参加礼拜的人数调查表

寺坊 / 礼拜类型及参加人数 / 寺坊内的总人数（维吾尔族）	总人数	日礼一次拜	日礼五次拜	聚礼拜	会礼拜
州煤矿清真寺	1524	62	42	450＋	800＋
老街海热木巴格五组清真寺	355	100＋	60	150＋	185＋
铁克其乡吾斯屯恰其清真寺	650	85	55	130＋	320＋

天课：天课是伊斯兰教的宗教税。维吾尔族交纳天课主要有乌修尔［oxur］（十一税）、扎卡提［zakat］（四十一税）等几种形式，新中国成立后废止，但其形式变为捐助方式。主要由寺坊内的人自觉自愿地交给清真寺及贫穷者，交给清真寺的天课由 jamaat 群体用于各项事务，成为一种清真寺收入来源。当今，交纳天课的主要形式及情况见三个社区 jamaat 群体成员及普通教众 1996 年交纳天课情况调查表（表 2）：

表 2　三个社区 jamaat 群体成员及普通教众 1996 年交纳天课情况调查表　　单位（元）

寺坊 / 清真寺收入项目及数额	古尔邦节交纳的天课	肉孜节交纳的天课	人们自愿捐献的天课	清真寺寺产经营收入
州煤矿清真寺	7000	600	300	无
海热木巴格清真寺	5000	2000	700	10000
吾斯屯恰其清真寺	2000	1500	500	无

穆斯林在平生能够朝觐一次，不仅是其最大的愿望，而且还是伊斯兰教五功之一。现实生活中由于经济能力的影响，能够实现这一愿望的人很少。

一年封一个月斋，也是穆斯林必须履行的五功之一，现实生活中人们又是怎样完成这一功课的呢？下面，笔者通过三个社区朝觐人数、封斋状况等方面的调查，核实各社区人对这两大“功课”的积极态度。请见三个社区至1997年为止朝觐人数及1997年封斋状况调查表（表3）：

表3　三个社区至1997年为止朝觐人数及1997年封斋状况调查表

类　别	煤矿	老街区	铁克其乡
朝觐人数	1	15	9
朝觐人年均收入	5000元	15000元	10000元
三个寺坊人们封斋状况：（占总人数的百分比）	约30%	约80%	约50%

以上资料从不同的侧面说明了库尔勒三个不同社区维吾尔族jamaat群体成员信仰现状。在这三个社区中，笔者发现信仰活动较强烈、上层宗教人士和宗教学者较集中的要属城市社区，而在这些方面相对弱的要属农村社区。有趣的是每年的农忙季节，农村社区清真寺就没有jamaat群体聚集礼拜了。

五　jamaat群体成员威信的树立

jamaat群体成员在寺坊内有相当的威信，其威信的树立并不仅仅是因为虔诚的信仰、规范的道德、宗教学识、人生经验等方面的原因，更重要的是jamaat群体成员对该社区宗教事务及群众需求的热心程度，另一方面也体现了伊斯兰这种宗教文化在民间占主导的特性。jamaat群体中，因教长是“权威”的核心，在群体中起着“牵头”作用，所以教长权威的树立具有重要意义。

寺坊内清真寺教长的选定条件是比较苛刻的。作为教长，其信仰必须虔诚，在生活、做人、处事各方面必须能严格按照教义教规行事，在教义教规的履行上必须能为人表率，又要比社区内的其他人更“精通”教义，能以伊斯兰教的标准解答寺坊内人们生活中遇到的各种问题并规范他们的生活行为。能以标准的《古兰经》朗诵法［tajwit］诵读《古兰经》、领读各种礼拜（聚礼会礼拜、殡礼拜及每日的五拜），并能够在聚礼、会礼拜上讲“太不力克［teblik］”，能够主持各种宗教仪式或活动，教长的宗教学识越丰富，在教众中越容易获得威望。

由此，我们得知 jamaat 群体成员对伊玛木的选定条件非常苛刻，如果该寺坊中找不到合适的教长人选，也从外地请专职阿訇来当教长。有的寺坊 jamaat 群体成员为了培养未来教长人选，而选本寺坊内的人去宗教学识较高的阿訇处受“正规”教育。

1983 年州煤矿 jamaat 成员 Y 某送小儿子 J 某到库尔勒市某阿訇处“学习”，4 年内背会了整部《古兰经》，成了卡热［kari］。因斋月里每座寺都须由卡热领读间息拜（即在斋月期间念宵礼时，须由完全背会《古兰经》三十卷的卡热领拜，每日宵礼间息拜时背诵《古兰经》一卷），如果本社区内没有卡热，就须从外地请卡热。州煤矿清真寺一直从外地请卡热，并由 jamaat 群体成员共同承担所请卡热的费用。当 J 某学成回来后，州煤矿 jamaat 群体就不再从外地请卡热了，作为本寺坊培养的 J 某从不接收 jamaat 群体给他的报酬。

寺坊内除 jamaat 群体外不能过严格宗教生活的普通维吾尔族居民对 jamaat 群体行为也很挑剔。某 jamaat 群体成员子女如有违反教义教规的行为，子女的同龄人就会说：“他父（母）还是礼五拜的人呢?!”另一些大人们则说：“某某人虽礼五拜，还是管不住自己的子女。”

从上述几则社区生活实况中，我们看到 jamaat 群体众人权威的获得，完全依靠伊斯兰化的道德标准形成的“监督网”。群体内是如此，群体外对该群体也是如此；不仅教长对 jamaat 群体行为进行关注，而且 jamaat 群体成员也对教长行为及群体内各成员的行为进行关注；同时，jamaat 群体成员也倾心关注群体外人们的行为，形成了一种无形的相互牵连的“监督网”。谁能遵守这种标准，谁也就受人尊重，这个人也就有权威和影响力。

六 jamaat 群体与世俗生活

1. jamaat 群体参加维吾尔族民间生活中的各种人生礼仪

维吾尔族 jamaat 群体的存在，不仅与伊斯兰教价值体系占统治地位有着密切的联系。更与伊斯兰文化在民间潜层文化领域占有统治地位密切相关，其根本内因与伊斯兰文化同民俗生活紧密相连的特性分不开。维吾尔族为各种人生礼仪举行大小各种活动，必定要请 jamaat 群体众人参加，而且宴席的第一道“抓饭（维吾尔族一种米食饭）”给 jamaat 群体众人吃，这些仪式主要有以下几种：

命名礼：婴儿出世后，父母请本坊内德高望重的教长、买森、哈提甫等人来为孩子命名，并给命名人一定的报酬，同时请参加命名仪式的人一同参加宴席。

摇篮礼：婴儿出生后第 40 天，男方接走回娘家产婴的妻子的仪式（维吾尔族妇女第一胎通常都要回娘家生）。这一天，女方家准备宴席，这种“宴席”如果规模大一些，jamaat 群体成员也要参加。jamaat 群体众人通常是在晨礼后被请去吃抓饭，jamaat 群体众人离开之后，亲戚朋友才来入宴（目前有些地方已不举行这种仪式了）。

割礼：维吾尔族在为自己的孩子做割包皮手术前后，举行一次如同婚礼大小规模的宴席，宴请寺坊内所有的人，晨礼后，jamaat 群体众人被请来入宴，离席后，寺坊内别的人才来入宴。

婚礼：婚礼前，为了婚礼的顺利进行也为了子女们的幸福，男女双方家里，要举行读“sipar”[①] 仪式。在举行婚礼的新人家里，jamaat 群体内会读《古兰经》的人每人读一卷《古兰经》，祈求安拉赐予婚姻双方平安幸福。sipar 读完后，主人还要安排便席。婚礼当天，晨礼后，jamaat 群体众人被请来吃第一道婚礼抓饭。jamaat 群体成员离开后，寺坊内不礼拜的男人们才来入宴；不礼拜的男人们散完后，妇女们开始提着礼物入宴。一直到婚礼结束，妇女们都陆续前来参宴。举行婚礼时，证婚词［nika］一般要由教长

---

① 专门请 jamaat 群体诵读《古兰经》的一种仪式。

念，并从jamaat群体内选出两个人，分别给新娘、新郎做“代理父亲”，来商定给新娘的聘金［mihrihakki］[①]，因为只有这样才能公正地保证这笔钱完全由新娘支配。

结婚时的“代理父亲”不能是结婚双方的亲生父母，必须是jamaat群体中的一员或是有威望不失信的亲属。这是为了避免发生婚姻诉讼时，男女双方都改变聘金的数目而引起不公。

亡祭仪式［nezir］：维吾尔族在人去世后第3天、第7天、第40天、第100天、一周年都要举行纪念仪式。举行该仪式时，很多事务都要有jamaat群体一手料理。主要的目的是布施，每次都要举办宴席和sipar仪式。

2. jamaat群体成员在寺坊内的“拜年”活动

新疆维吾尔族各寺坊jamaat群体，在开斋节或宰牲节第一天从晌礼后开始对本坊内各家各户轮流拜年。这种拜年带有慰问的性质。jamaat群体首先拜访孤儿寡母或贫困者家庭，然后给各家拜年。家户多的寺坊，jamaat群体分成几组，各组“划定”一定的户数同时拜年。

维吾尔族为过年准备的美食（馓子、油香等），尤其是宰牲节的手抓羊肉，首先要由jamaat群体众人品尝，然后才由拜年的亲戚、朋友、邻里品尝（为表示所宰牲的羊具有神圣性，羊骨头等废杂物绝对不能让狗等动物吃，须深埋或丢进流水中）。

寺坊内如有一些家庭伤风败俗或其成员酗酒，或违反了众人的利益，而这些行径经jamaat群体成员劝导没有“悔过”改正，那么jamaat群体在过节拜年时，就不去这样的家庭拜年。这样的家庭就会在寺坊内很“没有脸面”，陷入孤立。

3. jamaat群体成员对病人的探望、对亡人家属的慰问

维吾尔族认为病人被探望的次数越多，病人病情就越会减轻，病就好得越快。维吾尔jamaat群体比较注重对病人的探望，尤其对老年的病人。人们对jamaat群体这种行动深有感触。笔者在田野作业期间，库尔勒市公安局一位警员（维吾尔族）得知笔者调查jamaat群体，深有感慨地说：他有

① 聘金［mihrihakki］：按伊斯兰教教规，结婚的男子必须赠予由新娘自由支配的财产。

一位汉族同事去乌鲁木齐出差，回家时发现父亲去世几天了，未被别人得知，尸体开始腐烂发臭。他说这种事绝对不会发生在维吾尔族中。其中重要的原因，就是因jamaat群体成员经常看望病人、老者。只要寺坊内有老者一两天无故不来清真寺礼拜或不被jamaat群体成员看见，jamaat群体成员就会探问拜访。

如果有人亡故，教长和买森等人最先去亡者家里帮助料理并进行安慰，然后由jamaat群体成员在离亡人故去时间最近的礼拜后去亡人家。jamaat群体成员无论当时有多忙，也要放下所有自己在做的事，去亡人家里做祈祷、举行“sipar”仪式（祈求安拉饶恕亡人生前的“罪行”），并说些安慰的话，不让亲属流泪或号啕大哭。他们告诫说，哭出声是不愿接受安拉的前定，而且还要询问亡人家里的实际困难，帮着主持并准备亡祭。教长、买森等人洗亡人、缝“克凡”布。如果亡人是女士，洗身缝“克凡”布的事由教门很好（礼五拜）的女士来完成。然后就按时由jamaat群体成员举行殡礼[①]，并由jamaat群体成员及亡人男性亲属一同去埋葬亡人。埋葬亡人后，jamaat群体成员不走散，又要去亡人家抚慰他们心理的创伤。

此外，寺坊内如某人远方亲属丧亡，此人奔丧归来后，jamaat群体众人专门拜访、慰问该家人。

古代，村里有人要出远门，需要向全村人举行告别仪式。告别时，出门人已做好了“永别”的准备，自己随身带上“克凡”布。如今这种仪式在偏僻的村落依然存在。在笔者调查的区域，这种仪式弱化成去朝觐人举行的一种仪式。朝觐者上路前先在清真寺里宣布自己出门的消息后，在家里宴请jamaat群体众人告别，这时，jamaat群体也要适当地资助朝觐者。

4. jamaat群体成员的济贫助困行为

jamaat群体接济贫困所用的资金来源，主要靠清真寺的资金。清真寺资金来源之一是天课。天课是伊斯兰教五功之一，用途极广。它是把一部分富有者的财产分配给穷人或用于公益事业，不仅要接济贫困、培养学生、办学校、修寺，还接济因发生意外事故而需要用款的人。新中国成立前天课在

---

① 据说一个人一生中参加了多少个人的殡礼（即哲那孜拜），这个人亡故后，就有同样多的人参加该人的殡礼。

新疆宗教势力中畸形发展，严重影响了广大劳苦大众的经济生活。新中国成立后，党和政府虽然明令禁止，然而它是五功之一，当前以一种自愿的形式表现出来，成为一种传统，人们不再被迫把自己的收入分给宗教人士，而是送给贫困的穷人（如亲属中有生活拮据者，要首先把天课交给自己的亲属），一部分人也送给清真寺。总之，天课已演变成一种社会福利形式。

清真寺 jamaat 群体内有穆特瓦力管理清真寺的开支和收入，这些开支中一部分资金用于济贫助困。1996 年三个寺坊用于济贫的款项如下表（表 4）调查材料：

表 4　1996 年三个寺坊 jamaat 群体用于济贫助困的资金状况调查表

类　别	州煤矿清真寺	海热木巴格五组清真寺	吾斯屯恰其清真寺
1996 年总收入	8000 元	16000 元	4000 元
1996 年助困资金总额	2000 元	3000 元	1500 元
被资助的户数	5 户	17 户	7 户

州煤矿有 5 个完全没有经济依靠的鳏夫、寡妇，他们都已年老体弱、无人照料。jamaat 群体筹集开斋节、宰牲节会礼时人们交的“天课”以及平时寺坊内人们捐助的款项，解决他们生活中的实际困难。生活上急需什么就给他们买什么。

jamaat 群体接济贫困的行为并不仅仅限于本寺坊内，对于外地的贫困人、有难者也积极伸出援助之手。州煤矿清真寺就有很多这样的实例。

5. jamaat 群体成员对孤儿婚姻的安排、对孤儿的抚养

Y 某的父亲在一次煤井塌方事故中身亡。其母精神失常，其弟年幼，生活非常艰苦。他很小就开始下井工作（矿部给他安排的工作）。jamaat 经常帮助 Y 某。后来 Y 开始坚持礼五拜，也成了 jamaat 一员。jamaat 看他天天操劳非常辛苦，就在经济上援助他，把教长大女婿的妹妹嫁给了他。后因小两口不合，经常闹矛盾，这些矛盾又波及教长和亲家的和气。在 jamaat 群体的说教下，Y 某家越来越和睦，现在他们有两个孩子，并赡养着自己的母亲和弟弟。

B某，州煤矿工人，有一儿一女，女已嫁人，儿子年幼。1980年B某出了交通事故之后，其妻叫来教长与买森，把家里的存款1800元，交给他们说，自己万一有什么不幸，等年幼的儿子M某长大能理钱时，请将这笔钱交给M某，并希望jamaat众人教育好自己的儿子。不久，该妇女也去世了，幼儿由其姐姐抚养。M某20岁时教长和买森就把这笔钱交给了M某。M某在长大成人期间，jamaat群体成员不时地教导他，并时常以饭食、衣物相援。当笔者向资料提供者热合曼江问及B某之妻为什么不把那笔钱交M某的姐姐保存时，他说：他们（B某夫妇）深信jamaat群体里的人绝对不会动用这笔钱，而女儿可能迫于生计，说不上有一天就会用到这笔钱。

1989年8月4日宵礼后，待散的jamaat群体，发现寺院里有一裹着的弃婴。教长抱起孩子对jamaat众人说："为安拉之道，谁来抚养这个小生灵?"当即就有四个人表示愿意抚养此婴。其中X某上前脱下长袍，抱过婴儿说："这是安拉赐给我的"，说着就抱回家去了。后来孩子取名prid（仙女之意），上汉族学校（对很多维吾尔家庭来说，汉族学校因交纳的费用较多，很少一部分人才愿给孩子这样投资），X某有八个孩子，这个孩子是第九个，家中大小都很宠爱她。

6. jamaat群体成员调节寺坊内的各种矛盾

jamaat群体当中，要数教长的威望最高，从某种意义上说他就是该寺坊内的精神领袖。因此，寺坊内很多久而未决的矛盾冲突一般由教长出面调和。伊斯兰教规定两个闹矛盾的穆斯林必须在三天内和好，不然要记罪过。正因为这一规定，维吾尔族社会两个闹矛盾的人讲和的期限一般不会超过当年的开斋节或宰牲节。在这两个节日第一天，念完聚礼后人们主动和所有不和的人相互问候，消除矛盾。虽然有些人只能达到面和心不和的层面，但从此以后见面时一定相互道"色俩目"。

(1) 调和夫妻间的矛盾。维吾尔社会中，婚姻问题较突出，夫妻不合、离婚现象较多。这些家庭纠葛无法调和时，通常由jamaat群体中德高望重者参与调和。

(2) 经济纠纷的调解。G某是州煤矿退休工人，退休后为育肥牛羊找地皮盖圈；借了K某门前一块地，盖了两间圈房，在此圈里育肥牛羊三年之久；后找了一块地方盖了更大的圈，放置该圈未用。此时，K某想收回地皮自己盖圈用，G某盖圈耗费了不少的材料，不愿拆迁，想让K某付一些材料费；K某不愿出这笔钱，于是两家闹矛盾。两人都找教长处理此事。教长认为K某应该出一些材料费；K某不依。事情拖了一年之久，没有解决。一天，K某擅自凿了一个门洞占用该羊圈，G某发现后又去找教长。教长礼完晌礼后，领着四位 jamaat 成员进入圈内估算材料费。jamaat 成员把砖木、石料价定为180元，要求K某付此钱。K某在 jamaat 成员的说服下，付了此钱。这件纠纷就这样解决了。

七 jamaat 群体的社会控制

jamaat 群体实现社会控制的途径主要有如下几种：一是作为宗教文化体系的 jamaat 群体通过信仰来规范自身的社会行为规范。二是通过 jamaat 群体的威望和榜样力量来实现社会行为规范。三是教长在清真寺礼拜中通过阐述教义教规强化 jamaat 自身的行为规范。jamaat 群体对家庭成员及邻里的"辐射"影响来实现社会行为规范。四是 jamaat 群体用舆论影响来实现社会行为规范。五是用 jamaat 群体的"善功"的感召力来实现社会行为规范。

伊斯兰文化价值体系已渗透到维吾尔文化价值体系中。前世、后世、火狱等观念在他们的生活中、心灵中（对世界的宇宙的认知）以一种朴素的形式，左右着人们的精神世界，而在这种宗教世界观的根基中，就渗透有人们对神秘宇宙力量的恐惧心理。这就是宗教生存的土壤，是宗教感召力产生的源泉。

笔者在调查中发现，jamaat 群体经常向教长提出一些自己在社会生活中遇到的实际问题，并寻求得到符合教义教规的答案及行为标准。

> 一天晨礼后，一个人问教长："我存款得了300元利息，您看我应如何使用这笔钱?"教长回答：存款的利息是非法收入［haram］，自己用了是"非法的"，施舍给别人也不记善功，最好把它施给亲属中的贫困者。

这个案例说明，伊斯兰文化价值体系在维吾尔文化价值体系中占统治地位，人们使自己的行为尽量符合伊斯兰教法规范。

清真寺教长在礼拜后，通常是晨礼后或聚礼时给教众阐述教义教规，主要是通过阅读翻译了的《古兰经》文、《圣训》以及历代伊斯兰者阐释这两本伊斯兰经典的一些著作，由此来强化、规范 jamaat 群体的信念与行为。伊斯兰教在新疆传播的过程中，这是一种最普遍、最显著的方式。伊斯兰教的伦理、道德及价值体系通过这种方式被 jamaat 群体掌握。

jamaat 群体又是伊斯兰教在穆斯林群众中实现社会影响、社会控制的中间环节。jamaat 群体成员多数是一家之长、长者，他们在家庭中有一定的地位，他的行为不仅是家庭成员的模范，而且他要求并规范自己家庭的每个成员。否则，该人在 jamaat 群体中就没有“地位”，就会失去人们对他的尊重。而这种长者对后辈行为的约束是家庭两代间矛盾的根源，历史潮流使当今成长的青年人追求风尚，他们与父母产生了相当的代沟。他们走的是两个极端，不免会产生矛盾冲突。

喝酒在维吾尔族民间生活中是“丑事”。至今，如有人酗酒，见到长者及 jamaat 群体成员都要躲避。醉汉见 jamaat 群体成员也会摆正脚步。连寺坊内的政治权威（国家干部）如果是喝了酒的维吾尔族人，也不会与 jamaat 群体成员正面交谈，或是见到 jamaat 群体时他们都躲避，而且有“酗酒”恶习的人没有什么社会地位。

此外，服饰的要求在 20 世纪 80 年代初的维吾尔族中也相当严格。如果寺坊内有哪位赶时髦的青年人蓄发，就会招致 jamaat 群体成员的非议，无论在什么地方碰上他们都会责令青年人剃发，同时给青年人的父亲“施加”影响，制造舆论。

穿奇装异服也是同样。女的不带头巾、不穿长裙尤其严重，是大逆不道的。由于青年人的审美追求，这种斗争在家庭里依然强烈。目前在很多方面，因为家长们挡不住子女的需求，他们的要求也就渐渐放宽了，现在男女不仅能蓄发、烫发，而且不戴帽子、头巾，女的不穿长裙子，很多家庭及 jamaat 群体成员是不能制止了。但在教长、买森、哈提甫等 jamaat 群体成员家庭中，这种限制依然强烈。

正如前文所述，jamaat 群体的舆论影响力非常强。有人群的地方就有信息交流，清真寺成了维吾尔族 jamaat 群体交流信息的场所，而且是“宗教控制”的舆论重地。jamaat 群体多数是退休工人，没有劳动负担的长者。他们通常早早地聚到清真寺门口海阔天空地谈论。如果寺坊内有人做出严重影响教义教规的事，这种信息很快传到这里，并在这里产生舆论，引起 jamaat 群体的“公愤”。这种“公愤”对寺坊内的“越轨”者有举足轻重的影响力，不仅影响他们的声誉，而且会影响这些人在寺坊内人们心目当中的“地位”。这也是因为 jamaat 群体是维吾尔族伊斯兰文化价值体系的集中体现者，所以，对周围的一切事务都以这种体系去衡量。

州煤矿哈提甫的儿子 K 某因工资收入低，开了一间台球娱乐室。有些青年人利用台球变相赌博，这件事很快在 jamaat 群体间引起议论。因为哈提甫比较有威望，教长也不好当面提及此事。每天晨礼拜完后，教长就翻出《古兰经》、《圣训》中有关赌博的章节进行宣讲，制造舆论。按惯例哈提甫在晨礼后要诵读《古兰经》，但从那以后教长及教众不再请他念了，jamaat 群体成员开始疏远他。有一天教长外出，按理他应领拜，可当他领拜时，很多人退到寺院里自行礼拜。哈提甫开始怀疑自己犯了什么错误。有一天，一位 jamaat 成员问他现在是否听到 jamaat 群体内中针对他产生的议论？他问是什么议论，那人说：“人们都在说你放任儿子开设赌场。”由此，哈提甫无论如何都不让儿子开那个台球娱乐室了。

jamaat 群体通过自身规范的行为——对寺坊内的各种“善功”，如组织施舍、帮助贫困、参与婚丧嫁娶等，提高了他们在人们中的威望，为他们实现社会控制奠定了基础。人们敬畏“宇宙的主宰”，继而敬畏它的亲近者“jamaat”，这是 jamaat 群体实现社会控制的内在因素。

jamaat 群体通过社会控制，对一些不良的习俗进行了改正。维吾尔人举行亡人祭祀仪式，亡人家要举办宴席，妇女们带着礼物参加亡祭，铺张浪费现象较严重。最近几年以来，库尔勒多数亡祭在 jamaat 群体的倡导下不再接收礼物、讲排场了。

jamaat 群体对青年人在婚礼上专门设酒席（viqirka）喝酒闹事、扰乱婚礼及社会秩序的行为，以不给办理证婚词［nikah］的办法，通过各种方式止住了他们的不良行为，也对铺张浪费的不良习惯进行了纠正。

八 jamaat 群体与现代化进程

jamaat 群体是寺坊内的普通信教群众，与不信教的群众一样，都是社会主义国家的主人翁，是人民政权的主体。当代的 jamaat 群体成员多数是伴随着中国社会主义制度的建立而成长的。他们的身上足以体现出宗教如何同社会主义相适应的关系。国家实行宗教信仰自由政策，提出并引导宗教与社会主义相协调。实践已经证明，在党和国家的正确引导下，统战部、伊斯兰教协会为维护祖国安定、团结、稳定的局面，同爱国宗教人士的精诚团结，集中力量，投入到社会主义建设的宏伟目标中。

爱国宗教人士通常由政府发放生活补贴、工资。政府通过办政治学习班、培训班（一个月两次），一方面提高宗教人士的政治素质，另一方面使党和国家的政策可以及时向信教群众传播。宗教活动中心要予以登记，清真寺民主管理成员会起监督的作用。总之，在党和国家政策的正确引导下，宗教力量发挥着维持社会安定团结的重要作用。教长也时常通过说教，通过 jamaat 群体在群体中的影响力宣传党和国家的各项政策，使教众深入了解和执行各项宗教改革及法律条律、法令法规；在很多方面发挥着重要的作用。

笔者在调查中收集到如下的资料：

1995 年至 1996 年 10 月，州煤矿效益很差，已有 7 个月工资未发，民众生活困窘。州煤矿教长、哈提甫、穆特瓦力等人代表 jamaat 群体和煤矿广大工人利益，去州劳动局、州党委、工会、州经委、州信访办公室进行上访；要求换领导班子，按时发放拖欠工资。他们的上访得到上述各部门的接待和重视，11 月 13 日，jamaat 群体一行 30 多人去州政府等部门上访。jamaat 群体纷纷就州煤矿存在的多种问题各抒已见，得到州劳动局、总会、经委等部门的重视。1997 年 3 月，州党委对州煤矿领导班子进行了调整，成立了新的领导班子。

州煤矿服务公司实行承包后，在矿区经济效益差的情况下不断进行扩大再生产，承包者私自贷款购进设备、物资。人们不知内情，传出承包人贪污的消息。jamaat群体也注意到这一点，向矿长反映承包者“贪污”的可能性。矿长们给jamaat群体解释了服务公司已实行承包，是独立核算的，但受州煤矿机关监督，到目前没有贪污现象。

九 维吾尔族宗教生活中jamaat群体现象的思考

笔者认为维吾尔族jamaat群体得以延存，有其存在的“土壤”。新中国成立后，中国社会主义文化成为中国的主体文化①。各民族自身占统治地位的传统文化从先前的“主体文化”、“显文化”地位过渡到“潜文化”层次上，但并没有失去活力。目前，在我国出现“信仰危机”的环境下，各种“潜文化”又上升到“显文化”②，他们不同程度地影响着各族人民当前的社会生活。“经济的现代化并没有导致地方传统文化的消失，而相反的为传统民间文化的复兴提供了条件。”③ 因此，我们要严肃地面对传统文化，不仅要深入研究各民族传统文化在各民族社会生活中依然产生影响的内在因素（即传统文化的内部运作特征），而且要关注传统文化如何在当前的历史洪流中变迁（即传统文化与外界的互动关系）。

宗教是一种特殊的文化现象和社会现象，在现实生活中总是通过一定的群体（信仰群体）来体现的，并且对其群体具有强烈的整合力和凝聚力。通过这次调查笔者发现：现实生活中宗教信仰对社会的影响是通过以宗教经典为核心，以信仰群体为载体的宗教影响力向外界“辐射”的过程而形成的。反之，它又受到当前社会发展的制约和影响，国家政策导向与现代世俗文明的反向“辐射”。宗教与当前社会生活相互之间的运作过程是“双向辐射”的影响过程。这种“辐射”的运作过程是宗教通过影响个人、群体，来加强对社会的影响力，而社会又通过世俗文化竭力冲淡宗教的影响力，其实质是

---

① 马戎：《重建中国的社会主体文化》，载《中国人的观念与行为》，天津人民出版社1995年版。

② 同上。

③ 王铭铭：《现代的自省——塘东村田野考察和理论对话》，载于潘乃谷、马戎编：《社区研究与社会发展》，天津人民出版社1996年版，第940页。

两种力量的消解过程。两种矛盾的焦点是两者都对民间大众文化渗透，二者都想在大众文化中占据主导地位，都倾心关注传统文化、民间文化的领域。为什么维吾尔族 jamaat 群体能够延存并能发挥诸多的社会功能？这与伊斯兰文化在维吾尔族民间生活中占据主导（显文化地位）的特性分不开。宗教信仰根基于人们的心灵深处，它一旦稳固于信仰者的内心，宗教的世界观、价值体系就会左右信仰者的一切行为和内心世界，就会成为信仰者处理社会关系逻辑和对周围世界的认识。维吾尔族是几乎全民信仰伊斯兰教的民族，伊斯兰文化价值体系已成为维吾尔族处理社会关系的逻辑和对周围世界的认识。维吾尔传统文化的显著特征就是以伊斯兰文化价值体系为其价值体系的核心。在同一的价值体系中，人们的社会行为越是符合该价值体系的标准，这种人就越会在这一价值体系的人们当中拥获威望和尊严。威望尊严又与人们一定的社会利益息息相关，能够满足人们的功利需求，所以成为人们在社会化过程中追求的目标。这种追求也会成为该价值体系占据主导的源源不断的动力。

另外，当前中国的改革进程强化了社会竞争，增加了人们对社会存在的危机感，因此，许多人又通过宗教寻找内心的平静。人们的这种心态使得宗教得以延存。

宗教所定的教义教规及宗教功修所要达到的目标与境界是其信仰者全身心追求的最高目标。这也是宗教情感根深蒂固的主要原因之一。正因为上述原因，维吾尔族伊斯兰教信教群众的 jamaat 群体得以存在至今，并成为其存在的外部条件。他们的存在及其诸多社会功能的发挥，起到了团结、协调、稳定社会的作用。这种人际关怀、关心公益、劝善行好、抑强扶弱的行为与功能又成为它得以存在的内部条件。为什么能够发挥这些社会作用？这又与宗教善功是最大的功修之一有关。现实生活中维吾尔族 jamaat 群体所有社会功能的发挥是完全围绕“善功”并以“善功”为目的开展的。其实质是，人们通过“善功”来“刷洗”自己的罪过，也通过“善功”来求得“后世”的安宁与幸福，具有相当的功利性。

我们在看到 jamaat 群体发挥积极社会作用的同时，也不能不看到这一群体不能与社会发展及时相适应的一面。笔者通过调查发现，jamaat 群体中部分教长的权威感较强，在处理一些事务时，有时不免夹杂一些个人情感在内。jamaat 群体内的部分人对此敢怒不敢言。看来教长的个人素养有待于进一步提高。

jamaat 群体对新事物总是持观望态度，只有通过宗教权威用伊斯兰教的价值体系对新事物加以阐释后，他们才愿意接受。jamaat 群体里的部分人安于现状，思想较保守顽固，不去大胆创新，这些方面正随着社会的发展发生改变。

jamaat 群体对反教义、反传统的行为，由用强行制止方式改变为通过“抱怨”、“舆论”的攻心方式，jamaat 群体与青年一代的代沟正在扩大，只是显在的矛盾弱化为潜在的矛盾，并不说明其影响力的减弱趋势。改革开放以来的一系列社会道德问题，对维吾尔族社会的冲击力很大，在这样的情况下宗教又找到了生存的土壤。但是，我们也看到 jamaat 群体中很多人已经认识到了科学文化的重要性，开始提倡在“认主”的同时掌握并发展科学文化；极力倡导发展当代科学，他们以崭新的姿态给传统的维吾尔伊斯兰文化带来了活力。党和国家要求爱国宗教人士及教团保持安定、团结及稳定的局面，为社会主义建设事业服务。jamaat 群体已经以健康的心态融入到这些事业中。同时，社会的发展对维吾尔族也提出了挑战。他们有发展的需求，对 jamaat 这么一种特殊的群体自然提出了新的要求。新的一代成长发展，也起着一种反向教育的作用。这种作用也使他们逐渐抛弃不适应社会发展的一些陈规陋俗。

十　最后的思考

笔者通过调查发现，政府等宗教部门目前对民间宗教事务的管理太直接并十分强化。目前很多清真寺教长在管理部门的提倡下，在人们聚众礼拜时过多地宣传政府发放的“学习文件”。信教群众对此抱怨道：“安拉的房间（指清真寺）变成了宣传政治的场所。”基于此，笔者认为宗教管理部门要把参与管理的直接方式，变为间接方式。

宗教管理部门的管理工作者与教众应一起加强对不同文化的了解与尊重。人类学的最普通常识就是处于一种文化价值体系的人对另一体系总是带有偏见和歧视，管理部门应引导好不同民族的人对不同民族文化的了解与尊重，把“民族团结”的观念由口号形式，转换成在中小学开设文化学课程，培养各个民族对不同文化的了解、认可与尊重，同时也应当调动整个社会的积极性，深化人们对这个问题的关注。

原载《西北民族研究》2000 年第 3 期，中国人民大学报刊复印资料《宗教》2001 年第 1 期全文转载，原文 25000 多字，本文集收入时作了删节。

《福乐智慧》中所反映的早期苏菲

帕林达*

一

文学作品总是对现实社会的一种形象化、艺术化了的反映，它是否能客观地表现社会现实，则因不同的文体而反映现实的程度不同。但不管怎么说，文学作品都是一定时代背景下的产物，这一点是毋庸置疑的。而对于《福乐智慧》来说，它是维吾尔族信仰伊斯兰教后较早时期出现的文学作品，通过它能够为我们描绘当时维吾尔族的社会生活状况、政治、经济、文化包括宗教信仰的一般情况。

《福乐智慧》是产生于公元11世纪的一部维吾尔族劝谕体哲理长诗，全诗共85章，另有3个附篇，是按伊斯兰文学体例写成的。第一章是对真主的赞颂。第二、第三章是对先知穆罕默德及四大哈里发的赞颂。第四章至第十一章是对春天、布格拉汗的赞颂，论七曜和黄道十二宫，论知识和智慧、语言，对善行的歌颂，以及对书名含义和作者暮年的叙述。第十二章至第八十五章是全诗的故事内容，以对话形式讲述了四个人物的生活及其思想。国王名叫日出，是正义、公正和权力的象征，他求贤若渴，慧眼识月圆、贤明和觉醒，月圆和贤明凭智慧和渊博的学识帮助日出国王把天下治理得井然有序，繁荣稳定。觉醒虽经国王几次邀请，终不肯出山做官，在隐居的自我修炼道路中平静地走完了一生。最后的三个附篇和第八十五章的一部分则是作者的抒怀之作。

* 帕林达，西北民族大学讲师、博士。

单从形式上看，这是一部叙事文学作品，但结合写作背景及作品思想性看，却是一部融信仰、理性、政治、社会科学、自然科学于一体的劝谕体哲理长诗。作品主要借人物对话，表达了作者的社会理想，是一位虔诚的伊斯兰教学者的呕心之作，也是新疆伊斯兰教文化的重要作品。喀剌汗王朝是新疆地区历史上第一个伊斯兰教国家。公元10世纪建立后，在中亚伊斯兰教文化普遍繁荣的大背景下①，出现了新疆地区伊斯兰教文化的第一个高潮。作者优素甫·哈斯·哈吉甫出生于巴拉萨衮，生卒年不详，只知他是一位虔诚的穆斯林。长诗序言写道："他卓有才华，是人间英士。他品德高尚，智慧超群，内慧而外美，生活幸福。他是位完美崇高的隐士，虔诚而博学。他在虎思斡耳朵诞生，出身名门，语言可做凭证。他为了撰写这部诗作，背井离乡，漂泊四处。"② 序言也讲到这部书的价值："此书对于人们大有益处，特别是对安邦治国的君主。"③ 其实不仅如此，长诗通过四个具有象征意义的人物形象之间的对话，以叙事的方式传达作者对社会生活、法度、伦理道德和治国之道的看法，对人生和社会作了哲理性的思考。书中展现了极其丰富的社会文化知识，是了解当时以喀什为中心，包括了周边地区多文化交流的非常宝贵的资料。苏菲主义是在伊斯兰教传入新疆的同时进入的。在《福乐智慧》中，以觉醒的形象代表了与以日出、月圆和贤明为代表的正统派不同的苏菲早期隐修者，觉醒是书中四个人物中最与众不同的一位，是一个苏菲苦修者，本文试图通过对觉醒的分析，探求苏菲主义在维吾尔族地区的早期发展状况。

二

苏菲神秘主义是伊斯兰教中一个很特殊的派别，它的教义思想既不同于

---

① 李雍在《对〈福乐智慧〉的多角度美学思考》中提出：在优素甫·哈斯·哈吉甫生活的时代之前不久，在东伊朗与中亚细亚出现了一个思想文化的大复兴时期。这一复兴并非古波斯文明的再现，而是伊斯兰教及其文化在这一古老文明土地上借其文明气息而出现的繁荣，优素甫是这一伊斯兰文化繁荣的受益者和体现者之一。李雍：《对〈福乐智慧〉的多角度美学思考》，《西北民族研究》1995年第1期。

② 优素甫·哈斯·哈吉甫著，郝关中、张宏超、刘宾译：《福乐智慧》，民族出版社1986年版，第10页，54—58双行。

③ 同上书，第8页，34双行。

兼有宗教与政治色彩的教派，又不同于纯粹研究宗教学理的学派，它的理论体系和修行实践，是穆斯林在五功六信基础上虔诚信仰、神秘体验，以至达到终极实在的重要方式，是对正统信仰的合理补充。

苏菲主义之所以对穆斯林有很大的吸引力，除它具有与一般穆斯林不同的外在表现，穿着羊毛衣，过着安贫克己、禁欲隐居的生活，日夜不停地祈祷、赞念真主外，最为重要的是它的精神修炼较之外在的礼拜，更能唤起信徒心里的神秘的、直觉的宗教感受和对真主的爱与无限向往，这是内在的、完全个人的感受，对个人而言是对真主的最直接、最真实的精神体验和最高的生活目的。苏菲与真主之间在苏菲主义早期是没有中介人的，通过个人的肉体和精神修炼，感受真主的至大至善至慈至能，感知真主的存在，从而为获得后世的美好归宿找到更易实践的方法，这也是苏菲能够成为神秘主义派别，在穆斯林中普遍存在，既不同于教派、学派，但又融入教派和学派的最根本所在。对信徒的影响也最深。

1. 苏菲主义中爱的教义加强了穆斯林对真主的虔诚信仰，是苏菲修行的基础

《古兰经》的颁降，向穆斯林明示宗教和社会生活中应该遵行的言行，并许诺以永恒的天园奖赏和火狱惩罚，穆斯林唯有顺从、行善、遵从真主的意志生活，才能在末日审判中获得进入天园的奖赏，苏菲主义以其对《古兰经》隐义的理解加入了新的思想，提出爱真主的主张，使穆斯林对真主的感情由敬畏而变为爱，这一教义是由中亚著名女苏菲拉比亚首先提出并践行的。她把真主作为唯一的绝对的爱的对象，全身心地投入，把最纯洁的爱奉献给真主。由此，对真主的感情由敬畏发展到至真全诚的爱，为苏菲修行注入了神秘性因素，使修行获得了灵性体验和情感归宿，拉近了真主与人的情感和距离，真主在穆斯林心中成了积极向往的精神归宿。

2. 神智思想和神光思想使穆斯林找到了更高的精神归宿

死后进入天园的报酬更多是一种感官的或者是“物质”的享受，而神智思想和神光思想使穆斯林找到了更高的精神归宿。

神智思想和神光思想进一步把苏菲修行引向了神秘主义。神智论由埃及人祖奴完成，他提出人生的目的是与真主合一，而达到合一的手段是通过神智或入迷，只有入迷才能真正认识真主。因此，净化自我的灵魂，达到神智的出现应成为生活的真正目的。神智的核心是真主的精神之光与人的心灵的交融。交融的基础是对真主的爱。这之后，波斯人巴亚齐德·比斯塔米发展了神秘主义的泛神论思想，他认为真主是唯一的存在，除了真主之外，无物存在，每个真正存在的人，均会被真主所吸收，并与真主合一，巴格达人哈拉季提出寂灭概念，补充了比斯塔米的理论，指出与真主的合一是人的个体寂灭和精神的回归于真主，是完全的合一，成为苏菲派精神修炼的重要阶段。

经过一系列的教义发展，苏菲神秘主义以《古兰经》为依据，向内发展了神秘主义的直觉体验和追求与主合一的教义体系，向外则在遵行教法的同时，形成自己独特的修行方式。苏菲主义使真主与穆斯林的关系由主仆转变为整体与部分的关系，人由被动地顺从和敬畏而变为积极地感知真主，神光思想说明现象世界（包括人）是真主之光的流溢，其最终目的是回归真主，是与真主的完全和真正的合一。

伊斯兰教的苏菲神秘主义经历了从个人行为到教团组织的发展过程，特别是经过安萨里的努力与正统信仰结合后，得到了更多穆斯林的认可和实践。而《福乐智慧》所反映的则是中亚早期的以个人苦修为特征的苏菲主义。

觉醒是《福乐智慧》中唯一的隐修者形象，与作品中塑造的另外三个人物形象对伊斯兰教有不同的理解和遵行。《福乐智慧》围绕四个人物展开故事，国王名叫日出，是一位颇有智慧和治国抱负的君主，大臣月圆和贤明都是先后辅佐国王治理国家的贤臣，日出求贤若渴，在得到贤明的同时还想得到觉醒的帮助，故事就是围绕他们之间就如何治理国家、如何对待今世和后世展开的。他们之间有共同点，都是穆斯林，虔信真主独一，礼拜真主、遵经、尊圣，但觉醒是隐修者，他的思想、言行又与其他三位有很大不同。主要表现在：

(1) 因追求的人生目的不同而导致的生活态度的迥异。对一般信徒而言，宗教生活与世俗生活是两条时有交叉的线，一条为后世的归宿而生活，认真履行宗教所规定的礼仪和行为，一条为现实而生活，以获得生活的享乐和幸福为主要目的，也不放弃为后世审判而趋善避恶；而对于苏菲来说，人生最重要的事就是努力追求后世的个人精神与主合一的完美归宿。因此，除了怀着对死亡的恐惧、对真主的至爱以及精神上与主合一的渴望和追求外，世俗生活没有幸福和享乐可言。

国王和大臣是穆斯林的典范，他们积极投入社会生活，国王是一个有才干、公正贤明的君主，他一心以公正和法度治理国家，任用博学的月圆，在月圆死后又重用他的儿子贤明，他们关心的是国家治理、法度公正、百姓安居，他们坚信真主独一，坚持礼拜，做真主喜悦的事，励精图治，使得国家昌盛、百姓富裕、社会安定、法度公正，他们为此感到幸福和满足；对他们来说，人生的目的不只在后世，也在于现世，在真主创造的土地上，好好生活，多做利他的事，这是真主所喜悦的。

觉醒始终隐居山林，认为世界是虚幻的，苦难无边，毫无欢乐可言，只有时时面对随时可能到来的死亡的恐惧。摆脱的唯一办法就是避世苦修，因此对现实生活一无所求，穿着羊毛衫，过着清贫苦修、与世隔绝的生活，日夜祈祷赞念真主，期望以此积累善功，得到真主喜悦。

(2) 因对现象世界的不同理解而对社会的看法不同。伊斯兰教两世并重，在许诺后世的天园奖赏和火狱惩罚的同时，强调人是真主所创造世界的代治者，因此，人应该为社会负责任。换而言之，人应该积极地投入社会生活，为自己也为别人造福，这是真主嘉许的善行。正如贤明所说："真主有意地创造了今世，并为生灵提供了洁净的饮食。"[①] "活着就应为黎民带来好处，倘若想叫你的名声永留人间。如果你不能为世人造福，你活着的标志谁能看见!"[②] 国王和大臣在治理国家的过程中体会到了实现人生价值的快乐。

苏非则对现象世界作了不同的解释。对伊斯兰教的基本教义："万物非主，唯有真主。"苏非认为是肯定真主是唯一真实存在，现象世界是虚幻的、非真实的。觉醒把人生看作过客，认为人生、社会是虚幻不实的，充满了各种痛苦和死亡的恐惧，不值得留恋，只有真主是真实的永恒存在，人活着就应该为后世做准备，因此他把全部精力和时间都用在礼拜和祈祷上，完全处于与世隔绝的生活状态，专心修炼。

---

① 尤素甫·哈斯·哈吉甫著，郝关中、张宏超、刘宾译：《福乐智慧》，民族出版社 1986 年版，第 440 页，3404 双行。

② 同上书，第 436 页，3369—3370 双行。

三

觉醒具有早期苏菲的典型特征：

1. 外部特征具有典型性

觉醒穿着羊毛衣，过着隐居苦修的生活，吃着简单的饭菜，每天的时间只用于祈祷，书中写道“永忆真主，即是我的欢乐，他的旨意，即是我心灵的慰藉”①。“我身穿羊毛衣，口吃大麦粥，兄弟啊，这尘世于我已经足够”②。《古兰经》规定穆斯林的基本义务是坚持六信（信真主、使者、经典、天使、前定和末日）、完成五功（念、礼、斋、课、朝），苏菲在五功、六信之外，更注重连祷、赞念和冥想。早期苏菲身穿羊毛衣，他们的克己、安贫、避世、潜修、清心寡欲是不同于一般穆斯林的最外在的表现，也是苏菲修行的最初阶段，即以肉体的修炼，断除对物质世界的欲念，达到近主的基本要求，这也是苏菲实践的主要内容。

2. 他的思想行为所反映的是苏菲神秘主义思想

（1）否定现世的弃世主义。苏菲修行的最早产生是因为一些虔诚穆斯林对社会生活日益腐化堕落的不满，而独自过着苦行禁欲的生活。因此，对世界的否定和对后世的肯定是苏菲安贫弃世苦修的主要原因，苏菲认为现实是痛苦、短暂和虚幻的，是无常的和善变的，与后世处于完全对立的状态，不值得留恋，对现实物质世界没有欲念，不和人交往，也不参与社会活动，唯一的想法就是敬主、爱主，以虔诚的功修获得后世与主合一的永恒报酬。觉醒说：“男儿啊，尘世好似一阵飘风，又好似影子，飘忽不定。他又像海市蜃楼，扑朔迷离，看上去似有，欲求之则无。”③“我为了避世才来到这里，

① 尤素甫·哈斯·哈吉甫著，郝关中、张宏超、刘宾译：《福乐智慧》，民族出版社 1986 年版，第 621 页，4762 双行。

② 同上书，第 621 页，4765 双行。

③ 同上书，第 621 页，4758—4759 双行。

怎么能再回到尘世上去！我已把自己奉献给了真主，岂能再为世人而奉献自己。”[①] 他以避世苦修和安贫禁欲实践着苏菲理想。

（2）人生如过客的比喻。正因为认为现实是痛苦、短暂和虚幻的，是无常的和善变的，后世是唯一永恒真实的存在，所以苏菲对世界有个形象的比喻——旅途，而把人生比作匆匆的过客，主张不要对世界有太多的执著和寄托，死亡谁都无法逃避，不管人生经历怎样的辉煌，积累多少财富，最后都会面对死亡，只有抛弃这个世界，终日虔诚地苦修和祈祷，才是摆脱死亡痛苦的正确方法，才能最终达到精神上与真主合一。觉醒说：“你是过客，这世界是逆旅，何须在逆旅中思虑不已。”[②]

（3）喜爱真主。爱真主是苏菲主义重要的思想，主张把绝对的唯一的爱献给真主，在长时间的祈祷赞念中达到近主的神秘直觉体验，觉醒说：“我把一片赤心奉献给真主，做一个祈愿者向他顶礼祈祝。对他的存在我深信不疑，我心怀信仰，口诵不已。我承认它的存在，将它求索，然而我不知从何处将它求得，为寻觅真主我夜不成眠，找到了他的迹象却未睹其面”[③]；“本是他先垂爱于我，将我乞得，我才心急如焚地将他求索，本是他意欲我，创造了我，我才一往情深，将他求索。如此一位万物之主我怎能不眷爱，又怎能不为求索他而急不可耐”[④]。如果说对世界的否定和厌弃是苏菲修行的外在动力，那么对真主的绝对唯一的爱、渴望与真主合一的直觉体验就是苏菲修行的内在动力和精神归宿，这也是觉醒能拒绝高官厚禄的诱惑，心无杂念的原因。

四

正因为觉醒是一个苏菲，与国王和贤明对现实的态度完全不同，特别是觉醒特意独立，拒绝高官厚禄，他们之间才有可能发生几次辩论，这几次辩

① 尤素甫·哈斯·哈吉甫著，郝关中、张宏超、刘宾译：《福乐智慧》，民族出版社 1986 年版，第 476 页，3695—3696 双行。

② 同上书，第 459 页，3561 双行。

③ 同上书，第 623 页，4778—4781 双行。

④ 同上书，第 624 页，4786—4788 双行。

论一方面反映出正统派信仰和苏非修行的不同，而且也反映了苏非与正统信仰之间的既对立又互补的关系。

觉醒与日出国王和大臣贤明之间的辩论发生过三次，第一次各执己见，代表了两种不同教派的观点，觉醒和贤明就事功、交友、繁衍后代各自表述了自己的态度，贤明劝告觉醒，“活着就应为黎民带来好处，倘若想叫你的名声永留人间。如果你不能为世人造福，你活着的标志谁能看见，要娶妻室，要生儿育女，没有儿女会受人责难”①；“结交好友，肝胆相照，好友会对你作出好报，若有利于他人，应和世人交往，利于他人，如同自己获利一样，独处之人，即是野人，能将什么好处带给他人？对人无益只是行尸走肉，莫作死人，应为他人造福。你倘能与许多朋友交往，会诸事顺利，名声远扬”②。贤明的态度完全是积极的、事功的，对觉醒的弃世苦修非常不理解：“真主不是为你一人创造了地狱，也没有把一切痛苦全降给你。”③

觉醒对此一一进行了辩解：“人若参与尘世的事情，祈祷也修不了来世的善功。倘若不向世人把门关牢，就无法向创世主虔诚祈祷。只有你抑制了自己的欲念，你才会尝到祈祷的香甜”④；“你为儿女操碎了心，知道父母之心的又在何方？你聚敛财富，留给了儿女，你呻吟着死去，他清福安享”。⑤

第一次的辩论两人完全是站在自己的立场上的针锋相对，经过这次的辩论，对双方都产生了影响，特别是贤明，开始对苏非思想有了新的认识。因此第二次的辩论火药味已经没有了，都对对方作了让步，贤明没有再咄咄逼人，而是委婉地劝觉醒重视今世的生活：“我知道真主的一切欢欣，来自祈祷和礼拜之中。”⑥　“不能说今生的财富丑恶不堪，自用又惠人，会得福缘。”⑦ 觉醒也开始通过贤明了解礼仪以便能做合格的大臣。

---

①　尤素甫·哈斯·哈吉甫著，郝关中、张宏超、刘宾译：《福乐智慧》，民族出版社1986年版，第436页，3369—3371双行。

②　同上书，第440页，3405—3409双行。

③　同上书，第432页，3332双行。

④　同上书，第433页，3340—3342双行。

⑤　同上书，第438页，3384—3385双行。

⑥　同上书，第515页，3989双行。

⑦　同上书，第514页，3977双行。

但觉醒终究还是没有做官，只是到王宫与国王见了一面。但这第三次的交往，国王与贤明的思想却有了很大的转变，对苏菲主义表达了极大的赞同以至于认同："你大彻大悟，得到了福乐，王位对于我已变成灾祸。我心已领悟，眼已睁开，是我把自己投入了烈火。尊者啊，我已迷失了正路，是你将正路给我指出。"① 这种转变尽管没有促使他们抛弃世俗生活，但苏菲主义的纯洁、虔诚的精神信仰，无疑是有着很大影响力的。这表明苏菲思想及其修行，尽管有一些与正统教义不相符合的地方，但总体看有它合理的能为穆斯林普遍接受的东西，可以成为穆斯林宗教生活的有效补充。国王和贤明最终都没有放弃现实的生活，仍然在尽着各自的社会责任和义务。这不仅与现实社会的吸引力以及社会责任有关，更与他们对《古兰经》和伊斯兰教的理解有关。

五

苏菲主义在中亚地区从公元 8—9 世纪出现后，非常活跃，是这一地区伊斯兰教的主要形态之一，信徒众多、信仰虔诚，修行方式独特，12 世纪以后又形成了诸多教团。苏菲主义在新疆南部地区是伴着喀剌汗王朝的伊斯兰化而出现的，伊斯兰教由其西边的萨曼王朝传入，发展很快，在 11 世纪的新疆南部地区，正统派信仰已经在喀剌汗国境内得到了很好的传播，成为国家统治的精神力量，在政权中发挥着举足轻重的作用。苏菲主义尚未形成大的社会群体，以觉醒形象为代表的苏菲，以及跟随觉醒修行的弟子优素福，在一定程度上反映了新疆南部地区在苏菲出现的早期发展状况，他们隐居山林、与世隔绝，人数不多，还未形成大的群体和社会影响，更多的只是虔信者的个人行为。但他们的虔诚信仰、避世苦修、安于贫苦、拒绝参与政治，使得一般穆斯林也对他们的神秘修行和虔诚信仰经历了从反对到理解、认同的发展过程，他们的力量虽小，但能得到上层的认可和赞同，也为苏菲以后在这一地区的发展做好了准备。

---

① 尤素甫·哈斯·哈吉甫著，郝关中、张宏超、刘宾译：《福乐智慧》，民族出版社 1986 年版，第 700 页，5398—5400 双行。

参考文献：

尤素甫·哈斯·哈吉甫著，郝关中、张宏超、刘宾译：《福乐智慧》，民族出版社1986年版。

金宜久：《伊斯兰教的苏菲神秘主义》，中国社会科学出版社1995年版。

张文德：《中亚苏菲主义史》，中国社会科学出版社2002年版。

原载《西北民族研究》2006年第3期

云南迪庆藏化回族调查报告

丁明俊*

迪庆藏族自治州位于云南西北部，下设香格里拉县、德钦县、维西傈僳族自治县，州政府设在香格里拉县。2004 年 7 月，笔者利用暑假对居住在云南省迪庆藏族自治州香格里拉县的藏化回族做了田野调查。这一地区回族与藏族相比，在人口数量上占绝对少数，他们长期与藏族生活在一起，在藏族强势文化的影响下，其藏化现象比较普遍，他们讲一口流利藏语，穿藏服，绝大部分回族与藏族有亲缘关系，回藏通婚非常普遍，一些回族家庭成员中既有信仰伊斯兰教者，也有信仰藏传佛教者。这说明，民族是一个具有能动性的人们共同体，自民族形成以后，特定地区某一民族共同体因所处环境影响，不断处于分化融合的过程中。

一　对香格里拉藏回的调查

“香格里拉”来源于藏传佛教“香巴拉”一词，它不同于成佛后才能到达的极乐世界，而是一片人间净土，是现世就能到达的净土，这里和平、安详，没有仇恨，没有争夺，生活在这里的人无疾病、无痛苦、永远长寿。据藏传佛教的《大藏经》记载：“香巴拉”王国隐藏在西藏的雪山之中，整个王国被雪山环绕，八个莲花瓣状的区域与城市是人们的居处，中央又有雪山内环，为卡拉巴王宫，是香格里拉王国国王的居处。根据小说《逝去的地平

* 丁明俊，北方民族大学科研处处长、教授。

线》中的相关描写以及藏传佛教的有关记载，从民族学、宗教学、地理地貌等不同角度多方面的考察对照研究后发现，唯有云南迪庆藏区兼有“香格里拉”的自然人文景观。1997 年 9 月 14 日，迪庆宣布“香格里拉”就在迪庆。2001 年 12 月 17 日经国务院批准，原来的中甸县更名为香格里拉县。这一消息引起国内外的震动，世界各国的新闻媒体也做了报道，这一考证也得到广大藏族同胞的认同，同时也极大地促进了该地区旅游业的发展。据该县有关领导介绍，仅 2004 年上半年，国外游客达 18 万多人，国内游客超过 40 万人次。

据《中甸县 2000 年人口普查资料》记载，全县共有 14.7 万人，其中藏族 5.9 万人，汉族 3.2 万人，彝族 1 万人，纳西族 2.6 万人，白族 0.8 万人，而回族只有 1254 人，其中建塘镇（即县政府所在地）354 人，三坝乡 656 人，虎跳峡镇 80 人，金江乡 83 人。

7 月 20 日，我们找到在香格里拉县城工作的几位回族干部、龙旺边村和兰家村来县城开饭馆者、出租车司机进行访谈。香格里拉县回族副县长杨力华是龙旺边村人，他给我们讲述了该县回族历史变迁情况。兰文志是三坝乡兰家村回族，现任迪庆藏族自治州人大常委会办公室副主任，他说回族在中甸、安南、哈巴的历史有 100 多年，据上辈传说，祖籍是陕西人，至今还保留一些陕西方言及日常用语。但这里回族长期与藏族杂居，并与藏族开亲（通婚），藏族占绝对多数，许多回族被藏族同化，变成藏回，他们穿藏族服装，讲藏话，生活习俗及生活用器也与藏族一样。哈巴原有一座清真寺，“文革”中被拆毁，落实政策后，当地成立清真寺管理委员会，在沙甸、纳家营回民的无偿援助下，建立了两座清真寺，龙旺边村清真寺是沙甸出资修建，兰家村清真寺是由纳家营回民援建，现两个村宗教活动开始走向正常。以前这里的回民很少有人礼拜，年轻人也不知清真寺用来干什么。沙甸穆斯林基金会王伯南校长多次带人到两个村讲解伊斯兰教义，教他们做礼拜，念《古兰经》，教门恢复很快，妇女和小女孩戴上盖头，男人戴白帽，但许多妇女仍穿藏服，喜欢饮酥油茶，吃酸奶疙瘩，吃糌粑，过去喜欢跳藏族锅庄舞，教门恢复后，现很少有人跳，青年男子喜欢佩腰刀，家中继续用藏式炉膛。炉膛一般在客厅。

兰家村和龙旺边村教门恢复也经历了一个艰难的过程。教门恢复初期，州县安全局、公安局、政府部门非常敏感，经常到村里了解情况，后来看到他们属于正常的宗教活动，也再没有干涉。

20日下午，我们到香格里拉县建塘镇吾吕村。据说，这个村原来全是回民居住，后来有的搬走，有的转为藏族。县城有300多位回民，以工作人员和外地来这里做生意者居多。没有清真寺，也没有教职人员，所以藏化现象非常严重。特别是人口占少数的回族与周围的藏族开亲（通婚），更进一步加剧藏化倾向。当我们身处在这种环境中，切身感受到周围藏文化的强势时，对他们的藏化并不感到吃惊，并且也可以理解。据说，州县部门许多干部前一辈都是回族，但现在变成藏族。

据1997年出版的《中甸县志》记载，“清雍正乾隆年间，大批回民进入中甸经商开矿，伊斯兰教也随之传入中甸，县城北门街被称为‘回民街’，建有清真礼拜寺，回民宗教活动频繁。同治八年（公元1869年）清军张润到中甸清剿回民义军，烧毁北门街清真寺，虎口余生的回民四处逃亡，会礼活动逐渐消失，新中国成立前夕，县城回民中仅有马成龙一名阿訇，仅能吟诵部分《古兰经》，为人主持婚丧而已。”至“文革”期间，回族的宗教信仰再次受到冲击，更进一步加剧藏化进程，因此，原来在县城的回族老住户几乎完全被藏化，伊斯兰教信仰也消失殆尽。

在兰红军的带领下，当天下午我们到距吾吕村只有一公里路的旺次卡村。在村口碰到一位叫杨红星的中年男子，他说他家以前是回族，现已经“开荤”（即已不遵守穆斯林饮食习俗），变为藏族，成了“哈拉姆”（阿拉伯语，即“非法”），并已变了两代人。回族与藏族同居一村，回族人口少，回藏开亲后，大多变为藏族，他指着自家房顶说：“藏族家房顶插经幡，回族变为藏族后，不插经幡，所以还是有区别的。这个村原来有20多户回民，现除一家外，其余全变为藏族。”我希望杨红星谈谈由回变藏的经过，他认为这是一件不光彩的事，不愿谈。我们根据杨红星提供以是否房顶插经幡来辨认由回变藏的住户，确实是一个简单明了的识别方法，不用进住户院，在村口瞭望便可知哪家是藏族，哪家是由回族变为藏族。我们大体计算了一下，这个村房顶没有插经幡者有十七八户。

在杨红星的带领下，我们走进这个村唯一一户仍坚守伊斯兰教信仰的藏回家。这户的主人叫马成龙，原是建塘镇的一位阿訇，10年前马成龙去世，妻子贺其美与儿子及儿媳生活在一起。那天儿子在外边干活，贺其美与儿媳五妹及两个孙子在家。贺其美原是藏族，嫁给马成龙后，也改姓马，经名赛力买。老人不会讲汉语，儿媳给我们当翻译，老人得知我们是回族后，很热情地接待了我们，让儿媳给我们打酥油茶，并端上酸奶、粑粑等藏式食品，围坐在藏式“托卡”灶台边交谈。老人说我们家所有食品都是清真的，请我们放心食用。老人只会说“吃粑粑”“喝茶”等简单的汉语。据儿媳五妹介绍，她的婆婆今年75岁，是旺次卡村唯一坚守伊斯兰信仰的老人，每年斋月封斋，星期五主麻到县城一临时宗教活动点礼拜，会念“清真言”。老人的四个女儿嫁给藏族后，已全部“开荤”，老人到女儿家从不吃饭，甚至连口水都不喝。五妹还说：“我家姓左，吾吕村人，以前上一辈是回民，后变成藏族，嫁到马成龙家后，又恢复了回族生活习俗。”我说：“这个村只剩你们一家还在坚守伊斯兰信仰，如果再过几年老太太过世，你们还能继续坚持下去吗?”五妹一再声称，他们不会变，一定会坚持下去。可是在访谈中得知，五妹的两个孩子，大儿子卡林农布今年16岁，在云南艺术学院附属中学学习舞蹈，女儿扎安拉姆18岁，在迪庆卫校上学，他们现已改为藏族，因学校没有清真食堂，与藏族同学一起在大灶上吃饭，已没有回族意识。并且家中摆有佛像及达赖、班禅画像。据贺其美说，旺次卡村原来大部分是回民，现已开荤变为藏民。老人不会讲汉话，全家平时用藏语交流。家中有20亩地，10亩已退耕还林，剩下的地种青稞、荞麦、土豆、油菜。养有4头奶牛，卖酥油收入是主要经济来源。

五妹在与我们的交谈中，贺其美走进自己卧室，拿出一布包，打开后里面有《古兰经》、《穆民必读》等伊斯兰教经典及经堂课本，这是马成龙留下的，老太太一直挂在自己卧室屋顶，妥为保管。据香格里拉县副县长杨力华讲，这户人家还保持了伊斯兰信仰，与这位老人健在有很大关系，由于老人的虔诚信仰，才约束儿子及儿媳没有变教，老人一旦去世，就很难说了。我们对老人的这种精神非常敬佩，当我们离开时，老人送我们到大门口，走出村庄大约有一里路，我们回头看见老人还站在二楼目送我们，虽然我们语言不通，但深切感受到老人坚守信仰的不易。

在贺其美家，已看不出回族的任何民族特征，我们还走访了另外两户由回变藏人家，其中贺其美大女儿班乌祖姆的新房刚落成，室内包括地板、四面墙体全用木板装饰，中柱直径在1.5米以上，两人合抱。藏民以房子中柱的粗细评论房子气魄、坚固及主人的贫富，一般为四楹两层楼房，一层为畜圈，二楼住人。正前方留做走廊通道，楼房前檐双层斗拱，绘有双层图案。

楼梯设在二楹柱旁，梯形宽大。一进重门显在眼前的是雕龙画凤的水亭，工艺特别精致，藏房正屋面积占四楹（一楹相当于一间），显得特别宽大，火塘设在水亭对面，平时待客、用餐、休息多在火塘周围。火塘上方为尊贵席位，供客人和长辈就座。左边是主妇座位，是固定的打酥油茶处，橱柜、佛龛设在主妇座位后，均精雕细刻。

在我们走访的香格里拉及德钦县回族家中，其布局大致相同，有些城镇居民住平房者，省去一楼畜厩，其他布局大致相同。无论回族或由回变藏家都设有神龛。我们在贺其美家看到佛龛内供有一尊佛像，其他许多由回族变为藏族的家庭神龛内供有菩萨像和佛像，佛像前点有酥油灯。神龛内贴有一张画像，画像中央为毛主席，两边依次为达赖、班禅、周恩来、刘少奇。许多“藏回”家庭神龛中摆放“克尔白图”和阿拉伯文对联。

二　德钦县“藏回”的调查

因德钦县城没有熟人给我们做向导，吃完晚饭，我们直接到县城清真寺，清真寺内没有阿訇，有大理巍山在德钦收购冬虫夏草药材者10多人正在洗小净，准备做礼拜。做完礼拜，他们看我们是回族，问我们是否需要帮助，并介绍说，这座清真寺被他们巍山在这里做生意的回民租包下来，吃住在清真寺，平时很少有当地人上寺做礼拜。我们说明来意后，有位巍山回民带我俩到当地清真寺老管事马金山家，两位老人热情地接待了我们。

马金山，67岁，从1978—2002年任清真寺管事，所以对当地回民情况了如指掌。妻子马顺，今年61岁，藏族打扮，香格里拉回族。马顺说：“我的妹妹、弟弟现还在香格里拉，他们已变教了，令我很伤心。”

马金山家摆设也完全与藏族一样，客厅有“托卡”（即火塘），藏式卷桌，他说，回民到这里有300多年的历史，原在马隆场开矿，大部分从陕西来，也有两户是从青海来的。本地回民有36户170多人，有10多户信仰伊斯兰教，多半既信仰伊斯兰教，也信仰藏传佛教，还有几户已彻底变教，成为藏民。他说自己平时在家礼拜，主麻到寺上去礼拜，每年斋月把斋。经常到清真寺礼拜的有3人，除他本人外，还有海春生、海志清，其他10户还坚持清真饮食，但不会礼拜，他们也请阿訇念经、炸油香。具有双重信仰者，他们也到庙里烧香磕头，与藏族结拜兄弟姐妹一起到太子雪山朝圣，但不请喇嘛到家里念经，有些家中摆佛像，平时穿藏族服装、讲藏话，但也穿汉装、讲汉话。

马金山介绍说，新中国成立初期，这里教门还比较好，培养了几位本地“海里凡”（即满拉），后来这些人做生意或参加工作，也变教了。

当我问起变教的原因时，他说“破四旧”及“文革”期间对这里的穆斯林冲击最严重。当时工作组认为回民信仰伊斯兰教是迷信的表现，回民不吃猪肉是迷信思想在作怪。更为严重的是当时把居住在城镇的回族人口下放到很远的藏区去劳动，而且是一个藏族村只安插一至两户回民。后来这些下放到藏族村庄的回民与当地藏族通婚。“文革”结束后，他们返回城里时已经变教。“文革”之前，回民中有农业与非农业人口，农业人口组成一个回民小队，属升平镇管辖，后来这个回民小队也被打散，分配到四个藏民小队，每个藏族小队有四至五户，“文革”结束后回到城里也有许多“变口”，重新做回民的也有，但是少数，只有3户。

新中国成立前，升平镇就有清真寺，“文革”期间改为镇礼堂，这座清真寺由在印度做生意的滇籍穆斯林援建，现在清真寺是在原来的基础上改修的。新中国成立后在这里先后开学的阿訇有马稼祥、杨润、马德胜、马占彪等人，马占彪原是青海马步芳部下的一个士兵，1948年逃到这里，再没回去，与马占彪一块逃出来的还有马德胜，这两家后人现在也变教了，开始信仰佛教，但还有回民意识，承认自己是回民，清真寺过圣纪，他们也参加。

在马金山的带领下，我们访问了马占彪女儿马秀珍，马秀珍今年42岁，独身，她说：“我父亲原是青海民和人，1991年逝世，去世时80岁，曾是马步芳部下，1948年他们3人逃至德钦，在升平镇住下来。现在民和还有亲戚。”我问：“你们现在是否信仰藏传佛教?”她回答：“我有时接受藏族朋友邀请一块到庙里烧香，到飞来寺和太子雪山去朝圣。也请阿訇到家里来念经，我的户口本上填报的还是回族。我的大哥马跃根，在昆明做生意，娶大理下关汉族媳妇，生活习惯已经汉化。我妹妹马秀英嫁给藏族，在德钦做汽车配件生意，现也改教了。”有几位大理巍山回民租住马秀珍家房，在同一院住，他们每年夏季来这里做冬虫夏草生意，最多时有七八十人，他们说今年上等冬虫夏草每斤可卖到4万元。巍山回民信教很虔诚，他们对这里回民藏化现象很担心，但也无能为力。他们也曾想过对这里回民在教门恢复上给予援助，但德钦回民都住在县城内，容易引起藏族及县领导的误解，所以迟迟没有行动。

从马秀珍家出来，马金山带我们到现任清真寺管事海春生家。海春生自我介绍说祖籍是陕西，具体哪个县不清楚，祖辈做生意落脚到此，后在德钦马隆银矿挖银，至今已经五辈。据马金山先前介绍，“文革”后海春生一家也曾变为藏民，母亲去世后，埋在藏族墓地，后来在阿訇的劝说下，又改信伊斯兰教，恢复回民生活习俗，并将母亲遗体迁至回民墓地重新安葬。2002年，海春生又当选为清真寺管事，关于这一点，海春生自己没有提到。

据海春生讲，德钦回民主要集中在县城升平镇，过去有46户，有16户已经变教，变为藏族，真正坚持清真饮食者不到20户，还有一些对回民饮食习俗已不认真遵守，既信仰佛教，也信仰伊斯兰教。我们将海春生提供的德钦县回民具体数据与马金山提供的数据重新进行核对，马金山认为这个数字要达到精确很困难。有些人，你说他藏族也可以，说是回族也可以，我们查阅1997年出版的《德钦县志》，对本县回民的文字记载不到100字，该县志记载，1997年时有回族36户172人。

海春生家庭布置与这里的藏族别无二致，客厅有藏式“托卡”、卷桌、藏床、神龛。藏民家神龛一般供奉各类佛像，而海春生家神龛内摆放“克尔白”镜框，并将哈达放在镜框顶，还有阿拉伯文中堂、清真寺照片等回族家庭常见的摆设。我说：“别人称你们叫藏回，你们愿意吗?”他说：“这没什么，我们穿藏服、说藏语，称我们为藏回正如你们穿汉服、说汉语，称你们为汉回一个道理。”

从海春生家出来，走了不到100米，看到一户人家门首贴有阿拉伯文“都哇”，我们走了进去。这户主人叫海三妹，今年66岁，丈夫已去世。她说德钦县城回民以马、杨、海三姓为主，海姓有8户，海三妹称自己原本姓马，是香格里拉回族，嫁到海家后，随丈夫姓海。那天，海三妹大姐马秀英也在他们家，马秀英今年71岁，嫁给藏族后，已变为藏族，可以看出马秀英是个虔诚的佛教徒，手里拿着佛珠。海三妹有两个儿子，大儿子海志高娶藏族媳妇，已有一儿一女，海志高也随妻子信仰佛教。当时，海志高女儿也在奶奶家，小女孩叫海一凡，藏名叫夏巴央宗，还有个弟弟叫夏巴贡青。海一凡今年11岁，上小学四年级，户口填报为藏族。海三妹二儿子海志清在县检察院开车，是当地回民中比较虔诚的伊斯兰教信徒，每年斋月把斋，斋月给清真寺礼拜的人送开斋饭，不参加佛教的活动，有时藏族朋友邀他一起去到太子雪山朝圣、祭神，但不参加祭神活动，藏族朋友去祭神海志清为他们做饭。海三妹称这里藏、回关系很好，她还说这里回族妇女一般不到清真寺去礼拜，在家也不礼拜。海三妹介绍说像他们这样家庭成员中有信仰伊斯兰教，也有信仰佛教者还有好几家。

22 日下午 6 点，我们又到马金山家，希望他能带我们到一户过去是回民，现在变为藏族的家庭看看，马金山有思想顾虑，他说我领你们到已变教的回民家里去，谈这些问题他们可能不高兴。马金山说，他们村有一个叫马岳茂的回民，以前曾当过阿訇，“文革”期间下放到藏族农村，回来后就变教了。他去世后，儿女虽承认自己是回民，但饮食习惯已不讲究，女儿嫁给藏民，儿子娶藏民媳妇，已彻底变教。1987—1995 年，由董学恒阿訇在这里开学，做了许多事，为过去回族青年娶藏族媳妇而没有念“尼卡哈”者，给他们补念了“尼卡哈”，并在多种场合宣教，要回族青年不要拜佛，不要烧香，并说你们过去放弃伊斯兰教信仰是环境所迫，是可以理解的，也不要紧，现在环境变好了，你们还信佛就不对了，应将佛像去掉，信独一无二的真主。当时我们对变教的一家一户做思想工作，有些人表面答应，但实际照拜佛，从心底不想变回来，我们也做过许多工作，想把他们拉回来。

马金山拿出“寺管会记事簿”，我们翻看，其中《1991 年德钦清真寺要文》主要有以下几项：(1) 马占彪、杨景华两位老民先后归真，马占彪终年 77 岁，杨景华 66 岁。(2) 杨友成之妻进入伊斯兰教，给他们夫妇念了“尼卡哈”。(3) 三哥之妻六生进入伊斯兰教，起经名，补念真经。(4) 杨六六之妻进教，起了经名，念了真经。(5) 1991 年斋月第一个“主麻日”，把斋海里凡带礼早拜，人数 10 人。(6) 海三哥自费买空磁带，录音“宣教”10 多盘，送给每户回民家中。(7) 1990 年 10 月份，海春生与吾师台（即阿訇）董学恒外出到洱源、大理、下关、巍山捐公德，20 多天时间捐来纯收入 2600 多元。

因为第二天早晨 8 点，我们要从德钦县赶回香格里拉，马金山夫人马顺给我们准备了牦牛肉干及干粮，让我们路上吃，并一再叮嘱我们旅途中注意安全，这份情意让我们从内心感到温暖。我再次要求马金山带我访问一户过去是回民，现已变教的人家，马金山依然有顾虑，说信教是自已私事，再说国家宪法规定宗教信仰自由。我解释说，我们不是干涉他的变教，而是研究工作的需要，我们不提敏感问题。最后马金山将我们领到他的邻居穆贵中家。

穆贵中是个很随和的人，他讲："我爷经名叫毛占卜拉，以前曾当过清真寺管事，祖宗是正宗回民，是清朝末年来到这里。我今年55岁，有两个儿子，一个姑娘，是'文革'后期变的教。当时回民小队被拆散以后，我们被分配到上街中队藏族村庄，当时分到这个村庄共3户回民。'文革'结束后返回后已全变教，儿女都知道以前我们是回民，现变为藏族。我爷的坟还在回民墓地，7年前我们给老人上坟，后来再没有去。前两年清真寺过圣纪节，我们也去。我的一些回民兄弟劝我当回民，我与他们还经常来往，但我年龄大了，不想再转回去。我的妇人是藏族，我也随他信仰佛教，每月初一、十五到喇嘛庙去烧香磕头，也参加摩顶。现在很少去清真寺了。'文革'中我们这里回民被分散下去的有15户，回来后有一半变教了。"

在穆贵中家，神龛内摆有祖先牌位，上书"本音穆氏门中历……早登仙"等字样，牌位前点有酥油灯及香柱，另一神龛内供奉弥勒佛像及佛教宗教用品，已成为虔诚佛教徒。

德钦县回族虽然居住较为集中，且都集中在县城边，其藏化程度较深的原因主要有：一是"文革"期间冲击较为严重，原来回民小队被打散，回民一家一户地分散到藏民小队，几年后已彻底藏化，有的放弃伊斯兰教信仰，不遵守回族饮食习惯，变为藏民；有的回民虽然穿藏服、讲藏语，家中生活用品及饮食习俗同于藏族，但仍保持伊斯兰教信仰。二是回藏通婚加剧了德钦县回族的藏化过程。由于德钦县回民少，通婚范围有限，本民族内不可能达到完全通婚，与藏族通婚较多。据我们调查，几乎每家回民与藏族都有血缘关系，一般回民男性娶藏族女子者，仍能保持伊斯兰教信仰，但回民女子嫁到藏族家庭，几乎完全被藏化。

三　哈巴雪山下龙旺边村和兰家村的藏回

哈巴雪山下的龙旺边村和兰家村有回族人口600多人，占香格里拉县回族总人口的一半，其中龙旺边村有78户，450多人；兰家村有35户，182人。距哈巴60公里的水磨坊有18户回族，100多人。哈巴雪山下回族过去长期生活在闭塞的环境中，由于交通不便，要走出大山，走出原始森林十分困难，许多回族老人最远到过中甸、虎跳峡、安南等地。他们长期与藏族、纳西族、彝族生活在一起，已接受藏语，穿藏族服装，喜欢喝酥油茶，吃糌粑等食品，也跳藏族锅庄舞，参加纳西族、藏族的一些宗教活动，如每年农历八月十五到哈巴雪山下去祭山神。水磨坊回民与当地藏民一样，每家大门口设一香炉，每月初一和十五是藏族吉祥的日子，清早烧香、祈求平安，有些还念藏经。由于这里回民继承了藏族的一些传统文化，又保持了回族的清真饮食习俗，藏族称当地回族为“古给”，意即戴白帽者，而其他民族则称其为藏回。

哈巴雪山下龙旺边村、兰家村回民与水磨坊村及香格里拉县城回民历史上有同源关系，只是在后来历史变迁中所处环境不同，藏化程度也有所不同。居住香格里拉县城回民已被彻底藏化，如前所述，他们已放弃伊斯兰教信仰，变为藏族。而水磨坊回民长期与藏族、汉族同处一村，已接受藏族一些传统文化，但仍保持回族饮食习惯。由于水磨坊数十年来一直没有建过清真寺，也没有阿訇，只有本村一位回族青年杨振国在龙旺边村学习几个月伊斯兰知识，为本村回族群众宰牲，也有些回民自己宰牲。遇开斋节或古尔邦节，从 60 多公里外的龙旺边村请来阿訇念讨白、游坟。而龙旺边村和兰家村回族在 20 世纪 90 年代面临许多困难，由于长期与外界隔绝，面对周围回族同胞被藏化，他们也处于边缘化状态。1992 年，由于沙甸、纳家营回族的援助，帮助两村各修建一座清真寺，用车接他们到纳家营、沙甸参观，使他们开阔了眼界，不但学习到伊斯兰教宗教知识、作为回民的基本要求及回族原来所具有的民族特点，增强了他们的回归意识，同时也使他们看到外地回民经济文化的迅速崛起，他们参观了许多产值数千万元的回族民营企业，触动很大，他们在教门恢复的同时，大力发展经济，依托地域优势，保护自然环境，大力发展旅游业，过去对自然环境及原始森林的无节制破坏，乱砍滥伐开始停止，他们开始搞生态旅游及民族文化旅游。许多年轻人走出封闭的小山村，到县城开出租或打工，现两个村庄到外地工作者达百人以上。另外，这两个村庄之所以比德钦、香格里拉及水磨坊回族文化保存较为完整，藏化程度不是很深，是因为他们不像其他村庄大多回藏杂居，这两个村庄基本上是纯回族村，龙旺边村距兰家村不到 3 公里，两个村之间通婚现象比较多，这也避免了他们与藏族通婚及藏化现象，周围二三里是彝族、纳西族村庄，当然也有与纳西族通婚者，而这里的彝族实行族内婚，回族几乎没有与彝族通婚者。

1. 历史渊源

香格里拉县回民建塘镇有354人，大多在迪庆藏族自治州和香格里拉县的工作人员及做生意者，以外地回民较多，据民国21年（公元1932年）《中甸县志》记载："查县属回教，在清雍正年间设有礼拜寺，并有诰封立碑，其碑尚在，碑文不明。嗣因兵燹，所有回教寺堂焚毁，回民瓦解，近则只有20余户，零星散处，并无礼拜寺、教长、祈祷仪式者，教徒亦无。"这条资料说明至20世纪30年代，县城附近回民还有20多户，由于无教长、礼拜寺，也无人礼拜，这20户回民已处于基本藏化过程中，这20户可能是吾吕村、旺次卡村现已彻底藏化的回民。

据我们在当地的调查，大多数人称他们祖先最早来自陕西一个叫做烧鸡洼的地方，可能就是宝鸡。其中以兰、海、马姓为多。他们最初居住在建塘镇，在附近山上开矿为生，今县城以南10多里天生桥还有废弃的矿址，当时矿业一度很兴旺。后来发生矿争，回汉互相残杀，由于回民人少，寡不敌众，他们逃离矿区，另谋生路。后来他们落户于离县城50多公里的安南，也有少数人返回建塘镇居住，在安南生活30多年，仍以开矿为生。当时矿业很兴旺，藏族头人嫉妒，组织武装进入矿区，安南回民复遭抢劫，炼银炉被捣毁。由于民族关系紧张，矿工们深感生命财产不能得到保障，采矿炼银逐渐停止，各自四散，逃奔四方。有的逃到四川浪打河，有的逃至丽江朱洛，有的逃到外乡帮工度日。1921年有一杨姓回族家族7户逃至哈巴雪山下，在龙旺边村安家，开荒生产，从事农业。几年后，日子过得很好，社会也相对安定，逃离四散的亲友们在互相走访中，得知哈巴雪山下有安身之地，又陆续从各处搬来这里居住，开荒生产，从事农业。兰姓刚开始搬来3户，定居离龙旺边村3公里半山腰，后来兰姓回民搬迁户很自然到兰家那边定居，形成一个兰家村，在龙旺边村也形成一个回族村。

2. 宗教信仰的丧失及恢复过程

1932年，他们从300多公里外的阿敦子（今德钦升平镇）请来一位阿訇来哈巴任教，有6个"海里凡"学员，学费由村民分摊，那时没有教室，就到龙旺边村和兰家村之间的一个小山堡上学习，因为是野外，下雨下雪天就要停课，第三年龙旺边村修建了一所简易清真寺，他们就到清真寺里就读。1945 年又派了 6 个“海里凡”（阿拉伯语，意为宗教继承人）到大理学习经典，不到半年，一个学员在大理病故，其余学员回来后不敢重返。新中国成立后，清真寺被改为学校，“文革”开始后，这里的回民也被迫养猪。1982 年后这里回族教门开始恢复，从大理洱源请来一位吾素台（波斯语，意即老师）。

20 世纪 80 年代以后，虽然外部环境宽松了许多，宗教信仰也开始恢复，但由于“文革”期间对当地回民的巨大冲击，使许多人民族意识淡薄，宗教信仰缺失，再加当地交通不便，信息闭塞，他们对外界的变化一无所知，更不知道从何处着手恢复宗教信仰。90 年代以后，一些昆明等地回民到当地考察，给他们带来伊斯兰教方面书籍及做礼拜的录像带和宣教录音带等资料，他们才开始对教门有所认识。之后龙旺边村和兰家村回民提出恢复宗教信仰问题。

可以看出，哈巴雪山下龙旺边村和兰家村回族在沙甸和纳家营的援助下宗教活动走向正规，他们抛弃了原来不属于本民族的东西，开始重新学习本民族文化及宗教知识，近年来，云南几所高校回族大学生在寒暑假期间，自愿来到两个回族村寨义务支教，帮助这里的小学生补习功课。这次我们在哈巴雪山下的龙旺边村和兰家村调查时，就遇到云南民族大学的 6 位回族同学分别在两个村支教，他们不但为学生补习功课，一到时间就去清真寺礼拜，男生头戴白帽，女生戴盖头，为哈巴雪山下回民村立一个穆斯林青年榜样，他们在这里的吃住及往返路费据说由云南穆斯林实业家资助。

四　迪庆藏回的语言文化及生活习俗

1. 语言特点

在一个多族群社会，当各族群有自己独立语言时，双语现象是十分常见的。但是双语现象的具体表现形式，如哪种语言适用于哪种场合，以及双语现象是一个语言同化的过渡形式还是将长期并存，都反映出族群之间在语言交融方面的基本格局与发展态势。就迪庆地区藏回而言，由于回族以少数者身份入居藏区，长期与藏族杂居，他们的语言不可避免地受藏族影响。但回族所操汉语又是中国官方语言，在对外交往中，是使用频率最高、范围最广的一种语言，尽管许多回族男子普遍会藏语，藏族妇女嫁给回族男子后，一般藏族妇女不会讲汉语，家庭内部以使用藏语为主，但男子在对外交往中以汉语为主。当然，随着时代发展，藏族妇女接受教育的程度越来越高，年轻一代藏族妇女普遍学会讲汉语。但迪庆香格里拉县和德钦县的回族基本上以讲藏语为主，对外交际中根据交往对象决定讲汉语还是藏语，如果谈话对象是藏族，他们大多讲藏语，如果是汉族或其他民族，则讲汉语。所以，迪庆回族男子既能讲藏语，也能讲汉语。平时说话，多使用汉藏混合语，一句话前半句是汉语，后半句又是藏语，如“他俩散茶提”（意为他俩去吃饭）。说汉语时，语法基本上是颠倒的，如“什么搞在啦”（在搞什么）。2004 年 7 月 20 日晚，我们调查组一行在香格里拉县宾馆召开一小型座谈会，参加者有香格里拉县三坝乡龙旺边村和兰家村的回族杨仕清、杨仕昌、杨仕海、杨仕珍、曾丽香、兰卫军，他们有的是堂兄弟，有的是夫妇，有的在县城开出租车，有的在旅行社做导游，也有的在县城开美容院。据他们讲，由于他们长期与藏族同胞生活在一起，除生活用具与藏族基本相同外，这些生活用具的叫法也与藏族一致，如打酥油茶的木桶叫“苏拉”，煨茶罐叫“具保”，装酥油的竹篮叫“目吧”，水瓢叫“桑桶”，冲牛奶的桶叫“武档”，挤牛奶的桶叫“如子”，搅奶棒叫“苏鲁”，公牦牛称“亚利”，母牦牛叫“给”，犏母牛叫“如母”，公牛叫“祖”。女装名称完全与藏族叫法一致，男外衣称“楚巴”，钱包称“嗯给”。数字叫法也全是藏语。另外，龙旺边村和兰家村回族过去与藏族生活在一起，几经迁徙后，他们现在居住地与纳西族、彝族很近，除一些老年人还会讲藏语外，年轻一代大多不会讲藏语，随着他们与纳西族、彝族交往增多，许多回民学会了彝语和纳西语。中甸回族还保留陕西汉语个别词汇，如“俺们（我们）”、“锅盔（藏语称粑粑）”、“占牛（菜牛）”、“水饺子”、“猫耳朵”等。回族内部用语中掺杂有阿拉伯语、波斯语词汇，如“穆斯林”、“阿訇”、“伍斯托”、“海里凡”等。回族内部还有一些特殊用语，如煎油香叫“剁油”，送油香叫“传油香”，通婚称“开亲”，洗澡称“换水”，棺椁称“山眠”等。德钦升平镇及香格里拉建塘镇的回族藏化程度较深。他们大多有官名、经名、藏名三种名，女性一般取卓玛、央楚、夏巴央宗、扎安拉姆，男性一般取卡林农布等。如建塘镇唯一一户回民贺其美儿子汉名马勇士，经名依布拉欣，藏名叫孙诺农布等。其亲属称谓也与藏族相同，如称曾祖为“古古”，祖父、外祖父为“尼尼”，其他对叔舅、姑姨、弟姐妹的称呼也与藏族相同。因藏语分卫藏、安多、康三大方言区，迪庆藏语属康方言区，他们与四川甘孜藏族自治州及附近藏区通用，但到西藏及其他藏区就讲不通。

2. 经济生活

迪庆地区回族历史上主要从事经商和开矿，在宝兴银厂和安南银厂兴旺时期，历代矿主都由回族担任，至安南银矿的杨课爷时，基本控制了安南矿产，连清政府派来的厂长也无法立足，也引起了民族头人之间的矛盾。约在民国9年（公元1920年）东坝藏族头人和汉族地主武装共同策划谋杀了杨课爷，连续几年派兵袭击安南厂，抢劫回族村寨，矿工四处逃散，银厂停办。10多户回民逃到哈巴雪山下的深山老林中从事农业生产，一部分逃到德钦县，继续在马隆厂开矿。逃到哈巴雪山下的回民逐渐形成了龙旺边村和兰家村两个回族村寨。安南村回族几经周折，在安南定居下来，从事半农半牧生产。居住在县城建塘镇吾吕村和旺次卡村的回族，自清同治年间以来，依附于当地藏族头人，在农村领取一部分土地，从事农业生产，有些依靠小本生意维持生计，如城内马阿三、旺次卡阿訇马成龙常年赶着两三匹马到丽江、鹤庆、大理一带做小本生意，将当地酥油、木碗、羊毛运往外地销售，将内地的粉丝、布匹运回中甸。1950年后，每户回族农民分得土地，改革开放后，当地回民发挥善于经商的特点，生活一天比一天好。许多青年走出农村，到外地闯天下。现兰家村、龙旺边村有一百多青壮年在外地打工，或在县城开出租车或做导游。留下在家中者从事半农半牧生活，他们不但种地，也从事牧业生产，养有数十头牦牛，常年在哈巴山上放牧。同时龙旺边村和兰家村在当地以产花椒而出名，有些家庭花椒收入达3000元，同时采集雪茶和药材也是一笔收入。2004年7月25日，在安南调查时，我们访谈了杜福信、杜福生两兄弟，兄弟俩50岁左右，他们两家合作，哥哥杜福信全家住在哈巴山腰放牧，两家共有牦牛60多头，每天产牛奶300多斤，还有四五匹马，同时将牦牛鲜奶做成酥油。弟弟杜福生每隔三天到放牧点用两匹马将做好的酥油和奶渣运下山，第二天再到40多里外的东坝出售，50斤牛奶出一斤酥油，每斤酥油可以卖25元，奶渣可以换饲料，每年卖酥油收入可达 3 万元。同时，弟弟杜福生在山下代种两家地，年终收入两家平分。据杜福生讲，“我家以前在水磨坊，1959 年搬到安南村，两个村相距不到 1 公里，虽然安南村只有我和我哥两家为回民，其他 40 多户全为藏族，但水磨坊有 15 户回民，我的妻子连顺就是水磨坊村回民。这个地方民族关系处理比较好，虽然回族只占少数，藏族同胞对回族很尊重，我曾当了这个村 4 年社长，去年我又当选这个村社长，率领藏族同胞一起发展经济。我们这个村没有清真寺，水磨坊村也没有，也没有人做礼拜。我们这里距龙旺边村有 60 多公里，这几年龙旺边村教门变好了，对我们这边影响很大，他们给我们送来白帽、盖头、汤瓶等回民生活用品，遇到开斋节、古尔邦节，我们从他们那里请位阿訇念经。我哥的儿子曾在哈巴清真寺学习 3 个月伊斯兰教经典，现给这里回民宰牲。我们这里与哈巴回族结亲的很多，新中国成立前这里回民遭抢劫时，我们家牛在哈巴山上放牧，没有受到损失。我们也过藏族节日，每月初一、十五是藏族吉祥的日子，一大早要祈求平安，与藏族同胞一起清早烧香，用松明点火，上放松树叶，再放些五谷、糌粑、酥油、糖、麦粒、青稞、香柴放在松叶上，洒点水祈求平安，有些回民还会念藏经。”我们在安南和水磨坊村看到许多回民家门口都有白色香炉。

3. 习俗

迪庆藏族自治州德钦升平镇与香格里拉县建塘镇哈巴雪山下回族穿着打扮，完全与藏族相同，男的喜戴毡帽，冬天戴狐皮帽，穿藏式镶金边的“对塘”和“处巴”。妇女服饰受藏族影响更深，冷热酷暑均穿藏装，长衫外加花边坎肩。首饰一般都是白银打制，有的镶有珊瑚和绿松石。新中国成立后，除节日外，穿藏服的少了。尤其是青年男女，喜欢穿时装，与汉族无异，但老年妇女仍穿藏装。新中国成立前，迪庆回族男女都蓄长发，男子在头中央留一圈长发，编成一条辫子盘在头上。妇女留满发，与藏族妇女一样编成三条辫。在饮食方面，以青稞、小麦为主食，平时一天四餐，晚餐多食大米和面条，其余三餐喝酥油茶、吃糌粑。节日也仿照藏族做“习鲁习洛”、“叭擦”、“梯哄”、饼子、米糕等食品。在住房方面，基本与藏族无异，一般正房两间，一间为伙房，一间为宿舍，宿舍中央有火塘，全家围着火塘就餐，晚上围着火塘铺地而睡，因迪庆属高寒地区，冬季寒冷，夏季多雨，一般火塘彻夜不熄。一楼一般为畜圈。有些回族也像藏族一样，孩子出生后，由家中长辈或请活佛取藏名，也请阿訇取经名。

4. 回藏通婚

迪庆回族以少数者身份入居藏区，他们不可能完全达到族内通婚。环境迫使他们不得不与周围的藏族通婚。回藏通婚是当地回族藏化的一个重要原因。当我们问起香格里拉县吾吕村与旺次卡村由回变藏的原因时，他们大多认为是回藏“开亲”（即通婚）。而德钦县回藏通婚率也非常高，估计在50％以上。一般情况下，两个族群族际通婚率达到10％就算比较高。而德钦县回族一半以上与当地藏族有亲缘关系，即便一个家庭内父母都是回族，他们的儿子也有可能娶藏族媳妇，女儿也可能嫁给藏族。哈巴雪山下龙旺边村和兰家村一百多年前与藏族生活在一起，从现在一些老人仍会讲藏话、穿藏族服装，证明过去与藏族通婚率也是非常高的。后来他们从藏族聚居区迁出，双方之间接触机会少了，相应通婚率可能降低。现在他们居住地与纳西族、彝族村庄比较靠近，两个村庄相距不到2公里，他们不但学会纳西语和彝语，而且与纳西族通婚几率增高。如果将龙旺边村、兰家村与德钦县升平镇回族作比较，龙旺边村和兰家村族际通婚率明显要比德钦升平镇低，这是因为这两个村回族人口较多，族内通婚选择余地较大，不但龙旺边村和兰家村回族青年男女可以通婚，他们还可以选择与60公里外的水磨坊村回民通婚。根据人口结构理论分析，一定地区内某一群体人口规模越小，其族外婚率就越大，反之越小，而且族外婚和他们与其他族群接触机会的多寡有关。

族际通婚所涉及的不仅仅是两个异性个体之间的关系，而且隐含着这两个人所代表的各自族群的文化和社会背景，也反映两个族群之间的关系。可以想象，如果两个族群相互关系紧张，彼此仇视，那么他们成员之间相互接触会受到许多外部限制，在心理上也会形成某种隔阂与障碍。当两个族群之间关系在整体上比较融洽和谐时，他们的成员中才可能出现一定数量和比例的族际通婚。尽管回族与藏族在语言、宗教信仰、风俗习惯方面有较大差异，但进入藏区的少数回族在经历200多年后，被主体民族高度同化，但回族内部仍保留独特的伊斯兰文化特征，他们具有双语和双文化的特征，使回藏之间的大量通婚成为可能。

如果我们将云南迪庆藏回与青海化隆县卡力岗藏回作一简单比较，就会发现，迪庆藏回的形成是回族以少数者身份进入藏区，在强势藏文化的影响下，他们逐渐接受藏族语言、生活习俗，就连建房及生活用具也是藏式的，他们经历一个由回变藏的过程。但迪庆藏回因居住环境不同，与周围藏族接触及受藏文化影响多寡等有关，其藏化程度也不尽相同。如香格里拉县建塘镇的回族历史上长期与藏族通婚，受藏族文化影响最深，他们已彻底藏化，变为藏族。在他们日常生活中，已找不到任何回族文化特征。他们与当地藏族的唯一区别在于他们房顶不插经幡。而德钦县升平镇的回族已经接受大量藏族文化，他们中一部分已不遵守清真饮食习惯，完全变为藏族，一部分家庭成员中既有信仰佛教者，也有信仰伊斯兰教者；有些人既信仰佛教，也信仰伊斯兰教，出现少有的二元信仰。德钦县藏回一方面承认自己是回族，信仰伊斯兰教，每家贴有红纸条幅，上书“主圣护佑”（指真主、至圣穆罕默德护佑）；另一方面家中摆有佛像、班禅画像、菩萨塑像等。有些做金银器的回族，在柜台正中供有佛教菩萨，同时挂有“主圣护佑”条幅，他们认为“天下神灵不分家”。当然也有一部分人，尽管他们语言、生活习俗已完全藏化，但仍在坚守伊斯兰教信仰。而龙旺边村和兰家村回民历经几次迁徙，他们迁出藏区，形成两个相对独立的回族村落，并且人口较多，居住相对集中，藏文化影响也相对减弱。尽管他们生活中还保留许多藏文化遗存，但在外界的帮助下，他们重新学习本民族文化，很快恢复了原有的生活习俗与宗教信仰。

伊斯兰教法研究

论教法创制与文化创新

丁　俊

引　言

在伊斯兰文化史上，有两个重要术语所表达的理念对穆斯林的政治生活和文化生活产生了非常深远而重大的影响，即“吉哈德”和“伊智提哈德”。这两个词都派生于同一个词根，原本是“努力”、“尽力”的意思。而作为伊斯兰文化的专业术语，两个词所表达的都是伊斯兰文化的重要理念，各自包含着互不相同又互相关联的丰富内涵。二者的具体含义虽有不同，但目标却是共同的，即维护和弘扬伊斯兰文化。只有前者而没有后者，穆斯林社会就会失去活力和动力，陷入思想僵化、顽固保守的境地；只有后者而没有前者，穆斯林民族就会失去自己的尊严，任人宰割。“吉哈德”强调对伊斯兰教（文化）的捍卫和保护，具体表现为实际的言行，或持剑上阵，抵御外侮，或口诛笔伐，惩恶扬善，体现的是一种保家卫国、自强不息的奋斗精神；而“伊智提哈德”则强调对伊斯兰教（文化）的准确理解和正确解读，具体表现于思想理论方面的建设，体现的是一种与时俱进、推陈出新的创新精神。二者互补并进，相得益彰，使伊斯兰文化生生不息，绵延不绝。关于“吉哈德”及其内涵，笔者曾有专文论及，[①] 这里就“伊智提哈德”及其内涵和实质作初步探析，就教于各位专家。

---

① 《解读“吉哈德”——兼论构建中国的“东方学”》（载《外语与文化研究·四》，上海外语教育出版社 2004 年版）及《伊斯兰研究中的语汇问题——以“吉哈德”为例》（载《甘肃民族研究论丛·二》，甘肃人民出版社 2005 年版）。

“教法创制”是伊斯兰教法学的重要术语，指的是精通教法的法学权威（mujtahid）竭尽所能，以《古兰经》和圣训的原则精神为依据，对遇到的新情况、新问题作出符合伊斯兰基本原则和精神的独立判断并得出相应的法律结论的推演过程。这种创制实际上是伊斯兰文化的一种自我更新机制，相当于我们今天所说的文化创新。伊斯兰文化正是有赖于这一创新机制而绵延不绝、发展至今的，因此，教法创制是伊斯兰文化的重要传统。遗憾的是，自公元1258年蒙古军队陷落巴格达以来，教法创制之门关闭说在伊斯兰世界广为流传，创制活动从此受到影响，伊斯兰文化逐步踏上一条保守僵化、抱残守缺的衰落之路，渐渐失去昔日那种锐意进取、涵容万象的气度和辉煌。今天，伊斯兰文化面临着严峻的挑战，处于一种现代化的困境当中。怎样有效地重启教法创制这一伊斯兰文化的更新机制，很好地开展文化创新工作，使伊斯兰文化适应新的时代，与时俱进，不断进取，是包括中国穆斯林在内的全体穆斯林民族面临的重要而迫切的任务。

一　教法创制的实质是文化创新

“教法创制”是伊斯兰教法学术语“伊智提哈德”（al-Ijtihad الاجتهاد）的汉语意译，又译“独立判断”、“教法演绎”等，指的是精通教法的法学权威（mujtahid）竭尽所能，以《古兰经》和圣训的原则精神为依据，通过公议、类比、推理等方法，对遇到的新情况、新问题作出符合伊斯兰基本原则和精神的独立判断并得出相应的法律结论的推演过程。

伊斯兰教法的基本法源是《古兰经》和圣训，其次是“公议”（ijma‘，伊智玛尔，又译“佥议”、“公议”、“决议”）和“类比”（qiyas，格亚斯，又译“援例”、“比论”、“推论”）。公议指的是在没有具体经训明文的情况下，权威法学家根据经训精神和大众民意作出的一致判断；类比指的是对某一问题在没有直接经训明文的情况下，依照经训中类似的判律，举一反三，作出判断。此外，还有“因循”（taqlid，泰格利德，又译“仿效”）、“公益”（istislah，伊斯提斯拉赫）、“惯例”（‘urf，欧尔夫）、“优选”（istihsan，伊斯提哈桑，又译“佳纳”、“唯美”）等诸多辅助性方法。对于这些方法，不同学派运用的程度和范围不尽相同。

教法创制就是本着经训精神，运用这些方法推演新的教法律例的思想活动。伊斯兰法学家一致认为，教法创制只能在经训明文没有明确涉及的范围内进行，同时，创制者还必须具备一系列严格的条件，要有渊博的知识，特别是要具备古兰学、圣训学和教法原理等伊斯兰传统学科的知识，要精通阿拉伯语，另外，为人要刚正不阿，公正诚实，信仰虔诚，要理解自己所处时代的各种问题，这些都是创制者自身应具备的内在素质。此外，还要有良好的外部条件，即具有自由、宽松的政治和舆论环境。在创制者之间允许分歧的存在，也允许创制者出现失误，因为任何人都有可能出错。

上述法学意义上的教法创制只是狭义的创制，还有广义的创制，即旨在使伊斯兰保持纯正并成功应对各种挑战、适应不同时代和各种环境而进行的一切思想活动，都是创制，其根本宗旨是正确理解伊斯兰的核心精神，弘扬和发展伊斯兰文化，使之与时俱进，历久弥新。

从本质上讲，教法创制实际上是伊斯兰教的一种自我更新机制，也是伊斯兰文化的重要特征。伊斯兰教特别鼓励创制工作。创制原则是直接源于《古兰经》和圣训的基本精神。《古兰经》中有这样一节经文："……假若他们把消息报告给使者和他们中主事的人，那末，他们中能推理的人，必定知道当如何应对。"① （4：83）经注学家解释"能推理的人"即指进行创制的人。事实上，创制机制早在穆罕默德先知在世时即已确立，先知本人及其圣门弟子中的不少人都曾致力于创制工作。有不少圣训讲到创制并鼓励创制者，如圣训中说："在无天启的情况下，我（先知）常凭借见解在你们当中进行裁判。"先知曾派遣圣门弟子穆阿兹到也门去任职，行前问他："遇到问题你如何处理？"穆阿兹回答说："我依据真主的经典（即《古兰经》）裁决"，先知问："要是在真主的经典中找不到依据呢？"穆阿兹说："那么便依据真主使者的圣训"，先知又问："要是在圣训中也没有依据呢？"穆阿兹说："我会根据自己的见解去创制。"穆阿兹传述说："于是先知拍拍我的胸，并且说：赞颂真主——他使真主使者的使者获得成功。"（《艾布·达吾德圣训集》）圣训中还说："法官裁决时努力创制，得出正确的结论，可得两份回

① 马坚译：《古兰经》，中国社会科学出版社 1996 年版，第 70 页。

报，得出错误的结论，则得一份回报。"（《布哈里圣训实录》）得出错误结论所得的回报，就是进行创制的回报，可见，鼓励创制是《古兰经》和圣训的基本精神之一。

正是有赖于教法创制这一重要机制，伊斯兰文明才得以绵延发展千百年而仍具活力，成为一种"流动的智慧"，使"伊斯兰教法成为一本永不合闭的书"，《古兰经》和圣训是正本，阐明了总则，公议和类比是附件，表达出灵活性，创制则是对正本和附件的颇具操作性的具体运用。通过创制，"使伊斯兰的过去、现在和未来汇成一条滚滚无尽的大河，使从生命源头来的活水，朝前奔向人类现世生活的大海"，"'神意的法律'沙里亚，借助了'公议'和'类比'，把神意与人意、过去与现在、理想与现实、本民族与异民族、共同性与个别性、时间和空间统统连接在一起，使伊斯兰具有自我调适自我更新的能力。"① 因此，从广义上而言，教法创制的实质就是今天我们所说的文化创新。

二 教法创制是伊斯兰文化的历史传统

创制是伊斯兰文化实现自我更新的重要机制，是伊斯兰文化的重要传统之一，圣训中讲："真主每过百年都会为这个民族派遣维新家革新宗教。"（《艾布·达吾德圣训集》）这里，"百年"并不是实指，而是一种修辞学上的表达方法，意在说明每过相当一段时期，社会发展变化了，宗教也要及时刷新，从而使之与时俱进，永葆青春活力，不失原本的纯正性。本着这样的精神，千百年来，一代又一代的伊斯兰学者、法学家和思想家在教法创制领域做出了巨大的努力，融会贯通，推陈出新，既维护了伊斯兰文化的纯洁性，又使伊斯兰文化充满生机和活力。艾布·哈尼法（公元 700—767 年）、马立克·本·艾奈斯（约公元 715—795 年）、沙斐仪（公元 767—820 年）、艾哈迈德·罕百勒（公元 780—855 年）、安萨里（公元 1058—1111 年）、伊本·泰米叶（公元 1263—1328 年）等，都是在历史上在教法创制领域卓有建树的

① 高惠珠：《阿拉伯的智慧：信仰与务实的交融》，浙江人民出版社 1995 年版，第 174 页、178 页。

杰出代表。艾布·哈尼法、马立克、沙斐仪、艾哈迈德·罕百勒各自创立了独具风格的伊斯兰教法学派，即伊斯兰教法史上著名的四大“曼兹罕布”（教法学派），四大学派既坚持共同的原则，又各具特色，自成体系，相互补充，相得益彰，共同构成了世界著名五大法系之一的伊斯兰法系。

中国穆斯林也秉承伊斯兰文明注重推陈出新、因时因地制宜的传统，为使伊斯兰文化植根于中华大地，在创制方面做出了艰苦的努力。唐宋元以来，伊斯兰教成功地移植于中国，具有鲜明中国建筑风格的清真寺遍布各地，穆斯林在中国的政治、经济、外交、军事、科技、文化等领域颇多建树；到明时，“回回”人不断华化，对自己本民族的文化传统日趋疏远，以致出现“经文匮乏，学人寥落”的局面，回回人中的一些有识之士，开始探求保存和弘扬本民族固有文化的途径。于是，以陕西胡登洲（公元1522—1597年）为代表的伊斯兰教经学家首创了经堂教育制度。经堂教育在长期的发展过程中形成了比较系统的教学体系，有统一的教材和相对稳定的教学模式，还创设了一套讲习阿拉伯语语法、修辞及伊斯兰教教法的特殊经堂用语，传承数百年，绵延不绝，在我国穆斯林的文化创新方面作了艰苦的探索，培养出不少颇有造诣的经师，使被称为“天方之学”的伊斯兰文化研习在中国得以长期开展，也使伊斯兰教在中国得以广泛流布。经堂教育实际上是一种文化交流和文化传播的方式，也是文化创新的一种努力和尝试。

明清之际，中国穆斯林所开展的另一值得称道的文化创新活动，是素以“以儒诠经”著称的伊斯兰教汉文译著活动。以王岱舆（约公元1573—1658年）、马注（公元1640—1711年）、刘智（约公元1660—1730年）、马德新（公元1794—1874年）等为代表的一批回族学人，学贯中外，博通四教（伊、儒、释、道），他们以毕生的精力著书立说，致力于“用儒文传西学”，“本韩柳欧苏之笔，发清真奥妙之典”，借用大量儒、释、道（特别是儒）的术语，以典雅的汉语阐发伊斯兰教义，介绍和研究伊斯兰文化。“以儒诠经”活动以伊斯兰教的基本原则为基础，充分吸纳宋明理学，着力构建“回儒一体”的思想体系，认为“回儒两教，道本同源，初无二理”，用今天的话说，就是开展文明对话和文化创新活动，以期达到“各美其美，美人之美，美美与共”（费孝通先生语），和而不同的境界。只是由于历史条件所限，使这种文明对话的努力和尝试并未引起当时主流学术界的重视。

然而，“以儒诠经”活动在中国学术史、思想史上理应占有重要的位置，其独特的意义和价值直到今天才被学界有识之士所称道，例如，当代新儒学的代表人物之一杜维明先生就认为，王岱舆、刘智等人的工作不啻是思想史上惊天动地的大事，因为在17世纪之前，伊斯兰文化最具原创性的均是阿拉伯语或波斯语的论著，而王岱舆、刘智等人竟成功地使古代汉语也成为阐发伊斯兰神学思想的工具，而且更具哲学意味。杜先生还将刘智等人与利玛窦（Matteo Ricci，公元1552—1610年）作了比较，认为中国和西方学界实际上都没有认识到在17世纪还有比利玛窦在中外文化的比较研究方面更有贡献的人，那就是王岱舆、刘智等人。特别是刘智，他在哲学和神学领域的建树远远高于利玛窦，且与利玛窦迥然不同。利玛窦的目的是企图宰割和消解宋明理学，使其回到先秦，这是对中国知识分子的一种侵犯，很具侵略性，这一点，可以从利玛窦写给梵蒂冈的密信中看出来；而刘智等回族学人则不同，他们是中国人，是中国的穆斯林学者，对儒学的态度是去吸收和消化，而不是去割裂，在他们的研究中做到了视阈的融合，特别是对宋明理学的理解，十分到位和透彻，绝不亚于17世纪的任何一位汉族学者。[①]

总之，中国穆斯林开展的“经堂教育”和“以儒诠经”活动，都是中国伊斯兰文化史上的壮举，建树不凡，意义深远。按照伊斯兰文化的术语说，胡登洲、王岱舆、刘智、马德新等人实际上都在从事艰苦的“创制”工作，旨在使伊斯兰教适应中国这个新的环境，适应中国社会的发展，教堂教育的创设是制度创新，以儒诠经则是思想创新。同时，这些活动的意义并不局限于回族伊斯兰文化的建设和创新方面，从整个中华民族的视阈中看，也是对中华文化的一种丰富、发展和创新，在中华民族多元一体的文化格局的形成和发展进程中，在中外文化的沟通和交流方面，在中国思想文化史上，都具有重要而独特的价值和意义。

---

① 杜维明：《回儒对话的哲学涵义：以王岱舆和刘智为例》。这是杜先生在2005年11月18日在银川召开的“文明对话与文化自觉国际学术研讨会”上的主题演讲。这里的引述系根据笔者所记笔记，若有不当，敬请杜先生雅正。

三 与时俱进，重启创制是穆斯林民族文化创新的当务之急

人类文明，包括伊斯兰文明的发展历史证明，全部文明的发展史，实际上就是创新活动的发展史。一个民族、一个国家只要勇于创新，善于创新，就会不断发展，日益强盛，其文化也会充满生机和活力；而抱残守缺，因循守旧，就会走向落后，其文化发展也会江河日下，日趋没落。因此，创新对于如何一个国家或民族及其文化的发展都是至关重要的大事，穆斯林民族和伊斯兰文化也不例外。尤其是在今天，穆斯林民族面临着谋求发展的迫切需求，重启创制，开展文化创新是穆斯林民族的当务之急。

之所以强调要“重启创制”，是因为自公元13世纪（1258年）蒙古人灭阿拔斯王朝以来（又一说认为甚至更早一些，即自10世纪或11世纪以来），伊斯兰世界一直广泛流传着“创制之门关闭”的说法，此说最初由何人具体提出尚不可考。伊斯兰学者对“关闭说”历来有不同的意见。有些比较保守的学者认为，伊斯兰教法的理论体系业已完善，创制之门因此也已关闭，他们强调要严格遵循古代的教法判例，要保护伊斯兰文化遗产不受任何篡改，关闭创制之门就是对文化传统的一种最保险的保护（其实这是一种消极的保护）；也有人认为，“关闭说”仅仅指的是宗教功修方面的创制，诸如礼拜、斋戒、朝觐等具体宗教功课方面的有关教法判断前辈学者业已完成，无需再作创制，而对于有关政治、经济、社会生活等方面的事务，创制之门不能关闭，因为人类社会处于不断发展变化之中，不同的时代有不同的问题，各种新情况、新问题会随着社会的发展而层出不穷，如何面对新形势，解决新问题，需要法学家不断进行创制工作，从而对这些新情况和新问题作出符合伊斯兰原则的具体裁判；也有些学者，特别是近现代以来的一些学者认为，创制是伊斯兰教的自我调适和更新机制，也是《古兰经》和圣训中强调的一项基本原则，创制之门永远不会关闭，也不可能关闭，任何人也无权关闭，他们认为“关闭说”的初衷实际上只是对当时伊斯兰文化所遭受的创伤的一种哀叹，因为蒙古人的入侵使大量伊斯兰文化典籍毁于战火，众多学者惨遭屠戮，于是便有人悲叹，伊斯兰文化已无人也无法开展创制了，创制

之门恐怕从此关闭了。

无论怎样，“关闭说”毕竟产生了深远的影响，使此后伊斯兰文化的创制活动受到很大的限制。随着“关闭说”的流行，伊斯兰文化实际上开始踏上了一条保守僵化、抱残守缺的衰落之路，渐渐失去了昔日那种锐意进取、涵容万象的气度和辉煌。

尽管如此，在伊斯兰世界，教法创制和文化创新的努力和尝试实际上并未中断。数世纪以来，特别是近、现代以来，由于阿拉伯伊斯兰世界内忧外患的日益加深，各种政治、经济和社会问题日益突出和尖锐，于是，不断有高瞻远瞩的维新家和思想家涌现出来，坚决反对“关闭说”，坚持创制原则，前赴后继，愈挫愈奋，在维护伊斯兰文化纯正性的基础上，不断致力于穆斯林社会的革故鼎新，为伊斯兰文化的创新和发展作出了重要奉献。如阿拉伯半岛的阿卜杜·瓦哈卜（公元1703—1792年）、马格里布（阿尔及利亚）的塞努西（公元1791—1859年）、也门的邵卡尼（公元？—1834年）、阿富汗的哲马鲁丁·阿富汗尼（公元1838—1897年）（阿富汗尼的活动范围遍及伊斯兰世界）、埃及的穆罕默德·阿布笃（公元1849—1905年）、印度次大陆的穆罕默德·伊克巴尔（公元1877—1938年）等，都是力主重启创制且卓有建树的杰出思想家。

其中伊克巴尔对“关闭说”提出了最为严厉的批评，并从伊斯兰基本思想理论的高度阐述了不断进行创制的合理性和必要性。伊克巴尔曾留学于英国牛津大学和德国慕尼黑大学，获慕尼黑大学哲学博士学位。作为南亚次大陆伊斯兰教现代改革思潮的代表性人物，也是巴基斯坦伊斯兰共和国的精神之父，伊克巴尔不仅熟谙伊斯兰文化，而且精研西方哲学思想和历史文化。伊克巴尔毕生致力于穆斯林社会的改革和思想建设，极力倡导重启教法创制，主张穆斯林社会必须与时俱进，跟上时代的发展，特别强调传统的伊斯兰思想要与现代科学相融合。他在《伊斯兰教思想的重建》一书中就着力论述了穆斯林社会需要革故鼎新的改革思想。伊克巴尔认为，伊斯兰教从本质上讲就是一种文化运动，而创制是伊斯兰教（文化）的一个“运动原理”，这一原理是伊斯兰文化不断发展的动力和源泉，必须依据这一原理，结合现代科学知识，重新梳理穆斯林的思想，推陈出新，使穆斯林社会适应时代的发展，从而实现伊斯兰思想的重建。而所谓“创制之门关闭之说纯属虚构，它一方面使人联想到伊斯兰教法学思想的成熟阶段，同时也使人联想到思想懒惰，这种懒惰在一个精神萎靡时期使伟大的思想家们变成了木偶。”① 南亚次大陆在20世纪初开展的一系列思想文化运动，以及后来巴基斯坦伊斯兰共和国的建立，都在很大程度受到伊克巴尔思想的影响。

中国穆斯林在进入20世纪后，也开展了一系列重要的文化创新活动，包括经堂教育的改革、新式学校的创设、留学生的派遣、学术著作的出版、报纸杂志的发行等。辛亥革命推翻清王朝，中国社会发生了翻天覆地的变化，特别是五四新文化运动的兴起，使学术界劲吹起一阵阵清新鲜活的空气。全国各地的穆斯林也顺应时代潮流，倡导革新传统经堂教育，兴学育才，中国穆斯林的文化活动呈现出前所未有的新气象。王皓然（公元1848—1919年）阿訇首倡革新传统经堂教育，新式伊斯兰学校以及各种介绍伊斯兰文化的报刊如雨后春笋般在全国各地创办，其中如北京成达师范（1925年）、上海伊斯兰师范（1928年）、云南明德中学（1929年）等开展的新式教育卓有成效，成功地培养出一批适应时代发展的穆斯林新型人才，其中如马坚等不少人甚至成为日后国家在文化、教育、外交等领域的栋梁之才。

新式伊斯兰学校打破了传统经堂教育封闭僵化的教学模式，使伊斯兰文化的研习活动从延续了数百年的传统经堂中走了出来，进入到具有现代意义的学校课堂，教学理念、方法和目标等都与传统经堂教育有了明显区别，尤其强调学生实际能力的培养，注重对汉语及新文化知识的学习和国家观念、公民意识的培育。

这时期，涌现出许多杰出的伊斯兰学者，诸如杨仲明（公元1870—1952年）、达浦生（公元1874—1965年）、王静斋（公元1879—1949年）、哈德成（公元1888—1943年）、马松亭（公元1895—1992年）、庞士谦（公元1902—1958年）、马坚（公元1906—1978年）、白寿彝（公元1909—2000年）、纳忠（公元1910年—　）等，他们的大量学术文化活动不但拓宽了伊斯兰文化研究的领域，提升了研究的层次，而且使中国穆斯林的视野大为开阔，使中国伊斯兰文化焕发出新的生机。值得注意的

---

① Muhammd Iqbal, *The Reconstruction of Religious Thought in Islam*, Cambridge University Press. 1962, p. 178.

是，在这时期中国穆斯林开展的一系列学术文化活动中，还始终贯穿着救亡图强的时代精神和赤诚的爱国热情，洋溢着浓郁的国民意识和文化自觉意识，体现出中国穆斯林意欲复兴包括回族在内的中华民族的强烈使命感和责任感。

20世纪以来中国穆斯林开展的形式多样的文化运动，其实质也是为了使伊斯兰文化更好地适应中国社会的新形势、新变化，使广大中国穆斯林跟上时代的发展，从广义上说，这些文化活动也是一种创制活动，实际上就是文化的创新工作，在中国伊斯兰文化发展史上无疑具有重要的意义。

当今的伊斯兰世界遭受着专制独裁、霸权主义以及包括国家恐怖主义在内的各种形式的恐怖主义、极端主义之害，在政治、经济、文化等各方面都面临着前所未有的危机，穆斯林民族在全球化和科技进步的大环境下面对着更加严峻的挑战，伊斯兰文化处于一种现代化的困境当中。因此，怎样有效地重启伊斯兰文化的更新机制，很好地开展创制工作，使伊斯兰文化适应新的时代，与时俱进，不断进取，是今天的穆斯林民族面临的重要任务，因为前人没有也不可能为后人解决所有的问题。

这一点，实际上已经成为当代阿拉伯伊斯兰世界许多学者和有识之士的共识，他们都在为此呐喊，著书立说，积极推动文化创新。例如，埃及著名学者优素福·盖尔达维الدكتور يوسف القرضاوي就是其中最具代表性的一位，他强调，启动教法创制是当代穆斯林民族迫切的现实必需，穆斯林如果抱残守缺，不思进取，就会落在历史的后面，而抛弃传统和伊斯兰的基本原则，失去所以称之为伊斯兰的特征，就会最终消失在历史长河中。穆斯林要正本清源，在继承传统、坚持伊斯兰的核心价值观念的同时，与时俱进，开拓创新，伊斯兰文化不应也不会被抛在历史的后面，更不会在历史中消失，伊斯兰应是永远新鲜的、年轻的面孔，而不是陈旧的木乃伊，伊斯兰不是一个有限的时空概念，不是需要恢复的一段历史，“伊斯兰是过去，是今天，也是未来。”① 有些学术机构还召开有关“教法创制”的专题学术会议，着重研

① ［埃及］优素福·盖尔达维：《从颓废极端到中正和谐》(من الغلو و الانحلال إلى الوسطية والاعتدال)，载《新世纪：伊斯兰的未来——约旦皇家伊斯兰思想研究院第12届年会论文集》，安曼，2002年8月，第47页。

讨如何有效地重启教法创制的问题。

就是一些非穆斯林国家的穆斯林少数民族，也在致力于创制工作，积极开展文化创新活动，探讨解决自身面临的诸多问题的方法，寻求既要做合格的穆斯林，又要做合格的公民之间的平衡。例如，2000 年，欧洲和美国的穆斯林学者理事会（Councils of Muslims Ulamas）做出教法判定，认为居住在西方的穆斯林可以通过按揭方式购房，因为这是他们实际生活的必需；2004 年 3 月 19 日，美国和平研究所和伊斯兰与民主研究中心（the United States Institute of Peace and the Center for the Study of Islam and Democracy）还联合主办了“伊智提哈德：伊斯兰原则在 21 世纪的新解读”（Ijtihad：Reinterpreting Islamic Principles for Twenty-first Century）的专题讨论会。

具体到中国穆斯林，同样面临着适应时代发展、实现文化自觉和文化创新，从而与中华各民族及其多元文化共存共荣，和谐发展的艰巨任务。伊斯兰文化很早就传入中国，伊斯兰文化与中华文化的相互交流历史悠久，堪称人类文明交往的典范。中国有 10 个少数民族信仰伊斯兰教，伊斯兰文化对这些民族产生了深远的影响。回回民族就是伊斯兰文化与中国文化相互交流的结果，回族是在中国大地上形成的一个新的、年轻的民族。回族的文化起点很高，自其诞生之日起，便跨越了当时世界上最为显赫辉煌的文化——伊斯兰文化和中华文化，要是没有伊斯兰教在中国的传入，就不会有回回民族，同样，要是没有中华文明，没有中华大地，也不会有回回民族。

然而，不幸的是，由于种种原因，回回民族“在曲折坎坷的历史道路上”“从文化的高起点上逐渐跌落下来了。特别是清末咸同之际，回民起义失败，西南、西北回族农业经济基础被严重破坏，千百年的回回商业优势也失势了，劫后回民大都流为穷乡僻壤的佃农或城市贫民，出卖苦力之余兼以小商小贩糊口。经济上的穷困，更加速了文化的衰落。回回天文学、回回医学这两门回回独有的学问无人过问了。就连像清朝初年给马注《清真指南》赠诗的精通阿拉伯文又能写一手典雅的五七言诗的这样的伊斯兰教长也不多见了。回顾历史，瞻仰先辈，我们当自识、自悟、自尊、自强，追踪先辈以知识为财富的传统，在祖国现代化的伟大事业中，振兴民族的经济文化，以求民族繁荣昌盛。”① 因此，如何继承和发扬本民族优秀的文化传统，致力于文化创新，进一步提升本民族的文化水准，为包括回族人民在内的整个中华民族的复兴大业做出应有的贡献，是时代赋予全体中国穆斯林的重大使命。

纵观历史，当代中国穆斯林处于历史上最好的发展时期，但也面临着诸多问题，特别是自身发展和文化建设方面的问题，大到贫困问题、教育问题，小到经堂教育的改进、新型伊玛目的培养等。值得我们反思的问题很多。例如，许多清真寺聚礼日讲演的内容至今十分陈旧，甚至是中世纪的内容，没有一点时代气息。一位阿拉伯朋友告诉笔者，他在沿海某大城市一清真寺参加星期五聚礼，听到的讲演令他困惑不解，原以为中国穆斯林的思想很现代，没想到依然停留在古代，与现代生活完全脱节。再如这几年不少地方有穆斯林反复朝觐，花费大量财力，而自己身边的教育、文化、贫困问题却异常突出，他们也许不清楚朝觐只是终身一次的主命，也许对于身边的问题无动于衷；更有一些地方不同教派之间竞相修寺，清真寺越建越豪华，而豪华清真寺周边的农村仍然十分困难，教育文化非常落后，能够适应现代生活的各类穆斯林人才奇缺，更谈不上文化的创新。中国穆斯林需要新时代的胡登洲、王岱舆、刘智……需要今天的马万福、达浦生、王静斋、马坚……也需要新时代的赛典赤·赡思丁、郑和……中国穆斯林怎样与时俱进？怎样更好地适应和跟上时代发展？怎样摘掉文化落后的帽子？怎样开展文化创新？这些都是值得我们深入思考和认真研究的重大问题。

结　语

纵观阿拉伯伊斯兰文明发展到今天的漫长历程，可以看出，为了适应时代的发展，作为文化创新机制的“创制”工作实际上始终没有停止，只是起起落落，盛衰无定，有时候表现出涵容万象、锐意进取的精神，有时候则显得瞻前顾后、步履蹒跚。然而，在当今伊斯兰文明面临各种挑战和危机的严

① 杨怀中、余振贵主编：《伊斯兰与中国文化·题记》，宁夏人民出版社 1995 年版，第 5 页。

峻时刻，强调有效地重启“创制”这一更新机制，全面开展文化创新，坚持与时俱进，业已成为当代阿拉伯伊斯兰世界的广泛共识。具有悠久历史的阿拉伯伊斯兰文明，绵延一千多年，经历过无数的劫难和考验，在极其复杂曲折的环境中得以生存和发展。有理由相信，在经过一段时间的自我调适和更新之后，阿拉伯伊斯兰文明在国际文明对话的大舞台上仍会扮演重要的角色，阿拉伯伊斯兰世界的人民，“在现代世界觉醒的、前进的各独立民族中间已经有了自己的位置。他们有着丰富的文化遗产，有着无比的石油资源，他们对于人类的物质和精神进步，一定会作出重大的贡献。”①

原载《阿拉伯世界研究》2006年第5期，
中国人民大学复印资料《宗教》2006年第6期全文转载

① ［美］希提著，马坚译：《阿拉伯通史》，商务印书馆1990年版，第904页。

论伊斯兰教与“神圣律法”伊斯兰法的辩证统一

马玉祥

宗教和法是既相互联系，又相互区别的两个社会历史范畴。宗教解决的是人的信仰问题，属于意识形态范畴，同时也是国家用法律来保障的人们的一项基本社会权利。宗教的基本教义包括基本信仰、宗教义务和戒律等。无论是宗教规定或是国家法律规定，宗教信仰由人们自由选择，绝无强迫。法是规范人们行为的准则，是以国家名义制定或认可的、具有国家强制力的行为规则的总和。研究宗教和法的关系，特别是研究伊斯兰教和法的关系时，不难发现宗教和法往往交织在一起。在伊斯兰教的发展历史上，宗教的传播和发展几乎与教法的确立和发展同步进行。伊斯兰教作为一种“天启宗教”向世人昭示其基本教义和戒律是真主的警告和命令，是律法。作为教法本体的“沙里亚”又是以伊斯兰教的全部教义为内容，以真主降示的《古兰经》及先知的圣训等为法律渊源的，体系结构与一般法律迥异的宗教法系。本文拟从伊斯兰教法的统一性、整体性角度研究伊斯兰教法与一般法的联系和区别，以探究伊斯兰法的发展演变的趋势。

一 伊斯兰教是“天启宗教”,《古兰经》是真主降示给人类的最后一部经典,它规定了伊斯兰教的基本教义和信仰基础,是伊斯兰教法最根本的立法依据和最主要的法律渊源

“伊斯兰”（al-Islam），意为“和平”、“顺从”，即顺从和信仰宇宙独一

的主宰安拉（Allah）及其意志，以求得两世的和平与安宁。信仰伊斯兰教的人被称为“穆斯林”（Muslim），指顺从安拉及其意志的人，或称其为“顺从者”。

伊斯兰教在公元7世纪兴起于阿拉伯半岛。在此以前，阿拉伯半岛还处在原始氏族部落时代。公元610年伊斯兰教的先知穆罕默德（Muhammad，约公元570—632年）接受真主安拉的启示受命为圣，开始了艰苦卓绝的传教活动。先知要求人们放弃原始部落宗教和多神教崇拜，而以安拉为归宿，奉安拉为宇宙独一的真宰。

先知使这些迷误者走出了黑暗与蒙昧，于是信奉伊斯兰教的队伍日益扩大，同时也引起了麦加贵族的仇恨与惊恐。公元630年由先知率领穆斯林大军进逼麦加城下，迫使麦加贵族投降。于是先知在穆斯林民众的基础上建立起政教合一的穆斯林公社，并在此基础上建立了统一的阿拉伯伊斯兰国家。

公元632年，先知穆罕默德逝世后，伊斯兰教进入“四大哈里发时期”。随着统一的阿拉伯国家的对外征服，伊斯兰教迅速向外广泛传播。自公元661年起，伊斯兰教进入阿拉伯帝国时期，历经伍麦叶王朝和阿拔斯王朝，地跨亚、非、欧三大洲，伊斯兰教成为帝国占统治地位的宗教，经济和学术文化得到空前的繁荣和发展。

伊斯兰教的迅速传播和阿拉伯半岛的伊斯兰教化，特别是伊斯兰教由阿拉伯民族这一单一民族的宗教发展成为世界众多民族的共同宗教和共同信仰，其根源在于伊斯兰教自身，在于它有一部“作归顺者的向导、恩惠和喜讯”的《古兰经》(16：89)。《古兰经》规定了伊斯兰教的基本教义、确立了伊斯兰教的基本信仰和必须履行的各项宗教义务及善行。伊斯兰教的基本信仰是“认主独一”的“伊玛尼”正信，它包括六大信仰：信安拉、信天使、信经典、信使者、信后世和信前定。伊斯兰教规定的宗教义务是以“念、礼、斋、课、朝”五功为主体的基本功课。善行是在认主独一和承认穆罕默德是真主的使者，同时又要谨守五功的基础上要求穆斯林必须抑恶扬善、操行正道的伦理道德行为的准则。基本信仰、基本宗教义务和善行三者构成了伊斯兰教的基本教义。在基本信仰即六大信仰中，“认主独一”和“承认穆罕默德是真主的使者”是核心和总纲。清真言（al-Kalimah al-Tayyibah）音译“凯利迈·泰伊拜”，即“美好的语言”——“万物非主，唯有安拉，穆罕默德是主的使者。”这是穆斯林正信的基石和信仰的核心。

伊斯兰教的宗教义务（伊巴达特）就是《古兰经》命令穆斯林必须履行的五功。（1）念证言，“我作证：除安拉外，再无受拜的；我又作证：穆罕默德确是安拉的仆人和使者。”这是成为穆斯林的誓言，是对真主独一和先知的使者地位的公开表白。（2）礼拜（撒俩特），即祈祷，是伊斯兰教的五功之一，是穆斯林向安拉归顺、感恩、赞颂、祈求和忏悔的宗教义务与仪式。（3）斋戒，是伊斯兰教五功之一，安拉命令穆斯林在每年伊历9月（莱麦丹月）斋戒一月。（4）天课，是穆斯林必须履行的一项义务。当穆斯林个人财产或收入达到一定数额时则必须按一定的税率缴纳税赋。“天课”，阿语称“则卡提”（Zakat），系净化、发展之意。教法上指施舍财富、接贫济困，净化人性中固有的悭吝性，阐发恻隐同情仁爱之心，以净化其资财，获得两世的吉兆。（5）朝觐，阿语为“哈吉”（Haji），原意为“向着崇高的事业”，即在特定的时间、场所，进行特定的仪式。伊斯兰教规定教历每年12月为朝觐月，而这个月的9、10两日特别重要，是举行大朝之日。朝觐的场所是麦加及其近郊、米纳山谷和阿拉法特山等地，特定的仪式就是朝觐仪式。除以上五功外，穆斯林必须履行的宗教义务还包括圣战、遵行教法规定的生活习俗、婚丧礼仪、财产继承、商业活动以及禁食自死物、血液等不洁之物的戒律等。宗教义务是伊斯兰教基本教义的组成部分，也是伊斯兰教法规定的义务体系。善行属于伦理性的行为，是引导人们敬畏真主、谨守拜功、完纳天课、匡扶正义、制恶扬善、扶困济难、友善处世的美德操行，是穆斯林守正、正己和自洁的自我修养及自我完善。《古兰经》是穆斯林在今世的“生活法典”，遵行《古兰经》的各项规定，穆斯林在坚固信仰的基础上使其品格升华完美，达到道德的、宗教的和世俗法律的规范及要求。

二 伊斯兰法是真主的法度，是伊斯兰教规定的法律体系的统称

14世纪伊斯兰教历史学家伊本·赫勒敦认为，伊斯兰教法是：“认识安拉对承担宗教义务者要求必须的、不许做、鼓励做和受谴责及无所谓行为的法律的规定。”伊斯兰法以安拉的启示汇集而成的《古兰经》以及圣训为依据为法源，又称“安拉之法”或“神圣律法”。由于教法的形成与伊斯兰教、

阿拉伯政教合一国家的形成几乎是同步的，《古兰经》及先知的圣训首先作为最主要的宗教法典而存在，而后被确认为教法渊源和立法的依据，这就决定了伊斯兰教法的宗教性质以及宗教规范、伦理规范与法律规范融为一体的特点。而阿拉伯帝国时期哈里发政府颁布的行政法规和各类地方习惯被伊斯兰化、法律化的过程以及后世教法学家和哈里发政权主张的“公议”、“类比”、“创制”等法律原则和法律形式则是伊斯兰教法系统化完善化的又一特点，这就是伊斯兰教法作为独树一帜的宗教法系形成的历史渊源。

伊斯兰法系是法制史学上的概念，凡是以《古兰经》和圣训以及公议、类比等为法源而形成的法律规范及其体系均属于伊斯兰法系。体现安拉意志的法度和具有伊斯兰文化特点的伊斯兰法系无论在法的阿拉伯语文化形态、宗教信仰、民族心理素质所具有的共同文化形态上，还是法的表现形式、逻辑结构以及立法和审判方式上等都具有共同性。因而这一法系、这一文化方式曾超越时空、地域与民族界限，至今仍在西亚、北非、中亚、南亚、东南亚乃至欧美广泛传播，有许多国家甚至以伊斯兰教为国教，适用伊斯兰法。

伊斯兰法系最初由精通《古兰经》和圣训的宗教学家和法学家共同创制，为哈里发国家首肯并被确立为教法体系而适用。伊斯兰法系源自安拉的意志——“沙里亚”（Shariah），故又称“沙里亚法”。“沙里亚”原意为“通向水泉之路”，泛指“道路”、“行为”，引申为“正道”、“常道”，系指经、训规定的各种规范、戒命的总称，是穆斯林必须恪守的宗教义务。

安拉在《古兰经》中说：“我使你遵循关于此事的常道。你应当遵守那常道，不要顺从无知者的私欲。”（45：18）“我已为你们中每一个民族制定一种教律和法程。如果真主意欲，他必使你们变成一个民族。但他把你们分成许多民族，以便他考验你们能不能遵守他所赐予你们的教律和法程。”（5：48）教律和法程就是沙里亚，可见沙里亚包括教法实体、教法的内容与程序。伊斯兰法系不仅是内容与程序的统一，而且还是教法实体与教法学科体系的统一。沙里亚是伊斯兰教法的本体，是伊斯兰法的专门称谓。伊斯兰法作为一门宗教学科则被称为“伊（尔）里姆·菲格海”（Eilim al-figh）。其原意为“学问”、“学识”，指对安拉戒命的“理解”、“认知”、“解释”等，在教法学上专指权威的教法学家们独立运用自己的学识和安拉赐予的智慧，依据《古兰经》、圣训、公议和类比原则，结合社会实际，创制符合主道圣教和穆斯林实际需要的教法规程。

1. 伊斯兰法的法理基础及渊源——《古兰经》立法

《古兰经》是伊斯兰教的最重要的经典和教法的基础。被誉为“安拉的法度”、“安拉的定制”的《古兰经》，立法博大精深，是伊斯兰法的最重要的渊源和立法的最高依据。《古兰经》教律，包含着极为丰富的法学思想、法律原则、伦理规范，体现了伊斯兰法治的特色。《古兰经》共计30卷，114条，6200余节。《古兰经》的全部启示是安拉先后在麦加和麦地那降示给先知穆罕默德的。在麦加降示的篇章多以教义为主题，占全经的2/3；在麦地那降示的篇章多以教律和有关社会问题的主张为主题，占全经的1/3。在《古兰经》中具有法律内涵的律例约有600多节，占全经的1/10，而其中关于教义、礼仪制度的教律，约有400余节；关于社会立法的律例约有200余节。《古兰经》教律涉及民商、刑事、婚姻家庭、遗产继承、司法及审判程序、国家体制、国际关系、战争与和平等各个领域。

关于婚姻家庭律例，《古兰经》限制伊斯兰教以前的一夫多妻制的习俗，提出了以一夫一妻制为原则，在丈夫能公平对待各房妻子的情况下以纳妻四房为限的规定；禁止近亲结婚并具体规定了九种禁婚的情况；聘仪是缔结婚姻关系必备的条件；关于休妻、离异以及待婚期限和守制的规定；废除蒙昧时期溺死女婴和残酷处置妇女，尤其是处置遗孀命运的陋习等。

关于遗产继承律例，《古兰经》规定了以“份额继承制”即法定继承制为基础来处分亡人遗产的原则，在清偿亡人生前债务后男子和女子都有权“享受父母和至亲所遗财产的一部分”、“各人应得法定的部分。”（4：7）同时也可以遗嘱方式处分遗产，但亡人生前必须“为双亲和至亲而秉公遗嘱”。（2：180）不得随意更改遗嘱；《古兰经》严禁侵吞孤儿财产，劝诫人们团结互助，以部分遗产周济远亲、孤儿、贫民。同时规定女性享有法定份额继承权。

关于民商律例，《古兰经》提倡正当的商业活动、允许通过合法经营获取利润，禁止放债取利和放高利贷、主张公平交易、等价交换，禁止弄虚作假、投机取巧、欺行霸市等不正当竞争行为，鼓励恪守商业道德，信守契约合同。民商律例涉及贸易、契约、利息、信贷、债务、信托、抵押、担保、租赁、雇佣关系等领域。

关于刑事律例，《古兰经》规定了“固定刑罚（Hudud，侯杜德）为主要刑罚规范。固定刑即“法度刑”（Hadd，罕代）是“安拉的法度”、“安拉的定制”，必须遵守。固定刑罚的方式有鞭刑、断手刑、削足刑、以石击毙刑、绞刑等。适用于固定刑的有六大罪：酗酒、偷窃、私通、诬陷私通、抢劫、叛教；固定刑的刑罚权是“安拉的权利”，世人无权更改。

《古兰经》立法的特点：（1）神圣性。法自安拉启示而出，一切立法皆以安拉启示为据，安拉为神圣的立法者，世人无立法权而必须恪守“安拉的法度”。（2）广泛性。《古兰经》立法以劝善戒恶为基本原则，以律例形式规定了穆斯林在宗教、道德和法律上必须遵循一整套原则、定制和禁令，形成诸法合体、包罗万象的法典。（3）灵活性。《古兰经》立法根据人们不同的行为方式规定了五种行为模式，即：义务性行为（Wajib，瓦吉卜）、可嘉性行为（Mandub，曼杜卜）、无关紧要的行为（Mubah，穆巴哈）、受谴责的行为（Makruh，麦克鲁亥）、禁止和受罚的行为（Haram，哈拉目）。

2. 圣训——伊斯兰法的第二法源

圣训（al-Hadith al-Nbawi）是先知穆罕默德传教、立教的言行记录，阿语音译“哈迪斯·奈白维”，称“逊奈”（Sunnah）即行为、常道。圣训是伊斯兰教仅次于《古兰经》的基本经典，是对《古兰经》基本思想的阐释，也是对伊斯兰教的全部教义、教律、教制、礼仪和道德的全面注释和论述，成为后来各教法学家立法创制的第二渊源和立法依据。圣训包括了先知对《古兰经》经文含义、寓意的阐述和解释，有先知与其弟子谈论有关教义、教法的律例和道德教诲，有先知举行宗教功课及从事某项社会活动的行为侧记以及先知以真主启示的方式发表的言论——被称为“神圣的言语”等内容。圣训按内容可划分为四大类：（1）关于穆斯林与真主的关系、穆斯林必须履行的宗教义务和基本功课（ibadat）“伊巴达特”；（2）社会人际关系及穆斯林的社会义务（Muamalat）“穆阿麦拉特”；（3）关于伦理道德规范（Akhlag）“艾赫拉格”；（4）关于求知和文化教育（Ilm，Marifah）“尔林”与“麦尔里法”。

3. 公议——伊斯兰法的第三法源

公议（Ijma）阿语音译“伊智玛尔”，即权威教法学家一致性意见或判断，又称“公议”或“决议”。先知逝世后，教法学家对在《古兰经》和圣训中无明文规定的有关宗教和社会行为所作出的符合经训原则的一致性的决定或判断，是穆斯林必须遵守的行为准则，若违反公议则被视为违反教法。在四大哈里发时期曾适用公议决断方式，自伍麦叶王朝和阿拔斯王朝时期更使公议纳入国家立法。公元10世纪以来，逊尼派四大教法学派主张"公议不谬"。公议作为教法第三大渊源，不仅决定对经训原文的选择和释义，也对类比是否有效具有决定意义，为法学家提供了权威的理论根据。

4. 类比——伊斯兰法的第四法源

类比（Giyas）"格亚斯"，中国学者称为"比论"、"援例"。类比即法学上的类比判断，是指经过比较推导出结论的一种方法。通常是从一般推出特殊，从已知的前提或因事物间的相似性或本质联系推导出未知的判断或结论。在《古兰经》和圣训无明文规定时，将遇到的新问题依照比较推导等方式得出判断或结论，从而形成新的训例。哈里发欧麦尔在给艾布·穆萨·艾什尔里的信中曾提出："对于真主的经典和先知的训示中未曾提到的事情，你应先去了解类似事例，然后进行类比。"适用类比的原则是：（1）在无经训的明文规定时可以适用类比；（2）适用类比的行为或情况必须是以类似的经训原文或已知的公议为前提，通过比较与原判例的联系找出共同的最相似的"基因"；（3）取得的判断或结论必须符合经训本意的结论；（4）一项类比经一些权威教法学家们的公议核准，即取得社会的认可，成为不谬的并应遵循的律例，不可随意更改。

5. 创制（al-ljtihad）

"伊智提哈德"，原意为"努力"，引申为"创制"，是特指教法学权威依据《古兰经》、圣训的总精神，运用智慧，通过推理、比较、判断等方法，对新的历史条件下出现的新情况、新事物以及特殊情况等，推演出与整个教法宗旨并行不悖的法律结论及条规的整个思维过程。包括对《古兰经》、圣训选择、释义、应用，直至形成新的判例。创制的基本精神和要求在伊斯兰教初期的教法史上已经确立。先知穆罕默德及其四大哈里发都曾用创制法断案。先知说："在无天启的情况下，我常凭借见解在你们当中进行裁判。"后来各教派在对待"创制"的态度、原则和方法各不相同。在逊尼派内部也主张各异，哈乃斐学派的领袖人物艾布·哈尼法（公元697—767年）坚持凭借个人的见解并运用“择善”原则创制律例，不采纳再传弟子的言论，酌情使用“公益”原则和健康的惯例。而马立克学派则主张广泛使用麦地那圣门弟子传述的圣训创制律例，或将圣训条文直接制成律例条规，或者依循当初麦地那居民的行为准则。在无相应的圣训条文和行为准则时才主张使用“类比”和“公益”原则。处在两派之间的沙斐仪学派，则视经、训为教法的第一渊源，创制律例时对广泛使用“公议”，并用援以经训明文所判之法例进行“类比”，同时又将哈乃斐和马立克两派的观点加以协调，故该学派在教法原理上颇有建树。

但无论如何伊斯兰教对创制的要求极其严格，伊斯兰教法学规定，创制教律者必须具备一定的条件：(1) 精通阿拉伯语及其语法、修辞学，借以正确理解经典的含义。(2) 掌握《古兰经》与古兰学，熟知废止及被废止的经文。(3) 通晓圣训及圣训学，用以解明与《古兰经》的规定有关的律例。(4) 熟悉教法原理，以便按其规程创制律例。(5) 具备把握创制的能力，以便审时度势，客观地进行创制。律例的创制者不仅要具有四项必备条件，同时应当是品格高尚信仰虔诚并有一定的宗教功修者。

三　伊斯兰教与法的关系伊斯兰法，一种独特的宗教法系

伊斯兰法包罗自公元 7 世纪伊斯兰教的传播及统一的阿拉伯国家建立以来的传统沙里亚法以及所有以《古兰经》和圣训为基本渊源的、体现伊斯兰教义精神和原则的所有伊斯兰国家法律和制度，是关于伊斯兰教的法律规范的总和。完备而独特的法律体系、历史久远而长青不衰的伊斯兰法系不仅是世界五大法系之一，也是东方三大法系（印度法系、中华法系和伊斯兰法系）中至今唯一仅存的活法系，它向世人昭示了伊斯兰法存在和发展的历史文化背景及哲学基础。伊斯兰教“认主独一”的一神论哲学思想，不仅是伊斯兰法的哲学基础和基本纲领，也是伊斯兰法不同于所有以调整世俗社会关系为基本内容的国家法律及其体系，也是不同于其他宗教法律及其体系的重要标志。

德国著名学者约瑟夫·夏赫（Joseph Schacht）在谈到伊斯兰法与伊斯兰教的关系时曾指出：“伊斯兰法是伊斯兰学说的缩影，是伊斯兰生活方式

的最典型体现，是伊斯兰教本身的精髓和核心。”① 这段话比较客观地概括了伊斯兰法与伊斯兰教之间的辩证统一关系。而从比较法角度概括两者的关系则更能找出伊斯兰法的宗教法性质及其特点来。

1. 伊斯兰法是伊斯兰学说的缩影，是伊斯兰教的核心

《古兰经》和圣训等既是伊斯兰教的经典，又是伊斯兰法的渊源；伊斯兰教的基本教义不仅表现为一系列宗教规范即宗教信仰、宗教义务、戒律以及宗教礼仪、伦理道德规范，同时也表现为法律规范。由于《古兰经》是伊斯兰法的根本依据，法律的宗旨并不是一般的规定世俗社会关系及其权利和义务，而是以宗教的、伦理的和法律的义务作为尺度来衡量、来规范人的行为，以实现修身律己、虔敬真主、弘扬主道和制恶扬善的目的。

2. 早期教法学家们确立了《古兰经》、圣训、公议和类比等伊斯兰法的四大法源，使伊斯兰法系统化，最终发展形成了体系庞大的伊斯兰法系

早期法学家在阐释《古兰经》原则精神的基础上形成了“经注学”，并使其成为伊斯兰教学的基础，又为阐释《古兰经》中的一系列法律原理提供了方法论。而法学家们充分发掘、广泛收集先知的“逊奈”，使圣训成为教法的又一个重要法源。早期法学家们在先知归真后，安拉启示中止的情况下，依据《古兰经》和圣训，在不违背“安拉是唯一的立法者”和“法度自安拉意志出”的原则，肩负起发展法律和创制法律的重任。随着阿拉伯哈里发帝国疆域的扩大和社会关系的复杂化，出现了大量亟须解决的法律问题。于是法学家们广泛运用意见，推理、类比判断和公议等方法，结合当地习惯对《古兰经》进行阐释、对圣训加以注释并通过司法实践创立了伊斯兰教特有的“卡迪法庭”，形成了完备的伊斯兰法体系。

3. 对异域文化的伊斯兰化和法律化是伊斯兰法长青不衰、充满活力的原因之一

伊斯兰教是安拉为人类创立的最后一个天启宗教，它吸收了以往各个天启宗教中优秀的文化遗产，成为最完备最富有生命力的宗教。伊斯兰教承认

① 何勤华《外国法制史》，法律出版社，第 157 页。

以往天启宗教及其经典，认可各位宗教先知的地位及其教诲，使伊斯兰教成为天启宗教的集大成者，《古兰经》是真主降示的最后一部天经，它既包罗万教，又禁止各教中不合时宜的内容，这就决定了伊斯兰法能适应任何社会形态、顺应各种时代潮流的特点。著名埃及学者艾哈迈德·爱敏在《阿拉伯—伊斯兰文化史》中指出："波斯人与罗马人的习俗同阿拉伯的习俗融合；波斯法与罗马法同《古兰经》所阐明的伊斯兰教法融合；波斯、罗马哲学同阿拉伯哲学融合；波斯、罗马的政体，同阿拉伯政体融合。总而言之：举凡一切生活的方式、政治、社会的制度、思想的实质……无一样不受混合的巨大影响。"①

4. 伊斯兰法始终是伊斯兰国家政治生活的基本准则

在伊斯兰教的初期，先知穆罕默德首先以伊斯兰教作为统一和团结的思想旗帜，召号穆斯林"顺从安拉和使者"，在麦地那统一后，以伊斯兰教共同信仰代替部落血缘关系，建立了以"乌玛"（意为"民族"、"国家"）为形式的政教合一的政权，先知成为麦地那宗教、政治、军事和司法的最高领袖。在以后的四大哈里发时期以及伍麦叶王朝、阿拨斯王朝时期，乃至近现代西亚、北非、南亚、中亚和东南亚等地区伊斯兰国家无论在规定国家制度、政府首脑哈里发的选举、卡迪法庭及其审判制度，还是穆斯林的宗教生活和世俗事务，乃至商事活动等，都一律以伊斯兰法为最高渊源，有的国家奉《古兰经》为国家宪法，具有最高的法律地位，可见其影响的深远性和广泛性。

5. 独特的沙里亚法院——卡迪法庭及诉讼制度，是伊斯兰法又一大特点

"卡迪"（al-Qadi）阿拉伯语的音译，在中国曾译为"尕最"、"哈的"等，其原意为"教法执行官"或"教法官"。卡迪是依教法的规定审理穆斯林之间的民事、商事、刑事等各类案件的司法官员。先知曾派门下弟子穆阿兹到也门去主持该地的司法审判，第二位哈里发欧麦尔也曾向埃及、大马士革等地派驻法官。伍麦叶王朝时期，卡迪的任命和更换由省总督决定，卡迪

① 《阿拉伯—伊斯兰文化史》第一册，纳忠译，商务印书馆 1982 年版，第 101 页。

的职权除执法、办案外，还协助总督管理一些行政事务。到阿拔斯王朝时期，随着教法体系的日臻完善，教法学家的社会地位的提高，哈里发曾任命过许多法学家为卡迪，担任各级沙里亚法院的司法官，并在巴格达设立最高卡迪，统辖全国的司法审判工作。后因阿拔斯王朝的覆灭，卡迪制度曾一度中止，直到奥斯曼帝国时期卡迪制度得到恢复和发展。卡迪依职权分为五个等级：总穆夫提、大卡迪、京都卡迪、省府卡迪和地方卡迪。卡迪执行的是真主的法度，唯有学识渊博、精通经训和教法，而且品格高尚、廉洁奉公、主持正义、理智健全、信仰虔诚的伊斯兰教学者、法学家才有资格担任。

在审判制度方面，沙里亚法院有一套诉讼程序和证据制度。其基本程序是原告举证、被告盟誓。卡迪听取原告诉讼后，如认为理由充足，即要求被告就所诉事实作出解释。如被告表示认可，即作出支持原告的判决。如被告否认原告所诉事实，则要求原告举证，如原告提不出证据，则要求被告盟誓否认，然后宣布被告胜诉。在证人资格及证据效力上，法院只接受成年穆斯林自由人的证词，奴隶或非穆斯林无权作证。在民事诉讼中两名女证人相当于一名男证人。证人必须有诚实、高尚的品行，具备宗教道德信念，在“安拉之法庭”面前不说假话，不作伪证。

四 伊斯兰法制21世纪的新课题

公元17—18世纪，西方资本主义国家入侵土耳其奥斯曼帝国，列强争相在帝国境内开设殖民机构，攫取治外法权，使之成为欧洲的商品市场和原料产地。而奥斯曼帝国统治的腐败、社会经济日趋衰退和各地农民起义的不断爆发，使一批有识之士提出以进行全面的政治法律改革来挽救国家命运的主张。伊斯兰法制改革正是在外部压力和内部现代主义思潮的影响下，以接受西方外来法为起始点的。

公元1839—1876年的“坦志麦特”（Tanzimat，改组）运动是按照西方模式对帝国的法律行政机构、财政、教育及军事各个领域进行的一场自上而下的全面改革。在法律改革方面，一是引进西方法律，模仿法国法律制定刑法典、商法典、刑事诉讼法典和民事诉讼法典等；二是按照法国民法典的形式对传统沙里亚进行整理和汇编，制定了《奥斯曼民法典》；三是在沙里亚法院之外建立了欧洲式的世俗法庭，并使沙里亚法院的管辖权限在婚姻、家庭、继承和宗教基金及穆斯林私人身份法的纠纷范围。

进入 20 世纪以来，特别是经过两次世界大战之后，国际形势和伊斯兰世界的格局发生了重大变化。饱受西方殖民统治和压迫的亚非伊斯兰国家在反抗殖民统治的斗争中取得了胜利，国家的独立、民族的解放和觉醒以及时代的进步，为伊斯兰法制的恢复和发展创造了条件。战后的土耳其和埃及，率先采取了现代法制改革，在它们的带动下，西亚、北非的大部分伊斯兰国家相继采纳了欧洲大陆法系的商法和刑法，并在民法领域接受了外来法的不同程度的影响。战后伊斯兰国家在司法制度方面出现了三种不同的类型：一是废除沙里亚法院，代之以全国统一的世俗法院的国家，如土耳其、埃及等国；二是仍保留并不断完善沙里亚法院的国家，如沙特阿拉伯等海湾国家；三是以世俗司法制度为主、宗教司法制度为辅的国家，如伊拉克、叙利亚、约旦等国。另外随着伊斯兰原教旨主义的兴起，自 80 年代以来，伊朗、巴基斯坦和苏丹等国相继组建或恢复了沙里亚法院。

与当代国际政治和国家经济秩序出现的新趋势、新特点相适应，伊斯兰教在世界范围内的再度兴起，为伊斯兰法及其法制建设提出了新的要求与机遇。现代派法制观与原教旨主义的法制观从不同角度提出了伊斯兰法如何面向 21 世纪的问题。我们认为在新世纪伊斯兰法应顺应时代的潮流，在严格遵守教法基本渊源及立法原则的前提下，适度采纳上述两种学派中切实有效的原则和措施，以使伊斯兰文化成为全人类共同的精神财富。

参考文献：

马坚：《古兰经》（中文译解），圣城麦地那版，回历 1407 年。

马坚：《古兰经》，中国社会科学出版社 1981 年版。

杨克礼、罗万寿：《中国伊斯兰百科全书》，四川辞书出版社 1994 年版。

吴云贵：《伊斯兰教法》，中国社会科学出版社 1995 年版。

何勤华：《外国法制史》，中国法律出版社 1997 年版。

赛生发：《威嘎耶经释解》，宁夏人民出版社 1993 年版。

原载《西北民族学院学报》1999 年第 1 期

伊斯兰法渊源在其文化体系形成中的作用

马明贤

一

法的渊源，又称“法源”或“法律渊源”，其原意为法的“源泉”、“来源”和“源头”。由于不同国家和民族文化传统、价值观念、民族习惯、政治制度的差异，法的渊源也不尽相同。因此，如果要正确理解、认识一个国家和民族的法的内容、法的历史、法的性质等，就要找到、追踪到法的来源和源头。作为法学的专门术语，“法的渊源”在现代法学研究，特别是立法学研究中更多是指法的效力来源，包括法的创制方式和法律规范的外部表现形式。基于此，伊斯兰法渊源是指伊斯兰法学家在法律创制活动中应该遵循的根据，它是法律规则（即枝节律例）得以确定和生效的规范性法律依据。伊斯兰法渊源在其法理学（或称为“法律根源学”）中分为“一致公认的立法渊源”和“辅助立法渊源”两种。

一致公认的立法渊源，是指伊斯兰法学家特别是四大法学家在法律创制和依赖依据时，一致同意、无任何意见分歧的渊源。依次是《古兰经》、圣训、“公议”和“类比”四种。

《古兰经》。《古兰经》是伊斯兰教的基础和最基本的经典，是整个穆斯林生活环绕转动的枢轴，是伊斯兰国家信仰原则、哲学思想、伦理道德、政治经济、法律创制和司法实践的权威准则和第一源泉，是对伊斯兰社会与个人行为的法律性规范。《古兰经》的内容包罗万象，丰富多彩。传统上穆斯林学者将其内容划分为三部分：一是教义方面的，如信安拉、信天经、信先知等；二是伦理道德方面的，如诚实、信誉等；三是法律行为方面的，它包括调整人与安拉之间关系的宗教规范（即“仪巴达提”宗教礼仪）和调整人与人之间关系的社会规范两方面。前者如念、礼、斋、课、朝；后者如婚姻家庭、民事、商事、刑事、政治、经济、国际等各种关系的法律规范。

圣训。圣训仅次于《古兰经》，是伊斯兰法的第二法渊源和理论基础。它是先知穆罕默德对整个伊斯兰教义、伦理、法律、政治、经济、社会等问题的全面阐述与训示，是对《古兰经》基本原则、原理的重申、诠释和补充。形式上可分为语言圣训、行为圣训和默示圣训三种。

公议。阿拉伯语“伊制马尔”的意译，其语意有二：一是决心、决意；二是一致公认，一道赞同。公议在伊斯兰法中的概念是指先知穆罕默德之后，伊斯兰民族同一时代的权威法学家即穆智台哈德，就某一宗教、法律问题发表的一致意见和达成的最终裁定。其构成的基本要件为：一致公认，一道赞同和最终裁定；法学家必须是具有创制资格的法学家，而非一般学者；法学家必须是穆斯林；同一时代的法学家涉及的问题是先知穆罕默德之后的有关宗教、法律问题。随着先知的逝世，伊斯兰社会出现了许多亟待解决的经训明文未涵盖的事物，是公议思想产生的直接原因，旨在通过“集体创制”的方式，共担责任，避免个人创制中的错误和漏洞。公议的确立和生效是以经训为基础和保障的。《古兰经》说：“信道的人们啊！当服从安拉，应当服从使者和你们中的主事人”。[①]“主事人”一种解释是政治领袖；另一解释是权威法学家和学者。圣训曰：“我的民众永远不会一道赞同一项谬误[②]；凡穆斯林大众视为正义的，在安拉看来也是正义的”。[③]这肯定了时代的权威法学家在宗教、法律事物上是社会的代言人，他们一致赞同的意见是不会有悖于经训的，而是对其内容无可辩驳、绝对无误的表达。

类比。类比亦称“比论”、“援例”，是阿拉伯语“格亚斯”的中文译名。其语意为衡量和确定某物的长度、质量和重量等，通常是指两物间的比照、对比。类比是伊斯兰法学家、法官在处理具体案件或问题的过程中，由于具

① 马坚译：《古兰经》，中国社会科学出版社 1981 年版，妇女章第 59 节。

② ［黎］阿布都·克雷姆·宰达尼：《简明伊斯兰法理学》（阿文本），贝鲁特使命出版社 1987 年版，第 18 页。

③ ［叙］沃哈布·祖海里：《伊斯兰法理学》第 2 册（阿文本），大马士革思想出版社 1986 年版，第 736 页。

体案件本身无经训明文规定，因此把有关经训规定扩及经训未涵盖的领域，即把关于某个问题的原判例的法律规则运用于与之相似的问题，以求新的结论，形成新的判决。类比构成的要件有：要以经训的规则为类比的根据；无直接经训规则可依的事实存在；经训的规则必须是有关合法、非法、厌恶、允许等明确的法律规则；待解决的事实与经训的规则应有共同的基因与根由。类比是一个严密的理性思维活动，它所形成的结论，是伊斯兰法律规则产生的主要形式之一，它的运用拓宽了伊斯兰法的领域，对伊斯兰法的发展起到了十分重要的作用。与公议一样，类比的确立和生效也是以经训为基础和保障的。《古兰经》说："有眼光的人啊！你们警惕吧。"① 先知穆罕默德也曾运用类比："黑塞阿姆族的一位男子来到先知跟前说：'我父亲已皈信了伊斯兰，朝觐已成其定制，但他年事已高，不能骑乘，我可以替他吗?'先知问：'你是他的长子吗?'回答说：'是的。'先知又说：'倘若你替父亲偿还他欠的债，难道不应该吗?'回答说：'应该。'先知又说：'你替他朝觐吧！'"② 先知把安拉的债与人的债加以比照，以示务必偿还。

辅助立法渊源。它是在上述四大立法渊源基础上的派生和补充。称之为辅助渊源，一是由于不同地区和时代的法学家所处的环境、地域的不同，对经训明文和精神的理解有着不同的着眼点和主张，因而创制出各自学派的辅助立法渊源；二是法学家运用这些渊源时侧重不同，多寡不一，未一致赞同，统一接受。辅助立法渊源主要有七种。

择善。艾布·哈尼法创制了这一立法渊源，故它成为哈奈斐派的主要立法和司法原则，被哈奈斐派视为类比之后的第五个渊源。哈奈斐派法学著作中经常可以看到"此问题的裁决，以择善为根据"的话。这一渊源的提出与运用曾引起法学家们的争议：马立克学派和罕伯里学派予以承认，而沙斐仪学派的创始人法学权威沙斐仪完全拒绝，视为异端。"择善"一译"优选法"或"唯美"，是阿拉伯语"伊斯提哈桑"的意译，语意为"把某事看做是美好的、最美的"，指法学家在创制法律、法官在受理、裁决案件时，在无经训明文可依的情况下，由于特殊法律明文、公议、习惯、利益等实际需要，

① 《古兰经》，第59章第2节。

② ［黎］阿布都·克雷姆·宰达尼：《简明伊斯兰法理学》（阿文本），贝鲁特使命出版社1987年版，第22页。

从一般的、抽象的法律原则或法律法规的裁决转为特殊的裁决，或从表面的类比转入隐晦的类比。例如，期货交易的法律规范，按一般法律原则属买空卖空的非法交易，因为交易中的货币与实物是买卖成立的两个基本要素，而期货交易，要么缺一种要素，要么两种要素同时都无，但处于人们生活便捷和习惯性使用等实际考虑，则以择善判其为合法。这一渊源的经训依据为“他们倾听言语而从其至美的训词”；① “你们应当遵从你们的主降示你们的最美的训词”。② 圣训说：“穆斯林认为美好的，在安拉那里也是美好的。”③

公益。阿拉伯语“伊斯提斯拉赫”的意译，原意为“公共利益”或“福利”。指伊斯兰法即没有规定适用也没有规定废除的利益。具体而言，法学家在创制法律、法官在审理案件和决定法律适用时，出于社会公共利益和为人们趋利避害之需要，不可拘泥于法律词句，而采取灵活变通的方法、原则，以求得更公正的结论或判断。④ 例如：伊斯兰国家的政府可以规定有利于人民和社会的经训明文未涵盖的而与其原则和精神不悖的法律法规，以造福于社会。公益适用的基本条件：必须符合伊斯兰法的基本宗旨、原则与精神，不得与经训明文有悖；必须是为人类和社会趋利避害的；必须是理性的，即被理智健全的人们所接受。公益主要是马立克和罕伯里学派的立法渊源。

习俗。阿拉伯语“欧尔夫”的意译。指在长时期里逐渐养成的，一时不容易改变的行为、倾向或社会风尚。法学家把习俗作为立法渊源的理由是“习俗可作裁定”的法律原则。即法学家、法官在无经训明文、公议、类比为根据审理案件时，出于社会习惯或对社会公共利益的考虑，而采取的灵活变通的审判原则。习俗分为：语言习俗、行为习俗、普遍习俗和特殊习俗等，但不论哪类习俗，皆不外乎好习俗和坏习俗两种。习俗适用的基本条件为：不得与经训明文有悖；具普遍性和广泛性即盛行、使用于某一社会的全体，或大多数人中间；事先存在即某一问题的裁决依习俗为根据时，习俗必

① 《古兰经》，队伍章第 18 节。

② 《古兰经》，队伍章第 55 节。

③ ［叙］沃哈布·祖海里：《伊斯兰法理学》第 2 册（阿文本），大马士革思想出版社 1986 年版，第 736 页。

④ 杨克礼、罗万寿主编：《中国伊斯兰百科全书》，四川辞书出版社 1994 年版，《公益》词条，第 163 页。

须先于该事物而存在，并为人们所熟知。

我们先前的法律。是指适用于先知穆罕默德之前的历代先知、使者及其民族的法律。①

圣门弟子的主张。先知穆罕默德逝世后，其圣门弟子肩负起传播伊斯兰教的使命，他们中的有些人以知识渊博、通晓法律、秉公裁决而著称，如四大哈里发、阿布都·拉·本·阿拔斯、阿布都·拉·本·麦斯欧地、穆阿兹·本·杰白利等。这些圣门弟子为后人留下了许多判决与案例，他们之后的法学家就某些问题在无经训明文、公议、类比为依据时，能否将这些判决与案例作为立法的根据，对此伊斯兰法学派的主张不尽相同，各有千秋。

连续性。是阿拉伯语“伊斯提斯哈布”的意译，原意为“寻找联系”、“持续”。指在法律上确认已知事物的本来状态将继续存在并保持下去，直至与之相反的情况得到证实。连续性渊源的意思与现代法律中的“无罪推定”原则较为接近，即任何人在未依法被确定有罪之前，应假定无罪。例如，原告控诉被告有其债务，原告未拿出证明被告借债的依据时，被告应被看做是无罪的，因为人原本是无债务的。被告有债的责任由控诉方承担，被告不负证明自己无债的义务。连续性作为一项立法渊源，主要是马立克、罕伯里以及大多数沙斐仪和扎希里学派学者适用。

堵塞渠道（堵塞媒介）。堵塞渠道是阿拉伯语“散德·则雷尔”的意译，“散德”意思为堵塞，设备障碍；“则雷尔”有两种含义：一是媒介；二是通往某事的道路、渠道，通向的事有好的坏的，也有语言的行为的，但通常是指坏的、卑劣的事，因此，凡提到“散德·则雷尔”时，一般指堵塞通往坏事的渠道和媒介。作为法学的专门术语，“堵塞渠道”是指某一事情其本质属合法、允许的授权范围，但其在很大程度或根本会导致另一违法行为的发生，故把这一本身合法、允许的事情按非法进行裁定。如房屋出租是合法、允许的交易，但房主明知租房者租其房屋是进行非法事情（如开赌场、嫖娼卖淫、造假等），因此原本合法的事情按非法来处理，以堵塞非法行为的发生。对堵塞渠道这一法渊源的适用，法学家的意见不尽相同。马立克和罕伯里学派持主张态度，沙斐仪和扎希里学派持反对态度。

就一致公认和辅助两种法渊源，法学家从另一角度又将其分为“传述渊

① 关于“我们先前的法律”能否成为法渊源，在伊斯兰法学界是个颇有争议的问题。

源”和“理性渊源”。前者指这类渊源主要是通过传述、继承的方式代代相传下来，此间没有个人理性的作用。它包括《古兰经》、圣训、众义、圣门弟子的主张和我们先前的法律；后者指这类渊源是法学家运用个人理智、意见和推理的形式，创制、推演的渊源。它包括类比、唯美、公益和连续性。必须说明的是，这两类法渊源的最终确立，不是单纯理智的结果，而是基于经训的明文与精神的，是以经训为根据和得到经训的核准而生效的。任何一项依公议、类比、唯美、公益等法渊源为根据生效的法律规则，其内涵最终归属于经训的原则和精神。若经训没有赋予这些法渊源权威性，任何一项依这些法渊源生效的法律规则是无据可循的，无据可循的法律规则是不能生效的。

二

文化是人类在社会历史发展过程中所创造的物质财富和精神财富的总和。伊斯兰文化是由阿拉伯帝国内的阿拉伯民族及穆斯林各民族在社会历史实践中共同参与创造的，以《古兰经》和圣训为理论基础的，以阿拉伯语为主要学术媒介的，包括精神文明、物质文明两大方面的一种文化方式和文明类型。

伊斯兰文化作为一种宗教文化实体，与伊斯兰教同步产生，互为因果。它在形成体系的历史过程中，始终以伊斯兰原则和精神为价值取向和指导方针，并以兼容并蓄、海纳百川的开放态度将阿拉伯、波斯、印度、希腊等东西方古典文化融为一体，以伊斯兰文化的形式出现。在这一历史进程中，伊斯兰法学家从《古兰经》、圣训中创制演绎出的伊斯兰法渊源，作为筛选净化、整合定型机制，是伊斯兰文化体系得以形成发展，未曾中断，绵延千余年，保持纯洁性、主体性和独特性不变的根本原因并成为独立形态的基本要素。

先知穆罕默德为圣的 23 年（约公元 610—632 年）是伊斯兰文化的初创时期。就当时的社会状况和性质而言，伊斯兰还限于阿拉伯半岛本土范围，社会关系较为单纯，在统一的“乌玛”社会中没有因政治和宗教因素产生各种派系和宗教思潮，几乎也没有与其他异质文化发生交融、产生碰撞的机会，加之先知穆罕默德既是宗教先知又是国家领袖，这种特殊身份使之成为宗教、政治、经济、社会等一切问题的唯一裁决者，也是唯一最具权威的《古兰经》的解释者。因此，《古兰经》和圣训是这一时期伊斯兰文化思想的基本体现，具有纯正的启示性特征。先知之后，随着历代哈里发政府的对外伊斯兰宣传和阿拉伯人经商等活动，伊斯兰社会结构和文化形态发生了巨大变化，再也无法与先知时代相提并论、同日而语，主要表现为：

一是伊斯兰国家疆域的扩大。伊斯兰从走出阿拉伯半岛到阿拔斯王朝前半期的几个世纪中，已发展成地跨亚、非、欧三大洲的阿拉伯帝国，古代文明的发祥地埃及、两河流域、波斯和印度的一部分也囊括其中。这些征服地区有着先进的法律制度、管理机构、工艺美术、豪华建筑、农业灌溉等文明，以及阿拉伯人与帝国内其他民族的长期接触、共同生活、相互影响等因素，带给他们宗教、政治、经济、法律、社会等许多极为复杂的问题。

二是许多其他宗教的人们改奉伊斯兰。伊斯兰走出阿拉伯半岛后，使许多犹太教、基督教、拜火教等宗教的人们改奉伊斯兰，这些人中的相当一部分曾是他们原宗教的学者，他们改奉伊斯兰后，对伊斯兰的教义、法律等进行了深入细致的研读，并把伊斯兰与他们原先的宗教加以比照，由此引发了他们与穆斯林之间的许多争议和分歧。

三是周边国家的人们大量涌入伊斯兰。伊斯兰的广泛传播，使周边国家成千上万的民众，以极大的热情纷纷涌入伊斯兰。这就要求许多门弟子和伊斯兰学者奔走各地，向那里的人们阐明、教授伊斯兰的教义和法律等。这些学者生活在异国他乡，面对不同的生活习俗和生活方式，遇到了许多新问题，迫使他们运用理智、个人意见创制法律规则，以处理和裁决这些问题。

四是宗教异端分子的出现。在帝国内出现许多宗教异端分子，他们表面信奉伊斯兰，但却心怀叵测，蛊惑人心，歪曲丑化伊斯兰信仰。

诸如以上此类等问题的出现，使得伊斯兰面临两个无法回避的问题：一是如何保持伊斯兰信仰及其文化的纯洁性、主体性，并将其发扬光大；二是在与其他民族的交往中，如何对待非伊斯兰的外族丰富多彩的古代文化遗产和先进的科学文化知识，以及如何处理好伊斯兰文化与所处各民族文化之间的冲突与融合。从某种意义上讲，这两方面关系处理的成败，直接关系到伊斯兰和伊斯兰文化的发展，乃至生死存亡，是摆在哈里发政府，特别是伊斯兰学者面前的一项十分紧迫和艰巨的课题。它已不单纯是一个坐而论道的认识问题，而是一个即在脚下的实践问题，对此进行理智的探讨已非“务虚”，而属“务实”了。

基于这个根本原因，伊斯兰学者在长期的信仰实践和生活实践中，本着《古兰经》、圣训的立法原则、立法精神、立法理论、立法程序、立法技术，运用个人理智、意见推理的形式，从经训中演绎创制出了公议、类比、唯美、公益等经训之外的法律渊源，以此作为保护伊斯兰文化主体，移植嫁接外域先进文化，完善伊斯兰文化体系的根本与依托。一个民族和国家必须要有自己独特的传承文明和文明交往的方式，失去了自身文化的民族和国家，便失去了民族与国家的独立性。伊斯兰文化是人类历史上独立起源、自成体系的文化，而伊斯兰法渊源是促成伊斯兰文化多样一体化的重要因素之一和文化精神的支撑点，它在伊斯兰文化圈中充当着文化系统得以形成的筛选净化、整合定型的机制，是其文化承前启后、传承交融的模式，是伊斯兰文化成为独立形态的基本要素。伊斯兰文化系统的形成，如若没有伊斯兰法渊源显然是不成的，这是由伊斯兰文化的本质特征所决定的。

如前所述，伊斯兰文化是信仰伊斯兰的各族穆斯林在长期的信仰实践和生活生产实践中，在吸收被征服地区各民族文化的基础上，经过伊斯兰意识形态的筛选净化、提炼改造后，形成的一种普遍为人们所效法和认可的各种社会规范、行为模式和价值观念的综合体。[①] 这种“综合体”从学理上可以从两个层面上解释：一是该文化中的伊斯兰精神。任何一种宗教文化，其形成与发展均离不开特定的宗教信仰，伊斯兰文化也不例外。伊斯兰精神是指伊斯兰文化是以伊斯兰为本位的文化体系，“伊斯兰教即是伊斯兰文化的核心，也是伊斯兰文化的灵魂。说它是核心，是指它是伊斯兰文化的主体部分，说它是灵魂，是指它渗透于伊斯兰文化的各个领域。”[②] 实际上这种伊斯兰精神归根结底就是伊斯兰文化的经训化。因为，在伊斯兰中《古兰经》和圣训居于至高无上的神圣地位，是一切理论与实践的根本标准。不论是物质文化、精神文化还是制度文化等，若与经训有悖，是不被接受的。这是伊斯兰文化具有的独特象征，这一象征就在于它不同于世界其他文化的内在核心与灵魂，它如同生命在世界各地穆斯林信仰和意识中流动，指引他们文化

① 杨怀忠、余振贵：《伊斯兰与中国文化》，宁夏人民出版社 1995 年版，第 549 页。

② 孙承熙：《中世纪阿拉伯伊斯兰文化的几个特点》，《阿拉伯世界》1993 年第 3 期。

的方向。这一点我们可视为伊斯兰文化的共性。二是伊斯兰文化的个性。从文化发生学意义上讲，伊斯兰文化产生后最初仅限于阿拉伯半岛本土范围，之后因内外各种因素影响，发生了超越原先地理环境的深刻变化。特别是随着伊斯兰对外宣传与交往的增多，促使伊斯兰文化必须打破与异质文化彼此之间的地域，进行各种形式的广泛交流与沟通，以便被不同文化背景的世界各族人民所接受，使自己成为一个泛伊斯兰文化体系。诚然，在这一历史过程中伊斯兰文化不断克服阻碍其发展的部落、种族、血缘、肤色、语言、地域、民俗等限制性因素，使自己置身于异质文化的系统中，并根据自身需要，以其特有的包容性、开放性和宽容精神，吸纳、借鉴异质的发达文明，并将其转化成自身的文明，形成了相互依存、相互促进、相互包容、相互融合的新的文化格局，这种文化格局是高层次的，具有超越性、开放性和普遍性的特征。

但从伊斯兰文化共性与个性的辩证关系上讲，伊斯兰文化的共性寓于民族文化的个性之中，它才能在世界各地生根、开花、结果。[①] 故伊斯兰文化中明显地含有民族文化的因素，离开伊斯兰文化的民族载体——民族文化，伊斯兰文化也就无从谈起。当然，民族文化中也有伊斯兰文化因素，否则它也不会成为伊斯兰文化的组成部分。[②] 尽管如此，伊斯兰文化与民族文化之间的撞击和冲突无时不有，民族文化不断对共性的伊斯兰文化施加压力，彼此之间也有一定的张力。对此伊斯兰法渊源作为协调共性文化与个性文化关系的筛选净化、整合定型机制，吸收了个性文化中某些与共性文化相适应的东西，排除一切与共性文化相对立的习俗和制度，从而消除了两者间的张力，化解了两者间的冲突，并通过这一机制创造了它所需要的政治、经济、法律、哲学、道德等制度。具体而言，伊斯兰文化吸纳民族文化的原则是：被吸纳的文化必须符合《古兰经》的明文、原则与精神，不得与之相悖。这就要求对吸收的民族文化进行筛选净化，提炼改造，使之伊斯兰化。凡能筛选过的可以采纳，否则予以排拒。然而，作为伊斯兰共性文化价值标准的经训——特指《古兰经》而言——有着高度抽象性、概括性、原则性的特征，其内容特别是有关法律明文，几乎都以提纲挈领的方式阐述。而作为伊斯兰

① 吴云贵：《伊斯兰文化的共性与个性》，载《世界宗教文化》1996 年第 5 期。
② 同上。

个性文化的各民族文化，则千姿百态，不尽相同，许多问题无法从《古兰经》找到直接答案和按字合意的明文。那么，如何处理《古兰经》明文的有限性与各民族、各地区不同文化的多样性、复杂性，以及社会问题无限性的矛盾，这就必须使抽象的、概括的、原则的《古兰经》的内容具体化、细则化，使《古兰经》在世界穆斯林中得到实践。当然这是一个程序化、技术化、逻辑化与系统化的过程，在这一过程中对某一文化的取舍虽未直接以《古兰经》为根据，但它是依照《古兰经》的原则与精神决定的。依照《古兰经》的原则与精神决定某一文化的取舍，是个人运用理性推理的创制活动，为避免其中的随意性，凡是被取舍的文化，都须依一种诸如公议、类比、唯美、公益等法渊源为根据方能生效，否则无效。

总之，伊斯兰法渊源使有限的经训明文扩充到伊斯兰文化的各个领域，解决了伊斯兰社会中层出不穷的问题，并把伊斯兰文化及其精神活灵活现地落实、贯穿在个人生活与社会组织中，使之没有成为一套单纯的仅供理论研究和文化知识探讨的抽象理论。不论伊斯兰社会的内部结构和外部形态如何变化，伊斯兰文化的理论与实践是相结合的，原则性与灵活性是相协调的，共性与个性是相统一的。

原载于《西亚非洲》2002年第2期，原名为《伊斯兰法渊源的整合机制》

伊斯兰教育

历史上的伊斯兰教育

周燮藩*

在伊斯兰教的研究中，伊斯兰教育的地位和影响，至今尚未为人们所充分认识。从历史上看，在伊斯兰教的定型和伊斯兰文明的形成中，伊斯兰教育具有举足轻重的作用。当阿拉伯穆斯林在伊斯兰教旗帜下征服西亚北非时，伊斯兰教本身非常简朴，除了刚刚编纂成册的《古兰经》和一群穆罕默德的圣门弟子外，许多方面尚未成型。而他们所面对的广大被征服地区，肥沃的新月地区、埃及、伊朗等，则是一些世界古代文明的发祥地。但他们在冲出沙漠后的百年之内，建立了一个世界帝国，自大西洋东岸至中国边境，其版图之广胜过极盛时代的罗马帝国。而且他们并没有如历史上的众多游牧民族那样昙花一现，虽然一度借助军事和政治权力，却更多地凭着宗教和语言，在创建一个帝国的同时也创造了一种高度发达的文明。他们继承、融合了两种互不相关的文化，一方面是渊源于古代希腊—罗马、以色列和近东的传统文化，即西亚地中海文化；另一方面是与远东文明有充分接触、具有独特内容并丰富多彩的波斯文化。这种由多种民族、宗教和文化在伊斯兰教社会内融会吸收而产生的新文化，尽管起源和创造者各不相同，但其一切表现和特征最终都打上了阿拉伯—伊斯兰教的烙印。其文化影响传至西方，遂唤醒欧洲走上近代文艺复兴的道路。因此，可以说，“在中世纪时代，任何民族对于人类进步的贡献”，都望尘莫及。① 能达到如此辉煌成就的因素固然很多，但伊斯兰教育在其中所起到的作用，却不可忽视。

---

* 周燮藩，中国社会科学院宗教研究所研究员、博士生导师，西北民族大学伊斯兰文化研究所学术顾问。

① ［埃及］希提：《阿拉伯通史》（上册），商务印书馆 1979 年版，第 2 页。

在伊斯兰教的早期发展中，伊斯兰教育对于各宗教学科的定型和伊斯兰教宗教结构的重建有重要作用；在伊斯兰教的扩张、传播、巩固和延续中，也功不可没。当然，在当代的社会转型中，伊斯兰教育同样面临着巨大的挑战。

一

在伊斯兰教兴起以前，阿拉伯人中间并不存在正规的教育，能够读书和写字的人极为少见。伊斯兰教兴起之初，人们立即感受到教育的需要。在白德尔战役后，被俘的麦加人就是通过教授读写来为自己赎身的。随着阿拉伯哈里发帝国的扩张，这种需求有增无减。早在伊斯兰教历17年（公元638年），第二任哈里发欧麦尔就派遣圣门弟子和诵经师到各地去，每个星期五在清真寺向民众诵经传道。伍麦叶王朝时，欧麦尔二世派往埃及的教法官叶齐德·本·艾比·哈比卜（公元762年卒），在后来的传说中成了埃及出名的第一教师。由此可见，伊斯兰教传播之初，还不存在真正意义上的教师。一些初级教育场所即使有，教师主要也是非穆斯林，特别是基督徒和犹太人。但是，伊斯兰教兴起后所带来的《古兰经》和先知的圣训，成为宗教教育乃至整个社会学习的中心教材。这种情况曾经引起广泛的争论，即人们可否请一位非穆斯林教授穆斯林学习天启经典？争论持续约两个世纪，直至整个社会的伊斯兰化后才趋于消失。至14世纪时伊本·赫勒敦还写道："书写与《古兰经》及宗教并不一起教授……在初级学校不教读书写字，任何人想学习读书写字，就必须求助于另外的专业教师。"可见，初级教育尽管不能排除学习读、写和简单的算术，但其重点和培养目标始终放在宗教教育上。

一位西方学者说："穆罕默德组织了东方说阿拉伯语的人们，给他们一个使命，让他们获得真理，在他们看来，它是世界性的。当他们成了很多古代重点学问的主人时，他们继续鼓励有创造力的学问和教育。"① 伊斯兰教

① ［美］S.E. 佛罗斯特著，吴元渊等译：《西方教育的历史和哲学基础》，华夏出版社1987年版，第149页。

育就是在这样的背景下逐渐形成的。在伊斯兰教的早期首先发展的主要是两种类型的教育：一类是宫廷教育，目的是培养未来的统治者。聘请的家庭教师（mu'addib）一般是受贵族保护的平民或基督徒。教育内容为读书、写字、演讲、射箭等，品德教育则为培养“男子汉气概”。宗教教育是逐步加强的。另一类是成人教育，如前面提到的，圣门弟子和诵经师在清真寺向民众所讲授的，目的并非学习读写，而是传授《古兰经》和先知的教诲。正是这一种形式的教育，在各地清真寺内形成讨论或讲学的“圈子”，由小组（halqah）发展成讲座（majlis）。学生围坐在诵经师、讲故事人或宗教学者周围听讲、讨论甚至争辩。在伍麦叶时期，巴士拉清真寺就以哈桑·巴士里的讲座为中心，讲述圣训，解释律例，学生众多。沙斐仪在埃及弗斯塔德的阿慕尔清真寺也设有讲座，他每天早晨讲授各种学科，直至公元820年去世为止。伊斯兰教的各种学科因此成熟和定型，伊斯兰教育也因此而得到发展。

伊斯兰教的各种学科是高等教育的主要内容，作为完整的宗教思想体系是最初几个世纪中形成的。教法学是其中最先“成熟”、最为重要的学科，由伊拉克的艾布·哈尼法、麦地那的马立克的学生，后来的沙斐仪和艾哈迈德·本·罕百勒的学生，发展了教法学的理论并形成四个教法学派共存的局面。同时，由社会矛盾和教派斗争引发的，在8—9世纪持续不断地产生关于道德和教义问题的争论。这类争论既在清真寺进行，也在王公贵族的府第中举行。在阿拔斯王朝，哈里发哈伦·赖世德等也召集学者至宫廷内，鼓励他们就一切问题，如逻辑、语法、宗教等开展学术争辩。当时大部分问题尚无定论，不成体系，因此呈现一种显著的宽容精神，允许其他人保存宗教的和学术的思想自由，给予他们为伊斯兰文化和教育作出贡献的机会。

与学术争辩同时出现的，还有各地的清真寺图书馆及半公共图书馆。清真寺普遍作为教育场所，也被用作收藏图书的场所。由于人们的捐赠和遗赠，清真寺的藏书，特别是宗教文献的手稿抄本，迅速增多。高官显宦或富商巨贾出资兴建的半公共图书馆，收藏有关逻辑学、哲学、天文学及其他科学的书籍，供学者使用。萨曼王朝国王努哈·本·奈绥尔（公元976—997年在位）在设拉子建立的图书馆、图书按类收藏在架上，有分类的图书目录和专职的管理员。同时在巴士拉的一所图书馆，对在该馆从事研究工作的学者，由该馆的主人发给生活费。值得注意的是，阿拔斯王朝哈里发马蒙于公元830年在巴格达创建的智慧馆，并不是教授宗教学科的“神学院”，而是一个图书馆、科学院和翻译局的联合机构，由国家主办而系统翻译希腊哲学和科学的著作。这说明中世纪伊斯兰文化和教育的独特同化能力，却往往被误解为吸收和模仿，不认为是新的创造。不同文化和知识体系的综合，对伊斯兰教育的发展留下深刻影响。

以清真寺为中心而发展的教育机构大致有两类：一类是库塔布（Kuttab），称经文学校，相当于小学。据载，库法人达哈克·本·穆扎希木（公元723年卒）在库法开办一所小学，不收学费。稍后，巴士拉建有一所类似的学校，但收学费。至9世纪，艾布·哈提姆（公元890年卒）在家乡布斯特建立一所带图书馆的学校，允许外地学生入学。这类初级教育场所在东部地区，如尼沙布尔、木鹿等地不断增加。这些学校后来大多附属于清真寺，以《古兰经》和圣训为课程核心，特别着重背诵。学校在教导学生掌握语言工具和文化知识的同时，寓宗教于课程之中，使文化学习成为宗教意识的启蒙教育。这种初级教育的传统方式，在伊斯兰世界极为普遍。

另一类是马德拉沙（Madrasah），意为“学习场所”，属高一级的学校。由于中世纪不存在从低到高递进的教育体系，马德拉沙与库塔布之间没有任何有机的联系。艾哈迈德·爱敏说：“据我看，当时的教育，尚未分阶段进行。既无启蒙教育即初等教育，亦无中等教育。……求学者能坚持到底者为数极少。大部分人，中途辍学，有的甚至只能学到四分之一的学程。……有些人，则追随学者，学习知识，从一个老师转到另一个老师，甚至从一个国家转到另一个国家，直至完成学业，自己设座讲学为止。”[①] 也就是说，中等和高等的教育都在马德拉沙完成，其中大部分人只是完成中等教育，只有少数人才能完成高等学业。事实上也只有少数马德拉沙才真正称得上是经文大学。

有人认为，马德拉沙是逊尼派统治者为反对什叶派而建立的宣教机构，这并不符合历史事实。布韦希王朝和法蒂玛王朝时期，统治者借助政治权力建立一批学校（Dar al-Ilm），培养传播教派主张的传道师。著名的机构有公元972年在开罗建立的爱资哈尔。结果，在塞尔柱人和阿尤布人推翻什叶派

① ［埃及］艾哈迈德·爱敏著，纳忠译：《阿拉伯—伊斯兰文化史》（第三册），商务印书馆1991年版，第63页。

政权后，同样借助国家力量扶植、支持逊尼派的学校的发展。最早的一批是塞尔柱王朝大臣尼扎木·穆勒克在波斯和巴格达建立的尼扎米亚大学，以及哈里发穆斯坦绥尔于公元1234年建在巴格达的穆斯坦绥里亚大学。但是，在此之前逊尼派的马德拉沙早已存在，并培养出相当大一批有学识的学者，可受聘任教。他们创作的一批各种宗教学科的核心教材，支持学校制订系统的课程表；更重要的是，在穆斯林社会形成一个具有独特精神气质和学术特征的宗教学者阶层（‘Ulama’），成为不受教派或政治斗争影响，自觉维持和发展伊斯兰教育的支柱。

从组织化的角度看，马德拉沙教育体制在奥斯曼帝国时期臻于极盛。在伊斯兰教长老的统辖下，马德拉沙在各地建立，得到有效的资助和维护。宗教学者被纳入统治体制，几乎成为帝国社会的特权阶层。传统的教育机构和学术中心，在整个穆斯林世界继续发挥影响。前面提到的爱资哈尔，成为逊尼派最大的宗教教育中心。当然，这些传统的教育机构今天面临着现代化所带来的挑战和需求，处于程度不同的适应阶段上。极个别的一些教育机构，拒绝向现代压力让步，如印度迪奥班德经学院仍坚持传统的教育方式。

二

传统伊斯兰教育的特征，首先表现在伊斯兰教各种学科的形成导致传统教育的产生，其次反映为伊斯兰宗教思想体系决定宗教教育内容的重点和形式，并制约其发展历程。从教育的方式看，在历史演变中伊斯兰教育有两个突出的特征。一个是教师享有崇高的威望。伊斯兰教育的开端和发展，不是以学校而是以教师个人为中心的。相应的宗教学科也因学者的努力而具有个人特征。某些著名学者埋首经训，演绎教法，诠释或建构自己的教法或教义学说，然后在清真寺设座讲学，吸引或远或近的学生前来求学。因此，在整个中世纪，伊斯兰教育的一个显著特征就是教师享有始终不变的重要地位。教师在授完全部课程后，要亲自发给结业的学生以证书（ijaza），然后结业学生才获准去讲学授徒。证书有时是某个学科，比如教法学、圣训学的结业证书；有时则仅涉及一门或几门课程，如语法、词法、遗产继承法等；有时甚至只对学过的几本书有效，即仅有讲授某本书的资格。后来，马德拉沙普遍建立后，学校有审核或考查学生是否达到毕业要求的制度，但是教师个人的地位和威望仍无法动摇。就是结业证书，经常仍以教师而不是学校的名义颁发。即便是在马德拉沙体系确立后很久，一些著名人物和学者的传记中常常提到他们的教师姓名，而相对而言很少见到他们学习的学校之名。事实上，中世纪后期的大多数名人学者都不是马德拉沙培养的，而喜欢自称曾经是某某教师的私淑弟子。有人认为，如果编写伊斯兰教内有原创性思想的历史人物传记汇编，其中出自马德拉沙的学生不会太多。

另一个特征就是负笈求学（al-rihlah fi talab al-‘ilm）。学生为了倾听著名学者的讲课，常常在哈里发帝国的疆域内长途跋涉，备尝艰辛。最早推动负笈求学的目标，是为了收集先知及其门弟子的言行记录，即圣训。先知说过，“学问虽远在中国，亦当求之”，因此这种游学被提升为一种完美的虔诚行为。据载，在中世纪的伊斯兰教中，有人曾走遍穆斯林世界的各个角落，向一百多位教师寻求圣训的记录“哈迪斯”。为求学而死于途中，被视为是为宗教献身。在负笈求学运动中最多听到的一句话，就是“随时准备上路”（shadd al-rihal）。学子寻求的知识（‘ilm），在初期是指传述的经训知识，有别于人们对它的理解（fiqh），即对传统知识整体的智力应用。在教法学、教义学等学科成型后，前者便指传统知识教义学，后者便成为教法学的代名词。这两者便成为负笈求学的主要目标。但是，10—11 世纪“伊智提哈德（独立判断）的大门关闭后”，宗教学科中的智力发展普遍停滞，原创思想逐渐枯竭。宗教思想和教育在艰难动乱的时局中日趋保守，以保存和维持宗教传统为己任，有意识地脱离文化智力活动，也脱离其他形式的宗教思辨，如苏菲主义，从而一蹶不振。

在中世纪穆斯林社会，教育和其他许多义务和责任一样，是靠个人的宗教虔诚和社会习惯而非国家主办而实现的。伊斯兰教育基本上是私人和社会自发兴办的，国家并非主管亦无专门经费，有的只是哈里发、王公巨贾的捐赠或宗教基金的支持。因此，送儿童上学读书，穆斯林视为父母应尽的义务而非国家的责任。而教师收徒授业也被看做一种义务。在伊斯兰教育发展初期，教师一般是不收学费的，后来才形成一种合法的收费办法。库塔布一类的初级教育场所，对学生直接向教师交学费有限制，只有能集资的学校才允许向教师付学费。在马德拉沙一类的教育机构中，由于得到君主或富商的大量捐赠，教师的生活有了保障，甚至可以外出讲学而不必虑及费用。教师不仅向学生传授知识，在日常生活中也率先垂范，为人师表，其言行举止、处世态度都对学生有深远影响。对穆斯林社会来说，教师不只是一种谋生的职业，也是品德完美的楷模。教师作为宗教学者，既是宗教信仰的监护人，又是社会道德的倡导人，通常以其品行学识而受世人尊敬。

作为伊斯兰教教育另一个象征的马德拉沙体制，自近代以来一直受到批评。一种流行的看法认为，马德拉沙狭隘的教育内容是导致穆斯林学术文化和教育衰退、停滞的原因。但是，教育课程的狭隘只是学术文化衰落的征兆，并不是真正的原因。导致伊斯兰教育衰退的真正原因，是因与世俗智力文化隔绝而造成各宗教学科的萎缩；同时，整个社会的学术文化也因政治经济的原因陷入衰退。就伊斯兰教自身而言，宗教学者在反击穆尔太及赖派和什叶派的斗争中，发展了各种宗教学科，完善伊斯兰教的体制，并利用伊斯兰教育作为延续和巩固宗教传统的工具。这不仅是使马德拉沙等教育机构以防卫的方式排斥非正统思想，而且使伊斯兰教各宗教学科构建成一个绝对自足的封闭体系，与任何可能出现的挑战或反对相隔绝。这种体系不仅排斥哲学，而且连数学也被排除，只保留最基础的算术（abjad）。教法学占据至上地位，而教义学则选定为理性哲学的替代物。这种建构是宗教学者富有创意的成就，也是伊斯兰思想内在丰富的象征。但是，由于所有形式的知识都被纳入一个具有有机联系的教义框架内，丰富的智力资源逐渐枯竭，原创思想的萌芽遭到窒息，伊斯兰教育必然失去活力。17 世纪的一位突厥穆斯林学者卡提卜·切莱比（公元 1658 年卒）面临理性学科甚至教义学的衰退，痛感伊斯兰教育的落伍，悲愤地说："但是许多无知的民众……仍然如岩石一样僵化，在盲目模仿祖先中止步，他们不加思考便抵制和否定新的学科。他们被视为有学问的人，但在所有的时间里却是无知的人，喜好贬损他们所谓的'哲学学科'，而对天或地一无所知。'难道他们没有观察天地的主权'（7：185），（这句经文）没有给他们留下任何印象；他们认为'观察世界和天空'就是像母牛一样盯着大地。"①

对于伊斯兰教育在后期的弊病，印度莫卧尔王朝最后一位伟大的统治者奥朗则布（公元 1707 年卒）对其老师的斥责，更有说服力也更加尖锐。他

① ［古阿拉伯］卡提卜·切莱比：《真理的平衡》，G.L. 刘易斯英译，伦敦，1957 年，第 25 页。转引自 F. 拉赫曼：《伊斯兰教》，芝加哥大学出版社 1979 年版，第 188 页。

说："你曾经教我什么？你告诉我，法兰克人的国土是一座小岛，那里最伟大的国王先前是葡萄牙统治者，然后是荷兰国王，现在是英国国王。你告诉我，法国和西班牙的国王，他们像我们这里小的地方诸侯……荣耀归于真主！你展示的是何种地理和历史知识！世界各国的特征——这些国家的出产，他们的军事力量，他们的作战方式，他们的习俗、宗教、政府惯例、治国策略，教授这些难道不是你的职责？

"你从未考虑过什么样的学术训练是王子所需要的，所有你认为是我所必需的，是让我成为一名语法专家和学习当一名法官或教法学家。

"你告诉我的父亲说，你教我学习哲学。事实上，有好几年你一直在用与生活问题无关的、不必要的和荒谬的问题折磨我……当我结束学业时，我没有任何学科和艺术的真正知识，除了能说一些深奥的术语，而这些术语能把最聪明的头脑弄糊涂，他们却以此宣称拥有哲学的知识来掩盖他们的无知……"

在苏菲派的伊斯兰教育中，存在相同的问题。苏菲派注重道德升华，追求神秘主义的体验。他们一方面收徒、传道、组织教团，另一方面指导民众的日常生活。依附于罕卡（Khanqah）或扎维叶（Zawiya）的马德拉沙中，苏菲著作列入正式课程之中，称认主学。在14世纪后的印度，苏赫拉瓦尔迪、伊本·阿拉比及后来的贾米的著作，成为马德拉沙的教材。在土耳其，有一些叫麦斯奈维哈奈（Methnevikhana）的学校，鲁米的《训言诗》是唯一的教材。苏菲神秘主义的倾向，不仅排斥理性学科，有时也漠视正统的教法和教义学教材。在苏菲派与正统派逐渐融合后，虽然形成新的思辨教义学，但伊斯兰教育的衰退却无法挽回。当19世纪欧洲教育传入时，穆斯林世界感受到一种突然并强烈的冲击。

三

被誉为"伊斯兰教权威"的安萨里（公元1111年卒）曾在其《圣学复苏》中以"教育论"为第一章，明确反对以传授知识为教育宗旨的说法，强调激励学生的伦理意识的重要性。这样他就在重建伊斯兰教思想体系的同时，规定了伊斯兰教育的方向。伊斯兰教育的根本宗旨，就是使学生熟读经训，掌握教法、教义知识，能用伦理规范约束自己言行，做一名有传统文化素养、虔诚的穆斯林。教师在传授知识的过程中，力求将启示（《古兰经》）、传述（圣训）、推导（教法教义）三种知识有机地结合起来，而尤其重视的是源自经训的基础知识。其课程内容自然地限定为宗教学科，以及有关的语法、文学等辅助学科。宗教学科有四种：哈迪斯即圣训，费格赫即教法学，凯拉姆即教义学，塔夫西尔即经注学（《古兰经》注释）。在一些保守的圣训派马德拉沙中，教义学受到猜疑，有时被排除在外。在某些地方，则加上某种苏菲主义著作。即便这样，教材的数量也非常少，课程的内容非常狭隘。一般的解释认为，由于学生年轻或基础太差，学习年限较短，为掌握宗教学科高一级的内容，只能集中读懂一两本教材。这就意味着，教育并非按学科传授知识，而是学习一本或几本书；在方法上也会助长死记硬背而非真正理解。

教材的稀少与当时的学术水平下降有关。中世纪后期的穆斯林学者，大多习惯于埋首于前人著作的注释和再注释，并集中于某几种书而忽视学科的理论发展。许多独创性或值得重视的思想，常常被湮没于烦琐的注释之中，而有关学科建设基础理论的创见却极为罕见。例如萨德尔丁·设拉齐写于17世纪的几本著作，属于学术品位很高的哲学教材，是在数个世纪里仍无法逾越的学术权威。可是，细究之下，萨德尔丁·设拉齐本人主要也是一位对先前思想家尤其是伊本·西拿著作作注的注释家。这种系统撰写注释的风尚，在开始时是与原创著作结合的。例如在12世纪，法赫尔丁·拉齐（公元1209年卒）撰有对伊本·西拿著作的注释，但他也是一些原创著作的作者。后来，学术思想趋向僵化和保守，出现对注释再写注释的流弊。学者们皓首穷经精心阐述的，大多是烦琐的推论和无聊的卖弄，但仍一代接一代地注释和再注释。某些教义学著作出现了六层以上的再注释，最后出现的通常是浅薄的遁词和字句的争论，而原著的精义早已付之东流。这些肤浅的注释连同简明的百科汇编成为马德拉沙课程的教材。例如在18世纪的印度，穆拉·尼扎姆丁曾制订过一个马德拉沙的课程表，后稍作修改几乎被印度的所有马德拉沙接受，以“尼扎米课程”（Dars-i Nizami）知名。同样的课程表在伊朗和中亚也流行，只是学科重点有点差异。但是，这一课程表还是受到保守派的指责，认为对理性学科重视过分。其中有三部哲学著作，实际上全都是后期的摘要或注释，包括萨德尔丁·设拉齐对伊本·西拿著作的一种注释。圣训只有一种后期的汇编。《古兰经》注释是两种中世纪的简编，一种是《加拉兰古兰经注》(al-Jalalayn)，也是中国穆斯林经堂教育的教材。

在马德拉沙，学习课程大致有一个按学科循序渐进的安排，例如：阿拉伯语法和语言、文学、算术、哲学、教法、教法学、教义学、《古兰经》注释、哈迪斯。学生学完一门后便开始“更高的”一门，从一级到另一级。这种学习方法自然无法在某一门学科上花费足够的时间；学生经常从某一学科的概要开始，至下一年级再学习同一学科的更深的教材。教师的工作是教授他人的注释，对正文并不作自己的讲解。有的地方认为，圣训是所有学科中的王冠，因为它为其他宗教学科提供了学术资料。因此，有一些学校的课程中，唯一教授的学科就是圣训。不过，对学生来说，他可以选择教师或学校，转换学科和教材，甚至四处游学。在完成传统宗教学科的学习后，他若认为苏菲主义能帮助他达到更高的精神目标，他可以选择一名沙赫和一所道堂，继续他的学习。

在伊朗，宗教教育带有教派特征，但课程安排大致相同，可能更为合理。在马德拉沙的学习一般分为三个时期：预备期、专门期和最高期。前两个时期有大致的期限，最后一个时期没有时间限制。预备期的学习一般为18个月，要求学习阿拉伯语法、修辞、逻辑、译成波斯诗的阿拉伯语格言，以及宗教学科的基础著作。专门期分为两个阶段，第一阶段要进一步提高阿拉伯语法、语言学、逻辑学、修辞学、教法和教义学知识，阅读宗教学者的有关著作。第二阶段则专门学习《古兰经》注释、圣训、伦理和教法学。专门期的学习有的3年，有的6年。学习结束后，学生可以去城乡清真寺任毛拉，也可以继续进入最高期的学习。在最高期，学生可以自由选择就学的班组；在教师中自由选择老师，甚至可以选择自己愿意仿效的学生为老师；可自由选择学习场所，如宗教大学、经学院、清真寺或学者的家里。一名学生的才能和学识若能引起教师和同学的赞赏，他在学生圈内就会有追随者。这种研究式的学习，通常不举行考试。一名学生对一部著作研究完后，假如教师让他在班上转述或讲解其中的内容，就意味着他对这本著作或这门学科的学习已获通过。最高期的教学内容是教法学、教义学、哲学和文学。学完这些课程后，开始“伊智提哈德”（独立判断）的专门训练。只有非常少的出类拔萃者才能进入专门学习。学习以讲课为主，讲课者都是著名的穆智台希德（高级宗教学者），他们会详尽地分析教义和教法原理。而学生的学习目的，就是要达到穆智台希德这一级。一位学生如已学有所长，声望卓著，达到穆智台希德水平，但若尚未得到公认，那他仍要追随一位穆智台希德门下，接受他的指导，直至得到公认。

伊朗的伊斯兰教育相对地保持着一定的活力。因此，我们对于马德拉沙体制下的伊斯兰教育予以批判的同时，还应该看到，伊斯兰教育作为整体来看还不能说已经僵化，而且马德拉沙体制也不代表整个伊斯兰教育。18 世纪印度的一位杰出思想家瓦利乌拉（公元 1761 年卒），在其自传中留下一份他年轻时的学习课程，其中包括数学、天文学和医学。他没有上过马德拉沙，自幼在家跟随他父亲学习。其父是著名学者，开办过希拉姆宗教学院。与他同时代的一位印度学者穆罕默德·阿里·萨奈维（公元 1745 年卒），曾在他的一部著作的前言中说："当我跟从我父亲学完阿拉伯语和宗教学科后，我打算自己去获取哲学、自然科学、理性神学和数学等宝藏，但我没能从任何教师那里得到这些知识。于是我将我的部分时间专注于学习我所拥有的、这类学科的一些概要简编。"他经过慎重考虑，认为人们应该学习的理性学科及其分科，其中包括数学（含力学等）、物理学和理性神学。上述的一些例子尽管很有说服力，但仍不能改变中世纪伊斯兰教育方式在近代以来的落后面貌。与近代以来的世俗教育相比，其差别不仅在于课程内容、教学方法和制度，更重要的是在观念上的差别。因此，随着社会的发展，传统的伊斯兰教育从内容到方法逐渐发生变化。前面提到的埃及爱资哈尔大学，在 15 世纪时仅是埃及几所高等教育机构之一，其声望虽然很高，但有竞争对手。近代以来，随着其他伊斯兰教育中心的衰微，爱资哈尔大学上升为不仅在埃及，而且也是整个伊斯兰世界规模最大和最重要的宗教教育场所。爱资哈尔的行政制度也作了改革，学者领袖"爱资哈尔长老"（Shaykh of al-Azhar）取代原先的"督学"，整个学校内部的行政管理则授予一个学者组织"大学者委员会"。19 世纪末 20 世纪初，通过穆罕默德·阿布杜引进的一系列措施，对课程设置从形式到内容进行重组，某些近代的人文和社会科学的智力学科，连同某些高等教育水平的自然科学学科一并引入。埃及还建立初级、中级和高级三级的宗教教育网，使初中级的教育为高等教育做准备，这是与中世纪伊斯兰教育完全不同。在爱资哈尔大学以外，尚有一批著名的伊斯兰教育机构，例如摩洛哥非斯的凯鲁万清真寺大学，突尼斯的宰图奈清真寺经学院，伊朗库姆和马什哈德的经学院，印度萨哈兰普尔附近的迪奥班德经学院等，虽然规模和声望不及爱资哈尔，但也都是伊斯兰教育的高等学府，有的历史甚至比爱资哈尔还要悠久。近代以来，它们都面临现代社会和世俗教育的挑战，步履维艰，但大多作出应对，采取不同程度改革，也有少数坚持传统方式培养宗教学者。这就涉及更为广阔和更为专业的研究，已超出本文的范围，容当另文续写。

20世纪河州经堂教育的两次重大突破

丁士仁

中国的经堂教育，是继伊斯兰教作为信仰传入中国以后，又一次在学术文化方面中外交流的一大成果，它是中世纪伊斯兰国家传统教育体制与中国私塾教育的有机结合。经堂教育在中国始于16世纪中叶，由陕西渭城著名经师胡登洲（公元1522—1597年）创立，它是胡太师（胡登洲）有感于穆斯林“经文匮乏，学人寥落”的状况而借朝觐之际游历穆斯林国家后，本着“发明正教为己任”而发端的一个伟大壮举，顺应了时代的要求，是我国穆斯林自元明以来本土化后出现的对伊斯兰教“理艺难传，旨义难悉”，进而“既传译之不明，复阐述之无自”的局面采取的对应措施，也是中国穆斯林文化自觉和文明创新的一个大胆尝试，体现了回族先民与时俱进的精神。

经堂教育最早在陕西兴起，并逐步在全国范围内普及，形成了以西安为中心的几个经堂教育基地，如山东的济水一带，江苏的南京，云南的大理、玉溪一带和甘肃的河州，为中国穆斯林培育出了数以万计的传承圣学的经师和学者。清同治年间，随着陕西回民起义的失败，清政府开始清剿陕西回民，大批经师和学者随着难民的洪流大规模地撤退西迁，经堂教育的中心也随之西移，最后在甘肃河州[①]尘埃落定。于是，河州继承了陕西学术地位，成了中国经堂教育的中心，其地位一直保持至今。

经堂教育的中心西移河州后，陕西的经堂教育体制和模式始终是河州经堂教育坚持的传统和定式，上百年来一代又一代的经师遵守“胡太师爸爸”

---

① 河州，现甘肃省临夏地区，这一古名称在全国穆斯林心目中颇为神圣而流行，故本文沿用此名。

的风格和气势，一直没有发生变化，直到20世纪50年代，这一传统在河州出现了第一次重大的突破和变化。紧接着，20世纪80年代，又出现了第二次突破，使河州的经堂教育在短短的30年中向前大大地迈进了两步，而这两次的重大变化都发生在河州著名经师“井口四师傅”和他的弟子两代人的手上。

一 河洲经堂教育的第一次突破

河州自明代以来就成了西北回族人的主要聚居区。[①] 在明清时期的回族分布格局中占有比较大的人口比例，加之地处著名的古丝绸之路的商道上，与外界的往来比较密切。至清初，河州已初具了伊斯兰文化的人文风貌，形成了各种思潮和门派繁衍生息的氛围。于是，国外的各种伊斯兰思想和门派纷纭而至，落地生根。清同治年间陕西回民和伊斯兰文化遭空前劫难，陕西的经堂教育受到毁灭性摧残后，河州就当之无愧地挑起了传承伊斯兰文化火炬的大业，成了中国经堂教育的中心和基地[②]。

20世纪，人类进入了一个信息化的时代，中国社会的体制由封建走向共和，教育体制由私塾变成学堂，进而有了现代化的大学，学科由单一的人文学科发展到自然科学和理工学科，中国社会在短短的二三十年中发生了空前的变化。在这样轰轰烈烈的社会变革中，中国穆斯林也意识到了与时俱进的必要性，以及兴学育人的紧迫性。于是，在北京就有了王宽、马松亭等大阿訇倡导的回族新式教育，而在经堂教育中心的河州，也涌现出了一位当地赫赫有名而内地鲜为人知的大人物——“井口四师傅”。

“井口四师傅”，名马天民，经名叫阿卜顿·热合曼，约生于公元1916年。他家世居河州八坊，祖父为当地一著名修士，因其院内有一口供邻里取水的井，而被大家尊称为“井口老人家”；马天民阿訇的父亲曼尔苏目是西北一著名阿訇，是中国伊赫瓦尼教派的创始人马万福的得力助手“十大阿訇”之一；马天民阿訇是曼尔苏目的儿子，排行老四，因而被

---

① 见高占福：《民国时期文人笔下的河州回族文化》一文，《中国穆斯林》2002年第3期。

② 同上。

称为“井口四师傅”[1]。马天明阿訇自幼聪明好学，先后师从河州老阿林、拜爷、果园四师傅等西北著名阿訇攻读经学。由于他才思敏捷，能力出众，深得师长的喜欢，老阿林将自己的女儿许配给了他。后来，他又投时任青海东关大寺教长的“尕阿訇”门下深造，并得益于自沙特阿拉伯来青海讲学的赛义德的栽培。赛义德为麦地那人，20世纪30年代应马步芳之邀前来青海东关大寺教学，主讲阿拉伯语和圣训等课。他治学严谨，教授有方，不仅要求学生融会贯通，而且还采用阿拉伯传统的教学方式——通背所学内容。在圣训课，要求学生把包括传述系统在内的所有东西一一背记。在赛义德的再度培育下，马天民阿訇的学业大有长进，他最大的收获是熟练地掌握了阿拉伯语，这为他以后的阿语写作打下了坚实的基础。在东关大寺求学期间，马天民阿訇勤学苦练，毕业时，以圣训课满分的成绩名列前茅，被马步芳派往青海扎巴大寺开学，时年，他还不到二十岁。后来，他先后在固原、平凉、东乡和河州的北源、韩家寺等处开学。马天民阿訇品学兼优，深受广大穆斯林的爱戴，他精通阿拉伯语，并自学了汉语。他擅长阿语写作，用娴熟的阿拉伯语写下了大量的文稿和著作，这在西北阿訇中实属罕见。他的著作有：(1)《简明阿拉伯语词法》(阿语原文，配有小经翻译)；(2)《简明阿拉伯语语法》(阿语原文，配有小经翻译)；(3)《初级教材》(阿语原文，配有小经翻译)；(4)《信仰问答》(阿语原文，配有小经翻译)；(5)《礼拜斋戒问答》(阿语原文，配有小经翻译)；(6)《妇女月经问答》(阿语原文，配有小经翻译)；(7)《遗产法》(阿拉伯语)；(8)《逻辑学》(阿拉伯语)；(9)《音律学》(阿拉伯语)；(10)《圣训学》(阿拉伯语)；(11)《法学原理》(阿拉伯语)；(12)《穆圣传》(阿拉伯语)；(13)《修辞学》(阿拉伯语)等著作。其中，《初级教材》和《信仰问答》几乎是目前西北各清真寺中通用的基础教材。

马天民阿訇思想开明，学术嗅觉灵敏，他捕捉到了时代的气息，感到旧的教育体制已不适应20世纪的需要，觉得经堂教育有必要进行改革。因此，他总结多年学习和教学的经验，顶着重重阻力于50年代初率先在自己任教的韩家寺发起教育改革，为经堂教育输入新鲜血液。他的改革有以下内容：

[1] 西北一般将阿訇或教派传承人的儿子尊称为“师傅”。

1. 语言的改革

传统的经堂教育从中学开始才正式学习阿拉伯语，即开始背“算尔夫”(词法)，此前的教育属识字母、认字、学教门常识的小学阶段，从背“算尔夫”起，才算真正开始了阿拉伯语的学习。然而，自元明以来的传统和回族先民的文化背景，经堂中阿拉伯语的“算尔夫”是用波斯语讲解的，最初学阿拉伯语的教材中阿语波斯语参半。也就是说，已本土化了的回族子弟在开始学阿拉伯语这种不懂的语言时，却要用另一种不懂的波斯语作基础，这就造成了学阿语难上加难的局面，难怪经堂学员三四年才能学完“算尔夫”(词法和语法)，绝大多数有志青年因耗费不起这冗长的“算尔夫”阶段而放弃了求学的道路。“算尔夫”俨然成了求学道路上的一只凶猛的拦路虎，让无数人望而却步。马天民阿訇深感这种体制的不合理，于是，在20世纪50年代初重新修订“算尔夫”，将基础词法、语法中波斯语讲解部分一律改成念经人自小学就熟知的“小经”，使初学者一接触到教材，就能明白每个阿拉伯语单词的词性、数、时态和意思，以及课本的内容，消除了阿拉伯语的神秘感，使教学进度由原来的三四年一下子缩短到一年，至少节约了宝贵的两年时间，使初学者不再有谈“算尔夫”变色的窘迫，而且能进到融会贯通的程度。

笔者认为，这一改革不仅是一次重大突破，而且是一个质的飞跃，有力地推动了经堂教育的发展和阿拉伯语在中国的传播，它不仅是一种方式的改变和途径的转换，而且是一项文化转型的工程，使经堂教学向汉语靠近了一步，为进一步的转型奠定了基础。

2. 课程设置的改革

按陕西学派的传统，课程设置以十三本经典为主[①]，其中有阿拉伯语的经典，也有波斯语经典，内容涉及词法、语法、《古兰经》注、教法、文学、修辞、哲学、外语（波斯语）、圣训等课目，在明清时期，较汉语私塾而言，经堂教育课目的设置真可谓门类齐全。但是，随着时间的推移，有些科目和教材已不适应新时期的教学。以波斯语为例，它的应用在

---

① 十三本经典，各地所用经典稍有不同。

穆斯林日常变得越来越少，几乎绝迹了，因此，在课程设置中显得多余，马天民阿訇将其全部取消。另外，阿拉伯语法大全《满俩》是一部巨著，是经堂教育必讲的一本经典，从头至尾讲完，需两年的时间，翻来覆去玩文字的游戏，颇费精力。还有，修辞学名著《白雅尼》，从头至尾讲，也需两年的时间。修辞学是语言水平和写作能力达到一定程度后必修的一门学科，但对初学语言的人来说，像《白雅尼》这样大部头的经书既深奥又不适用，而且到此时，对宗教知识的学习尚未正式开始。马天民觉得这种设置过于迂腐，于是，自编了《简明阿拉伯语词法》（阿语原文，配有小经翻译）和《简明阿拉伯语语法》（阿语原文，配有小经翻译），让学生用不到一年的时间将词法和语法关攻克，缩短了学习的周期，也为学习其他主课腾出了大量的时间。对《满俩》，他只讲正文，不讲注释；修辞学不讲传统的课本《白雅尼》，而采用自编的简明易懂的《修辞学》（阿拉伯语）。为了让学生在最短的时间内掌握教法知识，他只讲《维嘎耶》的正文，不讲注释。在掌握了基本的宗教知识以后，他才开始讲传统的几本经典，如：《哲俩莱尼》、《嘎最》、《米什卡替》、《沙密》、《妥里格替》、《圣学复苏》，又追加了一本教法经：《迈拉格里·番俩哈》。这样，经过增减，与传统的课程设置有了很大的不同[①]，使学生能够在较短的时间里学到最基本的知识和作为一个阿訇所必备的学问。

3. 讲经方法的改进

陕西学派的风格以逻辑推理和辩证分析见长，即通过联系句子的前后关系、反复预设可能存在的问题来领会每一句话和每一段文字的大意。这种方法叫做“窝智海”，其好处在于加深对文字的理解和对整体意思的全面把握，它非常适合讲解哲学和教义学等较深奥的学科，陕西学派因而在教义学方面有独特的专长。然而，用这种方法讲经，进度太慢，一天只能讲几个句子，稍快，每本经一天也就讲一两页，甚至《满俩》的“叶朱子”一处就得讲一个星期，《白雅尼》的“海如·穆塔白格”一处讲三天；《维嘎耶》中“妇女月经”的一章耗时更长。这样，稍大一部经就需两三年的时间来讲。马天民

---

① 传统的十三本经典为：“连五本”、《米斯巴哈》、《满俩》、《白雅尼》、《维嘎耶》、《哲俩莱尼》、《嘎最》、《胡赛尼》、《凯俩目》、《莱麻尔特》、《虎图布》、《艾尔白欧》、《真境花园》。

阿訇见此，提倡只讲明文，不说“窝智海”，即只译字面意思，不作逻辑分析，大大提高了“过经”的速度，也拓宽了学生的阅读面。

4. 翻译技巧的发明

陕西学派擅长说“窝智海”，不注重翻译的技巧，没有一套按句子的成分先后翻译的规则，只是按阿拉伯语句子的自然次序向下讲。但因为句子成分前后有衔接关系，在翻译一个句子时来回翻，一个词先后要翻两三次才能把一个句子翻完。马天民阿訇总结了前辈经学大师们的经验，创立了一套口头翻译的规则，制定了句子成分先后翻译的顺序，严格遵守“一词讲一遍”的原则，讲起经来干净利落，简洁明快，一个句子一气讲完，不拖泥带水。笔者结识的中国阿訇为数不少，但能如此讲经的，却除了马天民阿訇的弟子外，几乎不见，这确实是经堂教育上的一大创举。另外马天民阿訇严格要求讲经时以“经堂口气”体现句子成分，把正确使用“口气”作为衡量翻译技巧的一大指标，以此规范了“经堂口气”的使用。

马天民阿訇英年早逝，公元1959年斋月去世，年仅43岁。“壮志未酬身先死”，加上20世纪50年代后期极“左”路线的干扰，他的改革成效受到了极大的限制，他生前除了在韩家寺试点以外基本上还没有人来得及响应他的改革，他倡导的教育模式连同全国的经堂教育就在汹涌的政治风浪中销声匿迹了，完全继承了他的教学体制的只有他的几个弟子。

二　河州经堂教育的第二次突破

20世纪70年代末，改革的春风吹遍了神州大地，经历了十年的浩劫和二十年的禁锢，中国伊斯兰文化也迎来了它生命中的又一个春天。河州，这个平静的小城又猛然间热闹了起来，全国各地的穆斯林子弟纷纷向那里汇集。霎时间，河州处处是学堂，到处是“满拉”，呈现出一片文化繁荣的景象，恢复了昔日伊斯兰文化中心的地位。

马天民阿訇早已去世，传承薪火的大业就落在了他的儿子马希庆阿訇和高足王永贤等阿訇的肩上。他们不负众望，继承了先师未竟的事业，将河州的经堂教育又推向了一个新的高峰。马希庆阿訇，经名叫阿卜杜力·合福如

(公元1941—2003年)，自幼在父亲马天民阿訇膝下攻读经学。他天资聪明，才思敏捷，到18岁时，已学完经堂体制中的所有课目，并完全掌握了父亲的成套教学体制，又自学了汉语，后来经努力，达到了相当高的水平。待到他学业有成，欲大展宏图的时候，50年代末期的宗教改革开始了，学堂关闭了。父亲马天民阿訇去世后，他被视为反革命家属而锒铛入狱，年仅18岁。释放后又被下放农村，受尽了折磨。然而，在那艰难的岁月，他始终没有放弃自己酷爱的知识，也没有忘记父亲未竟的事业和自己肩上的责任，一有闲余时间就钻研学问。改革的春风给了他第二次生命，河州的寺门刚一开放，他就被聘为他父亲曾在的韩家寺任中学阿訇，继续推行经堂教育的改革。与此同时，他的另几位同学也被聘为其他清真寺的教长或中学阿訇，在各自所在的清真寺开始了新式教学的尝试，他们遥相呼应，拉开了经堂教育改革的序幕。一时间，河州的铁家寺、折桥大寺、关家台寺、魁星阁寺和积石山的肖川中庄等清真寺呈现出了与其他清真寺不同的教学模式，并以韩家寺为中心形成了新式经堂教育的风格。马希庆阿訇大有其父的遗风，治学严谨，敢于创新，继韩家寺之后，他先后被聘为河州铁家寺的中学阿訇，柏家庄寺的教长。90年代，荣任堡子寺的教长。在那里，他和密友王永贤阿訇完全实现了经堂教育改革的愿望，确定了河州新式经堂教育的体制和模式，制定了新的教学大纲。他俩所在的堡子寺在西北的经堂教育中独领风骚，俨然成了经堂教育的大本营。马希庆阿訇在他生命的最后几年，被聘为韩家寺的教长，在那里，他走完了他的人生之途，享年62岁。

马希庆阿訇擅长阿语写作，著述较丰，这在当今西北的阿訇中少见。他的阿语著作中，《伊斯兰信仰》、《伊斯兰功修》和《伊斯兰论理》是他生命中重要的代表作，倾注了他大量的心血，较全面地论述了伊斯兰的三大领域，在西北经堂教育界产生了较大的反响。他的其他阿拉伯语著作还有《修辞学全解》(传统教材《白雅尼》的缩写本)、《辉煌的果实》(《满俩》的缩写本)和《语法中的格》，阿汉对照的著作有《阿拉伯语读法规则》、《回历入月概述》、《朝觐简述》，他亲自经过数年对天象的观察，编出了一份非常科学的《礼拜时刻表》。另外，他修订并用汉语翻译了他父亲马天民阿訇的全部小经作品，为伊斯兰基础常识的普及作出了巨大的贡献。马希庆阿訇的主要成就在于他把他父亲开创的改革事业推进了一步。他和王永贤阿訇等同学的改革体现在下列几个方面：

1. 汉语的使用

传统的阿拉伯语入门教材用波斯语编写，马天民阿訇改用“小经”编写，改革开放以后，由于穆斯林普遍文化素质的提高，“小经”已不再适应新一代的念经人了，于是，马希庆、王永贤阿訇夜以继日地将原来的“小经”改作了汉语，大大提高了学生的理解力，加快了攻克“词法”和“语法”阶段的学习进程，使略具汉语水平的人自己读懂词法和语法规则。阿语初级教程中汉语的使用是经堂教育历程中又一个巨大的突破，有力地推动了经堂教育的发展，使经堂初级阿拉伯语的教学接近了国立外语大学或学院的水平，而且由于经堂教育注重死记硬背，学员的阿拉伯语基础知识比普通学院的要扎实。

2. 教材的改革

时代的步伐不断加快，社会的变化日新月异，信息时代已不允许念经人花费三年至五年的时间学习阿拉伯语词法和语法，以及一些耗时长、见效慢的课程了。马希民阿訇他们博采众长，从中外各种教材中选择最适合中国清真寺和经堂教育的版本，同时自己编订适合新时代的具有短平快特点的新教材，以最快的速度输出具有较全面知识的经堂人才。因此，他们在教材的选择上花了一定的工夫。

（1）词法方面，传统教材为“连五本”和《米苏巴哈》，改学由马天民阿訇编、马希庆阿訇修订并翻译的《简明阿拉伯语词法》。

（2）语法方面，改传统的《满俩》为马天民阿訇编、马希庆阿訇修订并翻译的《简明阿拉伯语语法》。

（3）修辞学方面，改传统的《白雅尼》为马希庆阿訇编订的《修辞学全解》。

（4）教法方面，除讲《维嘎耶》外增讲《沙米》、《功修详规》（飞格海力·埃巴达替）和《哈奈菲派教法新编》。

（5）认主学方面，改传统的《凯俩目》和《莱麻尔特》为艾布·哈尼法的《大学》和现代学者宰达尼的《认主学》。

（6）经注学方面，取消传统的波斯语经注《胡赛尼》，在《哲俩莱尼》和《嘎最》的基础上增讲现代著名经注《经注精华》和《在〈古兰经〉的荫影下》。

(7) 圣训方面，取消《虎图布》和《艾尔白欧》，在《米什卡替》的基础上增讲《布哈里圣训集》、《穆斯林圣训集》和《里雅德》。

(8) 文学方面，取消传统的波斯语经注《真境花园》，改讲阿拉伯国家的语文课本。

值得一提的是，改革开放以后，由于中阿文化交流的进一步加深，穆斯林世界先进的办学理念和适用的教材进入了中国社会，使得马希庆阿訇他们有更多的选择课本的余地，他们吸收了许多当代名著和阿拉伯国家的中学和大学通用的课本，使经堂教育跟国际有了一定程度的接轨，而且在办学理念上有了新的视野。

3. 课程的设置

传统的十三本经大致可归为八个门类：词法、语法、《古兰经》注、教法、文学、修辞、哲学、圣训等课目，然而，随着时间的推移，传统的课程设置已暴露出了严重的缺陷，表现为念过四五年经的"满拉"（学员）不知何为伊斯兰的伦理，说不清穆斯林的历史，对伊斯兰没有总体的认识。民间流传着这样一种说法："半大子阿訇比驴粗"，指半途而废的阿訇虽然念了几年经，却没有掌握伊斯兰的真精神，似懂非懂，胆大妄为，违反教规，反不如一般的教民。这一现象反映了经堂教育课程设置中的不合理。于是，马希庆阿訇他们总结以往的经验，弥补课程设置中的薄弱环节，开设了伊斯兰概论、历史和伦理学方面的课程，选择了一些古今中外的名著作教材。在伊斯兰概论方面，讲授《伊斯兰的精神》和《信仰与生活》等近现代著作；历史方面，讲授《伊斯兰教史》和《穆圣生平》；伦理学方面，除了讲授传统教材《圣学复苏》以外，增讲《对晚辈的嘱咐》、《教学生学美德》和《穆斯林的人格》等经典，逐步形成了一套集传统科目和新科目为一体的教学大纲。现以河州堡子寺的中学和韩家寺的大学为例，将其课程设置兹录如下。

堡子寺中学的课程设置：

第一学年：学习 (1)《初级教材》（马天民阿訇编，马希庆阿訇修订并翻译的伊斯兰常识读本，中阿对照）；(2)《礼拜斋戒问答》（马天民阿訇编，马希庆阿訇修订并翻译的伊斯兰常识读本，中阿对照）；(3)《阿拉伯语读法规则》（马希庆阿訇编，中阿对照）；(4) 背诵《古兰经》第三十章。

第二学年：(1) 背诵《简明阿拉伯语词法》(马天民阿訇编，马希庆阿訇修订并翻译成汉语的中阿对照教材)；(2) 背诵《简明阿拉伯语语法》(马天民阿訇编，马希庆阿訇修订并翻译成汉语的中阿对照教材)；(3) 阿拉伯国家语文课本(阿拉伯语)；(4)《对晚辈的嘱咐》；(5)《教学生学美德》；(6)《穆圣生平》；(7)《教法简读》(《古杜勒》的缩写本)；(8)《维嘎耶》；(9)《里雅德》(圣训)；(10)《古兰经》明文。

第三学年：学习(1)《哲俩莱尼》；(2)《嘎最》；(3)《维嘎耶》；(4)《沙密》；(5)《教法详规》；(6)《哈奈菲派教法新编》；(7)《米什卡替》；(8)《布哈里圣训集》；(9)《穆斯林圣训集》；(10)《妥里格替》；(11)《圣学复苏》；(12)《伊尔沙德》。

第四学年：学习(1)《在〈古兰经〉的荫影下》；(2)《伊斯兰的精神》；(3)《伊斯兰教史》。

韩家寺大学的课程设置：

第一学年：学习(1)《古兰经》明文；(2)《教学生学美德》；(3)《对晚辈的嘱咐》；(4)《里雅德》(圣训)；(5)《穆圣生平》。

第二学年：学习(1)《古兰经》明文；(2)《哲俩莱尼》；(3)《穆圣生平》；(4)《认主学》；(5)《教法简读》；(6)《里雅德》；(7)《米什卡替》；(8)《伊斯兰的信仰》(马希庆阿訇注)。

第三学年：学习(1)《古兰经》明文；(2)《哲俩莱尼》；(3)《认主学》；(4)《维嘎耶》；(5)《教法简读》；(6)《哈奈菲派教法新编》；(7)《米什卡替》；(8)《里雅德》；(9)《穆斯林的人格》；(10)《伊尔沙德》；(11)《圣学复苏》。

第四学年：学习(1)《维嘎耶》；(2)《嘎最》；(3)《穆斯林的人格》；(4)《沙密》；(5)《布哈里圣训集》；(6)《穆斯林圣训集》；(7)《大学》；(8)《妥里格替》；(9)《圣学复苏》；(10)《伊尔沙德》。

自马天民阿訇起，他们在改进中始终坚持一个创新的理念，博采众长，不墨守成规，随时调整课程设置。因此，一有适合的教材就搬上讲台，尽量使教学与国际接轨，与时代同步。经过这一改进，新式经堂教育的课目更加完备和更加齐全，培养出来的学生不仅拥有全面的宗教知识，而且还能适应新时代的要求。

结束语

中国经堂教育虽为中国穆斯林所开创和倡导，但在其发展和完善过程中无不受到穆斯林世界教学体制的启发和影响。也就是说，中外文化交流是中国经堂教育发展的一个重要动力。以本文所述的胡太师、马天民阿訇和马希庆阿訇为例，他们每个人都受到过国外伊斯兰学术文化的影响，从而才有了后来的建树和成就。经堂教育在胡太师以后发展成了特色各异的流派，而河州派无疑是其主流，经马天民阿訇和马希庆阿訇等两代人的改进，经堂教育不仅在河州发生了变化，而且会推动全国经堂教育的发展。在二十多年中，这一新式教学体制在河州先后被许多清真寺采用，培养出了数以万计来自全国各地的阿訇和学者，许多人目前已经在各地学堂中发挥着中流砥柱的作用，部分人出国深造。据笔者观察，在巴基斯坦留学的中国学生中，有近三分之一的各地学生出自这种教育体制，而且经学水平远远高于一般阿语学校的学生。另外，值得指出的是，目前国内的部分阿语学校也或多或少地采用马希庆阿訇他们编订的教材，而且西北的清真寺中，不分派别，一律采用马天民阿訇的《初级教材》。马天民阿訇在河州发起的教育改革，其影响已经远远超出了河州地区，范围扩展到了全国各地。可以毫不夸张地说，这两次改革，是20世纪河州经堂教育的两大飞跃，对未来中国的经堂教育必将产生巨大的影响。

兰州满拉的汉文化需求

——以城关区为例

虎有泽*

“满拉”是指在清真寺里学习伊斯兰文化及宗教知识的学生，又称“海里凡”，他们接受的教育方式是经堂教育。学术界对经堂教育的研究和讨论历来备受学者的关注，[①] 而对经堂教育所带来的一些新现象关注较少。本文只是对生活在城市里受经堂教育的满拉现状进行的调查研究。需要说明的是本文中汉文化是指以汉字为载体的文化，即汉语文、汉译伊斯兰教经书、期刊、报纸及传统意义上所说的汉文化。“选择一个代表区域，只取社会文化的某一方面，来做整个的精密的观察，乃是社区研究较好的入手方法。”[②]

笔者发现生活在兰州市城关区的满拉分布在30个清真寺、5个道堂和2个拱北当中，而且凭借清真寺（道堂、拱北）之间因婚丧嫁娶或宗教生活来往频繁，加之城市社会环境的多变，使得满拉除接受经堂教育之外，还要学习社会知识和汉文化知识，才能适应城市生活。“一个经历了艰难困苦的民族，能够从他所经历的历史中总结经验教训，不殃及子孙、祸及后代，这个

---

* 虎有泽，西北民族大学宣传部副部长、副教授、博士，民族学专业研究生导师。

① 如《伊斯兰文化研究》、《经学系传谱》、《西北伊斯兰教研究》、《伊斯兰文化论丛》、《清代中国伊斯兰教论集》、《伊斯兰与中国文化》、《中国的伊斯兰教》、《中国回教小史》、《中国回教史》、《中国伊斯兰教派与门宦制度史略》、《中国伊斯兰教史》、《沙甸的今天·昨天》、《中国伊斯兰教史参考资料选编》、《西北民族宗教史料文摘》、《伊斯兰文化新论》、《回族研究》、《中国穆斯林》、《开拓》等书刊均有讨论。

② 费孝通、王同惠：《花篮瑶社会组织》（导言），江苏人民出版社1998年版，第6页。

民族将是一个有希望的民族。”① 所以我们有必要对满拉追求汉文化的现象作以社会人类学的解读。

一 关于汉文化需求的整体分析

通过对兰州市城关区的满拉的跟踪调查发现，他们大多来自外地，而兰州市本地的较少（如 1997 年全区 381 人中，兰州本地人只有 6 人），他们除接受传统的经堂教育之外，还对汉文化比较感兴趣，加之他们所处的环境不同，再由于他们的汉文化程度的差别，他们追求汉文化的方式和途径也有所不同。笔者通过 1997 年 6 月—1999 年 8 月对城关区所有清真寺（道堂、拱北）满拉的调查发现，两年内满拉的人员流动性变化很小，他们几乎在同一座清真寺待 3—5 年，至于“转学”（转到其他清真寺或离开兰州）只是个别现象。在 1997 年全区 381 人中只有 172 人不同程度地上过汉语学校，1998 年 420 人中有 198 人不同程度地上过汉语学校，1999 年上半年的 412 人中有 168 人不同程度地上过汉语学校，其余几乎为文盲或简单认识几个汉字，（以上 1997 年、1998 年与 1999 年有重复统计，因为有好多满拉不转学）。为了更能说明这一问题，我们取 1997—1999 年城关区举办六期满拉政治学习班的学员为例，分析他们的汉语文化程度：

表一　兰州市城关区 1997—1999 年举办学习班统计表

类别	未上过学		上过学						合计
			小学		初中		高中		
人数 / 期数	不识字	略识字	未毕业	毕业	未毕业	毕业	未毕业	毕业	
一	10	8	6	7	6	2	1		40
二	14	14	8	9	7	5	2	1	60
三	7	6	22	4	9		4	3	55
四	8	13	28	8	3		5	2	67

① 杨怀中：《回族史论稿》，宁夏人民出版社 1991 年版，第 457 页。

续表

类别 / 人数 / 期数	未上过学		上过学						合计
	不识字	略识字	小学		初中		高中		
			未毕业	毕业	未毕业	毕业	未毕业	毕业	
五	12	18	8	3	2		4		47
六	8	7	15		14	5		9	58
合计	59	66	87	31	41	12	16	15	327

说明：①略识字指只认识姓名、性别等简单汉字，不能读汉文句子和段落。

②表中的“上学”指“上汉语学校”。

③表中的“高中”不包括“初中”的内容，即不重复统计。

④表中的横向“合计”只计六次典型，而纵向“合计”为整体指标（即一般情况）。

从表中可知满拉学员当中小学以下文化程度的人占 74.31%，而初中以上的占 25.69%，从整体上看满拉的汉语文化程度较低，同时表明满拉有追求汉文化的可能性。

在调查中笔者发现，他们大多数人床头都摆有《新华字典》或《现代汉语词典》或《成语词典》等工具书，《演讲与口才》等期刊，中学语文课本等，还有汉译伊斯兰教书籍，及清代的刘智、王岱舆、张中、马注等人关于伊斯兰教的作品，现当代的王静斋、马坚、时子周、林松、仝道章等人翻译的不同版本的《古兰经》，最多的是民间翻译的关于伊斯兰教的小册子。虽然有的满拉读不懂（如刘智的《五更月》），但是他们都有意购买。问及原因，他们说自己可以琢磨或收藏供他人研读。他们的书籍来源于本市临夏路的五家穆斯林用品商店，或主麻日的西关、南关、新关等寺的经书小摊点，或邮购，同时他们还有赠阅的报刊（如《甘肃穆斯林》、《开拓》、《穆斯林通讯》等），加之兰州穆斯林图书馆的开放，满拉们有了开阔视野的好机会。

笔者对满拉读汉文书报刊进行了分类统计，他们平时用得最多的是《新华字典》，其次是《现代汉语词典》，再次是阿文、波斯文与汉文的互译词典。读的汉文书籍最多的是文学类，特别是回族作家的作品（如张承志的《心灵史》和散文），同时也关注某些获奖作品（如路遥的《平凡的世界》）；其次是社会知识类，这类能帮助他们认识和适应社会；再次是宗教类，不少满拉除了了解伊斯兰教外，还阅读其他宗教书籍（如《佛教基础知识》等），这类以高中文化程度居多，他们在潜意识中试图用比较方法找出各宗教存在的合理性；还有一类为哲学类，此类书虽然太少，但也占有一席之地，因为伊斯兰教苏菲主义中有“三乘”之说，有的满拉对刘智和王岱舆的著作感兴趣。另外他们几乎每天能看到《兰州日报》、《兰州晚报》、《甘肃日报》[据调查兰州市所有清真寺（道堂、拱北）都订阅此三种或其中两种报纸]，这样一来他们既可以学习宗教知识，又可以学习和了解社会知识。在满拉学习汉文化的过程中，有不少人帮助比自己汉语文化程度低的人，如识汉字，读句子，理段落，通文章，这种现象不但较为普及，而且已经走出清真寺（道堂、拱北），形成跨寺间进行交流学习（他们相识更多的场所是穆斯林图书馆），这种现象在农村中少见。“在每一种文化中，人们确倾向于一种一贯的生活方式，但他并未被限制在这些行为方式中的任何一种，像他自己设计了这些行为方式一样，他也能重新设计他们。”① 的确，生活在城市里的满拉会用各种方式追求汉文化，不但帮助自己学习伊斯兰文化，而且能提高汉文化水平（如写作、口头表达、交际能力），也可以使自己适应城市生活。

二 关于汉文化需求的个案分析

通过前面我们从整体上对兰州市城关区满拉的调查分析，发现追求汉文化已是一种趋势，而且这种趋势正在逐渐增强。为了更进一步说明满拉追求汉文化这一结果，我们试选出几个典型的个案，来做进一步的考察和分析。

个案1：ML，25岁，小学未毕业就开始进清真寺念经，已念经10年但未“穿衣”（毕业），家在临夏农村。1995年来兰州，来兰州前从未离开过家乡，在农村清真寺里只学习阿拉伯语和波斯语。来兰州后发现周围满拉大多数在学习汉文化，自己在不知不觉中也加入到学习的行列，自己找了些初中和高中的语文课本，通过查字典或求教于汉文化较高的满拉，他用了3年时间读完初中6册语文课本（其中文言文太难没有读），他还计划利用4年时间读完高中语文课本。他读课文时发现课本里有不少科普知识，他就到穆斯林图书馆或书店里找科普书（如他手头上有《十万个为什么?》的物理和

① （德）M. 兰德曼：《哲学人类学》贵州人民出版社1988年版，第201页。

天文分册)，他还每月去穆斯林图书馆读报纸、杂志、图书，以提高汉文化。笔者还看到了他的生字本（32K 日记本上已有 68 页难字、生词、难句的记录)，他还说读完高中语文课本后再读汉译的伊斯兰教书籍，自己将来当阿訇后让满拉学习汉文化。

个案 2：SML，32 岁，来自平凉某县农村，1989 年高中毕业后开始念经，已在农村念经 6 年，念经期间很少读汉语书报。1994 年来兰，来兰前一直学习阿拉伯语和波斯语，来兰后发现一些满拉抱着《新华字典》在啃中学语文课本，这种现象启发他只有再学习汉文化才能更加提高自己，才能更加理解伊斯兰教，于是他开始有意购买汉译伊斯兰教经书（其中更多的是民间出版物)，同时大量阅读报刊。他还买宗教哲学书籍（如《佛教面面观》等)、文学书籍（文学书籍中张承志的作品对他影响很大，如《心灵史》和《清洁的精神》，他还能背诵几段)、社会生活书籍（如《人人都能成功》等)，他经常去穆斯林图书馆阅读资料，同时试着写学习心得给报刊投稿。他还经常从别人处打听最近新书（关于伊斯兰教的)。他打算争取 5 年内学会操作电脑，他认为只有紧跟社会走才有出息。

个案 3：GP，22 岁，来自宁夏西海固农村，已念经 12 年，从来没上过汉语学校，在家乡清真寺接受经堂教育，认识的汉字只有自己的姓名和男女。1990 年来兰州，由于出寺门经常迷路和社会的复杂多变，自己很不适应城市生活，于是就有了学习汉文化的意识。他首先请求同寺的满拉教他识字，经过一年的学习发现收获不是很大（读不了一段话)，后来在别人的建议下改学小学语文课本，他利用两年时间学习了小学语文课本（第一、二册)，从书本中知道了不少知识（如国旗、国歌、神话故事等)，后来又认识了好多满拉和小学教师，请他们教自己汉文，他从 1992 年开始读报纸（虽然速度很慢，经过一年的坚持，速度有所提高)，也开始利用《新华字典》了，笔者调查时看到他的床头贴满了生字、词组、成语，一年写坏了两支钢笔，写满了三个日记本。[①]

从以上三个典型的个案可以看出，兰州满拉对汉文化的追求有一种强烈的愿望，究其原因：一是城市的多变促使他们要适应都市生活，这种适应促

① 虎有泽：《兰州市城关区回族的居住格局与宗教生活的变迁调查研究》（西北民族学院社会人类学．民俗学研究所硕士论文)，1998 年 6 月。

使自己要学习汉文化：二是在人际交往中自己汉文化程度低，思维较慢，必须学习汉文化；三是为了全面和更深地理解伊斯兰教及其文化，也必须提高汉文化；四是满拉意识到生活在汉文化的大环境中，不学习汉文化终究会被淘汰。

三 结 语

通过以上对兰州满拉汉文化追求的整体分析和个案研究，我们不难发现，生活在城市里的满拉，为了适应都市生活和学习伊斯兰教及其文化，必须主动学习汉文化才能提高自己的能力（适应社会人文环境的能力），因为“人的情操、愿望和追求，都属于社会生活的一部分，人类的活动是一个统一的、不断发展的漫长过程”①。他们在吸纳别的文化的基础之上才能提高自己的文化水平，加上已有的文化（伊斯兰文化和回族文化），开始形成一种新的地域文化，这种地域文化以文化适应为表现形式，“动态的适应还包括文化整合的新内容，即传统的形式发生改变，传统文化在新的条件下以新的结构方式整合”②。所以我们应该对兰州满拉在精神上渴求汉文化，在思想上重视汉文化，在行动上主动追求汉文化的现象给以高度的重视，特别是在多变的环境中，追求汉文化已是文化自觉的最突出表现形式。

原载《西北第二民族学院学报》

① 纳忠等：《传承与交融：阿拉伯文化》，浙江人民出版社 1993 年版，第 256 页。

② 周星、王铭铭主编：《社会文化人类学讲演集》，天津人民出版社 1997 年版，第 752 页。

伊斯兰文献研究

《古兰经》注疏概观

丁　俊

在人类文化发展的漫长历史长河中，大凡重要的经典文献都有相当多的诠释注疏，如中国的《十三经注疏》就很有名，可是像《古兰经》那样，注本历代层出不穷，多得几乎难以计数的典籍却是少见的，而且仅仅一部经典的注疏就形成一门独立而经久不衰的学科，更是举世罕见。《古兰经》是伊斯兰教最重要、最基本的宗教法典，是穆斯林宗教生活和社会生活的根本大纲，因而也是穆斯林各民族文化发展的一个源泉；同时，《古兰经》又是一部文辞优美、音韵铿锵的文学巨著，是阿拉伯语言文学的典范。

《古兰经》的注疏阿拉伯语叫做“泰富析尔”（Al-Tafsir），这一词语的原意是“解释”、“揭示”、“阐明”，如在《古兰经》中就使用了这一词汇：“他们每向你提出一种非难，我就启示你真理和更美满的解释。”（25：33），最初，《古兰经》的注疏又叫“泰阿微理”（Al-Taawil），意思是“阐释”，与“泰富析尔”同指《古兰经》注疏；稍后，两词所指略有区别，“泰富析尔”偏重指对词句字面意思的解释，而“泰阿微理”则偏重指对哲理奥义的阐发；再以后，当《古兰经》注疏逐渐形成一门独立的学科后，便约定俗成，只用“泰富析尔”一词了。“泰富析尔”成为专指《古兰经》注疏的学术术语。

作为一门学科，穆斯林学者对“泰富析尔”的定义是：“它是一门研究《古兰经》的读音、语义、教法律例、颁降背景等的学科。”由于《古兰经》的内容异常广泛，因而使《古兰经》注疏的内容也异常丰富，宗教、语言、历史、天文、地理，几乎无所不及，因此，可以说，一代代《古兰经》注疏家的孜孜努力，一部部《古兰经》注疏的不断问世，充分体现了穆斯林各民族追求知识、探求真理、认识世界、改造世界的历史进程；卷帙浩繁、汗牛充栋的《古兰经》注疏，是历代穆斯林各民族智慧的重要结晶和思想文化的荟萃，它不仅大大丰富了伊斯兰文化的宝库，而且也丰富了全人类的文化殿堂。《古兰经》注疏是穆斯林民族对人类文化的重大贡献之一，是人类文化的珍贵遗产之一，基于这样的认识，我们今天来了解、研究《古兰经》的注疏是非常有意义的。这里就《古兰经》注疏的产生、发展及其种类、名著等作一概述，以期引起学术界对这一门风格独特而内容深厚的学科的关注和研究。

一 《古兰经》注疏的产生与发展

《古兰经》是由伊斯兰教先知穆罕默德于公元610年至632年的23年时间内，零零星星宣授给他的弟子们的。它的汇集成册则是穆圣去世以后的事了。而对于《古兰经》的解释并不是在其汇编成册后才有的，它几乎是与《古兰经》的最初传授一起产生的。当穆圣向圣门弟子们教授一节经文后，若有人不明其义，便直接询问穆圣，穆圣便予以解释。穆圣的这些解释便是《古兰经》最初的诠释了。据圣门大弟子伊本·曼斯欧德传述：当"确信真主，而未以不义混淆其信德的人，不畏惧刑罚，而且是遵循正道的"这一节经文颁降时，人们很觉费解，他们就问：真主的使者呀，我们哪一个没有对自己不义啊！使者说："不义并不是这个意思，难道你们没有听到智贤之士（鲁格曼）所说的吗：'以物配主确是最大的不义。'"（31：13）在这里，穆圣引用《古兰经》的另一节经文解释了这节经文，将这节经文中的"不义"解释为"以物配主"。因此，穆圣可以说是最早的一位《古兰经》注疏家了。穆圣去世后，圣门弟子中有学识的一些人也解释《古兰经》经文，他们大都是向求教者转述他们所记取的穆圣的解释，也有一定的个人见解。大学者苏优退在其名著《古兰学精论》中列举了圣门弟子中最有名的十位经注家，他们是四大哈里发艾布·伯克尔、欧默尔、奥斯曼、阿里以及伊本·曼斯欧德、伊本·阿巴斯、伊本·卡尔伯、宰德·本·撒比特、艾布·穆萨·艾氏阿里、阿布都拉·本·祖拜尔。在这些圣门大弟子所在的地方，往往形成一个传授学术的中心。《古兰经》注疏的传授中心主要有三个：（1）麦加，以圣门大弟子伊本·阿巴斯为师，著名再传弟子有赛义德·本·朱拜尔、穆嘉海德、阿克拉曼、塔乌斯、阿塔伊等；（2）麦地那，以圣门大弟子伊本·卡尔伯为师，著名再传弟子有宰德·本·艾斯兰穆、乌拜优·阿里耶、穆罕默德·本·卡尔伯等；（3）伊拉克，以圣门大弟子阿布都拉·本·曼斯欧德为师，著名再传弟子有阿格拉曼、曼斯茹歌、艾斯万德、阿密尔、甘塔丹等。圣门弟子及再传弟子的时代，大体也就是希吉来历第一二世纪，是《古兰经》注疏的产生和兴起时期，注疏的依据主要有三个，一是《古兰经》本身，即以一节经文解释另一节经文；二是圣训；三是圣门弟子及再传弟子的见解。在形式上，基本上是口耳相传，因此，也可以称作口注时期。虽然这一时期的经注还是零零散散的，尚不系统，也没有记录成册，但在整个《古兰经》注疏的发展史上，却是一个非常重要的时期，正是这一时期的注疏，为以后经注的发展和繁荣打下了坚实的基础。

此后，也就是希吉来历3世纪左右，《古兰经》的注疏开始进入笔注时期，不过，这时的所谓笔注，实际上仅仅是对前一时期注疏的搜录，而且基本上是作为搜录圣训工作的一部分来进行的，因此这时的经注学实际上是“圣训学”的一部分。同时，一些语言学家也开始重视《古兰经》生僻词汇的解释。希吉来历3世纪以后，《古兰经》的注疏逐渐系统起来，作为一门独立的学科，开始日趋成熟，其成熟的主要标志就是它从“圣训学”中分离出来，形成一门独立而完整的学科，涌现出一批著名经注学家，如伊本·马哲（希历？—283年）、伊本·哲利理·泰伯理（希历？—310年）、伊本·乌拜·哈梯穆（希历？—327年）、乃撒布尔（希历？—371年）等，特别是泰伯理的经注《古兰经解总汇》（al-Jamia' al-Bayan Fi At-Tafsir al-Quran）的问世，更标志着《古兰经》注疏的完全成熟和空前繁荣，泰注可以说是第一部全面系统而又影响深远的经注，也是流传至今的最早、最完整的《古兰经》注，洋洋三十巨册，资料异常丰富，以后的经注，几乎无不受惠于此著。在泰伯理以后，《古兰经》注历代层出不穷，异彩纷呈，经注家们从教义、教法、语法、修辞乃至历史、传说、天文、地理等不同方面、不同角度予以注疏，有的侧重于某一方面，有的则兼容并蓄，以至使《古兰经》的注疏内容非常庞杂，有的甚至几乎是百科全书式的，内容无所不包。例如，拉齐的经注《奥秘之钥匙》洋洋数百万言，近乎包罗万象，仿佛已不再是经注，而是各种知识的大汇总，以至有学者戏言拉齐的经注为“其中包罗万象，却只差经注”。各个不同的学派和教派也竞相推出自己的经注，从而在注疏中宣扬各自的观点。

到了近、现代，《古兰经》的注疏仍不断问世，不过，与古代经注相比，在内容上有了较大的变化。近、现代，大体也就是奥斯曼帝国覆灭以后，穆斯林民族的强盛和伊斯兰文化的辉煌已成为历史，因为西方列强对伊斯兰世界开始了长时期的侵略掠夺和殖民统治，伊斯兰国家遇到了前所未有的内忧外患；与此同时，西方的科学技术有了日新月异的发展。这些重大的社会历史变化，在近、现代经注中有充分的反映。一方面，注疏家们努力阐发《古兰经》中经世济人的治世方略和修身之道，以求得解决现实问题的办法和途径；另一方面，又大力弘扬《古兰经》注重理性、倡导科学的精神，以说明《古兰经》与科学的一致性，从而鼓励人们掌握科学技术。

综观《古兰经》注疏的千年历史，可以清楚地发现，不同时代的经注反映出不同时代的特征，包含有不同的知识体系。社会在不断发展、不断变化，知识在不断丰富、不断更新。《古兰经》注疏的不断发展正好形象地反映了穆斯林各民族人民追求知识、探求真理、认识世界、改造世界的历史进程，这一历史进程不会停止，《古兰经》的注疏也就不会完结。

二 《古兰经》注疏的种类

《古兰经》注疏的种类很多，根据不同的分法，可以分为不同的种类。根据经注所侧重阐释的内容的不同，可以分为“语言经注”（侧重诠释字词含义、语法现象、修辞手法等，其中多引用古典诗文为证）、“教法经注”（侧重解释教法律例）、“历史经注”（侧重考释历史事件、人物典故等）、“哲理经注”（侧重阐发《古兰经》中的哲理、智慧和奥义）等；根据经注的学派、教派观点不同，可以分为“正统派经注”（即逊尼派）、“什叶派经注”、“穆尔太齐赖派经注”、“苏菲派经注”等；根据经注所采用资料的不同，可以分为“经训经注”（即以《古兰经》本身、圣训以及圣门弟子言论为依据的经注）、“见解经注”（注疏中发挥个人见解或引用其他学者观点的经注）、“以色列式传闻经注”（即援引犹太教、基督教《圣经》的一些材料来作注释的经注，这种注释大多掺杂于经训经注或其他种类的经注中）；另外，还可以根据经注的不同时代而分为“古代经注”、“近代经注”、“现代经注”；根据经注所使用语言的不同而分为“阿拉伯文经注”、“波斯文经注”、“乌尔都文经注”、“土耳其文经注”等，当然，《古兰经》的注疏主要是阿拉伯文的。

实际上，许多经注并不仅仅属于某一种类，而是融合多种经注的特征，其中既有经训，也有见解；既注字词，也释教法；既立一家之言，也取他家之说，等等。以上诸种类型的经注事实上都可以划归于“经训经注”和“见解经注”两大类中，因此，这里着重介绍一下这两种经注。

1. 经训经注

经训经注指的是以《古兰经》经文本身、圣训、圣门弟子关于《古兰经》的理解为依据的经注，注者往往只引证经训，不作个人发挥或推论，也不增加其他解释，这是严格意义上的经训经注，但将那些以引证经训为主，同时夹有一定个人见解或以色列式传闻的经注也通常归于这类经注。经训注疏是《古兰经》注疏的最初，也是最基本、最重要的体例，是最受穆斯林信任的经注。下面就其具体情形作进一步的说明。

（1）以经注经：在经注学中，以经注经被视为第一级别的注释，故颇受经注家的重视。大学者伊本·泰米耶（公元1263—1328年）说：“若要问什么是经注的最好方式，答案是以经注经，因为在《古兰经》中，一处笼统而言，另一处则具体阐明，一处简要提示，另一处则详细阐述。”以经注经的具体情况：一是一节经文本身隐含着该节经文的含义，如“假若有一部《古兰经》，可用来移动山岳，或破裂大地，或使死人说话……”这节经文，按照阿拉伯语的表达方式，是一句省略语，其中隐含有“那么它就是这部《古兰经》”的含义。二是上句经文的意义在下句经文中隐含着，如“真主为伊斯兰而开拓其胸襟，故能接受主的光明者，（难道跟胸襟狭隘的人一样吗?）悲哉为记忆真主而心硬者，这等人是在明显的迷误中的。”（39：22）其中（难道跟胸襟狭隘的人一样吗?）并未在原文中说出，而是在后句经文中隐含着的。三是前节经文泛泛而言，后节经文具体阐明，如“人确是被造成浮躁的，遭遇灾殃的时候是烦恼的，获得财富的时候是吝啬的”。（70：19—21）这三节经文，后两节是对第一节中“浮躁的”一词的具体解释。四是某章中的某节经文，是另一章中某节经文的解释，如第一章中“报应日的主”一节，何为“报应日”，本章并未言明，而在第82章中作了解释：“你怎能知道报应日是什么？你怎能知道报应日是什么？在那日，任何人对任何人不能有什么裨益；在那日，命令全归真主。”（82：17—19）

（2）以训注经：“训”包括圣训和圣门弟子言论。《古兰经》是伊斯兰教的原则和大纲，圣训是对这个原则大纲的具体阐释，因此，大量的圣训是《古兰经》注疏最丰富的源泉。《古兰经》中对此亦有说明：“我降示你教诲，以便你对众人阐明他们所受的启示，以便他们思维。”（16：44）穆斯林宗教生活和社会生活的各项律例制度，在《古兰经》中只是原则性地加以指示，具体如何执行，则都在大量的圣训中予以说明，因此，从总体上说，整个圣训也就是对整部《古兰经》的详细诠注和阐释，有的圣训是对《古兰经》具体经文的解释，而更多的则是对《古兰经》原则精神的阐述，所以，不管什么类型的经注，无论哪个时代的经注，都非常注重对圣训的运用，而精通圣训也是经注家所必须具备的一个条件。例如，《古兰经》中说：“你们当谨守拜功，完纳天课，与鞠躬者同齐鞠躬。”（2：43）但是并未说明具体如何谨守拜功，完纳天课，其具体情形在大量的圣训中予以说明。

圣门弟子和再传弟子们的有关言论也是以训注经所采用的重要依据，因为这些人是与穆圣同时代或离他最近的人，所以，他们或聆听过穆圣的教诲，或了解《古兰经》颁降的有关背景，又都信仰虔诚，没有宗派观念和个人私意，因而他们的言论自然也为经注家所重视，也被视为圣训的一个组成部分。

（3）“以色列式传闻”：许多《古兰经》注疏家在经注中引用了不少《圣经》传闻材料，包括犹太教的《旧约全书》和基督教的《新约全书》，对此，通称为“以色列式传闻”。之所以在《古兰经》注疏中引用《圣经》材料，一方面，是因为穆斯林承认伊斯兰教是与犹太教和基督教一脉相承的宗教，承认历代先知，如阿丹（亚当）、穆萨（摩西）、苏莱曼（所罗门）、达吾德（大卫）、伊布拉欣（亚伯拉罕）、尔萨（耶稣）等，但不遵奉此二教的教律教条；另一方面，由于有不少犹太教和基督教的信徒归信伊斯兰教，加之伊斯兰教向域外的传播，使得伊斯兰文化与《圣经》文化有了广泛的接触和交流，这几个方面的原因才使“以色列式传闻”成为《古兰经》注疏的材料。特别是有关历代先知的事迹、古代民族的逸闻等方面的内容，在《古兰经》中只是蜻蜓点水式的有所提及，注疏家往往取《圣经》传闻材料予以细说。在《古兰经》注疏中，《圣经》传闻材料的引入，既有积极的意义，也有消极的一面，积极意义在于它开阔了注疏家的视野，丰富了经注的内容，消极的一面是有不少传闻并不确凿，牵强附会。因此，穆斯林学者对这些《圣经》传闻材料的基本态度是：符合伊斯兰教的予以采纳；有悖于伊斯兰教的予以扬弃；未知可否的予以保留，不作肯定，也不作否定，仅作参考。

2. 见解经注

见解经注指的是经注家在依靠大量经训的基础上，还有相当的个人推理和见解。由于有个人的见解，就难免有误，甚至有曲解和歪曲，据此，见解经注又被分为“受赞经注”和“受贬经注”，受赞经注指注疏立言公正客观，态度严肃认真的经注；受贬经注指那些注疏不求甚解、望文生义甚至穿凿附会、信口开河的经注。

由于《古兰经》注疏是一项十分严肃而艰巨的学术工作，所以，伊斯兰文化的传统历来要求经注家、特别是见解经注家，不但要有很高的人品修养和知识水平、高尚的道德、虔诚的信仰，而且要有渊博的知识、丰富的阅历，同时特别要精通阿拉伯语和伊斯兰教诸学科。因此，《古兰经》注疏这一工作并非一般平平学者所敢问津的。即便有出自一般凡夫俗子的平平之作，也是经不起时间的考验，往往销声匿迹在历史的长河中；而古往今来的经注名作，皆出自于大师级的学者之手。下面就从众多的名著当中列举一些具有较大影响和较高价值的经注。

三 《古兰经》注疏名著列举

各式各样的《古兰经》注疏历代层出不穷，真可谓是汗牛充栋，浩若烟海。从古到今，《古兰经》到底有多少注本的确难以统计，最保守的估计也不下千种，如此浩繁的经注，要尽知其名，不是一件容易的事。这里，大致以时间为序，列举出 39 部历代有影响的名著。

(1)《古兰经解总汇》(Jamia’ al-Bayan Fi Tafsir al-Quran)：又称《泰伯理经注》，是早期经训经注的代表作，也是完整流传至今的最早的《古兰经》注本，汇集经训资料异常丰富，篇幅巨大，洋洋三十巨册，对后代经注影响深远。注者穆罕默德·本·杰利理·泰伯理（希吉来历 224—310 年），出生于里海南岸的泰伯理斯坦，逝于巴格达，是著名历史学家、圣训学家，著作丰富。代表作除了这部经注外，还有历史巨著《历代民族、帝王史》(Tarih al-Urnamu Wo al-Muluk) 等。

(2)《古兰经律例》(Ahkam al-Quran)：又称《贾萨苏经注》，是哈乃斐学派的著名教法经注，注者艾哈曼德·本·阿里·拉齐·贾萨苏（希历？—370 年）。

(3)《知识之海》(Bahar al-U'lum)：又称《撒玛尔汗迪经注》，著名经训经注，注者艾布·莱斯·耐苏尔·本·穆罕默德·伊布拉欣·撒玛尔汗迪（希历？—373 年)，是著名的哈乃斐派教法学家。

(4)《古兰经注阐释》(al-Kashif Wo al-Bayan A'n Tafsir al-Quran)：又称《撒尔兰比经注》，是经训经注的名著。注者艾布·伊斯哈格·艾哈曼德·本·伊布拉欣·撒尔兰比（希历？—427 年)。

(5)《古兰经律例》(Ahkam al-Quran)：又称《克雅理哈拉斯经注》，是沙斐尔学派的著名教法经注。注者艾布·哈桑·穆罕默德·本·阿里·泰伯理（希历？—504 年)。

(6)《启示华貌》(Ma' Alim al-Tanzil)：又称《斑俄威经注》，著名经训经注。注者胡赛尼·本·曼斯欧德·斑俄威（希历？—510 年)，是沙斐尔学派著名教法学家、圣训学家。

(7)《启示真谛揭秘》(al-Kashaf A'n Haqaiq al-Tanzil)：又称《卡沙夫经注》，著名语言经注，对《古兰经》语法修辞方面的解析颇有见地，影响较大，思想方面有穆尔太齐赖派观点。注者艾布·嘎西穆·曼和穆德·本·欧默尔·本·穆罕默德·本·欧默尔·宰玛合舍里（希历 467—538 年)，是著名文学家、语言学家。

(8)《古兰经律例》(Ahkam al-Quran)：又称《伊本·阿拉比经注》，马立克学派的著名教法经注。注者穆罕默德·本·阿不都拉·安达卢塞（希历？—543 年)。

(9)《天经注解编要》(al-Muharr al-Majiz Fi Tafsir al-Kitab al-A'ziz) 又称《伊本尔退耶经注》，著名见解经注。注者阿布都哈克·本·尔退耶·安达卢塞（希历？—546 年)。

(10)《奥秘之钥匙》(Mafatih al-Ghayb)：又称《拉齐经注》或《巨注》，著名见解经注，篇幅宏大，内容繁杂，注重自然科学内容的引用和哲学思想的阐发。注者穆罕默德·本·欧默尔·本·胡赛尼·樊赫鲁丁·拉齐（希历？—606 年），是著名哲学家、数学家和自然科学家。

(11)《古兰经律例大全》(al-Jamia' Liahkam al-Quran)：又称《顾尔图比经注》，著名见解经注。注者穆罕默德·本·范里和·顾尔图比（希历？—671 年）。

(12)《启示光辉和经文奥秘》(Anwar al-Tanzil Wo Asrar al-Taiwil)：又称《拜达威经注》或《嘎最经注》，著名见解经注，注重语法修辞的解析，对宰玛合舍里的《卡沙夫经注》多有所取。此经注在中国穆斯林经堂教育中被长期用作经注教材。注者嘎最·阿布都拉·本·欧默尔·拜达威（希历？—685 年），是著名沙斐尔学派学者，曾任设拉子法官，故以嘎最（法官）著称。

(13)《启示解知和经义真谛》(Madarik al-Tanzil Wo Haqaiq al-Taiwil)：又称《奈塞菲经注》，著名见解经注。注者阿布都拉·本·艾哈曼德·奈塞菲（希历？—701 年）。

(14)《古兰经妙义览胜》(Gharayb al-Quran Wo Raghayb al-Furqan)：又称《内沙布尔经注》，著名见解经注。注者胡塞尼·本·穆罕默德·内沙布尔（希历？—728 年）。

(15)《海洋》(Bahar al-Muhit)：又称《艾布哈雅尼经注》，著名见解经注，洋洋八巨册，内容丰富，语法分析尤为精深。注者艾布·阿布都拉·穆罕默德·本·优素福·本·哈雅尼（希历 654—745 年）。

(16)《启示真意释萃》(Lubab al-Taiwil Fi Maa'n al-Tanzil)：又称《哈兹尼经注》，实为《启示华貌》的缩汴。注者艾布·哈桑·本·穆罕默德·哈兹尼（希历 678—741 年）。

(17)《古兰经注疏》(Tafsir al-Quran al-A'zim)：又称《伊本凯西尔经注》，最著名的经训经注，四巨册。注者艾布·菲达·伊斯玛易·本·凯西尔（希历 700—774 年），是著名经注家、历史学家。

(18)《古兰经注疏精华》(al-Jawahir al-Hasan Fi Tafsir al-Quran)：又称《塞尔兰比经注》，著名经训经注。注者阿布都·拉赫曼·伊本·穆罕默德·塞尔兰比（希历？—876 年）。

(19)《胡赛尼经注》(Tafsir al-Husain)：又称《胡赛尼》，波斯文经注，偏重哲理阐释，成书于希历 896 年前后。注者胡赛尼为印度著名学者。

这部经注与前面提到的《嘎最经注》一样是中国穆斯林经堂教育中长期采用的教本。

(20)《经训经注辑珍》(al-Dur al-Manthur Fi al-Tafsir al-Maathur)：又称《苏优退经注》，著名经训经注。注者哲亮鲁丁·苏优退（希历 849—911 年），是埃及著名的大学者，学识渊博，著述宏富，尤其在经注学、古兰学、语言学领域成就卓著，一生著作多达 600 余部，流传至今的有 100 多部。

(21)《经解之冠》(al-Akliyl Fi Istinbat al-Tanzil)：又称《苏优退经注》，著名教法经注，注者同上。

(22)《哲亮莱尼经注》(At-Tafsir Al-Jalalain)：又称《简明古兰经注》，著名简注本，经训见解兼容，注疏简洁明了。也是中国穆斯林经堂教育中最流行的注本，各国多次印行，版本甚多，影响广泛。公元 1982 年中国伊协在北京影印发行了该注的贝鲁特版本。注者有两位，一位同上，另一位是哲亮鲁丁·马哈里（希历 797—874 年）。

(23)《古兰经览胜导读》(Irshad al-A'ql al-Salim Ilia Mazayia al-A'ziz)：又称《塔哈威经注》，著名见解经注，注者穆罕默德·本·穆斯塔法·塔哈威（希历 893—982 年）。

(24)《明灯》(al-Siraj al-Munir)：又称《韩推布经注》，著名见解经注。注者穆罕默德·沙尔比尼·韩推布（希历？—977 年）。

(25)《辞义之魂》(Ruh al-Bayan)：十巨册，内容丰富。对苏菲派思想多有吸收。注者伊斯玛易·哈吉（希历？—1136 年），是土耳其著名学者。

(26)《经义之魂》(Ruh al-Maa' n)：又称《阿鲁西经注》，是一部综合性的大型经注，内容涉及许多方面，博采众长，汇集前人成果。注者赛义德·曼和穆德·阿鲁西（希历 1217—1270 年）。

(27)《全能主的胜利》(Fath al-Qadir)：五巨册，注疏内容丰富全面，尤以语言文学分析见长，有宰德派观点。注者穆罕默德·本·阿里·本·穆罕默德·邵卡尼（希历 1173—1250 年）。

(28)《在〈古兰经〉的绿荫下》(Fi Zuilial al-Quran)：又称《绿荫经注》，现代著名见解经注，注重对《古兰经》思想的阐发，并与实际相结合，以探求解决现实问题的途径，不仅思想深邃，而且文采斐然。已有英文全译本问世。注者赛义德·顾图布（公元 1903—1966 年），埃及著名文学家、诗人、文学评论家。

(29)《古兰经注》(Tafsir al-Quran al-Karim):又称《光塔经注》,著名现代经注。注者穆罕默德·热西德·黎达(希历1283—1354年)。

(30)《曼拉额尤经注》(Tafsir al-Maghariy):著名现代经注,注者艾哈曼德·穆斯塔法·曼拉额尤。

(31)《经解精华》(Mahasin al-Taimil):又称《嘎西米经注》,著名现代经注,注者哲玛鲁丁·嘎西米。

(32)《简明经注》(At-Tafsir al-Waduih):著名现代经注,注者穆罕默德·曼和穆德·昔嘉兹。

(33)《辞义精华》(Suafwat al-Bayan):又称《曼赫鲁夫经注》,著名现代经注,注者胡赛乃尼·曼赫鲁夫。

(34)《辞义之开拓》(Fath al-Bayan):又称《哈桑汗经注》,著名现代经注,注者孙迪格·哈桑·汗。

(35)《焦海里经注》(Tafsir al-Jawahir):著名现代经注,注者谭塔威·焦海里。

(36)《穆米尼经注》(Tafsir al-Mumin):著名现代经注,注者阿布都·瓦都迪·优素福。

(37)《经注基础》(Asas Fi al-Tafsir):著名现代经注,注者萨埃德·哈威。

(38)《经文律例注疏》(Tafsir Ayat al-Ahkam):著名现代教法经注,注者穆罕默德·阿里·萨伊斯。

(39)《辞章典范》(Rawaia' al-Bayan Fi Tafsir Ayat al-Ahkam):著名现代经注,注者穆罕默德·阿里·萨布尼。

以上列举了从古迄今《古兰经》注疏的名著,限于篇幅,不再多列,以上名著也未多作具体解说。

四 《古兰经》注疏在我国

《古兰经》注疏的不少典籍很早就已传入我国,明末清初的大学者刘智著《天方性理》等著作时,参阅了大量阿拉伯文典籍,其中就有不少是经注学方面的典籍,他在"采辑书目"中提到的经注有《特福西尔咱吸提》、《特福西尔噶最》、《特福西尔白索义尔》等。迄今为止，在我国穆斯林经堂教育中所采用和流行的经注不下 10 种，但这些经注长期以来基本上局限于经堂教育的范围内，仅为阿訇和满拉所知，而鲜为外界所知。现代以来，我国学者在《古兰经》的翻译和研究方面取得了显著的成绩，仅《古兰经》的汉语全译本就有 12 种，再加上维、哈两语种的译本，共有 14 种之多，然而至今尚无一部《古兰经》注疏的译本，实为憾事。不过，有不少学者已在这方面作了可贵的努力，特别值得一提的是王静斋先生和马坚教授。王静斋先生（公元 1879—1949 年）是现代中国穆斯林著名经学家和翻译家，他先后以文言文、经堂语、白话文通译《古兰经》，其中，白话文译本（丙种本）《古兰经译解》最有影响，不仅译文畅达典雅，而且加有许多“夹注”、“略解”、“附说”及 1943 条“注释”，或采自不同经注，或有个人见解，立言有据，客观公正，实为一部《古兰经》简注。马坚先生（公元 1906—1978 年），是北京大学东方语言文学系教授，他的《古兰经》汉译本于 1981 年由中国社会科学出版社出版，1996 年再版，发行量很大，特别在学术界影响较大。马坚先生在翻译《古兰经》的同时，对《古兰经》注也用力甚多，惜仅完成前八卷的注释。这前八卷的带注本《古兰经》（上册）曾由北京大学及商务印书馆出版发行，不失为我国学者的经注精品。另外，当代穆斯林学者、中央民族大学教授林松先生的《古兰经韵译》于 1988 年由中央民族学院出版社出版，其中也加有相当注释，包括“题解”和 1898 条“脚注”，或介绍有关背景，或解释疑难词句，或采前人之说，或表个人见解，可谓中国学者在经注学方面的最新成果。1986 年北京民族出版社出版的《古兰经》维吾尔语译本中，也有不少注释。

《古兰经》的注疏是伊斯兰文化的重要遗产，也是全人类文化遗产的重要组成部分，了解它、研究它，对于伊斯兰文化的研究、阿拉伯语言文学的研究以及世界穆斯林各民族历史文化的研究是必不可少的，对于宗教学、比较宗教学、哲学以及哲学史、科学史等的研究也是很有意义的。而且，对于研究和梳理中国的经典注疏史、建立中国的解释学理论、开展中阿文化的比较研究，也是很有裨益的。大量的《古兰经》注疏历来受到东西方学者重视，特别是近、现代以来，更是受到许多西方学者的重视，不少经注被译介到西方。对整个伊斯兰文化的系统研究在我国起步较晚，相对滞后，在《古兰经》原文有十多种汉译本的情况下，却无一部经注译本，的确是很遗憾的事。著名历史学家白寿彝在为1981年中国社会科学出版社出版的汉译《古兰经》（马坚译）所写的《序》中曾殷切“希望关于《古兰经》的研究工作能在我国有所开展”，这位学界耆宿的希望一方面说明，对于《古兰经》的研究是很有必要、很有意义的；另一方面也说明，这项学术工作在我国尚未很好地开展。的确，《古兰经》注疏的浩瀚海洋，对于国人来说，还基本上是一片陌生而有待开发的领域，不过，相信我泱泱文化大国，必会有有识有志之士，在《古兰经》注疏的介绍和研究方面做出可喜的成绩，从而推动和繁荣我国伊斯兰文化的学术研究事业。

原载《西北民族学院学报》1999年第1期

穆圣与《古兰经》注疏

丁 俊

中国学术历来有注疏经典的传统，各种著名的典籍大都不但有注，而且有疏，如《十三经注疏》就很有名。而且，注疏方法也多种多样，“寄言出意”、“辨名析理”、“以纬证经”、“六经注我”、“我注六经”等都是，但综而观之，却并未形成很系统的学科——注疏学或解释学（Hermeneutics）。阿拉伯伊斯兰文化的一个重要学术传统也是经典注疏，其方法和种类也很繁多，其中尤以对《古兰经》的注疏最为引人注目，它从《古兰经》颁降之日起就开始发端，逐渐兴起，不断繁荣发展，形成了一门独立而经久不衰的专门学科——经注学（al-Tafsir），而且至今仍在不断发展着。《古兰经》注本历代层出不穷，注疏方法异彩纷呈，内容包罗万象。经注学的千年历史，可以说是伊斯兰文化发展史的一个缩影，也是穆斯林各民族追求知识、探求真理、认识世界、改造世界的历史进程的真实写照。这个历史进程不会完结，对《古兰经》的注疏也就不会终止。而经注学经久不衰、不断繁荣发展的一个重要源泉，便是穆圣对《古兰经》的阐释，这里就此略作评介。

《古兰经》是伊斯兰教最重要、最基本的经典，是穆斯林宗教生活和社会生活的根本法典，同时，也是一部文辞优美、音韵铿锵的阿拉伯语言文学巨著。《古兰经》是伊斯兰文化的渊源，伊斯兰文化诸学科的兴起与繁荣发展，无不受惠于《古兰经》。《古兰经》原文是“明白的阿拉伯语”（26：195），典雅流畅，语义明朗，鲜有玄虚晦涩之处，一些学者据此认为《古兰经》无须解释，只要懂得阿拉伯语，即可明白其义，如著名的历史学家伊本·赫勒敦（公元1332—1406年）即持这种观点，他在其名著《历史结论》中说：“《古兰经》是阿拉伯人的语言，依照阿拉伯文的文法和修辞的习惯，所以，阿拉伯人完全能理解它的意思，懂得它的字句和构造。”其实，并不是懂得阿拉伯语的人就能了解《古兰经》的微言大义，因为人们的理解能力、知识水平等都是有差别的，一些人能了解的，另一些人未必能了解，所以，《古兰经》是需要解释的。事实上，对《古兰经》的解释几乎是与其经文的降示同步进行的，《古兰经》的第一位注释家可以说就是先知穆罕默德（公元570—632年）。

穆圣对《古兰经》的理解是准确而全面的，既完全明悉其具体内容，又深刻领悟其内在精神，他不仅向圣门弟子宣授《古兰经》，而且还向他们讲解《古兰经》，解答他们所提出的问题，他是圣门弟子学习《古兰经》的导师，正如《古兰经》中所说："我降示你教诲，以便你对众人阐明他们所受的启示，以便他们思维。"（16：44）此处试举几例：例如，据圣门弟子伊本·曼斯欧德传述：当“确信真主，而未以不义混淆其信德的人，不畏惧刑罚，而且是遵循正道的。”（6：82）这一节经文颁降时，人们很觉费解，他们就问："真主的使者呀，我们当中有哪一个没有对自己不义啊！"使者说："不义并不是这个意思，难道你们没有听到智贤之士鲁格曼所说的吗？‘以物配主确是最大的不义’"（31：13）这里，穆圣引用了另外一节《古兰经》文对大家作了解释，将这里的“不义”（al-Dsulm）解释为“以物配主”（al-Shirk）；再如将“最贵的礼拜”（as-Salah al-Wustua）（2：238）解释为“晡礼”；将“使他们坚持敬畏辞”（48：26）中的“敬畏辞”解释为“万物非主，唯有真主。”将“我确已赐你多福”（10：1）中的“多福”（al-Kawsar）解释为“真主在天园中赐给我的一条河”等，像这样的解释很多，在《布哈里圣训实录》等各大部著名圣训集中，均辟有“经注”专章，收录了大量穆圣对《古兰经》具体经文的解释以及说明有关降示背景的圣训。可见，穆圣对《古兰经》是作了相当多的解释的，但究竟多到怎样的程度，是全部还是部分，是大部分还是少部分，对此学者们有不同意见。伊本·泰米耶（公元1263—1328年）等认为穆圣对《古兰经》全部予以解释；哲拉鲁丁·苏优退（公元1445—1505年）等认为穆圣对《古兰经》只作了少部分的解释。

实际上，穆圣对《古兰经》的解释可有狭义和广义之分，就狭义方面而言，穆圣对《古兰经》只作了部分解释，也就是对《古兰经》一些经文和词句所作的具体解释，苏优退的观点当属狭义方面。就广义而言，可以说穆圣对《古兰经》是作了全面阐释的，也就是说对《古兰经》的总精神及其各项教义原则和教法律例都作了全面而具体的说明，并无丝毫遗漏，而这种说明和阐释就是他的言传身教，也就是圣训，伊本·泰米耶的观点当属广义而言。洋洋千万段的圣训，从总体上观之，都是对《古兰经》基本精神的具体阐发，也就是广义上的《古兰经》注疏，圣训的内容离不开《古兰经》的基本精神和原则纲领。理解《古兰经》也就必须依靠圣训，因此，经注学上才有"《古兰经》对圣训的需要甚于圣训对《古兰经》的需要"的说法。

穆圣对《古兰经》的解释和阐发的具体情形，大致可有以下几个方面：

(1)《古兰经》中总说，提纲挈领，只讲原则，而穆圣则予以具体解析，加以阐明。例如，《古兰经》中讲穆斯林要履行拜功，缴纳天课，朝觐天房，但并未细说如何具体进行和完成这些宗教功课，圣训对此一一予以详细说明，对如何礼拜、礼拜的时间、方式、次数、种类以及天课的份额、朝觐的礼仪等都作了详细的解说，并且身体力行，不但言传，而且身教，穆圣说："你们就照我礼拜那样礼拜吧！"还说："你们跟我学习你们的宗教礼仪。"

(2) 对《古兰经》中的一些语言难点，穆圣予以解释和说明。如《古兰经》中说："直至黎明时分，黑线和白线对你们截然划分。"（2：187），对这里所讲的"黑线"和"白线"，当时有人以为是指一般的黑线和白线，便拿两条线（黑线和白线）在黎明之时辨别，于是穆圣解释说："黑线"和"白线"指的是黑夜之黑和白昼之白。这是讲在斋月期间，黎明时天边有黑白之分时即要停止饮食。

(3)《古兰经》中泛指，穆圣则加以解释，予以特指。如《古兰经》中说："信仰真主，并且未以不义混淆其信德者……"（6：82），穆圣将这里的"不义"特指为"以物配主"。

(4)《古兰经》中笼统而言，穆圣予以具体指明，加以限定。如《古兰经》中说："偷盗的男女，你们割去他们俩的手。"（5：38），这里的"手"讲得笼统，穆圣加以指明，具体限定为"右手"。

(5)《古兰经》中讲得抽象，穆圣予以解释，说明其所包含的具体内容和意义。如《古兰经》开端章中讲的"受谴怒者"和"迷误者"（1：7），穆圣解释说分别具体指的是"犹太教徒"和"基督教徒"；《古兰经》中说："他们在乐园里将享有纯洁的配偶。"（2：25），穆圣解释"纯洁"指的是没有"月经"、"痰液"等不洁之物。

(6) 在《古兰经》所讲教律的基础上，穆圣再增补一些教律细则。如有关开斋节施济（Sadaqah al-fitur）、祖母的继承权、依据一个证人及其誓言作出法律判决、禁止同时娶一女及其姑姑或姨姨等教律细则，都是《古兰经》中没有提及的，而穆圣予以详细说明。

（7）说明《古兰经》中某些废止和被废止的经文，即说明某节经文废止了某节经文所讲的教律。例如：《古兰经》中说："你们当中，若有人在临死的时候，还有遗产，那末，应当为双亲和至亲而秉公遗嘱。"（2：180），而圣训则讲："法定遗产继承人无权再按遗嘱继承遗产。"（lia wasuiyah liwarith），这段圣训将前面那节《古兰经》经文的教律废止，即尽管这节经文在《古兰经》中照样被诵读，但其教律已被废止，停止执行。

（8）《古兰经》中讲明某事，穆圣再予以重申和强调。如《古兰经》中说："信道的人们啊！你们不要借诈术而侵蚀别人的财产，唯借双方同意的交易而获得的除外。"（4：29）圣训进而重申："一个穆斯林的财产，对另一个穆斯林而言是非法的，除非获其同意。"又如《古兰经》中说："信道的人们啊！你们不得强占妇女，当做遗产，也不得压迫她们……你们当善待她们。"（4：19）穆圣对此予以重申和强调："在妇女方面，你们当敬畏真主！因为她们是你们的助手，你们聘娶她们，真主将她们交托给你们，你们当守信，你们凭主的尊名与他们结合。""你们当中最优秀的人是最善待妻室的人，我是你们中最善待妻室的人。"

以上就穆圣对《古兰经》的阐释的具体情形只作了蜻蜓点水式的解说，不过由此我们也可以得知，穆圣对《古兰经》所作的解释和阐发，形式是多样的，内容是丰富的，而且也是最具权威的，正因为如此，穆圣的这些解释，包括整个圣训，成为历代经注的一个重要源泉，备受历代经注家的重视，成为他们作注的重要指针。

尽管《古兰经》是针对全人类的，但它毕竟采用的是阿拉伯文，其内容与阿拉伯的历史背景、社会背景和文化背景密切相关，了解这些背景，对于了解和研究《古兰经》是非常必要的；而且，尽管《古兰经》采用的是明白流畅的阿拉伯文，但并不是懂这种语言的人都能很好地理解其内容。圣门弟子们都是熟谙阿拉伯语的人，同时又了解《古兰经》的降示背景和阿拉伯的社会历史背景，即使这样，他们也并不是人人都能理解全部的《古兰经》，他们各自的理解也是相互有差距的，所以他们才时常请教穆圣。对于我们今天的人来说，尤其是我们中国穆斯林和学人们，要学习、了解和研究《古兰经》，就更加需要注解了。仅凭《古兰经》汉译本是远远不够的，否则，就难免会犯望文生义、牵强附会的错误。因此，穆圣对于《古兰经》的解释也是我们了解和研究《古兰经》的一把钥匙，是不可忽视的。进而言之，对整个圣训的了解和研究也是必不可少的，不了解圣训，就不可能很好地理解和研究《古兰经》。在《古兰经》汉译本有十多种的情况下，尚无一部优秀的《古兰经》注汉译本，而对圣训的介绍和研究也还很薄弱，这就严重制约着对《古兰经》的研究的深入发展。不过，在新的世纪，随着我国学术文化事业的日益繁荣发达，我国学者对伊斯兰文化，对《古兰经》的研究一定会更上一层楼，取得更加显著的成绩，从而使我国学界对世界四大文化体系之一的伊斯兰文化、对至今还深刻影响着世界十多亿人精神生活和社会生活的《古兰经》，有较全面、客观和正确的了解和认识。

原载《西北史地》1999 年第 4 期

圣训花苑中的智慧花瓣

马效佩

圣训作为对穆圣嘉言懿行的忠实记录，数量非常之大，内容非常之广，不论对一个初学者来说，还是对一个终生以求学为使命的学者来说，都是一座难以攀登的大山，一座充满了智慧的大海。我们可以从“哈菲祖”（即背诵家）和“哿哲”（即权威）这两个圣训学术语的定义中看出圣训学广袤而深奥的一面。据著名圣训学家伊本·哈哲尔·阿斯格拉尼下的定义，圣训学的“哈菲祖”就是一个能够背记十万段圣训的传述系统及其正文的人，而“哿哲”就是一个能够背记三十万段圣训的传述系统及其正文的人。由此可见，圣训学确实让人望而生畏，一个圣训学家即使穷其毕生精力，所能达到的可能只是前辈圣训学家知识的零星点滴而已。然而，有一些综合性极强的圣训却用言简意赅的短短数语表达出了蕴涵清晰、充满智慧的圣教哲理。被圣训学家们称为珈百列圣训的一则就是这样一段脍炙人口的圣训：

据圣门弟子欧麦尔·本·罕塔布传述说：有一天，我们正与真主的钦差大圣（愿主赞颂他并向他祝安）在一起时，突然有一位穿着异常洁白的衣服，蓄着黑发的人来到我们跟前，他的身上看不到旅行的迹象，我们中也没有任何人认识他，他径直跪到圣人面前，把自己的双膝并到圣人的双膝跟前，把双手放到了自己的两条大腿上面，接着，他就说：“穆罕默德啊！请您告诉我什么是伊斯兰。”

真主的钦差大圣就说：“伊斯兰就是：你要作证除真主外别无一个应受崇拜的主宰，并作证穆罕默德就是真主的钦差圣人；你要立站拜功；你要缴纳天课；你要封‘热麦丹’月的斋；如果你有能力上路的话就要朝觐天房。”

他说：“您说得对。”

欧麦尔说：“我们都对他感到奇怪：他自己在请教于圣人，并且自己在证实着他。”

接着，他又说：“那么，请您告诉我什么是‘伊玛尼’（新式译法译为信仰，老式译法译为真德、信德或明德）？”

圣人回答：“那就是你要信仰真主和他的众天神；他的一切经典；他的一切钦差圣人；末日；你还得信仰好歹的前定。”

他说：“您说得对。”

然后，他说：“那么，请您告诉我什么是‘伊哈萨尼’（新式译法译为完美的境界，老式译法译为至善）？”

圣人回答：“那就是你要侍奉真主，好似你亲眼看见他一样，如果你还没有达到看见他（的境界），那么，（你就应当确信）他的确是注视着你的。”

他说：“好吧，请您告诉我（世界）末日在何时降临？”

圣人回答：“关于那件事，被询问的人并不比询问者更知悉。”

他说：“那么，就请您告诉我它的迹象好吗？”

圣人回答：“婢女要生下她的女主人，而且你将看见无鞋可穿、无衣可着、贫困潦倒的牧羊人要竞相修建高楼大厦。”

欧麦尔说，过了一会儿，那个人就走了，我待在那里坐了好一会儿，然后（我听见）圣人对我说：“哎！欧麦尔，你知道这个询问者是谁吗？”我说：“真主和他的钦差大圣最明白。”圣人说：“他就是迦百列大天神，他降临你们（的目的）就是要把你们的教门教授给你们。”

下面，为了帮助理解起见，我们把这一段圣训作一些必要的解释：

（1）这一段圣训是由圣训学权威大教长伊玛目穆斯林传述的，是公认的著名正确圣训。

（2）这一段圣训的第一传述人是圣门弟子中的著名四大贤之一，号称“艾里法露格”的至公至正的第二任“哈里发”圣门亚贤欧麦尔。至圣穆罕默德（愿主赞颂他并向他祝安）曾称赞他的一身正气和完人形象时说："我之后不会再有圣人降临，否则，欧麦尔就是其中的一个。"这里，值得我们注意的是传述人提道"有一天，我们正与真主的钦差大圣（愿主赞颂他并向他祝安）在一起"，这说明当时有许多圣门弟子在场见证了这一过程。

(3) 这一段圣训的历史背景：至圣穆罕默德在麦加的传教活动受到多神教徒的巨大阻力，不得不迁移到宁静、和顺、美丽的绿洲城市麦地那，受到这座光辉圣城的拥戴而成了名副其实的内圣外"王"，在不到十年的短短时间内，在真主的启示指引下渐渐完善了伊斯兰教的教律、礼仪、制度、信仰、道德、精神境界等各个方面的教导，把伊斯兰教传遍了整个阿拉伯半岛，甚至有一些罗马人、波斯人、印度人和黑人闻名而来，在圣人面前宣誓效忠，归附到了伊斯兰教的绿色和平大旗之下。但是，伊斯兰教作为真主降示给全人类的最终完美宗教，它既不像犹太教那样有一套繁文缛节式的民族性法典，也不像基督教那样只注重精神生活和博爱思想的传播而不拥有一个可供人人遵守的教法，更不像佛教那样看破红尘与世隔绝陶醉于静修和面壁人生而鄙视夫妻之道、置家庭和社会于不顾，它也不像儒教那样把明德、至善、仁义礼智信和三纲五常作为其着重点而对死后的复生和礼拜仪式不闻不问，它是全人类的宗教，它要照顾到人类生活从今世到后世，物质到精神，个人到家庭，家庭到社会，法律到道德，经济到政治，肉体健康到灵魂完美，甚至对未来的预言等这一切与一个完美宗教相关联的问题。

《古兰经》和圣训对这一切都作了详细的论述和解答，但是，面对这浩瀚如海的经文，一个新入教者或许会感到不知所措，甚至一个长期追随圣人的贴近弟子也需要提纲挈领的总结性指点，以便在至圣穆罕默德隐光后，每一个人都能根据它轻而易举地理解和抓住这个宗教的纲。就在这个时刻，真主派遣了大天神迦百列以一个人的形象降临在麦地那城，当至圣穆罕默德正在与他的门弟子一起时，通过圣人与大天神的对话方式以最简略的形式高度概括了伊斯兰教的主旨。

回想一下一千五百年前的麦地那城，把追随至圣迁移到这里的所有迁士都计算进去，那里也只有不超过五千多人口，在这样一个小城镇里，每一个人对另外一个人都很熟悉，任何一个外来人都会引起人们的注意，尤其是在一位大圣光临传教的这样一个大时代里，一个任何人都不曾认识，而且他的身上也根本看不出长途旅行的人常带有的灰尘、身着洁白如银的仙服的陌生人的来临会不引起一场轰动吗？特别是当人们得知圣人已经明确告诉他们这个人就是迦百列大天神的化身，他降临的目的就是要为他们教授和刷新他们关于伊斯兰教的认知时，这个事件不会深深地刻在每一个人的心田吗？怪不得从此以后，这一段圣训就被东方和西方的穆斯林所辈辈相传，甚至许多儿童都能流利地背诵它。

小插曲：记得有一年，我从世界上海拔最高的中巴友谊公路乘坐长途汽车回国探亲，车上与我们同行的人中有一伙刚从沙特阿拉伯圣地朝觐归来的维吾尔族同胞。在穿越大雪山时，寒冷的气候、雄伟的天然景象加上沉闷的气氛使人有一种不可抗拒的压抑感，突然，我听到那位与我们同车的维吾尔族老阿訇用我再也熟悉不过的阿拉伯语向他的追随者提问："什么是伊斯兰教？"使我惊异不绝的是竟然有一位朝觐者用发音很准确的阿拉伯语回答了他的提问："伊斯兰教就是：你要作证除真主外别无一个应受崇拜的主宰，并作证穆罕默德就是真主的钦差圣人，你要立站拜功；你要缴纳天课；你要封'热麦丹'月的斋；如果你有能力上路的话就要朝觐天房。"

接着，我又听到他用阿拉伯语问道："什么是'伊玛尼'？"我听到又有一个人同样用不太准确但仍能听明白的阿拉伯语答道："那就是你要信仰真主和他的众天神；他的一切经典；他的一切钦差圣人；末日；你还得信仰好歹的前定。"

接着，他又提问："什么是'伊哈萨尼'？"这回，可没人回答了，老阿訇就自己用教授的口气说："那就是你要侍奉真主，好似你亲眼看见他一样，如果你还没有达到看见他（的境界），那么，（你就应当确信）他的确是注视着你的。"

几乎是与他的话音同起同落，乘客中有人也结结巴巴地用阿拉伯语说出了这句圣训——这个人也许忘记了，或许他对自己的阿拉伯语信心不足；阿拉伯语毕竟不是他的母语呀！老阿訇看着他赞许地笑了。

这件事给我留下的印象是那么深刻，直到多年以后的今天，当我坐在电脑旁解释这一段充满了智慧，甚至在相隔十几个世纪后，在海拔几乎接近万米的冰山荒路上也能温暖人心的古老圣训时，我的心中仍然浮现出当年的情景：冰山雪路上那铿锵有力、迷醉心田、荡漾于信士耳际的古老而悠扬的阿拉伯语，不就是一千五百年前曾回荡在圣城麦地那的出自至圣穆罕默德尊贵之口的阿拉伯语智慧的回音吗？我仿佛觉得时空的间隔和距离都消失了，融化在这无尽的智慧之中。

(4) 伊玛目伊本·热哲卜在他的《真知与智慧大全》一经中把这一段圣训放在第二个真知与智慧的位置上，这说明正确的知识——这一段圣训就是讲授关于伊斯兰教的基本知识的——就是智慧的大门，没有知识的人是谈不上进入智慧大门的，知识是智慧的基石，智慧是知识的升华，是从知识中提炼出的精华。

所以，每一个追求智慧的人，都应该从追求学问开始，不能好高骛远，放弃知识而追求智慧，那是南辕北辙，永远达不到目标。举一个例子来说，知识就好似“沙里亚”教法，智慧就好似经过“托里盖特”道乘的修炼而达到的“哈给盖特”真乘和“麦阿里法特”知乘，不遵教法就没有道乘可言，更没有真乘和知乘的可能，教法是基础，只有在教法的基础上，才有可能获得道乘的提炼、真乘和知乘的升华。那些舍弃教法大谈道乘、真乘和知乘的人，只是不自觉地降到了教法水平以下，还无知地以为自己已经获得了升华！这样的人，正如抛弃知识而大谈智慧，而且还时不时地取笑并挖苦知识的主人一样，自己成了别人的笑料，还以为自己就凭着空谈智慧而获得了智慧，岂不知智慧的一大属性就是沉默、知者不言、行不言之教！

(5) 这一段圣训是所有圣训中最重要的一段，每一个穆斯林或者想了解伊斯兰教的人都应该熟悉地把它背诵下来，因为它包含了对伊斯兰教的全面解说，是认识伊斯兰教最简捷的途径。正是由于这个原因，至圣穆罕默德在解明了“伊斯兰”、“伊玛尼”、“伊哈萨尼”这三个不同的层次和境界后对在场的众弟子说：“他就是迦百列大天神，他降临你们(的目的)就是要把你们的教门教授给你们。”圣人在这里把这三个不同的概念都划入了教门的范畴之内。

我们从这里可以学到这样一个大智慧：圣教的基础是由“伊斯兰”这一概念代表的教法，圣教的中坚是由“伊玛尼”这个概念代表的信仰的升华，圣教的最终归宿是由“伊哈萨尼”这个概念代表的完美的精神境界。这三者共同构成了伊斯兰教的完整大厦，三者缺一不可。任何只强调其中的某一个概念而轻视其他任何一个概念的想法和行为都是违背伊斯兰教的，是不为正统伊斯兰教所接纳的。甚至如果有人要求我们用最简练的语言对伊斯兰教下一个定义时，我们就可以毫不犹豫地回答："伊斯兰教就是'伊斯兰'、'伊玛尼'和'伊哈萨尼'。"换句话说，如果有人问："伊斯兰教所追求的完美人格——卧里（意为完人或真人）是怎样的人?"时，我们就可以毫不犹豫地回答他说："卧里就是在其内心和外在都实践了这一段圣训的人。"

(6) 圣门弟子欧麦尔·本·罕塔布（愿主喜悦之）在这一段圣训中对陌生的来访者的描述可以总结为六点：

一为他穿着异常洁白的衣服；

二为他留着蓄蓄黑发；

三为他的身上看不到长途旅行的迹象；

四为麦地那城中没有任何人认识他，这四点特征足以说明他就是以人的形象出现的天神；

五为他径直跪到圣先知面前，把自己的双膝并到圣人的双膝跟前，把双手放到了自己的两条大腿上面，像一个求学者一样跪在穆圣面前，这一点行为特征足以说明：①他早就认识圣人，不需要任何人的介绍；②他把自己的双膝并到圣人的双膝跟前，把双手放到了自己的两条大腿上面，像一位求学的学生一样跪在了圣人面前（伊玛目脑威的解释），显示了对圣人的极大敬意，暗示着圣人的品级高于一切天神的隐秘智慧，指出敬爱圣人是人神共有的义务，同时，也向当时在场的圣门弟子以及后来的信士们教授着敬重和热爱圣人的礼节。

六为欧麦尔和在场的弟子们对来访者自己请教于圣人，并且自己证实着他的解答这一做法感到奇怪，这从一方面说明来访者就是迦百列大天神，另一方面暗示他的目的是制造一个生动的对话场面用问答方式而不是死板的说教方式来传授知识与智慧，使人们永远记住这一事件，这里面包含着一个教育方式的智慧。

(7) "伊斯兰"这个阿拉伯语词汇的文字意思是服从、追求和平；"伊斯兰"一词在宗教术语上的定义就是传统上穆斯林所说的念、礼、斋、课、朝五大天命："你要作证除真主外别无一个应受崇拜的主宰，并作证穆罕默德就是真主的钦差圣人"是念功；"你要立站拜功"是礼拜之功；“你要缴纳天课”是为真主缴纳一定份额的钱财的课金之功；“你要封‘热麦丹’月的斋”是在回历九月封斋的斋戒之功；“如果你有能力上路的话就要朝觐天房”是有能力、身体健康的人一生必须完成一次的朝觐之功。

圣人在这里把“伊斯兰”分为通过口舌和肢体表现出的行为之功，口舌之功只有一种，它就是念功；肢体之功分为三种：①身体之功，就如礼拜、封斋；②钱财之功，即缴纳天课；③身体和钱财共同承担之功，即居住在离麦加城之外的地方的人们的朝觐之功。

(8)“伊玛尼”这个阿拉伯语词汇的文字意思是信仰、相信；“伊玛尼”一词在宗教术语上的定义就是传统上穆斯林所说的六大信仰，即信真主、信众天神、信一切天启经典、信所有的钦差圣人、信死后复生、信一切善恶都是真主的前定。这就是圣人对迦百列大天神的回答“那就是你要信仰真主和他的众天神；他的一切经典；他的一切钦差圣人；末日；你还得信仰好歹的前定”这一句圣训的概括性说法。

圣人在这里把“伊玛尼”解释为肉眼无法见到的内心信仰，他把“伊斯兰”——肢体之功与“伊玛尼”——内心之功作了明确的区别，其中显出的智慧就是内心之功比肢体之功高出一个品级，是一个更高的境界，力行肢体之功的人不一定拥有内心之功的境界，而拥有内心之功境界的人则肯定全心全意地力行着肢体之功。这就解释了为什么在现实生活中有许多人表面上力行着肢体之功，但一遇到难题和逆境时却显示出品德和行为的败坏，究其原因就是因为不拥有高品级、高境界的伊玛尼。

《古兰经》中有针对这种情况降示的一节经文：“游牧人说：我们已信仰（伊玛尼）了。(爱圣啊!) 你（对他们）说：你们还没有信仰（伊玛尼），但你们可以说：我们已服从（伊斯兰）了，信仰（伊玛尼）还没有进入你们的心灵之中，如果你们服从真主和他的钦差圣人，他丝毫也不会减少你们的善功，他是赦宥万罪的，仁覆天地的。”（寝室章第14节）

这里显示的一个圣门智慧就是一个真正的穆斯林不但应该拥有“伊斯兰”，而且还应该努力使自己拥有“伊玛尼”的境界，应该时刻都努力提高自己的境界，做内心之功。那种只强调肢体之功而忽视内心之功的做法不是来自圣门的智慧，而是发自恶魔的教唆，同样，那种只强调内心之功而轻视肢体之功的做法也是来自魔门的不可取的魔方。只有肢体之功和内心之功相结合，通过肢体之功增强内心之功，以内心之功来提高肢体之功的质量，最终向“伊哈萨尼”这一完美的境界升华才是伊斯兰教的真精神，才是符合这一圣训所教授的智慧的正统。

(9)“伊哈萨尼”这个阿拉伯语词汇的文字意思是追求完美的境界、寻求至善、追求俊美的事物；“伊哈萨尼”一词在宗教术语上的定义就是传统上穆斯林学者们所说的苏菲的道德和精神修养境界，他们一般把它分为两点：

一是“幕拉格博”，这个阿拉伯语词汇的文字意思是观察、注视、观看、监察等；它在宗教术语上的定义就是行道者时时刻刻努力认识到真主是在注视和监察着他的一言一行的，真主包容一切的眼光是看着他的——这一崇高境界。这就是这句关于“伊哈萨尼”的定义的圣训“那就是你要侍奉真主，好似你亲眼看见他一样，如果你还没有达到看见他（的境界），那么，（你就应当确信）他的确是注视着你的”中的后半句“如果你还没有达到看见他（的境界），那么，（你就应当确信）他的确是注视着你的”所指的境界。

二是“穆沙海德”，这个阿拉伯语词汇的文字意思是用眼睛看到、见证，用心灵的眼睛洞见等；它在宗教术语上的定义就是行道者在经过伊斯兰——肢体之功和伊玛尼——内心之功的修炼，超越“幕拉格博”境界的长久垂照之后，渐渐进入的在万事万物之中、在宇宙间的一切现象中、在自身之中见证真主的存在、显现、自我显示其大能、大德、仁行的崇高而完美的境界。这就是这句关于“伊哈萨尼”的定义的圣训“那就是你要侍奉真主，好似你亲眼看见他一样，如果你还没有达到看见他（的境界），那么，（你就应当确信）他的确是注视着你的”中的前半句“那就是你要侍奉真主，好似你亲眼看见他一样”所指的境界。

从理论上讲，“幕拉格博”和“穆沙海德”所代表的完美境界就是这样的，然而，没有苏菲体验的人是很难理解“伊哈萨尼”所指的实际意义的。但我们可以通过以下的小故事来帮助大家理解这种崇高的精神境界：

筛赫博哈稳丁·载克仁雅是印度历史上驰名天下的苏菲大长老，在他被赐予契什提耶道统的传教权时，他的一些师兄师弟心里有些不服气，这个平常默默无闻、学不惊人的人怎么会得到如此的殊荣呢？他们的师父见此情景觉得非把他的境界显示给其他弟子们看一看不可，他就把他们全都招来，然后，交给每人一只鸡，要求他们到一个谁也看不见的地方把它宰了，并尽快拿回来见师父。不一会儿，徒弟们一个个拿着已宰杀了的鸡回到师父跟前，一个说我在岩石背后宰了它，一个说我在大树背后宰了它，一个说我在墙角宰了它，一个说我在厕所旁边宰了它，总之，没有谁看见他们，然而，唯独博哈稳丁·载克仁雅一个人没有回来。师父派人去找他，当他被带到师父面前时，他手里提着鸡，眼里流着泪水，好像大难临头一样。师父问道；“你哭什么?”他说：“因为我没有完成师父交给我的命令。”师父又问：“那你为什么没有完成我的命令?”他回答：“我在大地上找不到任何一块谁也看不见的地方，我到岩石背后，发现真主在看着我，我到大树背后，发现真主也在看着我，我到墙角，也发现真主在看着我，最终，我没有找到你要求的那种地方!”众位师兄师弟听了他的回答都惭愧地低下了头，认识到师父的决定不是没有凭据的。

实际上，能达到“伊哈萨尼”所包括的这两个崇高而完美的境界的人是微乎其微、凤毛麟角的。所有的圣人始终处于这样的境界之中，有时，他们在“幕拉格博”的境界中给人传教授道，有时，他们在“穆沙海德”的境界中见证真主，独享与真主合一的极乐之境。这两种境界都是只可意会，不可言传的妙境，正如刘介廉大师在《五更月》中所说：“虽有口，却无舌，怎与世人道秘诀?”只有很少的“卧里”即真人或完人才能借真主的特赐达到这一境界，但他们的境界无法与圣人们的境界相提并论，圣人们的境界是长持不断的，正是由于这个原因，他们是受主保护的，没有任何罪过之染，而“卧里”则不然，他们有时会在达到后偶尔失去这种境界，但也能在真主的特恩惠顾下重新返回这一崇高而完美的境界，在圣人们离开尘世后，他们负担着替圣治教、替圣传道的责任，他们是人间的“沐尔施德”——导师和精神领袖。

(10) 在回答迦百列大天神所问到的最后一个问题即末日降临的时间问题时，至圣穆罕默德的回答相当巧妙，充满了智慧："关于那件事，被询问的人并不比询问者更知悉。" 值得注意的是，圣人在这里并没有说："我不知道!" 而是巧妙而明确地指出：关于这件事，他所知道的与迦百列大天神所知道的一样，不多不少，如果大天神知道这个问题的答案，他也就知道这个问题的答案，如果他不知道，他也就不知道。问题是我们谁也不知道迦百列大天神到底知道不知道末日降临的时间，结果还是那句 "关于那件事，被询问的人并不比询问者更知悉" 闪烁着无比的智慧！最终，圣人既体面又智慧地解答了这个问题。

这里面还埋藏着另一个智慧，末日来临的时间绝对不能让我们知道，如果让我们知道末日来临的具体时间，那就无疑等于给我们降下了一场大灾难，想象一下：如果一个人知道自己将在今天、明天或者其他任何一个时候死去，这个人的精神不会崩溃吗？如果人类知道末日降临的时间，他们还能像今天这样正常地生活吗？他们还能憧憬未来、推动历史前进的步伐吗？人类的生活肯定会因一句话而变得混乱不堪！智慧就在于保存住这个机密，人类的利益就埋藏于让他们知道末日定会来临，但不让他们知道具体时间。这样，他们就会在对生活有信心的同时，对真主充满了敬畏！君子畏天命嘛，世之常理也。

然而，当问到它发生的迹象时，圣人毫不犹豫地回答："婢女要生下她的女主人，而且你将看见无鞋可穿、无衣可着，贫困潦倒的牧羊人要竞相修建高楼大厦。" 对！揭示末日的迹象是符合智慧的要求的：

一是可以证明圣人就是预知未见的先知，增强圣门弟子对他的信念。

二是让后来者通过圣人的预言在现实中的兑现来认识他所追随的圣人就是能预知未见的先知；增强后来人对他的信念。不是吗？在我们这个时代去过海湾阿拉伯国家的人都亲眼见证了圣人在一千五百年前说过的 "你将看见无鞋可穿、无衣可着、贫困潦倒的牧羊人要竞相修建高楼大厦"！历史上曾经赶着骆驼和羊群在沙漠中游荡、一贫如洗的阿拉伯游牧人正在用石油美元换来的财富竞相修建高楼大厦！

三是让后来人知道：人在经过教乘（伊斯兰）、道乘和真乘（伊玛尼和伊哈萨尼）的修炼是可以达到 "麦阿里法特" 知乘境界而预见未来的事情的，人者，万有之灵也！难道刘介廉大师在《五更月》中没有说过“慧眼睁时无遮蔽”的妙理吗？

这里，还有一点需要解释，即“婢女要生下她的女主人”指的是什么？根据圣门弟子艾卜·呼莱勒的解释，它预言的是阿拉伯穆斯林在至圣归真后要征服周边各大帝国，征服运动中肯定要有许多妇女被抓获而贩卖为奴隶，而这些女奴会与那些买娶她们的自由人结合生下孩子，按照那时的惯例，她们与自由的男子结合而生下的孩子是自由人，结果是：她们自己生下的孩子拥有了主人的地位，变成了她们自己母亲的主人，这样，本来是奴隶的母亲却成了自己生下的女儿的名义上的婢女。这里的“婢女”指的是战争中被抓获并被贩卖为奴隶的女俘，“女主人”指的是“婢女”与买下她的男子结合而生下的女儿，按当时的惯例，这个新生的女儿是自由人，是女主人。这句圣训中的预言在历史上已经兑现过了。当然，我们不能排除这句圣训有其他解释的可能性，历史发展到今天，甚至同性结婚在西方许多国家已经成为合法，谁知道以后的人类历史会发生什么呢？以人性泯灭为标志的末日景象全副显现时，人会堕落到什么程度呢？

(11) 20世纪初的北非著名穆斯林学者兼苏菲大师艾哈麦德·本·穆思托法·艾里安俩威在其阿拉伯语名著《智慧的雨珠》一书中解释“伊斯兰”、“伊玛尼”和“伊哈萨尼”的含义时精辟地指出：“伊斯兰”就是要你拜真主，“伊玛尼”就是要你把真主记在心中敬畏他，“伊哈萨尼”就是要你洞见和看见他。

(12) 当代著名美国伊斯兰学者、纽约州立大学教授威廉·契提克在其英文名著《洞见伊斯兰教》一书中，以这一段宏大圣训为背景和线索勾画了一幅了解和认识伊斯兰教所必需的全景宏图。他在这部名著中指出：这一段圣训是伊斯兰教的一个缩影，它可以解释伊斯兰教的全部内容：宗教礼仪、教法、制度、历史、信仰、哲学、道德、修行、精神生活、文化演进、学术活动等都蕴藏于其中。他认为这一段圣训中解明的“伊斯兰”一词的概念构成了伊斯兰教的宗教礼仪、教法、制度即人们通常所说的“菲格海”法学，“伊玛尼”一词的概念构成了伊斯兰教的信仰、哲学，即人们通常所说的“凯俩目”认主学，“伊哈萨尼”一词的概念构成了伊斯兰教的道德、修行、精神生活，即人们通常所说的“泰算悟夫”苏非行知，而对末日在何时降临的答复则构成了伊斯兰教的历史观，而从整体上看，这段圣训则包含了伊斯兰教的精神生活、文化演进、学术活动、历史进程等一系列内涵。面对伊斯兰教世界学术混乱、教派林立、各执一词、人欲横流、圣道被误解甚至遭攻击的矛盾景象，我从这本书对这一系列问题的独到见解中看到了“旁观者清，当局者迷”这一古老智慧的再现。我的恩师迪尼·穆罕默德在评价这本书时曾说：“我们当代的穆斯林学者为什么拿不出这样的作品呢？”